U0936065

珍藏本·增订本

纪念版

汉译世界学术名著丛书

东域纪程录丛

古代中国闻见录

〔英〕亨利·裕尔 撰

〔法〕考迪埃 修订

张绪山 译

CATHAY AND THE WAY THITHER

Being a Collection of

Medieval Notices of China.

Vol. I

Preliminary Essay on the Intercourse between China and

the Western Nations Previous to the Discovery of the Cape Route.

Translated and edited by Colonel Sir Henry Yule,

R. E., C. B., K. C. S. I. CORR. INST. FRANCE.

New Edition, Revised throughout in the Light of Recent Discoveries by

Henri Cordier, D. LITT., HON. M. R. A. S., HON. COR. M. R. G. S., HON. F. R. S. L.

Member of the Institut de France

Professor at the Ecole des Langues Orientales Vivantes, Paris.

London: Printed for the Hakluyt Society

根据 Hakluyt Society 1915 年版翻译

亨利·裕尔

（1820—1889）

亨利·考迪埃
（1849—1925）

汉译世界学术名著丛书
（120 年纪念版 · 珍藏本）
增订本出版说明

2017 年 10 月，为纪念商务印书馆创立 120 周年，本馆推出“汉译世界学术名著丛书”（120 年纪念版 · 珍藏本），计七百种。近五六年来，仰赖学界同人倾力支持，订正旧译，增补新译，拓展新著，积累日多。为满足读者需要，本馆在七百种的基础上，继续推出“汉译世界学术名著丛书”（120 年纪念版 · 珍藏本 · 增订本）三百种。至此，“汉译世界学术名著丛书”累计出版已达千种。

今后，本馆将继续推进丛书的翻译出版工作，在积累单本名著的基础上陆续分辑刊行，汇印出版。为促进中外文明互鉴、推动我国学术发展，使“汉译世界学术名著丛书”这项对我国学术文化有基本建设意义的重大工程发挥更大作用，诚望海内外学术界、翻译界继续给予支持，帮助我们把这套丛书出得更好。

商务印书馆编辑部

2024 年 2 月

汉译世界学术名著丛书
（120 年纪念版·珍藏本）
出 版 说 明

2017 年 2 月 11 日，商务印书馆迎来 120 岁的生日。120 年前，商务印书馆前贤怀揣文化救国的理想，抱持“昌明教育，开启民智”的使命，立足本土，放眼寰宇，以出版为津梁，沟通中西，为中国、为世界提供最富智慧的思想文化成果。无论世事白云苍狗，潮流左右激荡，甚至战火硝烟弥漫，始终践行学术报国之志，无改初心。

迻译世界各国学术名著，即其一端。早在 20 世纪初年便出版《原富》《天演论》等影响至今的代表性著作，1950 年代后更致力于外国哲学和社会科学经典的译介，及至 1980 年代，辑为“汉译世界学术名著丛书”，汇涓为流，蔚为大观。丛书自 1981 年开始出版，历时三十余年，迄今已推出七百种，是我国现代出版史上规模最大、最为重要的学术翻译工程。

丛书所选之书，立场观点不囿于一派，学科领域不限于一门，皆为文明开启以来，各时代、各国家、各民族的思想与文化精粹，代表着人类已经到达过的精神境界。丛书系统译介世界学术经典，引领时代思想，为本土原创学术的发展提供丰富的文化滋养，为推动中国现代学术和现代化进程做出了突出的贡献。

为纪念商务印书馆成立120周年，我们整体推出“汉译世界学术名著丛书”120年纪念版的珍藏本，寄望既利于文化积累，又便于研读查考，同时向长期支持丛书出版的译者、编者和读者致以敬意。

两甲子后的今天，商务印书馆又站在了一个新的历史时间节点上。我们不仅要铭记先辈的身影和足迹，更须让我们的步伐充满新的时代精神。这是商务人代代相传的事业，更是与国家和民族的命运始终紧密相连的事业。我们责无旁贷，必须做好我们这代人的传承与创造，让我们的努力和成果不仅凝聚成民族文化的记忆，还能成为后来人可以接续的事业。唯此，才能不负前贤，无愧来者。

商务印书馆编辑部

2017年10月

译者引言

亨利·裕尔与《东域纪程录丛》

亨利·裕尔编撰的《东域纪程录丛》是19世纪中叶问世的汉学名著。1866年初版,1916年修订再版,此后不断出现新的版本,至今仍位列汉学研究之必读书目。此书是19世纪英国汉学研究的标志性成果之一,裕尔以这一著作以及《马可·波罗游记译注》跻身欧洲著名汉学家之列。

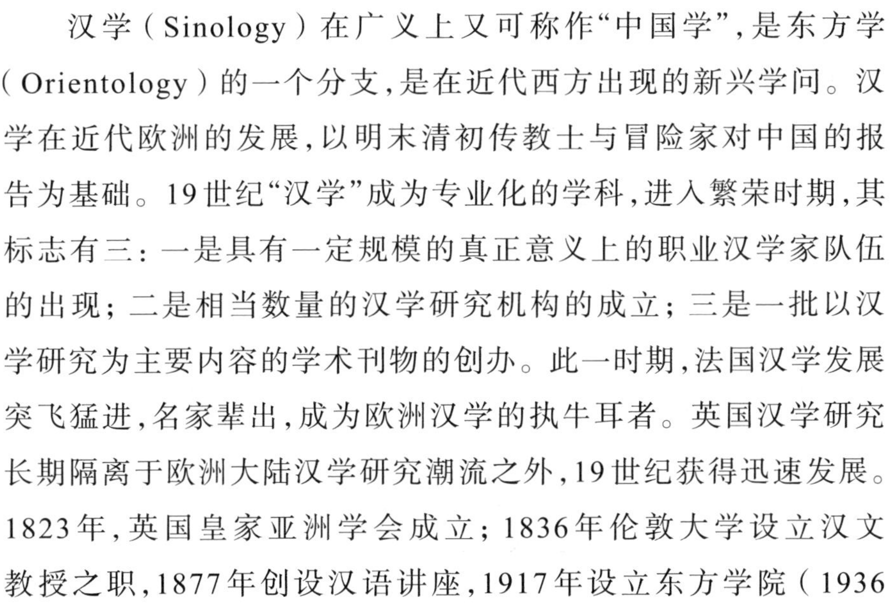

汉学(Sinology)在广义上又可称作"中国学",是东方学(Orientology)的一个分支,是在近代西方出现的新兴学问。汉学在近代欧洲的发展,以明末清初传教士与冒险家对中国的报告为基础。19世纪"汉学"成为专业化的学科,进入繁荣时期,其标志有三:一是具有一定规模的真正意义上的职业汉学家队伍的出现;二是相当数量的汉学研究机构的成立;三是一批以汉学研究为主要内容的学术刊物的创办。此一时期,法国汉学发展突飞猛进,名家辈出,成为欧洲汉学的执牛耳者。英国汉学研究长期隔离于欧洲大陆汉学研究潮流之外,19世纪获得迅速发展。1823年,英国皇家亚洲学会成立;1836年伦敦大学设立汉文教授之职,1877年创设汉语讲座,1917年设立东方学院(1936

年改为“东方和非洲学院”）；1876年牛津大学设立汉学讲座；1888年剑桥大学设立汉学讲座。其学术刊物有1834年创刊的《英国皇家亚洲学会会刊》，1858年创刊的《皇家亚洲学会华北分会会刊》，以及1917年创刊的《东方学院学报》。

英国汉学的发展与英国在东方的殖民扩张密切相关。17世纪以后，英国东印度公司逐步确立在中国、印度与东南亚的贸易主导地位。18世纪中叶英国完成工业化以后，进入资本扩张时代。1840年鸦片战争以后，英国人携船炮之力，在中国开商埠，建教堂，设使馆，势力扩展于华夏域内；1857年印度莫卧儿帝国灭亡，次年印度全境陷于英国统治之下。英国在中国、印度、东南亚的活动进一步扩大与深入，与东方的贸易、外交、文化联系进一步加强。在远东活动中，外交官与传教士这两个群体发挥着独特作用。外交官直接与中国官府交往，而传教士的职业活动决定了他们不仅了解中国的官场，更了解中国的文化积习以及民众心理与生活习惯。这两个群体对东方各族各国的了解最为深刻，所以这一时期的英国汉学家主要出自这两个群体。[①]除了

① 在英国的著名汉学家中，身为传教士的有：马礼逊（R. Morrison，1782—1834年）、米怜（W. Milne，1785—1822年）、麦杜思（W. H. Medhurst，1796—1857年）、理雅各（J. Legge，1814—1897年）、毕尔（S. Beal，1825—1889年）、伟烈亚力（A. Wylie，1815—1887年）、苏慧廉（W. E. Soothill，1861—1935年）、慕阿德（A. C. Moule，1873—1957年）、休中诚（E. R. Hughes，1883—1956年）等；身为外交官的有：德庇时（J. F. Davis，1795—1890年）、威妥玛（T. F. Wade，1818—1895年）、瓦特斯（T. Watters，1840—1901年）、卜士礼（S. W. Bushell，1844—1908年）、甘为霖（W. Campbell，1841—1921年）、庄延龄（E. H. Parker，1849—1926年）、翟理斯（H. A. Giles，1845—1935年）等。

这两个团体，还有一些参与东方殖民活动的官员，因长期居于东方各国而积累了丰富的东方知识，加之本身对东方历史文化兴趣浓厚，最终成为东方学家，尤其是汉学家，亨利·裕尔就是这类汉学家的典型代表。他没有接受过经院式的汉学教育，却完成了著名的汉学作品，成为西方学界颇为重视的经院式汉学家。我国读者对裕尔的人生阅历、《东域纪程录丛》完成之经过及在汉学研究史上的地位，尚不甚了解，故有必要略加介绍。

一、亨利·裕尔的人生阅历

亨利·裕尔（H. Yule，1820—1889年）的一生可分为前后两个时期：前一时期主要作为大英帝国的下级军官在印度服役；后一时期主要作为书斋式学者从事著述。

1820年5月1日，亨利·裕尔出生于苏格兰的中洛锡安的一个叫因弗莱斯克（Inveresk in Midlothian）的地方，是家中的幼子，其父威廉·裕尔（William Yule，1764—1839年）曾是英国东印度公司驻防孟加拉部队的一名少校军官，1806年退役。威廉·裕尔精通波斯文和阿拉伯文，具有丰富的东方学知识，藏有大量相关书籍，旅行时总是带着波斯著名诗人哈菲兹（Hafiz，约1325/1326—1390年）的作品。他在印度服役的后期，曾在勒克瑙宫廷与德里宫廷（courts of Lucknow and Dehli）担任公使助理。他的东方经历和情调影响了其子亨利的未来志趣。

亨利·裕尔少年时代在爱丁堡中学求学。家人希望他能考入牛津，将来从事律师职业。1836年春，他进入伦敦大学学院

(University College London)学习,但他认为自己的未来不是伦敦和法律,而在印度和军队。1837年2月进入东印度公司设在阿迪斯康比(Addiscombe)的军事学院学习。1839年加入设在查塔姆(Chatham)的皇家工兵部队,随后被派往印度。1840年底到达加尔各答,开始了长达22年的东方军旅生涯。他早年的作为服务于英帝国在东方(主要是印度)的殖民活动。

裕尔先在孟加拉东部(阿萨姆)卡西亚山中负责运煤,任务是建立运输网络,将当地的煤炭运往阿萨姆的平原地带。因茂密的森林与峭壁,未能实现目标,但裕尔对当地的物产和民众生活进行了广泛的观察,获得了众多有趣的资料,后来写成了两篇文章。[①] 1842年他转移到印度西北部的旁遮普地区,修复莫卧儿帝国留下的水利系统——英国人占领这个地区以后,需要修复这些水利系统并加以利用。1843年5月他回国结婚,同年11月与新婚妻子返回印度,但他的妻子因不适应印度的水土气候与环境而染病,两年后被迫返回英国治疗。从1845年底,第一次锡克战争(Sikh War,1845—1846年)爆发,裕尔以工程兵身份参战,负责铺路搭桥。锡克战争结束后,裕尔担任恒河运河(Ganges Canal)北方部的总工程师;从1845年9月至1847年3月,除了本职工作外,他还参加一个委员会的工作,这个委员会负责调查德里运河沿线灌溉区疟疾流行的原因,并报告计划建设的恒河运河是否对多巴人(Doab)的健康造成影响。第二次

① H. Yule, "Notes on the Iron of the Khasia Hills", *Journal of the Asiatic Society of Bengal*, XI, part 2 (1842), pp. 853-857; H. Yule, "Notes on the Khasia Hills and People", *Journal of the Asiatic Society of Bengal*, XII, part 2 (1844), pp. 612–631.

锡克战争（1848—1849年）爆发后，裕尔于1849年1月13日参加奇利瓦拉（Chillianwallah）战役。战争结束之后，裕尔因健康原因返回苏格兰，休假三年。

休假期间，除了偶尔访问欧洲大陆，裕尔一直待在苏格兰。1850年他在爱丁堡买了一处房子。在那里写下了《为非洲连辩护》（*The African Squadron Vindicated*）——这本小册子后来以法文出版，[①]翻译了席勒的《与龙战斗》（*Kampf mit dem Drachen*），并担任苏格兰海军军事学院（Scottish Naval and Military Academy）的教师，演讲“堡垒学”，写下有关西藏的文章。也正是在这个时期，他开始了对《马可·波罗游记》的研究。这个主题对他的吸引力早在童年时代即已开始，那时他在其父的书房里可能已经读到了威廉·马斯登（William Marsden，1754—1836年）于1818年翻译的《马可·波罗游记》。1863年移居西西里岛的巴勒莫之后，他对《马可·波罗游记》的研究全面展开，成为他学术上的标志性贡献。他在这三年中最直接的学术作品，是他于1851年出版的题为《为部队军官与军事史研究者所写的堡垒学》（*Fortifications for Officers of the Army and Students of Military History*），七年后这部作品被译成法文。

1852年12月，他结束了长假，返回孟加拉，稍后接到命令，前往阿拉坎，考察此地与缅甸之间长达240哩路线上的各个关隘，以便改进通讯，选择适当的地点建立据点，控制这些地方。

① Robert Maclagan, “Obituary: Colonel Sir Henry Yule”, *Proceedings of the Royal Geographical Society and Monthly Record of Geography*, New Monthly Series, Vol. 12, No. 2 (1890), p. 110.

1853年8月裕尔受命前往新加坡巡查海峡租界的防务。11月返回加尔各答，被任命为铁路工程副顾问（Deputy Consulting Engineer for Railways）。1855年裕尔被任命为新成立的公共工程部（Department of Public Works）的助理干事，负责印度的铁路建设。第二次英国—缅甸战争以后，缅甸国王向印度总督派遣了友好使团，1855年阿瑟·费耶上校（Arthur Phayre）率领的使团回访缅甸，裕尔作为秘书随行，记载每日行程，归后写成一份报告提交给政府。1856年秋，他获准休假回到英国，将大部分时间用于修订这份报告，形成了他的第一部地理学著作，以《1855年出使阿瓦宫廷记》为题出版。[①] 1857年裕尔返回印度，适逢印度发生暴动，裕尔受命负责在阿拉哈巴德建立要塞对抗"叛乱分子"。1858—1862年裕尔担任驻印的英帝国政府秘书。1862年3月亨利·裕尔以上校军衔退役。就在退役并离开印度的前几周，他访问了爪哇，并在加尔各答就访问中所做的观察发表了演讲。1863年他被授予巴斯爵士（CB），以表彰他在印度服役期间的贡献。

裕尔退役后，希望在英国找到一份工作，但未能如愿，于是决定重拾他钟爱的历史地理研究。为了便于利用意大利的图书馆，他前往意大利，在意大利几个城市短暂居留以后，最终于1863年移居西西里岛的巴勒莫。此后十余年（1863—1875年）他居于意大利，专心从事中亚历史、地理的研究。受巴黎地理

① 参见H. Yule, *A Narrative of the Mission Sent by the Governor-General of India to the Court of Ava in 1855, with Notices of the Country, Government and People*, London: Smith, Elder & Co., 1858.

学会（Société de Geographie de Paris）自1824年以来出版的各种游记的影响，他于1863年出版了《乔达努斯修士东方奇闻录》（*Wonders of the East by Friar Jordanus*）译注。①三年后（1866年）出版了《东域纪程录丛》（两卷），此后五年（1871年）出版《马可·波罗游记译注》（两卷）。《东域纪程录丛》与《马可·波罗游记译注》被公认为中世纪地理历史学名著，为裕尔赢得了巨大声誉，确立了他作为历史地理学权威学者的地位。此外，鉴于索引对于研究工作的重要意义，他还为《皇家工程师学刊》（*Royal Engineers' Journal*）的第三个十卷编辑了一个完备的索引，于1867年出版。②这一时期的裕尔，身心完全沉浸在学术研究中，过着典型的学者生活。他的女儿在回忆录中描述过其父的工作与生活状态：

> 他习惯于早起。夏天时节，早饭前有时去海里游泳，或去散步；但通常情况下是写作，他喜欢一个人进早餐。饭后阅读笔记，十点前通常会急匆匆地去图书馆，那儿是他工作的场所。他在那里工作到二三点钟，然后回到家中，阅读《时报》，答复来信，接待来访或访问他人，然后重新投入写作，持续工作到家人睡后很久。在这种情况下，家人很少见到

① 乔达努斯（活跃于1280—1330年）是罗马教廷派往印度的教士，1328年被任命为印度奎隆（Quilon）大主教，1330年写成《东方奇闻录》，对印度有详细的记载。参见H. Yule ed. and trans., *Mirabilia Descripta, the Wonders of the East*, London: Hakluyt Society, 1863。

② 参见Compiled by col. H. Yule, *General index to the third ten Volumes of the Journal of the Royal Geographical Society*, London: John Murray, 1867.

> 他。但是在完成《马可·波罗游记译注》的一个章节，或者做出了某个有趣的发现时，他会拿着它读给妻子听。妻子对他的工作总是兴致盎然，而他将妻子视为理智而富有同情心的批判者，对她的文学才能满怀信心。[①]

1875年裕尔返回英国，在伦敦定居。裕尔没有进入相应的研究机构，也没有获得相应的学术称号，故他的著作多冠名"亨利·裕尔上校"。这个称号与其著作的学术性显得不太协调，但他晚年拥有众多学术头衔。1877—1889年担任哈克路特学会主席。1878年以前曾担任皇家地理学会（Royal Geographical Society）会长。1880年他被任命为印度皇家工程学院访者委员会（Visitors of the Government Indian Engineering College）委员。1882年被授予苏格兰古物研究会荣誉会员（Honorary Fellow of the Society of Antiquaries of Scotland）。1883年，爱丁堡大学成立三百年之际，他被授予荣誉法学博士学位（LL.D）。[②] 1885年当选皇家亚洲学会（Royal Asiatic Society）主席。

在生命的最后十几年中，裕尔除了继续从事东方学研究外，与阿瑟·伯内尔（Arthur C. Burnell）合作完成了《英-印字汇》（1886年）。[③]为《不列颠百科全书》（*Encyclopædia Britannica*）

① Amy Frances Yule, "Memoir of Sir Henry Yule", in H. Yule & H. Cordier, *The Book of Ser Marco Polo*, Vol. I, London: John Murray, 1903, p. lx.

② Robert. Maclagan, "Obituary: Colonel Sir Henry Yule", *ibid.*, p. 112.

③ 参见H. Yule and A. C. Burnell, *Hobson-Jobson: A Glossary of Colloquial Anglo-Indian Words and Phrases, and of Kindred Terms, Etymological, Historical, Geographical and Discursive*, William Crooke, ed., London: J. Murray, 1903.

撰写了有关东方学的众多条目。此外，他也参加政治活动，1875年至1889年间，他担任印度委员会（Indian Council）委员，卸任后被授予“印度之星勋位”（Knight Commander of the Order of the Star of India）。1889年他最后的重要作品《威廉·赫奇爵士日记》（*The Diary of William Hedges*）由哈克路特学会出版。是年春，他仍在搜集材料与修改自己的各种作品，但已无力完成。同年12月27日收到法兰西金石与美文研究院（Académie des Inscriptions et Belles-Lettres）主席从巴黎发来的电报，告知他当选为研究院的通讯院士，裕尔口授拉丁文短信作复并表示感谢。[①] 1889年12月30日裕尔于伦敦逝世，享年70岁。

二、汉学名作《东域纪程录丛》

罗伯特·马克拉根（Robert Maclagan）将军是裕尔生前的好友，他在讣告中称“裕尔的逝世是皇家地理学会的损失，是所有对地理学研究与发展感兴趣的人们的损失，是众多朋友的损失。”他回顾了裕尔终生的事业，特别指出了其学术研究的特色：

> 裕尔上校做过游历，并将见到的一切很好地加以利用，但他不像旅游者那样博取荣誉。他具有罕见的地理学才干，以及同样出色的批判才能：他知识宏富，博闻强记。由于具

① Amy Frances Yule, “Memoir of Sir Henry Yule”, *ibid.*, pp. lxx-lxxi; H. Cordier, “Colonel Sir Henry Yule”, *T’oung Pao*, Vol. 1, No. 1 (1890), pp. 70–71.

> 备这样的才能,他能够正确地衡量其他旅行家们的著作,辨识这些人的作为所具有的真正结果与价值,认清他们所见到的事物的确切意义,以及他们所做陈述的影响。由于他准确地选择研究目标,所以能够解决遥远国度和久远时代的地理学问题。他所有的著作,都追求准确与完备,为达此目的而不遗余力。他遍寻一切合适的证据,无论是鲜活的还是古旧的,都在他搜罗之中,他知道证据在何处。……裕尔上校经仔细的研究与调查清晰地得出结论。读者不会不明就里地接受他的结论:他的资料来源及其所做判断的依据,都被充分而清晰地陈列出来。①

确如评论所指出,裕尔的学术研究的特点是非常突出的:一是他善于将自己的阅历转化为学问,娴熟地将他在东方(尤其是印度)服役时所获得的实际知识运用到东方学研究。这在他所做的众多高质量的译注中明显地体现出来。②二是他对研究对象的判断能力。他对中世纪旅行家的作品不遗余力地搜集,其完备程度是空前的;他对这些作品在欧亚交流史研究上的价值的重视,也是前所未有的。裕尔的著作引起了西方学术界对中世纪游记的持续关注与重视,唤醒了地理学家、东方学家以及大众读者

---

① R. Maclagan, "Obituary: Colonel Sir Henry Yule", *ibid.*, p. 112.

② 仅就第一卷序言中他对《厄立特里亚海周航记》所记"塞萨德人"活动的考证,对托勒密《地理志》涉及中亚地理的考证,对《沙哈鲁遣使中国记》中涉及中亚地理的考证,都充分利用了他从实际经验所获得的知识。

对中世纪游记中对中国记载的兴趣。[①]三是裕尔的研究充分利用了19世纪下半叶殖民网络中的知识体系,使他对原始资料的研究与以往研究成果的借鉴达到了空前的高度,[②]在许多悬而未决的疑难问题上提出了独到的见解。此外,裕尔文笔简约,要言不烦,使其作品呈现文字明快,观点明晰的特点。

《东域纪程录丛》于1866年由哈克路特学会出版时,由于它"几乎囊括了迄至当时所知道的有关东方历史的全部知识",所以很快便成为"所有从事古代和中世纪远东研究者的便览手册","对于所有感兴趣于中国、中亚历史地理,乃至更广泛的亚洲历史地理的人们",成为了"必备的研究指南"。[③]《东域纪程录丛》的出版,使裕尔作为中世纪地理研究权威的地位迅速得到承认,这种地位与声望更由于《马可・波罗游记译注》在1871年的出版而得到加强。《马可・波罗游记译注》被西方汉学界认为是最好的注释版本,19世纪的博学的不朽之作。1875年《马可・波罗游记译注》出版第二版,封面上注明了裕尔获得的各种

① E. Bretschneider, *Mediæval Researches from Eastern Asiatic Sources*, Vol.1, London: Kegan Paul, Trench, Trübner& Co. Ltd., 1910, p. v.

② 裕尔的东方研究,除了利用欧洲各大图书馆的收藏,最重要的资料来源是他与欧洲及亚洲各地友人之间的私人通信,主要有三种来源:第一是英国的殖民官员,比如在第一版前言中,裕尔提到了麦克拉根(R. Maclagan)上校和坎宁安(G. A. Cunningham)将军,等等;第二类人物是传教士,所谓"灵魂的殖民主义者";第三类人物是欧洲其他国家的殖民官员、地理学家和探险家,如德国的地理学家和探险家李希霍芬(Baron von Richthofen)等。见朱丽双《从文化误解到东方主义:亨利・裕尔及其〈马可波罗之书〉》,《民族研究》2017年第5期,第98—100页。

③ Henri Cordier, *"Preface to second edition"*, in *Cathay and the Way Thither, Being a Collection of Medieval Notices of China*, Vol. I, London: Hakluyt Society, 1915, p. xii.

头衔，计有：英国皇家工程师（孟加拉）、意大利地理学会荣誉会员、巴黎地理学会通讯会员、柏林地理学会荣誉会员、英国皇家亚洲学会华北分会荣誉会员，等等。[①] 1903年经考迪埃修订后出版第三版，1920年经考迪埃再次修订重印时增加一卷《注释与附录》，质量更趋完善；1975年重印，1993年出新版。[②]在我国，2018年该书第三版由中西书局以影印形式出版。[③]

《东域纪程录丛》与《马可·波罗游记译注》呈现出连续性与系统性。从设计看，裕尔最初的目标显然是完成《马可·波罗游记译注》，而《东域纪程录丛》实际上是为完成这个目标所做的准备，[④]但是，鉴于"不太著名的中世纪作家留下的关于中国的诸多断篇残章，可以彼此阐明，对《马可·波罗游记》的研究大有启发"，而且这些作品尚有一些不为英语读者所了解，所以他决定将这些作品全部汇集起来，进行全面彻底的译注。在他的心目中，马可·波罗是"中世纪旅行家之王"，中世纪旅游家中的巨

① 参见*The Book of Ser Marco Polo, the Venetian, Concerning the Kingdoms and Marvels of the East*. Newly translated and edited, with notes, maps, and other illustrations. By Colonel Henry Yule, C. B, late of the royal engineers (Bengal), Hon. Fellow of the Geographical Society of Italy, Corresponding Member of the Geographical Society of Paris, Honorary Member of the Geographical Society of Berlin, and of the N. China Branch of the R. Asiatic Society, etc. Second edition. London: John Murray, 1875, 2 vols。

② H. Yule & H. Cordier, *The Book of Ser Marco Polo the Venetian, Concerning the Kingdoms and Marvels of the East*, 3rd ed., London: John Murray, 1903, rept. 1975; H. Yule & H. Cordier, Munshiram Manoharlal Publishers Pvt. Ltd., 1993.

③ 玉尔译注、考狄补注：《马可·波罗之书》，中西书局2018年版。

④ H. Cordier, "Colonel Sir Henry Yule", *ibid*, p. 67.

星，他有权享有自己的天空，不与其他小行星并列。[①]在这样的想法指导下，裕尔将马可·波罗以外的中世纪旅行家的游记汇成《东域纪程录丛》一书，而将《马可·波罗游记译注》作为独立的一书。

《东域纪程录丛》的标题直译是："契丹及其通往那里的路——中世纪中国闻见录"。[②]"契丹"（Cathay）是著作标题中使用的一个引人注目的名词。这个名称有多种写法，[③]以欧洲人的使用习惯，这个名称指的是13、14、15世纪的中国。[④]它源于契丹，即建立辽朝与宋朝并立的契丹人。那么，为何不用更为人熟知的China一名？我们知道，西方历史记载对中国的称呼很多，以海路与陆路两个不同途径分成两个系统。由海路到达印度，自印度人那里获得的对中国的称呼是Cin、Cini、Cina或Cinasthan等，最终转换为现代人所熟悉的China。从陆路接近中国时获得的中国名称则较复杂，希腊罗马时代称作赛里斯（Seres）、桃花石（Taugas）；[⑤]契丹人在中国北部建立辽朝（907—1125年），

① H. Yule, "Notices of Cathay", *Proceedings of the Royal Geographical Society of London*, Vol. 10, No. 6 (1865–1866), p. 270; H. Yule, translated and edited, *Cathay and the Way Thither, being a Collection of Medieval Notices of China*, Vol. I, London: Hakluyt Society, 1866, p. vii.

② H. Yule, *Cathay and the Way Thither, being a Collection of Medieval Notices of China*, Vol. I–II, translated and edited by Colonel Sir Henry Yule,London: Hakluyt Society, 1866.

③ 如Khitái、Kitan、Kitay、Katay、Kitai、Khitan、Catai、Catayo、Catalane、Catay、Qitay、Chataio等。

④ H. Yule, "Notices of Cathay", *ibid.*, p. 270; H. Yule, *Cathay and the Way Thither*, Vol. I, pp. 146–148.

⑤ 关于"桃花石"名称的起源，参见张绪山《"桃花石"（Ταυγάστ）名称源流考》，《古代文明》2007年第3期；Xushan Zhang, "On the origin of *Taugast* in Theophylactus Simocatta and the later sources", *Byzantion* LXXX, Bruxelles (2010)。

以及辽灭亡后其余部在中亚建立西辽（1124—1218），使亚洲大陆上的其他民族如俄罗斯人、波斯人与突厥人熟知其族名契丹，并以此名称指呼中国。西辽灭亡以后，"契丹"之名沿袭下来，用以称呼中国。蒙古时代的欧洲旅行家游记（包括《马可·波罗游记》），都用Cathay这个名称指称中国，甚至在15世纪末哥伦布从事航海所寻找的国家仍然是Cathay。[①]近代以后，西方人终于明白Cathay与China实际上是同一个国家，从而实现了China与Cathay的接替。《东域纪程录丛》的目标是译注近代以前西方旅行家关于中国的记载，完成一本中西交流史的资料辑注，其中虽包含了古代作家的文献记载，但以中古之世—— Cathay之名居于主导地位的时期——的文献资料为多，这显然是裕尔著作标题选用Cathay的原因。

《东域纪程录丛》于1866年初版时分为两卷，1913—1916年修订时分为四卷，形成后来看到的规模，但增补的内容主要是注释，基本游记资料并无增加。第一卷分为两个部分，前一部分的内容主要是对本著作各卷所涉及的相关作者及其著作中关于东方特别是中国的材料的价值进行分析和评论，具有序论的性质；后一部分是古代、中世纪时期（西方）一些作家著作中关于中国的记载片段及其译注。其他三卷的内容分别是：第二卷为鄂多立克游记译注；第三卷是对这一时期派往印度、中国的传教士所写信函和报道，以及拉施丁、裴戈罗提和马黎诺里等人关于

① B. Laufer, "Columbus and Cathay, and the Meaning of America to the Orientalist", *Journal of the American Oriental Society*, Vol. 51, No. 2 (Jun., 1931), pp. 87-103.

中国记载的译注，第四卷是伊本·白图泰和鄂本笃游记的译注。从内容上看，新航路发现前所有西方作家关于中国的记载皆汇集于此四卷书中，加上另外译注的《马可·波罗游记》，亨利·裕尔基本上完成了西方古代、中世纪所有主要作家关于中国记载的搜罗和译注。现在我们所译出的是该著作的第一卷，即序论部分。

《东域纪程录丛》的出版是英国地理学界的大事，其影响在英国最为直接且显著。皇家地理学会主席默奇森（R. I. Murchison）在学会的年会上对该书多次表达高度的赞赏。1867年3月11日英国皇家地理学会在伦敦召开1866—1867年度会议，他在评论一篇研究中亚阿姆河的论文时，提到裕尔的著作说：大约从1300年到1500年这两百年的时间里，欧洲人拥有一种至今不可企及的手段了解中亚的地理；那时经常有使团从欧洲的宫廷被派往中亚的蒙古之地，这些使节大部分保留了其行程记录；地理学会的准会员裕尔上校最近对这些记载进行了综述，让公众读到了一部极有趣的著作（《东域纪程录丛》），对于这部著作，给予何种高度评价都不为过，对于地理科学的爱好者们，如何强烈地推荐这本书都不为过。[①]1865年阿古柏（Yaqub Beg，1820—1877年）入侵新疆，英国与英-印当局高度关注，中亚成为英国学术界的重要话题。1870年5月23日皇家地理学会召开1869—1870年度会议，默奇森谈到英国人在西域探险的成

① A. Boutakoff, “The Delta and Mouths of the Amu Daria or Oxus”, *Proceedings of the Royal Geographical Society of London*, Vol. 11, No. 3 (1866-1867), p. 115.

就,再次提及裕尔著作在增进西方人(尤其是英国人)西域历史地理知识的作用。他说:"我已经提到这个事实,即中国人控制'新疆地区'(Eastern Turkistan)大约有一百年,的确,他们最后一次征服这个地区只是始自上个世纪中叶,但是,作为中国势力古老性以及历久生命力的证据,注意到这一点不无意义:这个地区绝不是第一次成为中华帝国的一部分。我从裕尔上校的著作中知道,中国学者将中国向这个方向扩展势力追溯到公元前2世纪,公元前1世纪中国势力已经越过了勃律(Bolor),甚至远达里海岸边。在随后的时代,中国势力经历了巨大波动,但在7世纪的盛唐时代,勃律以东的整个地区都处在中国统辖之下;甚至在众山之西,延至波斯边境的各地区都表示归附,至少是在名义上按照中国的制度进行组织。成吉思汗及其后继者再次将'突厥斯坦'各国与中国置于同一个至上权威之下。在蒙古势力衰落以后,继起的中国本土王朝没有控制中国内地以外的领土,直到当今的清朝盛期时,'新疆地区'才第三次或第四次,也许是最后一次归统于中国。"①对于正在印度经营其统治、密切关注中亚历史地理的英国人而言,裕尔著作关于西域与中原政权的历史关系的论述,发挥了教科书的作用。1872年5月27日英国皇家地理学会召开1871—1872年度会议,授予他"奠基者金质奖章"(Founder's Gold Medal),以表彰他的《出使阿瓦宫廷记》、《东域纪程录丛》和《马可·波罗游记译注》为地理历史研究做出的

① R. I. Murchison, "Address to the Royal Geographical Society, Delivered at the Anniversary Meeting on the 23rd May, 1870", *Proceedings of the Royal Geographical Society of London*, Vol. 14, No. 4 (1869-1870), pp. 318-319.

贡献。[①]

《东域纪程录丛》是这一时期到东方活动的探险家的必读书目。以盗窃敦煌文书而闻名世界的奥瑞尔·斯坦因（M. Aurel Stein，1862—1943年）原为匈牙利人，在欧洲学习东方语言期间阅读了裕尔的《东域纪程录丛》与《马可·波罗游记译注》，对东方历史地理产生了浓厚兴趣。他于1884年前往英国从事研究，经人介绍结识了裕尔。经过裕尔推荐，1888年斯坦因到达印度，开始为英国效力。1900—1901年斯坦因到中国新疆于阗考察，随身携带着《东域纪程录丛》与《马可·波罗游记译注》。1907年他出版中亚考察报告《古代于阗》，在献词中写道：亨利·裕尔上校爵士是早期游记的阐释者，中亚历史地理研究的开拓者，其著作伴随着自己的中亚之行，故以极大的敬意将书题献给他。[②]

20世纪初，出版《东域纪程录丛》的哈克路特学会决定修订此书，将任务交给了亨利·考迪埃（Henri Cordier，1849—1925年，又译作考狄、高第）。考迪埃于1849年出生于美国的新奥尔良，三岁时迁居法国。1869—1876年旅居中国上海，任职于英国皇家亚洲学会华北分会图书馆。回国后任巴黎东方语言学院教授，是亚洲学会会员、皇家学会荣誉会员和法兰西学院会员，是重要的东方学刊物《通报》（*T'oung Pao*）杂志的创办人。考迪埃被公认为是西方汉学家中最伟大的先驱之一，尤其

① R. Maclagan, "Obituary: Colonel Sir Henry Yule", *ibid.* p. 111.

② A. Stein, *Ancient Khotan: Detailed Report of Archaeological Explorations in Chinese Turkestan*. Oxford: The Clarendon Press, 1907.

专长于中西关系史及文献目录之学，主要著作有《中国学书目》(*Bibliotheca Sinica*，又译《西人论中国书目》）五卷(1881—1924年)，《中国与西方列强关系史》(三卷，1902年)，《中国通史》(四卷，1920年)，等等，其中对汉学影响最大的是《中国学书目》，这部书将汉学发轫时期至1924年的汉学研究论著目录全部收入，为汉学研究者提供了一个极为方便的论著检索向导，是西方汉学文献学的奠基之作。考迪埃曾是《马可·波罗游记译注》1903年新版本的修订者，所以《东域纪程录丛》的修订任务也交由他完成。再版此书的原因，一方面是旧版在这几十年间差不多已经绝版，另一方面是这个时期西方列强对东方国家的殖民活动进一步增强，东方知识获得重大进步，汉学研究取得了巨大成就，有必要将新的汉学研究成果吸收到其中。考迪埃以中亚考古新发现和汉学研究的新成果加以补充，于1913年完成修订并交付出版。考迪埃的修订版反映了汉学研究的进步与发展，质量更上层楼。作为欧洲汉学研究的翘楚，考迪埃在晚年愿意花费巨大精力重新修订裕尔的《马可·波罗游记译注》和《东域纪程录丛》，说明这两部著作的学术价值，即使在汉学研究整体水准高于英国的法国汉学界，也是受到高度重视的。

《东域纪程录丛》充分显示了裕尔广博的东方人文地理知识和深刻、敏锐的考证、分析能力。有学者评论1913—1916年的新版本说："裕尔爵士为搜集到的各种文献所做的序言是稀有的丰碑，它包含着学问、不竭的奇趣与幽默……整个作品印在读者脑海中的念头是，为了解决文献中出现的众多难题——主要是地理名称的考证，文献作者可信度的确切评鉴——作者全力以赴，不遗余力。新的修订者的工作在各个方面对得起其前辈的作品。”[①]这种判断符合事实，已为学术界所公认。时至今日，书中所作的许多注释与考证依然被奉为经典之作，西方许多汉学家如布列施奈德（E. Bretschneider，1833—1901年）、戈岱司（G. Coedès，1886—1969年）、夏德（F. Hirth，1845—1927年）、伯希和（P. Pelliot，1878—1945年）、斯坦因（A.Stein, 1862—1943年）、赫德逊（G. F. Hudson，1903—1974年）、李约瑟（J. Needham，1900—1995年）等均加以引用。在20世纪上半叶的国际汉学界，法国东方学家伯希和是睥睨同辈的领军人物，有“学术警察”之称，对同代汉学家少有赞许，但对亨利·裕尔却明确表示敬意，称赞他“见识敏锐”（robuste bon sens）；对他的《东域纪程录丛》、《马可·波罗游记译注》和《英-印字汇》三部著作明确表示高度赞赏，在著作中时常加以引用，即使有所订正，也出之以尊敬与钟慕的口吻。[②]《东域纪程录丛》对西方汉学界的影响，由它的一再印行可见一斑。[③]

---

① D. S. Margoliouth, “Reviewed Work(s): Cathay and the Way Thither”, *The English Historical Review*, Vol. 33, No. 130 (Apr., 1918), pp. 268-269.

② 据他的学生和好友丹尼斯·西诺（Denis Sinor）说，伯希和平生最重视的汉学家有裕尔、马伽特（J. Marquart）、劳费尔（B. Laufer）和布列施奈德。见D. Sinor, “Remembering Paul Pelliot, 1878-1946”, *Journal of the American Oriental Society*, Vol. 119, 3 (1999), p. 469。

③ H. Yule trans. & ed., *Cathay and the Way Thither*, 1-4, Nendeln Liechtenstein, krans reprint limited, 1967; New Delhi: Munshiram Manoharlol Publishers Pvt. Ltd., 1998; Laurier Books Ltd., /AES, 2005.

三、我国学界对《东域纪程录丛》的接受与借鉴

我国学术界对这部著作的重视，表现在各代学者对它频繁而充分地利用。早在本世纪初，著名学者张星烺（1888—1951年）就最大程度地参考、利用过该书的研究成果。张星烺是中西交流史研究名家，编纂《中西交通史料汇编》数册，于1930年作为《辅仁大学丛书》之一印行，其中的西文资料主要采自裕尔此书，其考证结论也多借鉴该书注释。[①]当然，张星烺的著作在资料搜集考证上，尤其是在汉文原始资料的搜集考证上，已大大超过了裕尔和考迪埃，可谓后来居上，但裕尔和考迪埃的开拓之功不可埋没。

对于此书的认识，两位著名学者之间的一段讨论值得一提。冯承钧（1887—1946年）与张星烺为同代人，也是研究东西交通的著名学者，同时以翻译西方汉学名家（尤其是法国汉学名家）的作品名重学界。张星烺《中西交通史料汇编》出版以后，冯承钧撰文加以评论，认为张氏的《史料汇编》已将《东域纪程录丛》翻译大半，“原书所辑诸行纪，多为未识西文者所不经见之作品，诚有迻译之必要”，但他又认为“其中考证太旧，是一大

① 关于张星烺引述此书的得失，见邢义田《古罗马文献中的“中国”：张星烺〈中西交通史料汇编〉所录罗马记载“中国”译文订补》，《食货》（台）1985年第14卷第11—12期，第79—90页；又见《世界史研究》1985年第2辑，书目文献出版社，第27—38页。

缺点也”[①]。对此，张星烺并不赞同，撰文回应冯承钧的评论，认为“冯氏谓英人裕尔所著之《契丹路程》（即《东域纪程录丛》）书中考证太旧，鄙意甚不以为然。此书之第二版，经法人考迪埃之修订，出版于1916年，距今年十四年，距拙著脱稿之年1926年，仅十年耳。最近西洋著作家不言此书之旧，而学术落伍之中国人反嫌其旧，毋宁太过乎？”[②]冯承钧所谓裕尔书“考证太旧”的说法，可能是鉴于20世纪初西方（尤其是法国）汉学发展日新月异的状况。的确，在20世纪初期，东方学（包括汉学在内）的发展确实有令人眼花缭乱、目不暇接之感，但就中西交流史而言，类似的资料搜集与考证性著作，可堪其匹的名作似乎还不多，只有夏德、布列施奈德与沙畹等人的著作可与之相提并论。[③]但在1916年出版的修订的《东域纪程录丛》中，考迪埃已将夏德、布列施奈德、沙畹以及其他众多学者的研究新成果充分吸纳。因此，认为裕尔书中的“考证太旧”确实并不符合实际。除了游记搜

① 冯承钧：《评〈中西交通史料汇编〉》，见张星烺《中西交通史料汇编》，第六册，中华书局1977年版，第447页。

② 张星烺：《答冯承钧〈评中西交通史料汇编〉》，见张星烺《中西交通史料汇编》，第六册，第457—458页。

③ F. Hirth, *China and the Roman Orient: Researches into Their Ancient and Medieval Relations as Represented in Old Chinese Records*, Leipsic & Münich: Georg Hirth, Shanghai-Hongkong: Kelly & Walsh, 1885; E. Bretschneider, *Mediæval Researches from Eastern Asiatic Sources*, London: Kegan Paul, Trench, Trübner & Co. Ltd., 1910, 2 vols；É. Chavannes, *Documents sur les Tou-kiue (Turcs) occidentaux*, Paris: Librairie d'Amérique et d'Orient, Adrien-Maisonneuve, 1903；夏德与沙畹的著作已译成中文，见〔德〕夏德《大秦国全录》、朱杰勤译，商务印书馆1964年版；〔法〕沙畹：《西突厥史料》，冯承钧译，上海商务印书馆1934年版；布列施奈德《中世纪研究》未有中译本。

集的完备程度，裕尔在名物训诂方面所做的研究，并未随着时间的流逝而失去其有效性，这是可以肯定的事实。

《东域纪程录丛》确实表现出了持久的生命力：张星烺的巨著出版以后，它仍于1938—1939年在我国以影印形式出版，由文殿阁书庄发售。[①]1966年、1972年又两次在台湾重印。[②]此后学者研究中西交流史，或依靠张氏撷取的内容，或直接取自裕尔之书。至于参考引用，更是代不乏人。朱谦之[③]等重要学者在其著述中都曾充分利用了裕尔的成果，根据自己的研究提出批判与补充。尤其是，在近些年出版的中西交流史研究的著作和文章中，它仍被列入重要参考书之列。该著作学术生命力的持久不衰，在很大程度上是缘于其最突出的特点：对基本史料相对完备的搜集保存，及对众多地理历史难题的扎实考证。

长江后浪推前浪是学术发展的规则，但就具体的人文学术成果而言，这并不意味着旧的成果就失去了其价值。大凡配得上“名著”称号的学术著作，多半不会随着时光流逝而进入故纸堆，相反，其学术价值往往在经受历久的审视与批判之后更显示其灼灼光辉，成为学术研究的永久性的支撑点或标杆，推动人们去

① 〔英〕裕尔编译，〔法〕考狄补订：《东域记程录丛》第1—4册，文殿阁书庄1938—1939年版。

② H. Yule & H. Cordier, *Cathay and the Way Thither*, I-IV, reprinted by Ch'eng-wen Publishing Company, Taipei, 1966; 1972.

③ 朱谦之名作《中国哲学对欧洲文化的影响》草创于1936年，完成于1938年，出版于1940年（商务印书馆），所列参考书中，中西交流史部分位居首位的参考书就是裕尔-考迪埃的《东域纪程录丛》（译作《契丹纪程》）。见朱谦之《中国哲学对欧洲文化的影响》，河南人民出版社1999年版，“前言”第4页。

实现新的超越。很显然,《东域纪程录丛》完全可以当之无愧地进入这样的作品之列。

当然,以今天的眼光和标准看,《东域纪程录丛》的某些考证结论似乎已是常识,但我们不能忘记,人们的这些“常识”也许正是出自这部作品,经前辈学者的介绍而为我们所熟悉;即使书中有些观点已有过时之感,但仍不失为一家之言。最重要的是,它对西方原始资料的搜集整理,即使在今天看来,仍不失较为全面、完整。另外,随着中外学术交流的扩大,我国学界对中外学术交流史的研究日益重视,对于研究汉学发展史的学者,了解各个时期具有代表性的汉学著作,是非常必要的。《东域纪程录丛》作为一部汉学名著,不仅具有学术价值,而且具有一定的史料价值,至少具有“立此存照”的意义。它让我们能够具体了解在西方汉学发展史上,19世纪下半叶英国汉学家的研究成果的气象与水准。

不过,《东域纪程录丛》毕竟出版于一个半世纪以前,其修订版距今也有一个多世纪。作为一个半世纪以前的著作,它显得有些陈旧。从写作体例上讲,《东域纪程录丛》内容繁多,有时译注者为澄清一个问题,不惜在注释中引经据典、旁征博引,使得全书注释多于正文,正文淹没在注解中。这虽可使读者对正文内容获得较为透彻的理解,但同时也造成阅读上的不方便。尤其应指出的是,裕尔和考迪埃虽为当时汉学研究的名宿、硕学博闻之士,但二人均不通晓汉文,这在一定程度上限制了二人发挥更大的作为,尽管他们已经尽其所能,最大程度地利用了译为欧洲语言的汉文史料。此外,裕尔一生从未到过中国,缺乏亲身游历中国带来的直观感受，这一缺憾对于他的历史地理考证带来不利影响，限制了他个人所固有的将实践阅历及见闻转化为学识的突出本领的发挥。可以说，未能充分利用丰富的汉文史料，以弥补西方史料的遗漏和偏颇，是该著作难以避免的重大缺憾。[①]鉴于这一点，我在翻译过程中，尽可能指出一些明显的错讹，并将相应的汉文史料补入一些。不过，考虑到这是一部翻译著作，理应保存原貌，而且有关中西交流史的汉文史料，读者较容易从相关著作中获得，没有必要全部移置于此。更何况译者学识谫陋，以犬畎耕，不胜其力。《东域纪程录丛》没有淹没在一个半世纪的学术尘埃之中，至今仍然发出光芒，受到学者们的重视，这一事实本身已足以说明其学术价值了。对于译文中的不当和错讹之处，欢迎批评。

张绪山

2020年6月

① E. Bretschneider, *Mediæval Researches from Eastern Asiatic Sources*, Vol. I, London: Kegan Paul, Trench, Trübner & Co. Ltd., 1910, preface, p. vi.

目　　录

献词和前言 vii

——致哈克路特学会主席洛德里克·I. 默奇森爵士

尊敬的洛德里克爵士：

向蒙善待，获允将本书题献给您，不胜荣幸。此书意在阐明中世纪的亚洲地理。对地理学会和哈克路特学会尊贵的主席而言，这个主题毋须做任何解释，因为他比任何人更有权利说“*nihil geographicum a me alienum puto*”（我对于任何地理知识均不生疏）。

按原来的设想，这部作品只包括鄂多立克修士，或许还有另外一位旅行家的游记。不太著名的中世纪作者留下了各类有关中国的断篇残章，这些作品可以彼此阐明，对《马可·波罗游记》的研究大有启发，且这些作品尚有一些不为英国读者所了解。有鉴于此，将这些作品全部汇集起来，尽我所能进行全面彻底的编注，就是一件值得做的事情。我从未冒昧地设想将马可·波罗纳入这些作家之中。也许有足够的余地为这位中世纪旅行家之王
编一个新的英文本；但他有权享有自己的天空，不与这些小行星 viii
并列。在这几卷书里，我们的目标是完成这样一部著作：这部作品对于马可·波罗的游记的关系，就如同不太有名的希腊地理家

的作品集对于托勒密著作的关系。

这项工作展开时，我所得到的必要条件，远不如近来的境况，或者说，这项工作几乎是没有人尝试过的。我读到的资料确实都有助于说明我关注的各位作者，但巴勒莫不是伦敦，也不是巴黎，一本主要著作的付阙，经常使我对一个难题的研究停滞不前，其情形就像一个旅行者在设计一个复杂的行程时，由于其交通导示图上出现的一块黑污点而受阻，被迫在几条线路上停顿下来。

我痛苦地认识到，对于下文探讨的许多论题，没有什么东西可以补救真正的东方知识的缺乏。多年来我对印度斯坦语的一定程度的了解，对基础波斯语的一些记忆，一直有些用处，但有时它们可能已使我误入歧途，就如同昏暗的灯光易于使人迷路。

在我所涉及的作家中，英国读者多少已经接触到鄂多立克、伊本·白图泰和鄂本笃的著作。鄂多立克的著作，读者可以读到哈克路特版本；伊本·白图泰的著作，读者可以读到李（Lee）对一个阿拉伯文略本的翻译，而对于鄂本笃的著作，人们可以读到阿斯特利（Astley）汇编中的叙述。

自阿斯特利的著作发表以后，120年过去了，对于这位勇敢的耶稣会士穿行过的地区，我们的知识虽仍然有许多巨大的空白，但已大大扩展；然而，据我所知，另外两位旅行家的著作还从未有人进行系统编订；譬如说，从未有人打算对他们的游记进行评注，
ix 以期考证出他们访问过的地点，澄清或鉴明其记述中的错讹。

关于伊本·白图泰的游记，像约翰·班扬（John Bunyan）的拉丁文译本一样，“我的译本转自阿拉伯文”；我没有借用李

的译本，而借用了德弗里麦里（M. M. Defrémery）和桑圭奈蒂（Sanguinetti）未删节的游记法文译本。虽然借用了译文，但评注没有借用；我认为，对于这位有趣的旅行家，我的评注会提供一些新的见解。

在本书征引的其他作家中，自负、聒噪但又颇为诚实的约翰·德·马黎诺利是最引人注目的。他的作品曾很偶然地被埃默森·坦南特爵士所引用。对于坦南特爵士，很少事物能逃脱他的目光。如果不是坦南特注意到他，我想他在英国是不会为人所知的。

本书所收录的每一位作者，在讲述他们的故事前，都将在适当的位置得到介绍，这里就不需要对他们逐个多费笔墨了。

对文中出现的重复，我无须辩解。在一本汇编而非选集中，重复不可避免。但在注释中有时也出现重复，则将是可怕的。对这种情况，我请求宽宥。我的住处离印刷厂很远，除此之外，迫于条件，前面的稿件交付印刷厂数月后，后面的部分才告完成，所以我无法对整个著作进行通贯地修改。

一些好心的朋友不惮其烦地向我提供参考书，或解答与本书相关的问题。我对他们表示热诚谢意；但这里我将只提及梅杰（Major）君和马卡姆（Markham）君；承蒙二位好心，他们还依次检读了排印中的修改稿校样。

我相信自己付出的巨大劳动不会白费。我已经尝试着将 x
一个宏伟主题的一个别具一格的方面比较充分地呈现出来，这个主题在过去所有时代都一直保持着独特的魅力。赛里斯人（Seres）居住在东方大洋岸边过着与世隔绝、平和而富足的生活，我们可以看到，对于跨越亚洲传来的有关赛里斯人的缥缈的传说，古代的人们已多少感受到它们的魅力。马可·波罗的游记、鄂多立克的游记，以及曼德维尔的著作——鄂多立克游记的剽窃品——的手抄本和译本的大量出现，说明这些旅行家所讲述的契丹国（Cathay）所具有的庞大的人口、巨大的财富、发达的艺术、秩序井然的文明，对中世纪的基督教世界产生过同样的吸引力。当葡萄牙人的发现向人们展示中国（China）之时，这种魅力之火再次燃烧起来，许多人和一位古怪的耶稣会士一起，惊诧于上帝何以对一群异教徒如此慷慨。[①]近三个世纪之久的知识偏缺没有减弱这种魅力。近些年对中国情形的熟悉已产生了众所周知的结果，对一个衰败中的文明所做的进一步考察已显示出，在这个庞大而奇妙的结构的核心，现在存在着多少腐朽的成分。

我们知道，在文明和创造力上久已度过巅峰状态、同时在人口和精神力量上也在走下坡路的一些群体，其前途似乎是不难想象的。但在中国这样的国家，道德、思想的衰败和混乱，却伴随着人口的巨大增长，几乎达到世界人口的三分之一；对它的前途命运做出估计，确实是很难的。基督教势力是一些民族的神圣复兴力量，它至少三次进入中国，尽管有时是以极不完备的形式
xi 进入的。两次似受到扼制而熄灭，另一次则是被曲解利用。未来属于上帝。对于聚拢在世界上空的云霭，中国与之息息相关。这

① “Cur Deus tot bonis infidelem sibi Chinam beaverit?” Kircher, *China Illustrata*, p. 165.

个帝国的历史与迦勒底最古老的国家同样悠久，它现在似乎正在走向崩溃。从前它经常分崩离析，又聚而复合；它经常被征服，却又挣脱枷锁、获得自由，同化了征服者。而征服者却从他们入侵的这个国家获得了它拥有的文明。正在搅动着这块土地的内部骚动，遇到了源自西方的新异力量。谁能预测这个神秘过程的结局是什么？

谨致问候

H.裕尔

1866年7月23日于巴勒莫

第二版序言

《东域纪程录丛》两卷于1866年出版。这是亨利·裕尔爵士为哈克路特学会编纂的第二部著作。几年前(1863年),裕尔曾译注过乔达努斯修士的《东方奇闻录》(*Mirabilia Descripta*)。这两部著作很长时间已绝版,《东域纪程录丛》的副本间或出现在书商的目录表上,索价奇高。长期以来它一直是所有古代中世纪远东研究者的便览手册,对于这样一本书,我无须加诸赞美

6 之词。大家都承认,对于所有不仅感兴趣于中国、中亚历史地理,而且感兴趣于广泛的亚洲历史地理的人们,《东域纪程录丛》都是必备的研究指南。这本书问世时,几乎囊括了当时西方人所知道的有关东方历史的全部知识,尽管这位博学的编纂者谦逊地使用了《中世纪中国闻见汇编》(*A Collection of Medieval Notices of China*)这一副标题。1866年以来,由于新地域的发现和人们在迄今未被充分研究的国家中所做的旅行,科学,特别是地理学获得迅速发展;裕尔本人在他1871年初次印行的巨著《马可·波罗游记译注》的新版本[①]中,已加入了大量新材料,但

① *The Book of Ser Marco Polo: the Venetian Concerning the Kingdom and Marvels of the East*, London, 1875; 伦敦1903年版是该书第三版,也是公认最好的版本,2017年上海中西书局影印出版了这个版本,题做《马可·波罗之书》(上下)。——译者

未对《东域纪程录丛》进行补充。所以,有必要编辑新的《东域纪程录丛》,将所有最新资料搜罗进去。我曾是《马可·波罗游记译注》第三版的编订者,大家认为我有特殊的资格来完成这项新任务。我的故交、博学的哈克路特学会主席马卡姆爵士,要我担当修订《东域纪程录丛》的重任。我愉快地接受了这一提议,借此机会表达我对裕尔其人的敬慕之意,对这位早已大名鼎鼎的地理学家的钦佩之情。 xiii

这里可以重述一下我在《马可·波罗游记译注》第三版前言中说过的话:"对于亨利·裕尔爵士的注释,我几乎未做任何删除,只是做了很少的变动。只有在最近的资料证明他有错的情况下,我才这样做。我对裕尔的注释做了补充,希望这些补充被证明是有用的新材料。"在修订《东域纪程录丛》时,我尽可能坚持这些原则,但是,人们可以看到,除了附加众多注释外,有必要在序论中[1]增加一章,以最近研究成果为基础论述中亚,以及少量补充性注释;关于中国人对罗马帝国知识一章的开头部分已全部改写。新增加的材料已使这部著作的篇幅变得很大,所以将它印成四卷,而不是两卷[2]。

除了《马可·波罗游记译注》一书前言提到的一些著作,还应补充的是,奥瑞尔·斯坦因爵士有关他在中亚所做旅行及其发现的论述,我的同事和朋友沙畹教授论述西突厥的富有学术价值的著作,聪慧的年轻学者伯希和教授为我补充的众多价值极

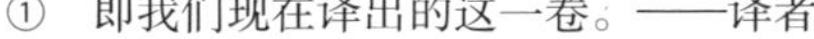

① 即我们现在译出的这一卷。——译者

② 我个人增补的部分以[ ]标出。

高的注释。我还可以提到其他许多著作,但人们将在注释或第四卷末尾所附的书目中看到这些著作。

xiv 哈克路特学会委员会和尊贵的学会主席选择我负责修订新版《东域纪程录丛》,于我当视为殊荣,对此我表示感谢;同时我也要感谢埃米·弗朗斯·裕尔(Amy Framces Yule)小姐,她允许我从《马可·波罗游记译注》第三版复制了她父亲的肖像。对剑桥大学出版社为出版本书付出的劳动,谨表谢忱。

亨利·考迪埃

1914年10月于巴黎

假如我们把中国想象成一个孤立的帝国，一个在亚洲边缘、与世界其他地区隔离开来的帝国，一个永远拒绝外国人进入其中、对外关系只限于与最近的相邻民族有着旅行交往的帝国，那么我们对于中国的观念将是很不正确的，而读该国历史的时候，将只能获得很不完备的观念。

——阿贝尔·雷慕沙

1 第一章　东西交流最初的遗迹。希腊罗马的中国知识

1.不同时代陆、海两路对中国的双重称谓。2. China名称的起源；这个名称所代表的人民和国家似乎自古即为印度人所知，但与这种起源不相符。3.中国人对中西交流最早的见闻；被认为来自迦勒底的使者。4.中国、波斯关于古代交流的巧合性传说。价值不高的关于中国的波斯传说。5.可能来自远国埃及的团体。所谓埃及古墓中发现中国瓷瓶。6.先知以赛亚的Sinim。7. Chin或China后来传至希腊和罗马，当时的形式作Thin、Thinae、Sinae。8.这些名称确指中国。9.使用这些名称的古代作者。托勒密和《厄立特里亚海周航记》作者所记中国位置的差异。10.赫拉克利亚的马希阿努斯；其著作只是托勒密著作的概要，但更简明地说明了托勒密的观点。11. Seres比Sinae更为常见；起初朦胧地被诗人提及；梅拉和普林尼笔下更为明确，其内容描述中国。12. 托勒密；其记载中的Sera和Serice。对二者的精确描述非其知识所及；他是从陆路上观看中华帝国；没有识辨出东方的大洋，此点远逊其前辈作家。13.阿米阿努斯·马赛利努斯；所记赛里斯人（Seres）地理只是解释托勒密的著作。

认为他提到了长城是错误的。14.概观古代对赛里斯人的认识。这些特点几乎均符合中国人的性格和实际。普林尼赞美中国铁。15.罗马史上与赛里斯人直接政治交往的唯一记载。16.我们不能要求古人对如此遥远的地区有精确的认识。托勒密资料的模糊、混乱不可避免。17.中国人和罗马人的彼此认识在见解和错误上具有相似性。18.“赛里斯”一名与丝绸有关。语源问题。历久盛行的关于丝绸性质的错误认识。但有人掌握例外的知识；包撒尼亚斯的记载。古代地理知识的起伏变动；阿拉伯人中存在相似现象。19.中国人记载的古代中国同欧洲的丝绸贸易；拜占庭作家记蚕种传入事；二者情形相符。文中所述的蚕种输出地尚不明确。20.希腊作家关于中亚突厥部落的片断中存在的希腊历史与中国历史间有趣的联系。6、7世纪希腊作家有两处非凡的记载。21.希腊作家中的第一位：科斯马斯的记载和著作。22.科斯马斯对中国地理方位的正确认识。23.科斯马斯对中国的称呼；他了解丁香国的大致位置。24.另一位希腊作家塞奥费拉克图斯·西摩卡塔：他称中国为“桃花石”（Taugas）。25.塞奥费拉克图斯著作节录及注释。26.对这段记载的评论；“桃花石”一名可能代表的名称。27.此后拜占庭地理学进入黑暗状态：查尔康德拉对中国的记载可以为证。

1. 不同时代陆、海两路对中国的双重称谓。

我们称之为中国的这个幅员辽阔的古代文明之邦，在西方人看来，总是朦胧若庞然大物；尽管相距遥远，但还是形成巨大的视角。我们发现，在不同的时代，它或者被视为沿亚洲巨大的半岛和岛屿形成的南部海路的终点，或者被视为横穿亚洲大陆北方陆上通道的终点，依照上述情况它以不同名称被区别开来。

在前一情况下，它几乎总是以“秦”、“秦奈”、“支那”（Sin、Chin、Sinae、China）之类名称见称；在后一种情况下，这个地区在古代被称为赛里斯国（Seres）；中世纪为契丹国（Cathay）。

2 2. China名称的起源；该名称所代表的人民和国家似乎自古即为印度人所知，但与这种起源不符。

就像其他许多与远东贸易和地理相关的词汇和名称一样，Chin这个名称被认为是经由马来人传下来的，马来人以秦朝（Ts'in）之名称呼这个东方大国。公元前2世纪稍早的时候，秦朝建立过为时短暂但却强健有力的统治，将中国境内所有的邦国统一于它的统治之下，其征服活动大大超越了南方和西方原有的疆界。

不过，我们有理由相信，“支那”（China）一名在更早的时候即已使用，因为《摩奴法典》和《摩诃婆罗多》已提到它。《摩奴法典》和《摩诃婆罗多》都是早于秦帝国许多世纪的作品[①]。《摩

① Lassen, i, 857–858; Pauthier, *M. Polo*, p. 550. 波迪埃说：“我将另文证明，《摩奴法典》的说法含有部分真理；在公元前一千余年前，人们从印度迁往中国最西部的陕西省，在当地组成了一个名为Thsin的国家。Thsin与China为同一个字。”值得注意的是，如波迪埃所指出，日本诸地图也使用China一名（Pauthier, p. 449）。

奴法典》中称，“支那斯”（Chinas）是一个堕落的刹帝利种姓。虽然两部作品中所显示的这个国家的地理位置确实很不准确，但在缺乏与此相悖的客观证据的情况下，似乎有理由相信，对当时的印度人来说，“支那”（China）这个名称所代表的就是现在的中国；同时，印、中两国天文学体系的一部分内容也极有力地显示，中印两国古代的交流源远流长；这些交流如此古老，甚至在中国的影响深远的史书中也失记了[①]。

远古时代的印度人究竟是否知道中国人，与他们是否以
Chinese之名知道中国人，当然是两个不同问题。但如果可以证 3
明他们一定相互了解，那么，很有可能，一个国家文字中的“支那”名称就是指另一个国家。这个名字可能与秦朝有关，或者与某个具有类似王朝称号的国家有关；因为秦国曾在陕西这个地方从公元前9世纪就开始行使统治；而在更早的时候，中华帝国分裂成许多小国时，其中有晋（Tsin）和陈（Ching）。[②]

［亨利·裕尔爵士在《英-印字汇》第196—197页再次提出China名称问题：

“欧洲人以Thinae和Sinae形式知道这个名称，可追溯到公元时代。人所广知，先知以赛亚提到Sinim是在更久远的时代，但它指中国人的可能性恐怕必须摒弃，古代梵文作品中Chinas一名大

① 见Lassen, i, 742以下。［“伊本·卡尔比（Ibn al-Kalbi）追随Aš-Širki说，中国被称作Čin，是因为Čin和Baghar是巴格布尔雅发特（Baghbar ibn Kamād ibn Yāfath，即Japhe）的两个儿子。” Ferrand, *Textes*, p. 207, Yākūt.］

② 晋国治在山西，其统治期为公元前1106至公元前676年，后以其他名称行使统治；陈国在河南，统治期为公元前1122年至公元前477年。见Deguignes, i, 88, 102, 105; Lassen, i, 857; St. Martin, *Mem. sur l'Armenie*, ii, 51。

概属于同样情况。China在根本上是外国人对中国的称呼，这个名称最可能的起源，是李希霍芬（F. von Richthofen）男爵提出的观点，即此名源自东京的旧称‘日南’，理由是，公元初日南境内有中国对外贸易的唯一的开放口岸，并且日南郡当时在行政上隶属中国（见Richthofen, *China*, i, 504–510；同作者在*Trans. of*
4 *the Berlin Geog. Soc.* 1876发表的各篇论文；以及本书作者之一在*Proc. R. Geog. Soc.* November, 1882发表的文章）。

“我们的朋友拉古伯里（T. Lacouperie）在一个详细的注释中提出另一种观点，对此我们只能述其大略。虽然他非常赞同交趾即东京（古音读作Kiao-ti）就是托勒密（Ptolemy）著作中的喀提卡拉（Kattigara）的观点，但他否定Sinae源自日南的见解，其主要根据有二：（1）日南不是交趾，而是远在其南的一个郡，相当于现代的安省（Nghé Ane，在达特莱威尔·德莱茵斯的地图上，其首府在河内以南纬度2度17分左右）。这在安南官方地理志上记载得很清楚。1820—1841年以前安省一直为交趾支那的十二省之一，1820—1841年它与其他两省一并归于东京。而且，在《中国历史地图集》中，日南属交趾支那。（2）汉代的文献证据显示，日南的古音为Nit-nam，在中国–安南语（最古老的中国方言）中，仍然读作Nhut-nam，在广东话中读作Yat-nam。拉古伯里君进一步指出，中国物品的输出，中国与南方和西方的交通，在公元前数世纪里由滇国（Tsen）垄断控制（滇在中国–安南语中读若Chen，在中国官话中读若Tien）。滇国相当于现代云南省的中、西部。司马迁《史记》（作于公元前91年）和《汉书》在这方面做过有趣的记载。张骞从大夏带回消息说，蜀地（四川）

商人前往印度经商，汉武帝遂派遣使者寻找蜀商走过的道路，滇 5
王党羌阻挡使者，拒绝使者过境，骄狂地问：'汉孰与我大？'

"拉古伯里君认为，滇国与海的唯一通道是红河，与滇国进行海上贸易的商埠位于红河口的交趾，即喀提卡拉。所以他认为，这个控制各商路的强大而傲慢的滇国之名，很有可能将Chin、Sin、Sinae、Thinae播向远域，甚至在公元2世纪大汉帝国将势力扩张到红河口时，仍为外国人提起。

"对于这一观点宜多加审视，目前我们还没有做到这一点。但我们肯定会在其他地方加以讨论，它没有妨害李希霍芬对喀提卡拉的考定。"]

《英-印字汇》一书的新任编者威廉·克鲁克（William Crooke）君补注如下：

[翟理斯（Giles）教授认为，李希霍芬和拉古伯里的观点只不过是猜测而已。他对这个问题进行新的研究，得出的结论是，这个名称可能来自秦朝（Ch'in、Ts'in）；秦朝存在于公元前255—前207年，其名远播于印度、波斯和其他亚洲国家，其尾部的a是由葡萄牙人添加的。]

现在我们要补充的是：

[伯希和教授（P. Pelliot, *Bul. Ecole Franç. Ext. Orient*, iv, 1904. p. 144 以下）不赞同李希霍芬的观点；他指出，日南是汉朝东京分成的三个郡（交趾、九真和日南）最南部的一个；汉朝的主要
统治机构设在交趾，即红河三角洲，马尔库斯·奥勒略[①]的使节 6

① Marcus Aurelius Antoninus（121—180年），罗马皇帝，《后汉书·西域传》作"大秦王安敦"。——译者

可能即从此地登陆；日南的发音在当时作ñit-nam，这个读音中不可能有托勒密记载的Sinae；印度人确知的Cina或Chinas无疑是指中国人。关于拉古伯里的理论，伯希和认为，没有证据说明滇国由海路与红河保持联系；他认为帕德莱·马丁尼（Padre Martini）所提出的China名字来自秦王朝（公元前249—前207年）[①]的观点，仍然较有说服力，也似乎符合中国本身的传说。]

[不久前，赫尔曼·雅各比（Hermann Jacobi）教授在他的论文*Kultur-, Sprache-und literarhistorisches aus dem Kautiliya*（*Sitz. K. Preuss. Akad.*, xliv, 1911, p. 961）中得出结论说："公元前300年Cīna一名肯定是中国的称号，所以China一词来自秦朝（公元前247年）的观点必须摒除。另外，注意到这一点也很有趣，它证明公元前4世纪中国丝绢已出口到印度。"这一结论基于一个事实：雅各比教授发现，《政事论》（*Kautiliya*）提到了China，特别是提到丝绢产于China。这部著作的作者是公元前320—前315年在位执政的印度笈多王的著名大臣，他的著作应在公元前300年左右或者早几年完成。雅各比教授认为，这一事实提供了一个牢固的年代基础。芝加哥的劳费尔（B. Laufer）君采纳了雅各比教授的见解，总结说："在中国人定居广东省和
7 南部沿海一带以前，Cīna作为古代（大概是马来人使用的）名称表示这些地区，不是不可能的。"（*T'oung Pao*, Dec. 1912）。伯希和教授指出，甚至在汉代，匈奴仍称中国人为"秦人"；"秦"是古代中国西部民族称呼中国的名字；后来中国又被称为"桃

① 原文如此。——译者

花石”（Ταυγάστ，见于公元7世纪塞奥费拉克图斯·西摩卡塔［Theophylactus Simocatta］的记载；同时期的突厥碑写作Tabγač），辽（916—1125年）时又被称为契丹（K'i tan）。我认为，在找到进一步的证据前，我们可以支持China之名来自秦朝的传统语源论。（同上）］

3.中国人对中西交流最早的见闻；被认为来自迦勒底的使者。

中国和西方各国的史书和传说保存着古代交流的其他迹象。据称，太戊（公元前1634年）时，76个国家的使者携重译自远域来到中国朝廷。[①]

据中国史家称，在更遥远的黄帝——传说中的五帝中的第三位——时期（公元前2697年），发明各种技艺的匠人从昆仑附近的西域各国来到中国。[②]尧时（公元前2356年）南方的越裳氏人遣使来贡，献“千岁神龟”，其背纹文若奇怪之蝌蚪文，叙述
世界初始以来的历史。尧命人录之，此后遂以“龟历”著称[③]。这 8
个国家还在公元前1110年（成王统治时期）向中国遣使。[④]越裳

① *Chine Ancienne*, p. 76.［Lacouperie, *Chinese Civilization*, p. 383写道：“公元前1538年，太戊二十六年，有人自焉耆附近的一个西域国来，王孟受命携礼前往该国，并见西王母，获其珍贵香脂。”］

按：《竹书纪年》卷上：“太戊遇祥桑，侧身修行。三年之后，远方慕明德，重译而至者七十六国。商道复兴，庙为中宗。”——译者

② *Ch. Anc.*, p. 29. 按：依中国史书，黄帝常为五帝中的第一位。——译者

③ 此见《述异记》卷上。——译者

④ 《书经》和司马迁均未提及公元前1110年交趾（交趾支那）的这次遣使；提到它的是《汉书》和《后汉书》；周公发明指南车被认为与这次传说中的遣使联系在一起。参见Legge, *Chinese Classics*, III, ii. pp. 536-537；Pelliot, *Fou-nan*, pp. 58-59。

按：参见《中华古今注》卷上。——译者

氏意为“穿长袍的人”（像亚述碑中刻画的人物一样），蝌蚪文类似楔形文字；且注者说其国经扶南①和林邑②（即现在的暹罗），经一年始达中国，波迪埃（Pauthier）由此推测这些使者来自迦勒底③。

4.中国、波斯关于古代交流的巧合性传说。价值不同的关于中国的波斯传说。

不过，印度以西各国的独立传说中，保存了极早与中国的
9 交往，这种传说异乎寻常地得到了中国史书的佐证。波斯的传奇史中谈到，古波斯的著名国王雅姆什德（Jamshid）与马秦（Máchin，即大中国）国王马亨（Māhang 或作Mahenk）的女儿生育了两个女儿。④有人（没有根据地）认为，马亨就是周穆王；

① ［扶南在高棉国，被真腊（柬埔寨）征服。参见Pelliot, *Le Founan* (*Bul. Ecole Ext. Orient.*, April-June, 1903)。］

② ［林邑即占婆国。］

③ *H. des Relations Politiques de la Chine*, etc. pp. 5-7.［拉古伯里殚精竭虑想证明中国文明起源于西亚，特别是巴比伦和埃兰（Elam）。虽然他阐明了一些特殊问题，但汉学家们并不接受他的理论，有时相当粗暴地加以拒绝。拉古伯里汇集自己的论文，以《中国早期文明西方起源论》（*Western Origin of the Early Chinese Civilization from 2300 BC to 200 AD*, London, 1894）为题发表。他认为，黄帝即是文明化的Bak Sings族的首领，他从西方来到洛河河畔，公元前2282年死，在位十五年。*l.c.*, p. 381。关于所谓的Bak族，见C. De Harles, *T'oung pao*, 1895, p. 369。］如果我没有记错的话，Rawlinson, *Ancient Monarchies*提到的一些迦勒底铭文，被认为是公元前2000年或更早时期的作品，但我手头没有劳灵逊（Rawlinson）的书作参考。［新的研究使我们至少可追溯到公元前3000年：纳拉姆辛（Naram Sin）铭文制作于此时。］

按：纳拉姆辛执政时期约在公元前2291—前2255年。——译者

④ ［雅姆什德“与Zaboulistan 国王的女儿Peritchehreh生育了一个儿子，名叫Tour；与马秦国王的女儿Mahenk生育了另外两个孩子，叫Betoual 与Humayoun。”（Jules Mohl, *Modjmel al-Tewarikh, Journ. Asiat.*, fév. 1841, p. 155.）无须强调这个故事的传说性质。］

穆王于公元前1001—前946年在位，活到104岁。中国史书称，穆王在公元前985年到遥远的西方各国做过旅行，并带回了能工巧匠和各种天然珍宝[①]。

古代波斯传说确实经常提到中国，但是这些传说似乎主要是通过费尔杜西（Ferdusi）的诗篇流传下来，所以对其中提到的有关中国的内容，大概不应过分强调。无论如何，以下内容应作如是观：佐哈克（Zohak）遣人追踪雅姆什德至印度、中国境内；费里丹（Feridun）将鞑靼（Tartary）及中国之一部赐于次子图尔（Tur）；凯考巴（Kaikobad）之子西雅沃什（Siawush）娶阿弗拉西阿布（Afrâçiâb）之女费林吉斯（Feringees），阿弗拉西阿布以中国（中国鞑靼地区？）及和阗为嫁妆相赠；凯库斯老（Kai Khusru）（即Cyrus）年幼时，阿弗拉西阿布遣其渡中国海，吉维（Jiv）在中国境内遍寻凯库斯老，历尽艰辛；在凯库斯老和鲁斯图姆（Rustum）对阿弗拉西阿布的战争中，鲁 10
斯图姆擒获乘白象作战的中国皇帝；凯库斯老的继承人洛拉斯普（Lohrasp）从鞑靼和中国的君主们那里征收贡物；古施塔斯普（Gushtasp）（即Darius Hystaspes）与鞑靼王阿尔甲斯普（Arjasp）作战，追至其国都，在那里获杀之。[②]

---

① Jules Mohl, *Modjmel al-Tewarikh, Journ. Asiat.*, pp. 14–15及*Chine Ancienne*, pp. 94以下。［传说中的穆王西行，《穆天子传》有记载。*China Review*, xvii, pp. 223–240, 247–258有艾特尔（Eitel）的译文。关于穆天子和西王母的传说，参阅Chavannes, *Se-ma Ts'ien*, ii, pp. 6–8 note; Lacouperie, *Chinese Civilization*, pp. 35, 77, 384。拉古伯里注，公元前986年“周穆王游吐鲁番、焉耆、裕尔都斯高原和更远地区，可能到达疏勒，他带回了一些能工巧匠，学到了镶铁和制造人工宝石的技术等，还从和阗-叶尔羌带回了玉石，还有牵线木偶及其他东西，从瓦罕带回了琥珀。”］

② Malcolm, *H. of Persia*, I, 1815, pp. 21, 46以下。

5.可能来自远国埃及的团体。所谓埃及古墓中发现中国瓷器。

一个有趣而幽晦的传说提到,成王亲政三年(公元前1113年)有泥离人由海上来朝[①],波迪埃认为,这些来访者来自尼罗河畔[②]。这种见解也许从所谓埃及十八王朝墓中发现中国瓷瓶得到某种程度的强化,但就我所知,伯奇(Birch)博士已经证明这些瓷器并非产于上古时期[③]。

6.先知以赛亚的Sinim。

至少前文所搜集的一些事例可以说明这种情况大有可能:先知以赛亚所说的Sinim——如《以赛亚书》内容所示,这个名称表示极东或南的某个民族——应该真正地被理解为:它所表示的就是中国人[④]。

① 此见于《拾遗记》卷2。——译者

② *Chinese Ancienne*, p. 85.[拉古伯里评论说:"儒莲后来建议将泥离国考定为印度的纳拉城(Nala),但是该城是由阿育王(Asoka)所建,比文中报道的事件晚了八个世纪,且它的名称以汉文写出,其音读迥然殊异。"他建议将泥离(Nili、Nêlê或Nêrê)考定为古老的诺莱(Norai)国,位于伊洛瓦底江西岸,曼尼普尔和云南西南部勐满之间,后来蒙拱地方的掸国。(*Early Chinese Civilization*, pp. 39-41.)]

③ [儒莲和波迪埃在法国,麦杜思和帕克在中国(W. H. Medhurst - H. S. Parkes, *Trans. China Br. R. As. Soc.*, Pt. III, IV)业已证明,1834年埃及墓中发现的瓷瓶刻文是唐、宋时期即公元后数世纪的诗歌。]

④ "你瞧那即将从远方到来的人们;啊!你瞧那来自北方和西方的人,还有那来自Sinim国的人。"(xlix, ver. 12.)见Smith, *Dict. of the Bible*中的"Sinim"条。[Sinim问题仍然悬而未决。见H. Cordier, *Bibliotheca Sinica*, col. 1919。拉古伯里写道:"毫无疑问,古代和近代记载中的居于兴都库什山旁侧的Shinas人,就是《以赛亚书》中'Sinim国'这一短语所指的遥远民族。这就是我的研究所得出的结论。"(*Babylonian Record*, Jan. 7, 1887.)我认为拉古伯里的观点大可怀疑。]

7. Chin或China后来传至希腊和罗马，当时的形式作Thin、Thinae、Sinae。 11

China之名后来以这种形式传给希腊人和罗马人，可能是经由操阿拉伯语之人；因为阿拉伯语中没有ch音①，所以将印度和马来人的China转为Sin，有时可能转为Thin。由此就有了《厄立特里亚海周航记》的作者使用的Thin。目前所知，以这种形式使用这个名称，这位作者似乎是第一人②；托勒密著作中的Sinae和Thinae均由此而来。毫无疑问，托勒密是从他的前辈推罗的马林努斯（Marinus）那里获得这两个名称。马林努斯的著作涉及的内容似乎比托勒密的著作广泛得多，但马林努斯的著作已遗失，令人扼腕。③

① ［对古代阿拉伯语发音，这种说法并不确切。见G. Ferrand, *Textes relatifs à l'Extrême Orient*, i, p. 9。］

② 穆勒认为这本著作完成于公元1世纪。如果这种观点正确，那么情况就是如此。

③ 有人读斯特拉波的著作，认为埃拉托斯特涅斯（Eratosthenes）使用过Thinae一名（斯特拉波的记载提到，后者曾说纬线“穿过Thinae”—διὰ Θινῶν— 其正确的读法应为“穿越雅典”（δι' Ἀθηνῶν）；穆勒版第945页有相关的各种记载）。最近学者已放弃对斯特拉波记载的这种读法。设若情况确实如此，那么，中国一名不见于公元1世纪末叶以前，似颇为奇特。著名的秦始皇据说曾派三十万军队到鞑靼地区，而托勒密三世大约在同一时期征服了巴克特里亚。托勒密的远征可能早于中国秦始皇的远征。托勒密在位时间是公元前247—前222年，秦始皇自公元前246年是秦国的国王，只是从公元前221年才成为整个中国的皇帝。M. Reinaud, *Relations Politique et Commerciales de l'Empire Roman avec l'Asie Orientale*中有一些独具匠心的创见和有用的材料，我从中受益匪浅，但它在整体上是一部论据薄弱的著作。他说托勒密使用Sinae一名“以便赋予他自身一个博学形象”（pour se donner un air d'erudition）；即使认为《周航记》早于托勒密是个错误，也很难设想他为何这样说。

按：埃拉托斯特涅斯（公元前275—前194年），希腊学者，曾任亚历山大里亚图书馆负责人。——译者

12 8.这些名称确指中国。

文艺复兴运动之后,有一种把所有知识都归功于希腊人的情绪,这种情绪引起了逆向反应。此后,托勒密著作中的秦奈(Sinae)是否确实代表中国经常受到质疑与否定。马希阿努斯·赫拉克利亚(Marcianus of Heraclea)对秦奈的论述,也如同他的著作中其他大部分的论述一样,只是将托勒密的各种说明、结论加以浓缩和通俗化。他说:“秦奈国位于有人居住的世界的尽头,毗邻东方的未知地(Terra Incognita)”;一二个世纪以后科斯马斯(Cosmas)谈到秦尼斯达(Tzinista)时说:“该国以远既无人居住也无法航行。”如果把马希阿努斯的叙述和科斯马斯的叙述做一下比较,谁还会怀疑这两位作者指的是同一个地区?对于秦尼斯达一名,无人会怀疑它指中国。[沃尔克涅(Walckenear)男爵和贝兹雷(Beazley)[①]君除外。沃尔克涅坚持认为,秦尼斯达指的是丹那沙林(Tenasserim);见*N. Ann. des Voyages*, Vol. 53, 1832, p. 5。]托勒密关于印度地理的根本错误,是认为印度洋完全被陆地环绕,这个错误使他不可能不搞错中国海岸的位置,因此很容易将经度与纬度问题复杂化。但是,考虑到传给阿拉伯人的这个名称与古代以来称呼中国的名称如出一辙;考虑到在托勒密和他的后继者的著作中,不管对于这个名称有何种说法,它都确实表示他们有所认识的极东地区;考虑到托勒密以其见识对印度半岛(Hither India)这样远的地

① [秦尼斯达“大概隐约地指马来亚或交趾支那”。C. R. Beazley, *Dawn of Modern Geography*, 1897, p. 197 n.]

区所构划的形貌和经度是多么不准确，对地中海只字不提，那么，不承认托勒密的印度（India）包括Hindus，就像不承认他的 13
秦奈指中国一样，似乎是颇有道理的。

9.使用这些名称的古代作者。托勒密和《厄立特里亚海周航记》作者所记中国位置的差异。

就我搜集的材料论，托勒密以外，只有两位古代作家提到了秦奈（Sinae或Thinae）之名，此即《厄立特里亚海周航记》的作者和我们刚刚述及的马希阿努斯。如前所述，《周航记》的作者使用的是更接近原形的名词Θίν。托勒密将中国人置于南部很远的地方[①]，而《周航记》的作者则把中国人置于外恒河印度以远的地区，但太靠近北部，在小熊星座下面，与更远的本都（Pontus）地区和里海接壤。[②]

10.赫拉克利亚的马希阿努斯；其著作只是托勒密著作的概要，但更简明地说明了托勒密的观点。

拉森（Lassen）称赞马希阿努斯对东南亚的了解不同凡响，但是，我们不知道这样的赞誉是否恰如其分。[③]马希阿努斯关于世界这一域的记述，似乎只是托勒密著作的缩略和通俗化。他称托勒密为人中之神、人中之圣；在更简约的论述中，他仍然坚持显而易见的错误观念，认为印度海是一个封闭的海域，以秦奈湾

① 托勒密将秦奈首都置于经度180度，南纬3度。

② 《周航记》关于Thin和Thinae的记载，托勒密关于Sinae和Serice的论述，见本书附录一、二。

③ 见Lassen，iii, p. 289以下，特别是p. 290。穆勒对待马希阿努斯的主张，方式非常不同，态度较为公正。见Müller, *Prolegomena to Geog. Grarci Minores*, pp. cxxix以下。

彼岸为其终端。在他的记述中，秦奈以东的未知地与印度海以南
埃塞俄比亚延伸开来形成的未知地交汇并形成一个角。但秦奈
人是有人居住的世界的最遥远的居民。在他们的北部和西北部
14 是赛里斯人及其都城；在这两个民族以东是未知之地，遍布芦苇
和不可逾越的沼泽地。[①]

11. Seres比Sinae更为常见；起初朦胧地被诗人提及；梅拉和普林尼笔下更为明确，其内容描述中国。

现在如果我们再来看一下赛里斯人，就会发现，这个名称在古典作家作品中的出现更为频繁，且时间至少早一个世纪。[②]奥古斯都时代的拉丁作家对这个名称确已十分熟悉[③]，但具体内

① 所有这一切都只是托勒密著作的缩略，见本书附录二。

② 有两处文献提及“赛里斯”一名，在时间上可能要早得多。其一被认为出自克特西阿斯（Ctesias），这段文字提到赛里斯人异乎寻常的高大身材和长寿命。但这段文字仅见于《福提乌斯文库》（*Bibliotheca of Photius*）手稿，且文中其他事例，使人怀疑这一段文字是否真的出自克特西阿斯之手（见Müller, *Ctesias*, pp. 86 以下；Müller, *Geog. Gr. Minores*, ii, 152）。[“据说，赛里斯人和北印度人身材高大，有人见到过他们，有13腕尺之高；可以活到二百岁。在盖特洛斯（Gaitros, Γαΐτρου）河畔的某个地方，有人似兽，其皮若河马一般，箭不能入。在印度一海岛的远处，据说居民们长着长长的尾巴，有如森林之神。” Müller, *Ctesias*, pp. 86-87.] 其二见于斯特拉波的一处或二处文字。这些文字仅提到赛里斯人长寿，说他们寿命逾二百岁。斯特拉波似乎引自奥奈斯克里图斯（Onesicritus）。（Müller, *Strabo*, xv, i, 34, 37.）克特西阿斯活跃于公元前400年前后；奥奈斯克里图斯是亚历山大的部下（活跃在公元前328年）。Smith, *Dictionary of Gr. and Rom. Geography*的“Serica”条的表述，使人认为亚里士多德提到了赛里斯国，其实不然。亚里士多德在这段文字中说到βομβύκια（茧）来自科斯（Cos）岛的一种虫子。见附录四。

③ 见附录二。

容却总是模糊不清，并且通常泛指中亚和更东部地区[①]。不过， 15
我们看到，最早试图确切地指出赛里斯人方位的，是梅拉（Mela Pomponius）和普林尼（Pliny）；就其真正的思想论，他们记载中的赛里斯明显地指向中国北部。梅拉说，亚洲最东部有三个种族，即印度人、赛里斯人和斯基泰人，印度人和斯基泰人居南北两端，赛里斯人居中间。一般说来，我们今天仍然可以说亚洲东端居住着印度、中国和鞑靼人，现代的这三种表示法，基本上与古人所说的印度、赛里斯国和斯基泰地区相符合[②]。

12.托勒密；其记载中的Sera和Serice。对二者的精确描述非其知识所及；他是从陆路上观看中华帝国；没有识辨出东方的大洋，此点远逊其前辈作家。

托勒密首先使用赛拉（Sera）和赛里斯（Serice）两个名字，前者指赛里斯人的首都，后者指其国家。托勒密试图确定它们的精确位置，但这不是他的知识所能胜任的。他这样做是其著作体系的需要。不过，他所勾勒的赛里斯的轮廓与认为它表示中国北部的观点非常符合，因为他将赛里斯国移置于经度180度，按照他的计算，赛里斯国处于纬度很低的位置，秦奈的东部边境。在一个特别方面，他的见解远逊于他的前辈人：梅拉和普林尼两人都辨认出赛里斯人靠近亚洲边缘的东部大洋，但就我

① 塞尼加（Seneca）的文字更不确定，毫不涉及赛里斯人的位置：“Et quocunque loco jacent Seres vellere nobile.”（*Thyestes*, 378）卢坎（Lucan）确实认为赛里斯人位于埃塞俄比亚后部的某地，因为他向尼罗河欢呼，说：“Teque vident primi, quaerunt tamen hi quoque, Seres.”（赛里斯人首先看到你，并探问你的源泉。）（x, 292）

② 见附录三、四梅拉与普林尼节录。

所知，托勒密在其著作的任何地方都没有辨认出这样的大洋，这位拉温那（Ravenna）地理家否认极东部存在贯通南北的大洋，谴责这种思想是不虔敬的错误。

13.阿米阿努斯·马赛利努斯；所记赛里斯人地理只是解释托勒密的著作。认为他提到了长城是错误的。

阿米阿努斯·马赛利努斯（Ammianus Marcellinus）在其
16 著作中有几段记载描述赛里斯人及其国家。但这种描述不过是将托勒密枯燥无味的叙述改写成流畅优美的文字，再加上一点关于赛里斯人培育蚕丝、经营商业的传说性的细节而已。这些细节和普林尼的记述很相似。阿米阿努斯地理描述中的一个段落，乍看起来确实令人吃惊，它似乎提到了长城。拉森就这样认为，莱诺（Reinaud）显然也持同样的见解。[①]但是将这一段和它借用的托勒密著作中关于赛里斯的一章进行比较，就会清楚地发现，他所谈的仅仅是高山形成的环形城垒，赛里斯人居住的宽阔、肥沃的河谷被认为坐落在其中。

14.概观古代对赛里斯人的认识。这些特点几乎均符合中国人的性格和实际。普林尼赞美中国铁。

如果我们将古人对赛里斯人及其国家的认识做一概括性的描述，而不计其中异常的和明显属于传说性的成分，那么结果如

① 见Lassen, ii, 536；Reinaud, *Rel. Pol. et Commerc. de l'Empire Romain*, p. 192的译文。原文是："在斯基泰两部落以远、向东的地区，赛里斯国为高山所环绕，形成连绵不断的屏障。赛里斯人就安居于这块富饶而广阔的平原上。"（Ultra hæc utriusque Scythiæ loca, contra orientalem plagam in orbis speciem consertæ celsorum aggerum summitates ambiunt Seras, ubertate regionum et amplitudine circumspectos.［Lib. xxiii.］）阿米阿努斯的整段译文见附录六。在此前一页中他说赛里斯是波斯的一个省！

下[1]：“赛里斯国幅员辽阔，人口众多，东至大洋和有人居住世界的边缘，向西几乎延伸至伊穆斯山（Imaus）和巴克特里亚疆界。赛里斯人为文明进化之族，性情温和、正直而节俭，不愿与邻人冲撞，甚至羞于与他人进行密切交往，但乐于出售自己的产品，其产品中生丝为大宗，还有丝织品、毛皮和良铁。” 17

这样的一段描述所表达的意思是，从公元前1世纪至公元1世纪，中华帝国经历了一个扩张期，[2]而其他的特点，在中华民族的性格中现在还都留有清晰的痕迹。对于他们诚实、正义的声誉，虽然人们也许可以说出许多事情加以反驳，但一定有其坚实的基础，因为直到今天这种声誉在最遥远的亚洲邻国中仍彼此相互传颂。[3]中国的丝绸、丝织品和毛皮直到今天仍保持其良好的声誉；普林尼夸赞的中国铁可能是优质铸铁，否则不会闻于古

① 但必须承认，除了包撒尼亚斯的例外的记载（见§17），关于赛里斯人的严肃的认识可分为两类：一是普林尼的记载，一是托勒密的记载。比较附录中的节录，显而易见的是：（1）梅拉和普林尼的记载或者是相互抄袭，或者抄自共同的材料；（2）如上所述，阿米阿努斯的论述抄自托勒密和普林尼。

② 斯特拉波在他唯一的一段记载中似乎提到赛里斯人的领土变动，说巴克特里亚的国王们“将其辖治扩展到了赛里斯和弗里尼（Phryni）的边界”［καὶ δὴ καὶ μέχρι Σηρῶν καὶ Φρυνῶν ἐξέτεινον τὴν ἀρχήν］（Müller, *Strabo*, book, xi, p. 443.）

③ 伍德（Wood）引述一位在巴达赫尚（Badakshan）旅游的伊斯兰高僧的话来说明中国人的品质：“关于这一点，就像我与之交谈过的这些国家的所有其他人一样，他赞扬中国人的正直和诚信。”（p. 279.）伯乃斯（Burnes）听人说“中国人的交易规则是公平的，中国人说的话用不着怀疑，甚至他们的茶与其样品都无两样”（iii, p. 195.）。在遥远的缅甸和暹罗边界，“所有的旅行者（我阅读过他们的日志）都不约而同地谈到缅甸人治下的所有异己部落提及缅甸人时所持有的辛酸情感。他们也同样不约而同地谈到中国人所具有的高贵品质：正义、谦和、笃信”。（*On Geog. of Burma*, etc., *J. R. G. S.* xxvii.）

人，铸铁现在仍然是中国的杰出工艺之一。①

18 15.罗马史上与赛里斯人直接政治交往的唯一记载。

我认为，在罗马史上，只有唯一的晦暗不明的痕象表示罗马人与赛里斯人进行过实际的外交交往：历史学家弗劳鲁斯（Florus）记载，在远道而来向奥古斯都寻求友谊的各国使团中，也有来自赛里斯国的使节。②［弗劳鲁斯提到的赛里斯人，也许是访问罗马的私商，但肯定不是外交使团。“中国史书明确说明甘英（公元98年）是第一个远抵条支的中国人。”（Hirth，*l.c.*，p. 305。）③］

① “在各种铁中，赛里斯铁名列前茅。赛里斯人在出口服装和皮货的同时也出口铁。”（Ex omnibus autem generibus palma Serico ferro est, Seres hoc cum vestibus suis pellibusque mittunt.［xxxiv, 41］）我们发现，在中国人经由云南之路出口到阿瓦的各种“杂货”（大宗丝绸除外）中，优质铸铁锅盆为主要商品。正如中国大多数工艺一样，铸铁术是非常古老的一种工艺；早在公元前1世纪，大宛（费尔干纳）人就从中国逃亡者那里学得了铸造铁器的新技艺（Lassen, ii, 615，引儒莲语。）阿拉伯地理学家伊本·胡尔达兹巴赫（Ibn Khurdadhboh）曾提到中国铁（见下文，§83）。

② “甚至世界上不隶属于罗马治权的其他民族，也感受到罗马的光辉，以敬佩之心仰望罗马人——伟大的征服者。斯基泰人和撒尔马提亚人都遣使寻求与罗马友好。同样，赛里斯人和处于太阳垂直照射下的印度人也来了，他们带来了宝石、珍珠和大象，他们考虑最多的是这漫长的路程，他们说需要走近四年始可到达。实际上只要看一看他们的皮肤，就知道他们来自与我们不同的世界。帕提亚人也自愿地带回了他们在克拉苏大灾难缴获的罗马旗帜，对他们击败罗马人的狂妄之举表示忏悔。于是人类居住的世界上出现了永久的和平，至少是休战。”［Florus , Lib. iv, 12. ］

按：“克拉苏大灾难”，指公元前53年克拉苏率领罗马军队入侵帕提亚被打败一事。——译者

③ ［“直接从中国到大秦的唯一的官方使团（226年）可能是叙利亚商人秦论的那一次出使。秦论来到交趾支那的某个口岸，从那里被送往南京的吴大帝孙权（222—252年）。”Hirth，*l.c.*，p. 306。］

按：《梁书·诸夷传》对此有记载：“孙权黄武五年（226年），有大秦贾人（转下页）

16.我们不能要求古人对如此遥远的地方有精确的认识。托勒密资料的模糊、混乱不可避免。

对于如此遥远的族人，希腊罗马人对其确切方位充其量只有朦胧不清的了解，这并不奇怪。他们的知识圈从地中海（Mare 19
Nostrum）岸边的中心区向外扩展，自然如同四倍率的电流一样，变得越来越弱，越来越模糊不清；这个事实似乎被那些对赛拉（Sera）和秦奈进行考证的人忘记了。他们研究这个问题时，对表达混沌状态下一知半解知识的措辞，过分强调了它们的精确性，似乎这些表述出乎精确的知识，只是不完整而已，就如同当代的地理学家对南极海岸或尼亚扎湖（Nyanza Lakes）的知识一样。但是，比较托勒密和《周航记》作者所分别认定的秦奈国的位置，或者观察分析一下托勒密在判定赛拉和石堡（Stone Tower）的经度距离，以及石堡和幼发拉底河之间的经度距离时对马利努斯记载的全面修正，我们就可以明白这种知识是何等暧昧不清。况且，在不完备的知识状态中，距离较远的统治民族的名称有时被用于它近处的从属民族身上，邻近民族的特点被移到统治民族身上，是很自然的事情。这在一定程度上类似我们将"荷兰人"（Dutch）这一名称特别地专用于我们的近邻尼德兰人（Netherland）身上一样。更妥切的例证是，唐朝中国势力扩展到河中地区（Transoxiana）时，阿拉伯和亚美尼亚的作家有时以

（接上页）字秦论来到交趾。太守吴邈遣送诣权。权问论方土风俗。论具以事对。时诸葛恪讨丹阳，获黝歙短人。论见之曰：'大秦希见此人。'权以男女各十人，差吏会稽刘咸送论。咸于道物故，乃经还本国也。"又，甘英西使大秦是在和帝永元九年，即公元97年，非公元98年。——译者

20 "中国"（China）之名称费尔干纳；亚美尼亚人有时甚至将"中国人"的称号用到可萨人（Khazars）和里海以北的其他民族身上。①

17.中国人和罗马人的彼此认识在见解和错误上具有相似性。

我们很快将看到，中国人对罗马帝国及其民众所持有的认识，与古希腊、罗马对赛里斯人记述中所表现的对中国人的见解，有着惊人的相似之处。可以肯定，在此情况下，大目标是在视野范围内，但对它细节的刻画通常却不符合真实特点，只是其东向的外部边境上的附属事件。

18."赛里斯"一名与丝绸有关。语源问题。历久盛行的关于丝绸性质的错误认识。但有人掌握例外的知识；包撒尼亚斯的记载。古代地理知识的起伏变动；阿拉伯人中存在相似现象。

在西方，赛里斯一名最初大概是指丝蚕及其产品，这种关系一直持续到该名称完全不再被当作地理学词语使用之时。②但是

① St. Martin, *Arménie*, ii, 19, 20. 伊本·豪加尔（Ibn Haukal）引述的一位作者将秦（Sin）的边缘置于靠近Mâ-warâ-n-Nahr（河中地区），一位阿拉伯诗人提到征服河中地区的屈底波（Kutaybah），被葬于秦国领土，但其他证据证明，此为费尔干纳（Farghânah）。（Rémusat, *Mém. de l'Ac. des Insc*. viii, 107.）

② 汉文"丝"（See、Szu、silk）见于朝鲜语为Sir，蒙古语为Sirkek，满洲语为Sirghé。克拉普罗特（klaproth）认为，这个字引生出希腊字σήρ（蚕）和Σῆρες（提供丝绸者），并由此产生Sericum（丝绸）。（*Mèm. rel. a l'Asie*, iii, 265.）看一下这个字的鞑靼文形式，人们会想到Sericum也许是首先引进的词汇，Sér和Seres则可能由于与形容词Sericum的相似而形成。德经（Deguignes）提出或借用了一种观点，认为《以赛亚希伯来书》（*Hebrew of Isaiah*, xix, 9）中出现的Sherikoth意指丝绸（"制造优质亚麻的人和织网的人应不分彼此"。—— 德经错引了《以西结书》中的话）；而且他提到了阿拉伯文Saraqat。按照弗雷塔（Freytag）的解释，这个字指一匹白色长丝绸，有时泛指丝绸。（*Mèm. de. l'Acad. des Insc.*, xlvi，575.）Pardessus, *Mèm. de l'Acad. des Insc.*, xv, p. 3说，Sir在波斯文中指丝绸，但我不知其所本。Sarah一词与上引阿拉伯字相关，它指的是"一条白色丝绸"。（F. Johnston, *Dict.*）

西方人对他们高价进口的丝织品长期没有正确的认识。维吉尔告诉人们，赛里斯人从树叶上梳下用来交易的羊毛纤维；直到 21
克劳狄乌斯（Claudian）时代诗人们都在重复这种说法[①]。普林尼的知识无所增益，三个世纪以后的阿米阿努斯也同样不比普林尼了解得更多；[②]但在这个时期，包撒尼亚斯对事实真相发表了较为正确的观点，他知道丝是由蚕吐出来的，赛里斯人养蚕取丝。情况也许是，商贸世界对这件事有着更正确的知识，而诗人们却没有注意到它，仍抱残守缺地坚持缪司传人的传统，信守旧文献传说中羊毛产自树叶的说法；或者是，包撒尼亚斯获得了特别的消息来源。如果说这一错误知识只限于诗人们的话，那么，对于这一难题的前一种解释也许是很有道理的，但是我们发现严肃审慎如阿米阿努斯的历史学家，也相信羊毛产自树叶的传说，则我们似乎不能不接受后一种解释。莱诺认为包撒尼亚斯一定与马尔库斯·奥勒略[③]时期访问过中国的罗马人有过接触。关于马尔库斯·奥勒略，我们还要进一步论及。不过应指出，在

① 西流斯·伊塔利库斯（Silius Italicus）的例子值得引述，它说明作者对赛里斯所处的远东海岸的位置有正确的认识：“旭日的光辉已经照临塔尔泰西亚库（Tartesiaco）海面，冲破黑暗的重重暗影，照亮东国的海岸，晨曦照耀中的赛里斯人前往小树林中去采摘枝条上的绒毛。”（vi）在另一段文字中，作者用了一个大胆的夸张，说维苏维火山的岩灰飘到了赛里斯国。（“Videre Eoï [monstrum admirabile!] Seres Lanigeros cinere Ausonio canescere lucos.” [xvii, 600]）

② 甚至在中世纪，雅克·德维特里（Jacque de Vitry）在1213年左右写作时还相信维吉尔的话：“Quædam etiam arbores sunt apud Seres, folia tanquam lanam ex se procreantes, ex quibus vestes subtiles contexuntur.”（Deguignes, *Mèm. de. l'Acad. des Insc.*, xlvi，541.）不过，这位作者也许没有想过，他必定相当熟悉的丝绸就是赛里斯布。

③ 按：奥勒略即《后汉书·西域传》中的大秦王安敦。——译者

印刷术这一发明付诸实践之前，古代人的一般地理知识，特别是有关远东的地理知识，起伏波动是非常明显的。毫无疑问，这主
22 要是因为缺乏有效的出版业，难以找到参考书。这方面人们熟悉的例子有：斯特拉波对里海（Caspian）持有错误观念，托勒密对印度海（Indian Sea）持有错误认识，而相比之下，希罗多德却对里海和印度海持有正确见解。①比较比鲁尼（Al Biruni）和埃德里西（Edrisi）的著作，我们发现，阿拉伯人对印度的知识也存在

① ［我们可以补充各位作者提供的下列信息。

“从斯基泰洋和里海出发，一直向东洋前进，人们首先会在这一地区发现雪堆，然后是一望无际的沙漠，再往前便是一个令人发指的食人生番族，此后又是一片被猛兽骚扰的地区，它们已使一半道路断行了。只是到了一座俯瞰大海的高山之后，这一切障碍才得消失，野蛮人称此山为塔比斯山，接着又是一片长长的沙漠。在朝着夏日朝阳东升的海岸地段，赛里斯人是经过野蛮族地区之后所遇到的第一个民族。他们用喷水到树上的办法从树上采下絮团，随心所欲地使用这种柔软且纤细的绒毛，用水处理。这就是人们所称的‘赛里斯织物’（Sericum），我们也忍辱使用它。追求奢华的情绪首先使我们的女性，现在甚至包括男性都使用这种织物，与其说用以蔽体，不如说是卖弄风骚。赛里斯人高度文明开化，相互之间非常和睦，但躲避与其他人接触，甚至拒绝与其他民族保持贸易关系。然而，这个国家的商人渡过他们的那条大江，在江岸上进行贸易，没有任何语言交流，仅根据简单的目测估价，他们售出自己的商品，但从不购买我们的商品。”（C. J. Solinus, *Polyhistor*, Mommsen's ed., Berlin, 1864, p. 201.）参见普林尼：“赛里斯族人地处远东，其名称源于其城市。他们织造一种来自树上的羊毛，所以诗云：赛里斯人，难视其人，但视其布。”（*S. Isdori Hisp. Episcopi Opera Omnia*, Parisiis, 1601, *Origin*, Lib. ix, cap. ii, *de gentium vocabulis*, p. 117.）

又：

“赛里斯是东方的一座城市，族人与地域都得名于赛里斯城。赛里斯地区从斯基泰洋与里海转向东部大洋。该地饶有一种著名的树叶，从这种树叶上采集到制丝的羊毛，赛里斯人将它卖给其他族人制造衣装。”（*l.c.*, Lib. xiv, cap. iii, *De Asia*, p. 187.）］

［“之所以称作silk，是因为赛里斯人首先提供了这种东西。人们认为织出丝线的蚕虫出自赛里斯国。希腊人称这些虫子为βόμβυκεζ。”（*S. Isdori Hisp. Episcopi Opera Omnia*, Parisiis, 1601, *Origin*, Lib. xix, cap. xxvii, *De lanis*, p. 266）］

相似的退步现象；在我们将引用的关于中国的记载中，还有其他的例证。

19.中国人记载的古代中国同欧洲的丝绸贸易；拜占庭作 23
家记蚕种传入事；二者情形相符。文中所述的蚕种输出地尚不明确。

中国史书说，安息（儒莲和其他人认为即帕提亚人）[①]是东西方丝绸贸易的中介商，并且说，安息人千方百计阻挠中国人和罗马人直接交往。罗马人非常渴望与中国交往，但是在染织技术上劣于罗马的安息担心，如果没有对丝绸贸易的垄断，将完全失去中介贸易和加工所获得的利润。断言所有丝绸在安息加工后
转销给罗马人，这种说法无疑是不准确的；如果说准确，也只限 24
于某个短暂时期，但罗马人在丝绸供应上急欲摆脱对波斯的依赖这一事实，可由普罗可比（Procopius）和其他作家所记载的一个事件充分证实，这个事件说的是查士丁尼（Justinian）时代

① 雷慕沙（Rémusat）认为，"安息"一名被中国人几乎不加区分地胡乱用于药杀河和阿姆河之间以及南至撒马尔罕的各族；在他引述的一段文字中，这一名称用于忽毡（Khojand）人，在另一处则用于布哈拉（Bokhara）人。据弥南德（Menander）残卷（附录八），以撒马尔罕为中心的粟特人似乎是丝绸中介商。[安息即帕提亚。《前汉书》："安息国，王治番兜城，去长安万一千六百里。不属都护。北与康居、东与乌弋山离、西与条支接……临妫水。"又，"武帝（公元前140—前86年）始遣至安息，王令将二万骑迎于东界。东界去王都数千里。行比至，过数十城，人民相属。因发使随汉使者来观汉地。以大鸟卵及犂靬眩人献于汉，天子大说。"（Hirth, *China and the Roman Orient*, pp. 141，36.）

按：见《汉书》卷96上《西域传上》。——译者

关于安息的见闻亦见诸《史记》《后汉书》等。Hirth, p. 141补充说："毫无疑义，希腊罗马作家书中的赫卡桐皮洛斯（Hekatompylos），即安息帝国的首都，也即《前汉书》中的番兜（Parthura?）和《后汉书》中的和椟（古音Wodok？）]

（在550年前后）二名修士将蚕子带到了拜占庭。[①]修士带走珍贵蚕子的国家，被塞奥凡尼斯（Theophanes）简单地称为“赛里斯国”（Seres），而普罗可比则称为赛林达（Serinda）。它可能指中国，但这一点尚不肯定。这个词的确很可能是一个类似印度支那（Indo-China）一样的复合词，表示介于赛里斯和印度之间的中间区域，如果是这样的话，则可能是和阗。[②]

20.希腊作家关于中亚突厥部落的片断中存在的希腊历史与中国历史间有趣的联系。6、7世纪希腊作家有两处非凡的记载。

在希腊史家的断篇残章中，还有关于查士丁尼及其后继者与中亚突厥部落交往的有趣的报道。这些报道虽然没有以任何名称提到中国人，但在一定程度上与我们的主题有关。这些报道说明，拜占庭帝国所接触和交往的民族，在中国史书上占有重要位置，并且它们提到的一些王公的名字，在中国史书上也是斑斑可稽。[③]

但是，我们看到，在6、7世纪希腊作家的作品中，有两处令人惊讶地提到中国，比较这两处记载，我们仍可看到这个伟大国度
25 的双重面貌。这一点我们在本书开端已经提到。第一位作者科斯马斯（Cosmas）主要从南面即海上方向辨出了中国，另一位

① 见附录七。

② 丹维尔（D'Anville）认为，Serinda可能是一个复合词，将它比对为印度西北部的Sirhind。不过，我认为这个名称是个波斯字，起源较晚。戈塞林（Gosselin）将它比对为喀什噶尔的Srinagar。拉温纳的地理学家（按：指托勒密。——译者）将India Serica置于印度北部的恒河和阿塞辛（Acesines）地区。（*Rav. Anon. Cosmog.*, Berlin 1860, pp. 45, 48）

③ 见附录七。

作者塞奥菲拉克图斯则是从陆地方向识辨出中国，对其他方向毫无所知。这两位作者的记载说明，这一时期“赛里斯”一名如果不是完全湮没，实际上也差不多被忘却了。

21.希腊作家中的第一位：科斯马斯的记载和著作。

科斯马斯因其航海经历被称为“印度水手”（Indicopleustes），他显然是一位出生于亚历山大里亚的希腊人，其写作年代为530—550年。[①]他以符合实际的方式谈及中国，没有把它说成是半神秘状态的国家，是第一位做到这一点的希腊或罗马作家。他谈到这个国家所使用的名称，我认为不会有人怀疑它指中国。[②]

科斯马斯在创作其传世作品时，是一位修士，但他早年曾是一名商人，因此得以周航红海和印度洋，遍访埃塞俄比亚海岸、波斯湾和印度西部海岸和锡兰。[③]

科斯马斯的著作《基督教世界风土志》（*Universal Christian Topography*），完成于亚历山大里亚，其中心议题是想证明，“洪旷录”（Wilderness）中的圣幕形象即是宇宙的样板。地球是一个长方形的平面，长度为宽度的两倍。苍穹从四面垂到地球上，犹如 26

① 蒙特福康（Montfaucon）从科斯马斯著作的不同部分推测出不同的日期，说明有些部分写于535年，另一些则写于至少二十年以后。这部著作表现出经常改动和增扩的迹象；初发表时只有五卷，有六卷和另外一个片断是逐渐加入，以增进论辩力和回击反对意见的。（见Montfaucon, *Collectio Nova Patrum et Script. Graec.*, ii序言，此书收入科斯马斯的著作；科斯马斯著作的节录以前曾发表在Thévenot, *Collection of Travels*。）［麦克林德尔（J. W. McCrindle）君1897年为哈克路特学会重新翻译、编辑了科斯马斯的著作。］

② 见p. 12。

③ J. E. Tennent（*Ceylon*, i, 542）爵士说，科斯马斯关于锡兰的论述得自他在阿杜里遇到的索帕特鲁斯（Sopatrus），拉森也把科斯马斯关于印度的全部论述归于索帕特鲁斯（ii, 773）。但我未见这些观点立论之所本。有一个插曲得自索帕特鲁斯，无其他。

房屋的四壁；在北壁和南壁的某个高度上，一个半圆的马车拱顶状扁平顶篷，在起拱点水平线上形成，苍穹就位于拱点水平线上。苍穹之下是人间世界，其上则为天堂，即未来世界。事实上，今日女性旅游客所携带的一种盛衣服的大箱子，就是科斯马斯所构划的世界的一个完美的模型。

这个长方形的人间世界的中央，是由海洋包围的人类居住的大地。在海洋彼岸靠近宇宙边缘的，是人类未到访过的陆地，极乐园位于这块陆地的远东处。在这块贫瘠、荆棘丛生又没有天堂壁垂下来的土地上，曾居住过从大洪水中生存下来的人。方舟浮载着人类大家族的生存者，跨越巨大的海域到达我们居住的这块大地上，而我们居住的这块土地与诺亚及其父辈们居住的土地相比，几乎就是一个极乐园。这个世界从南向北、西方向逐渐升高，达到一个庞大的锥形山的顶点，山背后即是日落处。

这位怪异的修士义愤填膺、喋喋不休地抨击着拒不接受他的这些思想的人。他说，他的这些思想“不是主观臆断，而是以圣经以及神圣、伟大的主教帕特里修斯（Patricius）[1]的话为依据”。那些强词夺理地进行诡辩，坚持大地和天空是球形的可怜
27 之人，不过是一些亵渎神圣者，他们因其罪过而相信“球之上下两面皆有人”之类的厚颜无耻的胡说。[2]太阳不比地球大，其直

① ［阿塞马尼认为，此即Mar-Aba的译名，Mar-Aba在536—552年是聂斯托里教会的主教（ii, 406; iii, 73-76, pt. ii, 406）。阿塞马尼说，科斯马斯在解说圣经和他的世界体系时，紧紧追随两位主要的聂斯托里教神学家莫普苏斯提亚地方的西奥多鲁斯（Theodorus of Mopsuestia）和塔尔苏斯地方的迪奥多鲁斯（Diodorus of Tarsus）（405）。］

② 见pp. 125、185、191等以及嘲笑对蹠地学说的图画。

径仅为地球表面两个气候带的距离（18个纬度）。[①]

将许多人追随的伪科学的负担引入基督教教义有一个恶作剧般的过程。对于这个过程，科斯马斯的这本书是一个显著的例证。就整体而言，用罗伯特·霍尔（Robert Hall）称述某个枯燥无味的评注的话说，这本书是“一块泥泞的大陆”，但从它里面可以发掘出一些在地理学上具有重大意义的化石。[②]我们将这些有用的东西挖掘出来，作为附录九附于本书末尾。 28

22.科斯马斯对中国地理方位的正确认识。

从其中的一段文字可以看出，科斯马斯对于中国的位置，具

① p. 264.

②［麦克林德尔在科斯马斯著作译本中写道：“《风土记》主要是为了解说这些思想，所以它被裕尔比作只是泥潭的边岸，但就其中包含的地理学化石而论，它颇为引人注目。”然而，我敢斗胆说，这个比喻有失公允，因为在这个泥潭中除了地理学的“化石”外，还有许多其他“化石”，其种类不同，一般说来具备或多或少的趣味和价值。蒙特福康在前言中列述了这些“化石”，但不敢自称已将它们全部列出。其中有：说明克利斯马（Clysma）位于红海通道上；以色列人在旷野上逗留时商人们带给他们的商货；人间极乐园的位置；波斯人崇拜太阳神；洗礼仪式；圣诞节日期；东正教使徒书的正典资格问题；赫齐基亚（Hezekiah）祈祷书的阐释；西奈沙漠发现的石刻铭文；基督教在索科特拉、锡兰和印度的情况；基督教在异教世界扩张的范围；但以理预言（Prophecies of Daniel）的解释；由科斯马斯保存下来的异教作家和教父的语录；他关于死于腹中与夭折的儿童的命运的论述。况且，《风土记》中被比作“泥潭边岸”的这部分内容也不是没有价值，对于一度流行但尚未完全消失的圣经注释法，它也是一个例证；它还说明，在中世纪初期，渗入基督教世界的是哪些主要思潮；它还揭示出，一神论基督教上升到支配地位，取得对波斯摩尼教二元论、希腊新柏拉图泛神论的胜利之后，于伊斯兰教势力出现世界之前，古希腊学术和科学在基督教世界已经衰败到何种可悲的程度。伊斯兰教势力注定要接受并保存古希腊文明的火种。它虽然展示了神学和科学彼此共存的姿态，但已亮出了危险信号，即：视圣经为与神交往的圣库、可以用来捍卫或反驳科学思考。”（pp. xx–xxi）］

有非常准确的认识,他知道中国位于极东的亚洲海岸,“左边被海洋所环绕,就如同巴巴利(Barbary,索马里地区)的右边被同一个海洋环绕一样”。他还知道,驶向中国的船只,在向东航行很长一段里程后,必须转向北方行驶,其航行所经过的距离,至少如同驶向迦勒底的船只从霍尔木兹海峡到幼发拉底河口所经过的距离;所以,这就可以理解,由中国到波斯的陆路要比中国到波斯的海路,何以在距离上比人们所想到的要近得多。

23.科斯马斯对中国的称呼;他了解丁香国的大致位置。

科斯马斯称呼中国的名字是一个引人注目的Tzinitza(秦尼扎),这是节录中第二部分的读法,在接下来的内容(节录第五部分)它又表现为更确切的形式Tzinista(秦尼斯达),代表古印度语的Chinasthána,波斯语中的Chinistan。所有这些名称都与西安府发现的叙利亚文石碑中称述中国的名称Tzinisthan是一致的。关于西安府发现的叙利亚文石碑,我们下面还要谈到。[1]科斯马斯承认自己不了解锡兰到中国的详细地理,但是他知道丁香国位于二者之间。就6世纪的地理学而言,这一知识本身就是相当重要的进步。丝绸、沉香木、丁香和檀香木是中国和中间国家向西输往锡兰的主要出口物。

29 24.另一位希腊作家塞奥费拉克图斯·西摩卡塔:他称中国为“桃花石”(Taugas)。

前面提到的希腊人对中国的另一记载,见于7世纪早期的拜

① 见Pauthier, *L'Inscript. de Singanfu*, p. 42.[Tzinista是梵文Cinasthāna的希腊文转写。]

占庭作家塞奥费拉克图斯·西摩卡塔的《历史》。西摩卡塔似乎通过特殊渠道，获得了关于中亚突厥各族中发生的战争和剧变的知识，以及突厥族之间、突厥族与周边各族之间的关系史的有趣片断。西摩卡塔把这些内容与其所述主题关系不大的片断也写入了书中。其中一个片断记载了一个名为“桃花石”（Taugas）的大国及其民众，称“桃花石”是东方非常著名的民族，原为突厥人的殖民地，但现在这个民族的力量和人口在世界上已罕有其匹。首都距印度1500哩。[①]这位历史学家在讨论了其他一些事件后，归于正题，写道[②]：

25.塞奥费拉克图斯著作节录及注释。

“桃花石（Ταυγάς）[③]国的统治者称作Taissan，希腊语的意思是‘上帝之子’[④]。桃花石国从不受王位纷争之扰，因家族血统

① *Thoph. Simoc*, vii, 7. 西摩卡塔《历史》的主题是毛里斯皇帝朝代事记。吉本称这位历史家为“华而不实的诡辩者”，“骗子”，“琐事唠叨，要事简略”。

② *ibid.*，vii，9。

③ 此称号可能代表的中国名称，我们将在下面说明。在*Corpus Hist. Byz.* 的拉丁文版和柏恩版中作Taugast，与Nicephorus Callistus, *Ecclesiastical History*中的写法相同。Nicephorus Callistus的著作大部分抄自塞奥费拉克图斯的著作（Lang, Lat. Version, Francf, 1588, book, xviii, ch. 30.）。

④ 克拉普罗特认为“上帝之子”即中国人的“天子”。但有趣的是，塞奥费拉克图斯晚年时，在位的中国皇帝是中国历史上著名的太宗皇帝，太宗于626年践祚。塞奥费拉克图斯《历史》最后加入的内容提到波斯国王库斯老在628年的驾崩。Smith, *Dict. of Greek and Roman Biography*说，这位历史家可能死于第二年（629年），但这似乎不是该问题的依据；情况可能是，在较晚的时候，太宗之名为他所知。[裕尔在一个附注中说，“天子”或某个相似的词汇更有可能转为Taissan，例证是，中国英宗皇帝第二次（1457年）登基时，萨囊彻辰（Ssanang Ssetzen）称其年号为Taissun，其真实年号是“天顺”。（见Schmidt, p. 293; *Chine Ancienne*, p. 405。）]

30 为他们提供了选取君主的办法。桃花石国盛行雕像崇拜，但有公正的法律，生活充满中庸的智慧。有一种风习类似法律，禁止男人佩戴金饰，虽然他们从规模巨大、利润丰厚的商业活动中获得大量金银财富。一条大河将桃花石国土划分为二，[1]这条大河过去是彼此争战的两个大国家间的边界，其一国衣服尚黑，另一国尚红，但在今日毛里斯（Maurice）皇帝君临罗马时，黑衣国跨过大河攻击红衣国，取得胜利，一统全国。[2]

“据说马其顿的亚历山大在征服巴克特里亚人和粟特人，烧
31 杀12万人之后，建筑了桃花石城。

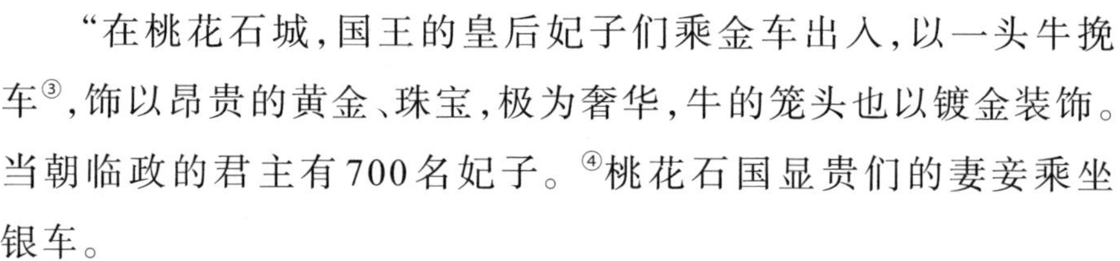

“在桃花石城，国王的皇后妃子们乘金车出入，以一头牛挽车[3]，饰以昂贵的黄金、珠宝，极为奢华，牛的笼头也以镀金装饰。当朝临政的君主有700名妃子。[4]桃花石国显贵们的妻妾乘坐银车。

“国王死，妃嫔剃发衣黑致哀终生；法律规定她们永远不得离开国王的墓陵。

① “渭水在该城北边流过，在城中分为两支，出城后又汇合为一流。这就是塞奥菲拉克图斯所说的两条河流。这段文字证明作者记载的准确性，也证明中国史书记载的真实性。”Klaproth, *J. As.*, viii, 1826, pp. 227–230.

② 这里的大河即长江；定都西安的隋王朝和定都南京的陈王朝以长江相隔。589年隋朝渡过长江时，在拜占庭帝国方面正是毛里斯皇帝（582—602年）在位之际。陈朝皇帝投井自杀，其祖墓被挖，尸体被抛入长江，如塞奥菲拉克图斯所述，隋朝一统全国。（Klaproth, *Mém.*; Deguignes, Vol. i, 51, 52）。隋朝都城所在的陕西境内，人民着衣黑色，这一特点为哈吉·马哈迈德（Hajji Mahomed）记载，见附录十八。

③ 在*Chine Ancienne*一书中，我看到一幅中国绘图的图版上绘有孔子乘车出行，以一头牛挽车（Pl. 30）。

④ 据说太宗皇帝曾释宫女3000人。（*Ch. Anc.*, p. 286.）

“据说，亚历山大在桃花石城几里外建筑第二座城市，蛮人称之为库姆丹（Khubdan）。[①]

“库姆丹城有两条大河流横贯其中，大河两岸垂柏依依。 32

“桃花石人拥象甚多；与印度的商贸交往频繁。据说他们是印度人，因生活在北方，肤色为白。

“生产赛里斯丝线的蚕虫在这个民族中到处可见；它们已经历许多代的变化，色彩斑斓。这些异邦人非常热衷于驯养这种动物的技艺。”[②]

26.对这段记载的评论；“桃花石”一名可能代表的名称。

一些学者在以往的论述中，将这段奇妙文字中的桃花石人考证为突厥斯坦的某一部落，但它毫无疑问指的是中国人，尽管塞奥菲拉克图斯没有提到秦奈和赛里斯。十分明显，他复述了某位知情者的见闻，而他本人则全然不明白这个国家究竟在何处。德经首先证明这段文字涉及中国；吉本（Gibbon）接受了这一观点；克拉普罗特（Klaproth）也做了同样的阐释，不过他显然

① 这一事实本身证明这位希腊作者所记载的桃花石就是中国。因为库姆丹是突厥和西亚各族对长安——现时陕西西安——的称呼。从公元前12世纪至公元9世纪，长安曾是几代王朝的首都。在西安景教碑叙利亚文中，Khumdan一名频繁出现；在雷诺多（Renaudot）和莱诺出版的9世纪的阿拉伯关系史、马苏第的著作、埃德里西的著作（在这里被当作中国的一条大河）和阿布尔菲达的作品中，它都出现过。文中两河贯穿城中的说法相当正确（见下引Klaproth）。我在这里已调换了原文所记的两个段落，将有关库姆丹的内容放在一起。波迪埃认为库姆丹是西方对“长安”的译写，而纽曼（Neumann）认为是“宫殿”的传讹。两种说法均不令人满意。[Khumdan= Khamdan= “汗堂”（皇帝的宫殿）= 西安府。见Hartmann, *Encyclop. de l'Islam*, p. 863, “*Chine*” 条。]

② 这段文字系根据希腊原文重新翻译。——译者

不知道此前已有人做过同样的解释，①他对这个既指中国人又指其首都的名称也未做解释。

德经将这个名称释为隋朝之前的“大魏”，即魏朝。②毋庸置
33 疑，这个名称所代表的是晦涩难解的名称“桃花石”（Tamghaj），这个名称曾被西亚各国和阿拉伯、波斯作家含糊不清地用来指示中国或某个远东大国。1218年，花剌子模算端摩诃末在布哈拉接待成吉思汗的使团，他夜间派人召来成吉思汗使团中一位来自他治下领土的使者，探询成吉思汗是否真的征服了“桃花石”③？

① Gibbon, ch. cxi, notes; Klap., *Mém. Rel. á l'Asie*, iii, 261–264;［*Journ. Asiatique*, viii, 1826, pp. 227–230.］

② ［伯希和（*T'oung Pao*, Oct. 1912, p. 732）采纳了德经的观点：“从386年至556年，中国北部被来自蒙古东部的外国王朝占领。这个王朝取汉名为魏，长期定都山西，后迁河南。但是汉族史家保留了这些入侵者原来的名称，称其为拓跋（Thak-bat）。” Tabγač可能由拓跋转化而来。］

③ D'Ohsson, i, 203. 作者在一个注释中提到塞奥费拉克图斯的“桃花石”。比鲁尼称中国的扬州为“法格富尔（Faghfur）的居地，法格富尔为Tamghâj汗的称号”（Sprenger, *Post-und Reise-route des Orients*, p. 90）。阿布尔菲达也有同样的说法，他引用《喀南》（Qanun）——我认为这是比鲁尼的著作——说：“中国的法格富尔，称为Tamghaj汗，是伟大的国王，尼斯维（Al-Niswy）的历史在记载花剌子模皇帝和鞑靼人时称，中国境内鞑靼国王名为Tooghaj。”我从阿布尔菲达的手抄本节录中获此记载。蒙巴杰（Badger）君盛情，为我翻译了这个片断。［“《喀南》中说，扬州（Yandjoû）是中国法格富尔的首都，法格富尔称为桃花石汗（Tamghâdj-khân）：此即大王。尼斯维历史记花剌子模诸王及鞑靼人的历史：中国境内鞑靼诸王的都城称作Toûghâdj。” Aboulfeda, II, 2e partie, p. 123. ——Guyard的译文。］我不知道最后的这个字在阿拉伯文中如何写，但它与塞奥费拉克图斯记载中的Taugas相近肯定出于偶然。尼斯维是花剌子模苏丹贾拉鲁丁（Jalaludin）的秘书大臣，阿布尔菲达引述过他的著作。毫无疑问，这里提到的插曲在多桑著作中有记载。

马苏第说中国国王称Tamgama Jabán［不是Bagbour］（qu. Thamga?）（*Prairies d'or*, i, 306）。（转下页）

27.此后拜占庭地理学进入黑暗状态：查尔康德拉对中国的 34
记载可以为证。

我不知道15世纪后半叶的拉奥尼古斯·查尔康德拉（Laonicus Chalcondylas）之前是否还有希腊作家提到中国。拉奥尼古斯写作的时间晚于马可·波罗、鄂多立克和伊本·白图泰一二个世纪，但他在一段文字中说契丹（Cathay）在里海附近某地，而在另一段文字中又说它位于印度，在恒河和印度河之间。如果我们注意到这位作者的情形，那么对塞奥菲拉克图斯文中

（接上页）克拉维约说："察合台称中国皇帝*Tangus*，意为猪皇帝。"见Markham, pp. 133–134.［"Los Chacatays lo llaman Tangus, que han por denuesto, que quiere decir Emperador Pueco!" *Vida del gran Tamorlan por Ruy Gonzalez de Clavijo*, Madrid, 1782, p. 152.］在Universal History（可能据Sharifuddin的记载）中提到，1398年来见帖木儿的使臣由契丹皇帝Tamgaj汗派遣。［在伊犁河流域，中国人被称为"桃花石"，帕拉迪乌斯（Palladius）认为这个名称表示Tamgaj，旧时穆斯林以此称中国。Bretschneider, *Med. Researches*, i, p. 71.］

下列事例更为可疑。"我们称这个地区为China，在他们的语言中称为Tame，其人称Tangis，我们称他们为Chinois（中国人）。"（*Alhacen, his Arabike Historie of Tamerlane,* in *Purchas*, iii, 152.）

作为马秦（Machin）或其首都的同义词，Tangtash、Tangnash和Taknas经常出现在Sadik Isfahani的译本和*Shajrat ul Atrák*一书的译文中。但是这些字可能是"南家子"（Nangiás）的讹读，蒙古人以此称中国南方。（见D'Ohsson, i, 190–191; Quat., *Rashideddin*, p. lxxxvi.）

这个名称不可能指唐朝，因为唐朝在塞奥费拉克图斯的最后几年才取得王位，而且他将Taugas与毛里斯皇帝时期的突厥汗连在一起。值得一提的是，Thangáj的称号见于1043—1044年突厥可汗的一枚钱币上（见Meyendorff, *Voyage d'Orenbourg à Bokhara*, p. 314以下Fræhn 的评论；并见D'Herbelot, Vol. v, Thamgaj条）。地理学家巴库伊（Bakui）也把Thamgaj说成是突厥国的一个大城，这座大城附近两山间有许多村庄，只有通过狭隘的山谷才能前往这个城市。（*Not. et Extr.*, ii, 491.）

桃花石方位的模糊不清，就不必感到惊奇了。[①]

① “从这儿他（帖木儿）指挥军队往击契丹人，威胁说要毁灭他们。据认为，契丹人即古代的马撒格特人（Massagetae）——从前他们跨过Araxes河（药杀河？），占领了这条河附近的广大地区，定居下来。”（*De Rebus Turcicis*, iii, p. 67.）又说：“契丹是希尔坎尼亚（Hyrcania）东部的一个城市，人口众多而繁盛，其富庶和繁华超过了撒马尔罕和孟菲斯（开罗）之外的所有亚洲城市。古代马撒格特人建造了这座城市，并制定了出色的法律。”（同前引）稍后（p. 86）他将契丹（Chatagia）置于印度。这一时期的一位历史家记载帖木儿和沙哈鲁时，提到Cheria（哈烈），只能勉强地说：“这个城市位于亚洲何处，是在叙利亚还是米底国，他不知道。但有人认为，从前的Cheriah是尼尼微（Nineveh），就像巴格达廷（Pagdatine，即巴格达）是巴比伦一样。如此，对一位希腊作家来说，地理学必定是漆黑一团。”（*ibid.*，p. 68.）

第二章　中国对罗马帝国的知识 35

28.中国与西亚最初的历史关系。张骞出使西域(公元前139年)。中国势力在“新疆地区”的建立,勃律以西承认中国势力。29.公元1世纪中国统治的衰落和振兴。班超在西域的活动。甘英受命侦测大秦形势。30.公元初数世纪中国地理著作对大秦的记载;“大秦”一名的含义。31.有关大秦的详细记载。32.后期记载中“大秦”一名转为拂菻;拂菻起源于希腊文。中国认定属于欧洲的事物被欧洲认定属于中国。33.《大秦传》中的准确记载说明来自真实的报道。34.中国史书中准确记载了拜占庭历史中模糊不清的一段。35.泰西对东方的见闻和远东对西方的见闻有很多相似性。36.重论对大秦的侦察活动及失败。36*张骞西域之行的影响。东京之征服。37.中国记载的公元166年的罗马使团。38.两国的进一步交往;284年的罗马使团。交流中断。643年拂菻使团到达中国。39. 8世纪的交往。40. 11世纪来自君士坦丁堡的使团。君士坦丁堡陷落前最后的交往。

28.中国与西亚最初的历史关系。张骞出使西域(公元前139年)。中国势力在"新疆地区"的建立,勃律以西承认中国势力。

我们已从希腊罗马作家的作品中展示了对中国的认识,现在我们将尽可能从翻译出的汉文材料中整理出中国对希腊罗马领土的见闻。

中国与勃律山(Bolor)①以西国家的建立最初的联系,是在汉武帝(公元前140—前87年)时,中国作家的记载将对这一地区的发现也归于这个时期,但这种观点是否正确,大可置疑。["西域以孝武时始通,本三十六国,其后稍分至五十余,皆在匈奴之西,乌孙之南。南北有大山,中央有河(塔里木河),东西六千余里,南北千余里……西则限以葱岭"②。]

[公元前3世纪,中国北部两大敌对民族彼此争雄,后分裂成一些国家,在名义上隶属于周朝的诸侯政权下。匈奴分布于陕西省到巴里坤湖的广大地区,月氏游牧于现今甘肃省地区。匈奴最初隶属于月氏,公元前3世纪末匈奴首次击败月氏,公元前177年再次击败之。公元前165年月氏被逐出甘肃旧地,迁往库车,

---

① 冯承钧:《西域地名》,第16页:"《伽蓝记》作钵庐勒,《魏书》作波路,《高僧传·智猛传》作波沦,《西游记》作钵露罗,《新唐书》有钵露,又有大小勃律:大勃律或曰布露,即今克什米尔西北部之巴勒提斯坦(Baltistan);小勃律在今巴基斯坦东部Yasin流域,《继业行记》作布路州,《西域图志》作博洛尔;《汉书》之悬度,《正法念经处理》之悬雪山,在其境内。"——译者

② [A. Wylie, *Notes on the Western Regions*, 译自《前汉书》卷96。(*Journ. Anth. Inst.*, Aug., 1880.)]

按:《汉书·地理志》。——译者

到达乌孙聚居的伊犁河流域及其南部两支流特克斯河（Tekes） 36
和空格斯河（Konges）地区；新来的月氏击败乌孙到达伊塞克湖以远地区。月氏分裂为两部：小月氏与羌人（即吐蕃人）混合，而大月氏逐走塞种（Sakas），占领喀什噶尔（公元前163年）。大月氏又被保护乌孙的匈奴再次击败，被迫南迁，挤走塞种，几经驻足后，首先到达大宛，然后征服大夏即巴克特里亚。大夏国都蓝氏城，位于阿姆河以南的巴达赫尚地区，吐火罗斯坦的北部。公元前120年，月氏摧毁希腊人建立的大夏国，并在同年占领塞种建立的梭特迈加斯（Soter Megas）[①]王国。塞种逃往印度西北部，定居在信德和旁遮普地区，最终可能与月氏融合。勒柯克（Herr von Le Coq）认为塞种属于伊朗族。后来月氏征服罽宾（Kashmir）[②]，在印度帝国被印度王公分裂后，于公元5世纪，亡于白匈奴。月氏人，即吐火罗人或称印度-斯基泰人，所起的作用是巨大的，他们可能是中国和西方之间的中介人，当然也是他们将佛教传介给天朝帝国。根据柏林的穆勒（F. W. K. Müller）教授的意见，近来中亚考古发现的一种“未知”的语言，就是印度-日耳曼语族的吐火罗文，即印度-斯基泰或月氏语。]

［汉武帝欲通大月氏，以便挑动大月氏对不断骚扰中国边境
的匈奴从侧翼发动攻击，但他不知道大月氏早已离开伊犁河流 37

① Soter Megas，转自希腊语ΣΩΤΗΡ ΜΕΓΑΣ，意为“伟大的救世主”（the Great Savior），常见于印度西北部铸造的希腊式钱币铭文中。有学者认为，可能是一位受命于贵霜王阎膏珍去“监领”“天竺”的将军。此人可能是印度-希腊人的后裔，曾任印度西北部的总督。待势力坐大后，割据一方，僭称王号，以“Soter Megas”自居。见杨巨平《“Soter Megas”考辨》，《历史研究》2009年第4期。——译者

② 汉籍后来称作“固失蜜”。——译者

域南迁。为达此目的，他派遣张骞率领约100人的使团于公元前138年[①]前往月氏。张骞尚未离开河西走廊即为匈奴所捕获，羁留匈奴中长达十年。张骞与其伙伴逃出匈奴后，持节不失，最后成功地到达大宛（费尔干纳），受到大宛人的友好接待。大宛人虽未通中国，但闻知中国的强大和富庶。大月氏虽在阿姆河之北定居，但已征服大夏（吐火罗斯坦），向南占领了大夏首都蓝氏城；张骞循其行迹，过康居而至大月氏住地，但没有说服大月氏放弃在阿姆河畔的新居地东归故地，进击匈奴。张骞居留大月氏一年而不得其要领，自羌（吐蕃）南道归国，再次被匈奴所获，羁留一段时间；公元前126年，这位历经艰险的探险家成功地逃出了匈奴的掌握，带着他的突厥妻子和百余随员中仅存的一名随从，返回祖国。他报告了亲身经历的药杀水和阿姆河地区各国的情况，也报告了他所听到的西域其他国家的情况。他注意到云南和四川的竹子和布匹，经身毒（印度）和阿富汗斯坦运到大夏，因此建议朝廷开辟经印度而不再经匈奴到达西域的道路。此后汉武帝依张骞提议行事。[②]]

［由于张骞的西域之行，汉武帝很想开通一条经过突厥和吐
38 蕃到达西域的道路；公元前121年[③]霍去病将军取得对匈奴战争的胜利，夺取甘州和凉州后，汉武帝得以实现他的这一计划。甘州和凉州组成酒泉郡，太守驻扎在现在的肃州；酒泉郡后分为三郡：武威（凉州）、张掖（甘州）和敦煌郡。秦始皇为抗击匈奴

① 原文误作“公元138年”。——译者

② Chavannes, *Se-ma Ts'ien*, I, pp. lxxi–lxxiii.

③ 原文误作公元121年。——译者

于公元前214年[①]建造长城并将北方诸国建造的其他长城联结起来；公元前102—前101年李广利第二次征大宛后，长城通过沙漠被向西推展。[②]]

[大月氏既过伊犁河地区的乌孙而去，张骞遂建议汉廷与乌孙联盟共击匈奴，打通西方通道。公元前115年[③]，张骞再次受命率300人出使乌孙。乌孙力弱而不敢公开与匈奴为敌，但对张骞热情款待，派人护送张骞一行至费尔干纳和泽拉夫善（Zarafshân）河畔。张骞西域凿空，功不可没。

汉使者报告"宛有善马在贰师城，匿不肯与汉使。天子既好宛马，闻之甘心，使壮士车令等持千金及金马以请宛王贰师城善马。宛国饶汉物，相与谋曰：'汉去我远，而盐水中数败，出其北有胡寇，出其南乏水草。又且往往而绝邑，乏食者多。汉使数百人为辈来，而常乏食，死者过半，是安能致大军乎？无奈我何。且贰师马，宛宝马也。'遂不肯予汉使。汉使怒，妄言，椎金马而去。"汉使被宛人遮杀于郁城。天子大怒，既惩楼兰，乃遣贰师将军李广利征大宛（公元前104年）。贰师将军大败。公元前102年，贰师将军成功到达大宛和郁城，惩罚大宛王，次年班师回国。] 39

[张骞西域之行的另一后果是，引发中国人在南方寻求一条通过印度到达大夏的道路。汉时的东方有东海国（浙江）和闽越国（福建）；南方有赵佗建立的南越国，以广州为都城；西部

① 原文误作公元214年。——译者

② [Chavannes, *Documents chinois découverts par A. Stein*, pp. v–vi.]

③ 原文误作公元115年。——译者

滇国（云南）。公元前122年滇王极不友好地对待汉使；公元前112年汉廷派军队征伐南越。公元前111年和前110年，汉廷在南方取得战争的胜利，确立了在南方的统治，此后得以集中力量攻击匈奴。公元前87年汉武帝卒。］

与此同时，汉廷采取强硬攻势反击匈奴，将边疆向西推进。公元前59年，汉廷已控制整个“新疆地区”（Chines Turkestan）；置西域都护府统治西域属国；公元初，西域五十五国归附汉帝国，河中地区和大夏诸王据说也承认汉帝国的统治权。

29.公元1世纪中国统治的衰落和振兴。班超在西域的活动。甘英受命侦测大秦形势。

［公元前1世纪的一个时期，中国的势力一度衰落。公元前99年，汉武帝遣李广利将军征伐巴里坤湖附近的匈奴；另一位将
40 军李陵初战告捷，但在哈密以南被匈奴打败。匈奴卷土重来，于永平年间（58—75年）两度进攻敦煌，但均被击退。永平末年中国重新恢复与西域各国的关系。公元83年，中国历史上最卓越的指挥官之一班超被任命为驻西域部队的司令官。班超于32年生于（陕西）平陵；在他出任西域司令官前数年，已崭露头角。他利用中亚各国的纷争，争取它们共同对付龟兹。这些中亚国家包括：疏勒（喀什噶尔）、康居（粟特）、鄯善（罗布泊南部）、于阗（和田）、拘弥（乌曾塔地）、姑墨（阿克苏）、温宿（乌什吐鲁番）、莎车（叶尔羌）、月氏、乌孙（伊犁河流域）。88年，曾帮助汉廷攻击车师国（吐鲁番）的月氏王，向汉廷进献宝物和狮子，并向汉廷公主求婚，月氏使节被班超拘捕并遣回，月氏怒，遣副王解率七万人逾葱岭（帕米尔）攻班超。解欲联合龟兹共济大业，但他

的谍使为班超所获，为首者被处死，解惊退。此后月氏每年向汉
廷进贡。从89年至104年，西域各国均臣服于中国，此后羌（吐
蕃）人反叛，中国再失西域。公元91年，班超降服龟兹（库车）、
姑墨（阿克苏）和温宿（乌什吐鲁番），被任命为都护。班超击
焉耆，收车师（吐鲁番），然后向西越过了葱岭（帕米尔）——这
是中国史书的说法，很可怀疑。不过可以肯定，他没有将征服活 41
动扩展到里海边，也没有开通到达印度洋的路线，虽然“我们知
道，在97年他曾派遣部下甘英经海路去大秦（罗马帝国）”（裕尔
语）。[①]公元100年，他请求朝廷免去他的都护之职；102年去世，
享年71岁。班超之子班勇领兵300人屯驻敦煌，接替班超继任
都护。早在永平年间（58—75年），已有一位官员驻守敦煌，另
一位驻守车师（吐鲁番）。[②]］

30.公元初数世纪中国地理著作对大秦的记载；“大秦”一名的含义。

对大秦国的认识见于东汉（56—220年）时期的地理著作[③]和晋（265—419年）、唐（618—905年）时期的史书。但是中国史书编撰家们也提到，西汉（公元前202年以后）时大秦国亦称黎轩或犁靬。波迪埃认为，黎轩或犁靬可能指叙利亚地区的塞琉西亚

① ［裕尔说班超于102年派甘英使大秦，误。］——Remusat, *Mém. de l'Acad. des Ins.* (new), viii, 116-125. Klaproth, *Tab. Hist.*, p. 67; Lassen, ii, p. 352以下。

② Chavannes, *Trois généraux chinois de la dynastie des Han orientaux, T'oung pao*, May, 1906, pp. 210-269.

③ ［见A. Wylie, *Notes on the Westen Regions*, 译自《前汉书》卷96。（*Journ. Anthrop. Inst.*, Aug., 1880.）］

（Seleucidae）帝国，它的征服活动曾一度扩展到阿姆河地区。[①]

42 中国史书说，大秦（大中国）一名被用于这些西方国家，是因为其人有类中国，甚至称大秦人本源自中国。但这样的想法大概是天真的曲解，我们也许可以设想，这个名称的产生是由于中国人有一种感觉，认为这些希腊罗马国家对于西方的关系，就如同中国及其文明对于东亚的关系一样。

从这一情况和其他一些事例，我们可以推想，班超时代的中国人已认识到他们是以"秦"这个名字见称于外国人。佛教旅行家法显（5世纪早期）多次以这个名字提到他的祖国，[②]虽然他指的可能是古代秦地，即他出生的地方。

31.有关大秦的详细记载。

按照中国早期的记载，大秦又称海西国。从条支（波迪埃和其他学者认为是Tajiks，即波斯人）[③]渡海曲2 000哩、从长安8 000

① Pauthier, *De l'Authent*. pp. 34, 55以下；Klap.，*l.*，p. 70。［"从古老的记载如《后汉书》、《魏略》中我们知道，大秦和犁靬是同一个国家，而且很清楚，犁靬是更古老的名称。这个名称显然最早见于《史记》（卷123）。张骞出使西域各国时，安息（帕提亚）王派遣一个使团到达汉廷，献大鸟蛋（可能是鸵鸟蛋）以及犁靬善眩人。"（Hirth, *l.c.*, pp. 169–170.）］

② 例如，pp. 7, 333。

③ ［刘应（Visdelou）考条支为埃及，德经考为波斯。Hirth, *China and the Roman Orient*, p. 144认为即巴比伦。汉时条支为一西方国家，唐时成为一个府。见Chavannes, *Tou kiue*, p. 368。

更确切地说，条支相当于Mesene，指底格里斯河和幼发拉底河之间的合流处、靠近巴比伦和波斯湾的地区。这一地区在225年被萨珊王朝兼并，最后又成为巴格达哈里发领土的一部分。

条支一名最早见于《前汉书》和《史记》。Hirth，*l.c.*, p. 144.

"我对这些（汉文）记载的考察得出这样的结论，古代的大秦、中世纪称（转下页）

哩可达海西国，其都为安都城[①]。安息和天竺与之交市海中，获利 43
甚厚，商人欲至大秦者须赍三岁粮。故少有至如此遥远之国度
者。[②]大秦国领土东西长2 000哩，南北长与此约略相当，[③]有大
城400座。以金银为钱，银钱十当金钱一。[④]接下来是关于大秦 44
国制度和特产的暧昧而又天真的记载，但其中包括关于地中海
地区捕捞珍珠的记述详尽而又颇为准确。[⑤]

（接上页）为拂菻的国家，并不是以罗马城为首都的罗马帝国，而仅仅是它的东方部分，即叙利亚、埃及和小亚细亚，首先是叙利亚。（Hirth, *China and the Roman Orient*, p.vi.）

"从条支到大秦，即从幼发拉底河或附近的一个港口（Babylon, Velogesia, Hira, Orchoë, Charax Spasinu?）到彼特拉（Petra）即犂靬（Rekem）的海港埃莱那（Aelena），史书所记距离为一万余里。"……"对于这个表述，我们应理解为数目无限大。"（Hirth, *China and the Roman Orient*, p. 164.）

"从早期汉文史书蕴含的含义中我们可以得出结论，经中亚、赫卡桐皮洛斯、埃克巴坦那、泰西丰、希拉、幼发拉底河、波斯湾、印度洋、红海、埃莱那、彼特拉（由此经分支路线沿腓尼基海岸到达加沙，到巴士拉、大马士革等地）的这条道路，是商贸关系产生伊始到166年间中国和以叙利亚为代表的远西之间的主要商贸交通线。"（Hirth, *China and the Roman Orient*, p. 169.）从下文可以看到，早在166年以前水路已为人所知。

夏德博士在*China and the Roman Orient*一书中翻译了汉文著作中有关大秦的各种记载；本书附录收录了夏德在1912年翻译的赵汝适《诸蕃志》对大秦的记载，见pp. 102–104。]

① 如波迪埃所说，安都可能指Antioch；如果此说不误，那么它说明这一消息的获得要早于班超时代。[这一名称显然指Antioch，有意思的是，马苏第（Mas'ūdī）书中记载，在阿拉伯征服时期，该城原名仅存Alif、Nún和Tá（即Ant或Anta，见*Prairies d'Or*, iii, 409。）]

② 另一方面，《厄立特里亚海周航记》的作者说："进入秦（Thin）国不易，从那里来的人也很少。"

③ Pauthier, *De l'Auth*, p. 36的节录中作1 000里（200哩）；这显然是10 000里（见另一节录，p. 43）之误。

④ 在拜占庭铸币中，12个普通银币（Miliaresion）当1金币（Nomisma）。

⑤ Pauthier, *De l'Auth*., pp. 34–40; Klap., p. 68.

32.后期记载中“大秦”一名转为拂菻；拂菻起源于希腊文。中国认定属于欧洲的事物被欧洲认定属于中国。

从唐代的史书中我们知道，从前称为大秦的国家后来被称为拂菻（即πόλιν=Byzantium，见Ibn Batuta，卷IV）。[①]唐代
45 史书重复了旧的大秦传中许多琐细的事物，但也有一些新的情

① ［“唐代文献称‘拂菻，古大秦也，’或‘大秦，亦曰拂菻’，这两个名称似可相互替代。从中国人的观点来看，问题很简单。如果大秦是叙利亚，那么拂菻也一定是叙利亚…… 我现在的观点……可简述为：大秦是以罗马为其光辉中心的罗马帝国；但当时文献记载的详细内容却限于它的亚洲部分，因此，安条克（Antioch）被认为是大秦都城，而不是罗马；它与中国的关系自然是商业性的。拂菻是以拜占庭为中心的东罗马帝国，正如大秦一样，对东罗马帝国，中国的记载也限于它的某些亚洲领土，它与中国的关系主要是宗教性质的。”（F. Hirth, *The Mystery of Fu-lin*, p. 1.）沙畹教授先是接受这一观点，后又在*Notes additionnelles sur les Tou-kiue* (*T'oung pao*, 1904, p. 37, n. 3) 文中放弃它。沙畹提到裕尔《东域纪程录丛》第402页的注释，所以夏德又讨论沙畹上文（p. 2）中的观点：

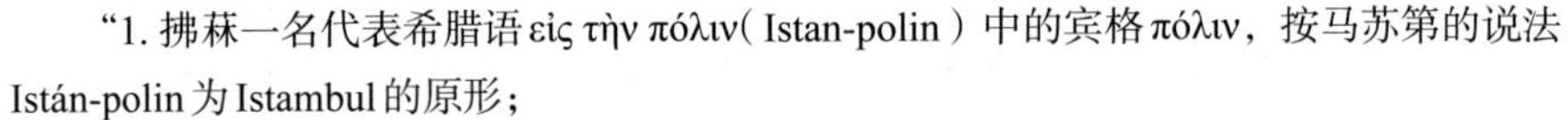

“1. 拂菻一名代表希腊语 εἰς τὴν πόλιν(Istan-polin）中的宾格 πόλιν，按马苏第的说法，Istán-polin为Istambul的原形；

“2. 拂菻一名，早于景教徒到达中国前已见诸中国文献。

“3. 这个名称可能是隋代时由西突厥传入中国。西突厥在568—576年接待过拜占庭帝国的使者。

“4. 643年派遣使节到中国的拂菻国王名叫波多力。逐字还原这个名字，应是Po-si-li，可能代表βασιλεύς。按：βασιλεύς意为“国王”。——译者

“5. 被派遣指挥围攻拂菻的阿拉伯将军摩栧，可考为Muawia 的儿子Yezid ben Muawia，他是围攻君士坦丁堡的三个艾米尔之一。

“6. 1081年派遣使团到中国的拂菻国王灭力伊灵改撒，可能是僭主Nicephorus Melissenus。但夏德教授在*l.c.*, p. 17和发表在*Jour. Amer. Orient. Soc,* xxx, 1909和xxxiii, 1913的新作中仍坚持其观点，将拂菻考为Bethlehem（伯利恒）。”

我从未接受拂菻源自Bethlehem的观点，对中国人来说，Bethlehem是一个不见经传的地方；从语音上，它也不可能来自πόλιν。布罗歇（Blochet）君认为，拂菻转自Rüm，但没有提出事实根据；伯希和君最近提出许多语言上的事例肯定这一观点。他认为，拂菻一词最初见于6世纪中叶的中国文献，但很有可能在此前一个世纪就以“普岚”等名为人所知。］

况。有趣的是，在中国人列述的罗马帝国的特点中，人们可以看到不少特点与古代中世纪作家描述的中国和毗邻国家的特点近乎相同或完全相同。譬如，其人民性喜和平，为人质直；城市众多，人民相属；设驿站；为外国使者提供便利和生活供给；多金银珠宝，其中有夜光璧[①]；金雉涎中产出的珍珠[②]、龟甲、各种香料、火浣布、金缕绣、犀牛、狮子和植物羊[③]。还有魔术师做令人惊叹的表演[④]。

33.《大秦传》中的准确记载说明来自真实的报道。 46

如果这些细枝末节就是立论的基础，那么，将拂菻考证为罗马帝国将是难以令人心悦诚服的。但是，除了拂菻这个名字以及它所处的波斯西北的位置外，其他的细节——虽然提到这些细节时掺杂着一些中国式的奇怪想法——似乎确实出自访问过君士坦丁堡的那些人的报告。捕捞珍珠和驿站的记述我们已经提到，而大秦国王渴望与中国进行直接交往的说法，在普罗可比和弥南德关于丝绸贸易的论述中也有相应的印证。文献说拂菻

① 图德拉的本杰明（Benjamin of Tudela）说拜占庭皇帝皇冠上的宝石光芒四射，能照亮保存皇冠的房屋（p. 75）。

② 此可能是指骇鸡犀和月明珠。作者将译文中的几种事物混杂。——译者

③ 波迪埃著作收录了关于拂菻属国北部那种从地中生出、以脐与地相联的羊羔的记载，这段意义不明晰的节录（*l.c.*，pp. 39, 47），似乎说的是伏尔加河地区流传的羊羔草的传说（Odoric, p. 241），并非如波迪埃所想的西亚大尾巴羊。［见Chavannes, *T'oung pao*, May, 1907 p. 183 n; Hirth, *China and the Roman Orient*, p. 261。］

④《鄂多立克游记》意大利文版附录第338页的一段文字中记载了这类魔术技巧。在Nicephorus Gregorias, *Byzantine History*中有一段关于当时Blondins人的有趣记载，Blondins人的行迹遍及埃及、君士坦丁堡、加的斯；他们做走绳索表演，立于绳索上射箭，在高空绳索上以肩负人行走，等等。（viii, 10.）

都城广100里（即20哩）①，大致与图德拉的本杰明的估算以及当地人的看法相符。②都城临海，房屋高峻，叠石为之；凡有十余万户（即五十万人），邑居相属，不可胜数。③都城中的宫宇有柱
47 廓，圃囿内有珍禽异兽；有十二贵臣，共治国政④。城东面有大门，高二十余丈（约200呎），自上至下饰以黄金片⑤；另一门之楼中，悬一人金秤，并有一时钟，一金人每时投一金丸，以示每日十二时⑥；房屋有平台顶，盛暑之时，水由管中引出，遍于屋宇；其王之

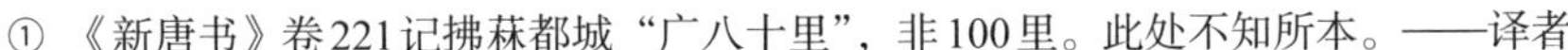

① 《新唐书》卷221记拂菻都城“广八十里”，非100里。此处不知所本。——译者

② 本杰明说有18哩（p. 74）。按吉本的说法，实在10哩至11哩之间。（*Pet. Gyllius de Topog. Constant*. 见Banduri, *Imp. Orientale*, Venet., 1729, i, 284；并见Ducange, *Const. Christiana.*）［夏德，前引书，第57页所译《新唐书》：“（拂菻）重石为都城，广八十里。”］

③ 当西古尔国王驾船驶向君士坦丁堡时，他在近海岸看到“城市、城堡、乡镇星罗棋布，鳞次栉比”。（*The Saga Of Sigurd — Early Travels in Palestine*, p. 59.）

④ 东罗马帝国全境分为十三个省区；但行政官只有十二个。这可能是民众习惯的数字。吉本也说：“一系列意外的继承权和没收财产事件，使君王成为城市中和郊区许多政府专用房产的所有者，其中十二座为朝廷大臣专用。”（ch. liii.）吉本这里的叙述大概是以本杰明的记载为依据。本杰明的话颇能佐证中国记载中的观点：“十二重臣受（皇帝之）命治理全国，每人于君士坦丁堡居一室，领有自己的城堡和城市。”（p. 74.）

⑤ 《西古尔传奇》（*The Saga of Sigurd*）说：“阿历克修皇帝听西古尔王远道而来，命令打开称作‘金塔’（Gold Tower）的君士坦丁堡城门迎之。皇帝久离君士坦丁堡或作战凯旋时骑马从此门通过。”（p. 59.）金门位于君士坦丁堡西墙的南端，不在中国史书所说的东面。马苏第说：“城的西部面向陆地，那里有佩装铜门的‘金门’（Golden Gate）。”（*Prairies d' Or*., ii, 319.）此门由塞奥多修（Theodosius）皇帝建造，上有刻铭文：“依主上之明谕，塞奥多修装饰这些地方；建此金门者开启了一个黄金时代。”（Hæc loca Theudosius decorat post fata tyranni; Aurea Saecla gerit qui portam construit auro.）（*Insc. Constant*., 见Banduri, i, p. 156。）

⑥ 波迪埃从康迪努斯（Codinus）著作中引述了有关Amastrianus拱门上一个铜斗的文字；但这些文字似乎不能为这里的汉文记述提供真正的佐证。见Banduri, pp. 18, 73–74; Ducange, p. 170。后一位作者确实提到君士坦丁广场上的金制日晷，但这是一个错误，因为他所引原文是χαλκοῦν“铜制”（p. 134）。

服饰，缀以珠宝的冠及璎珞，锦绣衣袍，前不开襟，所有这一切均 48
与拜占庭皇帝肖像中见到的特点相符合。[①]中国作者获得了拜占庭帝国真实消息之最令人信服的证据，是他们在拂菻国传记中提到的内容有些幽晦的一段：

34.中国史书中准确记载了拜占庭历史中模糊不清的一段。

"自大食强盛，渐陵诸国，乃遣大将军摩栧伐其都，因约为和好，请每岁输之金帛，遂臣属大食焉。"[②]

这一段文字提到一重要历史事实，即哈里发摩阿维亚（Moawiyah）连续七个夏天围攻君士坦丁堡而未逞其愿，最后感到需要遣使与拜占庭皇帝君士坦丁四世波戈纳图斯（Pogonatus）求和。君士坦丁四世同意议和，派贵族雅尼斯·彼泽高迪亚斯（Ioannes Petzigaudias，汉文中的"因约"）到大马士革与阿拉伯人谈判。双方谈判结果是，阿拉伯人答应三十年保持和平，每年向拜占庭帝国交付3 000金币、50名奴隶和50匹马作 49
为贡金。[③]

① 中国史籍提到皇冠上的鸟翼形饰物。波迪埃以一些图章说明这些饰物；但我不能对此加以证实。皇冠上附鸟翼是古代印度人的特点，在缅甸国王和爪哇苏丹的国服上仍明显地保留着这一特点。[我认为这些所谓的鸟翼是君王所戴冠冕上的垂旒，这种垂旒可以在亚美尼亚国王提格兰（Tigranes，公元前97—前56年）大王的钱币上看到。]

② 《旧唐书》卷198。Pauth, *De l'Auth*, p. 49; Hirth, *L. C.* pp, 55-56; 见Phillipes, *China Review*, vii, p. 412。按：裕尔所引译文有误，将"因约"解作人名。——译者

③ 见*Corpus Byzant. Histor*. Vol. 1, pp. 21-22: *Niceph. Patriarch. Breviarium Historic*；又同书 p. 295: *Theophanis Chronographia*及Gibbon, ch. lii。波迪埃似认为，这些事件为吉本和其他史家完全忽略；其实不然。吉本的确没有提到希腊使者的名字，但他提到了这位使者的大马士革之行及谈判的结局。他也提到了后来几年阿拉伯哈里发帝国陷于窘境时，拜占庭帝国提高了贡金，但查士丁尼二世时代的哈里发阿布杜尔马利克（转下页）

35.泰西对东方的见闻和远东对西方的见闻有很多相似性。

在后来的《诸蕃志》中，一些描述大秦的细节，似乎属于阿尤布王朝各位苏丹统治下的叙利亚。但与这些细节特点混缠在一起的新、旧事件的确涉及罗马帝国。例如，其中提到“迁七日即由地道往礼堂拜佛”，这是将基督教和佛教混为一谈。这种错乱在引述的各种事例中我们已经论及（Benedict Goës，下文）。

从所有这些见闻中，我们清楚地看到，远东地区对大秦和拂菻所代表的著名的西方文明中心所持的孤零寡碎的见解，与西方世界对秦奈和赛里斯之名所代表的著名的东方文明中心所持的鳞鳞爪爪的见解，具有相似性。我们看到，双方都在确切地望上存在着某种程度的模糊不清，同样地以半明晰状态中的这个国家较近边缘上的事实来描述整个帝国；中国史书中有一孤立的史料偶然记录了拜占庭历史真实事件，与此相对应，我们也有一条关于中国历史片断的类似的奇特史料，这条史料被塞奥费

50 拉克图斯（西摩卡塔）偶然捡得并记录下来。中国人保留的历史片断中记载的阿拉伯哈里发［摩阿维亚］的名字Moawiyah（摩栧），与一位亚美尼亚作家记载的哈里发的名字Maui，[①]在形式上几乎完全相同，这个微小的事实也许可以说明什么人向中国史家提供了一些知识片断。

（接上页）（Abdulmaliq）对此加以拒绝。这些事件和这位贵族的名字，也见于圣马丁编辑的勒博（Lebeau）的著作（*Hist. du Bas Empire*, xi, 428）。这里没有提到贡品中的丝帛；但“金、帛”在早期阿拉伯战争中是经常勒索的贡品。见Gibbon, ch. li。我相信伊斯兰教作家中无人记录此事。

① 杜劳里尔（Dulaurier）翻译的叙利亚人米哈伊尔（Michael）的著作。*Journ. Asiat.*, sér . iv, tom. xiii, p. 326.

36.重论对大秦的侦察活动及失败。

在简短地考察了中国人对罗马帝国的认识之后，我们可以回过来讨论一下甘英的故事。公元1世纪末[①]，不知是出于进行贸易的目的，还是为了进行征服活动，班超将军派遣甘英打通与西方国家的联系。[②]甘英前进到一个地方欲乘船前往，这个地方似乎是在波斯湾［条支］，“安息西界船人谓英曰：‘海水广大，往来者逢善风，三月乃得度；若遇迟风，亦有二岁者，故入海人皆赍 51
三岁粮。海中善使人思土恋慕，数有死亡者。’英闻之，乃止。”[③]这就是胆小的甘英提出的借口，他当然不是想征服罗马帝国的人，所以他思虑一番，止步不前了。在这一阶段，两大文明中心的代表者之间再没有进行接触。[④]

36*　张骞西域之行的影响。东京之征服。

［张骞西征和对通往印度的南方之路的探索，结果之一是导致了对交趾（东京）的征服。在两汉时期，交趾归属中国并被划分为三个部分：交趾（河内），九真（清化？）和日南（广治）。东京而不是交趾[⑤]成为水路的终点。经过激烈竞争，广州取代了东京；朝圣僧义净曾在广州登船前往印度。968年安南独立，中国

① ［和帝永元九年即公元97年］。

② 克拉普罗特说班超怀有入侵罗马帝国的谋划，但被参与策划的人说服，撤销了这一计划。（*Tabl, Hist. de l'Asie*, p. 67.）波迪埃所译的《晋书》（如《康熙字典》所引）说甘英是受派遣出使的使节。（Pauth., p. 38.）他可能是被派去进行侦察活动的。按：此说谬甚，已为夏德所驳，见Hirth, *China and the Roman Orient*, p. 138。——译者

③ 裕尔所据译文有误，此据《后汉书》卷88补正。——译者

④ Pauthier，*u.s.*；Rémusat，*op.cit.*，p. 123.

⑤ 此处原文作Tiaochi，必为Kiao chi之讹，故译为交趾。——译者

人放弃东京，而广州直到19世纪仍然是中国的重要商埠，只有蒙古统治时期是例外；蒙古统治时期刺桐（Zaitun）似乎是中国的重要商埠。不过，从2世纪至6世纪末即吐蕃入侵以前，西域路是人们首先选择的道路。］

37.中国记载的公元166年的罗马使团。

六十年以后，汉桓帝时（166年）①，大秦王安敦（马尔库斯·奥勒略·安东尼努斯皇帝）的使团到达了汉廷。这个使团
52 无疑是由海路而来，由日南（东京）徼外进入中国，带来了犀角、象牙和龟甲等贡品。这类东西确非我们预望的礼品，中国史书则明确说，当时人怀疑这些使节窃据了带来的珍品。这也是1100年以后对孟高维诺地方的约翰修士（John of Montecorvino）的责难。情况很有可能是，这些使者由于船只失事或遭抢劫而丢失了原来的礼品，他们听说中国人喜欢这些物品，于是在东方购买这些不为人看重的货物以充替原来的贡品。中国史家也觉察到，这个使团是由南方水路而来，非经北方陆路；言下之意是，他们可能走过这条北方陆路，这条道路由于波斯的敌意而被阻断。②

① ［延熹九年。］

② Klap., 68-69; Pauthier, *De l'Auth.*, p. 32; Klap., *Hist. de Relations, etc.*, p. 20; Deguignes, *Mém. de l'Acad.*, xxxii, 358. 莱诺推测，包撒尼亚斯也许是从这个使团的成员得到关于丝绸生产的知识。（前文，p.21）［“从我们掌握的资料看，直到162—165年安东尼努斯命卡西乌斯（Avidius Cassius）发动帕提亚战争，从波斯湾到犁靬的水路似乎是丝绸贸易的主要渠道；在腓尼基不做进一步处理（染色、绣花、重织）的大宗东方产品，可能运往亚历山大里亚，销散到罗马帝国。战争以公元165年罗马军队占领塞琉西亚和泰西丰而告终。战争刚刚结束大秦使团就沿海路前往远东，于公元166年10月到达汉廷，这也许不是偶然的巧合。我们从《后汉书》《魏略》和其他记载中知道，迄至当时，安息人一直垄断中国和大秦的丝绸贸易。”（Hirth，*l.c.*，pp. 173-174.）］

［这个使团显然不是由马尔库斯·奥勒略皇帝所派遣，而
是由某一位叙利亚商人率领。下面我们还要提到，159年和161
年天竺（印度）派往这位桓帝的使团也走过同一条到达交趾的
道路。早在120年，大秦乐师及幻人就已到达缅甸，说明罗马 53
帝国与远东地区存在海上交往。①中国与南亚及西亚通过缅甸
进行的最初交往，发生在2世纪末掸国国王雍由调统治时期；
雍由调在97年接受中国朝廷的册封，120年向中国赠送了大秦
幻人。②］

大约在此时（164年前后），也许是通过这次遣使，中国哲学家获知一篇来自大秦的占星术论文；据称他们对此加以考察，并与中国占星术加以对比。③

38.两国的进一步交往；284年的罗马使团。交流中断。643年拂菻使团到达中国。

此后可能还有其他交往，但没有确切的记载。我们知道，3世纪早期，大秦王向统治中国北部的魏朝皇帝太祖④派遣使者，赠送杂色玻璃，数年后，有一个懂得“以火铸石为晶”技术的人，

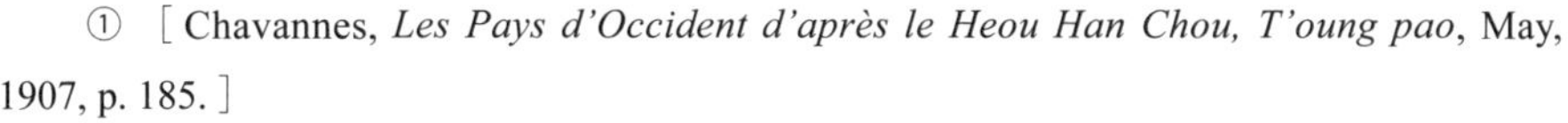
① ［Chavannes, *Les Pays d'Occident d'après le Heou Han Chou, T'oung pao*, May, 1907, p. 185.］

② ［Pelliot, *Deux Itinéraires*, p. 132.］

③ Deguignes, *Mém. de l'Acad.*, xlvi, 555. 按：裕尔此处叙述有误。裕尔所据为德经，德经所据为Gaubil。见Homer H. Dubs, “The Growth of a Sinological Leygend: A Correctzon to Yule's ‘Cathay’”, *Journal of the American Oriental Society*, Vol. 66, No. 2 (Apr. - Jun., 1946), pp. 182-183. ——译者

④ Deguignes, *Mém. de l'Acad.*, xlvi, 555.［这段论述源自德经著作，有误，魏朝无太祖皇帝。］按：此处混淆了三国时期的曹魏与南北朝时期的北魏。——译者

将秘密传给他人，由此西域人在中国大获声誉。[1]

284年，大秦再次遣使“贡献”——这是中国人通常使用的傲慢的表达方式。这次到达中国的使团必定是卡鲁斯（Carus，282—283
54 年）皇帝所派遣。这位皇帝在位时间很短，一直进行对波斯的战争。[2]

此后直到7世纪的很长时间，双方没有交往。隋炀帝（605—617年）时，极欲开通与大秦（当时称拂林）的交往，但不能遂愿。643年，唐太宗时，拂菻使团到达中国，带来宝石等物。太宗为唐朝第二位君主，中国历史上最英明的皇帝之一，他在位时中国势力南及兴都库什山，西及里海。据称这个使团是由拂菻王波多力所遣，太宗皇帝降玺书答慰。[3]此前七年中，伊斯兰教势力从

① Klaproth, *op.cit.*。按：中国史书将此事系于5世纪初。《魏书·西域传》：“太武（423—452年，北魏拓跋焘在位称太武帝）时，其（大月氏）国人商贩京师，自云能铸石为五色琉璃。于是采矿山中，于京师铸之。既成，光泽乃美于西方来者……自此中国琉璃遂贱，人不复珍之。”——译者

② 《晋书·四夷传》：“武帝（280—290年）太康中，其（大秦）王遣使贡献。”Hirth, *China and the Roman Orient*, p. 45.

③ 很难断定派遣使团的波多力王是指何许人。希拉克略（Heraclius）死于641年2月；他的儿子君士坦丁（Constantine）三个月后也死去。希拉克莱奥纳斯（Heracleonas）被宣布为皇帝，但很快又被君士坦丁之子、11岁的康斯坦斯（Constans）所取代。克拉普罗特认为，派遣这个使团的人是希拉克略的兄弟塞奥多鲁斯（Theodorus），这个名字在汉文中可能转为波多力。但塞奥多鲁斯似已在638年被杀。波迪埃也以为即“塞奥多鲁斯”之转音，但他认为指塞奥多鲁斯教皇，他可能是在642年11月继任教皇后向中国派遣了这个使团；这是一个极不可能成立的假说。波多力王是否表示康斯坦斯幼年执政时的Praetoirian Prefect（禁卫军长官）？圣·马丁认为这个名称代表凯撒瓦伦丁（Valentine Caesar），他发动政变将康斯坦斯挟上王位。（On Lebeau's *Hist. du Bas.Empire*, xi, 306.）［关于波多力一名，夏德，前引书，第294页写道：“这个名字在古代的发音为Bat-da-lik（现今广东音为Po-to-lik）；在这一时期叙利亚历史上没有任何重要人物的名字（转下页）

罗马帝国手中夺走了叙利亚，从萨珊诸王手中夺取了波斯；萨珊 55
波斯末代君主伊嗣俟（Yezdegerd）曾派使者向中国求援（见后文）；唐太宗的统治权远及费尔干纳、巴克特里亚及阿富汗、呼罗珊的部分地区。如果考虑到这些情况，那么，拜占庭使团的目的，似乎也是要煽动中国箝制新崛起的阿拉伯敌人。

39. 8世纪的交往。

711年的另一个拂菻使团，中国史书没有供给具体细节。这次遣使必定是同年被杀的查士丁尼二世所为。719年另一个拂菻使团到达中国，这次派遣使团者不是国王，而是“因吐火罗”大首领，带来的礼品有狮子、羚羊。这次遣使的皇帝是伊苏里亚人利奥（Leo the Isaurian）。不管其目的如何，这次使团很有可能是他在登上皇位前（717年）所派遣。[①]

（接上页）与此相近似，我认为该名字当视为阿拉伯文Bathric的汉文形式。D’Herbelot, *Bibl. Orient*, Vol. i, p. 380说：‘Bathrik和Bathrikak（复数形式Batharekah）在阿拉伯、波斯和突厥文中，表示每一教派和教会的基督教的大主教。’D’Herbelot又写道，381年塞奥多修大帝治下的君士坦丁堡教会上，作为广大地区精神领袖的主教的地位被固定下来，安条克主教在五个主教（即罗马、君士坦丁堡、亚历山大里亚、安条克和耶路撒冷）中位列第四。”艾德金斯（J. Edkins）写道：“关于波多力，我个人的见解，它是景教主教的称号……夏德博士从D’Herbelot的著作中引出阿拉伯字Bathrik，作为主教（Patriarch）一词进入汉文文献的中介体。但是这一时期的汉文音节中，既有p也有b，希腊文和叙利亚文也有这两个音节。发为pa更好些，符合发音的要求。”（*Journ. China Br. R. As. Soc.*, xx, 1885, p. 283.）沙畹认为，波多力是basileus的音写。见*T’oung pao*, Dec. 1913, p. 798。]

① 波迪埃将汉文记载中的称呼译为“帝国大贵族”（*Patrice, ou chef supérieur des fonctionnaires de l’empire*，p. 50）。利奥在登基为帝时被称为“贵族利奥”（Leo the Patrician, *Niceph. Constant*, p. 34）。我认为Λέοντος τοῦ Ἰσαύρου，这个名称可能在汉文发音中有点类似Yenthuholo（因吐火罗）。按：此处“因吐火罗”显然为误解。——译者

［从夏德引述的《旧唐书》我们搜罗到以下事件：

1. 隋炀帝欲通拂菻（605—617年）。（转下页）

56 742年，拂菻再遣使团来献，但这次使者是“大德僧”[①]。如果他们是来自拜占庭，那么这个使团就一定是由利奥（717—741年）在位时的拜占庭所派遣。但是我们将看到，西安的景教碑文记载，744年大秦僧名佶和者“瞻星向化，望日朝尊”，随后佶和被称为“大德”。所以，很有可能两种情况指的是同一事件；这次遣使涉及景教会的传教活动，与东罗马帝国与中国的政治关系无关。

40. 11世纪来自君士坦丁堡的使团。君士坦丁堡陷落前最后的交往。

两国关系又有一个很长的空悬时期；伊斯兰教势力在两大帝国间形成为一个巨大而又坚厚的障碍。但在1081年宋神宗统治时期，拂菻王灭力伊灵改撒遣使中国。这时的宋王朝首都似乎仍在开封府。克拉普罗特和波迪埃认为，灭力伊灵改撒指的是米哈伊力·杜卡斯（Michael Ducas）皇帝，这位皇帝确实于此前三年（1078年）被迫逊位，但他派出的使团，在不熟悉亚洲交通路线的情况下，可能在路途上耽误了很长时期。[②]

（接上页）2. 643年（拂菻）遣使中国。

3. 拂菻首都遭阿拉伯人围攻，臣附于阿拉伯统治。

4. 667年（拂菻）遣使中国。

5. 701（拂菻）遣使中国。

6. 719年（拂菻）遣使中国。]

① Klap., p. 70; Pauthier, pp. 32, 50.

② 这位拜占庭皇帝的名字，德经和波迪埃读作Mi-li-iling。克拉普罗特读作Mikialing，可能有些道理。波迪埃在后来的著作中采纳了这个读法，说：“如克拉普罗特所说，可读为Mikia-i-ling。”（Klap., p. 70; Deguignes, i, 67; Pauthier, *De l'Auth.*, p. 33; *Do.*, *Hist. des Relations*, etc., p. 22.）如果米哈伊力（Michael）一名不能被接受的话，（转下页）

汉文史籍还提到1091年科穆宁王朝（Comnenus）阿历克 57
修一世统治时期的一次遣使，但没有提到其中的详细情况。拜占庭帝国最后一次遣使见于1371年明朝洪武年间，这时成吉思汗族人刚被驱除不久。来使自拂菻来中国，名捏古伦。捏古伦接受赐礼和诏书[①]。另外，汉籍还模糊地提到，其他拂菻使节来献。将捏古伦考为尼古拉斯·科曼努斯（Nicholas Comanus），还是其他名字，对此我无任何见解。

（接上页）我测想僭夺皇位者*Bryennius Caesar*的名字将是唯一的选择；但是为何派遣使团到中国，我不敢斗胆猜测。［夏德认为，灭力伊灵改撒一定是塞尔柱副王的称衔；代表'Melek-i-Rum Kaisar,'即罗马（Rûm）副王和凯撒。Rûm国王是苏利曼（Soliman）的称号，他驻守小亚的伊科尼乌斯（Iconium）。"（*l.c.*，p. 300.）

① 《明史》卷326："元末其国人捏古伦入市中国，元亡不能归。太祖闻之，以洪武四年八月召见，命赍诏书还谕其王。"［关于捏古伦，见*Cathay*, iii, p. 12 n。］

第二章(补[*]) 中国与中亚的交流

中国势力的衰落。西突厥。葛逻禄。波拉朝诸汗。高仙芝。吐蕃人。回纥人。摩尼教。

[班超将军在中亚的征服活动,已如前述。

自2世纪初东汉安帝(107—125年)时,中国在中亚的势力开始衰落。3世纪晋武帝(265—290年)一度结束三国分立状
58 态,再度统一中国;武帝欲于塔里木河流域重造中国的影响,于肃州以远别造长城,辅以瞭望亭,与旧长城相连。

西汉通西域凡四道:(1)出敦煌,经罗布泊南、鄯善、和阗;(2)出敦煌,经罗布泊以北,焉耆南之库尔勒、库车、阿克苏;(3)经哈密、吐鲁番至库车,在库车与第二道相汇;(4)经哈密,向巴里坤湖边,天山北麓。

自6世纪上半叶至7世纪中叶,西突厥是中亚地区的强权。

6世纪上半叶,突厥役属于柔然。546年,铁勒——回纥(Uighúrs)是其一分支——进攻柔然,而为突厥所败,柔然拒不酬谢有功之突厥,突厥首领土门(布民)——大叶护吐务之子——转而攻柔然,于552年击败之。突厥分为两部:北或东突

---

* 此章为修订者考迪埃所补写。——译者

厥（即鄂尔浑突厥）和西突厥；从6世纪中叶两部之别已经显现，但由中国离间而产生的政治分裂则在582年。北突厥首领拥可汗（qagan）号，西突厥或十姓突厥首领拥叶护（jabgu）号。土门之弟室点密（Istämi）为西突厥之始祖。柔然败亡之后，突厥与波斯之敌哌哒（Hephthalites）为邻。库斯老·努细尔汪 59
（Khosru Naoshirwan）乘柔然败亡之机，与突厥征服者联盟，娶突厥可汗室点密（Dizabul, Silzibul）之女为妻；哌哒在563—567年被征服，阿姆河成为突厥和波斯的疆界；稍后，突厥乘波斯萨珊朝衰弱之机，将哌哒旧壤全部兼并。突厥和波斯间的协议未持续长久。粟特人为丝绸贸易之主要中介人，他们从哌哒治下转归突厥后，希望借助新主子之势力，将丝绸贸易推进到波斯境内。粟特人的计划未获成功，于是经突厥同意，遣使到拜占庭拜会查士丁二世[①]，希望在罗马帝国找到丝绸贸易市场。突厥人的计划引发了罗马人和波斯萨珊朝的战争（571—590年），这场战争削弱了两国的力量，使两国无力抗击新兴起的阿拉伯人的进攻。雅穆克（Yarmuk）一战（636年8月20日），阿拉伯人获胜，夺取叙利亚。阿拉伯人转攻波斯及其王伊嗣俟（Yezdigerd）。630年以后突厥转衰。唐太宗既已击败北突厥，遂得以集中力量对付西突厥。中国人与回纥结盟，于659年最终征服突厥。[②]

8世纪中叶，葛逻禄似乎已取代了西突厥的政治影响；葛逻禄本是突厥诸部之一，居于北庭西北，黑额尔齐斯河（Black

① 查士丁二世（Justin II），拜占庭帝国皇帝，565—578年在位。——译者

② ［Ed. Chavannes, *Doc. sur les Tou kiue (Turcs) occidentaux.*］

Irtysh）[①]两岸。很显然，他们是定居于八拉沙衮城（Balāsāghūn）
60 的布格拉汗王朝（Boghra Khan dynasty）的先祖[②]。8世纪布格
拉诸汗（伊尔克诸汗）是谢米列奇耶和喀什噶尔的主要统治者，虽然这些地区当时仍在突厥人手中。阿弗拉西阿布（Afrâçiâb）被认为是他们的先祖。10世纪中叶，大概是由于波斯人的建议，统治着从伊塞克湖到喀什噶尔（Urdukand）的萨图克·布格拉汗（Satok Boghra Khan）接受伊斯兰教，占领布哈拉；其都城是喀什噶尔，但在993年他死后，都城迁移到八拉沙衮，其继承者称伊尔克汗（Ilak Khan）；最后一位可汗被花剌子模王摩诃末所杀，而摩诃末本人又被成吉思汗所败。[③]

布格拉诸汗是吐蕃人的盟友，但是他们失势后，却听命于他的回纥敌人。中国势力在中亚衰落的原因之一，是吐蕃的崛起。

① 即额尔齐斯河。黑额尔齐斯河是俄罗斯人、哈萨克人对该河上游的称呼，现在已不使用。唐代史书称之为多逻斯川、都逻斯河，或曳咥河。——译者

② 八拉沙衮城在中亚的确切位置尚不清楚；格勒纳尔（Grenard）认为即碎叶城（Tokmak）；巴托尔德（Barthold）说，应在俄属谢米列奇耶（Semiriechie）境内寻之，大概在楚河河畔，现在那里发现许多遗迹；天文学计算的结果似乎说明八拉沙衮位于Awliya-Ata的西北部，即从前位于都赖水的Tarăz；1218年，八拉沙衮被成吉思汗的部将哲别·那颜不战而取，蒙古人名之曰Ghubāliq；14世纪已荒芜。（Grenard, *La légende de Satok Boghra Khan*, *J. As.*, Jan-Fév, 1900; V. Barthold, *Encyclop. de l'Islam.*）

按：冯承钧《西域地名》："贾耽《四夷路程》曰：'八十里至裴罗将军城，又西二十里碎叶城，城北有碎叶水。'按碎叶水为Chu河，碎叶城为Takmak，其地应在此城东四十里。又考新疆出土突厥文写本，将军之对音为Sangun，即《五代史》讹译为相温者是也。则唐之裴罗将军城必为后之西辽国都。考《新唐书·突厥传》乾元中，突厥施黑姓可汗名阿多裴罗，或即其人。格勒纳尔谓即碎叶城之说，误。"《西域地名》，中华书局1980年版，第10页。——译者

③ ［Elias-Ross, *Tarikh-i-Rashidi*, p. 287 n.; Bretschneider, *Med. Res.*, i, pp. 252–253.］

汉时分散在青藏高原的部落以羌人见称；唐宋时称土番，即吐蕃（＝T'u bod）；辽称之为土伯特（T'u po tè）。吐蕃的历史始于6世纪末第一位国王弄赞入侵印度时。639年弄赞之子松赞干布 61
娶尼婆罗王鸯输伐摩[①]之女墀尊（Bribtsun），641年，娶唐太宗之女文成公主。634年松赞干布访问过太宗朝廷。受尼婆罗和唐朝的影响，松赞干布将佛教引入吐蕃，并于639年建拉萨城；其势日隆。663年征服鲜卑族的吐谷浑；咸亨元年（670年）4月，吐蕃首次夺取安西四镇；然后占领喀什噶尔地区（670—692年），切断了中国通向西域的道路。

中国人摧毁西突厥帝国（658—659年），一度将唐天子的统治扩展到阿姆河以远至印度河流域；这是中国向西域扩展最力的时期，但是武则天统治时期唐朝内部的困难，阿拉伯人的征服活动，以及吐蕃人对喀什噶尔的占领，对东来的入侵者封锁了帕米尔通道，使中国在这些遥远地区的统治徒具虚名，尽管747年高仙芝将军为阻止吐蕃的推进，通过婆勒川（Baroghil）和坦驹岭口[②]到达娑夷水（Gilgit），对帕米尔以远地区进行过远征并取得胜利。

吐蕃是阿拉伯人的盟友，他们支持阿拉伯人在药杀河流域的行动；作为回报，吐蕃在喀什噶尔也得到阿拉伯人的支持。吐蕃统治甘肃、四川和云南，甚至渗透到唐帝国的首都长安。8世纪，皮罗阁乘唐朝和吐蕃争斗方酣，建立了以大理为都城的南诏

① Ancuvarman，亦作Amshuvarma，意为光胄，或译作阿姆苏·瓦尔马。——译者

② 坦驹岭口（Darkot passes），即今巴基斯坦北端的达尔科特山口。——译者

国；这个新建立的国家9世纪后衰落下去；中国人忙于应付其他地方的事端，对这个国家无暇顾及。1253年蒙古征服已取代南诏国的大理国。

62 692年，中国人重新夺回中亚的安西四镇（焉耆、龟兹、疏勒、和阗）。“贞元中（785—804年），（黑衣大食）始与吐蕃为劲敌，蕃军大半西御大食，故鲜为边患。”[①]吐蕃两份最古老的敕令已被瓦德尔（L. A. Waddell）博士发现，这两个敕令雕刻于布达拉山脚下古王堡垒下一根高大的纪功柱上，现在嵌入达赖喇嘛的宫殿；这两道敕令颁布于730—763年，是迄今发现的最早的文献，从一个侧面说明了中国古代历史和地理。8世纪是吐蕃政权的鼎盛时期，回纥统治了从北庭到阿克苏的整个地区以后，吐蕃政权便被摧毁了。

回纥属突厥种；其先祖为匈奴后裔；北魏时称铁勒（Tölös），从属突厥；居于娑陵水（Selenga）[②]。7世纪中叶，其首领菩萨反抗北突厥，大败突厥颉利可汗，646年与中国通使。太宗时，回纥部为唐瀚海都督府，其首领吐迷度被命为都督。自8世纪初，势力逐渐强大；中国人初称其为回纥，稍后称回鹘和畏兀儿；吐蕃似称其为Dru gu[③]。

63 摩尼教的发展与回纥的历史密切相关。斯坦因、格伦威德

① Bretschneider, *Arabs*, p. 10.

② 《旧唐书·回纥传》之娑陵水，《新唐书·地理志》之仙娥河，《亲征录》之薛良格河，王恽《玉堂嘉话》卷三之薛良河，《元秘史》之薛凉格河，《元史》之薛灵哥河，今外蒙古色楞格河，流向东北，注入贝加尔湖。见冯承钧《西域地名》，第83页。——译者

③ 又作Drug，见冯承钧《西域地名》，第25页。——译者

尔、勒柯克、伯希和在中亚和敦煌发现的摩尼教经卷，以及穆勒（F. W. K. Müller）的研究，对于被认为已消失的摩尼教的教义和艺术做出了新的出人意料的说明；由勒柯克带回柏林的壁画使人们对摩尼教艺术获得清楚的认识。虽然当代中国的大学问家蒋斧认为，摩尼教早在北周（558—581年）、隋朝（581—618年）时已传入中国，但摩尼教徒最初从大秦到中国似在694年；摩尼教最初见于汉籍是似在玄奘的游记中（7世纪）；719年一位摩尼教星术家到达中国，此后摩尼教对中国天文学产生了很大影响。732年玄宗颁诏，宣布摩尼教为妄托佛祖之名的邪教，不久事态的发展让摩尼教愈显重要。玄宗皇帝因回纥杀害凉州刺史（713—714年）而惩罚回纥人，封闭与安西的交通。762年5月3日玄宗死，肃宗于次年5月16日即位[①]。安史之乱起，回纥于762年11月20日进入洛阳，对洛阳大事抢掠，763年11月离开。回纥可汗在洛阳遇到几名摩尼教徒，皈依摩尼教，离开洛阳时携走四名摩尼教士。768年、771年信奉摩尼教的回纥人获准在长安置寺，名大云光明寺。我们注意到，806年回纥遣使唐朝廷，其使团成员中就有摩尼教徒。但摩尼教之影响随回纥势力衰落而减弱。840年，黠戛斯攻占回纥的鄂尔浑都城，杀回纥可汗。
黠戛斯自认为是公元前99年被匈奴所败遭俘的中国将军李陵的 64
后裔。回纥向南、西南散至到高昌（吐鲁番）和焉耆，向西则达龟兹；841年回纥十三部推乌介为可汗。乌介可汗尚游牧，847

① 此处有误。762年驾崩的是肃宗（756—762年），次年即位的是代宗（763—779年）。——译者

年被杀于阿尔泰山地区。回纥既亡,摩尼教徒财产被没收,寺院被封闭。回纥余众居于甘肃的甘州和吐鲁番东部的高昌。回纥摩尼教在西域苟延至13世纪;在中国内地则以佛教和道教为掩护存在,直至最后消失。①

回纥人以吐鲁番附近之高昌、火州即亦都护城②、鄂尔浑左岸之喀喇巴勒哈孙(Kara Balgasún)③为都城。在喀喇巴勒哈孙发现的为821年驾崩的可汗所立的石碑,其碑铭有汉文、突厥文和粟特文三种文字,对于说明回纥摩尼教大有帮助。④回纥文可能由粟特文转化而来,并非由其先前的叙利亚文字(Estranghelo)转化而来。满文则由回纥文演化而来。]

① [Bretschneider, *Med. Res.*, i, p. 236以下; Chavannes et Pelliot, *Un traité manichéen, retrouvé en Chine, J. As.*, ii, 1912; i, 1913.]

② 和卓(Chotcho),即今吐鲁番县属之哈剌和卓城(Karakhoja),也称亦都护城(Idikut-Sahri),俗称Dakianus Shahri,汉时为高昌壁,唐时为高昌县,宋元时为高昌回鹘国都,《辽史》为和州回鹘。《元史》谓高昌王亦都护,盖指此国。《金史》、《西游记》讹译为和州。元时又称哈剌火者、哈剌霍州、哈剌火州、合剌禾州、合剌和州、火州诸译。《文昌偰氏家传》云:"高昌今哈喇和绰也。"《明史》云:"火州又名哈喇,在吐鲁番东三十里,东为荒城,即为高昌国都。"《西域国志》有哈喇和卓城,皆指其地。见冯承钧《西域地名》,第77—78页。——译者

③ Radloff, *Atlas der Alterthümer der Mongolei*, 1892—1896有该城示意图。

④ [见*Bibliotheca Sinica*, col. 2732-3书目。]

第三章　中国与印度的交流

41.张骞带回的印度知识。中国欲通印度。42. 佛教传入中国。印度诸国遣使。43. 4世纪中印海上贸易。初通锡兰；锡兰频繁遣使。44. 5、6世纪与印度的交流。45.唐太宗时中国与印度摩揭陀国的交流；中国军队入侵北印度。46. 中国与迦湿弥逻国的交流。8世纪与印度的交往。47. 8世纪后政治交往逐渐稀少。48. 访问中国的印度佛教徒。49.前往印度的中国求法僧及其著作。50. 13世纪与锡兰交流的恢复。51. 中国重振海上威望的最后努力（1405年）。与锡兰的长期交往。52. 1244年左右蒙古入侵榜葛剌。巴哈第雅尔的远征。马利克·裕兹柏克和马哈迈德·图格拉的冒险。53. 派遣到马哈迈德·图格拉宫廷的中国使团；伊本·白图泰率领下的回访使团。后来的印度使团。54.中国和马拉巴尔间的海上贸易；中国在印度半岛上的遗迹。55. 忽必烈欲与印度诸国交往。

41.张骞带回的印度知识。中国欲通印度。

本书前文中,我们已谈到为何说印度和中国很早既有交往,
65 但中国史书似乎对此全然未加注意。公元前122年张骞完成对大夏的探险返回中国,带回了西域各国的消息,中国人才第一次提到印度并对印度有所了解。张骞在大夏时注意到在当地出售的商货中有一种竹杖,这种竹杖使他联想到邛山出产的竹杖;还有布匹,他识辨出这些布匹是蜀地(四川)成都的产品。张骞询问这些物产来自何处,当地人告诉他购自身毒即天竺的商人,身毒在大夏东南数千里,他根据搜集到的消息判断,印度距离四川也不远,这可以说明大夏何以能输入他见到的这些物产。从中国到印度有三条道路:一经羌中地,这条路非常危险,也极为险峻;二由北方经匈奴辖地,其交通自然受到匈奴阻挠;三是经四川,这条路最为安全。汉武帝欲使西域各国来贡,心中大悦,派张骞由犍为前往印度,另一些人由其他道路前往印度。尝试凡十次,均未成功。后来萨莱尔(Sarel)上校试图追随张骞的足迹走完这条道路,亦告失败。①

42.佛教传入中国。印度诸国遣使。

66 然而在随后的一个世纪,中印交流必当已开通。65年,明帝因夜梦金人而遣使天竺寻求佛律和佛像。这一行动引起正统儒

① 见De Mailla, Vol. vii(我只能参考其意大利文译本);Julien, *J. As.*, sér. iv. tom. x, 91–92; Deguignes, *Mém.de l'Acad.*, xxxii, 358。德·梅拉(De Mailla)的意大利文译本饶有趣味,这位编者发现他译文的前几卷中的汉文名称,对他的读者味同嚼蜡,遂将它们全部写成较有趣的形式,如kúblai(忽必烈)写成Vobulio,Wang Khan(王罕)写成Govannios, Ilchiktai 写成Chitalio。[H. Cordier, *Bibliotheca Sinica*, col. 586–587.]

士的憎恶，也促成了许多世纪两国间非常特别的交往。[①]

和帝（89—105年）时印度国王几次遣使向汉廷贡献，桓帝（159年）时印度也向汉廷遣使贡献。这位桓帝接待过可能来自马尔库斯·奥勒略皇帝派遣的使团。

43. 4世纪中印海上贸易。初通锡兰；锡兰频繁遣使。

3、4世纪的大部分时间，中、印间的政治交往似已中断，[②]尽
管从法显的游记中可以推知，4世纪末中印间存在着海上贸易， 67
此前可能也有海上贸易。但海上贸易的开端可能不早于东晋（317—420年定都南京）初年，因为中国和锡兰间的最初交往就发生在这个时期。锡兰以其拥有的佛像而著称，这些佛像时常被作为礼品送给东晋朝廷。第一个锡兰使团到达中国是在405年[③]，这个使团显然是经陆路而来，因为路途竟费时十年。使团

① ［这个故事的真实性是非常值得怀疑的。根据对最近新发现文献的研究，公元初期佛教似已传入中国，据认为在明帝使者带回两个僧人的时候，中国境内一些佛教僧侣和信徒与明帝的一位兄弟（指楚王英。——译者）正在一起。在河内的亨利·马伯乐教授对这些文献进行了仔细研究，得出结论说，传统上坚持的佛教传入中国的说法，完全是以2世纪一些宗教传说为根据。H. Maspero, *Le songe et l'ambassade de l'empereur Ming, Bul. Ecole Ext. Orient.*, Jan.-March, 1900, pp. 95-130. 公元前2年月氏王是一位热忱的佛教徒，他试图在中国传播佛教；大概是通过他或哀帝的使节，中国人知道了佛教。］

② 沙畹译《宋云行记》（*Bul. Ecole franç. Ext. Orient.*, July-Sept., 1903）后附唐代以前中国记载印度的著述目录。据《梁书》记载，三国时吴国（222—280年）孙权于3世纪中叶遣康泰和朱应出使扶南（柬埔寨），拜会国王范寻；他们获悉，几年前扶南王范旃曾遣使中印度，中印度国王派遣名叫陈宋的人随扶南使节回访扶南。康泰见到陈宋，具问天竺土俗。所获消息记入《梁书》。］按：此见《梁书》卷54。——译者

③ ［第一个锡兰使团到达中国是在晋孝帝（373—396年）时期。关于428年刹利摩诃南国王的遣使，见S. Lévi, *Wang Hiuen-t'se*, p. 413。根据《大史》记载，刹利摩诃南412—434年在位；在他执政期间，佛音（Buddgagosa）从摩揭陀传入锡兰。］按：《大史》亦作《大王统史》，斯里兰卡早期用巴利文写的王朝与佛教编年史。——译者

带来佛陀玉像，玉色洁润，形制殊特。在这个世纪中，锡兰还有其他四次遣使：第一次在428年，国王刹利摩诃南（410—432年在位）遣使赍书并献佛牙台像；①第二次在430年，第三次在435年，第四次在456年，使团由五位僧人组成，其中一人名难陀，是有名的雕刻师，献三重佛像。6世纪锡兰诸王向中国称臣；515年，鸠摩罗达娑即位伊始，即遣使中国通告践祚之事，并称国王本人极欲躬自亲往，但惧于大海不能前行。据记载，523年、527年和531年锡兰均向中国遣使。②

44. 5、6世纪与印度的交流。

428年，迦毗黎国（佛陀诞生地，今之戈拉克普尔）国王月爱
68 遣使于武帝献金刚指环、摩勒金环、红白鹦鹉等。466年，迦毗黎国朝廷再次向中国派遣使节，500—504年的使节向中国进献骏马一匹。

441年、455年、466年和473年，印度境内或相邻的其他佛教国家向中国遣使贡献。502年，印度境内的笈多（Gupta）王遣使者竺罗达（Chulota）赍表献琉璃唾盂、杂香、吉贝等物。该

① 428年为宋元嘉五年。刹利摩诃南表曰："谨白大宋明主，虽山海殊隔，而音信时通。伏承皇帝道德高远，覆载同于天地，明照齐乎日月。四海之外，无往不伏。方国诸王，莫不遣信奉献，以表归德之诚；或泛海三年，陆行千日，畏威怀德，无远不至。我先王以来，唯以修德为正，不严而治，奉事三宝，道齐天下，欣人为善，庆若在己。欲与天子共弘正法，以度难化，故托四道人，遣二白衣，送牙台像以为信誓。信还，愿垂音告。"见《宋书》卷97。——译者

② Tennent, *Ceylon*, i, 2nd ed., i, 590-591, 596. 坦南特爵士著作使用未发表的中汉史料译文。我的材料来自他的著作。

王的属地毗邻新头（印度）大河，有五支流。据云出晶体石盐。[①]

605年，曾欲通大秦（罗马帝国）的隋炀帝怀着勃勃雄心遣使吐蕃、印度等国，欲使之来附，印度各国不至，炀帝衔恨。

两年后（607年），我们发现，"屯田主事"常骏被遣往锡兰[②]。

45.唐太宗时中国与印度摩揭陀国的交流；中国军队入侵北印度。

641年摩揭陀国王遣使赍书朝贡。著名的太宗皇帝遣一官员持节抚慰[③]。摩揭陀国王尸罗逸多大警，问之国人曰："自古曾有摩诃震旦（Moho chintan）使人至吾国乎？"皆曰："未之有也。"中国史家曰："戎言中国为摩诃震旦（Machachinasthana）。"[④]这次交往引发646年的另一次礼尚往来[⑤]，逢尸罗逸多死，僭位者没有与中国保持平等友好关系，战争爆发；中国人在吐蕃和泥婆

① Julien，*u.s.*，pp. 99–100。

② Tennent, i, 583. 按：此似指常骏出使赤土国。《隋书》卷82《南蛮传》："炀帝即位，募能通绝域者，……大业三年，屯田主事常骏、虞部主事王君政等，请使赤土，帝大悦，……赍物五千段，以赐赤土王。"赤土国似在马来半岛。裕尔考为锡兰，误。——译者

③ 按：此见《册府元龟》卷970；《旧唐书》卷221。——译者

④［643年，即贞观十七年，李义表及副手王玄策被遣往摩揭陀，邀请一婆罗门；以《唐书》，李义表乃赍唐皇书前往尸罗逸多（Harsa Ciladitya）王报聘。S. Lévi, *Wang Hiuen-t'se, Journ. Asiat.*, xv, 1900, pp. 298–299, 320–321.］按：语见《新唐书》卷121上。——译者

⑤［646年王玄策并从骑三十人出使摩揭陀，尸罗逸多王驾崩，其臣那伏帝·阿罗那顺篡立，杀中国使者，玄策逃往松赞干布治下的吐蕃，借得吐蕃精锐1200人，并尼婆罗国骑兵7000人，反击摩揭陀，俘虏阿罗那顺，解往中国（648年）。S. Lévi，*l.c.*，pp. 300–301。657年，王玄策再次出使西域各国。］

按：王玄策事见两《唐书》。冯承钧《王玄策事辑》，文见《清华学报》第8卷第1期；孙修身：《王玄策事迹钩沉》，新疆人民出版社1998年版。——译者

罗的支援下,侵入印度。另外一些印度王公向中国人提供援助和供给;僭王阿罗那顺被俘,其王后统率的军队在乾陀卫(犍陀罗)河岸被击败,580座城市向中国军队投降,阿罗那顺被带往中国。[①]印度一方士随王玄策将军至中国,受命为重病中的太宗皇帝治病,无效。出使印度引发战争的王玄策将所有事件记录下来,共12卷,但这部著作已佚失。[②]

70 据称,667—668年五天竺国王均向中国遣使贡献;672年和692年亦然。中国史书记载的五天竺国王是:(1)东天竺国王摩罗枝摩;(2)西天竺国王尸罗逸多;(3)南天竺国王遮娄其拔罗婆;(4)北天竺国王娄其那那;(5)中天竺国王地婆西那。[③]

670年,锡兰国王达多优婆帝沙遣使呈国书并方物。711年锡兰再遣使。[④]

---

① [乾陀卫可还原为Gandavati,可能是健驮逻,参照希腊文Κονδοχάτης之名的一种形式。因此它位于华氏国(Pataliputra,位于健驮逻河和恒河汇合处)与泥婆罗(健驮逻河源自这里)之间的一个地区,王玄策所攻取的茶搏和罗城应在此求之。" S. Lévi, *l.c.*, pp. 307 n.]

② [见S. Lévi, *Wang Hiuen-t'se, Journ. Asiat.*, xv, 1900。] Julien, pp. 107-110. 根据玄奘的记载,这位尸罗逸多是印度历史上伟大的国王之一。他的国土从乌荼海滨直至西北其都城曲女城,可能到克什米尔边境。(见Lassen, iii, 673以下。)就我所知,拉森对这次中国人入侵印度事或阿罗那顺篡位事未做涉及。历史年代亦与拉森(根据玄奘记载)所作的年代表不符。拉森年表将尸罗逸多的在位时间延至650年;而文献说他死于646年。太宗皇帝死于649年5月。

③ *Chine Ancienne*, p. 301. 按:《旧唐书》卷198,天授二年(691年):"东天竺王摩罗枝摩、西天竺王尸罗逸多、南天竺王遮娄其拔罗婆、北天竺王娄其那那、中天竺王地婆西那,并来朝献。"又,《册府元龟》卷970作天授三年(692年)。——译者

④ Tennent, i, 597.[670年锡兰国王是诃多达多(Hatthadatha),即达多优婆帝沙二世(Dāthapatissa II, 664—673年)。]

46.中国与迦湿弥逻国的交流。8世纪与印度的交往。

713年固失蜜（Kashmir）国王真陀罗秘利遣使玄宗皇帝，表示归服。数年后玄宗授其印绶。他的继承人和兄弟木多笔也遣使来附，要求唐皇出兵迦湿弥罗，他将为唐朝军队在摩诃波多磨龙池提供营祠。迦湿弥罗向唐朝的贡献持续了一些时候。新兴的吐蕃国造成的压力，可能是迫使这个国家请求中国保护的原因。[①]

文献记载，713—731年印度境内诸国数度遣使，其中一国请求中国增援以抗击阿拉伯人和吐蕃人，请求（玄宗）皇帝赐封印度王室军队以荣誉称号。皇帝可能认为这是最容易应付的请求，赐印度军队为“怀德军”。[②]

① Rémusat, *u.s.*, p. 106; *Chin Anc.*, 311; Reinaud, *Mem. de l'Acad., xvii*, p. 190. 迦湿弥罗史中有一位Chandrapida王，但他在691年被杀。695—732年在位的国王是伟大的征服者Laladitya。他似乎有一位兄弟名叫Muktopida（见Lassen, iii, 993, 997）。

② 见Julien, *u.s., Chine Ancienne*, pp. 309, 310。这一时期的中国史书经常提到与大、小勃律国的交往。这两个国家位于喀什噶尔和克什米尔间。小勃律国王住孽多城，近娑夷水。大勃律国居更东处；747年为中国军队占领（Remusat, *Mém. de l'Acad.*, pp.100–102）。雷慕沙将勃律还原为Purut；但大、小勃律毫无疑问就是Ladakh 和Balti。这两个国家直到晚些时期仍被称为大、小吐蕃。我想这些名称可能会在塔弗涅（Tavernier）的记载中找到，也可在耶稣会士德西德里（Desideri）的信件（1716年）中找到。的确，小吐蕃作为Balti的称呼现在仍未被废弃。Ladakh可能是埃德里西所说的“建于一条河流旁高处的吐蕃城”（i, 492）。在梅因道夫的记载中，我们发现在布哈拉人仍然提到大、小吐蕃城，格鲁吉亚人丹尼伯格在20天内从克什米尔到达这个“吐蕃城”。从拉萨到这里有三个月里程。梅因道夫所描述的大食路（Tajik route）说的是经喀喇和林关口到达“吐蕃”。“吐蕃是一座建于山后的城市，统治者的府邸建于山顶。”这个描述大概也同样符合Ladakh 和Balti。Balti也许就是汉文勃律所指，而娑夷水可能就是Shayok。（Meyendorff, pp. 122, 339.）[“勃律即现代的Balti。此时它被分为大、小两个国家。大勃律在《唐书》记载中位于吐蕃正西，与小勃律为邻，西接北印度乌苌国。自696年大、小勃律数度向中（转下页）

742年外国商贾自南海至中国，携师子国宝货以国王尸罗迷迦之名向中国皇帝贡献。[①]746年、750年、762年师子国数度遣
72 使。此后锡兰不见于中国史籍达数世纪之久。[②]

47. 8世纪后政治交往逐渐减少。

据称，758—760年左右，中国失去对河陇地区的控制，印度诸王不再贡献[③]。我不知道河陇地区是指哪里——是指阿姆河流域的忽懔国（Khulum）[④]还是云南边境的某个地区；可能是前者，因为佛教朝圣者的游记证明，印度与中国间的旅行通常都取道喀什噶尔和巴达赫尚。

这一时期吐蕃崛起，成为一个侵扰四邻的强大国家，787年德宗皇帝接受一位廷臣的建议，致力于联合回纥、印度各王公和阿拉伯哈里发，组织联盟对付吐蕃。[⑤]

此后很长时间我们没有发现中印间进行政治交往；但在10世纪末11世纪初，史书记载印度各国几次遣使北宋朝廷。1015

（接上页）国遣使贡献，734年最后为吐蕃征服。Bushell, *Early History of Tibet, J. R. As. Soc. N. S.* , xii, p. 530. ——高仙芝在747年是领兵的中国将军。娑夷水无疑就是什约克（Shyok）河。］按：《册府元龟》卷973："开元八年，南天竺国王尸利那罗僧伽请以战象及兵马讨大食及吐蕃军。仍求有以名其军。玄宗深嘉之。名军为怀德军。"——译者

① *Ch. Anc.*, p. 312. 坦南特没有提到这一内容。此时在阿努拉达普拉（Anurajapura）执政的国王是阿伽菩提三世（Aggabodhi III）。按：见《新唐书》卷221。——译者

② Tennent, *ib.*, p. 597.［742年和746年，大概还有750年及762年的使团均为阿伽菩提六世（Aggabodhi VI Sihamegha, 741—781年）所派遣。S. Lévi，*l.c.*，p. 428.］

［关于锡兰和中国的关系，见S. Lévi，*Journ. Asiat.*, Mai-Juin, 1900, pp. 411—418.］

③ Julien, p. 111.

④《西域记》作忽懔国，《新唐书·地理志》作昏磨城，今阿富汗北部之胡尔姆（Khulm）。见冯承钧《西域地名》，第52页。——译者

⑤ *Ch. Anc.*, p. 321.

年的遣使来自注辇国，以德经的看法，注辇国即印度南部的Chola国[①]。除这次遣使外，我认为这一时期的使团均系来自马来半岛，并非来自印度本土[②]。

48.访问中国的印度佛教徒。

不过，这一时期史书经常提到印度佛教徒到访中国朝廷，也 73
有中国佛教徒得到中国皇帝准许前往印度朝圣取经。[③]据记载，一位名叫曼殊室利的虔敬佛法的印度王子随中国僧团一同前往中国，中国皇帝很高兴地接见了他[④]。中国僧徒嫉妒室利所获得的殊荣，因印度王子不懂汉语，他们欺骗这位王子说皇帝陛下要他离开。室利王子愤然而去，从中国南海岸乘商船返回印度[⑤]。

① 此名最早见于公元前3世纪孔雀王朝之碑铭，希腊罗马文献称Sora，梵文作Čola或Chola，阿拉伯语作Cūliyān，又作Soli，又作Māabar。《诸番志》《文献通考》《宋史》《宋会要辑稿》作注辇。《岛夷志略》与《元史·外国列传》之马八儿，《明史·外国列传》之琐里，又作西洋琐里，皆其后来之异称。故地在今印度科罗曼德尔（Coromandel）海岸。见陈佳荣、谢方、卢峻岭《古代南海地名汇释》，中华书局1986年版，第929页。——译者

② Deguignes，I，p. 66以下所列国家中，Tanmoeilieu可能即马来国（Tana-malaya）。

③ 据记载，其中一个团体经过的路线是甘州、沙州、伊州、焉耆、龟兹、于阗、忽懔、白沙瓦和克什米尔。

④ 按：此为971年事，曼殊室利为中天竺王子。见《宋史》卷490；《佛祖统记》卷43。——译者

⑤ Julien, pp. 111-114. 在尼婆罗国的奈瓦尔传说中，这位曼殊室利是尼婆罗国最初的佛教传道者。（Lassen, iii, 777以下引B. H. Hodgson文）［曼殊室利菩萨在瓦吉斯瓦拉（Vāgiçvara）时代被称为曼殊室利菩萨、曼殊和萨·毘索合特玛（Mānjughosa Bissōchtma），从马诃支那（Maha Čina）来到尼婆罗的"声之王"；随他而来的弟子们是第一批殖民居民；他们也来自马诃支那；曼殊室利菩萨为尼婆罗推举一位中国人达摩卡拉（Dharmākara）做国王，后者又举出中国人达摩波罗（Dharmāpala）作为自己的继承人。奈瓦尔人是曼殊室利的伙伴。曼殊室利在完成了自己的使命后返回中国，（转下页）

975年以后，印度的教徒对中国的访问非常频繁，这一现象也许
说明这时的佛教徒在印度正遭受迫害。不过在986年伊州[①]的一
位僧人从印度返回，从一位名没徙曩（Mosinang）的印度王那里
74 带来一用词谦恭的信函。此信函为中国官方收藏。这位僧人还
转交了释迦圣物。[②]

（接上页）他在山西省的五台山受到特别的尊敬。曼殊室利似为印度人。塔拉那萨（Târanâtha）的梵文记载说他生活在乌荼国王旃陀罗笈多在位时，摩诃巴摩统治时期稍后，大约在马其顿·亚历山大入侵时。—— S. Lévi, *Nepal*, i, pp. 320, 340. 关于中国与尼婆罗的交往，据说撒克提辛哈（Çaktisimha）国王曾遣使中国贡献，中国皇帝大悦，于中国纪年535年回赠印玺，上面雕刻有撒克提辛哈的名字并罗摩（Râma）称号及一信函。明朝时两国关系重新恢复，1384年洪武皇帝遣一僧人至尼婆罗赠其王印玺，授其官服；这种关系一直延续到永乐年间。（S. Lévi, *Le Népal*, ii, pp. 227, 228.）]

① Kamul，即哈密，唐置伊州于此。——译者

② Julien, pp. 115—116. 这封信由一位印度僧施护译出，他还介绍了印度各国的情况。除中印度国（指摩揭陀国）外，北方有乌填曩（儒莲认为即Udyana），其西健驮逻国、曩诚啰贺啰国（Nagarahara）、岚婆国（Lamghan，现一般称作拉格曼），然后是俄惹曩（Gojencing，可能是加兹尼）和波斯。从摩揭陀西行三月至阿啰尾（Alawei，雷瓦？），然后是迦啰拏俱惹国（Karanakiuje，即曲女城）、摩啰尾、乌然泥、啰啰（儒莲认为即Lala）、苏啰荼国和西海。从摩揭陀行四月（此误，《宋史》卷490作“六月程”。——译者）至南印度，西行90日至供迦拏国。

前所提及的摩揭陀［即白沙瓦谷地，中国旅行僧玄奘记作“布路沙布逻”（Purusapura），比鲁尼记作Purushavar，阿布尔·法兹尔记作Pershavar或Peishavar。（A. Foucher，*l.c.*，p. 327）健驮逻国的首都是白沙瓦。］比鲁尼和其他早期阿拉伯作家作坎大哈，其首都是Waihand，位于印度河西，喀布尔河北的合流处。有人认为即玄奘记载的Utakhanda，并考之为距阿托克（Attok）15哩处的Ohind即Hund。乌填曩位于健驮逻西，斯瓦特河谷上游，当今卡菲里斯坦（Kafiristan）的东部。［斯瓦特河谷地及周围地区是乌苌国（Udyana）的主要部分，其首都是Mungali，即Mung-kie-li，坎宁安将军考之为Minglaui = Mingaur，即Mingora。（*Ancient Geog. of India*, p. 83）迪恩少校接受Mungali = Mingaur的观点，但将Mingaur考为另外的地方。福舍尔认为Mung-kie-li = Mangalapura，在斯瓦特河左岸不远处。（H. A. Deane, *Note on Udyāna and Gandhara, Journ. R. As. Soc.*, 1896, p.655; A Foucher, *Notes sur la Géog. ancienne du Gandhāra, Bul. Ecole Franç. Ext.*（转下页）

49.前往印度的中国求法僧及其著作。

佛教传入中国后的几个世纪，两国佛教徒之间的交流确实是很频繁的。中国的朝圣者在印度旅居多年，研习佛法、参拜圣迹和寺院。他们留下的记述，成为中国文学中极为有趣、也非常珍贵的部分。中国旅行家的记述，一些已被译成欧洲语言，如《法显传》（法显399—414年旅居印度）、《大慈恩寺三藏法师传》（玄奘628—645年旅居印度）；《惠生行记》（惠生[①]于518年动身前往印度）。最晚旅行家之一继业[②]，受皇帝派遣，率300僧徒，旅居印度（964—976年）、追寻佛迹、收集棕叶书。比法显更早的一位旅行家著作中关于西域各国的片断仍为人引用，这位旅行家即是死于385年的释道安，他的著作现今存否，似不可知[③]。 75

印度土生土长的佛教逐渐消亡歇绝时，前往印度的朝圣旅行必然越来越少，但即使在14世纪中叶，朝圣旅行也没有完全停止。我们发现，这一时期中国皇帝遣使马哈迈德·图格拉

（接上页）*Orient.*, 1901, p. 322以下。）］曩䃧啰贺啰国（Nanggolikiato即Nagarahara）似在今之贾拉拉巴德（Jalalabad）附近。见Reinaud, *Mém. de l'Acad.*, xvii, 108, 157 etc.; Lassen, iii, 137; v. St. Martin, *N. Ann. des Voyages*, 1853, ii, 166.

① ［宋云的同伴。］

② ［《继业行记》由G. Schlegel译出，发表在*Mémoires du Comité sinico-japonnais*, xxi, 1893, pp. 35–64, 继业的名字被译成了Wang-nieh；新近故去的Edouard Huber再译，发表于*Bulletin de l'Ecole d'Extréme-Orient*, ii, July 1902, pp. 256–259。沙畹教授在同一刊物Jan.–March, 1904为《行记》做了一些富有价值的补注。这本行记刊于范成大所著的《吴船录》第一章。范成大居于四川峨眉山时从继业处得到他的记录。继业享年84岁。］

③ Julien，*op.cit.*，pp. 272–294及*Vie de Hiouen Thsang*前言，儒莲所引用的这位中国传记家注意到法显将“中国”一词用于印度而不是中国。他所注意到的这个错误是佛教徒的通例，不值得花气力去辩说！我认为佛教徒用这个名称来翻译Madhyadesa，现在缅甸人仍用这个古称来指示印度恒河流域。

（Mahomed Tughlak），请求准许在喜马拉雅山麓重建佛寺，该寺受中国信众朝拜甚多。①

50. 13世纪与锡兰交流的恢复。

13世纪我们发现中国与锡兰交流重新恢复。②僧伽罗作家提到这时锡兰从中国进口货物；1266年中国士兵在锡兰王的军队中服役。同时我们也听说元时中国皇帝偶尔派官员到锡
76 兰收集宝石和药物；其中有三次中国皇帝遣使到锡兰商讨购买佛陀化缘用的圣盘。马可·波罗和鄂多立克曾提到这几次遣使。

51. 中国重振海上威望的最后努力（1405年）。与锡兰的长期交往。

15世纪初，为了重新行使对西洋海上各国名义上的宗主权，明代中国进行了非凡的、也是最后的努力。1405年中国使团来到锡兰，携香料供于佛牙殿，遭到在位的锡兰王维贾耶巴忽六世（Wijayabahu IV, 1398—1410年）的虐待。这位国王是锁里人③，即印度半岛人，不敬佛法，暴虐凶悖。④明成祖［夺取他侄儿允炆（惠帝）的皇位；1402年首都南京被成祖攻占、宫殿遭入侵时，惠帝下落不明。］对锡兰王的不法行为极为震怒，急于示之

---

① 见Ibn Batuta，*infra*，Vol. IV。

② Tennent, i, 497-498.

③ ［“国王系锁里人氏，崇信释教，尊敬象、牛。”Ma Huan, *Journ. China B. R.As. Soc.*, 1885, p. 212.］按：马欢《星槎胜览》：“锡兰国、裸形国。”——译者

④ ［S. Levi，*l.c.*，p. 437评论：郑和第一次访问锡兰时，粗暴对待郑和的锡兰王亚烈苦奈儿，在王朝世袭表上称作布伐奈迦巴忽五世（Bhuvaneka Bahu V），登基前以阿罗伽拘那罗见称；此王出身珠罗（Cola）族，即僧诃罗文中的“锁里”。］

以颜色，重振衰落中的中国权威，他派杰出的勇士宦官郑和［通
常以三宝太监见称，云南人］，统领62艘船舶、37 000余名士兵，
携国书和礼品访问西洋各国。[①]郑和到达交趾支那、苏门答腊、 77
爪哇、柬埔寨和暹罗以及其他地方，每到一地即宣示帝诏，赠送
皇家礼品。如不承认中华皇帝至尊权威，则以武力逼其就范。
1407年郑和率远征军返回中国，各国遣使随郑和前往。次年郑
和受命再次出使西洋，锡兰国王欲诱捕之，但郑和识破其计，俘
锡兰国王及其妻子官属，将他们押往中国。1411年，成祖释放了
所有锡兰俘虏，但废黜了这位行为不法的国王，任命其中另一人
为王。所立新王由中国特派使节护送返回锡兰，以中华帝国属臣
身份即位为王。这位新立的国王被中国人称为不剌葛麻巴忽剌
札，这个名称使人辨识出他就是波罗迦那巴忽六世（Parakhana
Bahu Raja VI），依据锡兰史书，其在位时间为1410—1462年。
锡兰定期向中国进贡达五十年，显然是在这位国王漫长执政生
涯时。此后不复贡献。据称此一时期锡兰王曾两次亲自持贡前 78

①［永乐皇帝恐惧惠帝“亡海外，欲踪迹之，且欲耀兵异域，示中国富强。永乐三年六月（1405年6月），命和及其侪王景弘等通使西洋。将士卒二万七千八百人，多赍金币。造大船，修四十四丈广十六丈者六十二。自苏州刘永河泛海至福建，复自福建五虎门扬帆，首达占城，以次遍历诸番国，宣天子诏，因给赐其君长，不服则以武慑之。”马欢留下了船队所访问的20余国的记载。（《明史》卷304）（马欢为船队翻译、回教徒，著《瀛涯胜览》。参见G. Philips, *Journ. R. As. Soc.*, 1895, p. 523以下。）马欢拜会的锡兰王是波罗迦那巴忽六世，巴忽五世（1410—1462年）的第二个继承人。最近在锡兰的加勒镇发现一石碑，有汉文、泰米尔文和波斯文铭文；提到郑和第二次访问锡兰，并具中国年代：永乐七年——1409年2月5日。*Spolia Zeylanica*, June, 1912; *Journ. North China B. R. A. S.*, 1914, pp. 171-172.］

往。[①]文献提到的其他事件似乎说明,一位驻节公使驻扎在锡兰岛上监督国政。锡兰最后一次向中国贡献,是在1459年。所以在16世纪初葡萄牙人到达锡兰时,锡兰人对中国势力尚记忆犹新,葡萄牙人在这里发现中国人留下的许多痕迹。

当然,锡兰的编年史对这些事件的记载迥然不同。根据锡兰人的记述,摩诃秦那(Mahachina)国王以贡献为名带兵登上锡兰岛;锡兰王被背信弃义地逮捕并押回中国,等等。[②]

52. 1244年左右蒙古入侵榜葛剌。巴哈第雅尔的远征。马利克·裕兹柏克和马哈迈德·图格拉的冒险。

关于中世纪印度和中国的战事,我们可以提到德里苏丹阿拉乌丁·马思武德(Alaudin Musaüd)在位时蒙古"通过契丹和吐蕃"对榜葛剌的入侵。这是史书明确记载的蒙古人从这个地区对榜葛剌的唯一的一次入侵。蒙古的这次入侵大约发生在1244年,被榜葛剌地方守将击败。费理胥塔(Firishta)说这次蒙古入侵,所经道路与四十年前马哈迈德·巴哈第雅尔·赫尔吉

---

① W. F. Mayers, *China Review*, iii, 329文中引用的祝允明所著的《前闻记》中有一注,题为:"下西洋",记载宣德年间(1426—1435年)进行的一次航行;远航人员中有军校、旗军、火长、舵工、班碇手、通事、办事、书算手、医士、铁锚、木舱、搭枋等匠,水手、民梢人等,共27 550人!宣德五年十二月六日(1431年初),船队自南京附近的龙湾出发,访问了苏门答腊、马来半岛后,驶向锡兰(宣德七年十二月六日)古里(Calicut)、忽鲁谟斯(Ormuz)(十二月二十六日);然后经Pulo Condor(占城)返航(宣德八年二月十八日),七月六日到达南京。]

按:祝允明,字希哲,号枝山,又号指枝生,长洲(今江苏吴县)人,正德四年(1509年)进士,嘉靖五年(1526)卒,享年67岁。所著《前闻记》,记郑和下西洋事颇多,于最后一次尤详。有《祝枝山全集》。——译者

② Tennent, pp. 601-602.

（Mahomed Bakhtiyar Khilji）自榜葛剌入侵契丹和吐蕃的道路是相同的。[①]本书第四卷《伊本·白图泰游记》（注E）提到四十年前的这次远征。巴哈第雅尔·赫尔吉很有可能萌生过入侵中国的野心，但从现存的记述中很难判断他被迫撤回时，兵力进展 79
到何处；大概不会越过阿萨姆谷地以远[②]。在1256—1257年马利克·裕兹柏克（Malik Yuzbek）发动的带来更大灾难的远征中，迦摩缕波（Kámrúp）以远的目标并未被提到。依据费理胥塔的记述，1337年马哈迈德·图格拉发动对中国的鲁莽的远征。据这位历史家和伊本·白图泰[③]的估计，他的军队除步兵外，还有十万骑兵。除少数留守后方戍守据点的兵力外，几乎无人从战场上回来报告战况。我们很难判断这支军队从何处进入喜马拉雅山，也无法考证出伊本·白图泰提到的喜马拉雅山麓的吉底亚（Jidiah）镇竟在何处，但它肯定是一战略要地。

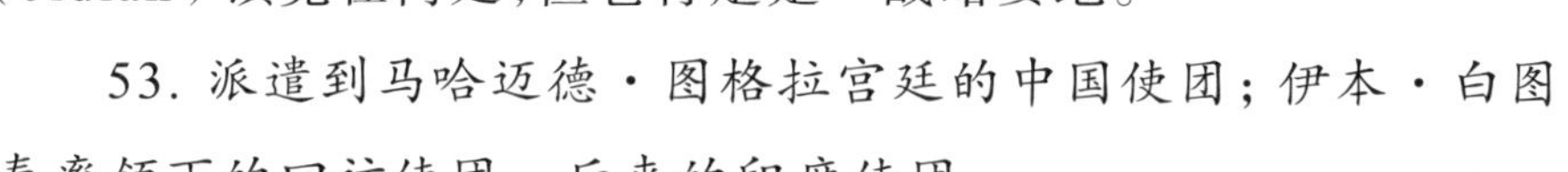
53. 派遣到马哈迈德·图格拉宫廷的中国使团；伊本·白图泰率领下的回访使团。后来的印度使团。

在中印关系中，我们不应忽略了伊本·白图泰提到的两次遣使，即元顺帝妥懽帖睦尔于1341—1342年派往马哈迈德·图格拉宫廷的使节，以及图格拉托付给这位摩尔人旅行家的命运不济的回访使团。这次遣使已成为本著作主要的议题之一。

文献中还提到明成祖（1409年）时榜葛剌派遣的使团，但由

① Briggs, *Firishta*, I, 231.

② 见Stewart, *History of Bengal*, pp. 45–50。

③ Ibn Batuta, iii, 325.

哪位君主所派，是印度君主还是穆斯林王公，不得而知。[1]这个
80 使团大概是郑和将军巡游西洋所促成的一个答礼性使团。这一点第76页我们已经谈到。

1656年——虽然这已不在我们考察的范围内——我们发现荷兰公使纽霍夫（Nieuhoff）和一位来自大莫卧儿帝国的大使出现在北京。此时正是沙杰罕（Shah Jahan）统治之时。[2]

54.中国和马拉巴尔间的海上贸易；中国在印度半岛上的遗迹。

我们回到早些时候，便发现蒙古诸帝统治期间，中国和马拉巴尔海岸诸港间存在大规模的海上贸易。马可·波罗、鄂多

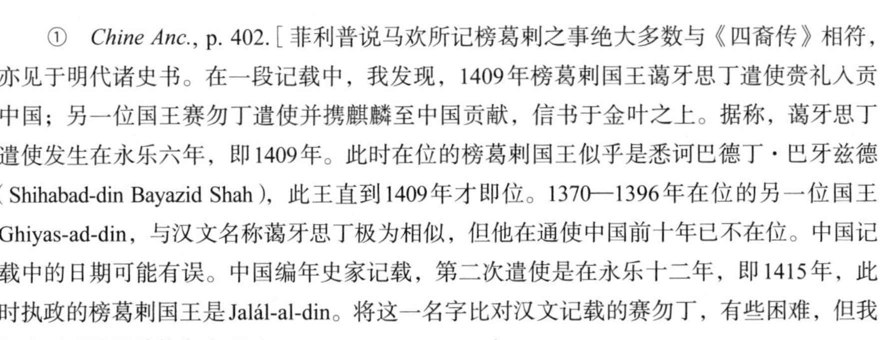

① *Chine Anc.*, p. 402.［菲利普说马欢所记榜葛剌之事绝大多数与《四裔传》相符，亦见于明代诸史书。在一段记载中，我发现，1409年榜葛剌国王蔼牙思丁遣使赍礼入贡中国；另一位国王赛勿丁遣使并携麒麟至中国贡献，信书于金叶之上。据称，蔼牙思丁遣使发生在永乐六年，即1409年。此时在位的榜葛剌国王似乎是悉诃巴德丁·巴牙兹德（Shihabad-din Bayazid Shah），此王直到1409年才即位。1370—1396年在位的另一位国王Ghiyas-ad-din，与汉文名称蔼牙思丁极为相似，但他在通使中国前十年已不在位。中国记载中的日期可能有误。中国编年史家记载，第二次遣使是在永乐十二年，即1415年，此时执政的榜葛剌国王是Jalál-al-din。将这一名字比对汉文记载的赛勿丁，有些困难，但我想它不可能指其他名字。"（*J. R. A. S.*, 1895, p. 534.）

John Beames，*l.c.*，p. 900对此评论说："关于Gai-ya-szu-ting（蔼牙思丁）与Ghiyasuddin之比对，中国记载的日期看来是错误的，因为伊斯兰纪年799年即公元1396年以后，已没有此王的钱币或铭文。但可考为其他国王：公元1415年（伊斯兰纪年817—818年）Jaláluddin为王，但直到伊斯兰纪年818年即公元1415年3月底才即位。此前其父印度人Raja Káns显然还健在，所以中国史家可能将二者混为一谈，将Káns和Jaláluddin拼成一个字，即Káns-uddin，汉文作赛勿丁，对于一个混成的印度-穆斯林名字，中国人不会辨别出其中的不协调。"这种见解在我看来实属牵强附会。］按：榜葛剌与中国交通事，见《明史》卷326；《皇明世法录》卷81。——译者

② Pauth., *Relations Polit. etc.*, p. 49.

立克、马黎诺利和伊本·白图泰都有记载。这种海上贸易的兴
起，我们认为，更适于在中国和阿拉伯的交流部分加以叙述。伊 81
本·白图泰提到居住于柯蓝（Kaulam）[①]的中国商人，古代马拉
巴尔文献中也提到这样的居民。[②]我已经指出，马黎诺利提及迈
拉普尔（Mailapúr）地方的圣托马斯墓时提到“鞑靼人”（见本书
第三卷，p. 251），可能说明有中国人在科罗曼德尔海岸进行贸
易，且可能在这里定居。但是赖特认为，以马德拉斯城（Madras）
的当地名称之一秦那帕塔（Chinapatam）为古代中国人曾
在此殖民所留下的痕迹，根据并不充分。1639年钦格尔普特
（Chingleput）地方的头领奈克（Naik）为表达他对其岳父英国
人钦那帕（Chennapa）的敬意，将这一住区转让给这位英国人，
名之为Chinapatam——应作Chennapatam或Chennapapatam[③]。
不过，有意思的是，与这样一种见解相同的是，16世纪加斯伯
洛·巴尔比提到，人们看到，一些浮屠在传遍锡兰后被用来建造
Negapatam——显然即是马哈巴利普兰（Mahabaliparam）——
地方的磐石庙宇（通常被称作七浮屠）；他注意到，这些浮屠被
称作Sette Pagodi de Chini（中国的七浮屠），被认为是古代中国

① iv, p. 103. 按：一作Quilan，《岭外代答》、《诸藩志》作故临，《宋史·天竺传》作柯蓝，《岛夷志略》作小咀喃，等等。今印度西南岸奎隆。——译者

② 见*Madras Journal*, 1884, p. 121。

③ Ritter, v, 518, 620; J. T. Wheeler, *Madras in the Olden Time*, Madras 1861, i, p. 25.［“为了纪念当地人奈克的父亲Chennappa，使这一住区有别于马德拉斯城本身，故名之为Chennappapattanam，但现在当地人用Chennappattanam称呼整个城市。”（*Imp. Gaz. India*, xvi, pp. 368–369.）］

的水手所建。[1]

82 55.忽必烈欲与印度诸国交往。

我们从马可·波罗游记中知道，忽必烈汗试图与西亚各国建立联系。中国史书也特别提到他的这种努力。不幸的是，他和他的臣僚们似乎都固持中国式的观念，即所有与元帝国的交往都应以臣贡的形式进行，他与爪哇和日本交往所做的努力没有产生非常满意的结果。但据记载，1286年他获得较大的成功，与马八儿、苏木都剌、须门那、僧急里、马兰丹、来来、那旺和丁呵儿国建立联系[2]。此中前四国肯定在印度，不难辨出即Maabar[3]、(Dwara) Samundra[4]、Sumnath[5]；第四个国家Sengkili（僧急里），可能就是阿布尔菲达（Abulfeda）记载中的Shinkali，乔达努斯记载中的Singuyli，马黎诺利记载中的Cynkali，即克兰加努

① 值得一提的是，1375年的卡塔兰地图在这一位置上标明Setemelti；是否为Sette templi之误？［*Marco Polo*, ii, p. 336 n.］［《岛夷志略》（1439年）记载："土塔（东塔）居八丹（Fattan, Negapattam?）之平原，木石围绕，有土砖甃塔，高数丈。汉字书云：'咸淳三年八月（1267年）毕工。'传闻中国之人舨彼，为书于石以刻之，至今不磨灭焉。"咸淳乃南宋晚期度宗皇帝庙号，不是蒙古君主。这一知识乃得之于伯希和教授，他补充说，将讷迦帕塔姆之中国塔（Chinese Pagada of Negapatam）与《岛夷志略》文比较，是由藤田丰八（Fujita）君独立做出的。见*Tōkyō-gakuhō*, Nevember 1913, pp. 445-446。］

② 此见《元史》卷210；卷14："至元二十三年……九月乙丑朔，马八儿、须门那、僧急里、南无力、马兰丹、那旺、丁呵儿、来来、急兰亦带、苏木都剌十国，各遣弟子上表来觐，仍贡方物。"——译者

③ 见后文p. 141；II, 67。

④ 即马八儿北部相邻的Bilal Rajas国，在伊斯兰教作家的史书中经常将它与马八儿相提并论。

⑤ *Marco Polo,* pt. III, ch. 32.

尔（Cranganor）。[①]其他各国大概在马来半岛。[②]

① 见下文，p. 133; II, 249。

② 马兰丹、那旺、丁呵儿可以比对为真实存在的马来人的克兰丹、巴杭和双冈腊国或省。波迪埃列出一表格（上有须门那、僧急里、南无力、马兰丹、丁呵儿、马八儿、苏木都剌），认为其中包有"印度群岛中的十个国家"，这不过是他个人的见解而已。当然，苏木都剌可能指苏门答腊，因为它符合波迪埃所引用的汉文地理记载。但表中的一些名称确似来自欧洲人的记载；另一些则涉及10世纪的中国史书，如果这些资料确凿可靠，可以据以说明苏门答腊岛或岛上的一个国家在如此早的时候即以此名为人所知，那么，这种情况是很值得注意的。在没有明确证据的情况下，对此名称是否有如此早的历史，我持怀疑态度。杜劳里尔引述的马来传说中提到，苏门答腊城的建立是在伊本·白图泰时代执政国王的父亲时。

文中的名称表引自Gaubil（见G. *Hist. de Gentchiscan*, p. 205; Pauthier, *Polo*, p. 572; Baldelli Boni, *Il Milione*, ii, 388）。

还可以提一下，克拉普罗特和雷慕沙提到，有一幅中国－日本旧地图，须门那、吉兰丹、马八儿和丁呵儿被置于阿拉伯以西极远处。（*Not. et Ext.*, Vol. xi, Klap., *Mem.*, ii.）这种做法只不过表明地图的作者不知道该将这些地方绘在何处。

83 第四章　中国与阿拉伯的交流

56. 据称5世纪中国船只曾到达巴比伦尼亚。与波斯湾地区的贸易从希拉退移到霍尔木兹。57. 唐代史书记载的中国到波斯湾的航路。中国商贸活动远达亚丁；巴罗赫和苏哈尔。中国船只在波斯湾的最后亮相。57*. “大食”名称起源。传入中国。与阿拉伯相关的碑铭。58. 阿拉伯人早期在广州、澉浦（杭州）的定居。59. 阿拉伯人通过河中地区与中国的交流。使节交往。中国皇帝谨慎从事，避免与阿拉伯人发生冲突。派往中国的阿拉伯援军及其劣行。叩头事件。

56.据称5世纪中国船只曾到达巴比伦尼亚。与波斯湾地区的贸易从希拉退移到霍尔木兹。

中国与阿拉伯人的交流也可以追溯到很早的时期，很可能比现存任何史书的记载更为悠久；China这个名称传递给希腊人时呈现出的几种形式已经向人们说明了这一点。①

关于中国与阿拉伯人交流，稍明确的记述所提到的最早日期，似为5世纪的上半叶。根据伊斯法罕（Ispahan）地方的哈姆萨（Hamza）②和马苏第的记载，5世纪上半叶，船只可沿幼发拉 84
底河，上溯至希拉（Hira）③。希拉城坐落于巴比伦古城的西南方，

① ［“穆罕默德一点都不忽视中国这个名字，因为他命令弟子们到中国去追寻学问，他对这个广大的帝国有一些观念，或许是通过塞尔曼·法西（Selman Farsy）知道的，或许是从定居在阿拉伯海岸的波斯殖民者那里获得的，或者是通过也门海港的一些人那里获得的，这些人与波斯湾岸边的城市有着经常的联系，而波斯湾的城市与印度群岛、马来西亚和中国南部有着海上联系。”Ch. Schefer, *Relat. des Musulmans avec les Chinois*, p. 2.］

② ［Martin Hartmann, *Encyclopédie de l'Islam* 中的“Chine”条说：“关于中国与希拉的海上交通，莱诺不应引述。伊斯法罕地方的哈姆萨（p. 102）的说法，那里只是说，‘希拉是幼发拉底河流域的一个河滨国家（sāhil不是海滨），因为这个海（应读做al-bahr，而不是戈特瓦尔特〈Gottwaldt〉误译的al-furāt；这个误译可以由 al-furāt一词的出现加以说明。）在当时远远伸向内地（字面的意思：当时从巴比伦沿海平原的北部边缘就可以发现海伸向内地），甚至可以直达纳杰夫（Nadjaf）。’这段异想天开的话使得李希霍芬（*China*, I, 520）头脑中产生了如下美丽的图画：‘根据马苏第和哈姆萨的记载，中国的船舶每年（！）都来这里，在希拉房屋前的印度海船的旁侧边抛锚。’”

③ ［“库法之南不足一里格就是希拉城遗址。希拉在萨珊王朝时期曾是一座著名的城市。城的近旁矗立着闻名遐迩的阿斯萨第尔宫（As-Sadir）和哈瓦那克宫（Al-Khāwarnak）。据传说，后一座宫殿是希拉王子努曼（Nu'mân）为伟大的猎手巴赫兰·古尔（Bahrām Gûr）国王所建。早期穆斯林征服美索不达米亚时首先占领希拉城，被哈瓦那克宫恢宏壮丽的大厅惊得目瞪口呆。”（G. Le Strange, *Lands of the Eastern Caliphate*, p. 75.）］

靠近库法①，（现在距幼发拉底河河床本身已很远）。当时人们经常看到印度和中国的船只停泊在希拉城的房屋前。②当时气候下，河水充溢，希拉城非常富庶，城市周围地区生机勃勃，一片繁荣景象。现在这一地区却成了野兽出没、嗥叫声时有所闻的荒野。印度、中国贸易各据点位置逐渐后移，从希拉退到奥博拉（Obolla）③即古代的阿坡罗戈斯（Apologos），从奥博拉又移到附近的巴士拉城。巴士拉城由哈里发奥马尔在征服伊拉克之初（636年）所建。
85 然后又从巴士拉退向波斯湾北岸的锡拉夫（Siraf）④，从锡拉夫又

① ［“库法城建于穆斯林征服美索不达米亚后不久，与巴士拉同时兴建，即伊斯兰纪元17年（公元638年）左右，哈里发奥马尔时期。兴建这座城市的目的，是让它在幼发拉底河的这一边即阿拉伯半岛沙漠地带充当固定的营地；它占据幼发拉底河岸边的大片平原，距波斯古城希拉很近。库法城人口增长很快，伊斯兰纪元36年（公元657年）阿里（Ali）来此居住，在四年时间中，这座城市是承认阿里为哈里发的半个伊斯兰世界的首都。伊斯兰纪元40年（公元661年）阿里在库法清真寺被暗杀。”（G. Le Strange, *Lands of the Eastern Caliphate*, p.75.）］

② Reinaud, *Relations*, etc., ixxxv; Tennent, *Ceylon*, i, 541; Mas'ūdī, *Prairies d'Or*, i, 216以下。梅纳尔和考提勒（Barbier de Meynard and Pavet de Courteille）对马苏第的这段记述的翻译显然不如莱诺和坦南特的译文准确。我没有读到哈姆萨的记述。［裕尔在一个注释中说：“读劳灵逊爵士在*J. R .G. S.*, Vol. xxvii, p. 185文章陈述的各种事实，对于希拉此时是东方贸易港口的说法，似大可疑问。”）

“希拉是王族居住地，他们曾信奉基督教，在波斯的保护下统治达六百年。”（Gibbon, ch. li.）

③ ［奥博拉即阿坡罗戈斯，“始建于萨珊王朝或更早的时期，但是它位于波斯湾港湾，气候闷热，穆斯林建立新城巴士拉时，更深入内地，靠近阿拉伯沙漠边缘”。（G. Le Strange, *Lands of the Eastern Caliphate*, p. 47.）］

④ ［“沿波斯湾海岸上行至纳班德西北部，即锡拉夫港，伊斯兰纪元4世纪（公元10世纪）基什岛崛起以前，锡拉夫是波斯湾地区的主要商埠。伊斯塔赫里（Istakhrî）说，在规模和重要性上，锡拉夫几乎与设拉子旗鼓相当；房屋用僧给国（Zanj，即今之桑给巴尔）的柚木建造，高达数层，可远眺大海景色。”（G. Le Strange, *Lands of the Eastern*（转下页）

继续退向基什岛[①]和霍尔木兹港[②]。

57.唐代史书记载的中国到波斯湾的航路。中国商贸活动远达亚丁；巴罗赫和苏哈尔。中国船只在波斯湾的最后亮相。

7、8世纪唐朝（618—907年）史书记载了中国船只自广州

（接上页）*Caliphate*, p. 258.）]

“目前，该城（Killah）是锡拉夫和阿曼等国伊斯兰大商船的总汇集点，在这里与中国商船相遇，过去的情况则不同：中国船只直接驶入阿曼、锡拉夫、波斯沿岸、巴林沿岸、奥博拉和巴士拉等，同时，这些国家的船只也直接驶向中国。后来，人们对各总督的裁决的公正性和他们的企图丧失了信任，中国的情况已发生变化（我在前面已说到），从那时起，各国商船便选择了这个中转地点进行接触。” Mas' ūdī, i, p. 308.]

① ［“记施国（记施岛）在海屿中，望见大食，半日可到，管州不多……大食岁遣骆驼负蔷薇水、栀子花、水银、白铜、生银、朱砂、紫草、细布等下船，至本国，贩于他国。” Chau Ju-kua, pp. 133-4. 按：见赵汝适《诸蕃志》，杨博文校释，中华书局1996年版，第108—109页。——译者

“基什岛，波斯文作 Kish，伊斯兰纪元6世纪（公元12世纪）锡拉夫被毁后，成为波斯湾地区的贸易中心。”（G. Le Strange, *Lands of the Eastern Caliphate*, p. 257.）]

② ［“旧霍尔木兹即陆上霍尔木兹，距海岸边为两站即半天里程，位于吉尔（Jir）海湾的湾头，根据伊斯塔赫里的记载，‘由吉尔海湾行一里格后船只可从海上到达旧霍尔木兹’，在现称米纳布（Minab）、俗称米纳奥（Minao）的地方，旧霍尔木兹城遗迹仍历历可见。伊斯兰纪元4世纪（公元10世纪）旧霍尔木兹已经是基尔曼（Kirman）和锡斯坦地区的海港，后来新霍尔木兹在岛上建立，便取代了基什而成为波斯湾上的主要商埠，就像从前基什取代锡拉夫一样……伊斯兰纪元8世纪（公元14世纪）初——一位作者说是伊斯兰纪元715年（公元1315年）——霍尔木兹国王因不堪匪劫部落的不断入侵，放弃了陆上霍尔木兹城，在称作给伦（Jirun，即Zarun）的岛上建立新霍尔木兹城。新城距海岸边一里格。（Le Strange，前引书，pp. 318-319）贾耽（公元785—805年间）记通西方道路，其中之一为：“大食国之弗利剌河，南入于海。小舟溯流二日，至末罗国，大食重镇也。”柔克义说：“我倾向于认为，末罗即是旧霍尔木兹城，”并补充说：“设若末罗即霍尔木兹之说不误，那么，指出这一点是很有意思的：在汉文文献中，这是提及波斯湾中这个重要港口的唯一的文献。它再一次证明，8世纪中国人并没有亲自参与同波斯的海上贸易，而菲力普认为（*J. R. H. S.*, 1895, 525）中国人参与了这种贸易。”（*Chan Ju-Kua*, p. 14 n.）]

86 到幼发拉底河的航程，说明了从中国到锡兰①经过的路程和需要的时间，此后提到，船只须行经没来国（科斯马斯记载中的Malé，即马拉巴尔沿岸），此后沿岸西北行经十余小国，西北行二日渡海（坎贝湾）至提飓国（可能是Diu）。又行十日，过五小国至另一个提飓国，其国有弥兰大河，一曰新头河②。自提飓国行二十日，至另一国边境，其国人于海中立华表③；再行一日至锡拉夫，自锡拉夫可至幼发拉底河口④。

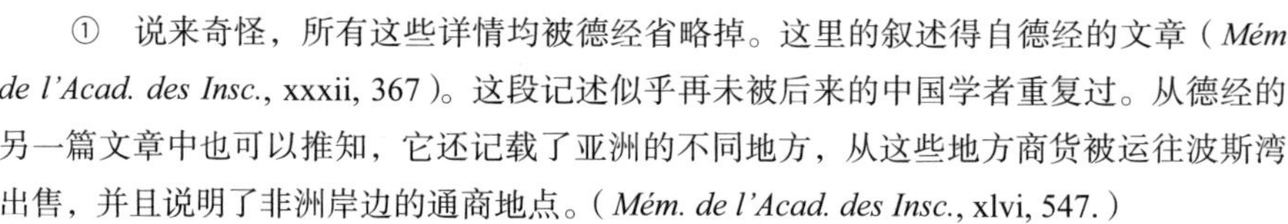

① 说来奇怪，所有这些详情均被德经省略掉。这里的叙述得自德经的文章（*Mém de l'Acad. des Insc.*, xxxii, 367）。这段记述似乎再未被后来的中国学者重复过。从德经的另一篇文章中也可以推知，它还记载了亚洲的不同地方，从这些地方商货被运往波斯湾出售，并且说明了非洲岸边的通商地点。（*Mém. de l'Acad. des Insc.*, xlvi, 547.）

② 弥兰或新头河即印度河，阿拉伯人称之为弥兰（Mehrán）。如德经所说，提飓大概是第乌尔（Diul）港，或作Dewal、Daibul，位于印度河口之西，距卡拉奇不远。埃德里西特别提到这个港口常有中国船只到访。7世纪末，第乌尔受到阿拉伯人的围攻并被占领。印度河口的这一地区似乎在这个港口衰败以后很长时期仍保持其名称，因为巴博萨称这一地区为第乌尔（Jaubert, *Edrisi*, i, 161; Gildemeister, p. 170，但伊本·豪加尔将第乌尔置于印度河以东，似误；*Barbosa* (Lisbon ed.), p. 266; Reinaud, *Mém. de l'Acad.*, xvii, p. 170）。

③ 可能在霍尔木兹海峡。我没有发现有人提到那里的灯光，但马苏第提到，在航海行程的终点，奥博拉和阿巴丹附近抛锚地的入口处（即幼发拉底河口外）有三座栈桥月台，其上每夜置灯塔引导船只入港。（*Prairies d'Or*, I, 230.）

④ 按：《新唐书》卷43下《地理志》："广州东南海行，二百里至屯门山。乃帆风西行，二日至九州石。又南二日至象石。又西南三日行，至占不劳山。山在环王国东二百里海中。又南二日行，至陵山，又一日行，至门毒国，又一日行，至古笪国。又半日行，至奔陀浪洲。又两日行，到军突弄山。又五日行，至海峡，番人谓之质，南北百里，北岸则罗越国，南岸则佛逝国。佛逝国东水行四五日，至诃陵国，南中洲之最大者。又西出硖，三日至葛葛僧祇国，在佛逝西北隅之别岛。国人多钞暴，乘舶者畏惮之。其北岸则箇罗国。箇罗国西则哥谷罗国。又从葛葛僧祇四五日行，至胜邓洲。又西五日行，至婆露国。又六日行，至婆国伽蓝洲。又北四日行，至师子国。其北海岸距南天竺大岸百里。又西四日行，经没来国，南天竺之最南境。又西北经十余小国，至婆罗门西境。（转下页）

据一些材料记载，中国的船只除访问印度河口和幼发拉底 87
河口外，还曾经访问过亚丁。[①]我认为，马可·波罗及其同时代的旅行家都没有提到中国船只航行到马拉巴尔以远地区，马拉巴尔地区的港口似乎是中国和西方贸易的货物集散地，而且中国船只似乎也没有理由前往亚丁。15世纪时中国船只似已不再前往马拉巴尔；拉扎克（Razzak）和康蒂（Conti）的记述都没有明确说明当时（大约1430—1442年）中国船只还继续经常前

（接上页）又西北二日行，至拔飓国。又十日行，经天竺西境小国五，至提飓国。其国有弥兰大河，一日新头河，自北渤昆国来，西流至提飓国北，入于海。又自提飓国西二十日行，经小国二十余，至提罗卢和国，一日罗和异国。国人于海中立华表，夜则置炬其上，使舶人夜行不迷。又西一日行，至乌剌国，乃大食国之弗利剌河，南入于海。小国泝流二日，至末罗国，大食重镇也。又西北陆行千里，至茂门王所都缚达城。自婆门罗南境，从没来国至乌剌国，皆缘海东岸行。其西岸之西，皆大食国，其西最南，谓之三兰国。自三兰国正北二十日行，经小国十余至设国。又十日行，经小国六七，至萨伊瞿和竭国，当海西岸。又西六七日行，经小国六七，至没巽国。又西北十日行，经小国十余，至拔离诃磨难国。又一日行，至乌拉国，与东岸路合。”——译者

① *Not. et Extraits*, ii, 43 中的*Ibn el Wardi*一文。埃德里西说，船只自亚丁扬帆驰向 Hind、Sind 和中国（i, 51）。他列出这些船只从中国带回的商品，但除铁、刀剑（可能为日本制）、鲨皮、华美的织物和丝绒以及名种植物纸外，商品多属马来半岛物产。

［“永乐十九年（1422年），正使太监李赍诏赐遣到其（阿丹）国。既达，彼王率头目迎入王府。甚肃，使者居留期中，王谕国人有珍宝者许易。贸採之物有猫眼石、五色亚姑和其他宝石，珊瑚、金珀、蔷薇露等。出售者有麒麟、狮子、花福鹿、金钱豹、驼雞、白鸠等。G. Philips, Mahuan’s Account of Aden, *Journ. R. As. Soc.*, 1896, p. 348.］“明代史书记载，亚丁向中国第一次遣使是在1427年，此后遣使不断。”（Bretschneider, *Arabs*, p. 18.）同年（1427年），来自木骨都束（非洲东岸的摩加迪沙）的使者到达中国朝廷。距摩加迪沙不远的竹步国也在永乐年间向中国派遣过一次使节。（*l.c.*，pp. 21–22.）］

巴罗赫也被认为是中国船只访问过的港口（Edrisi, i, 179）；阿曼的苏哈尔（Suhár）港（《马可·波罗游记》作Soer）是阿拉伯船只前往中国进行贸易的出发港（Edrisi, i, 152）。

往马拉巴尔海岸。[①]不过，我们知道，明成祖（1402—1424年）曾派船队访问过印度、孟加拉、卡里库特、锡兰、苏拉特和波斯
88 湾、亚丁和红海等地区和岛屿。前面我们已提到，这些远征似不具有任何商业性质。就我所知，中国船只访问马拉巴尔和西亚，这是最后一次。[②]

57* “大食”名称起源。传入中国。与阿拉伯相关的碑铭。

［阿拉伯人以大食之名见称于中国人（“大食”不过是波斯字Tazi或Tajik的音译；中国人通过波斯人知道阿拉伯人，这一事实似乎说明波斯人先于阿拉伯人旅行到中国，参见Ferrand, *Textes*, pp. 2-3）；宋朝（960—1279年）时大食向中国遣使不下二十次，此时伊斯兰教徒被中国人称为回回、回纥或回鹘，这些称谓在唐代指畏吾儿人。我们不知道伊斯兰教徒确在何时到达中国，西安府清真寺有一块742年刻制的石碑，其碑铭似指出伊斯兰教在隋开皇（581—600年）中传入中国；伊斯兰教纪元始于622年，很难相信伊斯兰教在此之前好些年已为中国人知晓；故此碑铭必系伪作无疑[③]。广州清真寺（怀圣寺）所立碑文（至正十年八月一日，即1350年11月2日）长期被认为是中国最古之伊斯兰教碑铭，但泉州清真寺所立碑铭为时更早（1310—1311年）[④]。

① 但是，阿布杜尔·拉扎克确实提到，在当时（即1442年）到访霍尔木兹的人员中有中国商人和航海人员。他没有明确地说中国的船只到达这里；他的这段记述可能太笼统，不能作为立论根据。（*Ind. in XV Cent.*, p. 56.）

② Deguignes, i, 72.

③ H. Cordier, *Journal des Savants*, Jan. 1913, p. 31.按：此指王鉷的《创建清真寺碑记》。——译者

④ Arnáiz and Van Berchem.（*T'oung pao*, vii, 1896.）

现在日本已发现一份汉文-阿拉伯文文献，这份文献是一位日本僧人于1217年自泉州发回日本的。这是迄至目前在中国发现的最早的阿拉伯文文献。[①]］

58.阿拉伯人早期在广州、澉浦（杭州）的定居。 89

阿拉伯人在伊斯兰时代早期——如果不是更早[②]——已在广州建立一座工场；8世纪中叶广州已有大量阿拉伯人聚居，758年他们已有足够强大的力量洗劫广州，纵火后撤逃到船上。[③]阿拉伯人的活动也不限于广州。杭州府在中世纪称作“行在”（Quinsai, Khansa），但在当时阿拉伯人称之为澉浦（Khanfu）[④]，这座城市可能也早已有阿拉伯人活动；一百二十年以后，杭州城

① Pelliot, *J. Asiat.*, Juillet-Aoūt. 1913, pp. 177以下。

② ［《旧唐书》卷198《西戎传》：“永徽二年（651年），始遣使朝贡。其姓大食氏，名噉密莫末腻。自云有国已三十四年，历三主矣。”Bretschneider, *Arabs*, p. 8.］

③ Deguignes, I, 59, ii, 503；另见Deguignes, *Mém. de l'Acad.*, xivi, 545. 在后一篇论文中，德经认为洗劫广州事件乃阿拉伯的援军所为。［“唐代史书称，758年，波斯追随大食袭击广州。纵火焚城，浮海而去。我认为，中国史书中以‘波斯’之名提到波斯人，这是最后一次。”Bretschneider, *Notes and Queries on C. and.J.*, iv, p. 57.］

按：此见两《唐书》。《旧唐书》卷198《西戎传》：“乾元元年，波斯与大食同寇广州，劫仓库，焚庐舍，浮海而去。”《新唐书》卷221下《西域传》：“乾元初，从大食袭广州，焚仓库庐舍，浮海走。”——译者

④ 确切地说，Khanfu只是杭州（即行在）的港口，中国人称之为澉浦（在旧址以北半里格的一城镇仍保留此名），马可·波罗称之为Ganfu（ii, 189）。中国史书提到，这个地方在306年是一海港；706年为市舶使（Master attendant）驻地；蒙古统治时期为一海事法庭驻地。（Klap., *Mém. rel. à l'Asie*, ii, 200以下）。这个港口的名称似被早期阿拉伯人转到了杭州，因为没有理由将这里所说的Khanfu的重要地位归到澉浦本身。阿布尔菲达确实明确说：“Khanfu在我们时代以Khansa之名著称。”［伯希和认为，Khanfu是广府的译音，乃广州府的简称。参见*Bull. Ecole franc. Ext. Orient.*, Jan-June 1904. p. 215 n, 但我不能心悦诚服地接受这种理论。见*Marco Polo*, ii, 199。］

被起义军攻陷，据估计殁于暴动的穆斯林、犹太人、基督教和祆
90 教等外国居民的人数达12万人，还有人估计为20万人！[①]当然，
我们对这些数字必须大打折扣，但当时的这些记述仍可说明大
量外国人口的存在。

59.阿拉伯人通过河中地区与中国的交流。使节交往。中国皇帝谨慎从事，避免与阿拉伯人发生冲突。派往中国的阿拉伯援军及其劣行。叩头事件。

8世纪阿拉伯人不仅开始明白中国人就是秦奈人（Sinae），而且也知道他们就是人们从北部陆路上了解到的赛里斯人。屈底波在哈里发瓦利德（Walid）时侵占布哈拉、撒马尔罕、费尔干纳和花剌子模，甚至跨过勃律将征服活动扩展到喀什噶尔；他在这里的成功造成中国和阿拉伯两股势力发生冲突的危险；[②]中国皇帝好像只是由于盛情接待了屈底波派遣的使团才得以免遭阿拉伯人的入侵。屈底波遣往中国的使团由十二位穆斯林组成，中国皇帝赠使团厚礼，让他们带给这位阿拉伯将军，将使团遣回。[③]

这无疑就是（713年左右）遣往玄宗皇帝的那个使团。对这次遣使中国史书记载，阿拉伯使团要求免行叩头礼，结果受到责

① Reinaud, *Relations*, ect., i. p. 64; Mas'udi, *Prairies d'Or*, i, 304.

② 伊拉克总督哈牙吉（Hajáj）送信给屈底波和驻扎在信德的马哈迈德·伊本·哈希姆，敦促他们向前推进，去征服中国，并承诺，先推进至中国者将被授权管理政府。这一承诺诱使屈底波向喀什噶尔挺进，而马合迈德则向曲女城迫进。但是他们的庇护人和哈里发的死亡终结了他们的计划，并导致了这两个人的毁灭。（Reinand, *Mém. de l'Acad.*, xvii, 186.）

③ De Sacy, *Not. et Extraits*, ii, 374–375.

难并被宣告应处死刑。但玄宗皇帝却宽宏大度地赦免了他们！[①]

当时中国各位皇帝，比之后来与欧洲各国打交道的皇帝们， 91
对新兴敌手的特性有着更正确的了解，所以他们在回应中亚很多国家求援抗击势不可当的阿拉伯人时，极为谨慎持重。不过冲突仍未能完全避免。一位伊斯兰史家确实记载说[②]，伊斯兰纪元87年（公元709年）20万鞑靼人在中国皇帝的侄子塔加班（Taghabun）的指挥下，闯入阿拉伯人征服的地区，阿拉伯人打败了他们，取行辉煌的胜利。我们看到，此后751年，高仙芝将军统率的中国军队同哈里发的军队在怛逻斯发生战争，大输溃败。[③]几年之后（757—768年），肃宗皇帝受到一位强大叛乱者进逼时，接待了哈里发阿布·贾法尔·曼苏尔（Abu Jafar al Mansur）派遣的使团，援军队伍随使团一同前来。据中国史书说，即使这些率军及时增援的大使们也被强迫行叩头礼，尽管他们对此表示强烈的抗议。回鹘和其他西域军队也加入到肃宗皇帝麾下作战，叛军在西安府附近被彻底击败（757年）。人们似乎发现这些援军桀骜不驯，难以驾驭；东都洛阳遭到他们的抢 92

① Rémusat, *Mélanges Asiat.*, i, 441-442.［“713年，大食遣使，献骏马、腰带。使节见皇帝，拒不行中国规定的叩头礼，说：‘吾国习俗只敬神不礼王。’初中国人欲杀使节，但一位廷臣为之说情，认为外国礼仪不同，不应视为犯罪。］按：此见《旧唐书》卷198《西戎传》。——译者

“726年，大食遣苏黎满来朝。令其行叩头礼，赐绯袍带。”Bretschneider, *Arabs*, p. 8.（按：此出《新唐书》卷221下。——译者）据说，1286年10名中国使节在缅甸宫廷被杀，因为他们坚持穿靴朝见国王。（*Mission to Ava*, p. 79.）

② *Ch. Anc.*, p. 310所引Tabari的记载。

③ *Ibid.*, 311；Deguignes, i, 58。［天宝九年（750年）高仙芝在怛逻斯为阿拉伯军队联合葛逻禄击败。Chavannes, *Tou-Kiue*, p. 142.］

劫。我们已看到有记载说，这时发生的广州遭劫掠事件，也是这些援军在启程西归途中所为。①

前面我们已经提到，787年中国皇帝请与哈里发联盟以抗击吐蕃人。数年以后（798年）著名的哈里发哈伦·拉施德（Harun Al Rashid）遣使节三人至中国朝廷；据记载，三人行叩头礼，显然未作抗议，而以前的阿拉伯使节，像现代我们派出的使节一样，均对叩头礼表示强烈拒斥。②

据说，974年，哈里发派遣的一个使团到达中国朝廷，另一个使团于1011年到访北宋朝廷。③

① 见*Mém. de l'Acad.*,（old）xvi, p. 254，及上文p. 89。[“自阿蒲罗拔（750—754年）后，改为黑衣大食。阿蒲罗拔卒，立其弟阿蒲恭拂（Abu Jafar, 754—775年）。至德初（756年），遣使朝贡。代宗时为元帅，亦用其国兵以收两都。”Bretscheider, *Arabs*, p. 9.] 按：此见《旧唐书》卷198《西戎传》；《新唐书》卷221下《西域传》。——译者

② Rémusat，*u.s.* 按：此见《旧唐书》卷198《西戎传》；《新唐书》卷221下《西域传》。——译者

③ Deguignes, *Acad.*, xlvi, 544; *H. des Huns*, i, 66以下。[《宋史》对大食国有一段很长的记载，但是我发现其中无甚兴趣。其中提到往时大食自海上向中国遣使二十次。但其中大多数似非官方所为，须视为商业冒险。”Bretschneider, *Arabs*, p. 11.] 按：此见《宋史》卷490《大食传》。——译者

第五章　中国与亚美尼亚、波斯等国的交流

60. 早期亚美尼亚文献中的中国知识。摩西的记载。中国人定居亚美尼亚。佚失的希腊文中国史。61. 中国对波斯的记载。波斯国王卡瓦德的使团；库斯老和中国朝廷间的使节往来。萨珊王朝末代国王向中国求援未果。他的子孙在中国朝廷受到礼遇。62. 伊斯兰教势力兴起之初中国对中亚的影响。中亚附属国以中国方式组织起来。勃律以西归属于波斯都护府的国家。建立波斯都护府的命令在多大程度上付诸实施值得怀疑。直至8世纪中叶仍对伊斯兰势力保持独立、对中国效忠的波斯州区。63. 德鲁兹传说称德鲁兹信徒源自中国。

60.早期亚美尼亚文献中的中国知识。摩西的记载。中国人定居亚美尼亚。佚失的希腊文中国史。

如前所述，中国与阿拉伯、印度各国通过陆路和海路保持交往，此外，古代中国与西亚也存在着其他一些不太明晰的交往。对这些交往我们只有一些鳞鳞爪爪的知识，但是它似乎说明二者之间的相互了解和交往，可能比大多数人想象得更充分、更通畅。

93 亚美尼亚人似乎确实从很早就知晓中国。440年著书立说的摩西可能从更早的作家那里获得了一些知识，称哲那斯丹（Jenasdan=Chinistán，即中国）是一个伟大的平原国家，位于斯基泰人之东，人类所知世界的边缘，国人富庶、文明，性喜和平，不仅可以称为“和平之友”，而且可以称为“生活之友”。其国盛产丝绸，所以在亚美尼亚视为稀有之物、价格昂贵的丝绸衣装，于其国所有人均为寻常之物。这个国家还出产麝香、番红花和棉花。还有孔雀。该国有29个民族组成；文明程度不一，有一民族盛行食人风俗。[①]国王号金巴古尔（Jenpagur），住西乌尔夏（Siurhia）城，在未知地（Terra Incognita）附近。秦奈国与哲那斯丹毗邻，境内有七个民族；河流纵横、山峦叠嶂，疆界也延伸到未知地。[②]根

---

① 比较Ptolemy, vi, 16; *Marco Polo*, ii, 225, 228 n。

② St. Martin, *Mém. sur l'Arménie*, ii, 22, 23, 377. 摩西所说的哲那斯丹可能是4—6世纪统治中国北部政权历经变化的魏朝。魏朝在鞑靼地区的统治范围是非常广泛的。都城有几个，洛阳为其中之一。我不知道洛阳是否可考定为Siurhia；但可注意的是，西安景教碑叙利亚文中，Saragh被认为是指洛阳。秦奈可能是指定都南京的晋王朝。[裕尔补充：“关于Siurhia一名的起源，有一情况也许可以提供一点线索：蒙古人萨囊彻辰似乎称大汗的首都即北平为Siro-khaghan。施米特（Schmidt）没有解释这个称号的意义。”]

据这位历史家的记载，提格兰六世（Tigranes VI, 142—178年）统治时期，数批外国定居者，其中包括中国人，被安置在戈尔第耶（Gordyene）即库尔德亚美尼亚（Kurdish Armenia），为亚美尼亚戍边。[①]

在亚美尼亚，不止一门望族被认为具有中国血统。奥佩利 94
安（Orpelians）家族即为其中之一，人们认为其先祖是中国皇帝“金巴古尔”（Jen-pakur）[②]，意为“中国皇帝”，所以在格鲁吉亚人称该家族为“金巴古里亚尼”（Jenpakuriani）。另一个是马米戈尼（Mamigonians）家族。这个家族在亚美尼亚历史上居于重要地位。摩西的著作记载了马米戈尼家族的经历，称这个家族来亚美尼亚定居是在他所处时代之前二百年，即3世纪的上半叶。他说，在波斯萨珊王朝的创始人阿尔达西尔（Ardesir，卒于240年）的晚年，中国国王阿尔坡格（Arpog）诸子中，有一位名叫马康（Mamkon），因犯法当罚而逃到波斯避难。中国人以波斯人给马康提供避难而以战争相威吓，马康被迫逃向亚美尼亚。亚美尼亚蒂里达特（Tiridates）国王接纳了他，最后以达隆省封赐马康及其从属。马米戈尼家族即马康后裔。所有的亚美尼亚史家都记载了这个家族的中国血统。[③]

① St. Martin, ii, 47.

② 圣·马丁（St. Martin）说，Pakur即回教作家记载中的Faghfur，是中国皇帝的通称。见下文§ 85，note。但是我注意到，德经列出的王统表中，格鲁吉亚许多国王的名或号均含有Pakur。

③ 这段文字似在年代上有问题。蒂里达特幼年时被带到罗马，直到戴克里先执政初（284年）尚未即位，此时已是阿尔达西尔死后四十四年。（Smith, *Dict. of Greek and Rom. Biog.*）

大约在同一时期，我们发现有记载说，波斯国王阿尔达西尔和亚美尼亚国王库斯老一世发生纷争，中国皇帝曾主动居间调解；又说亚美尼亚的圣·格里高利的兄弟苏琳（Suren）逃至中国避难。所有这些情况都说明两国间存在某种程度上的密切关
95 系。上述记载取自叙利亚人齐诺比（Zenob）的著作，齐诺比于4世纪初在亚美尼亚完成他的著作。他说，这些说法取自艾德萨地方帕尔塔（Parta, Barta）用希腊文写的中国史。[①]

61. 中国对波斯的记载。波斯国王卡瓦德的使团；库斯老和中国朝廷间的使节往来。萨珊王朝末代国王向中国求援未果。他的子孙在中国受到礼遇。

刚才提到中国皇帝主动介于波斯和亚美尼亚间的纷争。此事显然不见于中国史书。中国史书最初提到波斯，[②]是记载461年波斯向朝廷派遣一个使团，466年派遣第二个使团。[③]518—519年，波斯王居和多（即卡瓦德）遣使向中国皇帝呈献礼物和书信。中国史家以职业习惯照录这封书信的原文，其语气之谦恭极为罕见。[④]

---

① St. Martin, 29.

② [“中国史书首次提到波斯国是在519年，波斯国王向北魏（386—558年）遣使并献礼品。这类遣使经常提到。隋王朝（589—618年）也接待过波斯使团，炀帝时（605—617年）中国向波斯派遣过一个使团。”（Bretschneider, *Notes and Queries on China and Japan*, iv, p. 54.）]

③ Deguignes, i, 184.［见前文，中国与中亚的交流，p. 59。］

④ “大国天子，天之所生，愿日出处常为汉中天子，波斯国王居和多，千万敬拜。”Pauthier, *De l'Auth.*, p. 60。按：此见《魏书》卷102《西域传》。——译者

在卡瓦德杰出的儿子努细尔旺（Naoshirwan）[①]执政时，中国皇帝派遣的一个使团来到波斯宫廷，带来豪华的礼品。其中提到一件以珍珠制成的豹子，以红宝石为眼珠；一件极为华丽的深蓝色的锦袍，袍上以金丝绣成努细尔旺为群臣簇拥的肖像；锦袍以金盒子装盛，还有一幅女性画像，画上女人的脸庞被她的长发遮掩着，透过长发她的美丽熠熠生辉，如同黑暗中透出光芒。[②] 96

据记载，努细尔旺执政时（567年），波斯国王向周武帝派遣过一个使团，其目的可能是为了向中国皇帝求援，抗击突厥人。[③]我们从本书附录八的弥南德的记载中知道，这时突厥在巴克特里亚边境已成为一股强大的势力。[④]

638年，萨珊王朝末代国王叶兹底格德三世（Yezdijerd III）在其国最偏远地区受到阿拉伯人的迫击，遣使到中国向雄才大略的唐太宗求援。[642年，奈哈温德（Nehāwend）战役失利之后]，叶兹底格德被迫撤退到突厥斯坦。在粟格底安纳他遇到了从唐太宗那里求援未果而返回的波斯使者。对这次出使中国的波斯使团，中国和阿拉伯史家都有记载；在中国史家的记载中，这位命运多舛的波斯国王被称为伊嗣俟。[⑤]伊嗣俟的儿子被称

① 即Kosru Naoshirwan（531—579年），汉文典籍中称为库萨和。——译者

② Malcolm, *History of Persia*, i, 144-5; Mas' ūdī, *Prairies d'Or*, ii, 201. 依据后一位作者的叙述，长发美女不是画像，而是一位抱着盒子的活生生的少女。

③ 按：《周书》卷50《异域传》下："天和二年（567年），其（安息国）王遣使来献。"——译者

④ Deguignes, ii, 385.

⑤ Rémusat, *L'Acad.*, viii, p. 103; St Martin, ii, 19; Klap., *Tab. Hist.*, p. 208; Pauth., *De l'Auth.*, pp. 17. 61. 阿拉伯史家塔伯里（Tabari）这样记述中国皇帝的答复："国（转下页）

作卑路斯（即Perozes或作Firuz）；这位波斯国王在吐火罗斯坦扎营，显然对当地的中国政府保持某种服从关系。661年，他向中国朝廷报告说，阿拉伯人又向他发动猛烈的进攻，数年后（670—673年）他逃到中国，成为中国朝廷的避难者。中国朝廷授予他名义上位阶很高的将军衔。[677年，他在长安修建火祆
97 寺，]不久死。[①]卑路斯死后，他的儿子——中国人称之为泥涅师（Narses?）——向中国皇帝宣誓效忠。679年，一位中国将军[②]奉命率兵护送波斯国王回国，但是这位将军似乎明白，要完成这项使命，险阻重重；他从怛逻斯附近的边界上返回，原因是——中国史家圆滑地说——“路途遥远，征程疲惫”。波斯国王往投吐火罗斯坦，在那里受到友好接待；但是，无论他如何奋斗、致力于复国大业，最后他发现其努力均属徒劳；707年他再次来到唐朝廷。在唐朝廷，他像其先父一样，被授予一个动听的军衔，从而获得些许安慰，不久卒。这里我们必须回过头来做一番回顾。[③]

（接上页）王们之间互相帮助是对的；但我从你们的使者那里已了解到这些阿拉伯人是些什么样的人，以及他们的习惯、宗教及其首领们的品格。其人拥有如此之信仰、如此之首领，将无往而不胜。所以，尔等好自为之，争取他们的宽宥吧！”（*Not. et Extraits*, ii, 365.）

① Mas'udi, *Prairies d'Or*, ii, 241 提到叶兹底格德之子、萨珊王朝末代国王的名字，写作Firuz。[叶兹底格德三世于651年死于木鹿。]

② 即裴行俭。——译者

③ [《唐书》对波斯的历史事件有以下记载：

“隋大业末，西突厥叶护可汗频击破其国。波斯王库萨和为西突厥所杀，其子施利立。叶护因分其部帅，监统其国。波斯竟臣于叶护。及叶护可汗死，其所令监统者，因自擅于波斯，不复役属于西突厥。施利立一年卒，乃立库萨和之女为王，突厥又杀之。施利之子，单羯方奔拂菻。于是国人迎而立之，是为尹恒支，在位二年而卒。（转下页）

62.伊斯兰教势力兴起之初中国对西亚的影响。中亚附属国以中国方式组织起来。勃律以西归属于波斯都护府的国家。建立波斯都护府的命令在多大程度上付诸实施值得怀疑。直至8世纪中叶仍对伊斯兰势力保持独立、对中国效忠的波斯州区。 98

隋炀帝（605—617年）时中国雄风重振，重新获得公元前后强大汉朝对中亚各国所具有的影响；唐太宗（627—649年）时中国在中亚的势力已全面建立起来，中国的边界再次推展到勃律，甚至勃律以远的波斯边境。在这些边远地区，实际的统治权仍为当地的王公所掌握，这些王公承认对中国皇帝的附属地位。他们从中国皇帝那里接受册封、官印以及作为帝国臣民标志的饰物，其政府按中国方式划分为府、州和县，每个府、州和县都要取一个中国名称，以此记入帝国名册，而中国的军营则星罗棋布地驻扎在整个领土上。勃律以西的附属政权有16府和72州，中国人在此内分设126个军事据点。雷慕沙发表的研究已指

（接上页）兄子伊嗣候立。二十一年，伊嗣候遣使献一兽，名活褥蛇，形类鼠而色青，身长八九寸，能入穴取鼠。伊嗣候懦弱，为大首领所逐，遂奔吐火罗。未至，亦为大食兵所杀。其子名卑路斯，又投吐火罗叶护获免。卑路斯龙朔元年，奏言频被大食侵扰，请兵救援，招遣陇州南由县令王名远充使西域，分置州县。因列其地疾陵城为波斯都督府，授卑路斯为都督。是后数遣使贡献。咸亨中，卑路斯自来入贡。高宗甚加恩赐，拜右武卫将军。仪凤三年，令吏部侍郎裴行俭将兵册送卑路斯为波斯王。行俭以其路远，至安西碎叶而还。卑路斯独返，不得入其国。遂为大食所侵。客于吐火罗国二十余年。有部落数千人，后渐离散。至景龙二年，又来入朝，拜为左威卫将军。无何病卒。其国遂灭。而部众犹存。自开元十年，至天宝六载，凡十遣使来朝，并献方物。四月，遣使献玛瑙床。九年四月，献火毛绣舞筵，长毛绣舞筵，无孔真珠。乾元元年，波斯与大食同寇广州，劫仓库，焚庐舍，浮海而去。大历六年，遣使来朝，献珍珠等。”（Bretschneider, *Notes and Queries on China and Japan*, iv, p. 57.）］按：见《新唐书》卷221《西域传》。——译者］

出16个最重要的地区，虽然其中一些地区的方位还有疑问，但已有足够的根据证明，中国的统治机构已经——至少在理论上——扩展到了费尔干纳、塔石干周围、河中地区（Mâ-warâ-n-Nahr）东部、从缚喝（Balkh）起阿姆河上游、帆延及兴都库什附近的其他地区，大概还有锡斯坦和呼罗珊的部分地区。①

99 突厥斯坦和呼罗珊各国一厢情愿地希望中国的保护能成为抗击阿拉伯人冲击的屏障，也许很愿意置身于中国的保护之下，而且他们可能已发起行动，建立归属于中国的都护府。除了这些以中国方式建立的政权外，其他一些更外围的国家也不时向中国遣使朝贺；中国人将这种遣使称为朝贡。向中国遣使朝贺的国家中有花剌子模汗和可萨汗。据称撒马尔罕几代国王都接受中国的册封，但是他们的国家似乎并不是按照中国方式进行统治。

① Rémusat, *u.s.*, p. 81以下。这位学者认为坎大哈和喀布尔也属于中国的辖区；但应注意Reinaud, *Mém. sur l'Inde* in *Mem. Acad.*, xvii, 167–168的论述。

中国治辖的府中有一府名“波斯”，这个府应在波斯边境。该府的都城称作疾陵。这个“波斯”府很有可能确为锡斯坦之一部，其首都在伊斯兰时代的早期作Zaranj（试比较希腊文中的Drangiane和Zarangiane）。这个名称以汉文“疾陵”相比对，颇为合适。Zaranj附近即是古代的法尔斯城（Farrah?），鲁斯图姆（Rustum）的传统首府。法尔斯可能就是汉文中的“波斯”（见Edrisi, i, 445）。波迪埃君认为，疾陵应比对为设拉子，但是，在661年就将设拉子称为中国的都护府所在地，肯定是一个不够慎重的想法（见*De l'Auth.*, p. 61）。[“裕尔在*Cathay*, t. i, p. lxxxvii中将“疾陵”比对为Zaranj，此城位于法尔斯（Farrah）附近，是鲁斯图姆的传统首府。这个法尔斯可以解释汉文文献中的“波斯”。我认为，中国政权不可能将它的领域扩展到如此远的地方，它以碎叶、龟兹、疏勒、和焉耆四镇为边镇已属名不副实。”Devéria, *Origine de l'Islamisme en Chine*, p. 307 n. 此论未得要领。中国政权机构也许没有建立起来，但卑路斯仍然可以在疾陵避难。]

661年中国令设置波斯都护府；但是，如果考虑到这一年萨
珊朝国王卑路斯已觉察到在吐火罗斯坦难以立足，那么，设置都 100
护府的命令在多大程度上付诸实施，则值得怀疑。这时中国的势力肯定已达到巅峰，但是记载中说勃律以西的几个国家在屈底波征服中亚以后，甚至到8世纪中叶，仍坚持继续向中国贡献。[①]

中国史书确实记载了波斯境内某些小国保持着独立，在相当长的时间内抗击阿拉伯人，并且在713—755年[②]先后十次向中国朝廷遣使。文献中还特别提到，其中一次是由陀拔斯坦国王向中国派遣；这个国家被正确地描述为三面阻山、北临小海（里海），首都作娑里（Sari）[③]。波斯列王时代，世为波斯东大将。波斯灭，其王（忽鲁汗）不肯臣大食，746年（更可能是他的继承人）向中国皇帝遣使，从中国皇帝那里接受一项荣誉称号。八年之后他将儿子遣往中国，中国皇帝授他高级军衔。这位父亲殁于阿拉伯人之手。[④]

据记载，923年波斯还派遣过一个使团[⑤]。此时波斯领土大部 101
分似已处于布哈拉的萨曼（Samanid）王朝统治之下。如果我

① Rémusat, p. 102. 他说中国势力在7世纪后半叶和8世纪上半叶确扩展到里海。但是以此说法，怎样理解阿拉伯人的征服呢？

② [748年，扬州的中国僧人鉴真提到，海南岛有一大村庄，由波斯人组成。（Takakusu, *Premier Congrès int. de Études d'Ext. Orient*, Hanoi, 1903, p. 58.）]

③ 马赞德兰地区的一座古城，在阿弗拉西阿布传说中很有名。现在，抑或上一个世纪萨里仍存有四座圆形古庙宇，每座直径30呎，高20呎。（Malcolm, i, p. 261.）

④ 按：此论述本《新唐书》卷221下《西域传》："又有陀拔斯单者，或曰陀拔萨惮，其国三面阻山，北濒小海。居娑里城。世为波斯东大将。"——译者

⑤ 此见《辽史》卷2《太祖本纪》。——译者

们相信阿拉伯旅行家伊本·穆哈利尔的记载，那么，大约在二十年之后，中国与萨曼王朝有过交往，并产生过婚姻联盟（见第84节）。

63.德鲁兹传说称德鲁兹信徒源自中国。

在这一部分，我们也许应该提一下叙利亚的德鲁兹教派（Druzes）传说。这个传说称，中国是他们祖先的家乡，是忠诚的德鲁兹信徒死后归去的福天乐土。[1]虽然我们不能够为这个传说提供任何解释，但值得一提。

① Cyril Graham发表在*Journ. R. Geog. Soc.*, vol. xxvii, pp. 262–263的文章。

第六章　中国的景教

64.使徒到中国传教的传说。教会在波斯和呼罗珊的早期活动。65. 波斯萨珊时期的聂斯托里教会；哈里发统治下的聂斯托里教会。66. 7、8世纪聂斯托里教会的传教精神。8世纪叙利亚文献中的中国大主教区。中国基督教的存在必定溯自更久远。67. 745年的诏令。68.西安景教碑。关于景教碑的争论。69. 景教碑的真实性令人信服；碑铭内容。70. 景教碑为何埋于地下。71. 景教之衰绝。72. 莱亚尔在库尔德丛山中发现景教使团到中国传教的遗迹。73. 蒙古时代景教复兴；景教此前在突厥、蒙古部落的传播。13、14世纪游历家的记载。两位畏兀儿景教徒。74. 景教最后的遗迹。75. 耶稣会士所见景教遗迹。76. 评说。基督教在印度远区的存在。

64.使徒到中国传教的传说。教会在波斯和呼罗珊的早期活动。

东方各教会传说确实将福音在中国的传播追溯到很久远的时代。据称,并非只有圣托马斯一人不远万里、不辞辛劳到中国
102 传教[①];一位叙利亚-阿拉伯作家说,使徒巴托罗缪曾到印度、并进至中国传播福音。[②]除了这些传说外,3世纪的一位基督教作家将赛里斯人、波斯人和米底人一并列入同沐圣经恩泽的民族。[③]虽然我们不能以此为依据认为当时基督教已传至中国,但在接下来一个世纪中,基督教已在美索不达米亚和波斯广泛传播,则可由此得到证明:由于沙普尔的迫害,众多主教和长老被称为殉

① 圣·托马斯主持的马拉巴尔教堂所存的迦勒底文日祷书有这样一段文字:

"由于圣·托马斯,印度人脱离了错误的偶像崇拜;

"由于圣·托马斯,秦奈人(Chinese)和埃塞俄比亚人皈依真理;

"由于圣·托马斯,他们接受洗礼,并为儿童命名;

"由于圣·托马斯,他们得以信仰圣父、圣子和圣灵;

"由于圣·托马斯,他们得到信仰、坚持信仰;

"由于圣·托马斯,基督教教义的光辉普照全印度之生灵;

"由于圣·托马斯,天国生翼,远至秦奈(China)。"

在一首颂歌中又有一段文字:

"印度人、秦奈人、波斯人、海岛上所有人及叙利亚人、亚美尼亚人、爪哇人和罗马人,都记得托马斯并敬拜你的名字,啊!神啊,你拯救了我们。"(Assemani, pp. 32, 516.)

② Ditto, p. 576.

③ 基督及其门徒的业绩所产生的新的力量"已经征服了人类的激情,使风俗殊异的众多种族和民族心悦诚服地接受一种信仰。我们可以数计一下在这些地区和民族中取得的成就:印度;赛里斯人、波斯人、米底人;阿拉伯半岛、埃及、亚洲、叙利亚;加拉太人(Galatians)、帕提亚人、弗利吉亚人(Phrygians);亚该亚(Achaia)、马其顿、伊庇鲁斯(Epirus);以及旭日和夕阳俯视的所有岛屿和地区"。(Arnobius, *Adversus Gentes*, ii, 448, *Max. Biblioth. Patrum*, 1677.)

教者,殉教者中很多被称作主教和长老（presbyters）；[①]334年木鹿和途思（Tús）地区存在一个主教区,420年升为大主教区,这一事实说明,呼罗珊地区早已建立起一个教会组织。[②]

65.波斯萨珊时期的聂斯托里教会；哈里发统治下的聂斯托里教会。

［431年］聂斯托里（Nestorius）遭到谴责并被逐出教门,但他的观点在波斯和东方教会中广泛传播。聂斯托里派同拜占庭东正教及其势力的分裂（约在498年正式完成）把分裂出来的聂斯托里派信徒推给了波斯君王们,波斯君主对这些人的态度变化无常,时而优礼有加,时而加诸迫害。可以说,在阿拉伯哈里发统治下他们的境况也大致如此。起初聂斯托里派信徒受到穆斯林某种程度的善待,[③]受雇于哈里发,从事于书记员和医师职业,不少人在东方以医术获称誉。不过他们总是不断受到变化无常的苛遇,其内部的敌对和纷争经常招来伊斯兰教的残酷压制。

103

① *As.* pp. 52–53, 415. 按：即沙普尔二世（Sapor II, 309—379年），波斯萨珊王朝国王。——译者

② Ditto, 477, 479.［“途思在第4世纪（即公元10世纪）是呼罗珊尼沙普尔地区的第二大城市。” Le Strange, *Eastern Caliphate*, pp. 388–390。“大木鹿（Great Marv）在中世纪被称作Marv-ash-Shâhijân，以区别于小木鹿（Marv-ar-Rûd）。” *ibid.*，p. 398。

③ 在阿塞马尼提供的大主教耶苏贾布（Jesujabus, 650—660年）的一封信中，这位大主教慨叹木鹿大主教区数以千计的基督徒在伊斯兰势力入侵面前叛教，其原因并非惧怕阿拉伯人的兵燹，而是为了避免财产损失。他在同一封信中证实，“大伊”（Tayi，他对穆斯林的称呼）对基督教徒大致上还算友好。（波迪埃指出，“大伊”即汉文记载中的“大食”。见M. Pauthier, *l.c.* ch.v，p. 48。）Assemani, iii, pt. i, pp. 130–131.

66. 7、8世纪聂斯托里教会的传教精神。8世纪叙利亚文献中的中国大主教区。中国基督教的存在必定溯自更久远。

不管其内部存在何种缺陷，7、8世纪的聂斯托里教会有着强烈的传教精神，这一点既可由明确的历史记载来说明，[①]也可由大主教区向东方的扩展来证实。8世纪最初的二十五年间哈烈、撒马尔罕和中国成立了这样的大主教区，毫无疑问，这些大主教区先前必定是作为普通主教区存在。[②]有记载证明，总主教蒂莫
104 西（Timothy，778—820年）在位时，曾任命一位名叫大卫的人为中国大主教。9世纪中叶中国大主教区与印度、波斯、木鹿、叙利亚、阿拉伯、哈烈和撒马尔罕诸大主教区相提并论，因路途遥远而获准不参加四年一度的宗教会议，但必须每六年汇报教务状况，恪尽征募资金支援总主教之职守。[③]所以，西亚教会史中有确凿的证据证明，8、9世纪中国存在教会组织；与此相应的是，阿拉伯人阿布·赛义德提到，878年在广府（Khanfu）的大量外国人口中，有一部分基督教徒。

720年左右中国大主教区的建立涉及到一个推论：基督教在此之前已传入中国。德经认为，基督教早在很久以前就已传入中

① Assemani, p. 478.

② 一些叙利亚作家确实提到这三个大主教区建于很久以前。阿塞马尼引述的一位作家说："哈烈、撒马尔罕和秦奈三大主教区由天主教徒萨利巴扎卡（Salibazacha Catholicos）（714—728年）所建。有人说这些大主教区是阿扎库姆（Achacum）（411—415年）和西拉姆（Silam）（503—520年）所建。"（p. 522.）事实可能是，哈烈在411—415年成立主教区（bishopric），撒马尔罕于503—520年成立主教区。我们将看到，635年以前中国极不可能存在任何主教区。

③ Assemani., p. 439.

国，但他似乎是受一种理论的误导而走向偏颇。这种理论认为，在早期对佛教的记载中颇有一些指的是基督教。[①]

67. 745年的诏令。

对于这些极端观点，除非接受阿诺比乌斯关于赛里斯人的不谨严的论述，我们似找不到任何证据。6世纪科斯马斯并没有发现锡兰以东更远处有基督教徒，也没有提到亚洲腹地匈奴人和巴克特里亚人以远、印度河和阿姆河河畔有基督教生活。但是基督教在中国境内第一个主教区建立之前近一个世纪即已存在，这个事实可由不止一则汉籍记载加以证实。

最初的记载是745年唐玄宗颁布的一道诏书，不过，没有第二件更为重要的记载加以参证，第一件记载将会暧昧不清。唐玄宗的诏书宣布：波斯经教，本自大秦（罗马帝国）；传习而来，久行中国。爰初建寺，因以为名。将欲示人，必修其本。传令天下波斯寺此后改称大秦寺。[②] 105

68.西安景教碑。关于景教碑的争论。

第二件记载即著名的西安景教碑，此碑碑文已有众多的著述加以论列。

西安景教碑于1625年在西安郊外[③]被人挖土时发现，碑上保

① 德经提到一枚绘有圣母和圣子图像的徽章，这枚徽章与一枚556年的中国铜币粘在一起。他说*Lettres Edifiantes*, xvi中有插图。他没有提到对这枚徽应有的辩驳。见Deguignes, i, 50。

② Pauth., *De l'Auth.*, pp. 79–80. 按：见《唐会要》卷49。——译者

③ ［景教碑发现于西安府的盩厔郡的古遗址中。Havret, pt. 2, p. 71. 伯希和说，景教碑并非发现于盩厔，而是西安西郊，几年前尚在彼处，后迁入碑林，实际上7世纪这块碑立于阿罗本所建的庙宇中。*Chréthiens d'Asie Centrale, T'oung pao*, 1914.］

留着长安这个几朝之都的名字。碑为一石板[高约7.5呎，宽3呎，厚约10吋]，上方镌刻十字，下面有三行九个大字为其标题：“大
106 秦景教流行中国碑”[①]，下部是以汉文写成的长篇碑文，[共1789字，]旁边是以字母写成的文字，石碑发现后不久即被确认为叙利亚文。[②]

景教碑证明了古代基督教在中国的传播。碑文内容很快就被耶稣会传教士们获知；[1641年阳玛诺神甫（Emmanuel Diaz）]在中国发表碑文的汉文内容，[题为《唐景教碑颂正诠》；1878年重印。]不过在碑文内容初次发表前，其抄本或拓片即已传送欧洲，1636年阿萨内修斯·基尔舍做过翻译。[Athanasius Kircher, *Prodromus Coptus sive Egyptiacus; China illustrata*]。

① *Marco Polo*, ii, p. 27 n.

② 关于景教碑发现经过，见附录十。[格勒纳尔对石碑做过很好的临摹，列出它的体积：高2.36米、宽86厘米、厚25厘米（iii, p. 152）。夏鸣雷（Henri Havret）神甫根据加布里埃尔·莫里斯（Gabriel Maurice）神甫1894年从西安府寄回的拓片，在*La Stèle chrétienne de Si-ngan fou*, Shanghai, 1895一书的前一部分中，在原始尺寸的基础上以影印法复制了碑文。1891年曾在石碑上立起一座小亭，但不久被毁。1907年丹麦人霍尔姆拍摄过这块碑的照片，当时石碑在西安城西门外、通往甘肃的道路之南；该地有五块石碑，景教碑为其一。1907年10月2日被移入西安城内，但没有石碑基座（一块龟型石）。现存碑林博物馆。霍尔姆说，碑高10呎，重两吨；他曾试图将原碑买下，未获成功。失败后他让中国工匠制造一件等尺寸的复制品；这件复制品在1908年6月16日租给纽约艺术博物馆展出。霍尔姆写道：“781年景教原碑以及1907年我的复制品二者均由佛坪县的石头雕成，质料呈黑色，内里为小鱼卵状的石灰石。”（Frits V. Holm, *The Nestorian Monument*, Chicago, 1909.）在这本小册子里有石碑立于碑林中的照片。

沙畹教授在1907年也访问过西安，见到过这块景教碑；在他的文集*Mission archéologique dans la Chine Septentrionale*, Paris, 1909中，他印出（图版445）了五块石碑、景教碑、西安城西郊西门及金胜寺入口的照片。]

此后碑铭被数度迻译[①]，引发大量争论，其中不乏言词苛峻 107
者。许多学者断然拒绝承认其真实性。伏尔泰自然对它大加嘲讽。现在莱南（Renan，不过明显有些犹豫）和儒莲对其真实性也加以否定；[②]德国人纽曼（Neumann）也以异乎寻常的轻率态度否定了它，断然指责碑文出于耶稣会士曾德昭的伪造。[③]另一方面，雷慕沙和克拉普罗特却全然接受并坚定地维护碑铭的真实性；波迪埃——以我之见——则似乎证实了它的真实性。一位耶稣会士耗费巨大劳动伪造一个异端派在古代获得成功的证据，这一点实在不易理解；不过人们不能完全以此做出结论，因为人类喜欢玩弄欺骗手段。但是在景教碑发现的年代和地点伪造这样的石碑，是完全不可能的。这一论点更为雄壮有力、无可辩驳。欲明白这一点，需要读一下雷慕沙和波迪埃的论述。

69.景教碑的真实性令人信服；碑铭内容。

除了构成碑文主体的汉文内容外，景教碑上还有一些叙利亚文的短文，包括建碑的日期，景教教会在位大主教、中国（Tzinisthán，科斯马斯使用过这一形式）主教以及中国首都长安主要教职人员的名字。就像已提到的早期希腊和阿拉伯史料一样，碑文称中国首都长安作库姆丹（Kúmdán）。除此之外，还有

---

① 参见 *Bibliotheca Sinica*, col. 772–781.

② ［Renan，*Histoire des Langues sémitiques*, 4th ed., 1863, pp. 288–290 已完全承认了景教碑的真实性；儒莲亦如此。］

③ 见 Pauthier, *De l'Auth.*, pp. 6, 14, 83, 91。［碑文最完全的内容，见 Henri Havret, *La Stèle Chrétienne de Si-ngan-fou*, Shanghai 1895, 1897, 1902，耶稣会神甫们编定的论文集 *Variétés Sinologiques*, No. 7, 12, 20.］按：曾德昭即阿尔瓦雷斯·塞梅多（Alvares Semedo，1585—1658年），明代耶稣会士，在西安曾亲见景教碑。——译者

108 叙利亚文的67人的名字。这些人显然是西亚人,其中大多数被称作祭司(Kashíshá)。还有61人的汉文名字,除2人外,其他均被称为祭司(priests)。①

109 这一长篇碑文由1789个汉字组成,主要内容可以概述如下:第一,非常含糊地、比喻性地概述基督教教义。这种含糊不清可能部分地是由中国文字的特性造成的,但是它无法说明这一点,即:虽然碑文陈述了基督耶稣的升天,但却没有提到人所

① 石碑叙利亚文内容的主要部分如下:

"期在主教之长公教大主教(Catholic Patriaech)马·哈南宁恕及秦尼斯坦(Tzinisthan)祭司、主教、总管亚当时;

"希腊纪元1092年(公元781年),吐火罗斯坦之巴里黑城(Balkh of Thokaresthan)祭司、已故米利斯(Milis)之子、京都库姆丹(Kumdan)祭司区主教马·耶质蒲吉立此石碑。碑上镌刻的是上帝降世救赎之法和诸位主教向秦尼(Tzinia)国王所布之道;

"区主教耶质蒲吉(Idbuzid)之子亚当祭司;

"区主教马·萨吉思(Mar Sargis)祭司;

"萨布拉宁恕(Sabar Ishu'a)祭司;

"库姆丹、萨拉格(Saragh)两城祭司副主教及教会主正加布埃尔(Gabriel)。"

依阿塞马尼的观点(Assemani, III, i, 155–157),哈南宁恕二世在774—778年是聂斯托里教会的大主教。阿塞马尼正确地指出了这一事实,即:记载中说这位大主教在781年仍在位,完全是因为大主教驻地距中国路途遥远的必然结果。这个年代错乱事实上有力地证明了景教碑的真实性。波迪埃认为,萨拉格即河南的洛阳,唐都城之一,基督教传入中国到景教碑制立这段时间,洛阳曾一度是唐帝国首都。

[Assemani, iii, p. dxlv, ch. V论及"秦尼区长老、主教马·萨吉思祭司"。豪尔教授(I. H. Hall, *Journ. Am. Orient. Soc.*, xiii, 1889, p. cxxvi)对阿塞马尼以秦尼斯坦(即中国)为Shiangtsú 的观点有所评论,并补充说:"令人惊讶的是,他竟然犯了这样的错误,因为'秦尼斯坦的'(of Sinistán)一语还出现在碑文的其他处。"关于亚当称号中的pope、papas一词,伯希和君解评说,碑文中的字并非papas, 而是papši,乃一佛教称号,即"法师"(fapsi)。关于Shiangtsú的主教马·萨吉思,伯希和解释说,Shiangtsú并不是地名,而是佛教称号"上座",即梵文Sthavïra,意为"寺首"。Pelliot, *Deux titre bounddhistes, T'oung pao*, déc. 1911, pp. 664–670. 参见F. Nau, *Journ.Asiat.*, Jan Fév., 1913, pp. 235–236。]

共知的基督受难。第二，记述了传教士阿罗本[①]于635年自大秦国载真经圣像到达中国，翻译经书，朝廷赞同其教义，恩准传教。接着是638年太宗皇帝颁布命令，支持新来教义，并敕令于都城［义宁坊］建寺一所。太宗写真也一并置于寺中。此后有一段摘自中国地理著作中关于大秦国的简短描述（波迪埃认为，这里 110

① 以波迪埃的见解，这个名字是叙利亚文Alo-pano，意为"上帝的还原"。不过，如果承认这是一个叙利亚文名字，那么其原文竟被阿塞马尼这样才学深厚的人漏掉，则实为异常；阿塞马尼只是简单地提出，这个名字就是普通的叙利亚文名Jaballaha，汉文名称去掉了第一个音节，增加了一个汉文结尾。

阿罗本（Olopăn）难道就不可能是叙利亚文Rabban的汉文形式吗？这位景教传教士难道不能以Rabban之名为人知晓吗？

［夏德博士（*China and the Roman Orient*, p. 323）写道："阿罗本＝Ruben= Rupen?"他又补充道（*Journ. China Br. R. As. Soc.*, xxi, 1886, pp. 214–215）："打头字母r被代之以l，屡见不鲜。我怀疑，汉文'俄罗斯'（Russia）中的'俄罗'只代表外文ru或ro。这个字可以与梵文'银'字（rüpua）的汉文译文相比较；梵文rüpua在《本草纲目》（ch. 8, p. 9）被译作O-lu-pa。如果我们能发现其他类例，则可能有助于我们分析景教碑文上这个神秘的名字，将这个名字阿罗本读为'Ruben'。这是第一位把十字架带往中国的基督教传教士。这个名字在景教徒中确实是很常见的，所以我赞同波迪埃提出的汉文阿罗本即为叙利亚文Alopeno的主张。"但是夏鸣雷神甫（Havret, *Stèle chétienne*, Leide, 1897, p. 26）反对夏德博士的观点，认为汉文"罗"作为梵文音素不见于汉文，他认为"罗"音应作"ru"，"ru"音由汉文表达即为显音lu，所以，他采纳亨利・裕尔爵士的观点，认为这一观点是唯一令人完全满意的见解。］

然而，应注意的是，在阿塞马尼使用的较早版本中，这个名字写作Olopuen, 这种形式可能使他不去注意波迪埃提出的这个词源论。阿罗本其人的名字没有出现在碑文的叙利亚文部分。

应补充说明，波迪埃把萨拉格（Saragh）和托勒密记载中的Saraga联系起来。托勒密认为Saraga是秦奈的一个城市；以托勒密的看法，Saraga远在洛阳的实际位置之南。但我们有理由相信，托勒密关于秦奈和赛里斯的观点，是一个人分别使用右眼和左眼观察事物所形成的观点。以双目观测则使二物合一，并纠正其错位。

的大秦特指叙利亚）；然后详述高宗皇帝（650—683年）[①]在位时对阿罗本及其教义的庇护，以及基督教在中国的传播。7世纪末佛教得势，一度成功地压制了新来的宗教。玄宗皇帝时（713—755年）景教威望恢复，并出现了一位新的传教士佶和。肃宗（756—762年）、代宗（763—779年）和德宗（780—804年）继续庇护景教徒。德宗在位时建景教碑，碑文的这一部分以对圣哲
111 和政治家伊斯[②]的精美的赞辞结束。伊斯显然是佛教徒，但对景教教会多有献益。第三，以八字韵文扼要说明碑文要旨，主要是赞美促进了景教传播的各位皇帝。

碑文的结尾是立碑日期，即大唐建中二年［太簇月七日大耀森文日，依高比尔（Gaubil）的看法，这个日期相当于781年2月4日］[③]，还有负责东方各国基督教信众教务的法王僧宁恕的名字（我推测此即叙利亚文的大主教亚当），及一位书写并镌刻汉文碑铭的官员的名字，及官方对整个碑铭的恩准。

70. 景教碑为何埋于地下。

我们有理由认为，建造这块令人称奇的石碑，其念头可能来

① 高宗也是佛教旅行家玄奘的热诚庇护人。忽必烈和阿克巴则是诸位著名君主中执行摇摆政策的例证。

按：阿克巴（Akbar, 1556—1605年）是莫卧儿帝国的第三位皇帝，又称阿克巴大帝，在位时实行改革，采取宗教宽容政策，促进了帝国的发展。——译者

② ［根据伯希和的观点，伊斯不过是建立景教碑的耶质蒲吉（Idbuzid, Yazdbōzēd）的汉文译音；他不是僧人，而是景教在俗教士；唐代中国人对巴里黑的称谓之一即“王舍城”。（Pelliot, *Chrétiens d'Asie Centrale, T'oung pao*, 1914.）］

③ *Marco Polo*, ii, p. 28 n.

自佛教的习俗；[①]它大约在845年埋入地下，这一年唐武宗颁布诏令——此诏令至今获存——谴责佛教僧侣、尼姑和修女人数日增，命令关闭4 600所大寺院，260 500名僧尼还俗。分布全国的40 000所小寺院也同样被关闭，寺院的土地被国家收回，150 000名奴婢被释为民。诏令还规定，外国僧人来中国者，须显明外国 112
之教，大秦、穆护祓3 000余人并勒还俗，不使杂中华之风。[②]

① 在佛塔和寺院周围建造具有相似特点的石碑并刻制碑铭，在缅甸极为常见。*Mission to Ava in 1855*, pp. 66, 351描述一大理石制成的形制非凡的石碑，该石碑高8.5呎、宽6呎、厚11吋；每面有86行文字，镌刻极为隽秀。石碑不会早于17世纪，但系模拟很古老的石碑。巴斯琴（Bastian）所记柬埔寨古寺庙也有相似的石碑。（*J. R.G. R.*, xxxv, p. 85.）

② 波迪埃（*De l'Auth.*, pp. 69–71）认为，"穆护祓"即印度南部的马八儿人，指圣·托马斯所教化的基督教徒的后裔。但是，马八儿是否在几个世纪前如此早的时期就被用以指称印度南部的一个地区，尚属疑问。波迪埃引高比尔的观点认为，"穆护祓"即Mubids，意指波斯祆教徒。这种观点似更合理。应该记得，阿布·赛义德的记载中提到，878年在广府遭屠杀的外国人中有祆教徒（Magians）、穆斯林、基督教和犹太人（前文，p. 89）。

按：这段文字本《唐大诏令》卷103《唐武宗诉寺制》；"穆护祓"似应断为"穆护、祆"，"祓"为"祆"之讹。"穆护"即波斯语Magus译音，古波斯祭司阶层的称号，意为"从神那里得到恩惠或恩施的人"。拜火教沿用此称。见张星烺《中西交通史料汇编》，第一册，第128—129页；任继愈主编《宗教词典》，上海辞书出版社1981年收，第970页。——译者

［"佛教灭绝时，大秦、穆护这些异教可能也不复存在；其信徒必定被勒令集体还俗，归于原来家室，列入地租交纳者名册；外国信众则必定被遣回母国，归于官府管辖之下。"又，"其天下所拆寺四千六百余所，还俗僧尼二十六万五千人，收充两税户。拆招提兰若四万余所，收膏腴上田数千万顷，收奴婢为两税户十五万人，隶僧尼，属主客，显明外国之教。勒大秦、穆护祓三千余人并令还俗，不杂中华之风。"J. J. M. de Groot, *Sectarianism*, i, pp. 64, 66.

关于佛教徒和景教徒之间的关系，我们可以引述高楠顺次郎（J. Takakusu）于园照撰《贞元新定释教目录》中发现的一段记载："法师梵名般刺若，北天竺境迦（转下页）

113 71.景教之衰绝。

一个世纪以后，中国的基督教似已大为衰退，虽然不太可能像下列记载所说，基督教已归于灭绝。这则记载来自一位阿拉伯作者马哈迈德，父名伊萨克，姓阿布尔法拉吉。他说："（伊斯兰纪年）377年（公元987年），我在巴格达基督徒居地的教堂后面，遇见一位基督教教士纳吉兰（Najran）。七年前此教士与其他五位教士一同被大主教派往中国，整饬中国的基督教事务。这位教士年纪尚轻，相貌可爱，沉默寡言，只在有人询问时方开口说话。我问他旅行的收获，他告诉我中国的基督教已归于灭绝。基督徒已死于不同情况，教堂被毁，全中国只有一位基督徒
114 仅存。这位教士发现无人助其收拾局面，遂匆匆而归。"①

依这位教士所言，此时中国的都城被称为Taiúna，或作Thajúye，波迪埃发现此字为赵即赵府的变体，宋朝时西安府以此名见称。总之，这个名字与埃德里西和阿布尔菲达所说的中国都城Tájah可能同指一城。形式很类似于山西省的太原府，即马

（接上页）毕试国人也。……好心既信三宝，请译佛经，乃与大秦寺波斯僧景净（=亚当），依胡本《六波罗密经》（Satpâramitâ-sûtra），译成七卷。时为般若不娴胡语，复未解唐言；景净不识梵文，复未明释教，虽称传译，未获半珠，图窃虚名，匪为福利。录表闻奏，意望流行。圣上睿哲文明，允恭释典，察其所译，理昧词疏。且夫释氏伽蓝。大秦僧寺，居止既别，行法全乖：景净应传弥尸诃教；沙门释子，弘阐佛经；欲使教法区别，人无滥涉，正邪异类，泾渭殊流。" *T'oung pao*, 1896, pp. 589–590.——景净即亚当，为"大法师"，他大概翻译了许多景教文献，其中有《三威蒙度赞》。伯希和在敦煌发现此文献。Pelliot，前引文。]

① Reinaud, *Abulféda*, i, ccccii; *N. Annales des Voyages*,1846, iv, 90; Pauth., *Auth.*, p. 95; Mosheim, p. 13. 戈利乌斯（Golius）从前曾提到这段记载，但未注明来源，直到莱诺在帝国图书馆的一本著作中重新发现了它，真相方告大白。

可·波罗游记中的Taianfu，8世纪时太原曾一度是唐朝的都城。[①]

72. 莱亚尔在库尔德丛山中发现景教使团到中国传教的遗迹。

莱亚尔（Layard）在库尔德斯坦丛山的耶路（Jelu）河谷中发现了古代景教团体留下的有趣遗物，可能是中国景教衰落初期的物件。莱亚尔在耶路河谷访问一座聂斯托里教古教堂，见到 115
屋顶上悬挂着许多古董奇物，其中有若干中国制造的碗，由于长期积聚灰尘而变成黑色。莱亚尔得知，这些碗是由早期的迦勒底教会传教士从遥远的契丹帝国带来的。这些传教士见证了黄河岸边的福音传播活动的兴衰。[②]

73. 蒙古时代景教复兴；景教此前在突厥、蒙古部落的传播。13、14世纪游历家的记载。两位畏兀儿景教徒。

就我所知，迄至蒙古时代欧洲游历者大量进入中国之前，再没有关于中国基督教的消息。蒙古时代我们再次发现大批聂派基督教徒在中国活动。可能是由于突厥和蒙古部落中大量人员皈依基督教——关于这一点我们有很多证据——和这些部落在

① Pauthier, *Polo*, p. 353。10世纪中国分为五个王朝时，很难说它的首都在哪里。960年宋朝建立，都城先在长安即西安府，次移开封府。[五代（907—960年）时，中国都城为数众多：1.后梁（907—923年）。907年东京为开封府，西京为洛阳。2.后唐（923—936年）。923年立东都于大名（直隶），西京在太原（山西），同年太原改称北京，而西京移于西安府；925年，大名称邺都，东都遣于洛阳；929年邺都废。3.后晋（936—947年），938年东都为开封府，西都为洛阳；邺都也被恢复。4.后汉（936—951年），如后晋王朝。5.后周（951—960年），如后晋和后汉，只是在956年废邺都。伯希和教授向我提供这些知识。]

② *Nineveh and Babylon*, p. 433.

成吉思汗及其继承人时代、蒙元王朝兴起前的变动中对华北发挥的影响，12、13世纪，人们皈依基督教出现新的高潮。早在大主教蒂莫西（778—820年）时代，基督教传教活动在里海周围国家十分活跃并取得成功，随后突厥可汗和数名小王公皈依基
116 督教。[1]基督教在这些民族中的传播发展一直不为人所知，这种晦暗不明的状态延续到11世纪初鞑靼克烈部皈依基督教之时，[2]随后又在约翰长老（Prester John）名下出现基督教王公的传说，这些传说在接下来的一个时期中仍向欧洲传播。[3]鲁布鲁克在他出行喀喇和林宫（1253—1254年）的游记中经常提到景教徒和景教教士，并且特别提到契丹的景教徒在西京即西安府有一个主教（p. 292）。[4]他还从负面记载了景教教士的学问和道

① 塞奥费拉克图斯·西摩卡塔和塞奥凡尼斯讲述的有趣的故事，说明更早时期突厥人中就有基督教徒，但不为人所知。6世纪末拜占庭帝国皇帝毛里斯派军队援助库斯老二世进击巴赫兰，纳尔斯将军将俘虏的突厥士兵送往君士坦丁堡。“这些人前额上烙有上帝的标志（基督徒称之为十字）。毛里斯皇帝询问这些外邦人为何前额打上这样的印记。他们说印记为其母所为。因为东方斯基泰人中曾一度流行可怕的瘟疫，一些基督教徒劝说她们在孩子们的前额上打上这种印记。这些外邦人接受了劝告，于是孩子们安然无恙地活下来。”（Theophyl., bk.v, ch.10; *Theophanis Chronog.*, A. M. 6081. 后一位作者说：“其中一些人是基督徒。”）

② 见下文，II，p. 24。

③［1125年完成的汉文著作《能改斋漫录》引《蜀郡故事》（11世纪下半叶）中的一段记载，提到一所“大秦寺”，很有可能是“从前”（无疑是唐代）由中亚胡人在四川成都建造的景教寺。伯希和注。］

④［“远至契丹，景教徒和萨拉逊人虽为异族，但却与他们混合居住。契丹十五个城中都有景教徒，他们在西京城（Segin）中有一主教区，但其他人却完全是偶像崇拜者。”（Rockhill, *Rubruck*, p. 157.）关于Segin，柔克义做如下解说：“Segin通常被认为是西安府。西安府在8、9世纪是中国景教中心。13世纪该城不叫西安府，而以旧名长安见称。不过，以民众的叫法，它可能还有其他称呼。奇怪的是，1276年左右，两（转下页）

德。这种记载较之那些通常被认为出自宗教分裂者手笔的记载，更值得重视，因为鲁布鲁克的记述给人的印象是，它出自一个十分诚实而又聪慧之人的手笔。[①]马可·波罗时代，我们发现，撒 117
马尔罕、叶尔羌都有众多景教徒，而支秦塔拉（Chichintalas，波迪埃考之为今之天山北麓的乌鲁木齐）[②]、肃州、甘州、整个唐兀

（接上页）位著名的畏兀儿景教徒马·阿伯拉罕和列班·扫马由山西南部的霍山游历西亚途中，提到唐兀惕即黄河河畔的宁夏城，说它是重要的景教中心，却一次也没有提到西安府即长安。设若此时长安为主教区，那么这两个朝拜者会游访这座城市，至少应提到它。（Chabot, *Mar Jabalaha*, 21.）］Segin可能代表汉文‘西京’，即西部都城；这个名称经常用于西安府。”］按：这里的“西京”未必指西安，辽、金、元时西京指大同；山西为景教盛行之地，“西京”指大同亦不无可能。——译者

① ［“那里的景教徒什么也不懂。他们做祷告，有叙利亚文圣书，但他们不懂叙利亚文，所以他们就像我们中间那些不懂语法的修士一样吟唱圣诗。他们完全堕落了。首先他们是高利贷者和酒鬼；与鞑靼人生活在一起的人中，有些甚至像鞑靼人一样有几个老婆。进教堂礼拜时，像萨拉逊人一样用水清洗下部；礼拜五吃肉，像萨拉逊人一样在这天举行宴会。主教很少访问这些地区，几乎五十年只有一次。主教访问时，他们把所有的男孩，甚至还在摇篮中的男婴，都命为教士，因此他们中的所有男性都是教士。这些人还结婚，这显然违悖于教父的法令；他们是重婚者，第一个老婆死去，就另娶一位。他们都是渎卖圣职者，因为他们不举行免费圣餐礼。他们系念于老婆、孩子，所以热衷于敛财而不是顾恋信仰。所以那些教导蒙古贵族子弟的教士，虽然传授的是福音书和教义，但他们的劣行和贪婪却使这些蒙古贵族子弟疏远基督教信仰。蒙古人和道人（Tuins）即偶像崇拜者的生活，比景教徒的生活还要清白。”（Rockhill, *Rubruck*, pp. 158-159.）

② 它使我想到，马黎诺利记载中的赤奥劳斯可汗（Cyollos Kagan，*infra*，II, p. 231）可能与马可·波罗记载中的支秦塔拉（Chichintalas）为同一称谓。二者的位置大致相当，在一些现代地图上二者均能以可汗塔拉（Chagan Talas，意为“白色原野”）表示。（K. Johnston, *Royal Atlas*，亚洲部分。）［关于Chingintalas：“设若马可·波罗是在由沙州去肃州的路上提到这个地方，那么，自然可以认为此即Chi-kin-talas，即“支秦平原”或谷地；支秦是一个湖和一个峡谷的名称，湖名至今沿用，峡谷以此为名则是由湖名而来。支秦湖位于嘉峪关到安西州的途中。”（Palladius, *Elucidations of Marco Polo's Travels*, 1876.）“Chikin——更确切些应作Chigin —— 是一个蒙古字，意为‘耳朵’。”（*ibid.*）Palladius, p. 8补充说：“汉文关于Chi-chin的记载与马可·波罗关于同一问题的（转下页）

118 惕（Tangut）国①、天德②及天德以东各城，乃至满洲里和与朝鲜毗邻的各地区，均有景教徒。马可·波罗同时代的海屯也证实，这个畏兀儿国家中一些声名显赫的鞑靼人坚信基督教信仰。③关于这一时期景教在中国腹地的传播，我们在马可·波罗的游记中没有发现许多明确记述，虽然他在各种场合泛泛地、间接性地提到中国的基督教徒，证明了他们的存在。他特别提到遥远的云南省和镇江府的基督教徒，在镇江府基督徒拥有两座教堂，是马可·波罗在华时（1278年）由镇江府的一位信仰基督教的官员马薛里吉思（Mar Sergius）修建的。④13世纪末叶中国基督教徒

（接上页）记载并不相悖；但如考虑到两方面记载中的距离，则出现大难题；从肃州到Chichin为250－260里，而依马可·波罗的记述，这一距离须行10天，对这一差异有三种解释，可接受其中之一种：Chichintalas并非chi-chin；马可·波罗记忆有误；旅程天数有误。我认为后两种说法最有可能。马可·波罗游记中类似的难题曾出现过数次。”（*ibid.*, p. 8。）乌鲁木齐与Chichintalas无涉。马可·波罗说（i, p. 212）在Chichintalas,“有三个种族：偶像崇拜者、萨拉逊人和一些景教徒”。]

① 西夏初名河西（Coshi），后改名Tangut，《元史》作唐古忒，又作唐兀、唐兀歹，即中国史书所载之党项。见冯承钧《西域地名》，第93页。——译者

② 见II, p. 244。按：Tenduc一名见于《马可·波罗游记》，即天德之对音，唐代于河套置天德军，其名经西北诸族传至中亚，不受中国语音变化之影响，故在元代仍存唐音。见冯承钧：《西域地名》，第95页。——译者

③ Hayton, *Hist.*, 2nd chap.“*De Regno Tarsiae*.”

④ [“这一年（1278年），大汗派他手下的一位男爵名叫马薛里吉思的景教徒，到这个城市[镇江府]做了三年总督。在他居于此地的三年中，他命人修建了两座基督教堂，自那时起这两座教堂就矗立在那里。但在此之前那里既无教堂，也没有基督教徒。” *Marco Polo*, ii, p. 177.《至顺镇江志》中提到一座基督教寺院或庙宇，帕拉迪乌斯曾加征引：“大兴国寺在（镇江府）夹道巷。至元十八年（1281年）本路副达鲁花赤薛里吉斯建。儒学教师梁湘记其略曰：‘薛迷思贤（Samarcand）在中原西北十万余里，乃也里可温行教之地。……祖师麻儿也里牙，灵迹千五百余岁，今马薛里吉思是其徒也。’”（*Chinese Recorder*, vi, p. 108.）]按：此见《至明镇江志》卷9。——译者

的人数和势力，可由本书收录的约翰·孟高维诺的信件（II, pp. 46以下）见之；14世纪前期基督教徒的人数和势力，则可由苏丹国大主教的报告见之。这位苏丹大主教说，基督教徒人数逾
30 000人，超过富人人数。这一时期基督教徒的人数可能有巨 119
大增长，1324年左右，鄂多立克在扬州城发现三座景教教堂。假若这三座教堂在马可·波罗游历扬州时即已存在，那么他可能会注意到。[①]在蒙古最后统治的短暂时期，基督教势力仍在继续增长，可以说明这一点的是，约翰·马黎诺利访问中国时，信仰基督教的阿兰人在元帝国占据重要地位。

［中国景教徒所扮演的重要角色，可由两位畏兀儿景教徒的经历加以说明。其中一位是列班·巴·扫马（Rabban Bar Çauma），生于汗八里，由汗八里总主教马·圭瓦吉斯（Mar
Guiwarguis即George）施洗礼；另一位是1245年出生于（山 120
西）霍山的白尼尔（Bainiel）之子马忽思（Marcos），马忽思访问过扫马并由总主教马·聂斯托利奥斯（Mar Nestorios）行洗礼。马·聂斯托利奥斯可能是马·圭瓦吉斯的继承人。这两位朋友决意游历耶路撒冷（1278年），一路经霍山、唐兀惕、和阗、喀什噶尔、怛逻斯、呼罗珊、途思、阿塞拜疆前行，去往巴格达的途中，他们在马拉加遇见大主教马·邓哈（Mar Denha）；邓哈为他们前往巴勒斯坦写了信函。这两位游历者继续前往，向巴格达、阿尔白拉（Arbela）、摩苏尔（Mosul）、尼西比、马尔

① ［马可·波罗在谈及扬州居民时说：“其人偶像崇拜，用纸钱，归属大汗。”（*Marco Polo*, p. 154.）］

丁（Mardin）、戈扎尔特（Gozart）进发；他们住在阿尔白拉附近塔莱尔（Tar'el）圣马米海尔（Saint Mar Micael）教堂，不久被邓哈召回。邓哈派他们出使统治波斯的蒙古君主阿八哈的宫廷。早在1268年邓哈被迫离开巴格达，退向阿尔白拉，然后又退向阿塞拜疆的乌什奈吉（Ushnej）；他希望蒙古君主网开一面。1279年邓哈任命呼罗珊地区途思城主教巴·哈里克（Bar Kaliq）为中国总主教；巴·哈里克狂妄自大、目空一切，被邓哈投入监狱，死于狱中。1280年邓哈推选35岁的列班·哈马忽思为契丹总主教，取代巴·哈里克，改名阿伯拉罕；他的朋友列班·扫马也被任命为巡视总监。1281年2月24日邓哈死于巴格达，此时阿伯拉罕尚未离去；阿伯拉罕因精通蒙古语被同道推举为大主教，接替邓哈。1281年11月阿伯拉罕就职，得到阿八哈的承认，是为阿伯拉罕三世，驻巴格达主持塞琉西亚和泰西丰教区教务。阿八哈死于1282年4月1日，他的继承人阿哈迈德与阿伯拉罕三世颇不相洽，但他在1284年8月10日遭暗杀。阿八哈的长子阿鲁浑于1284年8月11日即位，对阿伯拉罕三世颇为优渥。聪明而又具雄心的阿鲁浑欲征服巴勒斯坦和叙利亚，并欲结好基督教各王公，于是派遣通晓数种语言的列班·扫马出使欧洲（1287年）。扫马至君士坦丁堡，受到（拜占庭）皇帝安德洛尼古斯二世（Andronicus II, 1282—1328年）的盛情接待；随后前往那不勒斯，未至罗马即获知教皇洪诺里乌斯四世于1287年4月3日驾崩。既至罗马受到枢机主教团的接见，阿斯科利地方的枢机主教杰罗姆向他垂询了一些问题。杰罗姆是帕勒斯特里纳（Palestrina）的主教和小兄弟会的总管，1288年2月

20日被推选为教皇，接替洪诺里乌斯四世。扫马经托斯卡纳和热那亚到达巴黎，受到法国国王美男子腓力浦的盛情款待；扫马从巴黎去加斯科尼拜会英国国王，[①]然后返回罗马拜会尼古拉四 121
世（Nicholas IV）[②]。扫马沿老路返回阿鲁浑汗廷。1294年1月10日扫马在巴格达去世。1317年11月13日马·阿伯拉罕本人在马拉加去世，享年72岁。此时完者都之子阿布·赛义德君临波斯（1316年12月16日）。[③]］

74.景教最后的遗迹。

15世纪中国内地或边境地区仍继续有景教徒生存，这一点我们将由一个使团的几则简短记载看出；这个使团似乎是教皇尤金尼乌斯四世时景教徒派往罗马的。直到15世纪末仍在任命中国总主教，虽然我们不知道他是否住在中国。1490年约翰被任命为马秦（Mahachin）总主教，这一任命似乎与印度总主教的任命有关，所以我们推测，“中国”（China）这一称呼已不再有实际意义，只不过代表索多尔（Sodor）和马因（Man）地区的英国主教治下的索多尔而已。[④]

75.耶稣会士所见景教遗迹。

16世纪末，耶稣会传教团重新进入中国，他们得到的最初印象是，在他们到来之前中国从未有过基督教。不过利玛窦最终

① 按：即英王爱德华一世（1272—1292年在位）。——译者

② 按：即新当选的教皇杰罗姆（1288—1292年在位）。——译者

③ J. B. Chabot, *Histoire de Mar Jabalaha III*, Paris, 1895, Vol. 8.

④ 见Assem., pp. 439, 523.［帕特森君举出证据，说明江苏北部有一座景教古教堂。B. C. Patterson, *Journal of the North China Branch of the R. A. Soc.*, 1912, pp. 118, 119.］

断言中国即马可·波罗记载中的契丹时，他毕竟已改变了这种观点；而且他在生前出乎意料地见到证据，说明直到他生活的时代基督教一直存在，尽管形式已经变化。利玛窦获知，基督教信徒在北方诸省为数众多，有的以军功而致显赫，有的以学问而扬名声。但是大约六十年前（即1540年前后），反基督教运动兴起，
122 迫使所有或几乎所有人放弃或隐蔽其信仰。稍后一位耶稣会成员访问了一些城市，据说这些城中有基督教徒的后裔。他提供了一些基督教家族名录，但这些家族中的人皆茫然不解其所云。①

若干年后耶稣会士曾昭德偶然在江西首府附近地方发现了先时基督教的不太明朗的遗迹。②

17世纪耶稣会传教士还得到了一些似可作为证据的文物，如一座带有十字架和希腊文铭文的钟，福建漳州发现圣母雕像、大理石十字架等物。还有不止一件中世纪的《圣经》手稿，但是

① Trigault, *De Exped. Christianâ apud Sinas*, bk.i, ch. II.

② Semedo, *Rel. della Cina*, 1643, p. 195. 这里只须提到费尔南德·门德斯·平托（Ferdinand Mendez Pinto）所讲述的故事就够了：在南京到北京的大运河畔，他发现了一个由基督教徒组成的村庄。一百四十二年前即1400左右来自匈牙利布达城（Buda）的马修·艾斯堪德尔（Mathew Escandel）——一位西奈山的隐士—— 来此传教，使一些人皈依基督教，这个村庄的居民就是这些皈依者的后代。村人拿出一本印制的书让费尔南德观看（他没有说明为何种文字），费尔南德于是知道这段历史！（ch. xcvi）[我们已经提到（II, p. 214），（山东）临清已发现14世纪两位方济各教士的坟墓；其中之一名叫伯纳德（Bernard），被认为是鄂多立克的伙伴；但任何书中都没有记载鄂多立克曾与一位名叫伯纳德的人在一起。这位伯纳德可能是小兄弟会修士伯纳迪诺（Bernardino），这位小兄弟会修士在1680年与四位教友被派往中国，动身前被任命为阿戈利斯（Argolis）主教，随后充任云南代理主教的副手，后来出任北京主教；1721年12月21日去世。H. Cordier, *Imprimerie Sino-Eruopéenne*, pp. 65–66. —— M. Romanet du Cailaud, *Missions Catholiques*, Z Jan. 1886, pp. 52–53曾在平托之后提及艾斯堪德尔。]

这些手稿系以拉丁文写成，应是约翰·孟高维诺的方济各传教团及其教友的遗物，而不是景教徒的遗物。①

76.评说。基督教在印度远区的存在。 123

这是一段让人伤感的历史。伊斯兰教兴起之后，基督教——不管以何种歪曲形式——曾在世界广阔的地区长期有着广泛的、甚至日渐强大的影响。在过去数世纪，一个基督教徒对这些地区几乎不敢问津了。罗马教会此时正在离弃中国，它在中国的传教士可能与鼎盛时期的叙利亚教会在中国的传教士同样多。那么，在13、14世纪以前的唐兀惕、喀什噶尔、撒马尔罕、巴里黑、哈烈、锡斯坦和木鹿诸大主教区中，现在又有多少基督教徒？在亚洲另一端，索科特拉（Socotra）岛曾一度是一位基督教大主教的活动中心，我们也许希望在这里见到一些基督教文化，但现在这里已成为深深的荒野。②

① Trigault，*u.s.*；Martini, *Atlas Sinensis*; Baldelli Boni, *IL Milione*前言。文物之一是一本11世纪的拉丁文《圣经》。这本《圣经》由耶稣会士柏应理（Philip Coulet）在南京从一位中国人手中获得，现存佛罗伦萨的劳伦廷图书馆。[班迪尼（Bandini）图书目录没有提到这本《圣经》。] 我想一睹为快，但却不能如愿。如果从我两次体验判断的话（第二次是经人介绍），"如何不做事"现在是——或者直至晚近曾经是——这个图书馆的管理准则。在这方面，它与佛罗伦萨的其他的非教会管理的公共图书馆有天壤之别。

② 还有一二件迄今未受到重视的证据表明，印度支那国家和岛屿有基督教生活。其一见于马黎诺利的记载。马黎诺利提到在Saba有一些基督教徒，我们有理由相信Saba即为Java（爪哇）（下文，II，p. 220）。另一征迹见于斯蒂芬诺（H. S. Stephano）的游记。1469年斯蒂芬诺的同伴希洛尼莫·阿道诺（Hieronimo Adorno）死于勃固城，斯蒂芬诺将他葬于"一个废旧的人迹罕至的教堂"（*India in the Fifteeth Century*, p. 6）。如果瓦塞玛（Varthema）的基督徒旅伴所游历的Sornau就是暹罗，那么这将为我们提供基督教存在的第三个征迹。[Pinto, ch. xcv 记载，"Sournau国，俗称暹罗"。裕尔在一注释中补充道："巴杰君（Badger）在他对瓦塞玛游记的注释中（p. 213），（转下页）

（接上页）不愿意接受门德斯·平托的记载作为依据，他以为将暹罗称为Sournau，瓦塞玛的记载为孤证。但是最近我发现，瓦塞玛的同代人乔万尼·德·恩波利（Giovanni d'Empoli）数度使用Sarnau一名，指示暹罗。在一段文字中他提到，苏门答腊的Pedir地方经常有船只到访，'这些船只是榜葛拉、勃固、马大班、Sarnau和丹那沙林的船'。在另一段记述中，他再次将Sarnau与丹那沙林相提并论，说它出产最好的安息香、紫胶等物。这位意大利编者将这个名称解为Sirian，但我不知道此之所本。"（见*Archivio Storico Italiano, Appendice*, tom. iii, Firenze 1845, pp. 54, 80, G. d'Empoli的信。）裕尔在《英-印字汇》一书中再次提到Sarnau问题："（Sornau）是16世纪经常用以指暹罗的一个名称；由波斯语'新城'（Shahr-i-nao）而来；1350年左右建于湄南（Menam）河畔的暹罗首都Yuthia（即Ayodhya）似乎以此名见称于波斯湾商人。布拉德尔（Braddell, *J. Ind. Arch.*, V. 317）君提出，这个名称（他作Sheher-al-nawi）指的是卢贝尔（La Loubére）所说的Thai-yai这一古老民族和Tai-noi（我们所知道的暹罗人）之间的区别。但是这种观点更不合理。我们现在仍然可以看到有一暹罗城名叫Lophaburī，此城是古代的都城。这座古都的名字似为梵文或巴利文形式Nava-pura，意与Shahr-i-nai相同；这个Nava-pura可能首先促成后一个名称的产生。尼古拉·康蒂（Nicolo Conti，约1430年）记载中的Cernove通常被认为是指孟加拉的一个城市，现代的一位作者将它考为Lakhnāoti，即Gaur，它在14世纪的官称是Shahr-i-nao。但是只有暹罗有可能是被提及的国家。" Valentijn, v. 319写道："大约在1340年统治暹罗国（那时称作Sjahar-nouw即Sornau）的是一位非常强大的君主。"］

第七章　蒙古时代以前有关中国的文献资料 124

77.几乎所有文献均取自阿拉伯作家的记载;《中国印度见闻录》。78.《中国印度见闻录》综述及其日期。79.《中国印度见闻录》第一部分所记阿拉伯至中国的航程。80.所记中国事物。81.阿布·赛义德所作第二部分;记载中的中国大变动,为中国史书记载所证实。82.阿布·赛义德增记的事物。83.伊本·胡尔达兹巴赫《道里邦国志》。83* 马苏第的《黄金草原》。84.《伊本·穆哈利尔游记》。84* 伽尔德兹所记中亚至中国内地的道程。85.埃德里西记载的中国。86.本杰明之记载。87.阿布尔菲达之记载。

77.几乎所有文献均取自阿拉伯作家的记载;《中国印度见闻录》。

蒙古王朝统治亚洲时代,欧洲到远东的旅行畅通无阻。在论述这个时代以前,我认为应考察一下蒙古时代以前中世纪文献
125 著作中关于中国的资料,这样做既是合适的也是可行的。这些文献著作,除了一个小例外外,均为阿拉伯文文献。

最早的文献(至少其中的半数)是一本9世纪中叶至10世纪初阿拉伯人完成的汇编。1718年雷诺多(Renaudot)将它译出,以《9世纪两位阿拉伯游历家中国印度见闻录》(*Anciennes Relations de l'Inde et de la Chine de deux Voyageurs Mahometans qui y allèrent dans le IX*^{ième} *siècle*)为题出版,欧洲人才初识此书[①]。雷诺多翻译所依据的原本已佚失,法国和英国的批评界中有些人对它的批判甚为激烈,认为雷诺多译本是伪作。大约五十年之后(1764年),德经在皇家图书馆发现了原文稿[②];1845年莱诺出版新译文并加注释,附有影印的阿拉伯文正文。自1811年以来阿拉伯文正文就存放在巴黎城内国家印刷局的仓库里。[③]

① 雷诺多译文的英译本于1733年出版(见Major's Introduction to *India in the 15*th *Century*, p. xxiii)。Harris, i, 521 及Pinkerton, vii, p. 179节要。

② *Mém. de l'Acad. des Insc.*, xxxii, 366; *Not. Et Extraits*, i, 136 以下。德经本人也曾臆定此著作乃雷诺多所编。

③ [*Relations des Voyages faits par les Arabes et les Persans dans l'Inde et de la Chine dans le IX*^{e} *siècle de l'ère chrétienne*, texte arabe imprimé en 1811 par les soins de feu Langlès, publié avec des corrections et additions et accompagné d'une traduction française et d'éclaircissements par M. Reinaud... Paris, 1845, 2 vols. 12-mo.]

78.《中国印度见闻录》综述及其日期。

人们认为，雷诺多的译名没有确切地反映出这部著作的内容。这部著作的两部分确实是由不同时代的不同作者所完成，第二部分的作者是来自波斯湾地区锡拉夫的阿布·赛义德·哈桑（Abu Zaid Hassan），他确实没有说自己曾游历东方。这位作者说他的前辈作者于伊斯兰纪元237年（公元851年）完成其著述。莱诺根据马苏第[①]曾明确提到哈桑其人这一事实，推断哈桑 126
本人的著作大约完成于916年。莱诺说，这部著作的第一部分取自商人苏利曼的游记，这位苏利曼曾由海路游历印度和中国。但我无法知道这种看法的依据何在。该书前言已付阙，我们看不到作者关于自己身份和资料来源的解释说明。苏利曼之名只提到过一次；开头约占三分之一的文字，对阿曼到中国间的海域和岛屿的记载尚可连贯一致，而且在这些文字中有两处以第一人称写出，后面的文字中也有一处或两处以第一人称写出，但是确切地说，整个作品不是叙述性的。不过，可以看出，如果我的考察不错的话，这些段落并不言及中国；它们说的是印度、锡兰以及这些国家与阿拉伯之间的海域。我的结论是，这本书是作者根据个人航行印度的一次经历以及在印度对访问过中国的人——苏利曼是其中之一——采访记录的汇编。该书第一部分的其他内容实际上是印度和中国见闻记录的杂烩，包括作者所听到的印度国家的一些主要细节。记载的模糊不清很清楚地表明，作者对印度所知甚少且不准确，对印度的幅员亦无明确的概念。这些记

① *Prairies d'Or*, i, 322.

载的摘要及其评论，见本书附录。我斗胆认为，莱诺虽然学识渊博，但他所作的这些评论只是增加混乱，而无助于问题的澄清。[①]

127 79.《中国印度见闻录》第一部分所记阿拉伯至中国的航程。

这位作者记载的前往中国所经过的海域和地点已引起有趣的争论。莱诺对这些海域和地点的考证，许多持论薄弱。已发表的见解中，莫里（M. Alfred Maury）的观点似乎更为坚实、合理。[②]

依据莫里的观点并做少许修正，那么前往中国所经过的海域和地点就是：波斯海；拉尔海（Lārwī）[③]，位于古吉拉特和马拉巴尔附近；哈尔康海（Harkand，即从马尔代夫、锡兰[④]到苏门答腊[⑤]的印度洋水域）；朗加巴鲁斯（Lanjabalus，即Lankhabalus，尼科巴群岛）[⑥]；安达曼海中的两个岛屿；三佛齐（Zábaj）的附属国卡拉巴尔（Kālāh Bār，此港在马六甲海

---

① 见附录十一。

② *Examen de la route que suivaient, au IXᵉ siècle de notre ère, les Arabes et les Persans pour aller en Chine, d'après la relation arabe traduite successivement par Renaudot et M.Reinaud, Bulletin de la Société de Géographie*, 1846, pp. 203–238. 几年前又收录莫里出版的论文集。

③ 这两个名称因作品开头几页佚失而付阙，莱诺从马苏第著作的相同部分推断出来。

④ 比较马赛利努斯著作中的“ab usque Divis et Serendivis”（从迪瓦和赛林迪瓦）。

⑤ Odoric, *infra.*，II, p. 164, n.3.

⑥ Langabālus在这个名字的第二部分我们大概可以看到马来语的pulo，意为“岛屿”。应该指出，在马六甲海峡的北部入口处，有一大岛属于吉达，周围有许多小岛环绕，这个岛称作Pulo Langkawi。

峡岸边，也许是吉达（Kadáh），通常读作Quedda；三佛齐[1]为
当时马来群岛上的大国，可能位于爪哇岛，其王以印度称号大 128
王Maharaj见称于阿拉伯人）；巴图马（Batùma，即Tanùmah[2]，
可能为Natùma之误，指纳图纳〈Natùna〉群岛）；卡得兰吉
（Kadranj，[3]暹罗或暹罗湾的其他地区）；三福（Sanf，即占婆
〈Champa〉，这里所指的范围比现代的占婆要广泛得多，包括柬
埔寨）[4]；桑达尔·弗拉特（Sundar Fūlāt，《马可·波罗游记》中
的Sondur和Condur群岛，主要岛屿现在称为Pulo Condore）。[5]

① 1503年叙利亚主教Thomas、Jabalaha、Jacob和Denha奉大主教Elias之命出使印度，前往“印度国和达巴格（Dabag）与秦（Sin）及马秦（Masin）之间海上各岛”。（Assemani, iii, Pt. i, 592.）这个Dabag可能是Zábaj的遗留形式，Zábaj见于早期阿拉伯著作，比鲁尼也曾使用。伊本·胡尔达兹巴赫和埃德里西以Jaba指Zábaj。［Zábaj古音作Zābāg，初始形式为Djāwaga(Ferrand, p. 23)。］梅杰君（*op.cit.*, p. xxvii）引沃尔克涅（Walckenear）的著作说：“《印度史诗》和《印度书》说明，Maharaja即‘大王’的称号原来是用来称呼一个强大国家的君主，这个强大国家在2世纪时囊括印度大部、马来半岛、苏门答腊和附近各岛。这个国家延续到628年。”可惜沃尔克涅男爵没有更具体地引出提供这一精确而有趣资料的《印度史诗》和《印度书》。在没有精确引文的情况下，不能无保留地接受这一资料。实际情况似乎是，虽然爪哇和其他岛屿的古迹、文献和传说显示，远古时代与印度大陆的交往一定是大规模的、非常密切的，但是还没有精确的证据证明，对这种交往的记录以及对这些岛屿的知识，在印度大陆保存下来。弗里德里西（Friedrich）和拉森似乎不知道沃尔克涅提到的诸如此类的记载。

② ［莱诺将Batúma写作Betoumah，表示Tiyūma，即位于马来半岛东南岸的Tiuman即Tioman岛。Ferrand, p. 30.］

③ ［Kadranj表示Kundrang（古音）和Kundrandj（今音），位于湄公河口。见Ferrand, p. 14。Kundrang和Champa, Champa和Chundur-Fūlāt之间的距离为十日行。见Ferrand, *Ibn-al Fakih*, p. 58。］

④ ［阿拉伯字Chanf = Chanpa，不是Sanf。见Ferrand, p. viii, 12。］

⑤ 这一点与莫里的观点不一致。莫里将Sundar Fūlāt武断地置于交趾支那，大概是因为他将Sanf即占婆限于今日仍保留此名称的地区（这两个名称是相通的，阿（转下页）

129 80.所记中国事物。

阿拉伯商人经常出入的中国港口是广府（Khanfu）[①]；对这

（接上页）拉伯语没有ch和p，必然将Champa写作Sanfa）。但克劳福德（Craufurd）说，Champa一名在马来语中确实指整个柬埔寨，包括暹罗湾的东岸（*Dict. Ind. Island*, p. 80），而这些地区现存的传说称，所有毗邻国家以至勃固和中国边界均处于古代占婆统治之下（Mouhot, *Travels*, i, 223），所以，Pulo Condore 应位于沿岸某港口和中国之间。我不知道Pulo Condore确切的马来文名称，但它可能与梵文Sundra“美丽的”有关。Fūlāt可能只是来自马来语Pulo和Pulau“岛”的阿拉伯文复数。《中国印度见闻录》中有关这个地方的全部内容就是，Sundar Fūlāt是一个岛屿，距三福十日行，距中国为一月行。船只在中国找到淡水。［对于Sundar Fūlāt即 Pulo Condore之说，布拉格登（C. O. Blagden）君持反对意见：“关于Sundar Fūlāt，似有一些难点。如果它代表Pulo Condore，为什么水手们在前往中国途中，在访问了更远处的占婆以后还要在这里停靠？如果Fūlāt代表马来语Pulau‘岛屿’的波斯文复数写法，那么它为什么不像通常的马来语、印度尼亚语和南部印度支那语的属名一样，置于专用名称以前？再者，如果sundur代表čundur的当地形式，那么，这个字的所有现代形式中的硬音c（=k）从何而来？我没有发现马来语中开头位有从č到k的变化。”*J. R. A. S.*, April, 1914, p. 496.］按照汉密尔顿的观点，Pulo Condore群岛由四五个岛屿组成，“出产木材、水和鱼，无他物”，有两个港口或抛锚地，均不甚良好。阿兰·凯齐波尔（Alan Ketchpole）于1702年在Pulo Condore为东印度公司建造了一座工厂，很快以灾难性结局告终，［欧洲人被望加锡驻防军屠杀。］（*N. Acc. of the East Indies*, ed. 1744, ii, 205.）［其主要岛屿被中国人称作昆仑］［“昆仑岛是个大岛，岛上有淡水，有耕种之良田，种植稻谷和椰子树。国王名叫拉萨德（Resed）。岛民们穿缠腰布，或当作披风，或作为腰带。昆仑岛为中国海岸所环绕，高山峻岭难以通行，并且时常狂风大作。该岛是前往中国的门户之一，由此行十日抵达广州。”Edrisi, i, p. 90. 在马来语中Pulo Condore 叫作pulau Kundur（Pumpkin岛），在柬埔寨语中称作Koh Tralàch。见Pelliot, *Deux Itinéraires*, pp. 218–220。Fūlāt = fūl（马来语pulo）+波斯语复数后缀-at。Čundur Fūlāt意为Pumpkin岛。Ferrand, *Textes*, pp. ix, 2.］

① ［“从占婆岛到鲁金城三日行，此［鲁金］城是中国的第一个停泊处……这里制造中国的各种华贵的丝织品用于出口，尤其是一种中国丝纱（ghazar sini）用于远近地区的交易。这里有大米、五谷、椰子和甘蔗。这里的人都穿着缠腰布，他们殷勤地接待外国人，都很富有，大量使用香料，就像印度群岛其他居民一样。从鲁金到广州，海上四日行，陆上二十日行。广州乃中国最大的停泊港。”Edrisi, i, p. 84.］按：Lukin可能是Lupin之讹，指交州的出海港龙编。——译者（转下页）

个港口我们已经谈到。在广府有一位穆斯林执事（kazi）和一座
公共礼拜堂。广府城内的房屋多由木头和竹子搭配而成，所以造 130
成频繁的火灾。外国船只到达，当事官员取其货物加以封存，待
一个季节的全部船只入港后，征收30%的货物关税，然后交由货
主处理。如果中国国王需要某种货物，将向货主支付最高价格的
现金。

这位作者所记有关中国的许多细节十分无聊，但很多内容
都非常准确。他注意到中国人的一些古老的习俗，如灾荒之年官
府开仓赈济难民，向穷人发放医药；政府开办学校；政府有条不
紊、公正地进行管理；官员严格划分等级；所有公务均以书面公
文，呈献官府的公文写法和语气均有严格限定；[①]通货使用铜钱 131
而不是金、银；人死后不立即下葬，有时停柩达数年之久；对旅

（接上页）[Khancou 即 Khanfou]

[“这一地区被一个强大、荣耀的国王统治，有很多臣民和军队，人们吃大米、椰子、奶、糖和摩克尔。这个城位于海湾上（即河流入海处），从这里走陆路两个月至Badja城。Badja城属于全中国的大王巴格布尔。这座城市是西方人航程的终点，这里有各种各样的水果、蔬菜、小麦、大麦和大米。”整个中国和印度群岛都没有葡萄和无花果，“但有一种树木结出的果实称作 el-cheki 和 el-berki。这种果木主要生长在土壤贫瘠的地区，果实坚硬，有鲜绿的叶子，很类似卷心菜的叶子。它的果实的长度有四个巴掌长，圆形，似海中的贝壳，剥开皮呈红色，内部是一粒种子，或者说有一粒栗子，似橡树栗，须用火煮熟吃，就像栗子，味道也相似。这种果吃起来很甜美，既有苹果的味道，也有梨的味道，也有香蕉的味道。印度群岛居民最喜欢吃这种果。此地还有一种树木叫作el-i’nba，大小如胡桃，叶子也与之相似，果实如棕树果。果实柔软，放之醋中，似橄榄，印度人用它作为开胃餐”。

“从广府到Djankou须行三日。” Edrisi, i, p. 84–85.]

① 见III，p. 122以下及注释。

行者提供系统保护措施；生产陶瓷；饮用米酒和茶。[①]在著作的这一部分，只提到吐蕃、九姓乌古斯（Taghazghaz）、中国的西部邻国以及东部的新罗诸岛——似指日本[②]，除此之外，对中原地理几乎毫无涉及。

作者以极为明显的赞赏笔调提到一种习俗，这就是，每个城市的长官睡觉时，头部上方都设有一个铃铛，铃铛以线连接到府衙门口，任何人要求申冤都有权拉响铃铛。我们从阿布·赛义德的记载中了解到，甚至国王也有这样的铃铛，只是敢于拉响铃铛的人必须遇到重大案情，不能由普通的司法程序加以解决才能如此做，否则将受到严惩。[③]

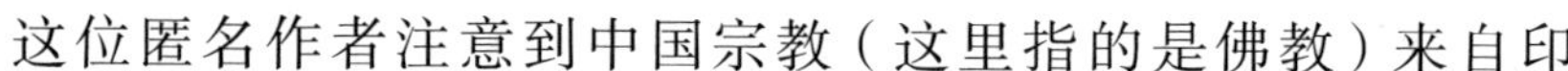

132 这位匿名作者注意到中国宗教（这里指的是佛教）来自印

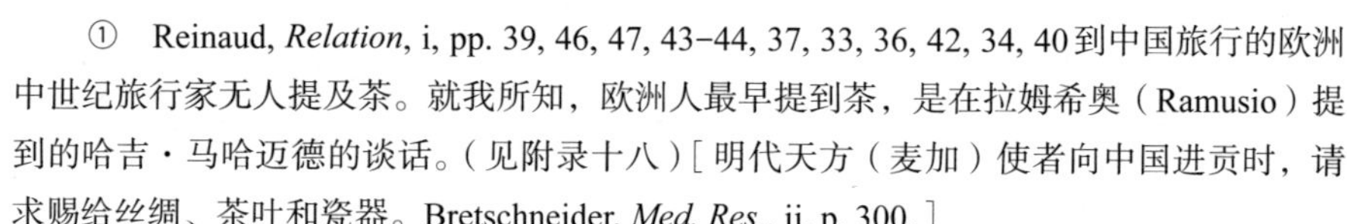

① Reinaud, *Relation*, i, pp. 39, 46, 47, 43–44, 37, 33, 36, 42, 34, 40 到中国旅行的欧洲中世纪旅行家无人提及茶。就我所知，欧洲人最早提到茶，是在拉姆希奥（Ramusio）提到的哈吉·马哈迈德的谈话。（见附录十八）［明代天方（麦加）使者向中国进贡时，请求赐给丝绸、茶叶和瓷器。Bretschneider, *Med. Res*., ii, p. 300.］

② 埃德里西也提到Silah诸岛，主要城市是安古阿（Ankúah），其地盛产黄金，其人以黄金制造犬镯。日本黄金之廉价在贸易开关前是人所共知的。马可·波罗说："我要跟你说，他们好似有无穷无尽的金钱，因为岛上可以找到金子。"（Pauth., *Polo*, 538.）Ankúah可能指宫古（Miyako）。［Sila不是日本，而是朝鲜。Ankúah与宫古无涉。在中国史籍中朝鲜有时被称为"东国"，但我没有听说过Ankúah的对应词"南国"。］

③ 埃德里西也提到这一习俗（i, p. 100）。这类故事对东方民族有着很强的吸引力。伊本·白图泰听说德里苏丹沙姆苏丁·阿尔塔什（Shamsuddin Altamsh, 1211—1236年）也采用同样的习俗。见*Ibn Bat.*, iii, 158。这确实是一种中国习俗，但参见官员似不是通过拉铃，而是击鼓。所以，在"大团圆"的故事中，主人公说："老爷，你错了！万岁爷本人在殿前悬鼓，允许所有人尽申其冤。"（David, *Chinese Miscellanies*, p. 109.）根据帕勒乔（Pallegoix）说法，这种殿前置鼓的制度被暹罗一位已故的国王采用，但是负责应鼓的王室侍从官废除了它。*Chine Ancienne*（*L'Univers Pittoresque*），pl. 3 印出一幅有趣的中国画，讲述的就是官衙悬鼓的制度。

度。他说，中国和印度接受灵魂轮回的教义，只是存在一些差异。

81.阿布·赛义德所作第二部分；记载中的中国大变动，为中国史书记载所证实。

《中国印度见闻录》第二部分的作者阿布·赛义德，在行文开始时即叙述了前一部分编成以后那段时间（大约六十年）发生的重大变化。中国发生的事件已完全打断了阿拉伯和中国的贸易，使中国陷于混乱，摧毁了中国的政权。接着他叙述了中国发生的这次革命：这次革命是由一位名叫班绍（Banshoa）的造反者发动的。班绍洗劫了帝国的许多城市，包括广府——他洗劫该城是在伊斯兰纪元264年（公元878年）——最后向都城挺进。中国皇帝逃到了吐蕃边界，在取得强大的九姓乌古斯国（一个强大突厥部落）的支持后，卷土重来，夺回皇位。但他的都城已成废墟，政权和财富化为乌有；精兵良将被消灭。全国各省被那些按兵不动的贪婪的投机分子所攫取。外国商人和船主遭到威吓、侮辱和抢劫，中国的大工场被摧毁，商贸无法进行。中国的不幸事件和混乱状态殃及远方的锡拉夫和阿曼地区的许多家庭。

克拉普罗特[①]已经指出，这里记述的是中国历史上的黄巢起
义；在阿布·赛义德时代称作“班绍”。黄巢起义是一次大规模 133
暴动。这种暴动似乎在中国周期性爆发。中华帝国的主要城市，包括两京洛阳和长安都陷于黄巢之手，这位农民领袖登基称帝，但是最终被获得突厥援军的政府军击败。唐皇复位以后许多省份战乱仍在继续。中国史书对这种状况的记载，在很多措辞上几

① *Tab. Historiques*, pp. 223–230.

乎与这位阿拉伯作者的记载完全相同。①

82.阿布·赛义德增记的事物。

阿布·赛义德为他的前辈作者的注释添加了许多关于印度及其岛屿以及中国的趣事详情。他的一位相识、巴士拉的伊本·瓦哈布(Ibn Wahab)对中国首都库姆丹(Khumdan,见前文,pp. 31, 108)做过一次访问,并在那里拜见了中国皇帝。这位皇帝一定是黄巢起义爆发前不久在位的唐僖宗。阿布·赛义德对此做了有趣的记载。伊本·瓦哈布拜见中国皇帝的故事过于冗长,难以录述,但其正确性,似无疑问。我们可以从中抽出更多的证据,说明唐代中国人的知识绝不限于自身活动范围,而我们习惯上认为中国人的见识以此为限。伊本·瓦哈布记述库姆丹即长安距广府为两个月路程,城被一条修长、宽阔的街道分为两半。街道东侧全部为皇宫和政府官员的府邸;西侧为商店、

134 贸易区和各类人员居住的地方。城中的街道交织着流水潺潺的河渠,河渠两旁绿树掩映。

阿布·赛义德也像苏利曼一样,强调太平时期中国行政机构的有条不紊和公正廉直。这一特点似乎于各个时代的亚洲其他民族都确曾留下强烈的印象。在拜占庭作家塞奥菲拉克图斯以后保留下来的所有记载中,我们都可以发现这种印象。②上溯数世纪至古代,这也是人们对赛里斯社会正义赞美之词的核心内容。

阿布·赛义德熟知粟特地区和中国腹地间的陆路交通。中

① Reinaud, i, 66–67; *Chine Ancienne*, p. 330.

② 耶稣会史学家杜·雅里克认为:“如果柏拉图从冥府中重新活过来,那么他会宣布他所设想的理想国在中国实现了。”(Du Jarric, ii, 676.)

国边境距呼罗珊为两个月行程，虽然中国距呼罗珊不远，但须跨越一个几无水源的沙漠地区。这一难以逾越的沙漠阻止了呼罗珊地区的穆斯林武士入侵中国的企图。不过，这位作者的一个朋友说，他在广府曾遇到一个人身背麝香，此人乃从撒马尔罕步行跋涉而来。[①]

他提到政府中设三位要臣：右大臣、左大臣和中大臣。[②]我不知道这些称呼在中国政府机构中是否仍然存在，但是我们发现在忽必烈汗统治之下，政府中有两名主事丞相，拥有“右丞相和左丞相”称号。[③]

83.伊本·胡尔达兹巴赫《道里邦国志》。

我们从一位阿拉伯地理学家的著作中读到一段关于中国的记述，这位地理学家与《中国印度见闻录》一书的两位编者中的前一位即苏利曼是同代人，较之苏利曼的写作年代，他的写作时间大概晚几年。此人即阿布尔·卡希姆·乌拜德·阿拉（Abu'l-Kasim Ubaid-Allah），人称伊本·胡尔达兹巴赫（Ibn Khurdádhbah）；约生于820—830年，曾在哈里发穆塔米（Mutammid, 869—885年）手下

① i, p. 114.

② 按：张星烺据《旧唐书·百官志》认为，阿布·赛义德所记“必为中书令、及左、右仆射，或左、右丞相也”。见《中西交通史料汇编》第三册，第144页。——译者

③ 见Pauthier, *Polo*, p. 329及Yule-Cordier, *M. Polo*, i. p. 432。中国人记阿默斯特（Lord Amherst）所率使团的成员中，有中使即主使、左使和右使。（Davis, *Chinese*, Supp. Vol. p. 40.）（按：此处指1816年（嘉庆二十一年）英国遣阿默斯特出使中国。此次英国使团与清廷发生礼仪之争。——译者）1855年，我们遣使阿瓦的使团，大使的秘书被缅甸人称为“右位官”。[在朝鲜，有一位首相即中翼相，左翼相和右翼相。在安南，左为尊。安省（Nghé an）有两个副省长，即右道（Quan Hu'u Dao）和左道（Quan Ta Dao）。]

供职，任吉巴尔（Jibal）即古代米底（Media）地方的驿长。他的著作《道里邦国志》（*The Book of Routes and Provinces*）大部分只记载一些驿站名和里程表，但偶尔也引入一些描述性的细节。下面一段文字几乎包括了他关于中国的全部叙述[①]：

“从三福（Champa）到中国的第一港口瓦金（Al-Wakin）[②]，经由水路或陆路，均为100法尔桑（Farsangs），在瓦金可以看到中国的良铁、瓷器和大米[③]。从这一大港到广府[④]，由海路行四天，由陆路行
136 二十天。广府出产各种水果和蔬菜、小麦、大麦、大米和甘蔗。从广府行八日可至建府（Janfu）[⑤]，建府出产一如广府。从此处行六日可

① 引自梅纳尔的译文。见Barbier de Meynard, *Journal Asiatique*, sér. vi, tom. v. pp. 292–294。

② 即埃德里西著作中的Lúkin（v, § 85, 前文，p. 129）；埃德里西从伊本·胡尔达兹巴赫书中引过几段。假如不是伊本·白图泰将广州叫作Sin-ulsin，那么，人们会认为它即广州。埃德里西对广州的描述大不同于Lúkin。不过，埃德里西对亚洲东部不熟悉，这种观点算不上定论。这个Lúkin当然不是拉什德（Rashid）（下文III, p. 126）记载中的Lukinfu，但是，它可能与同一页记载中用以称广州的Lumkali这一别称（显然为讹名）有某种关系。

③ ［“在鲁金（Loukyn）我们发现有中国石头、中国丝和最优质的瓷器和大米”。——De Goeje］

④ ［“人们从鲁金去广府，广府是（中国）最大的港口。”——De Goeje］广府也读作Khâncu。De Goeje, p. 49写道：“这就是广东港（香港）。”9世纪就有香港，真是异想天开！］

⑤ Janfu大概为其他记载中的Janku，应即扬州（下文II，p. 208）。Kantu应为上海或黄河口附近——如果那里有港口的话，因为下文提到，它的对面是Sila 即日本山。［根本不可能是黄河口；它可能指上海，因为上海曾是市舶司之驻地。赵汝适曾在福建任市舶司。11世纪“华亭（今松江。——译者）置一官员，专理商船，征收货税，因成上海市。”此为上海首次见于史册；1156年上海商船监察司取消。（*Desc. Of Shanghai, Chinese Miscel.* iv, 1850.）不过，应该指出，从上海或中国的任何港口都不可能看见新罗（朝鲜）的山峦；伯希和教授写信给我说：市舶司之成立是在宋代，蒙古人仍之，元代有变化，但根据1293年的诏令，有七处市舶司，即泉州、上海、澉浦、温州、广州、杭州和庆元。应注意的是，所有这些地点均在长江以南，且其中四处位于浙江。］

至康都（Kantu），康都的出产亦如广府[①]。在所有这些中国港口上都可以看到一条受潮汐影响的交通河道[②]。在康都港栖息着天鹅、鸭子和其他野禽。从阿尔梅德（Al-Maid）[③]到中国另一端点，海岸线最大长度为两个月航程。中国有300座繁华的大城邑[④]。毗邻大海、吐 137
蕃和突厥国[⑤]。从印度来的商贾游客定居在中国的东部诸省……

“中国更远处为何，不得而知。但康都与位于新罗国（Sila）[⑥]内的崇山峻岭遥遥相对。新罗国饶黄金。到访该国的穆斯林常因其国具有的各种便利而在此永久定居。输出的产品有高莱泊（ghoraib，一种植物）、桉树胶、芦荟、樟脑、帆布、马鞍、瓷器、锦缎、肉桂和良姜[⑦⑧]。

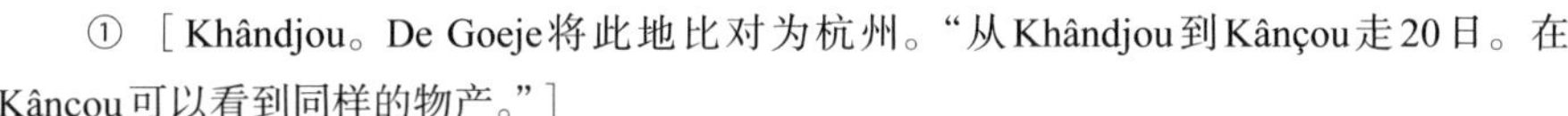

① ［Khândjou。De Goeje将此地比对为杭州。“从Khândjou到Kânçou走20日。在Kânçou可以看到同样的物产。”］

② ［“中国的每一个港口都位于一条可航行的大河的口岸上，这条河要受到海潮的影响。”——De Goeje］

③ 即Armâbyle。——De Goeje

④ ［“中国有300座繁荣的大城，其中90座是著名的大城。”——De Goeje］

⑤ ［“这片土地的四邻有海、吐蕃、突厥和西边的印度。”——De Goeje

马苏第也说：“在中国以外，海的那一边，除新罗及其附属岛屿之外，再没有人谈到过其他王国，也没有提到过其他地区。”i, 346.］

⑥ ［即高丽。］

⑦ ［“至于东海所能提供的出口品，我们可以提到中国素丝（haryr）、色丝（firand）和丝锦（Kymkhâw），以及麝香、芦荟、马鞍、瓷器、cylbandj、肉桂和良姜。”——De Goeje］

⑧ ［我参照莱顿的著名阿拉伯学者戈耶（De Goeje）的译文修改了胡尔达兹巴赫的提要。译文见De Goeje, Kitâb-al-Masâlik Wa'l-Mamâlik (Liber Viarum et Regnorum) auctore Abu'l-Kâsim Obaidallah ibn Abdallah Ibn Khordâdhbah et excerpta e Kitâb al-Kharâdj auctore Kodâma ibn Dja'far quae cum versione gallica edidit, incicibus et glossario instruxit M. J. Goeje. ——Lugduni-Batavorum, E. J. Brill, 1889, 8vo.］

［伊本·鲁世德（Ibn Rosteh）大约于903年写成著作《珍宝志》（*Al-A'lāk al-Nafisa*）。此人见闻不如马苏第广博；他认为从巴士拉到中国只有一个海，印度海岸和中国海岸同受这一个海的冲击：但他声称听到的消息是：严格地说，从巴士拉到中国有七个海，每个海各有特点，风向、气味、颜色和水中动物群均不相同。[①]］

83*马苏第的《黄金草原》。

马苏第是我们要讨论的另一位作者。他在《黄金草原》（*Meadows of Gold*）[②]中研究了自然和历史中的所有事物；而且是同时探讨所有事物，不是依此进行探讨。他讨论其他国家也讨

138 论中国。马苏第很早即开始游历，游迹广泛；早在912年他还是一个懵懂青年时就到过信德地区，此后——依他个人的记述——又游历过桑给巴尔、甘巴鲁岛（Kanbalu）[③]、占婆和中国，以及三佛齐（上引书，第127页），另外还到突厥斯坦做过长途旅行。如果他确实到过中国，那么在中国的游历也只是走马观花，匆匆而过。我没有发现任何关于中国的有趣的报道，同样不见于《中国印度见闻录》

① ［Hartmann, p. 861, *Chine, Encycl. Islam.*］

② *Les Prairies d'Or*, trans. By MM. Barbier de Meynard and Pavet de Courteille, Paris 1861–1877.［在*Collection d'Ouvrages Orientaux publiée par la Société Asiatique*中以九卷八开本印出。从第四卷始，译者中只有Barbier de Meynard的名字。］按：中译本有耿昇译本，青海人民出版社1998年收。——译者

③ 两位法文译者认为此即马达加斯加。马苏第说它是桑给海中的一个岛屿，操桑给语的伊斯兰教徒居此耕作。大约在阿拔斯王朝初期，穆斯林占领该岛屿，俘获整个岛屿上的居民。（这一点不符合马达加斯加的情况）航海者估算该岛距阿曼约为500法尔桑。我认为此岛必为桑给巴尔岛或大科摩罗岛（Great Comoros），该岛名称与之约略相似，且由阿拉伯后裔占领。

一书,尤其是阿布·赛义德自称为其作者的那一部分。莱诺已经探讨过这些巧合现象,但我认为他并没有非常圆满地解释之。①

84.《伊本·穆哈利尔游记》。

10世纪另一位阿拉伯旅行家自称游历过中国,此人即伊本·穆哈利尔(Abū Dulaf Mis'ar Ibn Muhalhil)。据其自述,他在布哈拉的萨曼王朝的伊斯梅尔汗(Nasri Bin Ahmed Bin Ismail)宫廷中供职时,“中国国王沙黑尔(Kalatin-bin-ul Shakhir)②遣使布哈拉,商量中国公主和纳斯里(Nasri)之子诺亚(Noah)的婚事(诺亚后来在布哈拉登基,继承王位)。大约在941年,穆哈利尔护送中国使团回国。这位旅行家的全部记述已佚失,但亚库特(Yākūt,在伊斯兰纪元617年即公元1220年)、夸兹维尼(Qazwini,在伊斯兰纪元667年即公元1268年)对著作颇加引用,保存了许多内容,一位德国编者将这些段落引出,辍成尚可连贯的叙述,并将它们译成拉丁文。③

很难说这一叙述是否属于原貌,也很难判断将松散的片断如此缀连起来会使记述损失多少内容。④如果作者确实陪同中国

① *Discours Préliminaire* to *Relation*, pp. viii, xviii 以下。

② [或作*Kalin bin-Shakhbar*。[*Qālin b. aš Sachir*. ——Marquart.]

③ *Abu Dolif Misaris Ben Mohalhel de Itinere Asiatico commentarius—Studio Kurd de Schloezer*, Berolini, 1845.[J. Marquart, *Osteuropäische und ostasiatische Streifzüge*, Leipzig, 1903, 8vo. pp. 74–95; *Das Itinerar des Mi'sar b. al Muhalhil nach der chinesischen Hauptstadt* 中所做的注释更好。—— 又见G. Ferrand, *Relat. de Voyages... arabes, persans et turks*, i, Paris, 1913,法译本,pp. 208以下。

④ [“每一个研究者从旅行图上看,就很快发现其踪迹纵横不定,时而吐蕃,时而中国边界,忽而鄂尔齐斯河流域,忽而塔里木盆河流域。” Marquart, p. 75.]

使节从布哈拉返回中国，那么何以要绕一个大弯，穿行从黑海岸边到阿穆尔（Amur）河畔的所有突厥和鞑靼之地，则不易理解。他称中国的首都为信达比尔（Sindabil），这个名称不像是中国名，而更似印度名，或者说，更像一个讹化的阿拉伯语的印度名称（请比较Kandābil、Sandābūr）。与之最相近的中国名称是成都府（Cheng du fu）[①]，即马可·波罗所称的Sindífu。成都府是
140 四川省的省府，在10世纪的一个时期是蜀国的首都。[②]在中国帝王中难以找到一个与沙哈巴尔（即沙黑尔）之子卡拉丁相似的名称。在本书附录中，我们将这一游记主要内容的摘要列出，不管它属真还是伪造。[③]

84*. 伽尔德兹所记中亚至中国内地的道程。

［“现在我们应该说明，伊本·杜哈克·伽尔德兹（Abū Saïd Abd al-Haiy Ibn Duhāk Gardēzi）[④]的一本著作中，含有关于河中地区与中国陆上交通的内容。巴托尔德（Bartold）慧眼不凡，

---

① Marquart, *l.c.*, pp. 86-87指出，Sindabil不可能是成都；他认为是甘州。穆哈利尔提到的Sindabil大寺无疑就是沙哈鲁使节记载的甘州寺，该寺方500腕尺。将Sindabil考为甘州亦为夸兹维尼著作所证实。见*Marco Polo*, i, pp, 220-221。］

② ［第一个蜀中王朝是汉代小国，国祚从221年延续到263年；定都成都，为三国之一；与定都洛阳的魏国（220—264年）和定都建康（南京）的吴国（222—277年）三足鼎立。第二个蜀中王朝是前蜀。891年王建取得对四川的统治，907年建前蜀，国祚持续到925年，被后唐取代；933年后唐被迫将蜀（后蜀）王称号让与西川节度使孟知祥，孟知祥死后，其子孟昶立，965年被废。这两个王朝均以成都为都城。］德经著作所列各王朝国王之名均与文中提及的中国王无相似处。（Deguignes, i, 124-129.）

③ 见附录十二。

④ Marquart, *Streifzüge*作Gūrdezī。但请参阅Rieu, *Cat. Pers. Brit. Mus.*, 1071a；Raverty, *Tabakāt-i Nāsiri*, p. 901的写法。

认识到伽尔德兹著作的价值，从他的重要著作*Zain al-Akhbár*（写于1050年）中辑出一个片段（*Otčet o po'ezdk*^{i} *e v Sredniuiu Aziiu*, 1893–1894 Pet. 1897）。伽尔德兹在著作92^{17}—94^{5}页对中国有所描述。最重要的段落（92^{9-16}）记载的是吐鲁番到库姆丹（Turfān-Khamdān）的行程：从九姓乌古斯（Toghuzghuz）①的希南吉克特（Činandjket，即吐鲁番–哈拉和卓）到哈密（Kumul）②为时八天；在巴格舒拉（Bagh Shūrā③，bagh即波斯字bāgh〈花园〉；Shūrā与突厥名称中的čura相对应；伏尔加突厥最重要的一支即阿舒拉兀谷利〈Akčura Oghli〉）需乘舟渡过一条河；然后行七天跨越水草丰盛的草原，到达沙州。作者解释说，沙州在7世纪初之前一直被称作敦煌；现今这条道经安西府到沙州西北；然后行三天至一石碛（Senglākh）；行七天至肃州（Sukhchau，Sukh为古音，阿布尔菲达写作Sūkdjū）；三天至甘州（Khamčau=Khanchau）；八天至库萨（Kuča?）；十五天至吉延河（Kiyān=黄河?），该河可渡。从巴格舒拉到中国首都库姆丹，行程为时一月（此与总历程天数43不符）。道路上有驿馆。”哈特曼（Hartmann）君说，这条道路一直是中国通往西方的主要干线。以上所述取自哈特曼君的著述（*Encyclop. de l'Islam, s.v. Chine*）。]

141

① 即高昌回鹘。——译者

② 即哈密，《马可·波罗游记》作Kamul（Camul）。——译者

③ 似即焉耆之古都员渠，地在新疆焉耆县治南18里。今地名黑格达。见冯承钧《西域地名》，第9页。——译者

85. 埃德里西记载的中国。

埃德里西受西西里国王罗杰二世之命，于1153—1154年完成《地理志》。关于中国的记述，一如有关东南亚、包括印度的全部记述，内容贫乏而杂乱。所记各地间距离，往往均做过低估计。所以，若以他推算的距离绘制地图，亚洲所占的面积将被大为缩小。由于埃德里西将世界划分为依次排列的气候带，他的著作中关于中国的文字几乎分散在书中各个部分，其总内容大致如下：

中国幅员辽阔、人口众多，国王称作巴格布尔（Baghbugh）[①]。
142 这位君主公正、威严、睿哲、为政深谋远虑，平易而又儒雅，施赠慷慨，关心外国事务，且非常关心臣民福祉，人民很容易受到他的接见，不需要经过下级官员的介入。宗教上国王崇奉偶像，与印度宗教稍有差异；信仰笃诚，对穷人慷慨施济。

中国人皮肤为深色，类似印度人。食大米、椰子果、牛奶、糖和摩克尔（mokl，据说是上埃及的棕榈树果）。国人中最重设计和制陶技术。

① 此字有Baghbúgh、Baghbúr和Faghfúr多种形式，古代阿拉伯和波斯作家以此称呼中国皇帝。《马可·波罗游记》作Facfur（ii, p. 148），用以称宋朝被废皇帝。[Baghbūr、Faghfūr是波斯文Baghpūr的阿拉伯文写法，意为“神之子”，汉文“天子”之译义。见Ferrand, *Textes*, p. 2.]根据纽曼（Neumann）的见解，这个词是汉文“天子”的古波斯文译称，其中Bak意为“神”（梵文作Bhaga，印地语为Bhagwán），Fur意为“儿子”（梵文作putra）。这个名称的构成因素仍见于现代波斯文词典：“Bagh，指一个偶像名”，“Púr，意为儿子”。所以，Sháh Púr（罗马人唤作Sapor）意为“王之子”。（见Bürch, *Polo*, p. 629; Pauthier, *Polo*, 453; F. Johnson, *Dict.*）[“宋末帝（Facfur）于1276年以颈负索牵羊，屈节向忽必烈投降，忽必烈从和阗下令释放之，以公称之；1288年宋末帝去吐蕃习佛，1296年与其母谢太后出家为僧、尼，以当时之法持免税田360顷（合5000英亩）。”（E. H. Paker, *China Review*, Feb.-March, 1901, p.195.）]

巴格布尔治下有300座繁荣城市和许多良港。这些港口一般都位于河口，船只可由海沿河上行一段路程进入港口。港口上生机盎然、生意兴隆，财产十分安全。最大港口是广府[①]，乃西方贸易的终点。广府位于（或接近）中国的大河库姆丹河畔，库姆丹是中国的大河，也是世界上最重要、最著名的河流之一，据说恒河乃其支流。[②]两岸人口稠密，许多大城巍然屹立，鳞次栉比。苏萨城（Susah）[③]即其中之一。该城以其独特的建筑、贸易的繁荣和居民的富庶而闻名遐迩。它良好的商业信誉远播全世界。这里出产中国质地精良、无与伦比的瓷器和中国的“哈扎尔”（Ghazár），和以结实耐用、设计优雅而著称的丝绸制品。建 143
府（Janku）也位于库姆丹河畔，距广府约三日行程，盛产玻璃和丝制品。沿库姆丹上溯行两月，到达中国君主巴格布尔所在都城巴佳（Bajah）[④]。皇宫、卫队、财库、后宫妻妾和佣奴皆集于此。巴格布尔有100位嫔妃和1000头大象。另外一座城市称作辛尼亚乌尔辛（Sinia-ul-sin），伊本·白图泰的记述使我们知道此即广州（见下文，卷四）。从占婆（Sanfi, Champa）来的船只驶入的第一个中国港口是鲁金（Lukin，见上文，p. 135），此地亦出产华美的丝绸和其他商货，其中一种叫作哈扎尔秦尼（Ghazár-

① 乔伯特（Jaubert）写作Khanku，但正确的读法无疑为Khanfu，不过一点差别而已。

② 弗拉·毛罗（Fra Mauro）地图亦如此描述。

③ 杭州的著名竞争对手，江南的苏州？

④ 乔伯特本作Bájah或Nájah。不过，正确的读法可能为Tájah。试比较下文引述阿布尔菲达的记载及本书前文p. 114的Taiuna、Thajuye。

sini）[①]的物品出口远近各国。

除了上述地名外，书中还提到很多地名，但似乎均不可辨。如印度-中国边境的塔里库尔干（Tarighurghan）和喀提戈拉（Katighora）。喀提戈拉似借自托勒密的喀提卡拉（Kattigara，见附录二注）。还有开衮（Khaighun）、阿斯菲里亚（Asfiria）[②]、布拉（Bura）、卡那布尔（Karnabul）、阿斯克拉（Askhra）、沙尔胡（Sharkhu）又称撒珠（Sadchu）、巴夏尔（Bashiar）、“桃花石”（Taugha，似西摩卡塔记载中的Taugas），等等。Kasghara显然即Kashgar（喀什噶尔），但作者认为它距中国海之滨的喀提戈拉仅四天里程。

埃德里西提到的“外中国”（Exterior China），显然大致相当于后来的唐兀惕。它西部毗邻九姓乌古斯，南界吐蕃，北邻克兹尔吉突厥（Khizilji Turks）。

86.本杰明之记载。

图德拉的本杰明比埃德里西稍晚几年，他在1159—1173年间曾做过游行，梅杰君为《15世纪的印度》（*India in the Fifteenth Century*）一书所作的引言中曾记述其经历，这里无须重复。这位旅行家提到广第岛（Khandy）——可能为锡兰岛，然后说道：

“从这里航行40日到中国。中国地处东方，据说为大海环绕。

① 我在阿拉伯字典中没有查到这个字。能否是英文Gauze（薄纱）的原形？英文中Gauze指的是巴勒斯坦的加沙（Gaza）。

② Asfiria可能表示托勒密记载中的Aspithra，其他名称也可能来自托勒密的著作，但讹读太多，无法考辨出其希腊文读法。

大海称尼克法海（Nikpha），猎户星座居大海上空。尼克法海有时风暴汹涌，出海者难以控驭船只；风暴兴时船员和乘客只好听天由命，在耗尽所有给养后悲惨死去，但人们已学得一种方法来挽救自己的生命，不被大海吞没。"于是他又讲述船员们怎样将自己缝入牛皮中，漂流于海上，被大鹰发现后衔到岸边，等等。这些（即一只公鸡和一匹牛的故事）就是本杰明讲述的与中国相关的全部内容。[①]

本杰明游记的英文版编者评论说，本杰明是第一位以China之名提到中国的欧洲人。但是至少埃德里西在他之前已经以此名提到中国，一位在西西里出生的阿拉伯人在巴勒莫写作时以阿拉伯文提到Sin，至少也有资格被视为以China提到中国的欧洲作家。图德拉的一位西班牙籍犹太人以Tsin提到中国，也应作是观。本杰明似乎是在基什（Kish）岛听到有关航行中国的故事，他本人的旅程似乎以基什岛为限，未及更远地区。[②]其有关印度的叙述显然也同样是道听途说。11、12世纪对中国各西方各国交往的见闻，较之公元初期以后的任何时代确乎贫乏得多。 145

① Bohn's ed. (in *Early Travellers in Palestine*), pp. 116–117.

② Kais（或作Kish）曾长期是印度贸易的真正终点，一个公国的中心。《马可·波罗游记》作Quisci，其记载说明，Quisci真正的大致位置是在过霍尔木兹海峡上溯海湾200哩。我眼前的地图（*Stieler's Hand-Atlas*）上，Kish被称作Guase或Kena。[Kish（或作Kais）岛和Kish城距波斯湾口200哩，曾长期是印度和东方贸易的主要港口之一。Kish岛——阿里安记作Cataea——现在称作Ghes或Kenn，在波斯湾诸岛中，基什岛树木葱郁，淡水充足，独具特色。根据柯曾（Curzon）的记载，一座称作Harira的城市的遗址，存在于波斯湾北岸。见Yule-Cordier, *Marco Polo*, I, p. 64 n. —— 本书前文原p. 85, n.1。]

87.阿布尔菲达之记载。

阿布尔菲达（1273—1331年）的著作完成于蒙古兴起后某个时期，我们把它视作这一主题的分界线，但是将他关于中国的见闻与我们已提及的其他阿拉伯作家的见闻放到一起论述较为方便。虽然当时他已有条件获得关于中国的准确知识，但他似乎没有从中大受其益。正如他本人所做的慨叹，他对远东地区的知识是非常有限的。他的记述主要得自很久以前及蒙古时代的书籍，虽然其中并非完全没有新的内容。我们将其中国见闻的核心部分附于书后[①]，从中可以看到，10、11世纪地理学家过时的记述与当时的知识被有趣地混杂在一起；其情形颇类似于16、17世纪绘制的地图：在东亚的位置上新的发现有时被莫名其妙地与托勒密、马可·波罗的记载混杂起来。

① 见附录十三。

第八章　蒙古统治下中国以“契丹”之名见称 146

88.中国向西方开放。契丹。89.“契丹”一名的起源。90.金朝。91.成吉思汗的崛起；对中国的征服。92.窝阔台对中国的征服。93.蒙古西征；入侵欧洲。94.征服波斯和阿拉伯。蒙古帝国的分裂。95.欧洲向蒙古汗遣使之发端。欧洲人何以期望蒙古人对基督教网开一面。蒙古之征服夷平政治堡垒。96.给欧洲带来契丹新消息的第一批游历家。柏朗嘉宾。97.柏朗嘉宾记契丹。98.鲁布鲁克东游。99.鲁布鲁克记契丹。100.亚美尼亚诸王游记。森帕德和海屯王。101.波罗家族。波迪埃注《马可·波罗游记》。102.统治波斯的蒙古汗和欧洲王公的外交往来。蒙古征服引起的民族融合。103.《海屯行记》。高里古亲王。104.罗马教会遣使契丹。孟高维诺、安德鲁、科拉、鄂多立克、乔达努斯、马黎诺利。105.14世纪与印度和契丹频繁的商业往来。106.裴戈罗提的《经商指南》。107.伊本·白图泰海上东游中国。蒙古统治的崩溃，东西交流的中止。

88.中国向西方开放。契丹。

现在我们的讨论转向蒙古时代。蒙古统治的极盛时期,中国与西方各国的交流,较之历史上的任何其他时期,更少受阻于人为的障碍。时至今日,虽然我们的炮舰已进入长江,达于汉口,从北京到彼得堡已有通邮,但是除面向俄罗斯的边境外,中国所有陆地边境仍如历史上最黑暗的时代一样,封闭不可逾越。①

正是在蒙古时代,中国才第一次真正地为欧洲所了解。欧洲所知道的这个名称——契丹,虽是特指中国北部各省,但它逐渐变成了一个更宽泛的称呼。②

89.“契丹”一名的起源。

迄至今日,从陆地方向获知中国的所有或几乎所有国家,仍以契丹(Khitai)之名称呼中国,如俄罗斯人称中国为Китáй,[希腊人为Κιτάϊα],波斯人和突厥斯坦各国称中国为Khitaï,不过,从起源上,这一名称并不属于中国人。契丹人属满洲族,数世纪居住于中国东北,建国于兴安岭以东,西拉河(Sira)以北,
147 时而效忠于突厥可汗,时而效忠于中国皇帝,立场摇摆不定。10世纪初,其中一部族首领先统一契丹全部,然后征服从朝鲜海边到阿尔泰山的亚洲邻国。这位征服者的儿子将短命的后晋王朝

① [应该记住,这段话写于近半个世纪以前。]

② 古代地理家著作中有几个名称颇似契丹,不过均非指中国。托勒密著作中的Χαῖται斯基泰人可能指和阗(vi, 15)。斯特拉波的Καθέα,从他的叙述看,显然位于旁遮普,包括索尔特岭(Bk. xv)。阿里安记载中的Kataia指的是波斯湾中的基什岛。[契丹国内南方的中国人称北方的中国人为Pe tai(北呆?),意为“北方傻瓜”;作为报复,契丹人称南方人为“蛮子”,意即野蛮人:中世纪旅行家著作中的Manzi或Mangi由此而来。]

的高祖[①]扶上皇位，而这位被扶上皇位的皇帝不仅将中国北部大块领土割让给这些鞑靼人，而且同意向他们称臣纳贡作为回报。继任的中国皇帝[②]拒绝承认这种屈辱条件，契丹人占领了黄河以北诸省，在占领的土地上建立了契丹帝国，国号辽。契丹帝国在中国北部[③]和毗邻的鞑靼地区存在二百年，于是就发生了鞑靼征服者入侵中国后总是随之而来的奇妙过程。这一过程与罗马诸帝定居拜占庭帝国以后发生的变化极为相似，入侵者本身采用了中国人的风俗、仪式、文字和文明，逐渐丧失了充沛精力和好战性格。契丹一名与中国密不可分地联系在一起，一定是发生在 148
1125年契丹王朝被推翻之前的这个时期，此时这个北方王朝是天朝帝国朝向亚洲内陆的脸面。[④]

① 指五代时期后晋王朝的高祖石敬瑭（936—944年）。——译者

② 指石敬瑭之子石重贵。——译者

③ ［通古斯源的契丹人属于东鞑靼人，在中国北部建立国家，历九世：1.高祖=耶律阿保机，907；2.太宗=耶律德光，927；3.世宗=耶律阮，947；4.穆宗=耶律璟，951；5.景宗=耶律贤，968；6.圣宗=耶律隆绪，983；7.兴宗=耶律宗真，1031；8.道宗=耶律洪基，1055；9.天祚帝=耶律延禧，1101—1125。

937年（应为947年。——译者），太宗耶律德光取年号为汇同（应为大同。——译者），国号为辽。辽的首都原在辽东的辽阳，阿保机迁往燕京（北京）。契丹为女真（金）所灭。］

④ ［辽被金所逐，退向西方，到达喀什噶尔，取代喀喇汗王朝（Kara-Khanids, Ileks或称Al-i-Afrasyab），建立新的喀喇契丹王朝，即西辽，共历五世：

德宗，1125 = 耶律大石

感天皇后，1136 = 塔不烟（摄政皇后）

仁宗，1142 = 耶律夷列

承天（皇后），1154 = 耶律诗（摄政）

末主，1168 = 耶律直鲁古

仁宗次子直鲁古时，皇位被他的女婿、突厥乃蛮部的首领屈出律篡夺。屈（转下页）

90.金朝。

1125年,契丹末代皇帝被反叛的女真族首领俘获,女真首领自称皇帝,建立金朝。

金朝也像辽朝一样,采用了中国文明,国力强盛,繁荣一时。女真帝国定都中都,即现在的北京,领土包有中国本土的北直隶、山西、山东、河南诸省及陕西南部,但长城以北的整个鞑靼地区均承认其势力。不过,女真人很快即由盛转衰,12世纪中叶它对蒙古地区的统治已经衰微。①

91.成吉思汗的崛起。

铁木真于1162年出生在斡难河畔的一个蒙古部落。后来以成吉思汗著称。铁木真崛起后,成功地击败了鞑靼地区各部,

149 1206年他被蒙古王公大会推为成吉思汗。②

(接上页)出律后被成吉思汗统治下的蒙古人征服。见E. Bretshneider, *Notice of Kara Khitai or Si Liao in Mediaeval Researches from Eastern Asiatic Sources*, i.]

① [女真为另一通古斯部落,它于1125年驱除了辽国,政权维持到蒙古西征(1234年)时。臣属于高丽的函普最早宣布独立;不过金朝真正的首领是函普的第六位继承人乌古乃。他的第五位继承人阿骨达建立金朝(1136年),庙号太祖。]

② 根据夸铁摩尔的观点,成吉思汗没有使用更高一级的称呼"可汗"(Káan,更确切为Qáan)。"可汗"称号为他的儿子窝阔台及其继承者采用,作为他们的独特称号。可汗即Kháqán,与拜占庭历史家记载中的Χαγάνος是一致的。所以,确切地说,应该区别"汗"这个普通鞑靼首领的称号与"可汗"这个蒙古最高首领的称号。此后,"汗"这一称号已经传给有教养的波斯人,逐渐成为兴都斯坦(Hindustan)所有阶层人名的后缀。蒙古宗藩之国察合台帝国、波斯帝国和钦察帝国的君主,在名称前只能冠以前一个称号"汗",虽然"可汗"称号有时被谄媚性地用到他们头上。成吉思汗的继承者窝阔台、贵由、蒙哥、忽必烈和忽必烈之后在汗八里践祚的皇帝,即我们西方教会旅行家记载中的Magni Canes(大汗)才应该被称为"可汗"。但我不敢对如此细致的区分妄加评论。(见Quatremère on Rashid, pp. 10以下;Yule-Cordier, *Marco Polo*, i, p. 10。)

[*Rockhill, Rubruck*, p. 108注写道:"汗这个称号,在鲁布鲁克的记载中作(转下页)

对中国的征服始自成吉思汗,但历经几代人方告完成。早在1205年,成吉思汗就入侵唐兀惕国[①]。唐兀惕国地处中国西北边陲,领土向西北方向扩展到中国的境域之外,由吐蕃族建立的王 150
朝控制,当时是或曾经是金朝的属国。此后蒙古人数度入侵唐兀惕。1211年成吉思汗开始进攻金国本土。1214年蹂躏黄河以北金国所属各省,次年攻克中都(北京)。1219年成吉思汗挥师西向,进攻西亚,征服从勃律到里海、印度河以北的所有国家,同时他的将军们深入到俄罗斯、亚美尼亚和格鲁吉亚;他留在东方的副手继续进行对中国北部的征服。西征归来时成吉思汗重新发动对唐兀惕的进攻,1227年8月18日死于军旅中。

(接上页)Cham,它虽然起源很古,但只是在560年以后才为突厥人使用,当时‘哈吞’(Khatun)一词用以指汗的妻子,而汗本人则称为伊利可汗(Il Khan),不过,旧称‘单于’在突厥人中并未完全消失,比鲁尼说,在他生活的时代,古兹突厥人(Ghuz Turks,即Turkomans)的首领仍拥有Jenuyeh的称号。劳灵逊(H. Rawlingson, *Proc. Roy. Geog. Soc.*, v, 15)认为,Jenuyeh与中国记载中的‘单于’为同一个字。(见《前汉书》94,《周书》50,2)虽然弥南德记蔡马库斯出使西突厥史料中有‘可汗’(Khakhan)一词,但我发现,最早提到它的西方作家是芬提乌姆(Albericus Trium Fontium);他在《编年史》中记1239年事,以Cacanus的形式提到这个名称。”芬提乌姆:“cepit unum Regem eorum nomine Cacanum cutanum.”(*Chronicon*, 1698, p. 571)——拉古伯里(Lacouperie, *Khan, Khakan, and other Tartar Titles*, *Bab. and Orient. Record*, Nov. 1888, p. 272)写道:“可汗这个鞑靼最高权威称号,第一次出现于402年。柔然汗吐伦确立了对整个鞑靼地区的最高统治权之后,使用了这个称号。他蔑视此前鞑靼地区的最高统治者一直采用的‘单于’旧称,为自己及其继承者创造了一个新的称号‘可汗’,……声明其意如同‘皇帝’……喀喇契丹的统治者开始称‘古尔汗’(Gurkhan)。”关于铁木真,拉古伯里(Lacouperie, *ibid.*, p. 274)补充说,他在1206年接受了成吉思汗的称号,意为“强大的汗”,因为他已经征服了许多“古尔汗”,他不能采用那样低微的称号。]

① 即党项人建立的西夏。——译者

92. 窝阔台对中国的征服。

成吉思汗的儿子和继承人窝阔台继续进行对中国的征服活动，于1234年消灭金朝，巩固了他对长江以北各省的统治。南方各省仍为中国的宋王朝所掌握，以“行在”（杭州）为都城。南宋王朝被蒙古人称为“南家子”（Nangkias），同样还有一个半中国化的称号“蛮子”（Mangi，manzi）。“蛮子”一名由于马可·波罗和下一个时期游行家们的记述而大放异彩，西方的伊斯兰教徒不知不觉地将这个名称和马秦（Machin）一名混淆起来，以为二者是同一个国家。但马秦一名起源不同，确切说，所指范围也更为广泛。①

① 马秦（Máchin）只是摩诃秦那（Mahachina）的缩写，古代印度人以这个名称指中国（见前文，p. 68），我曾听到，印度土语中仍然使用这个名称。旧时见识广泛的伊斯兰教徒似乎也作此理解。比鲁尼提到喜马拉雅山时说，过此山就是摩诃秦那。这位地理学家的同代人费尔杜西（Firdusi）也使用过这个名称（见*Journ. As.*, ser. iv, tom. iv, 259; Klaproth, *Mém.*, iii, 257以下）。但大多数不识其意的人，将它与秦（Chin）冗繁地搭配在一起使用，以“秦和马秦”（Chin and Machin）表示同一事物。这一短语与用来表示整个印度的短语“Sind and Hind”有相似之处，但较之用来表示亚洲北方民族的“Gog and Magog”这一短语似色彩较重，因为Sind和Hind可以分开使用。最后人们发现，Chin是雅弗的长子，（按：雅弗是圣经故事中诺亚三子中的幼子。——译者）而马秦则是他的孙子，这情形在很大程度上就像是说，不列颠（Britain）是特洛耶人布鲁图（Brut the Trojan）的长子，大不列颠（Great Britain）是他的孙子。蒙古时代，中国情势一度为西亚较为熟悉，表示中国南部的“蛮子”常为人们说起，这个名称似乎与马秦混淆起来，于是“马秦”一词获得一种特别意义——一种错讹意义。虽然马秦偶尔获得特别意义，但我没有发现Chin获得过类似的特别意义。克拉普罗特引述的一位16世纪的作者确曾明确指出，中国北部和南部即是印度人所说的“秦”和“马秦”（*Journ. As.*, ser., ii, tom., i, 115），但没有证据说明，印度人做过这种区分。据我所知，也没有人引用一个例证说明“秦”特指中国北部。相反，伊本·白图泰有时以“秦”指中国南部，“契丹”指中国北部，将二者区别开来。（转下页）

93.蒙古西征；入侵欧洲。 151

在中国广阔领土上建立了统治之后，窝阔台征募起庞大的军队，挥师西向。一部指向亚美尼亚、格鲁吉亚和小亚细亚，而另一大部在大汗的侄子拔都的指挥下，征服高加索以北各国，占
领俄罗斯，使之成为蒙古属国，并继续将兵燹向西推进。拔都手 152
下的副将率领一队人马侵入波兰，焚毁了克拉科夫，发现布雷斯劳早已成为废墟，居民逃之夭夭。这支军队于1241年月9日在

（接上页）蒙古统治垮台以后，中国与外部的交流停止，这个双元素合成的中国称号，似乎又像以前一样变得晦暗不明。所以，巴巴洛（Barbaro）提到Cini和Macini，尼克丁（Nikitin）提到Chin和Macini，派往印度的叙利亚主教代表团（见前文，p. 127）提到Sin和Masin。所有这些用法显然不再具有复合意义。同时也表明，Máchin有一种新的用法，指印度-支那国家。例如，康蒂（Conti）用它称呼阿瓦或暹罗，弗拉·毛罗追随之，而*Ayin Akbari*一书，如我记忆正确，则以此名称勃古。

东方人习惯使用双协韵名称，它有时用来表达一个双重意义的概念，但通常表达一个单一意义的概念。从希罗多德起，我们也有Crophi和Mophi, Thyni和Bithyni；阿拉伯人将Cain和Abel转换为Kabil和Habil，Saul和Goliah转换为Taiut和Jalut，把法老的魔法师转为Risam和Rejam, 而犹太传说则将他们转为Jannes和Jambres；基督教传说则将福音书中那两个有时神通广大、有时愚蠢无能的贼人称作Dismas和Jesmas。在蒙古人的行猎比赛中，帮助驱赶野兽的人则被称为Targa和Nargah。在地理学中，我们也有大量类似的事例，如Zabulistan和Kabulistan，Koli和Akoli，Longa和Solanga，Ibir和Sibir，Kessair和Owair，Kuria和Muria，Ghuz和Maghuz，Mastra和Castra（*Edrisi*），Artag和Kartag（*Abulghazi*），Khanzi和Manzi（*Rashid*），Iran和Turan，Crit和Mecrit（*Rubruquis*），Sondor和Condor（*Marco Polo*），等等。（Quatremère, *Rashid*, pp. 243–246; D'Avezac, p. 534; *Prairies d'Or*, i, p. 399.）

苏门答腊的Achin（阿钦）似乎也是由于这种习惯而被伊斯兰教徒水手变成同韵的Machin；但真正的名称是Alcheh。

在印度，这种音律对偶不限于专用名词，一定程度上口语中可随意用到各种名称上。Chauki-auki有时只是表示“椅子”（Chauki），有时表示“桌子和椅子”；lakri-akri，意为“棍和木桩”。也许正是在这样的意义上生出了“秦-马秦”（Chin-Machin）的用法，表示中国和它的附属国。

列格尼兹（Liegnitz）附近的瓦尔斯塔特（Wahlstatt）展开大规模杀戮，打败西里西亚[1]公爵亨利二世统率下迎击蒙古异教洪流的波兰、摩拉维亚和西里西亚联军。此时拔都率主力部队正在蹂躏匈牙利。匈牙利国王在准备抗击来犯之敌时，已患重病，当他最后率军抵抗时，他的军队大输溃败，损失惨重，他本人勉强逃脱。佩斯被攻占、焚毁，所有居民遭屠杀。

关于鞑靼人及其可怕蹂躏的种种传言，使欧洲人惊恐万状，欧洲联军在列格尼兹的溃败，使这种恐惧感达到顶点。孱弱不堪、内讧不止的基督教世界似乎确已躺在蒙古蛮人的铁蹄下。教皇肯定宣布过十字军讨伐，并向各地致函呼吁，但是他与腓特烈

153 二世[2]的争斗致使任何联合均告无望，他们对匈牙利国王发出的最迫切的求救呼吁，充其量不过是报以口头声援。鞑靼军队突然东撤，欧洲人闻之如释重负。此时没有人因伸出援手而值得人们表示谢意。窝阔台大汗在亚洲腹地死去，一位廷臣前来欧洲召回蒙古军队。[3]

94.征服波斯和阿拉伯。蒙古帝国的分裂。

1225年蒙古的征服活动自蒙古高原向西方再次展开，此次兵锋指向里海以南的伊斯玛仪派（Ismaelians），或称“刺客

[1] 西里西亚（Silesia），斯拉夫人地区，位于欧洲奥得河的中上游，从10世纪以后，其归属问题即存在争议。——译者

[2] 神圣罗马帝国皇帝（1215—1250年）。——译者

[3] 此为旧说。据研究，早在窝阔台死之前，蒙古军队已开始东撤。此大约与东欧的贫瘠对蒙古人缺乏吸引力以及东欧林区和沼泽地带的险阻有关。见（英）赫德逊《欧洲与中国》，王遵仲等译，中华书局1995年版，第113、116—117页。——译者

派”[1]，然后是巴格达和叙利亚的哈里发[2]。旭烈兀指挥下的这次
远征的结束，标志着蒙古势力达于高峰。当时君临天下的蒙哥
汗是最后一位几乎统治了全世界的君主，1259年死于进军中国
［四川］的远征中。他的继承者忽必烈大大扩展了蒙古在中国的
统治范围，除在名义上征服了南部和东南边境地区外，他已将全
中国置于统治之下，但他的有效统治仅限于这个庞大帝国的东
部地区。这个幅员辽阔的帝国现在分成四个部分：（1）大汗直
接统辖的最终以汗八里（北京）为中心的国家，包括中国、朝鲜、
蒙古和满洲、吐蕃，并声称对东京和阿瓦边境地区享有统治权；
（2）察合台汗国，或称中部鞑靼国，以阿里麻里（Almaliq）为首 154
都，包括现代的准噶尔地区，“中国新疆”一部分地区，河中地区
和阿富汗斯坦；（3）钦察汗国，或称北鞑靼国，以拔都征服地区
为基础，以伏尔加河畔的萨莱为都城，包括俄罗斯的广大地区、
高加索北部地区、花剌子模和现代西伯利亚部分地区；（4）波
斯，最终以桃里寺为都城，囊括了格鲁吉亚、亚美尼亚、阿塞拜疆
和小亚一部、波斯全境、阿拉伯伊拉克和呼罗珊。

① ［刺客派于1256年底被旭烈兀击败，阿拉木特的第八王储Roen uddin Khurshah被杀。*Marco Polo*, i, 145; 法文版*Odoric*, pp. 473–483.］

按：元代译为“亦思马因派”，伊斯兰教什叶派的一支，源于阿里后裔，第六代教长长子叫作亦思马因，故称亦思马因派。这一派别热衷于培养刺客刺杀敌对方的领导人，故称“刺客派”。刘郁：《西使记》：“其国兵皆刺客……潜令使未服之国，必刺其主而后已，虽夫人亦然。”——译者

② ［穆斯塔辛·比拉（Mostasim Billah）是阿拔斯王朝最后一位哈里发；参见*Marco Polo*, i, pp. 63–64, 67。Rashiduddin说：“（伊斯兰教纪元）656年2月4日（公元1258年2月20日）礼拜三晚上，哈里发（和他的长子及五位贴身太监）在瓦克夫村庄被处死。］

95. 欧洲向蒙古汗遣使之发端。欧洲人何以期望蒙古人对基督教网开一面。蒙古之征服夷平政治堡垒。

在欧洲似已成为引颈待屠的猎物之际，蒙古军队撤走了，但对它发动新的进攻的恐惧却长年萦绕在西方世界。1245年，继格里高利九世之后出任教皇的英诺森四世，在里昂召开会议，讨论如何保护基督教世界、抗击蒙古人的进攻。此前，教皇已采取了行动。这一行动不是勠力同心抵抗共同敌人，而是派遣使者到鞑靼首领那里劝说他们停止屠戮基督教徒，皈依基督教信仰。的确，甚至在鞑靼人大规模暴虐行动引起的最初的恐慌刚刚过去之际，（这种恐惧感在许多年不是减少而是增加）欧洲就流传着一种预言：这些蒙古蛮人皈依基督教的时机已经成熟。此后教廷和欧洲王公们向蒙古人派遣使节的行动，大部分或多或少都有这种情愫。我们已经谈到，蒙古鼎盛时期，大汗的统治几乎从东京湾延伸到波罗的海。这一时期蒙古王公中没有或几乎没有一位是伊斯兰教徒。伊斯兰强权对亚洲广大地区的统治一时间
155 被打倒了。蒙古人对伊斯兰教敌人的沉重打击；早期谣传中将古老的约翰长老故事中的约翰混同于成吉思汗；蒙古各汗及其部属对宗教职业的暧昧不清，很容易使人们把他们划为基督教徒；蒙古汗治下的一些部落首领确实信仰基督教；在一些征服地区，蒙古人在某些情况下对基督教徒实行宽容和保护政策——所有这一些都可能促成和加强了欧洲人所持有的可以促使蒙古人皈依基督教的印象。

由于鞑靼人的洪流冲垮了从黄河到多瑙河之间广阔范围内的人为障碍，所以教廷向蒙古人遣使传教事业变得容易实现。通

畅的道路不仅向传教士和使节们开放,也向那些到大汗脚下表示效忠的执政国王们敞开;漩动的潮流展向更深层,战争、商业和偶然机遇将欧洲各阶层的各种人,带到了遥远的亚洲地区。

96.给欧洲带来新消息的第一批游历家。柏朗嘉宾。

里科尔德·孟特克洛思(Ricold Montecroce)说:“所有的基督教徒应该以感激之情铭记,上帝派遣鞑靼人到世界的东方杀人和被人杀戮的时候,他也将其忠诚而高尚的仆人多米尼克派和方济各派教士派遣到西方启迪心灵,教化善事,建立基督教信仰。”不管在整体上我们怎样评价多米尼克教派对世界所尽的义务,我们对鞑靼人和契丹国的许多有趣的知识,是得益于多米尼克会的修士们,尤其是方济各派修士。许多远涉蒙古腹地大汗 156
营帐的远游者,没有给后人留下记载,但是约翰·柏朗嘉宾和威廉·鲁布鲁克这两位才华超群的方济各派修士,在游历蒙古后却留下了见闻记录。据我所知,是他们最早将复兴起来的关于远东大洋岸边那个文明发达的伟大民族的知识带给西欧。他们以契丹称呼中国:这在当时的欧洲是第一次听到。

约翰·柏朗嘉宾(John Plano Carpini)的名字取自佩鲁贾地区的一个地方。[①]他是方济各派教团创始人的嫡传弟子,教皇英诺森派遣他担任使团首领出使蒙古,劝戒鞑靼人及其首领弃恶从善。1245年4月16日他从里昂出发,随行的有波希米亚

① [*Analecta Franciscana*(iii, 266)的编者们评论说,Plano Carpinis或Plano de Carpine更为正确,Planum Carpinis或Planum Carpi即意大利文Pian de Carpina的拉丁文写法,Pian di Carpina即现代的Pian la Magione或Magione,距佩鲁贾大约14哩。Rockhill, p. xxii, n.]

人斯蒂芬（Stephen）修士，但他不久即病倒，退出使团；在布雷斯劳有本尼迪克派修士波尔（Pole）加入使团队伍，充当译员。1246年2月，使团到达伏尔加河畔的拔都营帐。在此滞留数日后，拔都将他们遣往喀喇和林附近的大汗廷，（三个半月疲惫艰难的历程，对一个年事已高、身体肥胖如柏朗嘉宾的人，不啻为一场严酷的考验。）7月22日到达目的地。对于柏朗嘉宾的行纪，我们不做进一步的叙述，因为达维扎克（M. D'Avezac）已对它
157 做过恰如其分的评论和编辑。[①]只需说明这一点就够了：11月
158 13日他从贵由汗那里领命，带着大汗对教皇所做的简短而傲慢的复函安全回国，大约在1247年秋天，向教皇复命。[②]

97.柏朗嘉宾记契丹。

在叙述了成吉思汗对契丹人的战争后，他对契丹人做了如下的描述：

"契丹国近海的一部分领土迄今尚未被鞑靼人征服。我们提

---

① 参阅见识不凡、令人称羡的论文"Notice sur les Anciens Voyageurs en Tartarie en général, et sur celui de Jean du Plan de Carpin en particulier", *Recueil de Voyages et de Mémoires*, iv, 399.

［行纪的最好版本有：*The Journey of William of Rubruck to the Eastern Parts of the World, 1253–5, as narrated by himself, with two accounts of the earlier journey of John of Pian de Carpine. Translated from the Latin, and Edited with an Introductory Notice, by* William Woodville... London, Hakluyt Society, M.DCCC.—— *The Texts and Versions of John de Plano Carpini and William de Rubruquis as printed for the first time by Hakluyt in 1598 together with some shorter pieces. Edited by* C. Raymond Beazley, London, Hakluyt Society, 1903. G. Pullé, *Historia Mongalorum. Viaggio di F. Giovanni da Pian del Carpine ai Tartari nel 1245–7.* Firenze, 1913, 8vo.］

② 行程的最后一天到达基辅，这一天正是圣约翰领洗节前两个星期（即1247年6月9日）。

到的这些契丹人信奉异教，自有书写文字。据称，他们有《旧约圣经》和《新约圣经》及《使徒行传》，也有宗教隐士和用作教堂的房舍，于教堂内按时祈祷：据说他们有自己的圣徒。契丹人崇拜唯一的上帝，礼敬耶稣基督，相信永世生活，但全无洗礼。契丹人尊敬我们的圣经，善待基督教徒，乐善好施。温文敦厚、彬彬有礼。没有胡须，相貌颇似蒙古人，只是脸面不甚宽大。自有语言，于人类所习之工艺无不精通，水准之高，举世无匹。国中谷物、酒、金、银、丝绸及人类所需之物产，无不丰裕。”

98.鲁布鲁克东游。

威廉·鲁布鲁克（Willian Rubruquis）是法国佛兰德尔人，奉圣路易之命出使蒙古王公，但出使的目的则难以判断。不过，他的报道说，驻守顿河河畔的拔都之子撒里达为基督教徒，以此判断，他出使蒙古的目的既是为了传播宗教，也有侦测政治形势的性质。这位教士虽然携有法国国王的信件，但显然奉命掩饰其使者身份，而佯装以传播福音为游历之使命。他的游记读来饶有趣味，显示出作者是一位聪慧不凡、善于观察的人；他对一些事物的观察，尤其是对契丹人语言特点的观察，显示出他目光敏锐、犀利。从游记中难以看清楚他经过鞑靼地区时所走的路线。这个问题讨论起来很有意思，但在这里展开讨论则不合适。[①]所以，说明这一点就够了：他于1253年5月7日进入黑海地区，访

① 关于这个问题，我们将在附录十七做一些评论。

［见裕尔爵士在*Encycl. Britanica*, xxi, pp. 46–47所写的“Rubruquis”条。Franz Max Schmidt: *Uber Rubruk's Reise von 1253–5…von* Franz Max Schmidt, Berlin, 1885.（*Zeit. Ges. Erdk.* xx.）

问了撒里达、拔都和蒙哥大汗在喀喇和林的汗廷之后，于1255年6月底返回安条克。

99.鲁布鲁克记契丹。

鲁布鲁克叙述了远东几个民族后说："更远处是大契丹国，
159 我认为即古代所称的赛里斯国，因为最好的丝料仍出自他们之手，其人称之为赛里克（Seric）[①]；赛里斯国之名得自他们的一座城市。有人告诉我，契丹国有一城市为银墙金堞。[②]契丹国分为许多省份，其中数省尚未被蒙古人征服。契丹和印度中间以大海相隔。其人身材短小，说话带有浓重的鼻音，同所有东方人一样，眼睛狭促；于各类工艺，无不精通。医师识草药本性，了如指掌，按脉诊断，堪为奇术；[③]不检验尿便，也不知道这种技术。这都是我亲眼目睹。喀喇和林人数众多，其俗子承父业，不得或改。所以他们被迫交纳沉重赋税；每日付给蒙古人1 500亚斯考特（iascot）或称考斯米（cosmi）；[④]亚斯考尔是银币，重为10马克，

① 此可能指蒙古字Sirkek（见前文，p. 20）。如此，则鲁布鲁克已先于克拉普罗特追溯了这一词汇的东方语源。我不知道鲁布鲁克指的是哪个城市，应注意亚美尼亚的摩西所说的西乌尔夏（Siurhia）和西安景教碑中的萨拉格（Saragh, *supra*, pp. 93, 108, 110）。

② 卫匡国（Martini）提到一句流行的关于西安城的中国成语。（按：此大约指"金城汤池"。——译者）参照托勒密对秦奈都城有过论及，认为所谓其城由黄铜所制的各种说法，均失其真。参照托勒密的说法，这几段记载值得注意。

③ 卫匡国论述过中国医师按脉诊断的著名技艺，杜哈尔德对此做过长篇大论的研究。[对于把脉诊断术，中国人曾写过很多论文，见H. Cordier, *Bib. Sinica*, col. 1470–1473。]

④ 我无从知道iascot是什么货币；但cosmi可能与裴戈罗提所说的sommi为同一个字（见III, p. 148）。不过，以马克为三分之二英镑计，这里的cosmi的价值约为sommi的十倍。（Rockhill, Rubruck, pp.156–157n.）

所以计为日付15 000马克，此中并不包括向他们征收的丝绢和食物，以及强迫从事的其他役务[①]……我向来自契丹的教士们询问，他们告诉我，从我见到蒙哥汗的地方到契丹，去东南方向计20日里程……某日，一位来自契丹的教士身着鲜艳的深红色服 160
装，[②]与我并坐而谈，我问他从哪里得到这种颜色。他回答说，在契丹东部地区的悬崖峻岭上有一种动物，身体各部分俱呈人形，只是不能屈膝，须跳跃行走。这种动物身高约一腕尺，全身生毛，居于人类无法进入的穴洞中。猎人们携带酿制得很烈的酒前往，将酒倾倒于岩石上凿出的酒杯状的穴窝中。（契丹人无葡萄酒，虽然他们已开始种植葡萄，但以米造酒。[③]）猎人隐身他处，这种动物钻出洞穴，饮用猎人为它们准备的烈酒，发出‘清、清’的叫声。这些动物因这种叫声而得名，被称为‘清清’（猩猩）。这些动物大量聚拢过来，共饮烈酒，因酩酊大醉而睡过去。此时猎人走出来而将它们的手脚缚住，割开其脖颈子上的血管取三四滴血，然后将它们放走。这位教士告诉我，这种极为贵重的紫色染料乃取自猩猩血中。[④]他们还告诉我一件事，尽管言之凿凿，但我 161

① pp. 291–292.

② ［Rochhill, *l.c.*, p. 199 n. 说：“这位僧人肯定是一位访问中国的吐蕃喇嘛，中国的僧人（无论佛教徒还是道士）从不穿红袍，鲁布鲁克修士告诉我们，蒙古人中的道人均着黄袍。”］

③ ［Rochhill, *l.c.*, p. 199 n.说：“虽然中国人从未以葡萄酿酒，但从公元前2世纪伟大的旅行家张骞从突厥斯坦带回葡萄种子后，中国人就开始种植葡萄了。”］

④ 此确为中国故事。［此处所述故事见于太原王纲所著《猩猩传》（按：考迪埃此注作*Chu Ch'uan* or *Record of Notes by* Wang kang。经王永平教授帮助复原。——译者），但我不能确知这本书的成书年代。威廉修士所述故事的其他细节见于另一著作《华阳国志》。华阳国包括现今四川省一部。这部书记载，猩猩见于掸国（哀牢）、（转下页）

绝不相信。这就是：契丹国远边有一省区，无论何种年龄之人，进其境则永不再增老。契丹毗邻大洋……通用之钱为棉纸币，长宽约如手掌，其上印有几行字，似蒙哥汗的印玺；契丹以刷子书写，如画师以画笔作画，一字由数个字母组成全字[①]。”

100.亚美尼亚诸王游记。森帕德和海屯王。

鲁布鲁克蒙古之行不久，另一位旅行家访问了蒙哥汗廷，并留下了旅行记录。此人即是小亚美尼亚国王海屯（Hethum，或作Hayton）。这位定居在西里西亚的锡斯（Sis）地方的国王，在初期即认识到蒙古人势不可挡，遂与之议和，甘为大汗之附臣。贵由汗登基时（1246年），海屯王派他的兄弟、王室总管森帕德

162 （Sempad，或作Sinibald）前往汗廷，以求续结良好。这位王子去国达四年之久，途中写回一信函，其中提到唐兀惕和契丹，也提到，所谓这些国家信奉基督教之说全为谬见。[②]

（接上页）永昌郡；其血可制红色染料。马端临《文献通考》卷329引其文。Rochhill, *l. c.*, p. 200 n. 裕尔（Yule, *Hobson-Jobson*, p. 154）提到鲁布鲁克的这个故事，写道：“同样值得注意的是，三百五十年后（1600年）Francesco Carletti, *The Chinese books of geography*中也讲述了同样的故事，内容极为相似。他把这种动物称为‘猩猩’。（*Ragionamenti di F. C.*, pp. 138–139.）”］

按：唐李肇《唐国史补》卷下：“猩猩者好酒与屐，人取之者，置二物以诱之。猩猩始见，必大骂曰：‘诱我也！’乃绝走远去，久而复来，稍稍相劝，俄顷俱醉，因遂获之。”——译者

① pp. 327–329. 我相信，无论是马可·波罗还是16世纪以前的任何其他旅行家，均未有鲁布鲁克锐敏的观察力，识辨出中国书法文字的这个显著特点。

② 这封信是写给塞浦路斯国王、王后和宫廷中其他人的，写作地点显然是撒马尔罕。节录如下：“我们已知道，现在在位大汗的父亲（窝阔台）已在五年前驾崩，鞑靼王公贵族和士兵分布在世界各地，在五年内不可能聚拢在一地拥立新大汗登基，因为他们有的驻扎在印度，有的在契丹，还有些在可失哈尔（caschar）和唐兀惕。从唐兀（转下页）

蒙哥汗继位不久，海屯即前往汗廷拜见大汗，以稳固与蒙哥 163
汗的关系，并为其本人及其国家争得利益。他在1254年初动身，首先拜见驻卡尔斯（Kars）鞑靼军队的将军拜住那颜（Bachu Noian），然后通过亚美尼亚本土和德尔本特（Derbend）关口到达伏尔加河畔，在那里见到拔都及其子撒里达。海屯在游记中称撒里达是基督教徒，这与鲁布鲁克的说法正相反，鲁布鲁克认为此类故事纯属无稽之谈。①拔都和撒里达盛情款待海屯，然后将

（接上页）惕曾有三位国王来伯利恒朝拜基督耶稣。其国人民深知基督过去和现在的崇高与伟大，所以皈依基督；契丹全国人民信仰这三位国王。我曾亲临契丹人的教堂，目睹基督耶稣和这三位国王的画像；画像上，一位国王捐奉黄金，第二位呈献乳香，第三位呈献没药。通过对这三位国王的信仰，汗和他的人民已经成为基督教徒。三王在宫门前设有教堂，他们在教堂前撞钟击木……我告诉你们，我们发现，东方各地都有基督教徒，很多优雅、华贵、历史悠久而又精致的教堂，这些教堂遭突厥人的抢劫和破坏，该国的基督教徒投奔现在临政大汗的祖父麾下，他以最大的诚意接纳了他们，准许他们信仰自由，颁令宣布禁止引起他们口头上的抱怨和行动上的不满。所以，曾对他们轻侮傲慢的伊斯兰教徒，现在对他们采取两面手段……我告诉你们，在我看来，那些（在基督教徒中）以传教士自居、装腔作势的人，应该受到惩罚。我还告诉你们，在圣托马斯传播基督教的印度国，有一位基督教国王在伊斯兰教国王的包围中饱受磨难。这些伊斯兰教国王曾从四面八方骚扰他，直到鞑靼人到达印度，他归顺鞑靼人。随后他以自己的军队和鞑靼人提供的军队，向伊斯兰教徒发动进攻；他在印度获得大量战利品，以致整个东方都有印度奴隶；我目睹过这位国王俘获并出售的50 000印度人。”（Mosheim, *App*., p. 49.）

［我在附录中从*Recueil des Historiens des Gaules et de la France*, 1840, Vol. xx之*Vie de Saint Louis par Guillaume de Nangis*, pp. 361–363中录出这封信的全文。］

作者写此封信的动机也许是为了证明，其兄弟海屯如同这位印度国王一样，归附鞑靼人是正确的。1276年，这位作者在追击入侵的突克曼人时，于马拉什附近的西里西亚脚部负伤，死于锡斯，享年68岁。见*Historiens des Croisades*, ——*Documents Arméniens*, i, 1869, p. 606。］

① 见III，p. 19。鲁布鲁克修士离开撒里达营帐时，一位鞑靼军官对他说：“你不要说我们的头领是基督徒，他根本不是基督徒，只是一个蒙古人！”（p. 107）这情形正像瓦尔特·斯各特爵士（Sir Walter Scott）讲述的一个故事：旧时一位思想陈旧（转下页）

他遣往喀喇和林。海屯东行路线远在柏朗嘉宾和鲁布鲁克东行所取路线之北。海屯一行于5月13日离开拔都汗帐,9月13日到达大汗营帐,14日觐见大汗并呈献礼品,受到大汗礼遇。11月1日海屯动身回国,经别失八里,[阿里麻里、亦剌巴里]、现在的准噶尔至讹答剌、撒马尔罕、布哈拉,又经呼罗珊、马赞德兰到桃里寺,于1255年7月回到他的祖国亚美尼亚。

海屯王讲述了很多耳闻目睹的关于蛮族的新奇事物,其中就有契丹人的新奇事。契丹国许多人是偶像崇拜者,信奉叫作释
164 迦牟尼的泥土制成的偶像。这个人物在过去3040年里被奉为造物主;他将统治世界35万年,然后脱去神性。契丹人还信仰另一位叫作Madri的神衹,为这个神制造了一个极大的塑像。海屯的这些叙述,大体上指佛教及佛陀,即最后的圣人释迦牟尼,以及未来佛弥勒(Maitreya, Maidari)。海屯王还听说过契丹以远的一个国家,其国女性富有理性,如同男人,但男人却是一些长毛的大狗。柏朗嘉宾也听说过这个故事。克拉普罗特在这个时期的汉文典籍中找到了这个故事。[①]半个世纪以后,海屯王的同

(接上页)的苏格兰旅行家,想在英格兰和苏格兰边界的某个城镇里找一处住宿,但一无所获,绝望中大喊:“难道没有一位善良的基督徒为我提供住宿吗?”一位老夫人闻此回答:“基督徒?不,不,我们这儿是贾斯丁家族和庄士敦家族。”

① 见*Plani Carpini*, pp. 12, 36。海屯王在晚年逊位出家。他的儿子海屯二世在晚年亦如此;他的族人历史家海屯在晚年亦出家。

[《海屯行记》原由基拉科斯·冈萨克奇(Kirakos Gandsaketsi)以亚美尼亚文写成。基拉科斯是海屯王的随员。阿古廷斯基(Argutinsky)将《行记》译为俄文,克拉普罗特又译作法文。(*Nouv. Journ. Asiatique*, 2 sér., xii, pp. 273以下.)1870年,布罗塞(Brosset)再译为法文。(*Mém. Acad. Des Sciences, St. Péterb*, July, 1870.)1874年帕特卡诺夫(K. P. Patkanov)译成俄文。见H. Cordier, *Bib. Sinica*, col. 1898-1899。1876年布列(转下页)

名亲属小海屯写成的历史中，也有关于契丹和其他远东国家的知识，一部分可能也取自海屯游记或海屯同行者的记载。

101.波罗家族。波迪埃注《马可·波罗游记》。

在这里我们不打算详述威尼斯的那个著名家族。从鲁布鲁克和海屯王的东方之行到13世纪末，威尼斯波罗家族成员的游 165
历在这个历史阶段上占据着重要位置。波罗家族的游记，使欧洲熟悉了契丹之名及其新鲜事物。在这方面波罗家族的游记，比所有其他游记发挥了更大作用。的确，在马可·波罗光芒四射的星空旁，到达契丹的所有其他旅行家只是黯然失色的星星。马可·波罗的真实性曾一度受到怀疑[①]，但这种怀疑久已过去。马可·波罗的真实存在和他所做的正确观察，由于重新获得失去的或被遗忘的知识而变得更为明朗。五十年前《观察家旬刊》收到一份《马可·波罗游记》新意大利文版出版的声明，[②]以轻蔑的态度预言，对这位旅游家的研究，除马斯登（Marsden）完成

（接上页）施乃德（E. Bretschneider）译成英文。（*Journ. North China B. R. AS, Soc.*, x, 1876, pp. 297 seq.; rep. *Medieval Researches*, i. 1883, pp. 164 seq.）有意思的是，“中世纪的作者提到［亦剌巴里］这个城市，似乎仅此一例。很显然，该城坐落在伊犁河畔，大概在固勒扎（Kuldia）到塔什干邮道跨越伊犁河处。伊犁河左岸有一个城镇叫作Iliskoye。”（Bretschneider, *Med. Res.*, ii, p. 44.）］

按：Kuldia或作Kulja，《西域图志》作固勒扎，一名金顶寺，清置宁远县，属伊犁府，为今伊宁市，昔阿里麻里及亦剌巴里（Ilibaliq）均在其境内。见冯承钧《西域地名》，第56页。——译者

① *Histoire Générale des Voyages*（这恐怕是自英文译出的版本）的编者们对马可·波罗是否到过中国表示怀疑，因为他在书中未谈及中国长城、茶和女人裹脚等。（Baddelli Boni, *Il Milione*, p. lxxv.）［见*Marco Polo*, i, p., 292 n。］

② Baddelli Boni, *Il Milione*, p. civ. 不过，这些话也许只是说明不可能从意大利文档案中发现新的内容。

的研究之外，很少有可为之处。在马斯登出色的版本中，他确实做了很多工作，但毫不夸张地说，自马斯登之后，由于从中国、蒙古和波斯的历史中得到补充，对《马可·波罗游记》的研究成果增加了一倍多。由于克拉普罗特、雷慕沙、夸铁摩尔和其他许多学者——主要是法国学者——的工作，中国、蒙古和波斯历史已被介绍给欧洲读者，或直接用于对马可·波罗的诠释。去年巴黎推出了波迪埃编注的《马可·波罗游记》，远远超出了先前人们试图研究的所有内容，在注释中不仅集中了先前注解者提出的许多最合理的见解，而且采纳了波迪埃本人汉学研究的大量全新的内容。[①]

166 102.统治波斯的蒙古汗和欧洲王公的外交往来。蒙古征服引起的民族融合。

在13世纪最后三十年和14世纪最初数年间，统治波斯的蒙古汗和基督教世界的君主之间有过多次外交往来；在这些交往中，我们发现蒙古王公的语气已不像前一时代鲁莽蛮横。他们不再持有那种居高临下、盛气凌人的霸气，他们现在的大目标是与基督教世界结成联盟，对付其死敌埃及苏丹们。但这些外交交往，除在一个有趣的次要方面外，与我们的主题无关涉。波斯各汗作为大汗的臣民，仍然接受大汗国玺，法国档案馆保存两封带有古汉语铭文的波斯汗书函，展示出波斯汗所受国玺的印章；其较早一封大概是传入欧洲的最初的汉文书函。[②]

---

① ［无须说，当时Yule, *The Book of Ser Marco Polo*还没有出版；该书第一版于1871年，第二版于1875年，第三版由我修订，出版于1903年。］

② Rémusat, *Mém. de l'Acad. des Inscript.*, vii, 367, 391. 较早的一封信是（转下页）

蒙古征服者在中国和西亚之间所造成的这种特别关系，不 167
仅将陌生人从遥远的西方输送到中国及其边境，而且也将中国人从中央王国传输到遥远的地方。人们不仅看到由阿兰人和钦察人组成的军队在东京作战，而且也可以看到中国工程师受雇在底格里斯河畔工作，中国的占星术士、医师和技师在桃里寺接受人们咨询。①忽必烈使团的足迹扩展到马达加斯加。

（接上页）阿鲁浑于1289年所写，以蒙古－畏兀儿文书写在长六呎半、宽十吋的棉纸上，加盖红印玺三次，印方五吋半，含六字：“辅国安邦之宝”。第二封信由合尔班达（Khodabandah）即完者都写于1305年，盖章上有：“奉天承运，受命征服蛮夷万邦大汗之胄印”。（大意。——译者）这封信可能是他致爱德华二世的复函，1307年10月16日到达北安普敦。其副件收入Rymer, *Faedera*（Rémusat，*l.c.*）。

［致法王美男子腓力普的这两封信现存巴黎法国国家档案馆；Prince Roland Bonaparte ed., *Documents de l'époque mongole*, Pl. xiv有这两封信的摹本。］

据波斯阿鲁浑汗即位第一年5月致教皇的一封信，第一个使团很可能是在即位第一年（1285年）派往洪诺里乌斯四世的。（见*Annales Ecclesiat.*, 1285, p. 619, Chabot, *Mar Jabalaha*, pp. 188以下。）第二个使团则是巴·扫马所派（1287—1288年，上文，p. 120）。教皇尼古拉四世给巴·扫马的复函及其致阿鲁浑的信收入Chabot, *Mar Jabalaha*, pp. 195, 200。阿鲁浑派出的第三个使团（1289—1290年）以热纳亚的基督徒巴斯卡莱尔（Buscarel）为团长；他带给法王美男子腓力普的信函原件，现存巴黎法国国家档案馆；信件以畏兀儿文写成，Prince Roland Bonaparte ed., *Documents de l'époque mongole*有这两封信的摹本。他还访问了英王爱德华一世，于1290年1月5日到达伦敦。见T. Hudson Turner *Unpublished Notices of the Times of Edward I, especially of his relations with the Moghul Sovereigns of Persia.*（*Archaeological Journal*, viii, 1852, pp. 45-51。）阿鲁浑派往罗马的第四个使团（1290—1291年）以查甘（Chagan）为团长。（见Chabot, p. 235以下。）

① 见*Polo*, iii, 35; D'Ohsson, ii, 611; iii, 265; Quatremère, *Rashid*, pp. 195, 417；以及拉施德（Rashid）本人夸张的说法（p. 39）。马可·波罗返回家乡三十年后，立下遗嘱，允许他的蒙古仆人自由，并留给他一笔财产。

［“同样，我还要让我的仆人蒙古人彼得解除一切束缚，获得完全自由，就像我祈祷上帝免除所有罪孽，拯救我的灵魂一样，而且我还要给予他在自己家中以劳动可能获得的一切财富，除此之外，我留给他100里拉的威尼斯银币。”（*Marco Polo*, i, p. 72.）

103.《海屯行记》。高里古亲王。

马可·波罗时代，一定还有其他的法郎机（Frank）旅游者到过中国，如马可·波罗提到的德国工程师，曾在马可·波罗的父亲、叔叔和马可本人监督下，建造机械炮，帮助忽必烈攻击湖广地区的襄阳府（Saianfu），但波罗一家居留中国期间，没有其他的记载流传下来。①

168 前已提到的高里古（Gorigos）王子海屯的游记中，记述地理的部分有一章记契丹趣事。这位王爷经历了长期的东部战争和政治事件，[1305年他被逐出小亚美尼亚后，去了塞浦路斯，在塞浦路斯的拉帕伊斯（Lapaïs）修道院出家，做了普瑞芒斯特兰会（Praemonstrants）的一名修士。1306年末，他来到法国。1307年8月，他接受克里门五世②的旨意，在普瓦提埃以法语向图尔的尼古拉·富尔康（Nicholas Faulkon）口授其历史。后来富尔康将它译成拉丁文。③这部历史共分六十章，记载了亚洲地理、蒙古汗史以及对圣地[耶路撒冷]和东方基督教徒的见闻。

---

① [参见*Marco Polo*, ii, pp. 158–169。]

[*Marco Polo*, ii, p. 159说："大汗命令他们全力以赴尽快制造这种抛石机，尼可洛和他的兄弟及儿子命人将木材依工作需要运来。他们的随从中有一位是日耳曼人，一人是景教徒，他们指导这二人制造二至三门能抛出重300磅石块的抛石机。"裕尔（Yule, *Marco Polo*, ii, p. 167）说得对："由于年代上涉及的难题，这一章是全书中最令人困惑不解的。"蒙古人围攻襄阳发生在1268年的下半年。制造抛石机之事只能符合于1273年3月围攻樊阳。围攻襄阳时，马可·波罗尚未到达中国。（*Marco Polo*, ii, pp. 167–169.）

② 即教皇克里门五世（1305—1314年）。——译者

③《海屯行记》的法文本结尾说："我，尼古拉·富尔康，最初以法文写成此书，是根据海屯修士口述写成，没有注释，也没有解说。我将它译为拉丁文。由教皇阁下在1307年8月出版。阿门。"

这部历史的前十五章以次记述亚洲各主要国家，可能是迄至当时为止编成的最出色的亚洲地理著作。本书附录中可以看 169
到有关契丹的一章[①]。

［海屯携带着教皇致提尔（Tyre）王子关于圣殿骑士团的信件，于1308年5月6日抵达塞浦路斯。然后返回祖国，被任命为王室总管，大约于1314年后死于亚美尼亚，并非于普瓦提埃终老。］

104.罗马教会遣使契丹。孟高维诺、安德鲁、科拉、鄂多立克、乔丹努斯、马黎诺利。

就在波罗家族三人返抵家乡之际，新的旅行家队伍中，一位先行者正进入中国南部，此人就是约翰·孟高维诺（John Monte Corvino）。这位已年近五十的方济各教士，独身一人投入了异教和他蔑视的景教的汪洋大海，去传布上帝的福音。在他艰辛而孤独地奋斗数年之后，其他教士加入了他的传教队伍。教廷醒悟过来后看到了正在发生的一切，遂任命孟高维诺为汗八里即北京地区的大主教，行主教之职，并不时地向他派遣出主教和修士。罗马教会的势力扩展开来；教堂和方济各修道院在汗八里、刺桐（泉州）、扬州和其他城市修建起来；在大汗本人的直接庇护下，传教团得以发展壮大。1328年孟高维诺去世，众多异教和基督教悼念者为他送葬。14世纪初到1328年间，在中国传教的修士中，有数人留下了信函或更长篇的记载，讲述他们在契丹的经历。可以提到的有：刺桐主教波鲁吉亚地方的安德鲁（Andrew of Perugia），苏丹国大主教约翰·戴科拉（John de

① 附录十四。

Cora）（不知道他的记载是否出自个人的亲身经历），尤其是波德
170 诺内地方的鄂多立克修士。乔达努斯修士《东方奇闻录》中，有段关于中国的简短有趣的记载，乃采自他人的著作，也属于这一时期的作品。[①]

约翰大主教之后，教会方面的唯一记载是约翰·马黎诺利的回忆录。马黎诺利作为教皇的使节，在北京元朝宫廷中度过了四年（1342—1346年）时光。

105. 14世纪与印度和契丹频繁的商业往来。

这一时期，除了教会派出的教士外，还有使节交往。这类记载是非常零碎和不完全的，但许多事例和一些偶然记载下来的见闻说明，14世纪上半叶欧洲商人何等频繁地前往远东。这种形势是两个世纪后很难想象的，那时所有这些地区重新开放，几乎完全被视为新开发的土地，就像同一时期科泰斯[②]和皮萨罗[③]正在西方吞并的各国一样。

频繁的商业交往——至少与中国的商业交往——大概直到14世纪初以后才开始。孟高维诺在1305年写信说，他当时已十二年未闻罗马教廷的消息，也不知欧洲的政治形势。当时已在中国的一位西方客是伦巴第的外科医生，他散布了恶毒攻

① 这一时期（1309年左右）最博学的教士旅行家之一里科尔特·孟特科罗克所做的游历在范围上显然不超过巴格达。他只是记述成吉思汗的征服活动时提到契丹一次。（*Pereg. Quat.*, 120.）

② 赫尔南·科泰斯（Hernan Cortes, 1845—1547年），西班牙殖民者，探险家，中美洲征服者。——译者

③ 弗朗西斯科·皮萨罗（Francisco Pizarro, 1504—1548年），西班牙殖民者，探险家，秘鲁征服者。——译者

击教皇的流言蜚语。不过，在约翰修士初次前往契丹时，有一位来自鲁卡郎哥（Lucalongo）地方的彼特师傅从桃里寺起就与他结伴而行。彼特是一位虔诚的基督徒、善于经营的商人，[在汗八里他出资修建了一座基督教堂]。下面我们要提到的刺桐主教安德鲁，在信中引用了他在这个海港大城结识的热那亚商人们的意见，谈到了人们的各类交往。威尼斯人马里诺·萨奴 171
托（Marino Sanuto）于1306年左右写信建议推翻伊斯兰教政权，提到许多前往印度贩货的商人安全返回。大约在1322年，多米尼克派的乔达努斯修士，在孟买附近的塔那（Tana）遭遇到灾厄，他的四名教友被穆斯林杀害。这时他遇到一位热那亚年轻人援助了他；他自古吉拉特发出过几封信，其中一封信中提到他从“拉丁商人们”那里获得的消息。我们发现，四名殉难修士的故事中，提到一位皮萨商人在印度海域拥有一条船。曼德维尔也提到，威尼斯和热那亚的商人经常到霍尔木兹海峡贩货。[①]1330年鄂多立克写作其游记时，为了肯定他所讲述的著名的“行在”即杭州城的新奇事物的真实存在，提到自己回国后在威尼斯遇到的许多人，这些人曾亲眼目睹过他游记中所说的事物。几年之后（1339年），我们发现商人摩德纳地方的威廉（William of Modena）在伊犁河畔的阿力麻里克城与几位修士正在为基督教信仰而献身。约翰·马黎诺利提到，1347—1348年他在马拉巴尔时，为他做翻译的年轻人，在印度

① 关于曼德维尔游记的价值，或者说它的无价值，请读者参阅*Marco Polo*, ii, pp. 598—605我们所作的注释。

海得到一名热那亚商人的拯救才逃脱海盗之手。我们从马黎诺利的记载中还发现,刺桐的一所圣方济各修道院拥有一座工场,还有供基督教商人使用的仓栈。

106.裴戈罗提的《经商指南》。

欧洲与契丹之间重要而频繁的贸易,以丝绸和丝制品为
172 大宗。最清晰显著的例证,见之于巴尔杜奇·裴戈罗提(F. Balducci Pegolotti)的著作。裴戈罗提著作的说明和节录收录本汇编。作者在举例说明前往契丹途中所需费用时说,一个商人携带货物的价值可达12 000镑。这项贸易投机的重要性于此可以显见。

107.伊本·白图泰海上东游中国。蒙古统治的崩溃,东西交流的中止。

大约于1347年,摩尔人伊本·白图泰从海上到达中国。他的中国之行也发生在蒙古统治时代和东西方商贸繁荣的时期。伊本·白图泰的游记是本书内容的一部分。

但是,14世纪中叶蒙古王朝倾颓瓦解之后,基督教使团和商人活动很快就从欧洲与中国的交流中退出。阿维农教廷确曾派出修士和主教,但这些人一去杳然,不知所踪。统治中国的新掌权者重归于中国固有的政策,将外国人控于掌握之中;而伊斯兰教已经恢复了元气,将其势力扩展到中亚,在中亚一度盛行的基督教景教派迅速消失,仅在一些似是而非的与土蕃喇嘛教礼拜式纠缠在一起的教会仪式上留下些许蛛丝马迹,其情形就像波利尼亚岛屿上的一位首领的草棚上装饰着一些取自一条沉船上的镀金的船舱部件和玻璃镜一样。浓雾已降临到远东的上

空，覆盖了“蛮子”和契丹及其城市，如汗八里、行在、刺桐和秦喀兰（Chinkalan），而过去的旅行家曾谈到过这些城市中的奇妙事 173
物。一个半世纪以后，当笼罩着的纱幕在葡萄牙和西班牙探险家面前揭去的时候，这些名字再也听不到了。取而代之的是中国、北京、杭州、泉州和广州这些名称。不仅这些旧名称被忘记，而且这些地方曾为人所知这一事实本身也被人们完全忘记了。岁月推移，耶稣会教团再次从罗马出发前往中国。新的信众出现了，新的教区建立起来了，旧的方济各教团和景教组织——方济各教团曾与之斗争——淹没在异教思想的汪洋大海中。我们看到，经过一段时间之后，人们注意到先前存在的基督教会的纤微遗迹，重新忆起马可·波罗的记载，便纷纷开始猜测，中国和契丹是否是一个国家。

第九章　契丹演变为中国。结束

108. 蒙古垮台后一个半世纪中对中国的少数见闻。克拉维约和施尔特伯格。109.尼科罗·康蒂游记；他可能访问过中国。110.世界志研究者对康蒂见闻的利用。弗拉·毛罗。帕拉丁图书馆所藏《世界志》。111.波吉奥记载一位来自契丹边境的基督教使者到访教皇尤金乌斯四世。112.约萨法·巴巴洛搜集的见闻。113.帖木儿之子沙哈鲁遣使记。114.哥伦布寻找契丹国。115.葡萄牙船只首次到访中国。116.契丹在地理学史上仍占有独立地位。自北方寻求通往契丹的道路。安东尼·金肯森的游历。117.拉姆希奥和布斯伯克保存的16世纪契丹游记。118.鄂本笃寻求契丹，最终证实契丹即中国。我们的考察结束。

108.蒙古垮台后一个半世纪中对中国的少数见闻。克拉维约和施尔特伯格。

但我们在这一方面的探讨进行得过于急促了，我们必须回到已谈到的这个不为人熟知的阶段，即元朝覆亡到葡萄牙人初次出现于虎门的这个时期。契丹这一名称没有被忘记；诗人和传奇故事作家还记得它[①]，地理学家们还在地图上标出它的突出位置。但情形不完全是如此。东亚的上空此时已笼罩上一层纱幕，从纱幕的背后不时闪出一些飘忽不定的微光。鲁伊·冈萨勒兹·德·克拉维约（Ruy Gonzalez de Clavijo）曾出使撒马尔罕的帖木儿朝廷（1403—1405年）[②]，巴伐利亚人约翰·施尔特 174

① 例如，薄伽丘著作中米特里丹尼（Mitridanes）和纳丹（Nathan）的故事就发生在契丹。

② 克拉维约提到契丹国君派往帖木儿王催索未付年贡的使者。当帖木儿看到西班牙人坐于契丹大使之下时，便传下命令：西班牙人应坐于契丹大使之上；帖木儿视西班牙国王为其子，与之亲善，视契丹国君为奸恶贼人，为其仇雠，故西班牙国王所派遣的人不应坐于契丹大使之下座。此时帖木儿正谋划远征中国，刚刚将计划付诸实施即死于讹答剌（1405年2月17日）。

克拉维约说：契丹皇帝名九邑斯汗（Chuyscan），意为“九邦之帝”。但察合台人（帖木儿治下之民）称之为通古斯（Tangus），意为“猪皇帝”（Pig Emperor）。（译按：后文节录十四作Taugus（“桃花石”）。——译者）运到撒马尔罕的所有商货中，最好的商货来自中国（不知克拉维约是否知道契丹和中国是同一个国家），特别是丝绸、丝缎、麝香、红玉、钻石、珍珠和大黄为最优。据称，中国人是世界上最灵巧的工匠。他们自称有两只眼睛，佛郎机人（Franks）只有一只眼睛，而摩尔人（穆斯林）则为瞽目（我们发现这种说法被不同作者频繁引述）。契丹的首都汗八里距撒马尔罕有六个月的路程，其中有两个月须跨越草原。在西班牙使团出使帖木儿朝廷的这一年，800头骆驼满载货物，从汗八里来到撒马尔罕。随驼队来的人说，汗八里近海，其规模相当于桃里寺的20倍。现在桃里寺长有一里格多，所以汗八里的长度一定是20里格（糟糕的几何计算，鲁伊先生！）。契丹皇帝本是异教徒，但已皈依基督。（Markham, *Trans.*, pp. 133以下，171, 173以下。）

柏格（John Schiltberger）曾在巴耶塞特（Bajazet）和帖木儿的军队中服役多年，1427年才返回其祖国。[①]他们对契丹的肤浅的记载，就属于这种纱幕后迸出的微光。

109. 尼科罗·康蒂游记；他可能访问过中国。

尼科罗·康蒂（Nicolo Conti）的游记中包含着更多有关契丹的详情。游记约在1440年由波吉奥·布拉西奥利尼（Poggio
175 Bracciolini）用拉丁文记载下来，《15世纪的印度》一书中载有译文。康蒂的叙述中没有明确说他是否曾亲到过契丹；[②]但我认为，其内在的证据说明他一定到过中国。他简略地提到汗八里（Cambaleschia）和临朝契丹皇帝所建的另一座大城，他称这座城市为"南台"（Nemptai），说它人口众多，为诸城之冠[③]。他提

① 施尔特柏格与克拉维约似乎在同一时期都居于撒马尔罕。他关于中国的全部论述，就是提及克拉维约所记载的契丹派往帖木儿宫廷的使节，和帖木儿准备入侵中国的计划："这时契丹大汗遣使携400匹马到帖木儿朝廷，向帖木儿索贡，因为他疏于贡献、据为己有已达五年。帖木儿引使者至首都撒马尔罕。随后遣回使者，令其回告他的主子，帖木儿不再向契丹大汗称臣纳贡，而且他还想使契丹皇帝向他称臣纳贡。他将亲自会见契丹皇帝。于是他传令全国做好出征契丹的准备。当他募集起180万人时，便率军（向契丹）进发达一整月。"等等。（*Reisen des Johannes Schiltberger*, etc., München, 1859, p. 81.）

② ［我认为康蒂实际上没有到访中国。设若他真的到过中国，那么他就不会使用马可·波罗所使用的过时的地理词汇，即外国人使用的词汇，而是使用真正的中国地名，就像16世纪上半叶葡萄牙人到达中国时所做的那样。］

③ 我认为这个城市即南京。"ab imperatore condita"（由皇帝所建）似乎指城市的新建或重建，这一点恰好适于蒙古人被驱逐后（1367—1368年）作为明朝首都的南京。拉姆希奥的意大利文康蒂游记中确有这样的文字："la quale da poco tempo in qua è stata fatta di novo di questo rè。"康蒂说南台城周边长为30哩（miles），虽言过其实，但较之晚些时期的旅行家们所说的长度，更接近事实（见下文，p. 205）。我对这个名称不能做出解释，但我相信该名称为蒙古人对南京的称呼，此大概与明朝定都南京后称之为"应天府"（*Martini*）有关，沙里夫丁（Sharifuddin）的帖木儿传中也存在同样的情形，这本书中提（转下页）

到这个国家非常富庶，人民的儒雅、文明，可与意大利人相媲美。契丹国商人极为富有，其船舶之大，远过于欧洲的船只，船体呈三边结构，为安全之故分成不透水的隔水舱。他说：“契丹人称我们为佛郎机人（Franks），其他民族是瞽目人，我们佛郎机人是独目人，只有他们以双目观看事物。”在东方诸民族中，唯有契丹
人进餐时使用桌子和银制碟具。女人们化妆饰面。在山侧凿穴 176
为墓，上方起拱门，外边围以漂亮的墙壁。所有这些细节都完全准确，除非亲身经历，几乎不可能获得。[①]

110.世界志研究者对康蒂见闻的利用。弗拉·毛罗。帕拉丁图书馆所藏《世界志》。

康蒂带回家乡的新知识被当时满怀求知欲的世界志研究

（接上页）到，从陕西边境的长城关口Tetcaul（引述沙哈鲁使者的Karaul？见下文）到Kenjanfu（即西安府，见下文，p. 246），是51天的行程，从Tetcaul到汗八里和Nemnai均为40天里程。这个字大概也应与康蒂的记载一样读作Nemtai。一个符号之差，情况异然。（Pétis de la Croix, iii, 218.）[文中所指的城市可能是南京，不像温特·约翰所译波吉奥本的一个注释中所认为的杭州；但是，Nemptai或Nemtai是Nam tai 的音写。Nam tai是闽江中的岛屿，1842年的条约签订后，在福州的外国人在此建房定居。]

① *India in the XVth cent.*, pp. 14, 21, 23, 27. 关于墓穴的这段记载，在现印本中确实用于描写“前印度”（*Anterior India*），但我相信，这肯定是“内印度”（*Interior India*）之讹。“内印度”是康蒂用来称中国的词语，他在引述佛郎机人一只眼的谚语时，用的是*Interiores Indi*。温特·约翰将这个词语误译为“The native of *Central* India”（中印度人）；但这个字指的是“更远处”（remoter），如科斯马斯说锡兰输入的丝绸“来自更远的地区（ἀπὸ τῶν ἐνδοτέρων），我指的是秦尼斯达和那一地区的其他市场”，他再次提到中国时说，“ἧς ἐνδοτέρων（意为‘更远处的内地’，其用法如苏格兰人一样）没有其他国家”。托勒密使用了相似的词语来表示remoter。关于墓穴的描述，用于中国人的墓穴非常准确，但不适合于其他人民。

波吉奥显然没有深刻领悟康蒂的地理，于是将东方不同民族的特征混淆了。所以这段从垂直方向写到的、用于印度各族的文字，可能只适合于中国人。

者获得，这些新知识的很多内容被收进佛罗伦萨帕拉丁图书馆所存的《世界志》[①]，也收进了更为重要的弗拉·毛罗（Fra Mauro）的地图中，该地图现存威尼斯公爵宫。弗拉·毛罗的地图的确包含了比波吉奥的记述更多的内容，特别是关于恒河
177 流域和伊洛瓦底江流域的知识，已大为增加。毫无疑问，康蒂在威尼斯时，曾接受过这位研究世界志的修士非常认真的反复询问。[②]

① 祖尔拉（Zurla）认定这幅地图为1417年所绘（*Dissert.*, ii, 379）。如果我没有搞错的话，该地图就以这个年代列入帕拉丁图书馆目录，但是该地图与康蒂记述在很多细微处，如他所记载的大小爪哇、桑代（Sandai）和邦丹（Bandan）诸岛、锡兰的湖等多方面的巧合一致，使人无法对它们的来由产生怀疑。这个日期的第三个数字的半边已模糊不清，4很可能读作1。所绘日期的上限当然是1447年。

我对原文进行考察后作上述注解，后来我读到Prof. Kunstmann, *Die Kenntniss im 15ten Jahrhunderte*（p. 33）中的一段文字，才知道内格保尔（Neigebauer）——一位我不认识的作者——已经对此做了改正。

② 所以，正如波吉奥所记，我们在（地图的）缅甸的位置上不仅可以看到阿瓦和勃固（Pegu，波吉奥转作Pancovia，在温特·约翰的版本中被印成Panconia），而且也可以看到Chesmi（Cosmin，直到上个世纪初仍表示近代的勃生港，但确切位置似不可考），马达班，伊洛瓦底江上的卑谬（Perhé，即Prome，地道的缅甸文为Pré），蒲甘（Pochang，即Pagán，古代都城），郎角（Capelang，阿瓦以北的宝石国，这个名称保持到很晚一个时期，但现在已不可考），莫关（Moquan，即孟拱Mogoung）。在伊洛瓦底江头即八莫处标有："从这里商货由河流转运，辗转达于契丹。"在孟加拉国的位置上，我们可以看到奥里萨（Oriça），孟加拉（Bengalla，见Ibn Batuta，*infra*），Sonargauam（同上），Satgauam（Satganw，可能即吉大港Chittagong），内陆的Scieerno（在波吉奥记载中为Cernoue即以Shahr-i-nau之名见称的瓜里Guar，见上文），Zuanapur（即Jaunpur，江普尔）。但在弗拉·毛罗的印度河流观念中存在着极大的、根本性的混乱，如印度河在很大程度上代替了恒河，而恒河又与长江混为一谈。又将孟加拉的一些城市置于印度，另一些则转移到孟加拉以东。

111.波吉奥记载一位来自契丹边境的基督教使者到访教皇尤金乌斯四世。

波吉奥在康蒂游记的末尾所添加的见闻，使我们看到对契丹所做的另一次非常模糊的一瞥。他说，正当他准备出版康蒂游记时，一位自“北方上印度”来的人，受其国主教的委派，前来拜访教皇，并了解西方基督教的情况。其国信仰聂斯托里教，距契丹20日里程。翻译官拙劣的译述使人很难从这位到访者身上获得有趣的消息。不过，他谈到大汗及其对九大国王的统治。[①]意大利哲学家和数学家保罗·波佐·托斯堪内里（Paolo de Pozzo Toscanelli）在1474年致其友、里斯本教士费尔南多·马丁斯 178
（Fernando Martinez）的一封信中提到的使者，似乎与这位使者同为一人。后来，托斯堪内里与哥伦布（Columbus）通信，回答哥伦布所谈的宏伟规划时，曾将这封信的抄件寄给他。波吉奥说这位使节是由一个基督教会所派遣，而托斯堪内里认为系由大汗本人所派。波吉奥的说法比托斯堪内里的说法可能性大些。但使节确系来自何处，仍为难题。蒙古克烈部或畏兀儿人直到15世纪中叶，似仍信奉基督教。[②]

① 参见前克拉维约文摘要。这一观念也许来自某种传统说法，指大禹（公元前2286年）统治下，中国分为九州（*Chine Moderne*, p. 37）；同样，在蒙古统治下元帝国分为12个省（本书III，p. 128），其中的三省：色楞格河畔，朝鲜和云南被认为是外围，其他九省是中国本土（D'Ohsson, ii, 478）。“九州”在古代专指中国。（*Chine Moderne*, 211; *Vie de Hiouen Thsang*, p. 298.）

② 这封信见附录十五。这里使人想到瓦塞玛关于与中国近邻暹罗国（Sarnau）基督教徒的有趣记述。瓦塞玛与这些基督教徒一起共同游历过马来半岛。我想，巴杰君已提到波吉奥的这段记载；但我现在还无法读到他的译本。托斯堪内里的信摘自（转下页）

112.约萨法·巴巴洛搜集的见闻。

在这一阶段，约萨法·巴巴洛（Josafat Barbaro）也搜集到有关契丹的见闻，这些见闻详载于他的《出使波斯记》中。在他出使波斯期间，阿桑贝王（Lord Assambei，即突克曼头领乌尊·哈桑〈Uzun Hassan〉，他在帖木儿王朝衰落后的内战中，获得了波斯西部的全部领土），某日大悦于巴巴洛在鉴别一块红宝石时显露的才智，大喊道：“啊！契丹人！（你们不应说）人类有三年时间，你们享有其二，而佛郎机人享其一！”巴巴洛明白这
179 位头领的意思，因为他早已从一位服务于伏尔加河畔的蒙古汗的使臣那里听到过这个谚语（正如我们在前面已见过三次）。[①] 这位供职蒙古的使臣于1436年从契丹来，巴巴洛在位于塔那（Tana，即Azov）的家中款待过他，“希望从他那里弄到一些宝石”。他从这位使臣那里听到了许多关于契丹的详细情况，将它记录在著作的稍后部分。[②]

113.帖木儿之子沙哈鲁遣使记。

在这个世纪的早期，帖木儿之子沙哈鲁遣使到明朝第三位

（接上页）“*Del Vecchio e Nuovo Gnomene Fiorentino, etc., di Lionardo Ximenes della Comp. di Gesú, Geografo di sua Maestá Imp.* Firenze, 1757,” pp. lxxxi-xcviii。

按：瓦塞玛（Ludovico di Varthema），意大利旅行家，16世纪初曾游历东南亚，著有《行程记》（*Itinerary*），由巴杰整理，1863年路克哈特协会出版。——译者

另外，一位名叫巴托罗缪·费奥林提诺（Bartolomeo Fiorentino）的旅行家，在印度游历二十四年后于1424年返回欧洲，在威尼斯向教皇尤金努斯讲述了所目睹的事物；但不幸的是，他的叙述似乎没有保存下来。（见Humboldt, *Examen Critique, etc.*, i, 260。）

① 见海屯（附录十四）、克拉维约和康蒂的游记。

② Ramusio, ii ff. 106.107. 节要见附录十六。

皇帝成祖朝廷。关于这次遣使，使团成员之一火者·盖耶苏丁（Khwája Ghaiassuddin）——姓纳卡什（Nakkásh），意为“画家”——做过记述，保存在阿布杜尔·拉扎克（Abdur Razzak）的《沙哈鲁史》中，夸铁摩尔对它做过翻译。[1]这次遣使发生在伊斯兰教纪元823—825年（公元1420—1422年），是两国朝廷几次通使中的一次，这几次通使在《沙哈鲁史》都被提到。[2]有趣的是，人们看到，中国皇帝在他的一个使团所携带的国书中，提到沙哈鲁的父亲帖木儿对中国朝廷坚定不移的忠诚。[3]火者所做记述的概要及注释见后文[4]。

114.哥伦布寻找契丹国。

除了阿萨纳修斯·尼基丁（Athanasius Nikitin）在印度西部港口（1468—1474年）听到的关于秦和马秦的简短而具有传说性质的故事外，我不知道在哥伦布和达伽马开通新航路之前
是否还有欧洲人记述过有关中国的见闻。无须说，哥伦布在他的 180
伟大探险中所寻求的并不是新大陆，而是通达马可·波罗游记所记载的契丹和日本国（Cipangu）的捷径，他至死仍坚信他所发

① *Noticeset et Extraits*, xiv, pt. i. pp. 387以下。*Astley's Voyages*中有稍加改编的译文。夸铁摩尔认为有关这次通使的记述在*Chambers's Asiatic Miscellany*中有译文，这是错误的。关于两国宫廷的上次通使的记载，只有一摘要。

② 见*op.cit.*，pp. 213以下，216以下，pp. 304–306。关于这次通使的确切日期，似乎有不同说法。这里无须就此讨论，关于这次通使，阿布杜尔·拉扎克在其历史著作的概论（p. 306）与专述（p. 387）中都有涉及；对它们进行比较，就会发现其中存在不一致。

③ p. 214。

④ 见附录十七。

现的国家就是亚洲的东海岸。这种信念在哥伦布死后二十余年仍未销声匿迹。[①]

115.葡萄牙船只首次到访中国。

1514年，葡萄牙人首次访问了中国的一个港口，虽然这些冒险家此次未获准登陆，但他们却卖掉了货物，获利甚丰。1517年，葡萄牙商业远征队在安德拉德（Andrade）率领下到达广州，倒霉的皮雷兹（Piréz）大使与之同行。这位大使死于中国的缧绁之中。[②]

116.契丹在地理学史上仍占有独立地位。自北方寻求通往契丹的道路。安东尼·金肯森的游历。

我们的论述也许应该到此结束。人们从海路方向上熟悉中国，还需要很多年的时间。由于人们重新燃起从事探险活动和

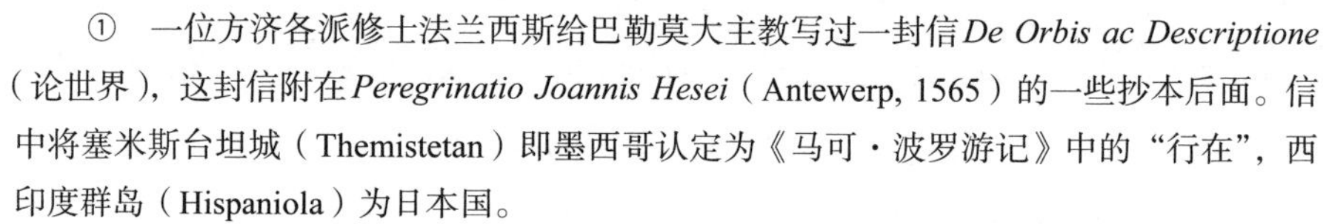

① 一位方济各派修士法兰西斯给巴勒莫大主教写过一封信*De Orbis ac Descriptione*（论世界），这封信附在*Peregrinatio Joannis Hesei*（Antewerp, 1565）的一些抄本后面。信中将塞米斯台坦城（Themistetan）即墨西哥认定为《马可·波罗游记》中的“行在”，西印度群岛（Hispaniola）为日本国。

② 1517年的商业远征通常被认为是第一支到达中国的葡萄牙远征队。但是安德鲁·科萨利（Andrew Corsali）在1515年1月6日致洛伦佐·梅第奇公爵的信中已注意到1514年的商业远征（Ramusio, i, ff, 180, 181）：“中国的商人也跨过大海湾（Great Gulf）航行至马六甲，购置香料货物，他们从本国携带的是麝香、大黄、珍珠、锡、陶瓷、丝绸和各类纺织品，如极为华丽的丝缎、锦绸。中国人是极为工巧的民族，可与我们相媲美（di nostra qualità），但容貌丑陋，眼睛狭小。衣饰颇类吾俗，鞋袜（? Scarpe e calciamenti）亦似我状。我相信他们是异教徒，虽然许多人说他们尊奉我们的信仰，或部分信仰我们的教义。去年我们一些葡萄牙人到达了中国，中国人不允许他们登陆，因为中国人说，允许外国人进入他们的住地，有违祖制。但葡萄牙人卖掉了货物，大获其利，他们说把香料卖到中国如同带回葡萄牙，均可获得丰厚利润，因为中国气候寒冷，香料用量很大。自马六甲向北航行500里格可至中国。”［H. Cordier, *L'Arrivée des Portugais en Chine, T'oung pao*, xii, 1911.］

研读旧游记的兴趣，人们的注意力再次转向了契丹，将它视为与 181
新发现的东印度群岛迥然不同的地区，所以，契丹在地理学史上仍占有独立的地位。1496年，卡博特父子[①]向西北方向所做的初次航行，其目标即为契丹。在下个世纪中，许多英国探险家向西北和东北远处所做的航行，仍然以契丹为目标，尽管在这些探险航行的晚些时候，中国（China）无疑已在目标中占有位置。至少英国人做过的一次重大的陆上旅行，主要目的即为探查与契丹的通商：我指的是1558—1559年安东尼·金肯森（Anthony Jenkinson）和两位约翰逊（Johnsons）从俄国到布哈拉的旅行。在布哈拉他们所要了解的国家仍然只是契丹，而契丹的伟大首都仍如马可·波罗时代一样，是汗八里，而不是北京。[②]

117.拉姆希奥和布斯伯克保存的16世纪契丹游记。

拉姆希奥（Ramusio）和布斯伯克（Auger Gilsen de Busbeck）保存了通往契丹的亚洲之旅的其他游记。拉姆希奥是威尼斯的地理学家，这一时期最初的游记，是他在威尼斯邂逅一位聪明的波斯商人哈吉·马哈迈德（Hajji Mahomed）后，根据后者的口述记载下来的。[③]第二部游记是布斯伯克作为查理五世使臣出使

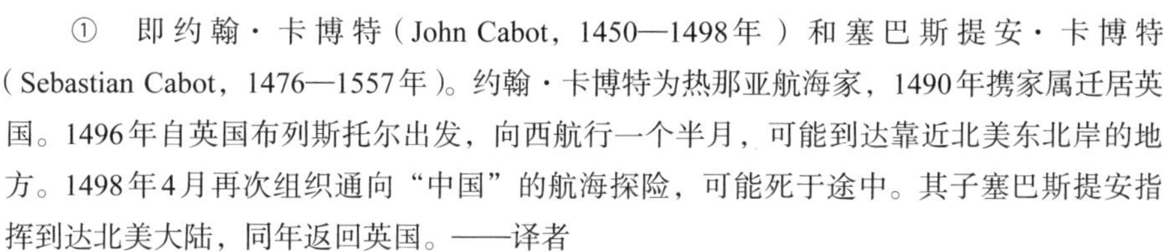

① 即约翰·卡博特（John Cabot，1450—1498年）和塞巴斯提安·卡博特（Sebastian Cabot，1476—1557年）。约翰·卡博特为热那亚航海家，1490年携家属迁居英国。1496年自英国布列斯托尔出发，向西航行一个半月，可能到达靠近北美东北岸的地方。1498年4月再次组织通向“中国”的航海探险，可能死于途中。其子塞巴斯提安指挥到达北美大陆，同年返回英国。——译者

② 1653年俄国大使费奥多·伊斯科维奇·白科夫的游记仍是如此（*Voyages au Noed*, iv, 150.）。

③ *Navigationi*, Vol. 2, Preface。

奥斯曼土耳其帝国时（1555—1562年），根据一位土耳其漫游僧的记述写下的。[①]这两部契丹游记的长篇概要见本书附录[②]。

118.鄂本笃寻求契丹，最终证实契丹即中国。我们的考察结束。

鄂本笃（Benedict Goës）的契丹之行是我们主题的终结点。1603年鄂本笃的契丹之行，其特殊目的是为了探索先前欧洲旅行家和近时伊斯兰教徒所记载的契丹和中国是否为不同的
182 地区，对二者同时并行的赞美在当时已传诵多年。正如鄂本笃的一位教友为其所作的墓志铭所说，鄂本笃"探寻契丹却发现了天堂"；但不久他就确知中国和契丹实为一个国家。我们选择鄂本笃的契丹之行作为我们这本汇编的结束是合适的。在他的游记发表之后，莫名其妙的无知状态使人们继续把契丹和中国当作两个国家。虽然这种愚昧无知状态又持续多年，但是，我们的考察应该在这里结束。[③]

① *Busbequii Epistole*, Amsterd., 1660, pp. 326-330. 包括这个游记的信件是这位使臣回国后于1562年12月16日在法兰克福写成的。

② 见附录十八、十九。

③ 我们已经看到，早在鄂本笃的契丹之行前，利玛窦及其伙伴们已满意地将契丹和中国等同起来。在更早些时候，意大利地理学家马格尼（Magni）似乎也是如此。普尔查斯（Purchas）也持同样态度。耶稣会士卫匡国在他的《中国地图》（Martini, *Atlas Sinensis*）中对"契丹-中国统一论"详加阐释。但是鲍德兰（Baudrand）在1677年修订后的《地理辞典》（*Geographical Lexicon*）中，却把中国和契丹分离开来，并评论说："有些人将契丹和中国混淆了。"我无法读到穆勒的《契丹记》（Müller, *Disquisitio de Chataja*），这本书中大概会有关于这一问题的有趣材料。

［穆勒的书于1670年在柏林出版，其标题全称为：Andreae Mülleri, Greiffenhagii, Disquisitio Geographica & Historica, De Chataja, In Quâ 1. Praecipuè Geographorum nobilis illa Controversia: Quaenam *Chataja* sit, & an sit idem ille terrarum tractus, quem Sinas, （转下页）

（接上页）& vulgò *Chinam* vocant, aut pars ejus aliqua? latissimè tractatur; 2. Eâdem verò operâ pleraque rerum, quae unquam de *Chataja.* dequé Sinis *memorabilia* fuerunt, atque etiam nune sunt, compendiosè narrantur。所有作者的观点均被列出，但现在我看不出有何令人感兴趣的内容。]

许多年之后，耶稣会士艾梅·柴桑（Aimé Chesand）从伊斯法罕出发试图追寻鄂本笃的历程，但他显然不知道鄂本笃所做的游历。如果说他到达了巴里黑的话，那么也没有再往前行进。他仍然坚持说："到达契丹后，从那里前往中国。"他也没有说明其游历的时间。见 Kircher, *China Illustrata*, 1667, p. 86 艾梅的信件。

附录

183 一、《厄立特里亚海周航记》节录
（约公元80—89年）[*]

“在该国以远，[1]大海止于秦国（Thin）的某处，在秦国内地颇近北方处有一大城，称为秦奈（Thinae），从那里生丝、丝线和丝料沿陆路通过巴克特里亚运到婆卢羯车（Barygaza），[2]另一方面，这些货物由恒河水路运至利穆里斯（Limyrice）。[3]不过，要进入秦国并非易事，从秦国来的人也很稀少。秦国处于小熊星座的正下方，据说其国疆境毗邻滂都斯（Pontus）和里海的较远的岸边，在里海旁，迈奥提斯（Maeotis）湖与大洋相通。

---

* 这是穆勒的观点，见Müller, *Geog. Graeci Minores*, i, xcvi–vii穆勒所作的前言。

① 即“金国”（Chryse）。此显指勃固及其周围地区，也即古代印度佛教徒所称的金国（Suvaarna Bhumi）。类似的词语Sonaparanta现在仍然作为一个神圣、传统的名称，表示阿瓦中心地区。[关于“金国”问题，参阅p. 201, Dionusius Periergetes, Rufus Festus Avienus and Priscianus记载的概要。

② Mülleri, i, p. 303.

③ 其意大约与托勒密所述相同。托勒密的记述见下一个附录。它说明不仅有一条道路从秦奈和赛里斯经石塔至大夏，而且另有一条道路通向恒河边华氏国（Palibothra）。

按：Palibothra，又作Pataliputra，《继业行记》作花氏城，《佛国记》作巴连弗邑；古希腊记载中的Patalibothra，今印度北境之巴特那（Patna）。——译者

“每年都有一些人前往秦国边境,这些人身材矮小,脸庞宽大,几与野兽相似,但不伤人,他们被称为塞萨德人(Sesadae)[①]。
他们挈妇将雏,以篮子[②]带着大量的物品。这些篮子似乎是由绿 184
树藤织成。他们在本国与秦国边界的某个地方停留几天,举行一个庆典,在这段时间里,他们将筐篮(里的物料)铺在地上,随后离去,返回在内地的家中。其他人知其离开,便来到这些人滞留过的地方,捡取铺散于地方上的枝条[③]。人们称这些枝条为贝特里(Petri)[④]。他们清除了梗杆和纤维,留下叶子,将它们折为小球,以枝条纤维将其缀起来。这些人把小球分为三等,大叶制成大香叶球(Malabathrum),其次为中香叶球,最小者为小香

① 由穆勒编辑出版的Pseudo-Callisthenes, *Script. de Alex. Magno*, pp. 103–104收录了名为*Palladius on the Brahmans*的著作,其中有一段记载比萨德人(Bisades),显然指的是同一群胡椒采摘者。这些人被描述成“侏儒般的低能儿,居住在岩洞里,由于其家园的自然状态,他们精于攀登峭壁悬崖,因而能够从山间灌木丛中采摘到胡椒……这些比萨德人身材短小,脑袋胖大,长发直立而不事修剪”。坦南特认为这族人是锡兰的维达人(Veddahs)。但我认为,这段记载中没有内容使人们认定这族人在锡兰。这种看法的依据来自底比斯(Thebes)的斯科拉斯提库(Scholasticus)的记载,这位斯科拉斯提库在阿克苏姆的一个港口遇见印度船只,借机访问了远方之地。这个故事大概不真实。如穆勒所指出,托勒密(vii, i)所提到的比萨德人称号有别,作提拉德(Tilade),这族人居于迈安德鲁斯(Maeandros,位于孟加拉东部的山脉)之北,“身材如侏儒而肥胖,脸庞宽大,但皮肤白皙”。拉森认位这些人是喜马拉雅山中大吉岭(Darjiling)附近的鲍提亚人(Bhotiya);他的地图上定为锡尔赫特(Silhet)以北的卡鲁和卡西亚山(Caro, Kasia)。

② 原文作ταρπόνας,其意不明。[“Nagnas portantes sarcinas et sirpeas viridis vitis foliis comparandas”, Müller, p. 304.]

③ 该字作καλάμοι,通常意为芦秆或藤茎。但把前文所说的东西描绘成绿藤枝,似不合理。

④ 如拉森所说,不应是藤枝,而是藤叶。梵文patra意为“叶子”;现代印度语为patti。

叶球。于是就形成三种香叶球，这些人制成香叶球后，远至印度出售。①

① 普林尼以同样的名词（hadrospherum, mesospherum, microspherum）称呼各种甘松香。大概是他弄错了。狄奥斯可里德斯（Dioscorides）说，有些人视malabathrum为印度甘松香，这也是错误的。

葡萄牙人发现通达印度的航路之后，早期的一些作家认为古代作家笔下的malabathrum即是蒌叶或蒟酱叶，但是迦西亚·达霍塔（Garcia Da Horta）医生在他论印度香料的著作（1563年首次在果阿出版）中指出，malabathrum即Tamālapattra，是一种肉桂，虽然级别很低，但仍很值钱。（ch. xiv. 我引用的是意大利译文，1589年威尼斯版）有趣的是，拉姆希奥对"蒟酱叶"（Betelle）做过绘描，其图像确实很类似通常（至少在孟加拉）称为Tejpāt的Tamālapattra。林霍滕（Linschoten）对它的描述十分准确，注意到它有丁香似的馨香，并且说，它作为一种利尿剂在印度享有盛名，等等，并能保护衣物不受虫蚀，狄奥斯可里德斯和普林尼明确提到malabathrum有两种用途。他还注意到当地人认为它敌得上各种质量的甘松香油。林霍滕著作的注释者帕鲁达努斯（Paludanus）说，他生活的时代这种东西被大量输入威尼斯，阿拉伯人称之为Cadegi Indi（读若sadegi）。我发现在F. Johnson, *Persian Dictionary*中，Sàdaj被定义为"印度甘松香油"，Sádhaji Hindi为"印度叶子"，说明这两样东西一直被混为一谈。这种叶子在卡西亚山林中极多。我早年在印度服役时曾在卡西亚山中度过一段时光。出产粗糙桂皮的肉桂就是这样，这种桂皮被大量输送到平原区。如果我没有弄错，桂树则不同，虽然属于同种。蒟酱叶窄狭，类似葡萄牙月桂树的叶子，其他的树叶则宽大得多，两种叶子都明显地有三条纵向的叶脉，就像半球地图上的径线。卡西亚人的形体特征与比萨德人即塞萨德人颇为符合，但他们不是侏儒，而喜马拉雅山中的西藏人身材很短。这种价格曾很昂贵的malabathrum，罗马人曾以一磅300第纳尔的价格购买；据我所知，在英国治下的印度人中，也只用于馅饼、蛋糕和咖哩饭菜的调味。除了林霍滕所谈到的一切，雷德（Rheede）提到，在他生活时期的马拉巴尔，医学上要求很高的油料，是从马拉巴尔海岸边上的karua即野生肉桂的茎和叶子中提取的，野生肉桂无疑是一种非常相近的同类植物。从野生肉桂茎中提取而成的樟脑，具有真正樟脑的几种性质，并且更为芳香。

克劳福德君认为，较好的malabathrum是安息香（benzoin）。但我认为，这个问题的所有根据都说明它来自一种叶子；狄奥斯可里德斯和《周航记》作者一样，都说把叶子缝串起来。狄奥斯可里德斯的某些话似确指一种固体提取物，但也许是雷德所说的樟脑。见Pliny, xii, 25, 26, 59; xiii, 2; xxxiii, 48; Dioscorides, *loc. cit.*; Linschoten, Latin version, Hague, 1599, p. 84; Rheede, *Hortus Malabaricus*, i, 107; Crawf., *Dict. Indian Islands*, p. 50; （转下页）

"但是对于这些地区以远的地区，实际上人们从未考察过，或 185
者是由于冬天般气候和极度寒冷，使人们无法深入这些地区，或者是因为来自神的超自然力量。"（Müller, *Geogr. Gr. Minores*, i, pp. 303–305.）

（接上页）关于malabathrum，参见Lassen, i, 283; ii, 37, 154以下。［在*Hobson-Jobson*中，裕尔提到malabathrum："毫无疑问，古代印度的这种植物，是各种肉桂晒干的叶子，这种叶子在梵文中称作tamāla-pattra。"格拉西亚（Garcia, ff. 95v, 96）写道："folium indu被印度人称为tamalapattra，希腊文和拉丁文错写为malabathrum。"］

187

二、托勒密《地理志》节录

（约公元150年）

“大地之上有人居住的地区，东部毗邻未知地；未知地旁有极东的大亚细亚（Asia Major）各族，即秦奈（Sinae）和赛里斯国（Serice）；其南也是未知地，包围印度海，并将埃塞俄比亚包括在内，直至利比亚以南被称作阿吉辛巴（Agisymba）的地区；其西也是未知地，环绕利比亚的埃塞俄比亚湾，然后是西大洋（Western Ocean），西大洋沿利比亚和欧洲之最西境延伸；其北为同一个大洋的延伸部分，环绕不列颠群岛和欧洲最北部的地区——称作杜卡利多尼亚（Duecalydonia）和萨尔马提亚（Sarmatia）——又有未知地沿大亚细亚的最北部地区，即萨尔马提亚、斯基泰和赛里斯等延伸。

“希尔坎尼亚海（Hyrcanian Sea）又称里海，四周为陆地环绕，与一岛屿四周环水适成相反情形。囊括印度海及其诸海湾、阿拉伯湾、波斯湾、恒河湾和大湾的海域，属于同样情形，这片海域四周均为陆地所围绕。可见，三大洲中，亚洲由阿拉伯地颈（Arabian Isthmus）与利比亚相接，又以环绕印度海的未知地与利比亚相接；阿拉伯地颈将我们的海和阿拉伯湾分隔开。……

“已知世界的东极，以经过秦奈都城的子午线为限，距亚历山大里亚为119½度，以赤道上的时间计算，约为8小时……”（Book vii, ch. 5.）

在《地理志》第一卷中，托勒密称马林努斯是最后一位献身于地理学研究的学者。托勒密对马林努斯地理表的修正不胜枚举，但他的论述也颇需矫正，他对有人居住世界的估计，在长宽两方面均失之过大。托勒密批评马林努斯根据当时一些旅行报告，将有人居住世界的纬度，划到埃塞俄比亚极南的阿吉辛巴地区。按照这些旅行报告计算，有人居住的世界大约应在赤道之南
24 680节（stadia），如托勒密所说，这几乎到达南极冰霜覆盖的地 188
方。（Bk. i, ch. 8）马林努斯简单地将这个数字缩小到12 000节，将它置于南回归线。托勒密又以各种动物属性等作通观，将距离缩小至8000节。托勒密还说，马林努斯夸大了人类居住地所处的经度范围，马林努斯认为西部的福运群岛（Fortuate Islands）和赛拉（Sera）、秦奈和喀提卡拉（Cattigara）诸极东地区之间的距离为15个小时，其实不到12个小时。关于赛拉的位置，马林努斯利用了到那里经商的某些商人的纪行报告。托勒密对此做了批判。他同意马林努斯推算的福运群岛至希拉波力斯城（Hierapolis）处幼发拉底河渡口[①]之间的经度，又写道（Bk. i, ch. 11）：

“马林努斯估算，幼发拉底河渡口至石塔间的距离为876雪尼（shaeni）即26 280节；从石塔至赛里斯都城赛拉[②]之间的距离为七个月的行程，他推算沿同一纬度（即正东）行走，这七个月的行程为36 200节。这两段距离的里程数量宜做折扣，因为行程的迂回曲折，导致距离估算上的夸大，马林努斯在计算这两段路程时均没有考虑及此而缩小里程数；而在计算这一路线的

① 在阿勒颇东北处。

② 我相信大多数版本读作“秦奈都城”，不过，以文中所清楚表明的托勒密的观点，“秦奈都城”不可能是原来的读法。

第二段行程时所犯的错误，与计算加腊曼特（Garamantes）到阿吉辛巴地区之间的行程所犯的错误，是相同的。从格拉曼特到阿吉辛巴的行程被推算为四个月又十四天，因为这段时间中不可能不做休歇停顿，所以行程所需时间须减过半。对于从石塔至赛拉之间的需数七个月行程，较之从格拉曼特到阿吉辛巴的行程，更宜做减过半计。因为在后一种情况下，行动是受国王之命而进行，我们可以设想，必为有备而为，且沿途为晴爽天气。但从石塔至赛拉途中，想必天气恶劣。据马林努斯本人认为，这条道路与赫勒斯滂（Hellespont）和拜占庭（Byzantium）处同一纬度。因此，行途中必做多次停留。必须记住，关于这条道路的知识乃是得自前往那里经商的商人。

“马林努斯说过，以上道路里程是一位叫梅斯（Maës），又名蒂蒂亚奴斯（Titianus）的人记载下来的。梅斯是马其顿人，承其父经商之业而从商；他本人并未前往赛里斯，但派代理人去过那里。一些情况说明，马林努斯对商人们讲的内容并未尽
189 信。譬如，斐勒芒（Philemon）根据一些商人的讲述称，优沃尼亚（Iuvernia）岛从东及西长可20日行；马林努斯不相信这种法说。他说，那些商人并不用心探求事实真相，他们所关注的是经商逐利，故其所言道路里程往往虚浮夸大。关于这七个月的旅程，他们似想不出其他东西值得记忆或告之他人，所以便想在这一旅程所用时间上让人感到惊异。

第十二章

“由于这种种原因，也因为所经路程并非直线（石塔与拜

占庭处于同一纬度，而赛拉处于赫勒斯滂之南），马林努斯记载的七个月旅程即36 200节至少似宜减半。让我们以一半以内的减除率，将这段距离计为22 625节即45¼度……从幼发拉底河到石塔的这第一段路程，因其迂回曲折，由876雪尼减至800雪尼即24 000节……从希拉波里斯附近的幼发拉底河渡口发端，经美索不达米亚至底格里斯河，又经亚述[①]境内的格拉梅人（Garamaeans）地区和米底，到达埃克巴坦那（Ecbatana）和里海关（Caspian Gates）[②]，经帕提亚（Parthia）至赫卡桐皮洛斯（Hecatompylos）[③]。马林努斯认为这条道路与罗德岛处于同 190

① 在摩苏尔（Mosul）东南；见III，p. 22b表中的Beth-Garma。

② 厄尔布尔士山（Elburz）关口，在德马文德（Demawend）东。

③ 位于达姆干（Damghan）附近。［“我们从昆塔斯·柯提乌斯（Quintus Curtius）和狄奥多鲁斯（Diodorus）的记载知道，赫卡桐皮洛斯是亚历山大东征时长期驻军停留的地方。此名称不见于阿里安的记载。它的位置无疑是非常重要的，但至今尚不明确，令人遗憾；很清楚的是，它位于厄尔布尔士山余脉之南，处于里海关去迈谢德（Meshed）和哈烈的路线上。”（Bunbary, *Ancient Geog*., i, p. 479.）

“从希拉波里斯附近的幼发拉底河渡口发端，经美索不达米亚至底格里斯河，又经亚述境内的格拉梅人地区和米底，到达埃克巴坦那和里海关，经帕提亚至赫卡桐皮洛斯。马林努斯认为这条道路与罗德岛处于同一纬度，他所划出的一条纬线穿过所有这些地方”（Ptolem., i, c. 12.）

“所以，从里海关到帕提亚王国的赫卡桐皮洛斯计1260节。”（Strabo, xi, c. 9.）

“达姆干距里海关太近，由全面分析来看，赫卡桐皮洛斯故址应在现今Jah Jirm地方附近求之。”（W. Smith, *Dict. Greek and Roman Geog.*）

“我希望证明的是，赫卡桐皮洛斯位于现今沙阿鲁德（Shah-rood）和博斯塔姆（Bostam）的位置，此地曾是古代帕提亚王朝都城的边缘之一，除此之外，归之于任何其他地点，均不合理。”（Ferrier, *Caravan Journeys*, p. 70.）

柯曾（Curzon）赞同赫卡桐皮洛斯即达姆干说，写道：“弗里叶（Ferrier）说，百门关城（即赫卡桐皮洛斯。——译者）必为许多道路汇集之城，而达姆干只有两条道路在此相汇，所以他主张沙阿鲁德-博斯塔姆所处的位置即赫卡桐皮洛斯。我认为，他以（转下页）

一纬度，他所划出的一条纬线穿过所有这些地方。但从赫卡桐皮洛斯至希尔坎尼亚[1]的道路倾向北方，因为希尔坎尼亚位于斯麦尔纳（Smyrna）所处的纬度和赫勒斯滂所处的纬度中间……接下来道路经阿里亚（Aria）[2]至极边的安条基亚（Margiana Antiochia）[3]，其间先倾向南（阿里亚与里海关位于同一纬度），后倾向北，因安条基亚位近赫勒斯滂所处的纬度。自此道路通往东方至巴克特拉（Bactra）[4]，又自此向北爬升到山国科迈第（Comedi），再向南经山国而下，至高原边缘上的谷口。按马林努斯的说法，此山国的西端偏向北，与拜占庭处于同纬度，东端偏向南，与赫勒斯滂处于同纬度。所以，山脉走向为东南而西北，而道路则相反，由西北向东南；由高原谷道向石塔的长50雪尼的路程似向北行。石塔位于爬上山谷经过的路上，由这里山脉东展，与伊穆斯（Imaus）山脉相接。伊穆斯山脉由帕林波特拉（Palimbothra）国向北延伸至此。”[5]……

（接上页）此反对‘达姆干说’是错误的。事实上，不止两条道路在达姆干相汇，除此之外，无法肯定希腊人在使用这个描述性的名称时，指的就是各城门。希腊人同样将这个名字称埃及境内的底比斯（Thebes），据认为，在埃及这个称号表示Pylons，即装点拉美西斯都城的许多辉煌壮丽的寺宇的入口；对于帕提亚王朝的这个城市，它可能具有同样的意义。”（*Persia*, i, p. 287.）人们可以考虑在达姆干说和沙阿鲁德说之间决定取舍，但我认为弗里叶是正确的。]

① 即约延（Jorjan），位于阿斯特拉巴德（Astrabad）西北。

② 即哈烈境。

③ 据认为即木鹿（Marv）。

④ 即巴里黑。

⑤ 我可能没有将这段描述文字译得通畅易懂。几个旧拉丁文版本和阿贝·哈尔马（Abbe Halma）的法文译本似都简单地避开了这段文字中的难点。我还没有读到其他著作，也没有读到Hambold, *Asie Centrale*，我相信这部著作中会有关于这条道路的论文。（转下页）

（接上页）如果我们对于喀剌特金（Karategin）附近地区的地理了解更多，那么这段文字可能更易理解。我认为山国科迈第必当在这一地区内。[*Stein, Ancient Khotan*, p. 54写道："在《东域纪程录丛》卷一中，裕尔爵士对托勒密这段记载的讨论仍有其价值，他以一系列严密而深刻的论证，甚至在伊斯兰时代记载该地名的资料公布以前，就考证出喀剌特金可能为科迈第所处的位置。"]主要的难点来自"至高原边缘上的谷口"这一表述，以及到达石塔前向北有50雪尼（150哩？）路程的说法。如果像赖特（Ritter）那样，将伊穆斯山的通道理解为，由浩罕（Kokand）沿药杀河河谷上溯至俺的干（Andijan，今称安集延，在费尔干纳西北。——译者），越捷列克达旺（Terek Dawan）至喀什噶尔，那么，"至高原边缘上的谷口"则可明了，但是这样一来，道路怎能向北趋往石塔？他将石塔置于奥什（Ush）——据说此处有重要的古代遗迹。（见Ritter, vii, 483, 563; viii, 693）7世纪初，隋朝的中国人获知通往西域三道的交通状况，我们可从中寻找梅斯·蒂蒂亚奴斯东行的道路。三道中，第一道即北道，似经天山之北，这条道路根本不可能是梅斯所走的道路；第二道即中道经喀什噶尔去往费尔干纳，无疑是经过捷列克达旺的道路；第三道即南道经于阗、朱俱波（据认为即Yangihissar。按：Yangihissar，《西域图志》作英噶萨尔，今新疆英吉沙尔县。见冯承钧《西域地名》，第105页。——译者）[参见Yule, *Notes on Hwen Thsang's Account of Tokháristan*, p. 119, 120]、喝槃陀（据认为即Sarikul（色勒库尔），见*N. Ann. des Voy*. 1846，iii, 47。按：Sarikul，今之新疆蒲犁县。——译者）。赖特认为第二道即蒂蒂亚奴斯所记载的道路，第三道乃是取色勒库尔进入巴达赫尚之路。[坎宁安（Cunningham）将军将Sarikal考订为玄奘《大唐西域记》中的喝槃陀国（Khavanda，塔什库尔干为其旧都。参见Yule, *Notes on Hwen Thsang's Account of Tokharistan*, p. 119。）此说当然与托勒密的记载不相符。但是，从前道路开放时，从费尔干纳到巴达赫尚即从塔什巴里克（Tashbaliq）去往喀剌特金就一定没有居间道路吗？俱密可能是托勒密记载中的科迈第国，雷慕沙著作中将它归于唐时中国的属国，称该国位于"吐火罗斯坦山中，阿姆河之南，近巴里黑和铁尔梅兹（Termedh）"，但"阿姆河以北"与记载更相符合；玄奘提到的拘谜陀位于阿姆河以北。拘谜陀无疑与科迈第为同一国。（见*Mém. de l'Acad. R. des Inscr.*, viii, 92–93; *Vie de Hiouen Thsang*, p. 464; Klaproth, *Mémoires*, tom. ii 中的《中国－日本古地图》。）我注意到，基波特（Kiepert）在他的《亚洲地图》上（1864年）将Kumid置于喀剌特金的位置上，并加注问号（？）。不过，科迈第一名可能又作Kawadián或Kabadiân，埃德里西以此名称呼铁尔梅兹和希萨尔（Hissar）之间的地区，且至今仍有一城镇或村庄保留这一名称。[Yule, *Netes on Hwen Thsang's Account of Principalities of Tokharistán*, (*Journ. Roy. As. Soc.* N. S. , vi, 1873, pp. 97–98) 注"科迈第"："拘谜陀即Kumidha。此国东西可20日行（2000里），南北可2日行，居葱岭中。西南毗邻阿姆河；南接尸弃尼国。在雷慕沙的《历史文献集录》中，俱密（转下页）

191 于是，从福运群岛至赛拉城计有177¼度。在第十三、十四章，托勒密试图估算出印度南部科里角（Cape Cory）经海至秦奈港口

（接上页）（Kiumi）与尸弃尼国和护密国相提并论，同归于7世纪向中国进贡的国家。[*Extension de l'Empire chinois du côté de l'Occident; Mém, Acad. Insc*, viii, p. 93] 坎宁安将军虽未指出此国在今何处，但极乐于将它与托勒密记载的科迈第联系起来。科迈第位于巴克特里亚以东的山上，沿科迈第山谷上升是由巴克特拉跨伊穆斯或葱岭前往赛里斯的商路。拘谜陀国土长宽比例为20：2，说明其国土为一峡谷。托勒密著作中的这段记载，是古代文献中留传下来的有关亚洲内陆地理的最著名的记载之一。毫无疑问，坎宁安将军将拘谜陀比对科迈第，持之有故、言之成理。对该国的具体位置，玄奘已有叙述，我们就不作详论了。玄奘说："拘谜陀国东西二千余里，南北二百余里。据大葱岭中。国大都城，周二十余里。西南邻缚刍河，南接尸弃尼国。""阿啮罗……东接葱岭，至拘谜陀国。" Stein, *Ancient Khotan*, p. 54写道："将科迈第山区比对玄奘记载中的拘谜陀，及伊斯兰早期作家记载中的Kumēdh国，并将所有问题加以澄清，这是裕尔爵士和劳灵逊爵士二人的功劳。这样我们就能够有把握地将科迈第山谷的方位确定在将瓦克沙比河（Wakhshab）和邻近的喀剌特金山地同阿姆河河道分隔开来的山脉中。从喀剌特金有一条直捷而较为坦荡的交通线，沿瓦克沙比河通往宽阔的阿赖高原水草丰美的牧场。登上阿赖高原，到达其东端，然后穿过高原的最低点阿姆河和塔里木河的分水岭Taun-murun关；向下走一段路程，在喀什噶尔河源头附近，这条路和大道路相汇，大道路经捷列克达旺将喀什噶尔和费尔干纳联结起来。"]

过石塔后，伊穆斯有前往赛里斯国经商的贸易者的一个驻足地（Bk, vi, ch. 13）。这个驻足地可能在塔什巴里克周围。Smith, *Dict. of Gr. and Roman Geography*中的"Serica"条说，古代丝绸贸易中，赛里斯人将丝绸捆放置在石塔附近，标好价格，退到一旁，来自西方的商人便走上前查看。此说根据何在？如果事实真正这样，为何梅斯要派其代理人继续前行七个月的里程？或者说，史密斯是否从普林尼和托勒密关于石塔的记载中发现了哑市贸易，并像狄更斯小说中一位著名人物一样"将信息综合起来"？["要弄清楚著名的'石塔'的准确位置，目前是不可能办到的，只能寄希望于实地考古调查。不过，关于梅斯说过的位于石塔之东、前往赛拉道程起点的商人驻足地，我认为，不变的地理状态可以为我们提供某种线索。李希霍芬正确地指出，这个驻足地必须在前往赛拉道程所跨越的分水岭附近求之，因为托勒密将它置于伊穆斯岭中，伊穆斯岭无疑相当于东部帕米尔地区的山脊背，将阿姆河和塔里木河排水区分隔开来的地方。他还正确地说，从费尔干纳而来、穿过捷列克达旺的繁荣道路，与瓦克沙布河谷的道路交汇的地方，极有可能成为这样一个驻足地的所在。" Stein, *Ancient Khotan*, pp. 54–55. 托勒密笔下石塔不能与塔什库尔干相混淆。]

喀提卡拉所跨的经度，断定喀提卡拉位于177度；因所有资料均称秦奈都城位于更东处，所以托勒密置之于更东处的180度。托勒 192
密的整个推算是基于可读到的极不严谨的材料，所以才有上述结论。以下材料可以为证：

“马林努斯没有说明从黄金半岛（Golden Chersonese）到 193
喀提卡拉的距离。不过，他说一位名叫亚历山大的人曾记载，黄金半岛以远的地区面向南，过此航行20天可到达扎拜（Zabai）城①，然后再向南偏左航行若干天可至喀提卡拉②。马林努斯夸大了这段路程，因为他用的是‘若干日’（some days）而不是‘多

① ［“古代扎拜即占婆港的位置，大概应在柬埔寨西岸、贡布或戈公岛（Kang kao）附近求之”。Yule, *Notes on the Oldest Records of the Sea-Route to China, Proc R. Geog. Soc.*, 1882, p. 657.］

② 关于喀提卡拉，见赫尔曼博士（Dr. A. Hermann）在柏林地理学会*Zeitschrift*, n. 10, 1913和*Geographical Journal*, May 1914, p. 579上的文章。他将喀提卡拉置于安南（Annam）的北部边境上，这个地点也就是李希霍芬和夏德研究中国史料后所考定的当时中华帝国的南部边境上的一个地点。［“我的朋友李希霍芬主张喀提卡拉的位置即在东京湾内，我认为他的论辩是绝对令人信服的。这个位置似符合一切条件。因为：

第一，东京在当时（公元前111—公元263年）数世纪内确为中国邻土的一部分。

第二，交趾是当时中国史书提到的唯一向外国开放的港口，与现代的越南首都河内完全相合。虽然没有外国人从其他路线而来的记载，但却不断有外国人循交趾郡前来的记载，包括大秦王安敦即马尔库斯·奥勒斯·安东尼努斯（161—180年）于166年所派遣的著名使团。

第三，交趾郡当时称日南，“秦奈”可能由日南而来。此名远播遐迩，为众多典籍记载。中国史家记载安敦王遣使后，又说：“其（大秦，即罗马帝国）国人行贾，往往至扶南，日南交趾。”（按：见《南史》卷78《夷貊使》；《梁史》卷54《诸夷使》。——译者）。扶南即占婆。我们可以有把握地说，日南的主要港口交趾，就是“秦奈的港口喀提卡拉”。Yule, *Notes on the Oldest Records of the Sea-Route to China, Proc. R. Geog. Soc.*, 1882, pp. 658-659.］

日'(many days)。他确实说,无法说出天数,因为天数太多;我认为这种说法滑稽可笑。"等等。

在第十七章中,托勒密谈到一些人曾航行到印度,并在那里居住很久,接下来写道:

"从这些人,我们也获得一些更准确的消息,涉及印度及境内各国,以及更远[1]处直至黄金半岛、黄金半岛至喀提卡拉的地区。众人都说,为前往这个地方须东行;从该处返回须西行。他们还说,完成这段航程所需时间不固定,依天时而定。赛里斯国和它的都城在秦奈国的北方,赛里斯国和秦奈国的东方是未知地,遍布沼泽泥潭,生长着大藤,大藤极密实,人们能凭密藤而跨越沼泽泥潭。他们还说,从赛里斯和秦奈诸国不仅有一条道路经

194 石塔去往巴克特里亚,还有一条道路经帕林波特拉去印度。从秦奈都城至喀提卡拉港口的道路向西南方向行,所以,秦奈都城似不像马林努斯所说,与赛拉和喀提卡拉处于同一纬度线上,而在其更东处。"

赛里斯国

"赛里斯国西接伊穆斯山外的斯基泰,分界线已如上述(该分界线北部端点为经度150度、北纬63度,南部端点为经度160度、北纬35度);北接未知地,与图勒岛(Thule)位于同一纬度;东接东未知地,界线为经180度,纬度为63度至3度;南部为恒河以远的印度边缘地,沿纬度35度至东经173度印度边缘

① "remoter",字面意义为"内地的"(interior)。

地终端为止，然后是秦奈，沿同一纬度至未知地的边缘[1]。

“赛里斯四周为群山环绕，有安尼巴山（Anniba）[2]，奥克 195
萨西亚山（Auxacia）的最东段，阿斯米赖山（Asmiraean），卡西亚山（Kasian）最东段，塔古鲁山（Thagurus），海模杜山（Hemodus）和赛里库山（Sericus）的最东段，及奥托罗科拉斯山（Ottarocorrhas）。两条河流流贯赛里斯境内大部分地区；一是奥伊科达斯河（Oechordas），其源头一出自奥克萨西亚山，一出自阿斯米赖山……另一条叫作包泰斯（Bautes）河，其源头一在卡西亚山，一在奥托罗科拉斯山。[3]

“赛里斯国最北部地区居住着食人的野人部落[4]。其下邻是安尼巴国（Annibi），人居于同名山脉之北。在安尼巴山和奥克萨

① 人们好似读出美国或澳大利亚一个州的法定边界线。从这里我们可以看出，托勒密的亚洲地理图是怎样编绘出来的。很显然，他首先绘出诸地图，表现他已获得的知识——不管这些知识是多么晦暗不明，然后从这些地图上推算出各经纬度表和系统的物产分布图，结果是所有内容在表面上都获得了精确的限定。地图上每个标志充其量只不过表示“此国大约在此附近”，但在一个国会法案中却变成了有精确度的作品。

② 这一章中提到的山脉、河流和城镇的经纬度，我均略去。

③ 我相信，这里所描述的赛里斯，毫无疑问主要指三面环高山的“新疆地区”（Chines Turkestan）盆地。从奥克萨西亚中我们可能辨识出阿克苏（Aqsu）一名的痕迹（德经和丹维尔说）；卡西亚（Kasia）一名中大约看到喀什噶尔的影子（丹维尔说）。奥伊科达斯（Oikhardais）河可能是塔里木河，此名可能代表回纥（Uighurs）的音读。[此论无疑错误，当时回纥人尚未出现。]

④ 迟至13世纪中叶，亚美尼亚的海屯王提到，在别失八里附近的沙漠中有野人全身赤裸，仅有头发遮体，他说：“这是些野兽般的人。”我不知是否有其他记载，提到此种野蛮的鞑靼部落。（*Jour. Asiat*, sér ii, tom. xii, pp. 273 以下。）

西亚山之间有希乞吉斯国（Sizyjes）[①]；与之毗邻的是达姆奈国（Damnae）；然后是皮阿代国（Piaddae），延伸至奥伊科达斯河；与之相邻的是与河流同名的奥伊科达斯人。

“安尼巴人之东是加林奈人（Garenaei）和纳巴奈人（Nabannae）[②]。阿斯米赖国位于阿斯米赖山之北，山南至卡西亚山有大伊塞顿国（Issedones），伊塞顿国以东有特罗阿尼国（Throani）。过此国，东至艾塔古里（Ethaguri），有艾塔古里国；伊塞顿之南有阿斯巴卡利国（Aspacarae），然后是巴塔国（Batae）；再向南，近海模杜山与赛里古斯山，有奥托罗科拉斯国[③]。”

被提到的赛里斯国的城市有：“达姆纳（Damna）、皮阿达（Piada）、阿斯米赖（Asmiraea）、塔尔哈纳（Tharrhana）、伊塞顿赛里卡（Issedon Serica）、阿斯帕卡拉（Aspacara）、德罗萨克（Drosache）、帕利阿纳（Paliana）、阿布拉加纳（Abragana）、吐加拉（Thogara）、达克萨塔（Daxata）、奥罗萨纳（Orosana）、奥托罗科拉（Ottarocorrha）、索拉纳（Solana）、都城赛拉（Sera Metropolis）。”（Bk. vi, ch.16.）

秦奈国

“秦奈国之北毗邻赛里斯国部分地区，已见前述；东和南

① 希乞吉斯一名在词源上似指这个民族驾车的习俗。这个地区有一回纥部被中国人称为“车师”，即“御车人”。（Rémusat, *Acad*, viii, 112.）

② 可能指蒙古历史上著名的乃蛮部。

③ 即印度河流域的Utara Kuru国。见Lassen, i, 846。

为未知地；西部接恒海外的印度，沿我们已经叙述过的分界线延至大海湾，以及顺次与之相连的诸海湾、赛利奥德斯海湾（Theriodes）和秦奈湾的一部分。秦奈海湾岸边居住着以鱼为食的埃塞俄比亚人[1]。”

托勒密于是列举了秦奈国海岸各地的经纬度；包括阿斯辟特拉河（Aspithra）、布拉马城（Bramma）、阿姆巴斯特河（Ambastes）、拉巴纳城（Rhabana）、赛奴斯河（Senus）、诺雄角（Cape Notion）、萨特尔角（Satyr's Cape）、科提亚里斯河（Cottiaris）、喀提卡拉（Cattigara）和秦奈港。内地城市有：阿卡德拉城（Akadra）、阿斯辟特拉、科科拉—那加拉城（Coccora- 196
Nagara）、萨拉加（Saraga）和秦奈都城。

“据称，秦奈都城实际上既没有铜墙，也没有任何值得称述的东西。”[2]（Bk. Vii, ch. 3）

① 马希阿努斯·赫拉克利亚在其著作相应段落中记为“伊塞奥法吉·秦奈”（Ichthyophagi Sinae），这种用法可能表示，他所引述的托勒密的著作内容并不包含埃塞俄拜斯（Aethiopes）这个复杂的名称。这个名称（Ichthyophagi Aethiopes）具有更独特的用法（Bk. iv, chap. 9），指的是遥远的非洲西岸的一个部落，所以，此处采用这个名称，可能是誊写者自作主张或无意识的窜改。

② 见该书p. 159注。

三、梅拉《世界志》节录

（约公元50年）

“居于亚洲最东端的是印度人、赛里斯人和斯基泰人。印度人和斯基泰人居两端，赛里斯人居中间。”（i, 2.）[①]

在另一段文字中，梅拉谈到了里海之中和斯基泰沿岸的一些岛屿，然后写道：

“从这些地方，海岸线转了一个弯，折向面对东方的海岸线。斯基泰海角附近地区，由于积雪封锁根本无法进入；接下来是野蛮人占据的未开垦地带。这些部落就是食人的斯基泰人和塞迦人，他们中间有一地区相隔，这里因野兽群集，无人居住。此后是另一片野兽成群的旷野，一直绵延到俯瞰大海的塔比斯山（Thabis）。距塔比斯人很远处是陶鲁斯山（Taurus）。赛里斯人就居住在这两座山之间。赛里斯人以诚实著称，也以其贸易方式而闻名。他们的贸易方式是，把商货放在无人的地方，然后躲避起来等待买卖成交。”（iii, 7.）[②]

① Pomponius Mela, Lib. I, c. 2.

② Pomponius Mela, Lib. III，c. 7.

四、普林尼《自然史》节录

（公元23—79年）

“从里海和斯基泰洋，海岸线转弯折向面朝东方的海岸。这一地区的第一部分开始于斯基泰岬角，因常年的寒冬气候无人居住；接下来的地区是未开垦的土地，居住着一些野蛮人部落， 197
其中有食人肉的斯基泰人；依旁着这些野蛮人部落的是广袤的旷野，麇集着成群结队的野兽，将几乎同样凶暴的人群包围着。接下来又是斯基泰部落，然后又是只有野兽出没的荒芜不毛之地，一直到达俯瞰大海被称为塔比斯的山脉。沿海岸线行约一半，到达面向东北方的海岸处，才有人类居住。[①]

“在那里首先遇到的一族人是赛里斯人，他们以其树木中出产的羊毛而闻名遐迩。赛里斯人将树叶上生长出来的白色绒毛用水弄湿，然后加以梳理，于是就为我们的女人们提供了双重任务：先是将羊毛织成线，然后再将线织成丝匹。它需要付出如此多的辛劳，而取回它则需要从地球的一端翻越到另一端：这就是一位罗马贵夫人身着透明薄纱展示其魅力时，需要人们付出的一切。[②]

---

① 对这一段文字和前一节梅拉的记载进行比较，可以清楚地看到，这两位作者的材料同出一源。

② 塞尼加措辞更犀利：“我看这种赛里斯衣服，穿来极不庄重。如果坚持说是衣服，它既不能保持妇女的体温，有不能掩护妇女的羞耻，如裸体一般。” *De Beneficiis*, vii, 9.［参见 Hirth, *China and the Roman Orient*, p. 259。］

从这些文字来看，当时罗马人喜爱的并不像后来从中国进口的锦、锻之类（转下页）

（接上页）我们称为豪华丝绸的东西，而是丝纱（gauzes）。丝纱的价值在于它无与伦比的精致。数世纪之后人们对中国丝绸最普遍的评价，仍以精致为其特点，这一点可由阿布·赛义德的著作看出。赛义德说中国主事官员穿着"质量最优的丝服，这种丝绸从未输入阿拉伯"。为了说明丝服的质量，他讲到一个故事：一位皇宫官员的胸膛上生长着的斑痣，引起一位阿拉伯商人的好奇心，这颗斑痣透过他穿的数层丝服仍清晰可见；事实上这位官员身上穿着五件此种质料的丝袍（*Relation*, i, p. 76）。在印度也有关于达卡妇女的类似故事。一个故事说的是，阿克巴责难一位宫女，因她穿的衣服透明而显得猥亵。为了替自己辩护，这位宫女向阿克巴证明，她穿了九件被称作"风织成"的衣裳。

这里译出的普林尼的这段文字，加上另一段将要提到的文字，使许多作者从令人敬重的著作中做出一种论断（但我认为完全没有凭据），认为希腊人、罗马人将中国厚实的丝绸拆开，用这种材料织成轻丝纱。譬如，Lardner, *Cyclopaedia*, pp. 5, 6和*Encydopaedia Brtanica*,（7th ed., "silk"）中对丝绸生产的论述中即有此种论断。Smith, *Dictioary of Greek and Roman Geography*, "Serica"条说："普林尼记载，科斯岛（Cos）一位名叫潘菲拉（Pamphila）的希腊妇女，首先发明了拆开坚实的丝料、加工成精细如蛛网般轻盈的衣服的方法，这种衣服以'科斯衣'（Coae Vestes）而闻名于世。"

这里提及的普林尼的记述，全文如下（xi, 25）：

"此外还有第四种蚕（Bombyx），产于亚述，体积比我们已经谈及的那些蚕大些。这种蚕以泥土造巢，巢的表面有一层盐渍，巢体粘固于石头上；巢体坚硬，用带尖的工具几乎也难以戳破。它们在巢中产出的蜜比蜜蜂多，巢的蛴螬分布均匀，体积也较蜂螬为大。

"26. 还有一种蚕以另一种方式从一种更大的蛴螬中产生、发育出来，这种蛴螬有两只特殊的角。从这种蛴螬中，它首先演变为一种毛虫，然后变成叫作bombylius的动物，再变为necydalus，六个月时变成蚕。这种蚕像蜘蛛一样织出丝网，这种丝网被利用来制作女性服装，并以'秦那丝'（bombycina）之名显示奢华。将这种丝网拆开然后再加工成布匹的方法，是由凯奥斯岛（Ceos）拉图斯（Latous）的女儿、一位名叫潘菲拉的妇女首先发明的。让我们不要埋没了她的功绩，是她发明了一种方法，让女人们虽穿着衣服但仍为裸体！

"27. 据说，在科斯岛上，由于大地温暖的气候对柏树、松树、梣树或栎树花的作用，当它们被雨水冲落时，也生出一些蚕。这种生灵的最初形状似蝴蝶，形态小、裸露；由于冷温的影响，它长出一片粗糙的皮；为了抵御冬天的寒冷，它用脚从树叶上采集软毛为自己建造起一个厚厚的外壳，这个外壳能够保护它渡冬。它以爪子对这种材料进行梳理并把它拉成细丝，将细丝从一条树枝扯到另一条树枝上，然后抓住这条丝将它绕身体盘缠，直到身体完全裹卷在缠成的巢内。人们将这些动物采集起来，放置于盛（转下页）

（接上页）有暖糠的陶器，暖糠促使这些动物生出新的羽毛，长满羽毛的动物将从事其他活动。这些动物织成的毛绒状的网用水濡湿，便容易拆开并缠在芦苇秆上。以这种原料织成的纺织品，甚至被男人们毫无廉耻地用来制作夏日轻盈的衣衫。过去我们曾身披锁子胸甲，现在我们却是如此堕落，甚至穿一件外衣都成为大负担！不过，现在我们把亚述蚕丝产品留给了女人们。"

对于这些文字，我们可做一些评论：

（1）§ 25 中关于蚕的记述似乎主要取自亚里士多德的《动物史》（*De Animal Hist.* v. 24），指的是某种石蜂。普林尼文中的"亚述出产的"（in Assyria proveniens），全然不见于亚里士多德著作。上文末尾再次提到的"亚述蚕丝"（Bombyx Assyria），似乎与某种纺织品有关。普林尼对亚述蚕丝为何物，未做解释。

（2）在§ 26中，潘菲拉的发明和某种丝网的蚕被归于凯俄斯岛；在§27中另一种可以纺织的丝（其历史也颇异常）则被归于科斯岛；如下所述，亚里士多德说潘菲拉属于科斯岛。难道普林尼所记述的内容不仅仅是同一事件的两个独立说法？

（3）在§26中，普林尼的话redordiri rursusque texere 与文中译出的有关赛里斯人段落中使用的词语完全一致，似乎只是矫饰之词，只不过表示将sericum 和bombycinum从自然结成的网结中梳理出来，并缠卷在卷轴上（普林尼想象如此），然后再将它们缠在织布机上。此点无疑可由一个事实加以说明，即§ 26只是译释亚里士多德（*De Ani.Hist.*, v, 19）的记载。亚里士多德在谈到各种昆虫的变化过程时说："（这种昆虫）生自一种大蛴螬，这种蛴螬好像有几个形态各异的角，由于这种蛴螬的变形，（昆虫）首先变成毛虫，然后变成蚕（bombylius），最后变成necydalus。六个月中它经历所有这些变化。从这种生灵身上女人们剥解并缫出'秦那丝'，然后将丝织成布。据说第一个用这种原料织布的人是科斯岛上普拉特（Plates）的女儿潘菲拉。"不管"秦那丝"意为何物，这里显然提到对外国纺织品拆开（进行加工）的问题。普林尼的说法似乎完全是以雄辩术为依据的虚构。["必须承认，只要我们没有弄清普林尼所说的talae araneorum modo textae 是何种织物，我们就可以假定'拆开重织'的原料可为蚕茧，也可为压成束的生丝。不过，在我看来，《魏略》中的记载和马端临对它的补充，已充分肯定了普林尼所的记载。看起来，两处记载中提到的'胡绫'所代表的纺织物与塞尼加所说（见前文）的薄纱是同一事物。"Hirth，前引书，p. 259。]但库维尔（Cuvier）认为，§ 27中所作的描述是错误的，它显然指的是某类蚕，这种蚕由于中国蚕的引进而被取代（见Didot编辑普林尼记载时引用的库维尔的注释）。的确，关于这种亚述蚕（Assyrian Bombyx），我们从泰勒（Consul Taylor）的记述中了解到，底格里斯河畔贾齐拉（Jazirah）地方的妇女仍然在采集野蚕丝用以制作衣服（见*J. R. G. S.*, xxxv, p. 51）。

198 “赛里斯人举止温文敦厚,但就像其树林中的动物一样,不愿与人交往,虽然乐于经商,但坐等生意上门而绝不求售。”(vi, 20)

接下来讲到塔普罗巴奈(Taprobane),他说:“以上所述是我们从古人那里了解到的情况。克劳狄乌斯(Claudius)执政时,

199 该岛使节到达罗马,我们有机会获得更准确的消息。一位名叫安尼乌斯·普洛卡穆斯(Annius Plocamus)的获释奴被帝国财室派往红海地区征收海关税,航绕阿拉伯半岛后,被风暴吹过了喀尔曼尼亚(Carmania),第十五日时停泊在希布里(Hippuri)[①]。在这里,他受到该岛国王的盛情款待,逗留六个月。他学会当地语言回答国王的提问,向国王讲述了凯撒和罗马人的所有故事。国王看到带到该岛的罗马钱币,上面的头像显示,它们是由不同的君主所铸造,但却为同一重量,由此他知道我们做交易时的准确性。在国王从罗马人听到的所有事物中,这一点给他的印象最为奇妙。这位罗马人极力劝促国王与罗马人建立友好关系,国王

200 派出四名使节前往罗马,为首者名叫拉齐阿斯(Rachias)[②]……这些使节还说,该岛面对印度的一侧,向东南方向延伸达10 000节(stadium)。赛里斯人居于伊摩都斯(Emodus)山以外,该岛上的人曾见过他们,以通商之故为我们所了解。拉奇阿斯的父亲曾到访过赛里斯国,而这些使节也曾在游历中遇见过赛里斯人。使节们描述说,赛里斯人身材高大,超乎常人,红发碧眼,说话声

① 坦南特说,此即锡兰西北部、现今的库德拉马利(Kudra-mali),距马纳尔(Manaar)珍珠河畔不远(i, 532)。[见普林尼和托勒密关于锡兰的记述。Donald Ferguson, *Journ. R. As. Soc.*, July, 1904, pp. 539–541.]

② 有关这个名字的解释,见Tennent, *Ceylon*, i, 532–533。

音沙哑，没有共同的语言与之沟通。使者所述其他情况，与我国商人所述完全相合。运往彼处的商货放置到一条河流的岸边，与赛里斯人出售的商货并列；赛里斯人如对交易感到满意，则携走货物。事实上，赛里斯人做生意时似乎对出售的奢侈品并不重视，他们对商货流通之对象、目的地和结果似已了然于心。"[①]（vi, 24）

在稍后的一段文字中，普林尼讲到古代风习的简朴，然后说：

"因此，人们愈益诧异，（现在）何以与初始如此殊异。现在我们已经看到，人们凿开整个山峦以挖取大理石，远赴赛里斯国以寻取衣料，深入红海渊底探寻珍珠，钻入大地深处挖取宝玉！不仅如此，人们又萌生出穿耳悬宝的念头，似乎以宝石制作项链头冠乃区区小事，必至穿皮凿肉置宝石于其内方为惬意！"（xii, 1）

又说：

"阿拉伯海更为幸运，它向我们提供珍珠。以最低的估算，从我帝国每年流入印度、赛里斯和阿拉伯半岛的财富，合计达一亿赛斯特（sesterces）。这就是我们的奢侈风气和女人行为让我们付出的代价！"（xii, 41）

① 我无法解答这段文字中的各种难题，目前我还没有看到令人满意的解释。撇开"红发碧眼"不谈，很难想象中国人进行过这类哑市贸易。就所知的其他事例论，哑市贸易只存在于参加贸易的一方文明程度极低的情况下。亚洲的大多数国家包括蒙古（Huc and Gabet, 112），可能还有中国，都确曾或多或少地盛行过哑市贸易，我指的是，买卖双方的交易方式是，围巾下彼此拉拉指头而一言不发。关于赛里斯贸易的各种故事是源于这种习惯吗？

202 五、包撒尼亚斯《希腊道程》节录

（约公元174年）

“艾利斯国（Elis）不仅物产富饶，而且盛产卑苏斯（Byssus）[①]。大麻、亚麻和卑苏斯皆有种植，其地壤适于这些植物生长。但是赛里斯人用来作衣料的丝线，不是长自植物，而用其他方法获取。在赛里斯国有一种虫子，希腊人称之为‘赛儿’（Sér），但赛里斯人不称之为‘赛儿’，而另有他名。这种虫子的体积相当于最大甲虫两倍之大，但在其他方面，则类似于树上织网的蜘蛛；且像蜘蛛一样拥有八只足。赛里斯人喂养这些小动物，为它们建造了分别于夏、冬两季居住的房舍。这些虫子生产的细丝缠绕于它们的腿上。赛里斯人先以小米喂养它们四年，第五年（赛里斯人知道这些小动物寿命不会更长了）便喂它们一种绿芦苇饲料。这种绿芦苇是这些虫子最喜欢吃的食料；它们食绿芦苇过量，饱胀身裂。赛里斯人便从这些虫子的体内得到丝线。[②]

“据说赛里亚（Seria）是厄立特里亚海（Erythraean Sea）凹处的一个岛屿，但有人告诉我，不是厄立特里亚海，而是一条叫作赛儿的河流造就了这个岛屿，其情形正如埃及三角洲处于尼罗河

---

① 棉花？

② 这一记载虽然有错误，但似乎出自真实的报道，不过后来又被误解和歪曲。“夏、冬两季居住的房舍”似乎是指中国人在调节育蚕房舍温度所进行的管理；而“五年”的说法是五期之意，是对丝蚕一生四次蜕变的误解；吐丝季节喂养丝蚕的芦苇可能指灯芯草条，中国人以此作为蚕茧作丝的凭托。（Lardner, *Cyc. Silk Manufacture*, p. 126.）

而非由海所包围一样。赛里斯人为埃塞俄比亚种,占据了邻近的阿巴萨(Abasa)和萨卡亚(Sakaia)岛。但也有人说,他们根本不是埃塞俄比亚人,而是斯基泰人和印度人的混血种。这就是人们告诉我的事情。”(vi, 26)

203

六、马赛利努斯《历史》节录

（约公元380年）

“在斯基泰两部落以远、向东的地区，赛里斯国为高山所环绕，形成连绵不断的屏障。赛里斯人就安居于这块富饶而广阔的平原上。西与斯基泰人接壤，北和东部毗邻人迹罕至的莽莽雪野，南部疆界则延伸至印度和恒河。环绕赛里斯国的高山称作安尼瓦山（Anniva）、纳扎威修姆山（Nazavicium）、阿斯米拉山（Asmira）、伊模敦山（Emodon）和奥普罗卡拉山（Opurocarra）。四周为陡峭悬崖所环绕的赛里斯平原，有奥恰尔德斯（Oechardes）和鲍提斯（Bautis）两条河流贯流其上，河流平阔，水流潺潺，河道蜿蜒。赛里斯人于极为安宁静谧的生活中度日，甚至不动用武器、诉诸战争。性喜安静平和，以恬静的生活为最大的乐趣，所以从不扰挠邻国。赛里斯国气候迷人，空气清新健康；天空晴朗，和风习习；森林广袤，人行其中，仰视不见天日。

“赛里斯国森林中出产一种毛，其人经常在这种毛上洒水，然后梳理成精细丝线。这种线半似羊毛纤维，半似黏质细丝。将这种纤维加以纺织即成丝绸。从前丝绸仅限于贵族穿用，现在所有人等，甚至最为卑贱之人，也毫无分别地穿用了。赛里斯人性习俭约，于平和中读书度日，避免与他人接触。外国人渡过河去，到他们那里购买丝绸或其他商货时，仅以目光议定价格，并不交谈。赛里斯人生活中无所缺乏，所以他们愿意卖掉自己的产品，但并不向他人购买东西。”（xxiii, 6）

七、普罗可比《哥特战争》记蚕种传入罗马帝国

（公元500—565年）

“大约在同一个时候，几位来自印度人（居住区）的修士到
达这里，获悉查士丁尼皇帝心中很渴望使罗马人此后不再从波 204
斯人手中购买丝绸，便前来拜见皇帝，许诺说他们可设法弄到丝绸，使罗马人不再受制于波斯人或其他民族，被迫从他们那里购买丝货；他们自称曾长期居住在一个有很多印度人、名叫赛林达（Σηρίνδα, Serinda）的地区。在此期间他们完全弄懂了用何种方法可使罗马国土上生产出丝绸。查士丁尼皇帝细加追寻，问他们如何保证办成此事。修士们告诉皇帝，产丝者是一种虫子，天性教它们工作，不断地促使它们产丝。从那个国家将活虫带来是不可能的，但可以很容易很迅捷地设法孵化出活虫，因为一个丝蚕一次可产下无数蚕卵；蚕卵产出后很长时期，以厩粪覆盖，使之孵化——厩粪产生足够热量，促成孵化。修士们做如是解释后，皇帝向他们承诺，如果他们以行动证明其言不妄，必将酬以重赏。于是，教士们返回印度，将蚕卵带回了拜占庭。他们以上述方法培植蚕卵，成功地孵化出蚕虫，并以桑叶加以饲养。从此以后，养蚕制丝业在罗马领土上建立起来。”[①]（iv, 17）

佐纳拉（Zonaras, *Annals*, xiv, vol. ii, p. 69, Paris, 1687）

① Προκόπιος, *Ιστορία τών πολέμων*, Αθήνα, 1996, VII, xviii, 1–7. ——译者

继普罗可比之后记述此事，说，在此之前罗马人不知蚕丝如何生产，甚至不知丝乃蚕所吐。

赛奥凡尼斯记载同一事件（6世纪末）

“查士丁尼执政时，某一位波斯人在拜占庭展示了（丝）蚕孵化之法。此前罗马人对这件事一无所知。这位波斯人离开赛里斯国时，以手杖盛蚕卵，将它们带走，安全地携至拜占庭。春天告始，他将蚕卵置于桑叶上。蚕以桑叶为食。蚕虫食桑叶后长成带翅的昆虫，并完成其他任务。后来查士丁尼皇帝[①]让突厥人观看育蚕吐丝之法，突厥人大为吃惊，因为当时突厥人控制着赛
205 里斯人经常出入的市场和港口，这些市场和港口从前曾为波斯人所控制。厌哒（Ephthalites）王爱甫萨拉奴斯（Ephthalanus）（厌哒族名实由该王名字转来）征服卑路斯和波斯人。波斯人丢城失地，厌哒人攘而夺之。[②]但稍后突厥人又征服厌哒人，夺取这些地方。”（Müller, *Fragmenta Histor. Graec.*, iv, 270。）

① 按：误。此事发生在568—569年，当时在位皇帝是查士丁二世（565—578年），非查士丁尼一世（527—565年）。——译者

② Perozes（Firoz）458—484年在位。从其他希腊作家搜集到这些事件。见Lassen, ii, 773。

这里提到“赛里斯人经常出入的港口”，是非常引人注目的，我相信，这是说明赛里斯人为航海民族的唯一证据。如果这种表述可以信赖的话，那么，其中提到的港口必定位于信德（Sind）地区。我们已经看到，有记载证明稍后一些时候，中国人已到信德经商（*supra*该书前文，p. 87）。所以这段记载就成了考定赛里斯人和中国人为同一民族的最后一个环节。

八、弥南德《希腊史残卷》所记突厥可汗和拜占庭皇帝之间的交往*

（公元6世纪末）

［残卷10，1］

“查士丁皇帝在位第四年初[①]，突厥使团抵达拜占庭。随着突厥势力日益强大，原为哌哒[②]臣属、现转归突厥统治的粟特人（Sogdians），请求突厥王派遣一个使团到波斯，要求波斯人准许粟特人在波斯境内通行，将生丝卖给米底人[③]。西扎布鲁（Sizabulus）[④]同意这一请求，派出以马尼亚克（Maniakh）为首 206

* 此译文参酌R. C. Blockley, *The History of Menander the Guardman*, Liverpool, 1985一书中最新英译及希腊文原文，根据需要补充了一部分注释，裕尔原注悉数保留。——译者

① 即568年末至569年初。Blockley, *ibid*., p. 262. ——译者

② ［哌哒（Hephthalites或作Ephthalites）以白匈奴见称，其王曰厌带夷粟陀，族名由此而来，516年曾遣使中国献方物。中国史家称，哌哒属大月氏，来自金山（阿尔泰山），居于于阗之西。是否为大月氏支系，颇可疑。初曰滑国，属蠕蠕；5世纪势力渐强，成为波斯邻国；500年两国以巴里黑之西的Talikhan为边界，都城在哈烈附近的Badhaghis。563—567年哌哒亡于西突厥。［见该书前文，p. 59］—— Specht, *Études Sur l'Asie centrale, J. As.*, 1883. Chavannes, *Tou-kiue*.］

③ 按：裕尔本作Persia，原文作Μήδοις（Medes）；米底位于波斯帝国西北部。——译者

④ 根据中国史书记载，此时的这位突厥大可汗是木杆可汗。还有一位被中国史书称作Titeupuli的大首领，据称此前几年他曾随木杆可汗出征中国。很难不将这个名称与Dizabulus联系起来，但是史书又清楚地说后者是最高首领，所以，将他考定为木杆还是Titeupuli，德经有些犹豫不定（ii, 380—385）。［沙畹教授在*Tou-kiue*, pp. 227-228中有一段文字论述Silzabulu（Dizabul）之名。他认为此名来自专用名词Sin和（转下页）

的粟特使团前往波斯，拜见波斯王，请求准许粟特人在波斯自由贩卖生丝。波斯王对此要求极感不快，不愿意让突厥人自由进入波斯境内，所以拖至次日不做答复，并一拖再拖。数度拖延后，

（接上页）一个称号Jabg，即Sinjabgu；Marquart, *Êranšahr*, p. 216认为，Sizibul即Syr-jabgu，意为“锡尔河地区的人民”。]

弥南德《希腊史残卷》又记载十二年后提比里乌斯二世遣瓦伦丁出使突厥。这段记载中出现Tardu和Bochanos之名。在汉文资料中，这两位突厥首领作“达头可汗”和“阿波可汗”。（Deguignes, i. 226, 227, ii, 395, 463.）[西突厥先祖是讷都陆（Na-tu-lu）之孙吐务（见前文，p. 58），讷都陆有两子，曰土门和室点密：达头是室点密之子，木杆乃土门之子。木杆在位二十年，于572年死；木杆之子是大逻便，即阿波可汗。见Chanannes, *Tou-kiue*, p. 47以下。]

按：Sizabulus，希腊文Σιζάβουλος，又作Silzibul，讹作Dizabul，即阿拉伯史料中的Sinjibu。现在学界一般认为即突厥可汗Istämi，汉文史籍称为室点密。见G. Moravcsik, *Byzantinoturcica*, vol. 2, Berlin, 1958，p. 275以下。旧注释者将此名考为木可汗，非是。〔法〕沙畹：《西突厥史料》，冯承钧译，中华书局1958年版，第201—202页所论颇详：“此可汗初视之似为木杆可汗，缘其人为553年至572年间之可汗，且《隋书》卷84亦有‘木杆勇而多智，遂击茹茹（蠕蠕），灭之，西破挹怛（哌哒）’之语也，第木杆为东突厥可汗，又为西突厥之最高可汗，则得以其在位时之胜利属之，而不必为木杆本人。吾人对于Silziboul一名，尚有法确定其为何人。弥南德《希腊史残卷》三记有Dilziboul之名。当576年Valentin奉使之时，Tourxanth之父Dilziboul死，则其人不得为木杆，盖木杆殁于572年也。此外又谓Tourxanth为Tardou之异母兄弟，此Tardou必为中国载籍之达头，由是观之，并为达头之父之Dilziboul，应为室点密矣，试再进而考究此Dilziboul或Silziboul之名，可以证明其适宜于室点密。按弥南德之Silziboul与陀拔纪年之Sindjibou两名之后半Ziboul或Djibou者，应为Theophanes所志627年共东罗马帝Heraclius同盟之突厥曷萨（Turcs Khazars）首领Ziebel、亚美尼亚史家（Moise de Caghan Kaitouk）之Djebou、与夫谷儿只（Georgia）纪年中Djibghou诸名之同名异译，显为突厥之叶护（jabgou）官号，则627年之Ziebel、562年至576年之Ziboul，乃二叶护也。故室点密为562年至576年间之西突厥首领，而叶护又为西突厥诸可汗之世袭官长，其为东罗马人与大食人所知，是又无足异也，由是观之，弥南德之Silziboul、陀拔纪年之Sinduibou，皆为室点密矣。所余者，Silziboul可Sindjibou二名前半之sil或sin之解说而已。吾人于此只能设为假定，意者sil或sin，如同统叶护一名中之统，皆为人名，则Silziboul得为Sinjabgou矣。”——译者

粟特人仍坚持要求给与答复，库斯老（Khosroes）[①]召集臣僚讨论此事。哌哒人喀图尔富（Katulphus）因哌哒王奸污其妻而背叛其族人投向突厥人，不久又离开突厥人投往米底人，此时他劝波斯王决不可使粟特丝绸自由出入，而应将它买下，付给公平的价钱，当着突厥使团的面将它焚毁，以示波斯王行事公正，同时表明波斯王不愿使用来自突厥的生丝。于是生丝被烧掉，粟特使团回国，对出使波斯间发生之事怏怏不快。

“粟特人告知西扎布鲁波斯人所为，西扎布鲁又向波斯派出第二个使团，因为他极欲在波斯和本国之间建立友好关系。第二个突厥使团到达波斯，波斯王与高级官员及喀图尔富讨论后认定，斯基泰人生性不仁不义，[②]与突厥人建立友好关系，完全违背波斯的利益。波斯王遂命令毒死一些使团成员，以阻止他们此后不再前来。除三四人幸免外，突厥使团大多数成员被鸩杀，因食物中掺入致命毒药；同时波斯王又让人在波斯人中散布消息，

说突厥使者不适应波斯燥热气候，窒息而死，因为突厥国土常年 207
为冰雪覆盖，所以远离寒冷气候即无法生存。虽然幸免者难免怀疑其中别有原因，但回国后仍像波斯人一样散布同样的消息。然而，西扎布鲁精明聪慧，明白发生的一切，意识到使者乃死于阴谋的真相。于是波斯和突厥人之间衔恨交恶。

“粟特首领马尼亚克趁机向西扎布鲁进言，建议他为突厥利益计而与罗马人建立友好关系，将生丝售给他们，因为罗马人对生丝

---

① 即库斯老一世（531—579年），绰号“高贵的灵魂”。——译者

② 这里的“斯基泰人”并非特指突厥人，而泛指斯基泰地区所有的游牧民族。见Blockley, p. 262 n.116。——译者

的消费多于他国。马尼亚克又说，他本人非常愿意随突厥使者一同前往罗马帝国，以促成罗马人和突厥人建立友好关系。西扎布鲁赞同这一建议，遣马尼亚克及其他一些人作为使者，携带珍贵生丝并国书前往罗马帝国，拜见罗马皇帝，传达问候和致意。

“马尼亚克携突厥王信函一路长途跋涉，翻越崇山峻岭，跨过平原、草地、沼泽和河流，穿过高加索山，最后到达拜占庭。他进入宫殿，拜见皇帝，一切依友好礼节行事；向受命迎接他们的官员呈上国书与礼品，恳求勿使此行徒费辛劳。

“突厥国书以斯基泰文字写成，[①]罗马皇帝通过译官读过国书后，盛情款待突厥使团，然后询问使者：突厥人之政府如何组织、其国位于何处。突厥使者告诉皇帝，其国分为四部，但统治全国之权为西扎布鲁一人独揽[②]。又告诉皇帝，突厥已征服哌哒，使之臣服。皇帝于是发问：‘那么，你们已经征服哌哒全国了吗？’使者回答：‘已全部征服。’皇帝又问：‘哌哒人居住于城市还是乡村？’回答：‘陛下，哌哒人居于城市。’‘那么，’皇帝说，‘你们显然已占领那些城市啦！’回答：‘确实如此。’皇帝说：‘告诉我们，有多少阿瓦尔人（Avars）叛离突厥，是否还有阿瓦尔人归突厥

① 这里的斯基泰文字究为何种文字很难确定。有人以为即古突厥文字（E. Cahun, *Introduction à l'histoire de l'Asie*, Paris, 1896, p. 112），但弥南德从未以“斯基泰”专指突厥，且东罗马帝国中能找到精通突厥语的译员，也是异乎寻常。“斯基泰文字”可能泛指中亚的某一种语言文字，果如是，则可能是粟特语。参见Blockley, *The History of Menander the Guardman*, p. 263。——译者

② 其意指西扎布鲁为西突厥四部之最高可汗。J. B. Bury, *The Turks in the Sixth Century, E. H. R.* 12（1897）, pp. 417–426认为，四部为Kipchakh, Kalakh, Kanki和Karluk。另参见Cahun，*l.c.*，pp. 112以下；Blockley，*l.c.*，p. 263。——译者

统治。’‘陛下，还有一些仍然依附于我们。逃跑的阿瓦尔人大约有两万人。’于是使者详列归属突厥统治的部落，请求罗马皇帝为罗马人与突厥缔结和平，建立两国防守联盟，并称突厥人愿意为罗马帝国效力，击退入侵罗马帝国领土的敌人。说这些话时，马尼亚克和他的同伴们举起手，庄严宣誓，称所说一切均为真情实言，如果所言虚妄，灾难将降临到他们，乃至西扎布鲁及整个突厥人身上。如此，突厥人成了罗马人的朋友，与我国家建立了友好关系。”

［残卷，10，2］

“突厥人从前被称为塞迦人（Sacae）[①]。他们派遣使团前来缔结条约时，查士丁皇帝决定派一个使团到突厥去。他命当时帝国东部诸城的总督西里西亚人蔡马库斯（Zemarchus the Cilician）前往，完成此项使命。查士丁在位的第四年末、十五年纪期中的第二年，八月初，长途旅行所需要的准备工作已经就绪，蔡马库斯与马尼亚克及其同伴从拜占庭动身前往突厥[②]。”

208

［残卷10，3］

“蔡马库斯和他的同伴经过多日长途跋涉，到达粟特境内。使团成员下马处，一些突厥人持铁前来出售。其人此举显系受命

① 塞迦一名，见于希罗多德《历史》中，是波斯人对居于绿洲以后的中亚游牧民族的泛称。——译者

② 即569年8月。“十五年纪期”指罗马帝国君士坦丁皇帝以后实行的以十五年为一期的财政税定额征收制度。——译者

而为，我认为，其目的是显示其国富有铁矿。据说其人得铁并非易事。故可推见，向人售铁是为了炫耀其国产铁。[①]

“突厥部落中又有一些人前来，他们宣称自己是驱魔之人。这些人走近蔡马库斯及其同伴，将所有行李拿起，置于地中央，然后点燃香树枝，以斯基泰语诵起野蛮人的咒语，同时摇铃击鼓，造成鼎沸喧天之势，在行李上方挥舞着燃烧的香树枝，发出噼啪的爆烈声；其人陷于一种癫狂状态，形似疯狂，表示他们正在驱逐恶魔。他们认为，经过这种仪式，人们就避开了魔鬼，不再为魔鬼所附。驱魔仪式完成后，他们让蔡马库斯从燃烧的火堆走过，驱魔之人也如此行事，认为这样自己也被净化。[②]

209 “驱魔仪式完毕，使团随奉命前来迎接的人员前往可汗的住处。可汗居于一座名为艾克塔（Ektag）的山上，希腊语意为‘金

① 这种行动也许有另外不同的含义。根据德经发现的汉文史料，此前不久建立突厥汗国的部落曾长期居于阿尔泰山，为蠕蠕汗之锻奴；突厥诸汗命令每年举行锻铁仪式，以示不忘突厥本源。突厥人向拜占庭使节献铁，可能含有同样的意思（Deguignes, ii, 350, 375）。[5世纪时，极为强大的蠕蠕于552年被突厥击败，其中一部逃到中国的魏朝，另一部逃往拜占庭。在西方历史中蠕蠕以阿瓦尔人见称。见Chavannes, *Tou-kiue*, p. 230.]

② 柏朗嘉宾及其伙伴出使拔都帐廷时，蒙古人告诉他们必须自两堆火中间走过，因为这可以驱除其心中的恶念，或使其可能携带的毒药无效。在另一处，柏朗嘉宾写道：“简言之，他们（蒙古人）相信，火可以净化一切东西，所以，当使者来到他们中间，或拜见其首领或其他人时，使节们及其所带礼品都必须自两堆火中间通过，以驱除带来的妖魅或毒物。”（pp. 744, 627）1289年波斯阿鲁浑汗的大使布斯卡莱尔（Buscarel）出使法国，向法王递呈的阿鲁浑汗的信函及法文照会（二件均藏法国档案馆），其中曰：“你读完此信或其他文件时，请你下令，以你们朝廷的风俗习惯所要求的尊敬心情读完它，不要付之以炬。”（Rémusat, *Mém de l’Acad. Insc.*, vii, 432.）

山’。蔡马库斯一行发现,西扎布鲁当时的庭帐坐落‘金山’[①]河谷中。使团到达后,立即被召唤拜会西扎布鲁。西扎布鲁居于帐中,坐于两轮金椅上,金椅在必要时可由一匹马拉动。蔡马库斯依突厥礼仪向这位蛮人致礼,向他献上礼品,司礼官接受礼品。

“蔡马库斯致辞说:‘万民之主、吾皇陛下,通过我,他的使者,向您致意:愿我们的朋友、对罗马帝国友善的大汗陛下福运永久,万事亨通;愿陛下对敌战无不胜,所向克捷;愿毁坏友情的嫉妒之火远离我们。我视突厥及其属民为友朋,愿突厥亦视我为友邦。’蔡马库斯做如是说,西扎布鲁亦做相似的答复。

“宾主双方入席,欢宴竟日。西扎布鲁所居帐中悬饰各色丝绸。所饮用的酒不似我们以葡萄酿造,因其地不出产葡萄,亦不饮葡萄酒。他们饮用野蛮人制造的一种甜酒[②]。欢宴完毕,使团成员回到突厥人为他们安排的住处。

“第二天又在另一帐相聚,此处同样饰以五颜六色的丝绸,内有不同形态的雕像,西扎布鲁坐于黄金制造的床上,[③]中央有

① Ek-tag 或作Ak-tagh,应为“白山”,可能指阿尔泰山;蒙古人称阿尔泰山为金山。阿尔泰山是突厥人祖地,但阿尔泰山的位置距此太远。[见Chavannes, *Tou-kiue*, p. 236]由此记述可推论,西扎布鲁汗廷位于怛逻斯以远地区,因为使团随西扎布鲁出征波斯时路经此地(见下文)。西摩卡塔说,突厥人古法规定,突厥可汗中势力最雄壮者掌控金山(vii, 8)。[见p. 201.]

② 无疑即Darassun;见附录十七《沙哈鲁出使记》。按:Darassun即中国米酒。——译者

③ 鲁布鲁克也记载,拔都“坐于宽大、镀金、状若睡床”的宝座上(p. 268)。

金制瓶、壶、罐，[①]其人再设宴席，宴间吵闹嬉说，如此方罢。[②]

210 “第二日又换一帐聚会。内有饰金木柱，一金床以四孔雀负载[③]。帐前有一大排马车，满载银器、银盘、银碗，及大量银制动物肖像，其质量不在我们制造的器具之下；突厥统治者竟如此富有！

“蔡马库斯一行在突厥驻留时，西扎布鲁决定让蔡马库斯率20人随他出征波斯，其他人返回货利泰（Kholiatai）[④]，等待蔡马库斯返回。西扎布鲁厚赠返程的罗马人，将他们送走；又将俘获的一位Kherkhis[⑤]女奴送与蔡马库斯。于是蔡马库斯随西扎布鲁往征波斯。

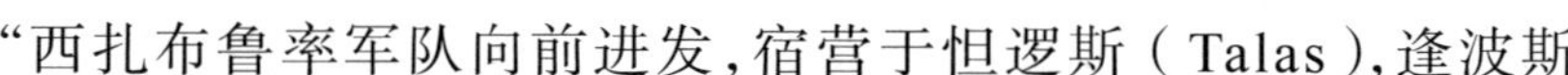
“西扎布鲁率军队向前进发，宿营于怛逻斯（Talas），逢波斯

① “营帐的入口处有一长凳，上有忽迷思（Kumis，一种发酵的马奶），及金、银制的大高脚杯，与一些宝石放在一起”（*ibid.*）。又见《沙哈鲁出使记》。

② 这种连续宴饮的习惯恰与柏朗嘉宾和鲁布鲁克记载的蒙古宫廷习俗相符。柏朗嘉宾记述贵由汗正式登基时的情形说，登基宣誓仪式完毕，“蒙古人便开始饮酒，按照他们的习惯，一直宴饮到傍晚时分才罢”（p. 758）。鲁布鲁克对他留居蒙哥汗廷的记述，也以浓笔重彩回忆当时的宴饮。人们看到苏丹巴伯尔（Sultan Baber）如何嗜酒如命。

③ 大概是德里孔雀宝座的先驱。

④ 或作Chliatae。Kallats、Kanklis、Kipchaks和Kharliks被认为是突厥四部落，其祖先为乌古斯汗（Oguz Khan）。（Deguignes, ii, 9.）

这四个部落是马尼亚克向罗马皇帝所介绍的突厥四部吗？

不过，德经将Chliatae考订为里海和咸海中间地区北部的康格里（Kangli）（ii, 388）。St. Martin评Lebeau, *History*说，10、11世纪时俄罗斯称里海附近的突厥与芬（Fin）族人为Khwalis人，称里海为Khwalis海。（*Hist. du Bas. Empire*, 1828, x, 61.）

⑤ 此女人可能是Kirghiz（黠戛斯人）或Cirassian（色尔克斯人）。圣·马丁认为后者为是。（*ibid.*）

使者前来求见，西扎布鲁邀波斯使者并蔡马库斯同进宴席。[①]宴席之上，西扎布鲁对罗马使者优礼有加，使其坐于上位；历数波
斯人的过错及对自己的伤害，因此对波斯兴师问罪。[②]西扎布鲁 211
情绪激昂，声色俱厉，波斯使者亦不顾宴会上保持沉默的礼俗，奋起抗辩，力驳西扎布鲁的指责，全无惧色。在场之人对于波斯使者动怒无不震惊，因其不顾礼节，用辞激烈。事态至此，彼此离去，西扎布鲁准备进攻波斯。

“西扎布鲁召来蔡马库斯一行，重申愿与罗马人修好，然后遣罗马使团回国，又遣另一使者随罗马人一并前往。前次出使罗马的使节马尼亚克已经去世。马尼亚克的继任者名叫达格玛（Tagma），官职为达干（Tarkhan）[③]。西扎布鲁派他为使节出使罗马，随行者有已故马尼亚克的儿子。虽然他还很年轻，但已承袭其父称号，位置仅次于达格玛达干之后。在我看来，这位年轻人之所以能承继他父亲的称号，是因为其父马尼亚克一直对西扎布鲁忠心耿耿。

“蔡马库斯一行离开西扎布鲁，追上先期动身并在约定地点等待他们的罗马使团成员，两部分人马汇齐，踏上回国路程。他

① 约六十年之后，自中国去印度朝圣的玄奘和尚在怛逻斯遇到突厥大可汗，即西扎布鲁的继承人肆叶护（Shehu）。玄奘的记载与蔡马库斯的记载颇为相似：“可汗居一大帐。帐以金华装之，烂眩人目。诸达官于前列长筵两行侍坐，皆锦服赫然。余仗卫立于帐后观之。虽穹庐之君，亦为尊美矣。”（《大慈恩寺三藏法师传》）

② 此情景与克拉维约所述发生在撒马尔罕的一幕有同曲之妙。（该书前文，p. 174）在撒马尔罕发生的这一幕中，处在西扎布鲁位置上的是帖木儿，处在蔡马库斯位置上的是西班牙使节，而中国使节则处在波斯使节的位置。

③ 见III, pp. 146–147注。［参见Chavannes, *Tou kiue*, p. 239。］

们离开货利泰的第一座城市后，穿越要塞前行。”

［残卷10，4］

“突厥统治区附近的部落，从突厥人那里[①]听说访问突厥的罗马使团已经到达此境，并由突厥使团陪同返回拜占庭。得此消息后，这些部落的首领请求西扎布鲁，允许他们派遣自己的使者往观罗马帝国，西扎布鲁允其请求。其他部落首领也做此请求时，西扎布鲁均不允，唯同意货利泰部落首领随罗马使团前往。罗马使团接纳之，越奥伊赫（Oech）河前行，跋涉长途后抵达一大湖[②]；蔡马库斯一行在此地休整三日，遣乔治（George）先行，向皇帝报告访突厥使团正在返回途中。

“乔治与12名突厥人向拜占庭进发，所经行程全为沙漠，无水供给，但为捷径。蔡马库斯沿大湖有沙渍的岸边前行12日，

212 跨过一些极为难行的地方，[③]来到艾赫（Ikh）河[④]，又进至达伊赫（Daikh）河[⑤]，行经一些湖泊地带后，到达阿提拉（Attila）河[⑥]，

---

① “Κατὰ τὴν Τουρκίαν.”

② 如果这个湖泊是咸海，那么我们就可以认定奥伊赫河就是锡尔河或药杀河。但这与文中所说的货利泰的位置不符。——译者

③ 如果蔡马库斯文中所说的“大湖”是咸海，那么这段文字似乎指的是乌斯特乌尔特（Ust-Urt）高原北部的这段路程。见Blockley, *The History of Menander the Guardsman*, p. 266，n. 142。——译者

④ 可能是恩巴（Emba）河。沙拉夫丁（Sharifuddin）似称之为Tic河。（*Pétis de la Croix*, ii, 95, 129.）

⑤ 即乌拉尔河，康士坦丁七世称之为Iaik（*De Administ. Imper.*, cap. xxxvii.）

⑥ 即Athil，伏尔加河。按：这些河流已被确切地考证为恩巴河、乌拉尔和伏尔加河（Moravcsik, *Byzantioturcica*, Vol. II, Berlin 1958, pp. 78, 116, 143）。Blockey, p. 266, n.143.——译者

此后行至乌古尔族（Ugurs）领地[①]，其人告诉罗马使团，在科芬（Kophen）[②]河畔丛树地带4000名波斯人正设伏以待，准备在他们路过此地时将其擒获。乌古尔首领在这里仍然服从西扎布鲁的统治。他灌满水囊交给蔡马库斯一行，以便他们穿越沙漠时不致受渴。罗马使团渡过这一大片水域后来到一湖边，然后来到科芬河注入的湖区。从这里派人察看是否有波斯人伏击他们。侦察人员搜索观察后，报告没有发现任何波斯伏兵。使团向阿兰人领地行进，胆战心惊、小心翼翼，因为他们非常害怕奥罗穆斯基（Oromuski）部落[③]。”

［残卷10,5］

“蔡马库斯一行来到阿兰人居地，希望与随行的突厥人一起觐见阿兰首领萨罗修斯（Sarosius），萨罗修斯愉快地接见了蔡马库斯及其随员，但拒绝接见突厥使者，除非突厥人解除武装。[④]双方争执达三日，直至蔡马库斯出面调停，突厥人同意萨罗修斯

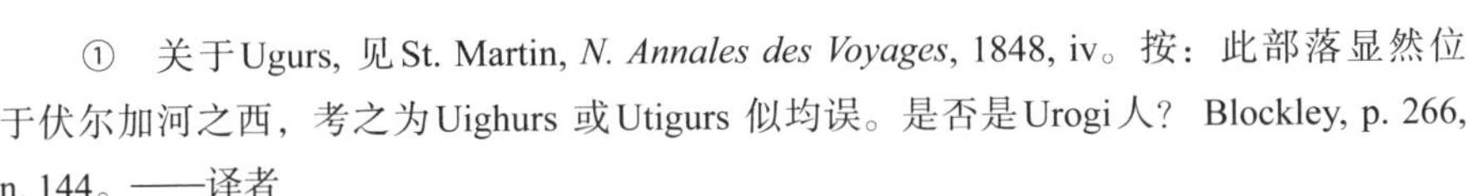

① 关于Ugurs，见St. Martin, *N. Annales des Voyages*, 1848, iv。按：此部落显然位于伏尔加河之西，考之为Uighurs 或Utigurs 似均误。是否是Urogi人？ Blockley, p. 266, n. 144。——译者

② 我认为当为Kuban河。按：Kuban河发源于高加索山，流入亚速海；Blockley, p. 266, n.145：“此河必在伏尔加河之西，通常考为Kuma河。”Kuma河流入里海西北部，与Kuban河流向相反。以下文判断，裕尔注非是。——译者

③ 此部落不可考。——译者

④ 很明显，萨罗修斯鉴于突厥人在Kuma河对岸Ugurs人中的势力，对突厥人的行动充满戒备心。John of Epiphania说：“波斯人曾试图收买阿兰人，让他们杀死蔡马库斯和突厥人，萨罗修斯已将此事告知罗马人，即使如此，他仍然保持警惕。见Blockley, p. 266, n. 148。——译者

的要求，不带武器拜见这位阿兰首领。萨罗修斯劝蔡马库斯一行不要取道缪西米亚人（Miusimians）居地，因为波斯人在苏安尼亚（Suania）设有埋伏，准备截击他们；所以最好是迂回达莱因（Dareine）路回国。蔡马库斯闻此，遣十名运输工携丝绸往经缪西米亚而行，以便迷惑波斯人，使其误以为丝绸运输队既在前行，则使者必在第二天到达。运输工离去后，蔡马库斯一行经达莱因前行，将波斯人可能设有埋伏的缪西米亚撇在自己的左侧，抵达阿坡西利（Apsilii）。抵达罗戈托里乌姆城（Rogatorium）后，又进至黑海岸边，乘船抵达法思河（Phasis）[①]，换船抵特拉比宗（Trabizond）。自此乘驿站的马匹返回拜占庭，晋见皇帝复命，完成了出使突厥的任务[②]。"（Müller, *Fragmenta Histor. Graec.*, iv, p. 235; R. C. Blockley, *The History of Menander the Guardman*, Liverpool 1985, pp. 111–127.）

按：弥南德《希腊史残卷》还记载拜占庭帝国与突厥的最后一次通使。《东域纪程录丛》未收录，今据R. C. Blockley上引书一并译出补入。

［残卷19，1］

"提比利乌斯（Tiberius）皇帝即位第二年[③]，与波斯国王库斯老达成和平协议前不久，向突厥人派遣另一使团，为首者是皇室侍卫瓦伦丁。瓦伦丁受命与他的随从启程，随行者还有106位

① 位于黑海东岸。——译者

② 蔡马库斯此次出使历时两年，返回时间应在571年末。——译者

③ 即575年12月7日至576年12月7日之间。Blockley, p. 275, n. 215.

突厥人。当时突厥各部落先后派出的使者，在拜占庭已居留相当长时间。其中一些是阿南卡斯特（Anankhast）出使拜占庭时带来的，有一些是随优提齐乌斯（Eutychius）来到罗马帝国首都的；另一些则是在瓦伦丁上次出使突厥时随他来拜占庭的。瓦伦丁曾两度出使突厥。还有一些人则是随赫罗第安（Herodian）和西里西亚人保罗（Paul）来到拜占庭的。由于这些使节交往，在拜占庭聚集了106位突厥人。瓦伦丁从帝国首都出发时，将所有这些人一并带走。

"瓦伦丁经西诺普（Sinope）乘快船到达赫尔松（Cherson，位于克米亚半岛西岸），经阿帕图拉（Apatura）和富里（Phouloi）、跨过沙漠……过蜿蜒向南的陶里斯山（Taurice）而行，[①]骑马跨过沼泽遍布的平原，穿过苇草、丛树和沼泽密布的地带，通过阿卡加斯（Akkagas）地区。阿卡加斯是一位妇女的名字，她受乌提古尔（Utigurs）部落首领阿纳盖（Anagai）之命执掌政权，统治该地区斯基泰人。[②]一句话，瓦伦丁远涉长途，历尽艰辛，到达了突厥首领之一咄陆设（Turxanthus）的营

① 这段文字因原文的错讹令人费解。Blockley解读为：瓦伦丁经赫尔松至Eupatoria，然后经克里米亚中部到富里，此后沿亚速海南岸陶里斯山北缘东行。Blockley, pp. 276–277.

② Chavannes, p. 240认为，Akkagas地区位于咸海之北。但是，如此则亚速海东部Utigurs部落的首领Anagai就不可能在这里任命一位统治者。况且，这样也使咄陆设的领地移到了咸海以东。这是极不可能的事，因为这段文字的末尾说，咄陆设准备进攻博斯普鲁斯城。Akkagas应位于距Utigurs部落不远的地区，并在瓦伦丁经博斯普鲁斯城东行的路线上。综合这些因素，该地应在库班（Kuban）河下流塔曼（Tamen）半岛的东部。Blockley, p. 276, n. 220.

帐。[1]突厥首领将其辖地分为八部分，最高统治者名叫阿尔西拉（Arsilas）。

“咄陆设是行至此地的人们见到的第一位突厥首领。瓦伦丁见到咄陆设，请他分享罗马皇帝的喜悦（因为瓦伦丁来见诸突厥首领，是向他们通告提比利乌斯已登帝位）；还要求诸突厥首领重申罗马人和突厥人之友好关系，以及西扎布鲁和查士丁皇帝——在蔡马库斯出使突厥时——所议定的旧约。当时西扎布鲁宣布，罗马人的朋友即是他的朋友，罗马人的敌人即是他西扎布鲁的敌人，这种关系将千秋万代永不背弃。所以，瓦伦丁在致辞中说，罗马人正在与波斯交战，咄陆设应即刻对波斯发动进攻。

“瓦伦丁发言完毕，咄陆设说：‘你们不是用十条舌头说谎的罗马人吗？’他说着，将十个指头放进嘴里，说道：‘现在我的嘴里有十根指头，你们已经可以用很多舌头说话了。你们有时欺骗我，有时又欺骗我的奴隶瓦尔高尼泰（Uarkhonitai）。一句话，你们用花言巧语和阴谋诡计欺骗所有部落，当灾难降临到他们头上，你们便抛弃他们，从中大赚便宜。你们这些使节前来觐见我，向我说谎，而派你们来的人也同样欺骗我。我将马上处死你们。突厥人不懂得说谎。你们的皇帝应受惩罚，他向我大谈友谊的同时，却与我逃跑的奴隶瓦尔高尼泰（他指的是阿瓦尔人）签订条约。如果我愿意做的话，瓦尔高尼泰将成

① Turxanthus显然不是人名，而是可汗之下的官职名（Turk-sad）。Moravvcsik, *Byzantinoturcica*, II, p. 328.——译者

为突厥人的属民。如果他们看到我派出的军队，将会逃入大地的最底层。如果胆敢抗拒我的命令，他们将被消灭，不是被剑杀死，而是像蚂蚁一样被我的战马踏灭。我向你保证，瓦尔高尼泰会得到这样的下场。’

“‘罗马人，你们为何引导我的使者穿越高加索山至拜占庭，同时声称没有其他道路可以通达？你们这样做，为的是想以高加索的险要地带阻止我进攻罗马帝国。但我很清楚达纳普里斯河（Danapris，即第聂伯河。——译者）流经何处，也知道我的奴隶瓦尔高尼泰人从哪里进入罗马帝国境内[①]。我知道你们有多大能为。整个世界从远东至西极都在我的掌握中。你们这些卑鄙的家伙，想一想阿兰人和乌尼古尔人（Unigurs）的下场吧！[②]面对战无不胜的突厥军队，他们曾对自己的力量充满信心，但是他们的希望被碾得粉碎，成了我们的属民和奴隶。’

“咄陆设就这样大吹大擂，因为他喜欢吹牛、傲慢不驯。瓦伦丁听他说完，开言道：‘啊，突厥首领！如果我们死于你手中不是一桩极为残酷、极为悲惨、极为恐怖的事；如果这种丑行不会流布于全人类，遗臭万年；如果你的这种亘古未有的发明不会明证你杀害使者；如果这种行为——说起来就使人为之战栗——实行起来不是令人毛骨悚然，那么，我情愿死于你的剑下，因为我已经听到你说吾皇陛下喜欢骗人，而他的使者是一伙骗子。请

① Danapris（第聂伯河）、Danube（多瑙河）、Hebrus（艾布鲁河，在色雷斯）是蛮族入侵君士坦丁堡的道路。Blockley, p. 276, n. 224.

② 突厥人征服阿兰人是在572年以后。Unigurs居于黑海以东，560年左右被阿瓦尔人击败。

你稍微温和地看待我们，熄灭雷霆之怒，以仁慈之心缓和满腹怨气，遵守保护使者的公则。我们是和平使者，神圣的外交使节。更何况，你既继承了你父亲的领土和遗产，那么，就应该接纳他的朋友并视之为他的遗产。你父亲西扎布鲁以其独立意志选择了我们的国家，自愿做罗马人的朋友而不做波斯人的朋友，所以，你父亲所确立的与我国的关系迄今仍是完好无损、神圣不可侵犯的权利，而且我们现在仍保持着这种友好情感。我们也深知道，你对我们的关系也将会同样坚定不移。一个思维缜密，希望接近其近邻[①]并公正行事的人，决不会因感情上的某种莫名其妙的变化而举措失当。'

"瓦伦丁言毕，咄陆设答道：'罗马人，你既到这里，看到我处于极度悲伤中（因我的父亲西扎布鲁刚刚故去），你就应按照我们的习俗对死者剺面致哀。'瓦伦丁及其随员当即以匕首剺面表示哀悼。哀丧期中某日，咄陆设带来四名缚绑着的匈人（Hunnic）俘虏，为他死去的父亲作祭奠。他们称这种祭献死者的仪式为道吉雅（dogia）。咄陆设将这几个可怜的人和他父亲生前用过的几匹马置于中间，以蛮族的语言命令他们到死者那里，并告诉其父亲西扎布鲁这对他是何等好事[②]……

"咄陆设完成其父丧葬仪式后，与瓦伦丁又多次晤谈，然后派他去见内地的突厥其他首领，特别是他的兄弟达头（Tardu）。

---

① 由于突厥势力向黑海沿岸的推进，突厥和拜占庭帝国已成为邻国。——译者

② 关于dogia一词，见Moravvcsik, *Byzantinoturcica*, II, p. 119。突厥人中的人殉风俗在14—15世纪奥斯曼突厥时期仍然存在。Blockley, p. 276，n. 230.

达头居于艾克特尔山（Ektel，意为‘金山’）[1]。

“瓦伦丁动身前往艾克特尔山后，咄陆设发誓说，他将马上围攻博斯普鲁斯城（Bosporus）[2]。当阿那盖（Anagai）已经行动时，咄陆设即派波罕（Bokhan）率一支庞大的队伍围攻博斯普鲁斯城。此时阿那盖已率另一支突厥军队屯驻在这一地区。”

［残卷19，2］

“突厥人攻取博斯普鲁斯城时，罗马使团正在突厥人中间。突厥人攻取博斯普鲁斯城清楚表明，突厥人已挑起对罗马人的战争。咄陆设羁留瓦伦丁一行，极尽侮辱、嘲弄和虐待之后，始见放行。”（R. C. Blockley, *The History of Menander the Guardman*, Liverpool, 1985, pp. 171–179.）

① Ektel被认为是《残卷》10，3中提到的Ektag的不同写法，一般认为二者实为一地。但Bury, *The Turks in the 6th Century, E. H. R.*, 12 (1897), p. 418以下，认为二者为不同地方：蔡马库斯访问的是阿尔泰山，而瓦伦丁到达的是天山。这一观点恰好佐证了《残卷》这一部分中关于突厥帝国分为八部分，而569年出使拜占庭帝国的突厥使者称突厥分为四部的说法；突厥使者所言及的仅为西突厥，而瓦伦丁还访问了东突厥。另一种可能是西扎布鲁死后，突厥帝国分裂了。参见Blockley, p. 277, n. 232。

② 这里的博斯普鲁斯城即潘提卡佩（Panticapaeum），现代的刻赤，位于刻赤海峡的西岸。——译者

九、科斯马斯《基督教风土志》节录*

（约公元545年）

1.“正如异教徒①在讨论这个问题时所说——在这里他们讲出了事实真相——大地上有四个海湾从海洋突入陆地，即：我们这一地区的海湾，这个海湾从西边伸入陆地，从伽第斯（Gades）②开始，穿过罗马统治区③；然后是阿拉伯湾——又称厄立特里亚湾④——和波斯湾，这两个海湾是僧给（Zinj）⑤湾的分支，向南方和东方突入陆地，对面是巴巴利（Barbary）地区。巴巴利地区位于埃塞俄比亚（Ethiopia）的边极⑥。在印度

213 洋航行的人知道，僧给位于出产香料的巴巴利国以远⑦，为印度

* 本译文参酌*The Christian Topography of Cosmas, An Egyptian Monk*, Translated from the Greek, and Edited with Notes and Introduction by J. W. McCrindle, The Hukluyt Society, New York, 1897。——译者

① Oi ἔξωθεν，意为非基督徒。应说明的是，该书配有示意图与图解，其原作似为科斯马斯本人完成。

② 又作Gadeira, McCrindle。

③ [Romania = Rome, McCrindle, p. 38.]

④ [广义上，厄里特里亚海包括非洲和印度间的海洋，此外还包括阿拉伯湾和波斯湾。（McCrindle, p. 38 n.）]

⑤ 亦作Zingium。——译者

⑥ [“在这点上，科斯马斯和《航海记》的作者的观点是一致的：后者认定香料角（瓜达富伊角）为巴巴利的终点：τελευτοῖον τῆς βαρβαρικῆς ἠπείρον。但托勒密认定巴巴利的领土从这里始，延伸到桑给巴尔湾的拉普特（Rhaptum）。”（McCrindle, pp. 38—39 n.）

⑦ [关于Zinj，见*Reports of Miss. Friars*, p. 183 note; Marignoli, p. 324 int。—Montfaucon, ii, p. 132注：“科斯马斯以当时的习惯，不仅以Zinj称阿拉伯海峡（曼德海峡），而且以之称曼德海峡以远的海岸以及近海区；这一名称现在仍然存在，因为从阿（转下页）

洋所环绕，因为印度洋注入阿拉伯湾和波斯湾。第四个海湾自北方突入大地，转向东方，称作里海（Caspian）或希尔坎尼亚海（Hircanian Sea）[①]。船舶航行限于这些海湾中进行。大洋中有无数湍流，海雾升腾蔽日，不辨方向，大海茫茫无涯，所以海中航行是不可能的。如已所述，我从神人基督获得这些知识，或者应该说是我的亲身经历。我个人为经商之故曾游航其中三个海湾，即罗马湾、阿拉伯湾和波斯湾；从当地人和海员那里，获得这些海湾各地方的准确知识。

"有一次，我们的船只驰向'内印度'[②]，船只即将驰入巴巴利——巴巴利以远就是僧给（人们以该名称呼大洋的嘴角）——在这里我们看到大群的苏斯法鸟（Souspha）在我们航船的右侧翱翔。这些鸟形状似鸢，但有鸢的两倍大，有的更大些。[③]据我观察，这一区域的天气似要变化，船上所有富有航海经验的人，不论是海员还是游客，都纷言我们已走近大洋，向舵手大喊：'将 214

（接上页）拉伯海峡到好望角的桑给巴尔海岸经常有欧洲船只到访，其居民称作桑给（Zangui），桑给巴尔（Zanguebar）的意思是'桑给海'。"］

① ［"科斯马斯也持有古代流行的错误观点，即认为里海不是陆地封闭的内海，而是大洋的一个海湾。不过，希罗多德没有持此种谬见。"（McCrindle, p. 39 n.）］

② "Further India" 字面上意为"内印度"（Inner India）。［"这个名称一般指科摩林角或锡兰——印度大陆海峡以远的印度部分。但是由于'印度'之名有时用于阿拉伯半岛南部、甚至东非，所以，这里的'印度'可能指阿拉伯南部和东非以远地区。科斯马斯之后不久的拜占庭历史家约翰·马拉拉（John Malala）称这两部分地区为印度：'此时印度人——那些阿克苏姆人和那些希米雅特人——发生战争，相互攻杀…… 罗马商人通过希米雅特国到达阿克姆国，并进入内地的印度国家，因为在那里有七个印度和埃塞俄比亚国家。'传教士乔南德斯称东非为'India Tertia'（第三印度）。" McCrindle, p. 39 n.］

③ ［"这些鸟的体积大小，以及后面提到的保持高空飞翔的事实，说明可能是信天翁鸟。"（McCrindle, p. 40 n.）］

船驶向港口,驶进海湾,否则急流将把我们卷入大洋,我们就完蛋了!'涌向海湾的波涛汹涌澎湃,而海湾冲出的湍流又将船只推向大洋,其情其景极为可怕,我们处于极度的恐惧中。这时候大群的苏斯法鸟一直跟随着我们,在我们的头顶上高高地飞翔。这种鸟在近旁飞翔说明大洋即在近前。"[①](Book, ii, p. 132, McCrindle ed. Book ii, pp. 37–40)

2. "如果世上真有天堂,那么在那些渴望知道并找到所有东西的人中间,难道不会有很多人排除万难、勇往天堂吗? 我们既已看到,有些人为可鄙之利不惮千难万险到大地的尽头去寻找丝绸[②],那么,怎能相信何物可以阻止他们奔向可以看到天堂本身的地方呢? 我可以提一下,产丝之国位于印度诸邦中最遥远的地方,当人们进入印度洋时,它位于左侧,但远在波斯湾和印度人称为赛勒第巴(Selediba)[③]——希腊人称为塔普罗巴奈(Taprobane)——的岛屿以远的地区。这个国家叫秦尼扎(Tzinitza),其左侧为海洋所环绕,正如巴巴利的右侧被同一海洋所环绕一样。被称为婆罗门的印度哲学家们说,如果从秦尼扎

① 关于南大洋的可怕,见本书卷II, p.160 n。埃德里西说:"大洋海(Ocean Sea),被称作黑暗海,因其呈黑色,且几乎总是因烈风而掀起滔天波浪,黑雾笼罩。"(i, 87.)

② [μετάξιον=丝绸,"有时写作 ματάξιον;这是一外来词,仅见诸晚期希腊语。古希腊语中丝绸称作 βόμβυξ,也称 σηρικόν,我们使用的 silk 即从此变化而来,r 转为 l,屡见不鲜。"(McCrindle, p. 47 n.)]

③ [Montfaucon,前引书,p. 137 n.:"Selediba 后作 Sielediba,即锡兰岛。此岛至今仍称锡兰。Diba 或 diva 意为'岛',故有 Maldive(马尔代夫)。Sielediva 意为 Siele 岛。Tzinitza,梵蒂冈藏本读作 Tzkne(Tzine)即 Tsina(Sina,即秦奈国)。如科斯马斯所说,秦奈国东接海洋。"]

扯一条绳子，经波斯到罗马领土，那么大地恰好被分成两半。他们也许是对的。[①]

“秦尼扎国向左方偏斜相当严重，所以丝绸商队从陆地上经 215
各国辗转到达波斯，所需时间比较短，而由海路到达波斯，其距离却大得多。首先，从海上去秦尼扎的人，从塔普罗巴奈所在纬度及以远地区驰向其目的地，需要穿越很长的路程，其距离犹如波斯湾进入波斯，甚至更大些；其次，从波斯湾到塔普罗巴奈及其以远地区（从那里人们左转往到秦尼扎），[②]需要穿越整个印度洋，其距离也是非常大的。所以，经陆路从秦尼扎到波斯，其旅程就会大大缩短。这可以解释波斯何以总是积储大量丝绸。秦尼扎以远既不能航行，也没人居住。

“如果有人从秦尼扎向西用一条直线来测量大地的长度，那么他将发现有400站（marches）左右，每站以30哩

① ［Beazley, *Dawn of Modern Geography*, i, p. 193 n. 认为，秦尼斯达“大概只是含糊地指马来亚或交趾支那；科斯马斯所说的向北转弯的地方可能指暹罗湾；这段朦胧暧昧的文字绝不意味着，马可·波罗为欧洲，阿拉伯人为伊斯兰世界发现这些地区之前，已经有人真正发现了这些地区。”］

② 我相信其意如此，但这一段略去的内容太多。［McCrindle，p. 49将这一段译为：“前往秦尼扎的人，需自塔普罗巴奈向东航行很长一段里程，其距离就如同波斯湾伸入波斯，甚至更大；此外，从波斯湾口到塔普罗巴奈及以远地区，跨越整个印度洋的距离也是相当大的。”他在注释中写道：“波斯湾的长度是650哩，而只是从锡兰到马六甲半岛的距离就近乎波斯湾长度的两倍。”］

［Robert Gauthiot说，斯坦因爵士从中亚带回的公元初期的一封粟特文书中，有Čynstn一词，意指中国。Čynstn显然是Činastān，即“Čina国”；在粟特文中，stan中的“a”没有标出来；在西安景教碑的叙利亚文部分，也存在同样的写法，没有标记“a”。这种缺略如果不见于中国一名中，至少见于Tokharestan一名中。伯希和教授补充说，Čin似确为公元初中国之名称，很有可能是秦国、秦国诸君之名。*T'oung Pao*, 1913, p. 428.］

（miles）计。其测计方法是：从秦尼扎到波斯边境，包括翁尼亚（Unnia）[①]，印度和巴克特里亚国，约为150站；波斯全境为80
216 站；从尼西比（Nisibis）[②]到塞琉西亚（Seleucia）[③]为13站；从塞琉西亚经罗马、高卢和伊比利亚（Iberia）（其居民现称西班牙人），到位于大洋边的外伽第斯（Outer Gades），计150余站。全部距离共计400站左右。

“关于大地的宽度：从极北地区到拜占庭的距离不会超过50站。[④]有人和无人居住地区的广度范围，我们可以从里海（它是海洋的一个港湾）北部做出估计。[⑤]从拜占庭到亚历山大里亚50

① ［Unnia。Montfaucon 本作Juvia；McCrindle 本作Iouvia，“这个名称指匈奴人国家。”p. 49.］

② ［现在的Nisibin即建于尼西比旧址。Nisibin是Nissibin地带的首府，位于马尔丁（Mardin）高地，Diabekir行政区，Massius山下Jaghjagha（Mygdonius）河畔。塞琉古时期，尼西比称为马其顿的安条基亚（Antiochia）；希腊人因其繁花盛开的原野上弥漫芳香而称之为Anthumusia（鲜花博物馆）。曾隶属于亚美尼亚诸王，提格兰（Tigranes I，公元前96—前55年在位。——译者）定为首都，被卢库卢斯（即Lucullus Liunius，约公元前117—前56年，罗马将军。——译者）攻取，又为帕提亚人占领，图拉真（Trajan，98—117年在位的罗马帝国皇帝。——译者）时并入罗马帝国版图；约维安（Jovian）皇帝将它割让给萨珊国王沙普尔二世（Sapur）。迦勒底里安（Chaldrian）战役（1514年）波斯国王伊斯米尔（Ismeal Shah）被苏丹谢里姆一世（Sultan Selim I, 1512—1520年在位）击败，成为奥斯曼帝国的部分。］

③ ［塞琉西亚位于底格里斯河右岸，由塞琉古一世所建，所用材料主要来自巴比伦；帕提亚战争时泰西丰建立，所用材料取自被毁的塞琉西亚。］

④ Montfaucon. p. 138.

⑤ 我想，这里应理解为，作者将里海视为一个海湾，将它与红海和波斯湾进行比较，推断出海洋不可能位于里海最内端的更北处，而是位于其中一海湾最内角以南。

站，从亚历山大里亚到大瀑布群（Cataracts）30站①；从瀑布群
到阿克苏姆30站②；从阿克苏姆到埃塞俄比亚凸出地，大约为50 217

---

① ［McCrindle, p. 50注："希腊文μοναι λ'。这里的数字λ'=30，必定是κ'=20之讹，因为从亚历山大里亚到大瀑布附近的Syene大约为600罗马里；而且文中总数超出原定数10个数字。蒙特福康没有注意到这个差别。"］

② 对阿克苏姆人及其都城的记载最早见于《厄立特里亚周航记》，这部作品在公元80年左右编成于亚历山大城。由于位置接近，埃及的希腊人在埃塞俄比亚边境以南地区建立商业定居点，随后形成的经常性联系促成内地各地区间的重大社会与政治变化，以阿克苏姆为首都的国家形成与内地深处。……此外，许多人所熟知的事件证明，埃及的希腊文化对于阿克苏姆文化的发展具有直接的影响。《厄立特里亚周航记》的作者还说，阿克苏姆国王佐卡勒斯（Zoskalès）熟悉希腊文字；可以说明这种长期影响的是，两个半世纪以后，在阿克苏姆，希腊语与埃塞俄比亚语被一并用来书写碑铭。阿克苏姆的古物，特别是方尖碑，仍然保留着希腊风格，虽然人们能辨识出其埃及印迹。最后，埃及的希腊人所持有的宗教与语言、艺术同时渗透到了阿克苏姆王国，埃塞俄比亚国王在铭文上自称"无往不胜的战神（Ares）之子"（Vivien de Saint-Martin, *Inscription d'Adulis, Jour. Asiat.*, Oct., 1863, pp. 332-334.）

在奥瑞奈（Oreine）岛对面的陆地上，距海岸20程（stadia）的阿杜里，是一个不大的村庄，从阿杜里行三日路程，可达另一内地城镇科牢伊（Coloe），这是第一个象牙市场；从此地再行五日可达阿克苏姆城，尼罗河以远地区的象牙经过凯依农（Cyeneum）地区抵达此地，从这里运到阿杜里。全部的大象与犀牛都是在内地活着宰杀，虽然在阿杜里周围的海边也能见到。（*Periplus Maris Erythraei, Geographi Graeci Minores*... illust. Carolus Müllerus, i, Parisiis, 1855, §4, pp. 260-261.）

［"现时整个埃塞俄比亚都没有定居城市；从前阿克苏姆城在阿比西尼亚人中是很著名的，现在仍然有些名声。这个地方似曾是一个城市，至少人们非常肯定地视之为希巴女王的王廷所在地，以及后世许多时代皇帝们的驻地，直至今天也是皇帝们登基的地方……；目前它只是一个100户人家左右的村庄。"（*The Travels of the Jesuits in Ethiopia*, by F. Balthazar Tellez, 1710, p. 59.）

阿克苏姆"距位于安奈斯雷（Annesley）湾的海港阿杜里大约有120哩，商队需行八天。阿杜里是与非洲内地进行贸易的主要中心。"……"4世纪基督教由埃第修斯（Edisius）和弗鲁门提乌斯（Frumentius）传入阿克苏姆，弗鲁门提乌斯后来被任命为该区首任主教。萨斯靠近海岸，赤道北5度。"（McCrindle, pp. 50-501 n.）——阿克苏姆遗址在现今提格雷（Tigre）首府阿杜瓦的西部。

站。埃塞俄比亚凸出地,即是出产香料的巴巴利地区[①]。它沿大洋伸展,包括埃塞俄比亚最远的地区萨斯(Sas),绝不是一块狭促地带,而是一开阔地区。如此,总宽度大约为200站。所以我们可以看到圣经讲述的真理,即大地的长度是宽度的两倍:'你制造一张桌子,其长二尺,其宽一尺。'[②]

"香料产区位于埃塞俄比亚的凸出地,本身是内陆地,但另一侧为海洋。由于这里距内地不远,巴巴利人便前往内地经商,带回许多种香料,如乳香、肉桂、菖蒲[③],以及其他许多商货,此后又将这些商货从海路运往阿杜里(Adule)[④]、希米雅提国、内印度和波斯。此一事实亦见于《诸王记》。《诸王记》中记载,希巴国——即希米雅提国——的女王(《福音书》中基督称之为'南

218 方女王')带给所罗门巴巴利香料,还带给他埃塞俄比亚檀木、猿猴和黄金。巴巴利国就在希巴国对岸。实际上,整个埃塞俄比亚与希米雅提国相距很近,只是隔阿拉伯湾相望。我主基督称这些地区为大地的尽头,还是再让我们看一下他的话吧!他说,'南方女王从大地的尽头前来聆听所罗门的金玉良言,她将做出判断,与这代人奋起而谴责之。'(Matt. xii, 42.)事实上,希米雅提国距巴巴利国不远,横在它们之间的大海只需航行二

① 现代的索马里。巴巴利一名现在仍然保留在亚丁对岸的柏培拉(Berberah)的名称中。Ptolemy, i, 17.

② [*Exodus*, xxxvii, 10.]

③ ["*Exouds*, xxx. 23中提到甜菖蒲。" McCrindle, p. 51.]

④ ["Ἀδύλη, Adule, ex qua mare adjacens, sinus Adulitanus appellabatur, vide Ptolemaeum." (Montfaucon, p. 140 n.)]

天左右的时间即可通过，过巴巴利以远即是僧给（Zinj）海[①]。正如香料国靠近大洋，产黄金的萨斯国（Sas）也近海。阿克苏姆（Axumites）国王每年都通过阿古（Agau）总督[②]派他的手下人到萨斯购买黄金，还有其他很多人随他们一同前往做生意，前往者多达500余人。他们携带着牛、盐块和铁前往，临近萨斯国时便在一地停下来，用荆棘丛在周围扎起一道篱笆墙安营扎寨，然后宰牛割肉，将牛肉片、盐块和铁放置到篱笆墙上。当地人望见，便携带状若豌豆、称为'坦哈兰'（Tancharan）[③]的金块走上前来。当地人将一两块金块放到他喜欢的东西上：或牛肉，或盐块，或铁块，然后站到远处一旁。牛肉等货物的主人走上前来，如感到满意就取走黄金，而买方则前来取走牛肉或盐、铁。倘若卖方不满意，则将黄金留置原处，当地人走上来见黄金未被取走，或者放置更多的黄金，或者收起黄金走开。这就是该地区人们以物易物的交换方式，因为他们操不同语言，又没有译员可资利用。[④]

① ［"那里的大洋叫作僧给洋（Zingion）。"McCrindle，p. 52.］

② 拉姆希奥引阿尔瓦莱斯（Alvares）的话谈到阿比西尼亚的几块领地，"这些领地的人民被称作'阿古'"，是异教徒和基督教徒的混血儿。阿古人在阿比西尼亚的分布似很广泛。萨尔特说他们分布在塔卡则（Takazzé）人至贡德尔（Gondar）以东的地区；彼特曼的一幅地图上也标明阿古位于塔纳（Tzana）湖西南，而塔纳湖又在贡德尔西南。包括这两个地点的地区位于阿克苏姆以南和稍西的位置上。（Ramusio, i, f. 250; Salt, *Second Travels*, French transl., 1816, ii, 21 以下；Petermann, *Mitteilungen.* 1857, pl. 23.）

③ ［Montfaucon, p. 139 作 Tancharan；McCrindle, p. 53 作 Tancharas。］

④ McCrindle, p. 52 注："阿古人是土著居民，分布于塔纳湖东西两侧的阿比西尼亚高原。Montfacon 注曰：'时至今日，在阿比西尼亚的埃塞俄比亚人国家中，仍有一地区称作阿古，那里有著名的尼罗河喷泉。科斯马斯所讲述的盛行于操不用语言的埃塞俄比亚人和巴巴利人中的奇特贸易方式……仍在非洲许多地区流行，人们可以在关于非洲的游记中，以及在这些书对这个地区的描述中看到。'像非洲大西洋沿岸进行过的这（转下页）

他们在此地做生意逗留五天左右的时间，或长或短，决定于当地顾客的多寡和货物售出的速度。返回途中所有人结伙武装起来，因为在其必经之地，有来自当地的匪徒伺机抢劫他们的黄金。完成这次交易，包括往返路程需要六个月；往程比返程速度缓慢些，主要是因为驱牛群而往，也因为返途行速加快，以免在途中遇上冬雨季节。尼罗河源头就在这一地区，注入尼罗河的许多河流冬季因雨多而上涨，堵塞行人道路。我们这里春光明媚的时候，那里却是寒冷的冬天；彼处之冬天从埃及人的'艾比菲'（Epiphi）月持续到'托斯'（Thoth）月[①]：这三个月中大雨倾泻，山洪迸发，无数河流水位上涨，将洪水倾泻于尼罗河中。"[②]（Book, ii, pp. 138-140; McCrindle, pp. 47-54）。

科斯马斯继而记述他在阿杜里——阿比西尼亚的一个港口，位于马萨瓦（Massawah）稍南处——所目睹的一块刻有希腊文的大理石古碑。他照录了碑文。我不打算对此进行讨论，其

220

（接上页）种'哑市贸易'，希罗多德在他著作的第四卷中有记载。这种贸易方式不止在非洲有过，在其他地方，如在中国也曾有过。"见*Priplus of the Eryghrean Sea*, Ch. lxv。——译者

① Epiphi（6月25日—7月25日）在埃及历法中是第11月，Thoth（8月29日—9月28日）为第1月；在现代哥普特（Coptic）历法中分别为Ebib和Tut。（见Nicolas, *Chron. of Hist.*, pp. 13, 15。）

② 阿威斯·卡达莫托（Alvise Cadamostos）对来自廷巴克图（Timbuktu）和梅利（Melli）的黑人商贾与遥远的内地人进行的以盐易金的哑市贸易，也有近似的记载。

科斯马斯记载中的萨斯，一定是位于非洲大陆的中心及阿比西尼亚的西南方。这可由阿古相对于阿克苏姆的位置说明，也可由这事实说明，即经商的道路所穿越的尼罗河众多支流，显然就是地图上所显示的密集分布于北纬7—10度之间的那些河流；还有，文中下一段提到的阿杜里的碑铭中说，征服活动向东扩展到了图里非罗（Thuriferous）国，向西扩展到萨斯。科斯马斯确实说到萨斯离海洋不远，但他设想海洋在赤道附近穿越非洲。[见该书前文注释，p. 217。]

他注释家对此已有研究。[①]（Book, ii, pp. 140–143）

3.在后面的一段文字中，他说福音已传遍全世界：

“这样，我可以自信地讲出事实真相，说一下在我亲自游历的许多地方的亲身见闻。

“甚至在位于内印度的塔普罗巴奈岛——那里是印度海——也有一座基督教教堂，有教士也有信众，但我不知道在这个方向上更远地区是否还有基督教徒。在胡椒产地没来国（Malé）[②]有基督教徒。卡利亚那（Kalliana）[③]地区有一位波斯任命的主教，在印度海中的迪奥斯科里（Dioscoris）[④]岛上也有主教。这个岛上的居民讲希腊语。马其顿·亚历山大之后托勒密王朝诸王迁最初的居民来此。该岛也有波斯委派的教士管理居民事务，亦有大批基督徒。[⑤]我们曾航经该岛，但没有在此登陆。不过我曾遇到从该岛前往埃塞俄比亚的人，他们讲希腊语。在巴克特里人、匈奴人、波斯人和其他印度人、波斯阿美尼亚人（Perarmenians）、希腊人、埃兰人（Elamites）中以及整个波斯

① Salt, *Travels*; De Sacy, *Annales des Voyages*, xii, 350.

② 即马拉巴尔。

③ 可能是《厄立特里亚海周航记》中的Kalliena，拉森考其为孟买附近仍然存在的Kalyáni。鲍利诺（Paolino）神甫认为它是位于曼加洛尔以北两哩处一条河流岸边的某地，现在仍称作Kalŷanapúri，但并不合理。（*Viag. alle Indie Orientali*, p. 100.）按：又见McCrindle, p. 366 n.。——译者

④ ［Dioscoris 或作 Dioscorides = Socotra，见 Yule-Cordier, *Marco Polo*, ii, p. 408。］

⑤ *On the Christianity of Socotra*, III, p. 7以下，可能提到科斯马斯的这段记载。关于这个主题的详情，显然来自弗朗西斯·克扎维埃（Francis Xavier）的信，对此Du Jarric, *Thesaurus Rerum Indicarum*, i, pp. 108–109有记载。关于阿比西尼亚和努比亚使用希腊语的情况，见Letronne, *Mém. de l'Acad.* (New), ix, 170以下。

地区，都有无数的教堂、主教和大量基督徒，殉教者为数很多，禁欲弃世之隐士亦不乏其人。埃塞俄比亚、阿克苏姆及其周围地区、阿拉伯福地——现称作希米雅提——、阿拉伯半岛、巴勒斯坦、腓尼基、叙利亚、安条克和美索不达米亚、努比亚、加腊曼特
221 （Garamantes）[①]、埃及、利比亚、潘塔波利斯[②]，以及从毛里塔尼亚到伽第斯南部[③]的非洲地区，都发现有基督教教堂、主教、殉教者、教士和隐士。实际上，福音泽被之地都是如此。还有西里西亚、亚洲、卡帕多西亚（Cappadacia）、拉泽卡（Lazika）、滂都斯、斯基泰北部地区、希尔坎尼亚、赫鲁里（Heruli）以及保加尔人（Bulgarians）、希腊人、伊利里亚人（Illyrians）、达尔马提亚人（Dalmatians）、哥特人、西班牙人、罗马人、法兰克人直到大洋边的伽第斯人中，都有基督教徒。”（Book iii, p.178; McCrindle, pp. 118–121.）

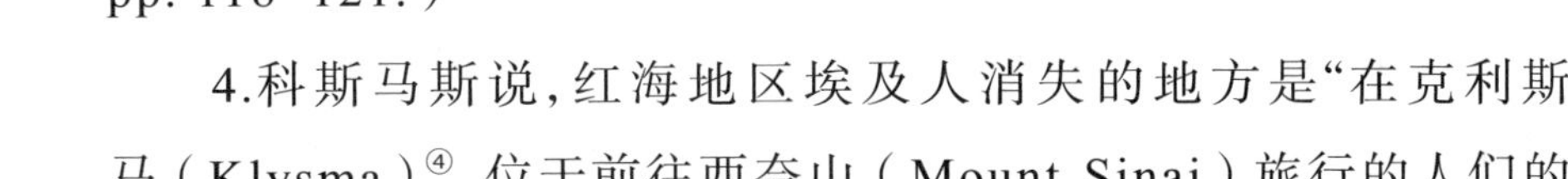

4.科斯马斯说，红海地区埃及人消失的地方是“在克利斯马（Klysma）[④]，位于前往西奈山（Mount Sinai）旅行的人们的

① ［“加腊曼特人是利比亚费赞大沙漠的居民，但这个名称往往包含更宽泛的意义，指西尔特以南的北非居民。”（McCrindle, p. 120.）

② ［“Pentapolis 为五城之总称，这里指北方昔兰尼加省的五个主要城市，即：昔兰尼、贝雷尼斯、阿尔辛诺、普托莱梅和昔兰尼的港口阿波罗尼亚。”（McCrindle, p. 120.）］

③ “ἕως Γαδείρων, τὰ πρὸς νότον”，此句语法结构有点奇怪，但其意似乎在区别于下文的“Γαδείρων τοῦ Ὠκανοῦ”，表示非洲某地，也许是廷吉斯（Tingis），即斯帕特尔角（Cape Spartel），斯特拉波称之为Κώτεις。不知是否有其他作家提到这个南伽第斯，本书III，p. 219所引述的文字中有一些与之相似的东西，伽第斯被当作世界东西方的终点。

④ 位于苏伊士地区或在苏伊士地区附近，阿拉伯人的Kolzum由此名而来，红海被称作Bahr-Kolzum。［赫罗波里坦（Heroöpolitan）即红海北端的西部湾，被富塞比乌斯（Fusebius）称作克利斯马。据说克利斯马得名于西部湾北端的一个城市，它（转下页）

右侧；通往海边的狭长地带上，马车轮迹仍清晰可见。这些痕迹保留至今，不是为（基督教）信众之故，而为不信教者之故。”（Book v, p. 194; McCrindle, p. 142.）

5. “埃利姆（Elim）现名赖图，那里有12口泉井，至今仍存[①]……拉菲丁（Raphidin）现称法兰（Pharan），从这里摩西率长者们到达柯赖布山（M. Choreb）即西奈山，西奈山距法兰约六哩。”（Book v, pp. 195, 196; McCrindle, p. 144.）

6. “他们（以色列人）从上帝接受成文法以后，在那里首先学会了文字。上帝利用这一沉寂的荒野作为他们的学校，使他们在此练习文字达四十年。所以，在西奈荒漠，无论你在何处驻足，都可以看到，从山上滚下的所有石头上都刻有希伯来文字。我因身历其地，对这一点可以作证。一些懂得希伯来文的犹太人向我们解释这些铭文，其内容是：‘某部落的某人，于某年某月去世’，其情形就像你经常看到的我们有些人在旅馆墙壁上的涂抹。刚刚学会书写的孩童，总喜欢书写。以色列人学会了文字，所以总是不断地使用他们学到的本领。因此这一地区的所有地方大多都写上了希伯来文字。这些文字保持至今，我认为是向不信教者留下启示。任何人去那里亲眼目睹一下，或问一下去过那里的人，就会知道我所言不妄。”（Book v, pp. 205-206; McCrindle,

（接上页）位于苏伊士地区或在苏伊士地区附近，奥罗修斯（Orosius）提到科斯马斯书中所说的车轮痕迹，在 Photius, *Ecclesiastical History*, III, c. 6 的节录中费罗斯托吉乌斯（Philostorgius）也提到这些车轮痕迹。不过，阿萨那修斯（Athanasius）和其他人认为克利斯马在阿拉伯半岛。位于埃及主教费罗（Philo）被君士坦丁驱逐后活动的克利斯马山附近。” McCrindle, p. 142 n.]

① 赖图（Raithu）是一座寺院的所在地，科斯马斯本人也提到这一点。（p. 141.）

pp. 159-160. ）

科斯马斯著作第11卷的几乎全部内容都值得译出来，这一卷包含“印度动物和塔普罗巴奈岛的详情”。

犀牛

“这种动物被称作犀牛，是因为它的鼻孔上方长有触角；犀牛走动时触角也随之摇动，但为眼前的事物激怒时，它便将触角竖起；触角变得十分坚硬，用触角可将树连根拔起，特别是这些树就在它眼前的时候。[①]它的眼睛长得很低、常近双颚。犀牛是一种可怕的动物，对大象尤为敌视，但它的脚和皮很像大象。它的皮干后有四指厚，有的人用它代铁置于犁上耕地！埃塞俄比亚人以其方言呼之，称作阿鲁哈里西（Arue Harisi），第二个字是以送气音a加rhisi组成。‘阿鲁’一字表示动物，‘哈里西’意为‘犁地’。人们以其鼻子形状奇特，皮可用来犁地，为犀牛取此绰
223 号。[②]我在埃塞俄比亚时曾见过这种活动物一次，不过是从很远处看到的。我也看到一个被剥皮充草、立于国王宫殿中的死犀

① τὰ ἐναύτο ἵςμ ἀλιστα τὸ ἔμπροσθεν. Salt也证实，这种动物不被激怒时，其触角是松弛的。（2d *Travels*, French Trans, 1816, ii, 191. ）

② 鲁道夫提到，Arweharis 是一种体大而凶猛的动物。对此他的朋友格里高里经常提及。他征引的阿拉伯字是Hharash，Hharshan，“独角兽”，但我在各辞典中均未找到这些字。萨尔特也说：“在整个阿比西尼亚犀牛（两角）之名传称至今，与科斯马斯给犀牛的称呼是完全一致的。在Gheez语中写作Arue Haris，以强发气音作Ha...Arue，表示一般的野兽（fera, bestia）；这种异乎寻常的一致性使我坚信，阿克苏姆宫廷中所讲的语言是Gheez语。”（Ludolf, i, 10, 78；Salt，*l.c.*。）

Hhars 在阿拉伯语中意为“犁地”，这也许可说明科斯马斯词语的来源。

牛，所以我能够准地刻画出犀牛的样子。”

牛形鹿

“这种动物见于印度和埃塞俄比亚。印度的牛形鹿为驯化的动物，可用搬运胡椒和其他成捆的货物；也产奶，可制成黄油。这种动物的肉可食，基督教徒屠宰这种动物时是割断其喉管，而异教徒则是将其砍倒。埃塞俄比亚的牛形鹿为野生动物，尚未驯化[①]。”

长颈鹿

“长颈鹿仅见于埃塞俄比亚，仍为野生动物，尚未驯养。阿克苏姆宫殿[②]中饲养的一两只已被驯化。它们是国王命人在它们很幼小时捕获，加以驯养，用来表演供国王消遣的。国王曾亲至鹿厩，观其喂食，所饮奶或水均置于盆中，这些动物除非叉开前腿，就无法触及地上的饮器，喝到盆里面的水，这是因为它们的腿太长，胸和颈离地太高。所以长颈鹿要喝到水，必须将前腿叉开。我亲见这种动物，作此画。”

野牛

“野牛是印度的大动物，从它身上可以得到‘吐发’，战场上的军官用它装饰坐骑和旗帜。据说，如果野牛的牛尾挂在树上，

① 似为水牛。所描述都很准确，只是名称似不相符。图画上的形象是长着长牙的瘦细牛。

② 此处科斯马斯使用拉丁字：Παλατlw（MaCrindle）。

它会站着纹丝不动，因为它害怕失掉一根尾巴毛。当地人便前来砍掉它的尾巴，野牛才得以逃脱。这种动物的本性就是如此[1]。”

224 ## 麝

“麝是一种小动物，当地人称之为喀斯杜里（Kasturi）[2]。猎人以箭射麝，待其血集结在肚脐时，将肚脐割取。这一部分中存储着我们称之为麝香的香料。麝体的其他部分被抛掉。”

独角兽

“这种独角兽[3]我未曾见过，但我在埃塞俄比亚国王的四塔宫中目睹过独角兽铜像，所以我能够将它描绘出来。[4]据说它是一种可怕的动物，难以为人捉捕到；它的全身力量系于它的独角。当它被众多猎手团团围住，难以逃脱时，则纵身跳到一峭壁

---

① 很显然此即牦牛，科斯马斯对此只是得自远东的传说而已。Tulpha大概为Tugh或Tau，依雷慕沙的观点，即马尾旗的突厥语称呼，也合乎中国人的描述。马尾旗在突厥和中国人中是军队最高指挥官的标志。（*Rech. sur les langues Tartares*, 303; D'ohsson, i, 40.）

② Kasturi是麝香的梵文名称（见Lassen, i, 316; iii, 45）。拉森说，喜马拉雅山地区，Kastúri一名也用于麝这种动物，他说：“科斯马斯是提到麝这种动物、并说麝香为印度产品的第一人，但他说这种动物生活于塔普罗巴奈，是错误的。”科斯马斯未做此类解说。

③ 第一位描述独角兽的作者，是克尼多（Cnides）的克特西阿斯（Ctesias）。克特西阿斯在阿塔薛西斯·奈蒙（Artaxerxes Mnemon）宫廷中担任医生十七年，闻听过有关印度的各种奇闻轶事，他描述过独角兽，称之为“印度野驴”，而亚里士多德称之为印度驴。这种动物大可考定为犀牛，虽然描述上有各种错误。McCrindle, p. 360 n. ——译者

④ Lobo, *History of Abyssinia*中对独角兽的描绘状若骏马，在科斯马斯的绘图中，其躯体亦颇似马。关于这种绘图的评注，见 Yule, *Marco Polo*, vol. ii, 273; McCrindle, p. 361 n. ——译者

上，再从峭壁上跳下。下跳时，翻一个筋斗，使其独角承受落地时的全部重量，然后安全无恙地逃走。[①]圣经也以同样的笔触描述这种动物：'把我从狮子口中拯救出来吧！把我的谦恭从独角兽的角下拯救出来吧！'[②]圣经又云：'他像独角兽之子一样受到爱戴'；又，巴兰（Balaam）[③]在祝福以色列人的敬辞中两次说道：'上帝引导他出埃及，似具有独角兽的力量。'[④]所有这些话都证明这种动物的强壮、勇敢和它获得的荣耀。"[⑤]

野猪和河马

"野猪这种动物我曾亲眼见，也吃过它的肉。河马这种动物，我确实未曾见过，但我曾获得过河马的几枚大牙，每枚重达13磅，在这里（亚历山大里亚）我将它们卖掉了。我在埃塞俄比亚和埃及见过许多河马牙齿。"[⑥]

① 这段故事可能指的某种野山羊或大羚羊。在世界上彼此相隔如此遥远的地区传诵此类动物的习性，说明它的真实存在。

② "救我脱离狮子的口；您已经应允我，使我脱离独角兽的角。"（*Ps.* xxii, 21.）

③ 巴兰（Balaam），圣经人物，据说是幼发拉底河边的一位术士。摩押王巴勒率军同以色列人对阵，知不能以武力取胜，乃以重金聘巴兰前去诅咒以色列人。巴兰骑驴南下时，上帝使驴说人话阻止，并差天使在路上，手执宝剑阻其前行。天使命他不得乱说，应按上帝的旨意说话。巴兰未诅咒以色列人，而遵上帝之命，为以色列人祝福。——译者

④ "神领他们出埃及，他们似乎有独角兽的力量。"（*Number*, xxiii, 22; xxiv, 8.）

⑤ ［独角麒麟，参见克尼多的克特西阿斯，Yule-Cordier, *Polo*, ii, 291.］

⑥ 在科斯马斯的绘图中Chærelaphus被画成长有长牙的长腿猪。这种动物肯定与印度的所谓豚鹿无关，豚鹿与猪无相似之处。它很像马来野猪，我相信这是马业半岛上特有的动物。不过普林尼所描述的一种印度猪与这种动物极为相像。（viii, 78.）

225 **胡椒**

“此图所绘为胡椒树。每一株胡椒都缠绕在一棵高高的树上，因为胡椒脆弱、纤细，犹如葡萄的细干。胡椒树的每一串果实都有一双瓣叶屏护；[①]呈深绿色，似芸香。”

椰子树

“另一种树结出硕大的印度果，称作‘阿吉尔’（argell）[②]。与枣椰树（date-palm）颇似，只是更为高大、粗壮，叶子更宽。每棵树生长二三枝干，每条枝干能结出三个果实。[③]果实甘美，味似绿坚果。椰果初多甘汁，印度人饮其汁代酒。这种饮料被称作龙柯苏拉（Rhoncosura）[④]，味极鲜美。如果将此果采撷后存储，则其汁逐渐凝结壳上，少量果汁仍存其核心，随时推移则核心中的果汁亦将干涸。如存储时间过长，则凝聚果汁之果体亦腐败不可食。”

① 在当代文献记载中我没有找到根据，肯定这种说法。Ibn Khardádhbah, *ante*, p. 135说：“航海者说，每一串胡椒上方都有一个叶子保护它不受雨淋，雨停后叶子移向一边；如果雨水再次侵袭，叶子再转到果实上面。”（*Journ. As.* sér. vi, tom. v, p. 284）。［见*Chau Ju-Kua,* pp, 222–223。］

② 波斯文作Nárgil。

③ οὐ βίλλα δέ καρπὸν εἰ μὴ δύο ἢ τρία σπάθια ἀπὸ τριῶν ἀργελλίων. 原文意义含糊，但科斯马斯的插图说明有两枝干，每条枝干有三个果实。科斯马斯一定只见过低产量的椰树。

④ 科斯马斯可能将椰子汁和今天的椰果混为一谈了。因为Sura一名在马拉巴尔海岸指椰果。Roncho可能代表Lanha，在马拉巴尔海岸指已经成熟但仍柔软的果实，实质上这是产汁的状态。（见*Garcia dall'Orto*, Venice, 1589, p. 114; Rheede, Vol. 1。）

海豹、海豚和乌龟

“如果我们在海中捉到海豹、海豚和乌龟，就捕而食之。食海豚和乌龟时，割其喉管以屠宰之；但不以这种方式屠宰海豹，而是像宰杀大鱼一样击其脑袋，将其杀死。乌龟肉似羊肉，色黑；海豚肉似猪肉，色黑，味恶；海豹肉亦类似猪肉，但色白无味。”

关于塔普罗巴奈（Taprobane）岛[①]

“此岛为印度洋中的大岛，印度人称之为赛勒第巴（Sielediba）[②]，

① 锡兰名称很多。在梵文著作中它被称作兰卡（Lankâ），这一名称不为希腊人所知。大约在公元前300年完成论印度著作的墨伽斯底涅（Megasthenes）称之为Taprobanê。这是一个合成词，通常被认为是Tâmraparnî（“铜色树叶”）的译音。Tâmraparnî是征服该岛的印度人维奢耶（Vijaya）对它的称呼。在吉尔纳尔（Girnâr）石碑的阿育王（Asôka，公元前268—前231年在位）碑铭上，其巴利文形式写作Tambaparni。不过有些人认为，Taprobané是婆罗门作家对这个岛国的称呼——Dwîpa- Râvana（即Râvana岛）——的变形。从《厄里特里亚海周航记》和托勒密的著作中，我们知道，Taprobané在古代被称作Simoundou，但在托勒密时代称作Salike, 即Salai国。在这里，我们可以看到形式稍有变动的科斯马斯记载的Siele-diva，因为diva只是Dwîpa的一种形式，该词在梵文中意为“岛”。Salai和siele来源于共同的词Sihalam（读作Silam），该词是梵文Sinhala（“狮子”）的巴利文写法。该岛名称的其他写法如Serendivus、sirlcdiba、serendib、Zeilan、Sailan和Ceylon可能出此共同的来源。因为锡兰没有狮子，所以，Sinhala一定是指狮子一般的人，一位英雄，即英雄维奢耶。McCrindle, p. 363 n. ——译者

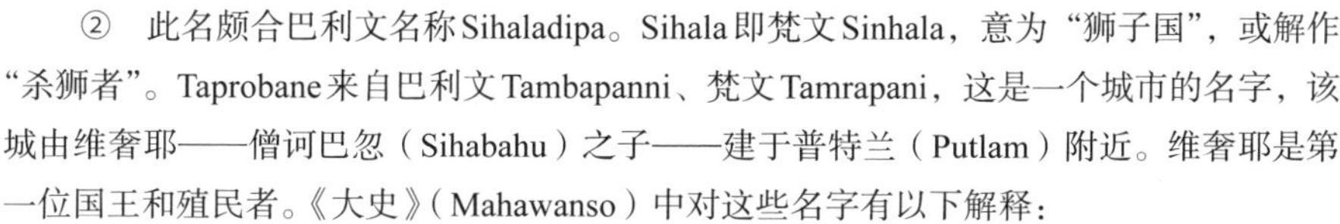

② 此名颇合巴利文名称Sihaladipa。Sihala即梵文Sinhala，意为“狮子国”，或解作“杀狮者”。Taprobane来自巴利文Tambapanni、梵文Tamrapani，这是一个城市的名字，该城由维奢耶——僧诃巴忽（Sihabahu）之子——建于普特兰（Putlam）附近。维奢耶是第一位国王和殖民者。《大史》（Mahawanso）中对这些名字有以下解释：

“国王（指维奢耶。——译者）率领的700人，由于海上晕船而精疲力竭，虚弱无力，他们从这里走出船舱，以手紧握土地，在岛上定居下来。由此这些人获得檀巴潘尼（Tambapanniyo，‘铜色手掌’，由土地的颜色而来）的名字。从此这片荒野也获得檀巴潘尼（Tambapanni）的称号。也由于同样的原因，这个著名的岛屿也以此名闻名遐迩。（转下页）

226 但希腊人称之为塔普罗巴奈。岛内多红锆石[①]。赛勒第巴岛位于胡椒国[②]的另一侧。岛之周围有众多小岛,均有淡水和椰树;众岛屿彼此相距很近。[③]当地居民说,这个大岛长达300高迪亚(gaudia),即900哩[④],其宽约略相当,即900哩。岛内有二王主政,彼此为敌。[⑤]一王主产宝石的地区,[⑥]一王主其他地区,有良港,乃商贸中心。此岛是这一地域的重要商业中心。岛上还有一座由定居该岛的波斯基督教徒建立的教堂,以及一位由波斯任命的长老和副长老,以及一整套举行宗教仪式的设施。但
227 当地居民及其国王则是另一类人。[⑦]岛上庙宇很多,在一座耸立

(接上页)“僧诃巴忽杀死了狮子。由于他的功绩,他的儿子们和后代们被称作Sihala(杀狮者)。由于兰卡被一位僧伽罗征服,也由于它被一位僧伽罗殖民化,所以兰卡被称作sihala。”(Turner, *Epitome*, p. 55)关于这些名称的更令人满意的语源解释,见Lassen, i, 200以下;Tennent, *Ceylon*, i, 525; *Hobson-Jobson*。

① [一些人认为这不是我们所知的红锆石,而是蓝宝石(sapphire);另外一些人认为是紫晶。(McCrindle, p. 364.)]

② 即马拉巴尔,阿拉伯人称之为胡椒国(Balad-ul-Falfal);见Ibn Batuta,本书卷IV。

③ ἀσσοβαθαὶ,也许是ἀσσότατaι之误。此处科斯马斯似指马尔代夫群岛。[拉克代夫群岛,意为“千万岛”。(McCrindle, p. 364.)]

④ “科斯马斯用来表示该岛面使用了一个奇特的字gaou,这个字直到今天在锡兰仍然使用,它表示一个人在一小时内走过的距离。”(Tennent, i, 543)

⑤ 坦南特译作“处在岛的两端”。

⑥ 有人认为这里的意思是指锡兰岛拥有红宝石矿的地区;但坦南特认为其意即下面提到的红宝石(见*Ceylon*, i, 543)。不过,以the Hyacinth这一短语表示“产红锆石的地区”似乎颇合科斯马斯的原意。他在下文以καρυόφυλλον表示“丁香国”,也是如此用法。坦南特认为文中提到的港口即加勒(Galle)港,这一点我在其他地方已经注意到(附录十二)。

⑦ ἀλλόφυλοι,据我理解,即“异教徒”之意;无论如何不是波斯的基督教徒。但是坦南特爵士译作:“当地居民和他们的国王们是不同种族的人。”

在高处的庙宇上，有一颗硕大如松果的红锆石，色彩红艳，远远望去，熠熠生辉；当太阳光照耀到上面时，更是光彩夺目，景色壮观绝伦。[①]

“该岛地处中心位置，从印度、波斯和埃塞俄比亚各地很多船只经常访问该岛，同样它自己的很多船只也远航他方。从遥远的地区[②]——我指的是秦尼斯达（Tzinista）和其他输出地——输入塔普罗巴奈岛的是丝绸[③]、沉香、丁香[④]、檀香木[⑤]和其他产品。这些产品又从该岛运往这一边的其他市场，如没来、卡利安
那、信德、波斯、希米雅提和阿杜里。没来出产胡椒；卡利安那 228
出口黄铜、胡麻木[⑥]和布匹，亦为一大贸易市场；信德出产麝香、

① 比科斯马斯晚一个世纪的中国朝圣僧玄奘述说道，在阿努拉达普拉（Anurajapura）的佛牙寺顶端上，放着一颗红宝石，光泽照彻天空。在皎洁的静夜中，万里之外可以睹见。（*Vie de H. T.*, p. 199, 371–372.）

按：马可·波罗也叙述说锡兰国王拥有世上最大的红宝石，完美无瑕，灿烂无及，难以描述。坦南特引用Dana, *Mineralogy*, Vol. ii, p. 196的话说：“马可·波罗描述的这块宝石很可能不是红宝石，而是一块紫晶，紫晶在锡兰的大水晶中可以找到，现代矿物学家认为红宝石即是古代所称的‘红锆石’。”对于这一著名的宝石，现在没有可靠的记录说明它最终的结局，除非它就是14世纪早期中国皇帝购买的能产生不同寻常的光芒的“红玉”。Tennent, *Ceylon*, Vol. i, pp. 543–544 n; McCrindle, p. 365. ——译者

② 科摩林角（Cape Comorin）以东各国。McCrindle, p. 366 n. ——译者

③ 希腊文作μετάξιν，一般作μετάξα。Metaxa是一个拉丁字，也是一个希腊字，其确切的意思是“纱线”。但中世纪的希腊人用它泛指丝绸。科斯马斯同时代的作家普罗可比说，丝绸被用来制作衣裳，古希腊人称之为médiké，但在他的时代称为Sériké。McCrindle, p. 366 n. ——译者

④ 坦南特在此处根据Thévenot的版本译作“丁香木”，但这种译法不见于Montfaucon版本。关于丁香木，见III，p. 168及Ibn Batura。

⑤ 希腊文τζάνδανη，梵文Chandana。

⑥ 《厄里特里亚海周航记》提到，从婆卢羯车（即布罗奇）输出的货物中（转下页）

海狸皮及甘松香（Androstachyn）[1]。该岛也输入上述各地的物产，转而输往更遥远的港市；同时该岛向两个方面输出自己的物产。

"信德位于印度边境。印度河即菲逊（Phison）河，河水注入波斯湾，是波斯和印度的边界。[2]印度最著名的商埠有：信德、奥尔霍萨（Orrhotha）、卡利安那、西博尔（Sibor）[3]，然后是输出胡椒的没来地区的五商市，即帕尔蒂（Parti）、门格鲁瑟（Mangaruth）、萨罗帕塔纳（Salopatana）、纳罗帕塔纳

（接上页）有黄铜、檀香木、栋梁、兽角、檀木板和乌木。我以前曾提出过一种看法，即这种胡麻木（sisam logs）就是印度的珍贵木材黄檀（sissu, shisham）。不过，我现在找不到我在何处提出这一看法了。我相信，印度西部出产的广泛用于雕刻家俱的黑木是一种檀木。黄铜可能用来制造锅和容器，这在印度各城仍是很重要的行业。

① 信德（Sindu），无疑是印度河口的一港口，可能是第乌尔（Diul, Daibul）。（*Hobson-Jobson*, p. 247）Androstachyn也许如拉森所说，是Nardostachys（甘松〈spikenard〉）之讹。甘松是印度河上游各支流沿岸各国的主要物产之一。（Lassen, iii, 41, 42, 288–289.）

② 波斯帝国在被亚历山大大帝征服时，其版图扩展到印度河，甚至囊括了印度河东岸信德地区的领土。（McCrindle, p. 366.）——译者

③ Sibor可能是乔丹努斯记载中的supera，托勒密记载中的suppara。（III，p. 76）[Sibor，托勒密作Symulla或Timulla，阿拉伯旅行家作Saimur、Jaimur，可能是印度西岸孟买以南30哩处的Chaul（cheul）。拉森认为，Orrhotha是托勒密记载中的Soratha，位于古吉拉特半岛；玄奘记载中的苏剌侘（Surata）不应与现代的苏拉特（surat）混同。（Reinaud, *Mém. sur Inde, Acad.* p. 155.）

按：McCrindle, p. 367注："普林尼在列举出的印度种族中，提到一个称作Horatae的种族，居于坎贝湾附近。其名乃Sorath之讹，通俗化的形式为Saurâshtra，《厄立特里亚海周航记》的作者和托勒密作Surastréné，即古吉拉特。所以，一些人将Orrhotha考为Surat，但是葡萄牙人到达印度之前，Surat并非重要地点，所以这种观点不能接受。裕尔认为该地应在古吉拉特北半岛的西岸某处。——译者

（Nalopatana）和普道帕塔纳（Pudopatana）[①]。接下来赛勒第巴，即塔普罗巴奈岛；从印度大陆前往该岛须航行五天五夜；然后又是印度大陆，再往后行便是马拉洛（Marallo），该市场输出贝壳[②]；卡伯尔（Kaber）输出alabandinum[③]；更远处便是丁香国；此后是秦尼斯达，此国出产丝绸。秦尼斯达以远再没有其他国家，因为大洋从东方环绕秦尼斯达国。[④]

“由于赛勒第巴国地处印度各国的中心，盛产红锆石，输入各商区的商货，又向各商区输出商货，所以它本身就是一重要的商贸中心。这里让我讲述一位经常到这个国家经商的商人的故事。这位商人名叫索帕特鲁斯（Sopatrus），就我所知，三十五年前他已去世。他曾前往塔普罗巴奈岛经商，碰巧一只波斯船只也同时到达。索帕特鲁斯所乘坐的是阿杜里的商船，其船靠岸时，

① 在马拉巴尔的这五个港市中，门格鲁瑟无疑就是曼加洛尔（Mangalore），而普道帕塔纳则是直到最近一个世纪中仍保持同一名称的港市（见下文，Ibn Batuta）；其他三名，我无从考出。

按：McCrindle, p. 367注：“这三个港市（Salopatana, Nalopatana, Pudopatana）似位于Cottonariké即胡椒国海岸、曼加洛尔和卡利库特之间的某处。字尾Patana意为“城”，Pudopatana意为“新城”，该城可能是托勒密记载中的Podoperoura。——译者

② 就方位和名称论，可能就是锡兰对面的马拉瓦（Marava，或作Marawar）。此地的贝壳捕捞业直到最近仍如珍珠捕捞业一样，为政府垄断行业。Walcknar说马拉洛即“Morilloum，位于锡兰对面”。有这样一个地方吗？

③ 从名称和位置上，卡伯尔可能是托勒密记载中的Chabēris（Kâvêrîpattam）[位于特兰克巴尔（Tranquebar）稍北处，普杜-高韦里（Podu-kaveri，即新高韦里）河口。Kâvêra为梵文，意为“番红花”，McCrindle, p. 367 n.] 但我对alabandinum无从考稽。普林尼提到一种alabandic红玉和一种alabandic 黑理石，称二者均以Caria城而得名。法文中almandine或作albandin指一种红宝石。（Pliny, xxxvii, 25; xxxvi, 13; *Dict. de Trevoux*）如果它指的是红宝石类，那么，产地可能是勃固。

④ McCrindle, p. 367注：“科斯马斯是确知中国东界为大洋的第一人。”——译者

波斯人也靠了岸，与波斯人同来的还有一位显要人物。依照该岛的规矩，地方官员和海关官员接待了他们，并带他们觐见国王。国王接见他们，接受礼敬，请他们入座，然后询问其国势如何？他们个人情况如何？来客们回答一切均好，此后谈话中国王问：‘你们两国的国君哪个更伟大？’这位波斯要人抢过话头，答曰：‘吾工更伟大、雄壮、富有，乃王中之王；无论欲行何事，均无不
229 能。’索帕特鲁斯一言不发，于是国王问：‘啊，罗马人[①]！难道你无话可说吗？’索帕特鲁斯回答：‘此人既出此言，我还有什么话可说？但是陛下欲知事实真相的话，两国国王就在您这里，陛下您只需对他们加以考察，就会明白哪一位更为尊荣、强盛。’国王闻听此话，大为惊讶，问：‘你说两位国王就在这里，何意？’索帕特鲁斯回答：‘啊！陛下这里有两位国王的钱币：一为诺米斯玛（nomisna），一为迪海姆（dirhem，即米列雷什miliaresion）；考察一下每种钱币上的肖像，真相将告大白。’国王认为这个建议不错，点头称是，命取两种钱币。诺米斯玛周边浑圆、金色纯正、色彩明快、造型美观，因为此金币是选定用于与该岛进行交易的；而米列雷什则是银币，自然无法与诺米斯玛金币相提并论。国王取两种钱币，仔细加以观察后，对诺米斯玛大加赞赏，[②]称赞

---

① McCrindle, p. 369注：“温森特（Vincent）注意到一个事实：锡兰王在会见这位希腊人时，呼他为‘罗马人’，在印度，这个名称从远古时代起就被用于称呼控制君士坦丁堡的各政权，不管它是罗马人、基督教还是伊斯兰教徒。”（Tennent, *Ceylon*, Vol. 1, p. 542, n. 2.）——译者

② 诺米斯玛通常指金索里达（solidus）。[这里的钱币是奥赖乌斯（aureus）。君士坦丁大帝铸造的钱币为一镑金价值72个金奥赖乌斯，这个标准一直持续到帝国末期。McCrindle, p. 369] 米列雷什（miliaresion，或作miliarense）为银币，相当于（转下页）

罗马人为杰出、伟大、睿智的民族。[①]于是锡兰王对索帕特鲁斯优渥有加，让他乘上大象绕城巡礼，鼓乐齐鸣，风光无限。这些事情是索帕特鲁斯本人和随他自阿杜里去锡兰岛的人告诉我的。据他们说，波斯人对这一切深感羞愧。（p. 338）

"沿着上述著名的商业中心，海岸边和内地还有众多其他（不太重要的）商业中心，以及一个幅员广大的国家。印度北部是白匈奴（White Huns）[②]。据说，一位名叫高拉斯（Gollas）的

（接上页）索里达的1/12。（Ducange, *de Inf. Aevi Numism.*）索里达金币大约直到拜占庭帝国末期，在地中海地区仍负盛名。大约在1340年，裴戈罗第时常提到米列雷什（migliaresi）。[米列雷什是一种银德拉克玛（drachma）。20 米列雷什=1达里克（Daric），1达里克=1斯塔特（stater），McCrindle, p. 369 n.][大约在312年，君士坦丁发行奥赖乌斯金币，一镑金制造72枚，每枚相当于4.55克，新金币名为索里达-奥赖乌斯，简称索里达；米列雷什为索里达-奥赖乌斯的1/14，重4.55克。君士坦丁铸造金索里达币时，也铸造了一种新银币，每镑72枚，故重量亦如金币，为4.55克；这种银币即米列雷什。Babelon, *Traité des Monnaies grecques et romaines*, I, 1901, pp. 532–533, 570.]

① Tennent, *Ceylon*, Vol. i, p. 542说："这个故事似乎由来已久，普林尼也讲述过类似的插曲；克劳狄乌斯统治时期，锡兰使团看到罗马的第纳里（denarii），内心深为敬佩。" McCrindle, p. 370. ——译者

② 关于月氏，或称白匈奴，也作哌哒（Ephthalites），见Lassen, ii, 771以下，以及iii, 584以下。[Saint Martin, *Les Huns Blancs ou Ephthalites des Historiens byzantins*. Paris, Thunot, 1849, 8 vol.]

按：McCrindle, p. 370注："希腊文作λευκοί Οὔννοι。这个名字中显然缺乏粗破音，因为它又可作Χοὔνοι。大约在公元100年，好战的匈奴（Huns）部落，由于不堪中国人的压力，向西迁徙，跨越伊穆斯山后，一部分迁往阿姆河，其余的人迁往伏尔加河。吉本在著作的第26章中说，'这些殖民团体的第一批人在粟戈第安纳（Sogdiana）肥沃而广袤的平原和里海东岸建立起统治，在这里他们保留着匈奴之名，称作Euthalites，或Nephthalites。由于气候温和，又长期居住在一个繁荣昌盛的地区——这个地区可能还存留着希腊艺术的微弱痕迹，他们的生活方式也变得温和起来，甚至其容貌也悄然发生了变化。这些'白色'匈奴人——其名得自他们肤色的变化——很快就放弃了斯基泰地区的游牧生活。" Sir William Hunter, *The Indian Empire*, p. 170说："对这个问题，即印度北部（转下页）

230 人，作战时有1000头战象和一支庞大的骑兵队伍。他统治着整个印度，向人们横征暴敛。据说，他曾围攻印度内地的一座城市；但这座城市四周有护城河。于是他在城前安营扎寨，长期围困该城，直到他的象群、马队和士兵将城周围的水全部喝干，他最终得以渡过护城河，占领这座城市。这里的人们非常喜欢绿宝石，国王所戴的王冠上镶嵌着这种宝石①。埃塞俄比亚人从其境内的布莱梅斯人（Blemmyes）手中购得这种宝石，将它贩往印度，用所得之利购买极贵重的物品。我所讲述的所有这些事情，一部分得自我亲身的经历，一部分得自我在各地区所做的准确调查。

“印度诸王都驯养大象②，如奥尔霍萨王、卡利安那王、信德王、西博尔王和没来王都驯养大象。他们每人驯养500—600头不等。锡兰（赛勒第巴）王出高价购买印度王的大象和马匹。锡兰王购买大象，以高度付钱，大象的高度是从平地量起。每腕

（接上页）的斯基泰即鞑靼族的命运问题，这最后一位作者相信，在465—470年推翻笈多王朝的是白匈奴。佛固森（J. Ferguson）博士认定，‘将印度从塞迦人和匈奴人（Hunas）手中解放出来’的科罗尔（Korur）战役和毛沙里（Maushari）战役发生在524—544年。科斯马斯于535年左右在红海经商。他曾提到匈奴人是当时印度北部的强大国家。——译者

① ［裕尔在附加的注释中说：“马苏第曾提到Bejah（Blemmyes?）国的一种绿宝石叫作巴赫里（Bahri），因为海岸诸国如Hind，Sind，Zinj和Sin的国王极为珍视这种宝石，他们苦寻这种宝石‘以装在他们的冠冕上’。等等。（*Prairies d'Or*, iii, 44.）

“布莱梅斯人是努比亚荒原及周围地区从事劫掠的暴烈的游牧民。绿宝石出产于上埃及的矿中，埃塞俄比亚商人从布莱梅斯人手中购得绿宝石，然后从阿杜里运往印度出售。如果绿宝石运到婆卢羯车，那么它们就能从这里经一条畅通的商路运往乌贾因（Ujjain），从乌贾因再运往喀布尔，然后通过兴都库什到达阿姆河地区。” McCrindle, p. 371.］

② 按：McCrindle, p. 371注：“普林尼从墨伽斯底涅的著作中摘录了他关于印度的一节，其中讲述了当时每个印度国王拥有的大象数量。——译者

尺计价50—100诺米斯玛或更多[①]。印度人为锡兰王从波斯购买马匹，锡兰王将马匹买下，免除马匹商人的海关税。

“印度大陆诸王驯养野外捕获的大象，利用它们作战。通常 231
还让大象彼此搏斗，以供欣赏。斗象时，印度人在两头象中间立起两根木头，将一个巨大的横梁系在两根木头上，横梁高及大象的胸膛；每一头象都安排一些人监护，使之不能接近，同时又诱逗它们，使之发怒。发怒的两头大象便以长鼻为武器相互打斗起来，直到最终一方败阵认输。

“印度象没有硕大的牙齿[②]，即使自然生长出来，印度人也会把它们锯掉，为的是便于作战。埃塞俄比亚人不懂得驯养大象，如果国王需要一两头象用于表演，他们就捕捉一两头幼象加以圈养。埃塞俄比亚大象多至不可胜计，均有硕大的牙齿。象牙从埃塞俄比亚由海路输往波斯、希米雅提和罗马帝国，甚至印度。这些情况是我听来的。”（p. 339; McCrindle, pp. 358-373.）

① 32—65镑。孟加拉大象的价格可能比这个数字高出两三倍。在估计一头象的价格时，象的高度总是一个因素。埃德里西说：“印度和中国国王极为重视大象的高度；大象越高，他们给出的价格也越高。”

② 众所周知，大部分的印度公象如同母象一般，只有很小的象牙。这种象在孟加拉称为Makhna。

九（补*）、赵汝适《诸蕃志》记大秦国

233 “大秦国一名犂靬，西天诸国之都会，大食番商所萃之地也。
其王号麻啰弗，理安都城，以帛织出金字缠头，所坐之物则织以丝
234 罽。有城市里巷，王所居舍，以水精为柱，以石灰代瓦，多设帘帏，
四围开七门，置守者各三十人。有他国进贡者，拜于阶室之下，祝
寿而退。其人长大美晳，颇类中国，故谓之大秦。有官曹簿领，而
文字习胡。人皆髦头，而衣文绣，亦有白盖小车旌旗之属，及十里
一亭，三十里一堠。地多狮子，遮害行旅，不百人持兵器偕行，易
为所食。宫室下凿地道往礼拜堂一里许。王少出，惟诵经礼佛，遇
七日即由地道往礼拜堂拜佛，从者五十余人。国人罕识王面。若
出游则骑马，用伞，马之头顶皆饰以金玉珠宝。递年大食国王有号
素丹者，遣人进贡。如国内有警，即令大食措置兵甲抚定。所食之
物，多饭饼肉，不饮酒，用金银器以匙挑之，食已即以金盘贮水濯
手。土产琉璃、珊瑚、生金、花锦、缦布、红玛瑙、真珠，又出骇鸡犀，
骇鸡犀即通天犀也。汉延熹初，其国主遣使自日南缴外来献犀、象
235 玳瑁，始通中国，所供无他珍异，或疑使人隐之。晋太康中又来贡。
或云其国西有弱水、流沙，近西王母所处，几于日所入也。按杜还
《经行记》云：拂菻国在苫国西，亦名大秦。其人颜色红白，男子悉
着素衣，妇人皆服珠锦。好饮酒，尚干饼，多工巧，善织络。地方千
里，胜兵万余，与大食相御。西海中有市，客主同和，我往则彼去，
彼来则我归。卖者陈之于前，买者酬之于后，皆以其直置诸物旁，
待领直然后收物，名曰‘鬼市’。”（《诸蕃志》卷上）

* 此部分为修订者考迪埃所补写。——译者

十、西安叙利亚文-汉文景教碑之发现

P. Alvarez Semedo, *Relazione della Cina*, Rome, 1643

“1625年，陕西省首府西安近郊建屋挖地基时，施工人员挖出一石碑，长九掌尺余，宽四掌尺，厚一掌尺余。石碑顶端呈金字塔形，高两掌尺余，底座一掌尺余，金字塔上镌刻有美观大方的十字，带有花卉装饰，颇似马拉巴尔圣托马斯墓上雕刻的那些十字，也类似欧洲曾一度使用的十字。从迄今保存下来的一些例证，我们可以看到这种形式的十字。

“十字周围刻有一些云状符号，其下三行横向文字（注：此误。文字顺序应为纵向句读。——译者），每行有三个清晰的中国通用的大字。石碑其余部分全部刻有同样风格的汉字，碑的侧
面也刻有文字，但文字的最后部分与其他部分不同，其中一些颇 236
为怪异，石碑发现时不知其为何种文字。

“中国人怀着强烈的好奇心将此罕见的古物加以清理，看清楚为何物后，迅速报告西安府台。府台急忙赶来察看，当即下令建一漂亮的基座将石碑立起，上方一拱洞，三面封闭，前方开敞，使石碑不受风吹雨淋，又能使人们欣赏到这一珍贵古迹，大饱眼福。石碑矗立处位于一寺院内，距石碑发现的地点不远。

“前来参观石碑的人络绎不绝，一方面是因为石碑年代悠久，另一方面则是对碑文上奇怪文字感兴趣。现在中国境内我基督圣教已广为人知。有一异教徒与一位信仰基督教的显赫官员利奥（Leo）友善，因机缘参观石碑，目睹碑文中的神秘文字后，

认为最能使朋友欢愉者,莫过于将碑文拓摹后送他观赏。尽管这位官员居于杭州,将拓片送到他手中要走六个月的路程,但这位异教徒还是将碑文拓片送到了朋友手中。在杭州,由于那里发生宗教迫害,大多数传教士已离去。关于这一点,我们将在他处谈到。这位基督教官员收到拓片,看到碑文包含古代基督教流行于中国的无可辩驳的证据,(在过去这一直是人们极为渴慕追求的事情,这一点我们还将述及)为自己的信仰高兴,笑逐颜开。[①]

"三年后,即1628年,一些传教士陪同一名叫腓力普(Philip)的信仰基督教的中国官员去陕西执行公务,遂得机会游访陕西。西安建起一座教堂并成立一(基督教)团体;神圣的上帝以其神圣的法律让人们发现了一块如此峻拔的石碑,证明了古代基督教在这个国家的流行,同样愿意促进基督教在这一地区的复兴。我作为最先到达彼处者之一,感到幸运;而有机会目睹这块石碑,我感到幸福。我到达西安后,对诸事皆无兴致,直到我参观石碑、阅读了碑文,心情方告释然。此后我重返石碑安置处重读碑文,对碑文从容不迫、慎重仔细地加以考察。在如此悠远的古代,石碑制造得如此完美,文字镌刻得如此清晰、准

① 此段文字所说的"异教徒"指歧阳(今陕西扶风县西北)人张赓虞,"显赫官员"指李之藻。李之藻得景教碑拓片后,作《读圣教碑书后》一文,其中有:"此教未之前闻,其即利氏(利玛窦)西泰所传圣教乎?"又。耶稣会士阳玛诺(Emmanuel Diaz)于崇祯十四年(1641年)著《景教流行中国碑颂正诠序》写道:"是碑也,大明天启三年,关中官命启土,于败墙基下获之。奇文古篆,度越近代,置廓外金城寺中。岐阳张公赓虞搨得一纸,读完踊跃,即遗同志我存李公之藻,云:'长安掘地所得,名《景教流行中国碑颂》,殆与西学弗异乎?'李公披勘良然,色喜曰'今而后,中土弗得咎圣教来何暮矣。'"——译者

确，我不能不为之赞叹。

“碑文边缘有许多中国字，其中包括当时许多教士和主教的名字。还有许多当时不认识的字，因为既非希伯来文，亦非希腊文，但就我理解，这些文字中包含的名字与汉文中的名字是相同的。其目的是，如有外国人来此，虽看不懂汉文，也许可以读懂 237
碑文上的这些外国字。

“此后我经科钦（Cochin）去克兰加努尔。这里是印度西岸大主教住地。在这里就这些文字向我们教会的安东尼奥·费南德斯（Antonio Fernandez）教士请教；这位精通圣托马斯基督教文献的教士告诉我，这些文字乃叙利亚文，与圣托马斯教会使用的文字是同一种文字。”（p. 197以下）

* * * * * * * * *

林侗《来斋金石刻考略》下记载：

“景教碑今在西安城金胜寺内，明崇祯间（1628—1644年）西安守晋陵邹静长先生有幼子化生，生而隽慧，甫能行，便解作合掌礼佛，二六时中，略为疲懈，居无何而病，微瞑笑视，翕然长逝，卜葬于长安崇仁寺南，掘数尺得一石，乃景教流行碑也。此碑沉埋千年，而今始出，质之三世因缘，此儿其净头陀再来耶？”（Pauthier, *L'Inscription Chrétienne de Singanfou*, pp.70-71.）

241 # 十一、《中国印度见闻录》所载阿拉伯作家笔下的9世纪印度各国

（莱诺译文）

书中提及的第一位国王叫作巴尔哈拉（Balhara），被认为是最显赫的印度君主，印度人和中国人将他与哈里发、中国皇帝和罗马国王相提并论，誉为世界四大君主。不过，对于这位君主，书中几乎没有谈到任何具体内容，只是提到他的国家始自海滨的孔坎地区（Komkam，又作Konkan）。

拉森认为，Balhara 一名即 Ballabhiráa，即Raja的讹写，在古吉拉特半岛的巴拉希朴拉（Ballabhipura）行使统治的著名王朝的称号[①]，但这个王朝在此前很久早已瓦解。9世纪这一地区似乎没有非常强大的国家。[②]比鲁尼对于印度事物所谈甚多，所知远过于旧时其他的阿拉伯作家，但他对巴尔哈拉未有只言片语。[③]他提到一个以塔拉（Talah，读若Tanah）为都城的孔坎国。[④]

---

① 马苏第称之为Manekir，拉森考之为托勒密记载中的Minnagara。

② 见Lassen, iii, 533以下；iv，917以下。对于伊斯兰教势力范围之大和穆斯林分布之广，这是一个有趣的例证；这位印度君主巴尔哈拉的名字用到了巴勒莫附近的一个村庄上，现在这个村庄就是著名的蒙瑞尔（Monreale），从这个村庄此名又被用到巴勒莫山中的一个市场Suk-Balhara，现在称作Pizza Ballaro。类似的例证见于科列奥奈（Corleone）附近的Manzil-sindi，吉尔金提（Girgenti）附近的Jibal-Sindi和位于巴勒莫市郊区的Ain-sindi，所有这些名称由中世纪的文献保存下来，其中最后一个名称以讹变的形式Fonte Dennisinni存在至今。（Amari, *St. dei Musulm. di Sicilia*, i, 84; ii, 33, 34, 300.）

③ Reinaud, *Mém. sur l'Inde*, 见*Mém. de. l'Acad.*

④ Reinaud, *J. As*, sér. iv, tom. iv, p. 251.

巴尔哈拉时常与之交战的国王中，有一位国王名叫朱尔斯（Jurz），以其雄壮的骑兵而闻名遐迩，他拥有众多的财富，大量的骆驼和马匹。据说他的国家版图呈舌形，我猜想，其意是指位于海岸边。不过阿布·赛义德说曲女城也是其国领土。莱诺持此论。马苏第对朱尔斯（现在出版的马苏第著作作Juzr）同样的记述全然不同于曲女城国王；马苏第称曲女城国王为巴勿拉（Bawurah）[①]。拉森和马苏第著作的编者[②]以为这个国家即 242
古吉拉特，其原因显然是因二者略似。但更有可能是比鲁尼记载中的焦尔（Jor）国王，比鲁尼说焦尔王统治印度半岛东部，其领土在坦乔尔（Tanjore）国或特仑干（Telinga），或囊括二者。从玄奘的记载中我们知道有一国叫 Juri 或 Jurya，位于达罗毗荼（Dravida）国北约三百哩（Jurya 国都城即今之康契普腊姆 Konjeveram），这两个国家也许为同一国。[③]

然后是塔法国（Tháfak），马苏第作Tháfan，此国妇人皮肤白皙，在印度最为美貌，该国以此闻名。《中国印度见闻录》的作者说该国在朱尔斯国旁，但对于作者明显知之甚微的地方，不能过于重

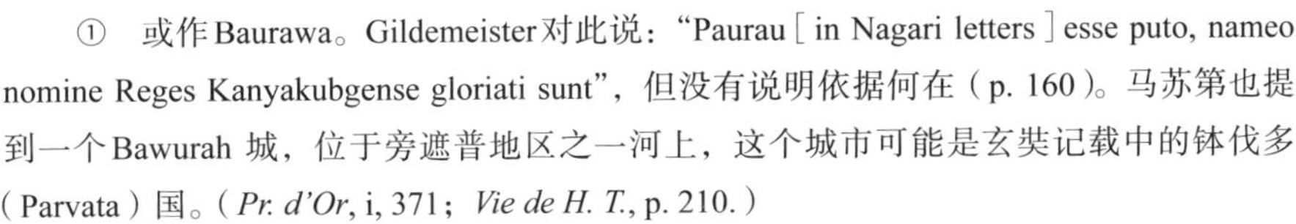

① 或作Baurawa。Gildemeister对此说："Paurau［in Nagari letters］esse puto, nameo nomine Reges Kanyakubgense gloriati sunt"，但没有说明依据何在（p. 160）。马苏第也提到一个Bawurah 城，位于旁遮普地区之一河上，这个城市可能是玄奘记载中的钵伐多（Parvata）国。（*Pr. d'Or*, i, 371；*Vie de H. T.*, p. 210.）

② Lassen, iv, 921; *Praires d' Or*, i, 383, 384. 在最后一段中，这位法译者直接以le Guzerat代表Al-Jurz或Juzr。如此翻译一个疑点，是没有道理的。

③ 见 *Vie de H. T.,* pp. 189, 190, 453；Lassen, iii, 205n。《中国印度见闻录》中的Jurz显然指埃德里西记载中的Malik-al-Jizr。他将Malik-al-Jizr置于去中国途中经过的麻代岛（Madai），但埃德里西关于印度东南部的记载混乱不堪，令人茫然无所适从（i, 86, 98）。

视。伊本·白图泰赞美过马腊塔（Mahratta）的女人，莱诺因此认为塔法国在德堪（Kekkan）地区，而且认定它位于“当今之奥兰加巴德省”，拉森也如法炮制，认定其在巴格拉那（Baglana），此地当时为马腊塔国。[①]但伊本·白图泰肯定没有说马腊塔的女人皮肤白皙——我想这一特点应是他们持论的最后理由；我们发现，马苏第将塔法国与克什米尔和坎大哈（Kandahar 即Gandara，白沙瓦和阿托克附近的健驮逻国）联系起来，将它视作印度河源头的国家之一。[②]旅行家伊本·穆哈利尔说塔法是迦布罗国（Kabul）的都城；不管这是否指同一个地点，这个塔法国应在印度西北部寻找，皮肤白皙的女人很有可能是现在卡菲尔族（Kafirs）女人，她们的美丽和白皙肤色仍然受到人们很高赞誉。[③]

243 按照这位阿拉伯作家的记载，与这些国家毗邻的是鲁赫米（Ruhmi, Rahma 或Rahman）统治的国家，[④]鲁赫米与朱尔斯国和巴尔哈拉进行过战争。虽然他拥有最庞大的军队，50 000头

① Lassen, iv, 921.

② *Prairies d'Or*, i, 207.

③ 见下文卷IV所引鄂本笃关于卡菲尔女人的记载。卡兹维尼（Kazwini）提到一座被称为泰坊（Thaifand）的坚固的印度要塞，这个要塞位于一座难以逾越的山顶上，但上面有水可用，可以耕作，驻防所需之物一应俱全。卡兹维尼说，旧历414年（公元1023年）这座要塞被马哈穆德·萨巴塔勤（Mahmud Sabaktagin）攻占，发现要塞中有500头大象。这段记载很像对于印度河西岸马哈班（Mahaban）地区一座堡垒的描述；阿波特（James Abbott）上校将这座堡垒考定为阿奥诺斯（Aornos），令人叹服。这个名称可能与我们讨论的塔凡（Thâfan）有联系。（Gildem., p. 208.）

④ 马苏第著作原本中作Wahman，这个写法似说明Rahman是一专用名词（见Reinaud, *Relations*, i, cii）。埃德里西作Dumi。（Jaubert, i, 173.）

大象和15 000名洗衣工，但其影响不大。其国所产棉布能穿过一个指环。金、银、沉香和蝇拂在其国也有出产。玛瑙贝作钱使用；林中有犀牛，记载中称犀牛为卡尔卡丹（karkadan），对它有详细的描述。[①]马苏第补充说，鲁赫米国版图掩及内陆和海域。

关于这段记载，莱诺说："这段文字在我看来描述的是古代威希亚普尔（Visiapur）国"；而拉森则认为它涉及的是（德堪地区的）卡利亚那地方查鲁基亚国（Chalukyas of Kalliani）。何以有这样的结论，不易断言。在这些地区无疑有从事洗涤业的人员，而且也有大象，但是记载中提到的其他物产则没有。金、银、沉香、蝇拂、犀牛和神奇的种象，所有这一切都指向印度恒河以远地区，也许包括阿萨姆（Assam）地区，而能穿过指环的棉布则是孟加拉东部的产品（达卡棉布）。在佛教经典中，缅甸的勃固以拉玛尼耶（Rahmaniya）见称[②]，我相信这就是所涉及的名称，不过遗憾的是，我将这位阿拉伯作家所指地区的范围限定得更具体了。[③]

① 这大概是阿艾莲（Aelian）用来描述印度独角兽的词汇；他称独角兽为καρταζώνον。（*De Nat. Animalium*, xvi, 20.）

② 阿瓦附近有著名的恭马都（Kaungmúdhan）宝塔，塔上的缅甸文铭文这样写道："在Hanzawadi（即勃固城）属下的各重要管区中，仰光、大叻（仰光对面）、Kothian、Youngmyo和马大班，属于著名的拉玛尼耶（Ramaniya）国。"（*Mission to Ava*, p. 351）。锡兰编年史也用阿拉曼尼亚（Arramaniya）指恒河以远半岛上的某个国家。（Turnour, *Epitome*, p. 41.）在印度支那许多君主动听的称号中，都提到拥有众多大象。

③ 根据伊本·胡尔达兹巴赫（上文，p. 135）的记载，印度诸王是Balhara、Jábah、Táfan、Juzr、Ghanah（或作Anah）、Rahma和Kámrún。Ghanah似不见于其他文献，我也不知其意为何。

接下来是内地的一族人，这族人皮肤白皙，穿耳，容颜美丽，记载中称他们为卡什宾人（Kashibin），马苏第称之为卡曼人（Kaman）。莱诺认为是迈所尔人（Mysore），只是因为他上面提到了威希亚普尔国。他根本不能认为迈所尔人为白皮肤。人
244 们所能知道的全部内容是，这个国家和后面提及的其他国家，似乎都位于“内印度”（Farther India）[①]。这些国家是：凯兰吉国（Kairanj），据称此国位于海上——此海大约就是卡德兰吉海（Kadranj），见于记载所提到的从阿曼（Oman）至中国之间的海域；然后是穆加国（Mujah）——穆加国多优质麝香，雪山绵长逶迤——与马巴德国（Mabad 或作 Mayad），这两国的民众类似中国人，而马巴德国地接中国边界。这些国家应在云南附近寻找，云南境中有优质麝香和蜿蜒的雪山。[②]

① Farther India 即 Ultraindia，是欧洲殖民时代所用的旧名称，现已不使用，其意指印度次大陆以远、中国以南的东南亚地区，相当于“印度支那”。——译者

② 杜劳里尔（Dulaurier）论述樟脑时引述一位阿拉伯作家 Ishak Bin Amram 的一段文字，说质量最佳的樟脑出自“Herenj，此称‘小中国’”。“小中国”一名似指婆罗洲（Borneo）或交趾支那（Cochin-china）。（*Jour. Asiat.*, sér. iv, tom. viii, p. 218.）

十二、《伊本·穆哈利尔游记》节录

离开呼罗珊和河中地区（Mâ-warâ-un-Nahr）的伊斯兰教城市，使团随中国使节首先到达哈尔卡（Harkah，或作Harkat）境内[①]。穿越这一地区须历时一月[②]。然后行20日[③]至塔塔（Thatháh）[④]境内。塔塔国人与哈尔卡国人组成联盟，以抵抗异教徒入侵；这两个国家都臣属于中国皇帝。哈尔卡国位居塔塔人和穆斯林国家之间，塔塔人欲往穆斯林国家经商，所以塔塔人也向哈尔卡国进贡。使团又到达塔塔人的属国纳伽（Naja）[⑤]，此地产葡萄、无花果、黑枸杞（Meddlars）[⑥]，和火焰不能烧毁的木头。基督教徒将此木取走，相信基督是被钉死在这种木头上[⑦]。使团又至拔吉纳克（Bajnak）[⑧]，其人须髯甚

① ［Marquart作Chargāh；Ferrand作Kharkāh。］

② ［“此间我们以小麦和大麦为食。”Ferrand, p. 210。］

③ ［“途中平安无事。”Ferrand。］

④ ［Marquart作Tachtāch；Ferrand 作Takhtākh。］

⑤ 或作Baja，［Marguat作Bağā；Ferrand 作Bodja。］

⑥ 此物不可考。——译者

⑦ ［“那片土地盛开无花果、葡萄、黑枸杞，还特产一种不怕火烧的木材。当地人用这种木材雕塑神像。经过此地的基督教曾经取走这种木材，并认为它源于耶稣受难十字架的横梁。”Marquart, p. 76. 这种木头可能是柚木。］

⑧ 关于前述哈尔卡人［Yarkand］、塔塔人和纳伽人三个民族和国家，我不能提供任何解释。拔吉纳克［Marquart作Bağnāk］即佩彻涅格人（Pechinegs），希腊人记载中作Πατζινακίται（突厥族，匈奴裔），Constantine Porphyrogenitus, *De Administrando Imperio*对这个民族记述甚详，显然对他们十分惧怕。君士坦丁（Constantine）时代，佩彻涅格人居于第聂伯河和德涅斯特河之上；五十年前居于伏尔加河与乌拉尔河之上，被乌斯人（Uz,

245 茂，过其境须行22日[①]，北邻斯克拉夫国（Sclaves）[②]。又至吉克
尔（Jikil）国[③]，其人不养家畜；与女儿及姐妹婚媾，不以为违
246 法；其国为突厥臣属。[④]国人采集名为喀尔堪（Kalkan）的药

Ghuz）和可萨人逐走。一位阿拉伯作家记其原居地，北邻钦察人（Kipchak），南界可萨人（Khazars），东接乌斯人（Us, Ghuz），西邻斯拉夫人。（Banduri, *Imper. Orientale*, vol. i; Defrémery, *Fragments de Géographes,* etc., *Journ. As.*, sér. iv, tom, xiii, 446; Mus'ūdī, *Prairies d'Or*, i, 262.）［1123年被约翰·科穆宁击灭。］

［Klaproth, *Mémoire sur les Khazars, Journal Asiatique*, iii, 1823, pp. 153–160］："拜占庭作家最早提到可萨人是在626年，他们称其为突厥人或东突厥人。" p. 155。

伊本·豪夸尔（Ibn Hhauqual）说："真正的可萨人的语言不同于突厥人和波斯人。" p. 158。——"保加尔人（Bulgares）的语言也是可萨语，而伯尔达斯人（Berthas）的语言则是另一种语言，罗斯人的语言完全不同于可萨人和伯尔达斯人的惯用语汇。" p. 158。

Constantine Porphyrogenitus 说："在多瑙河下游，德里斯特拉（Dristra）的对面，佩彻涅格人的领土延伸开来，其占据的领土远及可萨人的撒可尔（Sarkel）城堡。在这里有设防兵驻防，每年轮换。在这些人中，'撒可尔'的意思是'白房子'。" p. 159。

克拉普罗特的结论是，西伯利亚西部的窝古尔人（Wogouls）、可萨人和保加尔人均属于东部芬族人……这个事实说明，"Schloezter和Thunmann的看法不错，他们认为，奈斯特尔（Nestor）的罗斯编年史提到的白匈牙利人（Hongrois blancs）并非另人，就是拜占庭人提到的可萨人"。p. 160。

从体质上，保加尔人大部分为芬兰—乌戈尔人（Fino-Ugrians），但混有斯拉夫血统；其语言、风习受斯拉夫影响，以西里尔字母书写。］

① ［Ferrand 本作12日。］

② ［"我们在这里来到称作拔吉纳克人（佩彻涅格人）的另外一族人中，他们有长胡子、络腮胡子和红胡子，彼此间相互攻击。只吃小米。他们的妇女在光天化日之下与人交媾。我们骑马走12天经过他们的地域。他们告诉我们说，他们北边的土地和斯拉夫的土地，就没有危险了。" Marquart, p. 75。］

③ ［Marquart 作Čikil。——Ferrand ］

④ ［"当地人只以大麦、蚕豆和羊肉为食物。该部落不宰杀骆驼，不饲养奶牛，而且也没有奶牛。居民之服装乃毛和皮，除此两种，没有其他衣着。在该部落，有一些基督教徒（摩尼教）。他们相貌美丽。在该部落中，男人娶其女为妻，娶其姐妹为妻，或娶那些（伊斯兰教）禁止嫁娶之女人为妻。他们不是祆教徒，然而，其婚姻宗旨（转下页）

草[①]，用以煮食肉类。地产毛粪石，初冬季节，毒蛇出没。房屋以土木筑造。[②]又至巴格拉吉（Baghraj）；其王为阿里后裔，国人善于制造武器。[③]又至吐巴特（Tobbat）。过其境须行40日。境内有一座大城，建筑以苇草为之；一座庙宇以牛皮建造，以漆覆盖；庙中有一偶像，以麝牛角做成。[④]又至吉马克（Kimak）[⑤]，其地房屋以兽皮造成，种植葡萄树，果色半黑半白。地有一石，其人常用之祈雨[⑥]。地面上有黄金，河水冲刷处可见钻石。国无君

（接上页）却是这样的。他们崇拜老人星、土星、双子星、熊星、小山羊星等，他们称之为天狼星，即天主。在此地，一片太平气氛，没有人做任何坏事；但周围的突厥诸部落则时刻寻机袭击并掠夺这一部落。" Ferrand, p. 211.］

① Kalank 即波斯文厨房调料草 purslain。Ashkal 人、Szekely（即 Siculi）人无疑与吉克尔人为同样的人，Defrémery，前引书，p. 473 提到，它们位于马扎尔人（Majgars）以南，而马扎尔人又位于拔吉纳克以南。［Kalkan 读作 Kīlkan，即韭菜；生长于 Rey 和呼罗珊。*Notice et Ext.*, xxvi, 1883, p. 162; Ferrand , p. 211.］

② ［Ferrand, p. 212："这里没有国王。我们以40天时间穿过此地，一切顺利，平安无事。"］

③ 格鲁吉亚人？（其王是 Bagratidae 人）；还是（伏尔加河的）保加尔人？［"他们在扎伊德（Zayd）后代中挑选出有奇妙特征的人为国王，其特征乃长胡须，高鼻梁，大眼睛。当地人以小米和公羊肉为食。该国没有母牛，也没有山羊。衣服用毡，此外没有其他衣着。我们提心吊胆，惴惴不安，在这里旅行了一个月，我们不得不把所带的一切拿出十分之一交给他们。" Ferrand, p. 212。H. H. Howorth, *The Northern Frontagers of China*（*Jour. Roy. Asiat. Soc.*, 1893, pp. 467–502）一文中以数页篇幅论述布格拉汗（Boghra Khan）。巴格拉吉人可能是布格拉汗的臣属。

④ 西伯利亚的某些地区？［Tobbat 即阿拉伯文的 Tübät，而不是 Tubbat …… "该城中有伊斯兰教徒、犹太人、基督教徒、祆教徒和印度人；整个部落向巴格拉吉王交纳赋税。吐巴特部落用抽签的方法决定其国王人选。那里有一座监狱，专门用于惩处罪犯和罚款。吐巴特人祈祷时面朝麦加所在的方向。" Ferrand, 213.］

⑤ ［Marquart 作 Kaimāk；Ferrand 作 Kaymāk。］

⑥ 突厥和鞑靼部落所用的这种祈雨石，至今仍为卡尔梅克人（Kalmaks）所用。见 Quatremère, *Rashiduddin*, p. 428 以下所作长篇有趣的注释。又见 Hammer, （转下页）

247 长，亦无庙宇。寿享八十年岁而无疾病之人，最受人敬重。使团行35日而过其境。[①]至古斯国（Ghuz），其城由石块、木料和芦苇三料组成，有一寺宇，但没有塑像；其王有威势，与印度和中国通商；以亚麻和驼毛为料制衣服，国无羊毛。有一种白石可医治疝痛，还有一种红石[②]，以其触碰利剑，则剑失其锋利；其国境内行程有一个月时间[③]，路途安全。使团又至九姓乌古斯国（Taghazghaz）[④]，其人生熟肉皆食，衣羊毛及棉花，无寺宇，珍爱马匹；国中有一种石头可止鼻出血；看到彩虹出现，则举宴庆祭；面西而拜。国王强大，宫殿顶端，有圆形建筑，以金制

（接上页）*Golden Horde*, pp. 42，436。这种石头突厥人称为Jadah，（波斯语作Yadah）。这是否为我们所称的“玉石”的雏形？这个与波斯字Jádú相联的字（意为祈求）在印度也广为使用吗？［“大家都知道，祈雨石乃是和阗南部山崩时造成的，而从和阗叶尔羌河、克里雅河和鄯善河将祈雨石冲刷掉了。”Marquart, p. 79.］

① ［“他们有文字书写。”Ferrand, p. 213.］埃德里西称吉马克为突厥（或鞑靼）族中势力最大者。南部毗邻九姓乌古斯，西南为Khiziljis（Kharlikhs?），西接Khilkhis，东接黑暗海（Dark Sea）。吉马克人多城市，皆位于一东流之大河上。瓦尔第（El-Wardi）称之为东突厥族，与中国北部接邻。我们看到，中国史书中经常提到，库莫奚与契丹人一起向5世纪的北魏朝廷遣使。（Edrisi, i, 25; ii, 217–223; Ibn Khaurdádhbah, *Jour. As.*, sér, vi, tom. v, 268; D'Herbelot, v; Deguignes, i, 183, 184）这条河流大概是额尔齐斯河，马苏第提到“黑、白额尔沙特河（Irshat）（不过法文译本印作Arasht），河两岸是吉马克巴古尔国（Keimark-Baigur）。这是一个源自季浑河以远地区的突厥部落。（*Praires d'Or*, i, 230, 288.）

按：季浑河（Jihun）即乌浒水（Oxus）。——译者

② ［Ferrand，p. 214作绿色石。］

③ Ghuz即Uzes，其地在咸海及其以东地区。君士坦丁·杜卡斯（Constantine Ducas）执政时，古斯人侵入马其顿，受杜卡斯皇帝大量赂金而与之订立合约。返回途中遭佩彻涅格人袭击而溃散。古斯人被认为即土库曼人。（Edrisi, i, 7；ii, 339以下；Deguignes, ii, 522；Mas'ūdī, *Prairies d'Or*, i, 212。［“他们以小麦为主食，没有蔬菜；他们吃各种羊肉，而且不分雌雄。”Ferrand, p. 214。］

④ ［Marquart, p. 80作Toγuzγuz（Uiguren）。Ferrand, p. 214作Toguzoguz。］

成，可容纳百人，于500法拉桑（parasangs）之外可以望见；国
旗为黑色；使团于其境内行20日，途中颇感惊恐。[①]又至吉尔吉 248

① 根据早期阿拉伯地理家的记载，九姓乌古斯汗国（埃德里西著作中印作Bagharghar）是突厥最强大的部落之一。其国后来似以回鹘（Uighúr）见称，不知二者是否为同一民族。（见Edrisi, i, p. 490以下；lbn Khurdádhbah, 前引书，p. 268）。马苏第说其人占据呼罗珊和中国间的库山城（Kushan），有人认为即中国记载中的高昌，现在的吐鲁番。马苏第提到，其族在当时突厥人中最为雄健、强大，国政最善。（*Prairies d'Or*, i, 288.）文中所提到的圆形金质建筑大概是一座镀金舍利塔。［"莱诺在为阿布尔菲达著作所作的前言中（p. 360以下）证明，9、10世纪阿拉伯地理家称为九姓乌古斯国的突厥人就是回鹘人。马苏第说，在他所处的时代（马苏第死于956年），九姓乌古斯国势力最为雄壮，人口众多，国政最善。其版图从呼罗珊展至秦（中国）。都城称为库山，王称"依儿汗"（Irkhan）。马苏第又说，九姓乌古斯国是唯一信仰摩尼教的突厥部落。莱诺认为库山城是中国新疆的库车；梅纳尔（Meynard）考此名称为中国史籍中的高昌。关于摩尼教，应说明的是，《王延德行记》提到，高昌有一摩尼寺，波斯僧人主持教务，其律独特，视佛教典籍为异端。" Bretschneider, *Mediaeval Researches*, i, p. 252.］

［"九姓乌古斯占据了高昌城，那里是呼罗珊和中国间一个王国的都城。这些居民现时（332年）仍属于突厥各族和部落，是最勇敢、强大而治理最善的一个民族。国王享有'依儿汗'（Irkhan）的称号，为唯一拥有国王的民族。其人信仰摩尼教。"（Mas'ūdī, i, p. 288.）……"他们（中国人）的国家与九姓乌古斯王国为邻。正如我们已经指出，九姓乌古斯人是摩尼教徒，宣扬存在光明和黑暗的二元论教义。"（*l.c.*, pp. 299–300.）］

［马苏第（i, 288, 299）说，九姓乌古斯是突厥人中唯一信奉摩尼教的国家。根据埃德里西的记载，其人为拜火教徒。九姓乌古斯自然是回鹘人，鄂尔浑碑称之为九姓回鹘（Toquz Oguz）。参见Vilh Thomsen, *Insc, de l'Orkhon*, 1896, pp. 112, 147, Monument I; Chavannes, *Journ. As.*, i, 1897, p. 80。］

［"其次就要数突厥国王的地位了，他占据着高昌城，统治着九姓乌古斯。人们尊称其为'猛兽之王'和'马匹之王'，因为世界上没有任何一个国王统率如此勇敢的士兵，也没有任何一个国王拥有数目更多的马匹。呼罗珊沙漠将其国与中国内地相隔开来。他本人享有'依儿汗'的称号。虽然突厥人中有不归附国王的王子和众多部族，但任何人都不敢奢望与他相争。" Mas'ūdī, i, p. 358.］

斯（Khirkhiz）国[①]，国中有寺宇举行祭拜式，有书面文字，人民非常聪慧；灯火常明不熄[②]；有小麝；一年中举行三次庆典；旗帜尚绿；面南而拜；祭拜土星和金星，根据火星预测未来。有夜光石，其人用之作灯盏照明。40岁以下的人不得在国王面前坐
249 下。[③]又至哈兹拉克（Hazlakh）国[④]，其人嗜赌，甚至以妻、母、女为赌注。游客至，主妇或主人的姐妹或女儿前来为之洗濯。如果其中的一位女人钟意于某位游客，则带他到家中，盛意款待之，使其丈夫、儿子或兄弟提供一切方便；只要客人与女人在一

① ［Ferrand, p. 214作Kirgiz；汉文作“结骨”。］按：冯承钧：《西域地名》，第53页：“亦作Qirghiz,《魏略》为坚昆，后有居勿、结骨、契骨、纥扢斯诸称，《新唐书》为黠戛斯，又作戛戛斯，《王延德行记》为黠戛斯，《辽史》为辖戛斯，《北使记》为讫里讫斯，《西使记》为乞里乞四，《新征录》为乞力吉思，又作乞儿乞里，《元史》有吉利吉思、乞力吉思、乞里吉思、乞儿吉思、乞儿乞思诸译，突厥民族之一支，在叶尼塞（Yenisei）河一带。”——译者

② 乌德（Wood）提到这种禁止吹灭灯火的习俗，但并非在吉尔吉斯人中，而是在帕米尔地区吉尔吉斯人的近邻瓦罕和巴达赫尚地区的民众中；“瓦罕人认为吹灭灯火会带来恶运，所以他宁愿在松枝的焰火下用手扇达几分钟，也不愿用这种可靠但为他讨厌的办法来熄灭灯火。”（*Oxus*, p. 333；同样见p. 274.）

③ ［“我们在［黠戛斯］部落平安无事地旅行了一个月。”Ferrand, p. 215.］

④ ［“随后我们到达哈剌鲁克部落，其居民以蚕豆、扁豆之类为食，米制造饮料。只吃咸肉，用羊毛做衣服；他们有供祈祷的寺庙，寺庙的墙壁上，有该部诸先王的画像；其住宅乃用不燃烧的木头建造，此地有大量这种木头。该部落的人相互为敌，暴力行为到处可见，叛乱盛行，接连不断；淫荡行为司空见惯，而且合理合法。”Ferrend, p. 215.］

我猜想此即葛逻禄（Kharlikh），不过这只是一种看法。［阿拉伯语作al-kharlokh］——突厥最强大的部落之一，有时写作Carligh，其领土似在费尔干纳之北。大概是埃德里西著作法译本的Khizilji，马苏第著作中作Khuzluj，“其人俊美，身材伟岸，行为优雅。从前曾统治其他所有部落。统一突厥各部、号令突厥诸王的众汗之汗出自该部。”（Ferrand, p. 288）

起，则其丈夫除非有要务，不能走近他们。[①]使团又到达卡特拉克 250

① 马可·波罗提到哈密（Qamul）人中这种丢人风俗。[“千真万确的是，如果陌生人来到哈密人家中寄宿，男主人是很高兴的，并愿意让妻子完全听从客人指使，他本人却躲开，客人离去之前，并不返回。客人可随意居留与主人之妻为伴，这位丈夫并不以此为耻辱，相反视之为一种荣耀。这个地区的所有男人就这样被他们的妻子戴上了绿帽子。这些女人既漂亮又淫荡。” Yule-Cordier, *Marco Polo*, i, p. 210；p. 212. note 3. 我们发现，在建都（Caindu）国也有这种风俗，*l.c.*，ii, pp. 53-54：“我要告诉你这个国家女人们的事情。如果一位陌生人或任何其他男人玷辱了他的妻子、女儿或姐妹，或其家族中的任何女人，这个男人并不认为自己受到伤害，相反，他认为这种交合是一桩幸事。他们说这样做会使其神灵和他们崇拜的偶像高兴，带来俗世的昌盛。所以他们允许其妻子陪陌生人或其他人过夜。

“当他们遇到陌生人寄宿时，很愿意将他们带回家中。一俟陌生人投宿，主人便近前告诉他一切随便，此后他便去葡萄园或田地里，客人不走则不返回。投宿人住在这鄙汉家中三四天，享受着这家伙的妻子、女儿、姐妹或其家族中他最喜欢的女人；只要他住宿在那里，他便将帽子或其他标志性物件挂在门上，让这家主人知道他仍在这里。这可怜虫看见物件，便不闯入。这个地区的风俗就是如此。”

按：建都即建昌，亦即罗罗之地（Lolotie），地在今四川境内的宁远府，汉代名邛都，元代名建昌。见冯承钧译《马可波罗行纪》，河北人民出版社1999年版，第422—427页。——译者

兴都库什山间的哈扎拉斯人（Hazaras）至今仍有同样的风俗，这是人所共知的。（Wood, p. 201; Burnes）但是要指出的是，如果我们相信康拉德·克劳塞（Conrad Clauser）的拉丁文译本，那么，15世纪一位拜占庭历史家也提到，西欧的一个岛国（都城是伦敦 Λούνδρας）也有这种风俗。其希腊文为：“对于他们的妻子儿女，他们都很随便。在整个岛上，一个人去拜访他的朋友，进门时可以亲吻漂亮的女主人。如果朋友们在路上相遇，通行的风俗是彼此拥吻对方的妻子……对于其妻子、女儿被人亲吻，他们并不认为耻辱。”（Laonicus Chalcondylas, Paris, 1650, pp. 48-49.）。克劳塞的译文表达的内容与穆华利尔关于Kharlikh人风俗基本相同，只是表达更为粗俗。“我们没有必要为我们男女祖先辩护，而贬低这位拜占庭历史家，拉丁文的翻译者认为他是一个轻信传言的人。事情真是这样吗？我不敢断言。但这些话是否另有含义？”

[“（哈剌鲁克部落）有一节日，在此期间，所有人都穿上花绸衣服；没有这种衣服的人，也要在身上别上一块花绸布。这里有一银矿，矿里有汞。该部落有一种树木，其形状似诃子，如大腿般粗细，将其树汁涂在烫肿处，肿状迅速消失。他们还有一块巨石，向它祈祷问事，还为它宰杀牺牲，巨石呈绿色。我们在哈剌鲁克部落走了25天，一切平安无事。” Ferrand, p. 216.]

(Khathlakh)国[①],其人在突厥中最为勇敢。其俗允许与姐妹结婚;女人准许结婚一次,除非违背结婚誓言,不得离婚;有违者,双方被处焚毙。妻子有权继承丈夫的财产,男人娶妻须侍奉岳父一年。其俗规定,杀人征收偿命金;国王不得结婚,否则处死。
251 使团又至卡梯延(Khatiyan)国[②],其人不食生肉,吃熟肉;婚律开化,社会制度昌明;国无君长,于外来之人无虐行。衣服不染色;有麝香。有一种石头,可医治毒虫所咬之伤[③]等,还有毛粪石。又至巴希(Bahi)国,有一大城也称为巴希,国土广阔,有棕榈树、葡萄树等。在城中有穆斯林,犹太人,基督教徒,祆教徒和偶像崇拜者。地产一种绿石可治眼疾,一种红石可治脾脏病,还出产优质靛青染料[④]。使团行40日过其境。[⑤]至卡利布(Kalib)[⑥],境内有来自也门的阿拉伯人建立的殖民地,陀拔(Tobba)军队入侵中国,留其人于此地。其人讲话用古代阿拉伯语,书写用希米雅提(Himyaritic)文字。崇拜偶像。以枣类酿制饮料,其王

① [Ferrand, p. 216作Khutlukh。]

② 我在其他地方(Benedict Goës,下文)曾推想这就是于阗。其人的文明进化,所建庙宇、拥有麝香以及所处与拜城并列的位置,都符合这一观点。[Marquart, p. 83.]

③ [“这里有一种石头,能止烧退热,这种石头在别处是没有的。”Ferrand, p. 217.]

④ [“这里有一种红色靛蓝,质量极好,放在水上,轻而不沉。”Ferrand, p. 218.]

⑤ [Ferrand, p. 217作“Pima”]可能是媲摩(Pein)城,在《马可·波罗游记》中列于于阗之后,即现代阿克苏和库车间的拜城地区(见Benedict Goës, infra)。[Pein城与拜城无涉。斯坦因爵士正确地将它考为扜罙(Uzun Tati),位于于阗至尼雅途中,克里雅河北。见*Marco Polo*, i, p. 192; ii, p. 595.]按:又见冯承钧《西域地名》,第101页。——译者

⑥ [Ferrand, p. 218作Kulaybu。]

向中国君主贡献。[①]使团行一月过其境，至位于沙碛地区的马坎乌尔巴布（Makám ul Báb，意为“关口驻足地”）。中国君主遣一军官驻守于此地，从突厥诸国或其他地区而欲进入中国的任何人，都必须从这里得到准许。进入中国的人在此驻留三日，费用由中国国王供给，然后获准动身登程。在最初一段路上，使团遇到一些牲口为其驮运给养，随后到达瓦第乌尔马坎（Wadi ul-Makám，意为驻足之谷地），使团在这里需请求入境许可，由国王供给。在谷地驻留三日，始见放行。驻足的谷地是世界上最优美、
最宜人生活的地区之一。[②]离开谷地后，使团旅行整整一天时间， 252
到达中国首都信达毕尔（Sindabil）[③]。国王的宫殿就在这里。使团夜宿城外，距城尚有一哩路程。清晨早起动身，一整天奋力赶路，在日落西山时抵达城中[④]。城市规模宏大，其长可行一日，有60条笔直的大街以王宫为中心辐射开来。（王宫？）城墙高90骨尺，厚90骨尺；墙顶上有流水，分60条支渠传达到各城门。每

---

① 此国名似为错讹，大概指吐蕃，马苏第说，“其国人大半为希雅提人，混杂有陀拔后裔”等。（*Prairies d'Or*, i, p. 350.）马苏第记载也门诸王时提到，陀拔·阿克兰王（Tobba al Akrán）之子马尔克卡里布（Malkikarib）“征服东方各国，如呼罗珊、吐蕃（Tibet）、中国（China）和锡斯坦”。（iii, 154）陀拔是也门诸王的世袭称号。对于阿拉伯嗜古者，古代也门就像腓尼基人对于我们一样有用。撒马尔罕据说由也门诸王所建，其中一门口上的希米雅提文铭文可以为证（d'Herbelot）。［我们在p. 246已看到此非吐蕃。］

② 这段记述具有一定的真实性，可与沙哈鲁使团行记比较。沙哈鲁使团被中国官员滞留且招待一二日后继续前进，穿过沙漠至长城，所有给养由中国官员供给，等等。（见附录十七）

③ ［又作Sandābil, Marquart, p. 85；Ferrand, p. 219。］

④ “Per totam diem contendimus”. 我不明白，除非穿过拥挤的人群，一哩路程何需使团走一整天？

一支渠流及街道，返回王宫，所以每一街道有两渠水逆向而流。其一供水，另一条将水排出。[1]城内有一座大庙宇，围墙很大，比耶路撒冷城的城墙还高大，内有雕像和宝塔[2]。政府组织极为严密，法律严明。禁止杀生为食，杀生为大罪。[3]国王学识渊博，聪明智慧，待人仁惠。伊本·穆哈利尔受到国王的友好接待，直到婚约订立妥当；随公主同行相伴的有200名奴仆和300名侍女，这些人随公主前往呼罗珊，与诺亚王子成婚。

离开信达毕尔，伊本·穆哈利尔行至海边，在喀拉（Kalah）驻足停留。喀拉是从东方来首先到达的印度城市，也是沿此方向
253 来的船只至达的极点。如果船只驰过此点，则必迷失。喀拉城很大，墙壁高耸，花园、河渠相间。有铅矿[4]，称作喀莱（Qalai），这种铅矿仅见于喀拉，世界其他地区没有。[5]此地产喀拉剑，驰名

① 此处拉丁文内容非常含糊。我已经将它做了连贯性解释。[“在城墙顶上，有一条河，分成60股水，每股水流向一座城门，每股水经过一个磨房，在磨房下面，流水绕弯而出，再进入另一个磨房，该磨房出来，水就流向地面，其中的一半流出墙外浇灌花园；另一半则流向城里，供城中居民用水。这股水（经一条街流向宫廷），之后，再经过对面的一条街，流到城外去，这样一来，每条街道便有两股水，流向恰好相反：一股从城外流向城里，供给饮水；一股从城里流向城外，带走（居民）的垃圾废物。”Ferrand, p. 219.]

② [一座大佛像。Ferrand, p. 219.]

③ [“（该城）是印度的首府，同时也是突厥人的首府。”Ferrand, p. 220.]

④ [Ferrand, p. 221作“锡”。]

⑤ 原文作此种不同拼法。根据《中国印度见闻录》两位作者的说法，喀拉或喀拉巴（kalah-bar）距故临（kaulam）一月航程，处于阿曼和中国之间，为一大商埠，商货有芦荟、樟脑、檀香、象牙、喀拉铅、乌木、苏木和香料等，皆产自马来半岛。莱诺对喀拉方位的观点极为迷乱，很难断言其意指科罗曼德尔海岸之一港，即科斯马斯书中之卡利亚那（意指印度西部之一港），还是指锡兰岛的加勒港（Galle）。在我看来，此肯定为马来半岛上的一个港口，大致相当于今之新加坡或马六甲，很有可能如莫里（Maury）所（转下页）

印度。民众遵从国王，或起而反叛，悉随心所欲。习俗如中国人，不杀生（也就是说，他们是佛教徒）。中国边境距离此地为300法尔桑。国用银币，每枚银币价值为三个第尔汗（dirhem），人称银币为法赫里（Fahri）。其王臣属于中国国王，国民为中国王祈祷，为中国王建立一座庙宇。

伊本·穆哈利尔从喀拉行至胡椒国。胡椒国通常指马拉巴尔[①]。从胡椒国穆哈利尔又到达喀富尔（Káfúr）山麓。喀富尔山上有数座大城，其一名为喀姆岚（Kamrun）[②]，一种称为曼达尔喀姆鲁（Mandal Kamruni）的绿木就产于此地。[③]还有一城名为三福（Sanf），三福沉香木之名即由此城名而来。此山北麓有一座城市名塞穆尔（Saimur），其民俊美，据说为突厥和中国人之后裔。此地也有一种木材，名塞穆里（saimuri）木，[④]不过这种木头只是从他处运到此地出售而已[⑤]。佳佳利

（接上页）说，为吉达（Quedah）。莱诺反对将“称作喀莱（al-qalai）的铅”译为锡（tin），但他所做的说明显示出，这种物质是铜，科斯马斯说它从卡利亚那出口。不过，喀拉一词在印度语中通常指用锡作的锅盆，F. Johnston, *Persian Dictonary*明确地解释为“锡”。这种产品足以说明喀拉位于马来半岛上或在其附近。埃德里西也称喀莱矿在这个地方。如果E. Tennent, *Ceylon*没有贯彻、引申莱诺主张的Kalah即Pt. de Galle的说法，则我不会详论之。他参考了Dulaurier在Journ Asiat文中的观点，但这些观点似乎并不坚实有力。

① 参见Ibn Batuta, infra, Vol. IV; Cosmas, *supra*, p. 226。

② ［Ferrand作Kámarūb，即梵文Kámarūpa=阿萨姆。］

③ ［Ferrand, p. 22 2: 绿色芦荟称作Mandal al-Kámárubī。］

④ ［Ferrand, p. 223作Saymūr。］

⑤ 这段文字混乱不堪。节录文字是否将作者的原意表达清楚，大可怀疑。Gildemeister，p. 70中有一段文字引自Kazwini似指同一段文字。这段文字提到的城市是Kamarún、Kumár和Sanf，并未提及Saimur。一般认为Kamrún指Kamrúp，即阿萨姆，虽然Abulfeda，*l.c.*，p. 191的记载使这种见解大可怀疑。Sanf即占婆，关于Kamar，（转下页）

254 （Jajali）[①]位于一座大山上，俯眺大海，穆哈利尔记此城之后，又记述克什米尔（Kashmir）国，此地有一座大望台，乃用中国铁制造，坚固异常，牢不可摧[②]；又至迦布罗（Kabul）国及其都城塔班（Thában，见前文，p. 242）。然后穆哈利尔又迅速返回到印度海洋，记述曼杜拉芬城（Mandurafin，即Kin城）[③]；该城何在，至今不可考。又至库拉姆（Kūlam），此地产柚木、苏木和竹木等；关于这个地区，穆哈利尔还有其他令人费解的记载。由印度海滨的这些城市，穆哈利尔前往慕尔

（接上页）将在本书卷IV伊本·白图泰部分论及。Saimur为一海港，距孟买不远，确切位置至今不明。[此后裕尔（*M. Polo*, ii, p. 367 n）写道："我认为，Saimur即近代之Chaul。"] 莱诺认为即托勒密著作和《厄立特里亚海周航记》中的Simylla，也可能是玄奘记载的Chimolo（*Vie de H.T.* p. 420）。比鲁尼似称之为Jaimur，将它置于罗罗国（Laran）之塔那城（Tana）南。（见Reinaud, *Mém. sur l'Inde, Mém. Acad.*, p. 220及*J. As.*, sér. iv, tom. iv, pp. 263–264。）将这个名称的各种形式汇总起来并观其大致方位，其旧称似为Chaimul或Chánwul，即Chaul港。此港在孟买南约三十哩，至17世纪一直是一著名港口。[Chaul是阿里巴格区（Alibāg Tāluka）即科拉巴（Kolāba）区的一个城市，位于孟买城南30哩，Kundalika河右岸即罗哈（Roha）湾中。"Chaul的历史颇为悠久。曾以Champāvati和Revatikshetra见称，印度地方传说将其历史追溯到克里希那（Krishna，传说中印度雅达瓦氏族的英雄，毗湿奴神的化身。——译者）统治古吉拉特时。Chaul或Cheul很有可能即托勒密（公元150年）著作中的Symulla或Timulla商埠；有意思的是，托勒密提到，他关于印度西部的消息来自那些从Symulla到亚历山大里亚的人。约一百年之后（公元247年），《厄立特里亚海周航记》又提到它，称其为卡利亚那之南的第一个地方市场；642年玄奘称之为Chimolo。在第10、11和12世纪的阿拉伯作家的记载中以Saimur和Jaimur见称。14世纪初被称为孔坎地区雅达瓦（Yādava）王朝的统治中心之一。俄国旅行家阿萨内修斯·尼克丁称之为Chivil（1470年）。三十五年后（1505年）葡萄牙人首次出现在Chaul。" *Imperial Gazet. India.*]

① [Ferrand, p. 223作Jājullā。]

② 试比较本书p. 17普林尼关于赛里斯铁的记载。

③ [Ferrand, p. 225作Mandura-patan。]

坦（Multān），在这里他对该地的一座大雕像做了传奇性的描述。这座大雕像在早期的阿拉伯入侵者中非常有名。[1]根据阿布·杜利夫（Abu Dulif）的记载，这座雕像高100骨尺，离地 255
100骨尺，高悬于空中，无支撑物顶托。从此地穆哈利尔前往曼苏拉（Mansūra）和达比尔（Dabil）[2]，等等。[3]

从整体上，我们的印象是，穆哈利尔的著作像更晚些时候的游历家的著作一样，包含着真实成分，但著作已非原貌。[4]著作的一些断片保留下来并被补缀在一起。记述中的一些地方令人费解，概因于此。

① 埃德里西记载，这座雕像镶嵌在胶泥砖上。庙宇呈圆顶形（可能是印度式的凸形金字塔），外表镀金；墙壁涂以油漆。哈里发瓦利德（Walid）时，慕尔坦被穆罕迈德·宾·哈希姆（Muhammad bin Kāsim）占领（712年），哈希姆没有毁掉这座庙宇，但将一片牛肉缠放在雕像的脖子上。（Edrisi, i, 167; Reinaud, *Mém.*, p. 185.）

② ［Ferrand, p. 229作Daybul。］

③ 关于达比尔，见前文p. 85。曼苏拉是占领印度的穆斯林征服者的首府，距印度古城巴马纳拔（Bahmanabad）2巴拉桑；位于海得拉巴（Haidarabad）西北43哩的旧河道上。（见*Proc. R. G. S.*, Vol. x, p. 131。）

④ ［Marquart, p. 83 引述这些文字，写道："如上所述，阿布·杜拉夫（穆哈利尔）的报道，首先是根据材料得出来的，而这些材料又是根据这些民族的旅行报道，并不是根据地理实际得出的。"］

十三、阿布尔菲达《地理学》节录*

（1273—1331年）

“中国西界之地[①]横亘于印度和中国之间；其南傍海；东接东海[②]；北邻高格（Gog，又作Yâdjûdj）和马高格（Magog，又作Mâdjûdj）及其他地区——对于这些地区 我们一无所知。作家们论世界各国风俗，提到中国境内气候不同，省区、城市、河川众多，但对于其确切名称，并未有记载传世，对其详情我们更不得而知。故对于中国境内各地实情，我们几乎一无所知。从那里来的游历者很少，没有人向我们提供彼处详情，我们于彼处各地无从详加叙述。

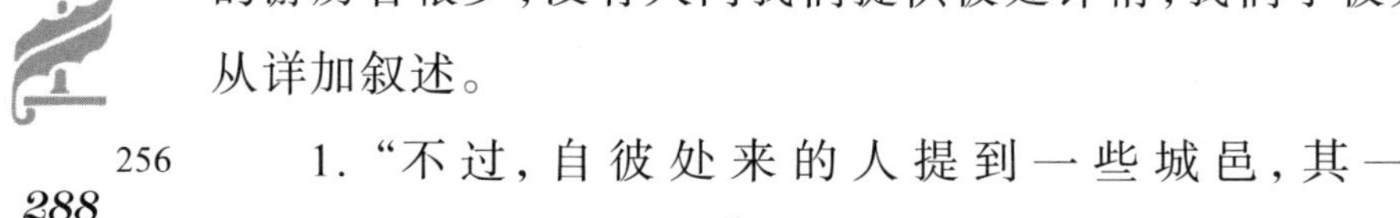

1.“不过，自彼处来的人提到一些城邑，其一叫广府（Khânfû，读作Khânqû）[③]，现在称作翰萨（Khansâ），此城北有一

* 承我的朋友巴杰君盛情，为我翻译本处节要。在不影响译文宏旨的情况下，我对由阿拉伯文译出的文字稍加润色。

遗憾的是，莱诺译阿布尔菲达《地理志》未竟，搁置达十八年之久。雷斯克（Reiske）在布斯丁（Busding）主编的杂志上发表了拉丁文译文，但我没有读到。［莱诺未竟的译文已由最近逝世的谷雅德（Stanislas Guyard）教授于1883年完成；我根据谷雅德的译文对裕尔摘录的内容做了修改，并增补了阿布尔菲达论中国一章的结尾部分，即关于Sila、Jamkût、Khâju、Saukjû的内容。］

① ［Guyard作“沙漠”。］

② ［Guyard作“东方环海”。］

③ 此字在Jaubert, *Edrisi*中作Khánkú，但我认为Khânfû为正确写法。见前文，pp. 89, 129, 135。

淡水湖，名作西湖（Sîkhû），方圆可行半日。[①]

“据称，泉州（Shanjû, Shinjû）——今称刺桐（Zaitûn）——为中国港口之一，广府和泉州皆置海关。[②]

“广府是中国门户之一，依《喀南》（Qánún）[③]记载，广府位于河上。伊本·赛义德说，此城见于各著作，位于库姆丹河（Khamdán）之东。伊本·胡尔达兹巴赫称其为中国最大之高埠，多水果、蔬菜、小麦、大麦、大米和甘蔗。

2.“依《喀南》记载，翰州（Khánjû）是中国门户之一，位于河上。伊本·赛义德说，翰州为中国门户之首，筑石为城……其东是塔佳城（Tájah）[台州]。伊本·赛义德补充说，此城[④]为中国都城，中国大王巴格布尔（Baghbûr）居住于此。[⑤]

3.“扬州（Yanjû）为王居之地。《喀南》说，中国的法格富尔（Fághfûr）居住于此，人称桃花石汗（Tamgháj Khán），即中

① 即杭州西湖。此无疑为阿布尔菲达新获得的少许知识。下一段文字亦为新知识。

② [“（广府和泉州）两地皆为中国之‘班达尔’（bandars）。‘班达尔’意为中国的港口”。Guyard。]

③ 我相信，《喀南》即佚失的比鲁尼的著作《地理志》。“中国门户”似表示中国主要港口的专门术语，与《中国印度见闻录》和埃德里西著作中表达的经过港口进入中国之意相关联。接近中国的船只会发现一系列多山的岛屿或岬角。在此之间有狭窄的峡道，船只过峡道可达中华帝国各港口。这些峡道称作“中国门户”。（Reinaud, *Relations*, i, 19; Edrisi, i, 90.）

④ 据我理解，此处指Tájah，即Jaubert, *Edrisi*（前文，p. 143。）之Bájah。Khânjû大约即广州。

⑤ [Guyard译本未有此最后一句。]

国大王，云云（见前文，p. 33）。[1]《喀南》还说，中国的卡兹库城（Kazqû）比扬州城更大……亲至扬州的人说，扬州所处位置为世界温和带，有花园和残垣颓壁[2]。距海为两日行程，距翰萨为五
257 日行程。扬州在翰萨西北，较翰萨规模稍小[3]。

4. “剌桐（Zaitûn）即泉州[4]，为中国港口，游历彼地的商人说，剌桐为商城。位于沿海港湾，船只自中国海可驰入。港湾延伸15哩，其尽端是一河流。据亲历此地者说，潮汐可流至剌桐。自中国海至剌桐可行半日，自海至剌桐所经过的河道为淡水。剌桐之规模较哈马特（Hamath）为小，[5]城墙为鞑靼人所毁，断壁残垣犹存。居民饮用河水，也用井水。[6]

5. “翰萨即广府。有些游历者说，广府为现时中国最大港口，为我国航海家所建。据亲历者说，广府位于剌桐东南，距海半日行程。城市规模甚大，处世界温带。城中有四座小山。其

① ［“Al-Niswy (Nasawi), *Chronicle*记花剌子密和鞑靼诸王史；以*Chronicle*记载，统治中国的鞑靼王所居都城叫桃花石（Tûghâj）。” Guyard。］

② ［“其民汲井水饮用。” Guyard.］

③ 以名字和位置看，Yanjû显然即扬州（Odoric, ii, p. 209；*Marco Polo*, ii, pp. 154以下）。但扬州从未成为中国都城。我不知道 Kazku为何处；但无疑为讹写，可能为福州（Fuchau）之讹。

④ ［“阿布尔菲达说，剌桐就是泉州（Shindjū, chüan中的ü相当于i音），他说，在他生活的时代西方人是以其中国名称闻知此城的（我认为，Zaitūn是这一名称的变形，Zai或Zi相当于chüan，后来加上t ū n就构成了每个穆斯林都知道的阿拉伯字）。”（*Encyclop. de l'Islam, “Chine”*，Martin Hartmann.）］

⑤ 哈马特为阿布尔菲达之故乡。他关于剌桐规模的知识是否准确，大可置疑。

⑥ 关于剌桐即泉州，见Odoric, ii, p. 183；Ibn Batuta, vol. iv。［Ferrand 注曰：剌桐（Tze-tung），阿拉伯文作Zītūn，讹读为Zaytūn, 因为与同音词“橄榄”（zaytūn）相似。（*Relat. de Voy.*, i, p. 11）］

民汲用井水。城周围有芳香四溢的花园。诸山距广府为两日多行程。[①]

[6.“新罗（Sîlâ）[②]位于中国东部。由海路前往中国的人并不常至新罗。新罗为东海岛屿之一，与西海中恒久（Eternal）、福运（Fortunate）两岛相对应；西海诸岛宜于耕植，人民富庶；而东海诸岛情形适相反。

7.“嘉姆库特（Jamkût）为人居住最东之地，位处东极；恰 258
类恒久岛位处西极。嘉姆库特以东，没有可居之地。波斯人呼之为嘉马库德（Jamâkûd）。此国位于赤道上，无纬度可计。

8.“卡州（Khâjû）。有人至卡州，称卡州为大城，中国省会之一，距汗八里15日行程。位于契丹和高丽之间。

9.“肃州（Saujû）。有人至肃州，称肃州之规模与艾迈斯

① 按：张星烺《中西交通史料汇编》第二册，中华书局1977年版，第244—245页注以上几段文字：“阿布尔菲达完全将广府、广州、澉浦、杭州诸音混乱为一，而又无分解能力，判定孰为广州孰为杭州也。其第一节记述西湖，至为明了。翰萨，人皆认为京师二字讹音。（马可·波罗作Kinsay）杭州为南宋之都城，故有京师之名。其Khanqu必杭州二字讹音也。杭州为喉音，广州亦为上喉音。读不清，或听不清时，两名最易淆混。阿布尔菲达既将杭州与广州混乱为一，于是又将广州府之简名广府（Khanfu）注入杭州之下。遂引起后代莫大疑难，阿拉伯人之Khanfu究为广府抑为澉浦也。元时，广州、广府、杭州、澉浦诸名，西域商贾必皆得闻之也。第一节下段，Khanfu之出产品中，有水果甘蔗诸物，不合于杭州情形，故可必其为广州也。第二节之Khanju，乃完全指杭州。观于所示台州之地位，及巴格布尔建都之事，可以知矣。第五节，阿布尔菲达实言广府，而无意之中又增入Khansa之名，自以为增入新知识，而不知其实乃大误也。——译者

② [公元初数世纪，朝鲜分为三国：北部和东北部为高（句）丽，西部为百济，东南为新罗；660年和668年百济和高丽先后被唐朝和新罗攻灭。阿布尔菲达记载中的高丽和新罗即朝鲜半岛的高句丽和新罗两国。]

（Emese）相当；位于平原之上，周围有众小溪，自附近山间涌出；有果园；距甘州（Qamjû）四日行程[①]。]

① ［“这里我要说明，阿布尔菲达对中国的另一种报道，有一错误。这就是把广州（Canton）和杭州府（Hang-chou fou）混淆了，因为他把Khansä认作Khānku（读作Khānfū），将二城混为一城。他只是引证‘附注’里提到的Khamdān和Khanbālik，不知道他的Khānkū（ii, 122–3）是将这两个城市混淆了：北方的Khānbālik是北京（见Ibn Batuta），而南方的Canton才是真正的Khānfū。”（*Encycl. de l'Islam, "Chine"*, Martin Hartmann.）］

十四、《海屯行记》节录

（写于1307年）

“契丹国记。

“契丹国乃世界上最大之国，人口众多，财富无限。位于海洋岸边，海中岛屿极多，数量不可胜计，因无人敢自夸遍观所有岛屿，但人们能够到达的岛屿均有无限财富。

“契丹国中受人重视的极贵重之物是橄榄油，通过任何渠道到达那里的橄榄油，都被国王和贵族视为宝货，倍加珍惜，好似金贵的膏脂。

“契丹国多奇妙、特异之物，世界各国罕有其匹。契丹人极为聪慧、敏锐，于各类工艺和学问均睥睨其他民族。他们确有谚语说：只有他们以两眼看事物，而拉丁人以独目看事物，而其他诸国之人则是盲人！由此谚语你也许不难领悟到，他们拿所有其 259
他国家与自己相比，均视之为不开化之人。实际上，契丹所产的大量物品巧夺天工、妙不可言，工艺水准出神入化，确非他国之人可望其项背。

“该国所有人均被称作契丹人，但也依其所属的特定族群而拥有其他名称。你会发现，许多男女都很漂亮，但照例都是小眼睛，天生无胡须。契丹人拥有优雅的书面文字，可与拉丁文字媲美。契丹国的宗教团体不可计数，有的崇拜金属制成的偶像，另一些则崇拜公牛，因为公牛耕耘土地，产出了粮食和水果；一些人崇拜各种树木；一些人则献身于占星术和自然崇拜；一些人崇拜太阳和月亮；而另一些人则既不遵从信仰亦不遵从法律，过着牲畜般的生活。对所有有形事物，契丹人均极为灵慧，但对于灵性事物，其人则一无所知，全无任何概念。

“其国人怯懦胆小，贪生怕死，不堪兵役。但是他们谨慎灵活，故无论在海上还是在陆上，都能克敌制胜。其国兵器种类甚多，均为他国所无。

“其国流通之钱币为纸币，呈方形，上盖王印；币上符号决定币值大小。如果流通过久而受损蚀，主人则持纸币往王室衙门，更换新币。除非制造杯碟和其他装饰品，其人不用黄金和其他金属。

“据称契丹国位于世界东极，更远处无人居住。西与达尔塞（Tarse）国为邻，北有比尔吉亚沙漠（Desert of Belgian），南为海上诸岛，这些前文已经谈及。”

十四（补1*）、《克拉维约东使记》记契丹节录 264

（1403—1406年）

“诸使节被引至主人座位的右方；侍者挽其臂引于契丹使节的下首就座。帖木儿以前曾向契丹君主缴纳贡赋，契丹使节受契丹君主九邑斯汗（Chayscan）皇帝派遣，来帖木儿处催纳未付年贡。帖木儿见西班牙使节坐于契丹使节下位，传令西班牙使节坐于契丹使节上位，契丹使节坐于下位。各使节坐毕，侍者走近契丹使节宣告：帖木儿皇帝有令，他视西班牙国王为儿子，与之友好，令西班牙使团就座于他（契丹使节）之上位；视契丹君主是奸恶贼人，为其仇雠，契丹君主所派使节应就座于下位。自此以后，在他摆设的宴会上，两国使者按此席位顺序就座。然后侍者命译员向使节们宣告帖木儿的命令。

“契丹皇帝名‘九邑斯汗’，意为九邦之君；但察合台国人称它作‘桃花石’（Taugas），意为‘猪皇帝’（pig emperor）。契丹皇帝是大国之君，帖木儿曾向其称臣纳贡，但现在拒绝缴纳。（pp. 133—134）

“撒马尔罕城商货极为丰富，四方货物云集辐辏。俄罗斯和鞑靼输来亚麻和皮货，中国（China）输来世界上最好的丝绸（尤其是丝缎），还有麝香——麝香为中国所仅有，世界他处所

---

* 此部分为修订者考迪埃所补写。——译者

无——红宝石、钻石、珍珠、大黄和其他很多货物。在撒马尔罕，中国商货质量最好，价格最贵。人们说，中国人是世界上技艺最为精湛的工匠。中国人自己说他们有两只眼，而佛郎机人有一只眼，摩尔人则为瞽目，所以他们优越于世界上其他民族。印度输送的是各种香料，如肉蔻、丁香、豆蔻、肉桂、生姜和许多货物，这些货物不输往亚历山大里亚。（p. 171.）

“帖木儿［征讨土耳其］返回撒马尔罕，逢契丹使者与其他人到来，契丹使者告诉帖木儿，他持有隶属契丹皇帝的土地，要求帖
265 木儿每年纳贡，而帖木儿未纳贡已达七年。帖木儿回答说，七年确未纳贡，但他不会再纳贡了。帖木儿不纳贡赋已近八年，契丹皇帝也没有派人催促。原因是这样：

“契丹皇帝死后，国土遗给三个儿子。长兄觊觎二位兄弟的封地，杀死最幼的兄弟，次子奋起反抗，击败长兄。长兄害怕二弟以其道还治其身，绝望中纵火焚毁宫殿，与很多追随者俱没于火中。二弟遂独揽朝纲。稳坐江山之后，他便遣使于帖木儿，催其纳贡，如其父生前所为。帖木儿斥拒之，不知契丹皇帝闻此愤怨与否。

“从撒马尔罕到契丹帝国首都汗八里，须行六个月，其中两月须穿越荒野，人迹罕至，唯有牧人驱其牲畜、逐水草游荡。是年六月，由800匹骆驼组成的一支商队满载货物，从汗八里来到撒马尔罕。帖木儿既知契丹使者的要求，命将驼队悉数扣留。我们见到过这些驾驭驼队的商人。他们讲述了有关契丹君主的一些奇事。其中一人在汗八里居住过六个月，我们特意与之交谈。他说，汗八里城近海，其规模为桃里寺（Tabreez）的20倍，乃世

界上最大的城市。桃里寺长1里格余,所以汗八里的长度应有20里格。他还说,契丹皇帝拥有庞大军队,率军队出征境外时,不计随军出征人数,留守后方的骑兵就有40余万;他还说,契丹皇帝规定:除非统率四千部属,否则不准骑马;他还讲述了有关汗八里城和契丹国的其他许多奇事。

“契丹皇帝曾是异教徒,但已皈依基督教。

*　　*　　*　　*

“由撒马尔罕向中国(China)行15日,有女人国(Amazons),迄今仍保持不与男人相处之俗,只是一年一度与男人交往。她们从首领们那里获得准许,携女儿前往最近的地区与男人交会,每人得一悦己之男人,与之同居住、共饮食,随后返归本土。生女后则留下抚养,生男则送其生父养育。女人国现属帖木儿统治,但曾经归辖于契丹皇帝。信仰基督教,属希腊教会。她们是守防特洛耶城的女战士的后裔,特洛耶城为希腊人所攻破。”[pp. 172-175, *Narrative of the Embassy of Ruy Gonzalaz de Clavijo to the Court of Timour, at Samarkand*, A.D. 1403-6. Translated... by Clements R. Markham. London, Hakluyt Society, 1859, 8 vo.]

十四（补2[*]）、《尼古拉·康蒂行记》节录（1438年）[**]

“马秦（Macinus）地区以远有一国，富强繁荣，世之无匹，名曰契丹。国王称作大汗，在其国语言中意为皇帝。首都名汗八里（Cambaleschia），呈四方形，周长28哩。城中心是一城堡，华美坚固，王宫坐落于其中。城之四角建有圆形堡垒，以为防卫之用，每个堡垒周长四哩（mile）。堡垒中备有各种武器与战具，以备战争与御城。从王宫有甬道自城中通往四角之堡垒，若遇民众造反，国王可随意退往堡垒。自此城15日程有另一大城，称南台（Nemptai），为当今国王所建，周长30哩，人口众多，超乎他城。依尼古拉（Nicolas）所述，这两座城中的房屋、宫殿和装饰与意大利相似；其人风度优雅，谨慎持重，聪明睿智，富庶超越前述各个国家。

267 “尼古拉后离开阿瓦，向海而行，历17日到达一河口，河不太大，有一港口称黑萨那（Xeythona）；由河口进入河道，前行10日，到达一座人口众多的城市，名潘考尼亚（Panconia），周长12哩。尼古拉在那里滞留四个月。所经各地中仅此一地出产葡萄，

* 此部分为修订者考迪埃所补写。——译者

** 15世纪早期尼古拉·康蒂在东方的游历，由波吉奥·布拉西奥利尼（Poggio Bracciolini）载于其著作“Historia de Varietate Fortunae”, Lib. IV. (39 pages, *India in the Fifteenth Century*... Edited, with an introduction by R. H. Major... London, Hakluyt Society, 1857, 8vo.)

数量亦不多。整个印度均无葡萄,亦无葡萄酒。此地之人不以葡萄酿酒。人们收获菠萝、橘子、栗子、甜瓜(小而绿)、白色檀木和樟脑。樟脑取自树中,割开树皮获取前,先祀神祉,否则,樟脑便消失不得见。”(pp. 14–15)

十五、托斯堪内里致里斯本主教费尔南多·马丁斯信节录

（写于1474年6月25日）

“对于你渴望了解的所有那些地方，现将全部知识悉数奉告。你一定知道，所有那些岛上的居住者和到访者都是商人，其地有众多船只和航海者，还有待售的大量商货，正如世界任何地方一样，虽然其他方面有所不同。有一大港名刺桐（Zaytun），情形尤其如此。每年都有100艘大型胡椒船在这个港市装卸货物，此外还有大量其他船只装运各种香料等。[①]此国人口稠密，省区、邦国众多，城市不可胜计，均由一君主统辖，名大汗[②]，其意为“王中之王”。大汗多居住于契丹省。先辈大汗极欲与基督徒交往、
268 友善，二百年前曾遣使于教皇，请求教皇派遣聪慧、博学之士向其传授我们的信仰。但是，使者阻于路途未及达于罗马而折回。后有一位使者往见教皇尤金尼乌斯四世（Eugenius IV）[③]，向教

---

① 此处托斯堪内里引自《马可·波罗游记》（I, ch. 81），下文谈及“行在”时亦如此。

② ［大汗一名的使用并不否定这封信的真实性。虽然这一名称随着元朝的覆亡（1368年）而消失，但16世纪的外国人仍以此名称中国君主。1515年11月15日乔万尼·达恩波利（Giovanni de Empoli）自交趾写信给洛柏·苏阿莱斯·德·阿伯加里亚（Lopo Soares de Albergaria），其中仍有“大汗”和“契丹”之名，（Spero... fare un salto là a vedere il Grand Cane che è il re, che si chiama il re de Cataio.）］

③ 1431—1447年。［我认为，向教皇尤金尼乌斯四世派遣使者之事，只是回忆尼古拉·康蒂的到达；明朝第三位皇帝向南方派遣的使者从未到达欧洲。］

皇重申各王公及其国人对基督徒的衷心友善。我曾与这位使者亲自详谈，问及许多问题，如其国皇宫建筑规模、江河大小等。他告诉我许多奇妙之事，如其国江河两岸建城甚多，一条河流沿岸竟有两百座；各城均有规模宏大的大理石桥梁，饰以气派非凡的大理石石柱。此国之优良，确为世人所仅见。到该国经商，不仅可以大获其利，大获宝货，而且也可以赚取金、银、宝石，以及大量从未曾贩至我们这一域的香料。事实上，该国还有为数众多的人物，于哲学、占星术造诣深厚，亦有许多精于各类技艺的博巧之士，更有才能非凡、善于统御此幅员辽阔之国家、精通战争韬略的灵秀俊杰。

"我在地图上已经标明，从里斯本城直西航行，可达宏伟壮丽的行在（Quinsai）。两地间有26个空区（spaces），每一空区有250哩。行在城周长100哩，即35里格。"①

① ［托斯堪内里致马丁内斯的信的真实性受到威格南（Henry Vignand）的质疑。*La Lettre et la Carte de Toscanelli sur la route des Indes par l'Ouest*... Paris, 901, 8vo. 这部著作出版后引发争论，关于争论的书目已由威格南列出，并由G. Uzielli译为意大利文（Napoli, 1905）。参见H. Cordier, *Bibliotheca Sinica*, col. 2054–2057。我想，在这里讨论威格南君的观点是不合适的。我认为，威格南的讨论持之有故，尽管他的某些观点立论薄弱，如写信者何以在信中使用大汗称号这类问题。］

269 十六、约萨法·巴巴洛契丹闻纪节录

（1436年左右获得消息；1480年成文）

“在察合台之地，有大城撒马尔罕，人口众多，秦（Chini）和马秦（Machini）的商人、行旅往来皆经过此地，契丹人亦如此……我本人没有沿此方向前往，但我听许多人谈过。我想告知的是，秦和马秦是两个大省，其居民崇拜偶像。其国制造瓷器碟具，物产丰裕，尤以珠宝、丝绸和其他织物最为丰饶。由秦与马秦可进入契丹地区。我在塔那（Tana）时遇到从那些地区返回的鞑靼人的使者，从他那里获悉消息。有一天，我们在谈话中谈到了契丹国。他说，过秦与马秦，一俟他进入契丹国，所需费用由各驿站供给，直到汗八里城均如此。他在汗八里受到体面的接待，供给馆舍。又说，沿此路前往的商人亦获得此种供给。此后他被引见契丹君主，在宫门外被令行跪拜礼。此地平坦、开阔；远处有一石台，契丹君主坐于石台的椅子上，背向宫门；两侧坐四人，面向宫门，从宫门至四人座处，两侧有卫士持银杖而立，形成一通道，译员跪坐于道路上，其跪势如我国妇女。使者被引至门前，询问奉使目的。其情形我们已经述及。使者递交国书，国书由译员转呈君主或四大臣，并译述之。君主答礼表示欢迎，示意使者可以回馆舍，正式公文即将传送。使者不需要回见契丹君主，只需与前往使者馆舍传达文书的君主代表协商即可；如有需
270 要，可与馆舍专使交涉。公务办理迅速，令人愉快。使者的仆人和儿子，均随往契丹。他们告诉我，契丹国中行事公道，诸事令

人称奇。……游者所访城内外，如果石头底下或其他地方发现游者失落的东西，无人取而据为己有。如果路上行人被问及去往哪里，而行人对发问者心生疑窦或认为发问者用心叵测，可前往法庭诉告，发问者则须做出充分合理解释，否则将受到惩罚。所以，此城之自由与行事之公道，显而易见。

“关于商货处理之法，我闻知，所有至其地交易的商人，均将货物交给某位方特吉（Fonteghi），及负责检查货物的官员。如有契丹君主所喜爱之物，这些官员随意取之，以价格更高之物品交换。其余归商人自行处理。在契丹国，人们以纸币进行小宗交易，纸币每年由新印纸币替换，旧币被收回铸币厂，持有者以银币付2%之费用，换取同等数额的新纸币，旧币则投入火中销毁。其白银以重量出售，但也有一些形质粗糙的金属币。

“我以为，契丹人信奉异教，但察合台人和其他国家的人称契丹人为基督教徒。我问何如此认为，其人回答说，契丹人寺庙中亦如我们一样有偶像。我在塔那时，偶有一次与前面提到的大使并肩而立，见过一位威尼斯老人尼古拉·迪艾多（Nicolas Diedo），此人有时穿开袖的绸布外衣（如过去威尼斯的风格），下面穿皮短衣，头巾垂于背后，头戴约值四索（sou）的草帽，一见之下，这位大使惊讶地说：‘契丹人衣着就是如此，他们一定与你拥有同样的宗教，因为衣服与你们完全一样！’

“契丹国天气非常寒冷，所以不产葡萄酒；但其他生活用品，颇为丰赡。”（Ramusio, ii, f. 106–107。）

271 # 十七、《沙哈鲁遣使中国记》注释

（1419—1422年）

据夸铁摩尔[①]译文，见*Notices et Extraits*, xiv, pt.1, pp. 387以下[②]。

使团中不仅有沙哈鲁（Sháh Rukh）的代表，而且有沙哈鲁族中统治着帖木儿所建帝国各省的几位亲王的代表。这个使团似乎也像访问中国明朝的普通冒牌使团一样，有纯粹以经商为目的商人随行。沙第·火者（Shádi Khwája）任沙哈鲁使团的团长。盖耶苏丁·纳卡什（Ghaiassuddin Nakkásh，“画家”）是

① 艾蒂安·马克·夸铁摩尔（É. M. Quatremère, 1782—1857年），法国东方学者，出生于巴黎一个富商家庭，接受过完整的古典教育。1815年成为法兰西金石与美文研究院院士，任鲁昂大学希腊文学教授。1819年任法兰西学院闪米特语教授，后任东方语言学院的波斯语教授。夸铁摩尔编辑翻译了伊本·卡勒顿（Ibn Khaldun）、拉施丁（Rashid ad-Din）与麦格里齐（Al-Maqrizi）的著作，获得巨大声誉，他还写了有关历史、历史地理、东方文献的大量著作，尤其是他对埃及象形文字的研究成就，在某些方面可与让-弗朗索瓦·商博良（1790—1832年）比肩。——译者

② [参见《1419年遣使中国记》。爱德华·雷哈采克（Edward Rehatsek）自波斯文译出，*Indian Antiquary*, March 1873, pp. 75-83。译文开始说：“伊斯兰教历820年（公元1419年），已故的虔诚名君沙哈鲁陛下，派遣沙第·火者率使团出使契丹，随员有贝孙勿儿算端阿哈迈德亲王，和杰出的画家火者·盖耶苏丁。沙哈鲁陛下命沙第·火者，自动身从哈烈都城出发之日至完成使命返回之时，记录所经历之一切，如使团所经历的奇遇、道路状况、各国法律、城市位置、建筑特点、国王的习惯以及诸如此类的事情，均须如实加以记述。火者·盖耶苏丁遵命，将目睹的一切事物形诸笔端，归来时将所作记述呈献国王陛下。以下所记使者亲历亲睹之奇事异物，均出自其记载，真假唯使团中人识之。”]

亲王贝孙勿儿（Mirza Baisangar）派出的使节之一，他记述了使团行程——其所作行纪由阿布杜尔·拉扎克（Abdur Razzák）保留下来——其主人对他详记每日行程要事，颇为高兴。

伊斯兰教历822年11月16日（公元1419年12月4日）[1]，
使团离开沙哈鲁都城哈烈，经巴里黑向撒马尔罕进发。[2]沙哈鲁
长子、精通天文学的米尔扎·兀鲁伯（Mirzá Olugh Beg）统镇
撒马尔罕，他的使节算端沙（Sultán Sháh）和穆哈默德·巴哈
失（Muhammad Bakhshi）已经出发。[3]其他亲王所遣使节在此
汇齐，全体成员于伊斯兰教历823年2月10日（公元1420年2月 272
25日）离开撒马尔罕。

使团经达失干（Tashkand）、赛蓝（Sairam）和阿什巴拉（Ashparah）[4]

① ［Rehatsek 作12月3日。］

② ［“12月9日（公历12月27日）使团抵巴里黑，因降大雪（？），天气极为寒冷，使团滞留于此，至823年1月初。1月22日（公历2月7日）使团到达撒马尔罕。”Rehatsek.］

③ 在我们今代的一些地图上，有一被称作赛蓝（Sairam）的地方，位置在塔什干之北约一度。不过，彼时之赛蓝在更东处，旭烈兀进军波斯时，过怛逻斯后次日抵赛蓝。拉施德也提及Kari-Sairam，称其位于怛逻斯附近，为一大古城，城径长可一日行，有40个门。（*Not. et Ex.*, xiii, 224.）

④ 阿什巴拉（Ashparah）位于蒙古边境某地，在帖木儿时的征战记中被经常提及。其确切位置不可考，但肯定位于怛逻斯之东，距伊塞克湖不远。可能是鲁布鲁克游记中的额乞乌思（Equius）。对此地名之考证，争议颇大。Cooley, *Maritime and Inland Discovery*一书中提出，这个古怪的名称译自某个以Asp（一匹马）开头的波斯字。Sihun河（按：即药杀河，阿拉伯人称药杀河为Sihun河。——译者）之南有一地称Asparah，或作Asfarah，两者不可混淆。（Rémusat, *Nouv. Mélange*, i, 171 seqq.; *Not. et Extraits*, xii, 224, 228；*Hist. Univ.* (*Modeme*), iv, 139, 141; *Arabshah*, i, 219。）关于鲁布鲁克游记所载地理考释，包括对额乞乌思位置的考释，见本书p. 287。

［“使团过达失干和贝兰（Byrám）进入蒙古阿义尔（A'yl）境。消息传来说，阿维斯汗（A'wys Khan）领兵进攻施尔·穆罕默德·斡格兰（Shir Muhammad Oghllan），（转下页）

于4月25日进入蒙古境内[①]，不久受到德高望重的艾迷尔·库代达德（Amir Khudaidád）的迎接。我们无法确知去往裕勒都斯（Yulduz）的行程，但可能经由伊塞克湖和伊犁河，过天山、裕勒都斯西北而往[②]。

裕勒都斯使团于7月11日到达吐鲁番（Turfan）。此地居民多信佛，有一个大庙宇，内有释迦牟尼像[③]。使团于7月13日离开吐鲁番，于7月16日抵达喀喇和卓（Karakhoja）。过此行五日路程，使团遇到中国官员。中国官员登录使节姓名及使团一行人数。此后行七日抵达阿塔苏菲（Atasufi）城——此名似不见
273 于其他记载。前行两站至哈密（Kamul），此地有一座气势宏伟的清真寺，与之并列的是一座豪华的佛教庙宇[④]。庙宇门上绘两恶魔，似欲行格斗。这段记述非常准确，所绘恶魔通常称为守门

（接上页）因此，阿洛斯族（A'los）中大乱，但此后大乱平定……5月18日（公历5月31日），使团抵达穆罕默德伯克所辖下的萨鲁裕（Săluyú）……22日（公历6月4日），使团自此地起程，跨过朗格尔（Langar）河……同月28日（公历6月10日），进入裕勒都斯境内之甲耳格（Jalgáh）城及施尔拜赫兰（Shir Behrám）之阿义尔城，在彼处旷野中，虽太阳正处于巨蟹宫，但使团却见有两指厚的坚冰。" Rehatsek.］

① 张星烺：《中西交通史料汇编》第四册，第297页注："此处所谓蒙古，乃指蒙古里斯坦（Moghulistan）而言，《明史·西域传》之别失八里也。"——译者

② 文中仅提及阿什巴拉和裕勒都斯之间的比鲁格图（Bilugtu）和康加尔（Kankar，或作Kangar）河；在到达裕勒都斯境以前，使团历五个月而过其地，在穿越一旷野时，虽近当夏天，却有厚达两吋的冰。由这些迹象看，康加尔河似为特克斯河或其支流；可能是Kungis河。寒冷地区必定在天山途中。

③ ［"使团发现其国人多为多神教徒，有大寺宇，内有高大的雕像。" Rehatsek.］

④ ［"艾米尔法哈鲁丁（Amir Fakhar-ul-din）建造了一座高大、昂贵、装饰华美的清真寺，但在清真寺附近，多神教徒建造了大小寺庙各一所，配有漂亮的图画。" Rehatsek.］

神，在缅甸和其他佛教国家，此守门神两两相对被绘于寺庙大门之上。

此后使团行25日跨越大沙漠。行程中遇到一匹野骆驼和一头野牦牛。[①]

8月24日，使团抵达中国本土边境，中国官员来迎，再前行一段路程，使团看到沙漠中建起一座高台，台上有帐篷遮蔽烈日风雨，并为使团摆设盛宴，宴席精美，很多城市亦难为之。使团所有成员均获得各种食品，并受诸多礼遇。宴毕，中国官员请诸位使节签注表册，说明使团人数，大人们（Dajis）[②]声明表册所书全为实情。随行之商人被列入侍役之中。为了使人视之为使节随行人员，这些商人皆自愿于各位使节身边侍奉。使团一行计510人，先行的米尔扎·兀鲁伯的使节和未到的米尔扎·亦布拉辛算端（Mirza Ibrahim）的使节尚不在内。

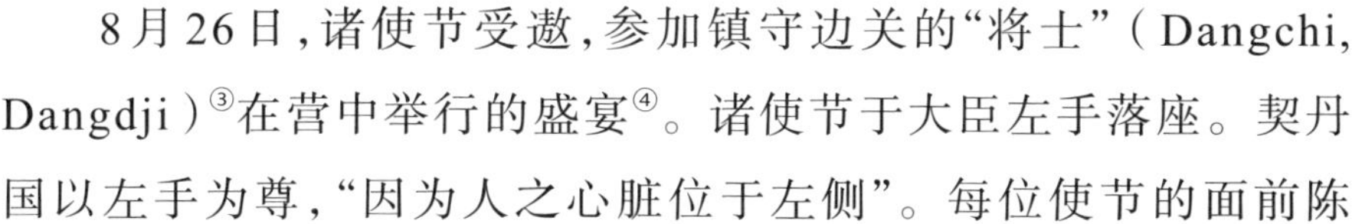

8月26日，诸使节受邀，参加镇守边关的“将士”（Dangchi, Dangdji）[③]在营中举行的盛宴[④]。诸使节于大臣左手落座。契丹国以左手为尊，“因为人之心脏位于左侧”。每位使节的面前陈

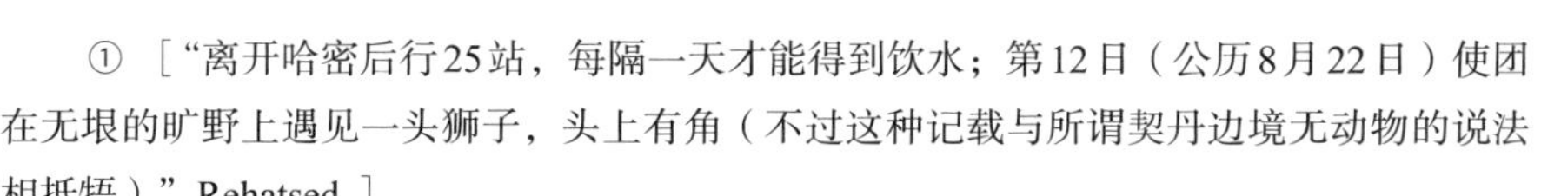

① ［“离开哈密后行25站，每隔一天才能得到饮水；第12日（公历8月22日）使团在无垠的旷野上遇见一头狮子，头上有角（不过这种记载与所谓契丹边境无动物的说法相抵牾）。” Rehatsed.］

② Dájis为何人，不可考，似为汉语“大人”的鞑靼语形式，在鞑靼边境这个称呼仍用来指某些官员。这些官员可能是早些时候遣往贴木儿帝国的中国人。［大人是用于中国官员的称呼，包括最高级到道台一级的官员。］

③ ［Rehatsek作Ankjy。］

④ 这个词大概表示汉文的“将士”。波迪埃说它代表汉文的Tangchi（？），但未做进一步阐释（*M. Polo*, 166）。［可能是“统制”。］

274 列两张桌子，一张放置各种肉食和干果，另一张放置糕点和饼，以及以纸和绢制成的精巧花束。其他客人面前，每人只有一张桌子。诸使节前面有一巨大的帝王鼓，帝王鼓前设一餐台，上有银制和瓷制的酒壶、带柄杯和高足杯。[①]两侧有装扮华丽的乐队，演奏迷人的戏乐。一位中国达官依次举杯向客人劝酒，每至一客人前，从花篮中取出一枝人造花，置于客人帽中，“这样，招待客人的亭台看上去就像一座花坛”。美丽的孩子们也在宴席中侍酒，他们捧着各种碟盘，盛着美味佳肴，如榛、枣、胡桃、酸菜等，每种菜肴置于单独的碟内。当这位达官为某位显要敬酒时，侍童即献上菜盘，以便此显要挑选所喜欢的菜肴。年轻男子穿着女人服装表演舞蹈[②]，有人扮作动物状起舞表演；最为精彩的是一只鹳表演的节目，这只鹳随着音乐翩翩起舞，令观者惊叹不已。中国人招待我们的首次宴会可谓大盛会。

次日（8月27日）使团继续越沙漠前行。使团全部人员经道路穿行的峡谷，到达峡谷中的一座坚固的山寨喀拉兀耳

275 （Karaul）[③]，接受守关者数点并登记在册，然后获允前行。至肃

① Menander，*l.c.*，p. 209所记载的突厥和鞑靼汗举行的接待仪式中也有这一特点。

② ［“还有一些漂亮的青年人装扮成女人，脸面涂成红、白色，耳朵上戴珍珠耳环，似做戏剧表演。”Rehatsek.］

③ Karaul［Qarawul］在波斯语中意为“岗哨”、“哨兵”或“高级哨所”（该词可能起源于突厥语）。此处指长城的入口要塞嘉峪关，7世纪时玄奘提到过它。明代是中国统治范围的实际边界。前文，p. 175。

［西方作家提及这条防线，这是首次。建造这条防线的目的，是“当中国对西方胡人采取传统的闭关政策时，便可封闭通往中亚的商路”。（Stein, *Ruins of Desert Cathay*, ii, p. 282）针对沙哈鲁使者所作的记载，Stein，*l.c.*，p. 283写道：“1560年一位（转下页）

州[1],使团寄宿于城门口大驿馆。

“肃州是一座大城,城防坚固,呈四方形[2]。市场无遮幕,宽50厄尔[3],均清扫干净,洒水防尘。其人在屋内畜养猪崽,肉店里羊肉和猪肉并列悬挂出售!每一条街道上都有高大的建筑物,周围是漂亮的尖塔及木制的染漆的城垛。[4]沿护城墙,每隔二十步[5]即有封顶的高塔。城有四门,四面墙的中央均有一门,两门相对,街道笔直,从一门望另一门时,以为二者相距很近。但从城中央至任何一门实际上都相当远。每个城门之上都有一个两层的中国式的高顶楼亭,与人们在马赞德兰(Mazanderan)所见到的楼亭相同。不过,在马赞德兰城墙以泥浆涂之,而在契丹则以瓷瓦覆盖。在肃州城各种庙宇到处可见,有些占地达十英亩(acres),院内非常干净。以琉璃瓦铺地面,光洁如琢磨过的大理石。”

从此时起,使团所需物用皆由中国官员提供。使团夜宿驿

(接上页)土耳其漫游僧对君士坦丁堡的查理五世派往土耳其的使节布斯伯克也做过非常相似的叙述。他的商队从波斯边境出发,经过许多天疲惫跋涉,到达了一峡谷,此峡谷是进入契丹的门户。崎岖陡峭的群山在这里聚拢,除了一个狭窄的谷口无路可通,在这狭谷口契丹国王命设一关塞。关塞对过往商旅盘问:‘持何种商货?从何而来?’等等。”]

① Sukchau即肃州,见下文,III, p. 126;卷IV, Goës;附录十八。[Rehatsek作Bykju。]

② 在中国与包括爪哇在内的所有印度支那国家,方形是国家边防城市的典型形式。我认为方形是佛教的神圣形式。

③ [Rehatsek作50法定腕尺宽。]

④ [“城内有许多市场和宽敞的街道,街道上有极漂亮的契丹式盖顶的亭子。”Rehatsek.]

⑤ Quatremère作“20呎”,但这是不可能的事。原文为Kadam,有时意指“呎”,有时指“步幅”。

站（Yams），从肃州至汗八里全途有驿站99所，每夜寄宿不仅供给饭食，还有仆侍、床铺、被褥等供其使用。[①]每一驿站有马驴450匹，鞍辔停当，供旅客驱用，另外还有五六十辆车子。对于这些车子（Arábah）记述有点不太明晰，似为轿子，每辆轿子需12人担荷。“御马之人称作马夫，驾驴之人称作驴夫，管车之人称作
276 车夫。……每一驿站均供给羊、鹅、鸡、米、面、蜂蜜、米酒[②]、烧酒、大蒜、腌葱、蔬菜食用。每至一城，使者均受邀赴宴。府邸称作‘督厅’（Duson），宴会在那里举行。”在这样的宴会上，总有一空着的王座，前悬帘帐，精美地毯铺设于座前。中国诸官员和诸大使坐于地毯上，其余众人排列站于其后，其情形类似于伊斯兰教徒

① ［“每个驿站都面对一个城或镇；在驿站之间有几个烽燧（kargou）与急递铺（kidi-fou）。烽燧指一种建筑，高达六骨尺，通常住有两人；它能被其他烽燧观察到：当发生诸如外敌入侵的事件时，人们马上点火，告知另一个烽燧，那里也迅疾点火。同样的事情逐次出现，在一个昼夜之内，消息即可传至三个月里程之外。一份急件同样无间歇地从一个急递铺传递到另一个急递铺。急递铺指许多人聚会的哨所，当他们收到一个信件或消息，准备好的人立刻出发，将急件送到另一个急递铺，如此前后相继，最终送达御座脚下。急递铺之间的距离是十个程（merch），十六个程（merch）相当于一个法拉桑。坚守烽燧的十个人十天轮值，第二班人到达后，第一班人退休。但急递铺的值守者是常住人口。他们安家落户，开荒种地。” Quatremère，pp. 395–396。

关于驿站和烽火台，见Odoric, pp. 233–334 n。烽火台的使用在中国有悠久的历史。信陵君魏无忌（？ —前243年）传记中曾提到烽火台。白昼信号称为“烽”，多烟；夜间信号称为“燧”，为火光；西部边塞兵士须持此种信号。参见Chavannes, *Documents chinois découverts par A. Stein*, p. xi。］

② darassun，中国米酒（下文，II，p. 199）。Astley, iii, 567引述Ysbrant Ides的话说：“他们的酒是一种白兰地酒，称作阿拉卡（Arakka）和达拉酥（Tarasu），热饮。由未成熟的大米煮成。”云云。萨囊彻辰书（Ssanang Ssetzen）中有一传说，说成吉思汗坐在堂中时，一只玉杯盛着达拉酥（darassun）美酒从烟囱上落入他手中，这象征着他的统治乃是顺应天意。

行祈祷礼。一人立于王座旁，用中国话宣讲，诸官员则向王座叩首，此时使节亦不得不随其行礼。

使团自肃州行九个驿站而至甘州[①]。统镇此地的将士于斋月
（9月20日）款待他们，使节们辞谢不就，将士善意接纳其解释， 277
命人将备好的菜肴送其居处。

“甘州城[②]有一寺庙，500腕尺见方。庙中有一卧佛，长50尺，其足底长9尺，脚被围长21腕尺。卧佛后和头上有其他佛像，高一腕尺，又有比丘僧（Bakshis）[③]像，大小若真人。所有雕像制造精妙，栩栩如生。墙上还有其他雕刻精致的佛像。大卧佛一只手枕于头下，另一只手放于腰间。全身涂金，人称释迦牟尼佛。人们成群结队前来，对大佛顶礼膜拜。[④]……在甘州还有另一座寺庙，香火亦颇盛。伊斯兰教徒称之为‘天球’（Celestial Sphere）[⑤]。呈八角形，从顶至底有15层。每层有数房间，以漆装饰呈契丹风格，有内屋和走廊……塔之底部有魔鬼像，塔基固定

① Kamchau，即甘州，见本书III，p. 148, IV, Benedict Goës; 本卷附录十八。

② ［马可·波罗称甘州作Campichu。“马菲奥·波罗和马可·波罗在执行公务时在此城中居住一年。”（*M. Polo*, i, p. 220.）1208年归于唐兀惕统治之下。*M. Polo*, i, p. 219云：“偶像崇拜者依其风俗建有很多庙宇，内奉众多偶像，大小不一，大者体长计十余尺，有木制、泥塑及石刻，皆润饰精佳并涂金。数大偶像平卧，周围一些大人物似向偶像拜礼。”见*l.c*，p. 221 n。］

③ 见II，p. 250及Ibn Batuta注释。

④ 在附录十八中哈吉·马哈迈德也提到甘州的卧佛。迄至今日在缅甸、暹罗和锡兰都可以看到象征释迦牟尼达于涅槃境界的卧佛像。对这些卧佛像的见闻，见Tennent, *Ceylon*, ii, 597; *Misssion to the Court of Ava*, 1855, p. 52；Bowring, *Siam*。玄奘记载，巴米延寺中有一卧佛像，长1000步！（*Vie de H. T.*, p. 70）。

⑤ ［Rehatsek本作“天轮”（A sky-wheel）。］

于魔鬼像的肩部[①]……金塔以磨光的木头构成，外部巧妙地饰以镀金，使人有固若金汤之感。塔之底下有地窖。一铁轴固定于塔之中央，自底部贯至顶端；底部置于铁盘之上，而其上部则以塔顶支撑。所以，地窖中的人少许用力即可转动金塔。全世界的木匠、铁匠和画师都应来这里考察学习！”

使团行李全都存留在甘州，待返回时领取，中国人接管使团
278 献给皇帝的贡品，只是米尔扎·贝孙勿儿所献狮子仍由驯狮员撒拉胡丁（Salahuddin）壮士[②]照管，随使团送往京师。

使团每日驻足于驿站，每一星期则到达一城。伊斯兰教历823年10月4日（公元1420年10月12日），使团抵达卡拉穆兰（Karamuran）河岸边，此河大小与阿姆河（Oxus）相埒。河上有一座桥，由23条船联结而成，索链粗若人之大腿，每一端被系于铁桩上，铁桩粗如人身，深置于地中。[③]河对岸是一座大城，城中有一座气派非凡的寺庙。城中女人貌美，驰名遐迩，故此城以“美人城”（Husnabad）见称。[④]

据称，经37天跋涉后（11月18日），使团到达另一条大河，其宽为阿姆河两倍；使团乘船渡过河去（显然又是黄河，陕西省和山西省分界处）；23天后使团抵达萨丁府（Sadinfu），城市有

① 关于其大小面积的记载已不可辨。

② ［Rehatsek作Pehlván Ssulláh。］

③ ［这两根铁桩几年前尚存，伯希和教授曾亲眼目睹。］

④ 使团可能在兰州对面渡过卡拉穆兰河即黄河。兰州是现时甘肃省的省会，所以波斯人所说的“美人城”很有可能是兰州。

一座铜制镀金大佛，高达50厄尔。[①]

11天后（12月14日），黎明前，使团到达汗八里城门。此前
不久朝廷曾暂时迁往南京，最近始重新迁回，所以汗八里城仍在
建设中。大使们被径直引入宫中，在内殿看到许多大臣和官员
在等待皇帝上朝。[②]“每人手持一木板，长一腕尺，宽四分之一腕 279
尺，眼睛凝视木板[③]。大臣们的后面是无数的军队，有人持矛并着
胸甲，有人持剑出鞘。所有人寂然无声，犹似一群死人。”“皇帝
自后宫走出，有人将五级银梯放于宝座前[④]，置一金椅于宝座上。
皇帝登银梯，于金椅就座。皇帝陛下中等身材，脸庞不大亦不小，
有胡须二三百丝，长及胸前，形成三四卷。皇座左右有两年轻女
子侍立，面形如月；其发拢起在顶端打节，面部和颈部没有装饰，
双耳佩戴大珍珠，手持纸和笔，随时准备记录皇帝的命令。两女
子之职责是记录皇帝所说的一切。皇帝退朝返回后宫时，她们将
记录呈献皇帝。如果皇帝认为需做更改，便另做缮写，国家官员

① 使团自萨丁府11天可达北京，萨丁府应在黄河至北京路程的三分之二处寻之。在此周围地区我们发现有北直隶的正定府，中国官方地理志记载，城内有“大佛寺”，建于586年。寺内有铜铸大佛，高70中国尺。（*Chine Moderne*, p. 50.）

Rehatsek本有“同月27日（公元12月3日）抵萨丁府（Ssadyn-Qúr）”。使团在11月11日（公元11月18日）已抵达黄河附近，即16天前而不是23天前抵达黄河附近；实际上，夸铁摩尔和雷哈采克都说使团在同月27日抵达萨丁府。]

② [“使节们看到一座巨大而雄浑的城市，全以石头砌成，但外城尚在建筑中，10万脚手架将其掩盖。使节们受人引导，通过正在建筑中的城楼进入城内，发现已到达皇宫的宫门。皇宫极大。他们徒步沿石块铺成的长达700步的道路向宫门行进。走近宫门，使节们看到各有五头大象分立道路两旁，而象鼻指向道路；使节们穿过象鼻间而入皇宫。一门附近约有10万人聚立。”]

③ 鄂多立克也提到这种木板，见下文，II, p. 237正文及注释。

④ 这里的宝座应理解为一个垫高的条椅或铺过垫子的座台。

将执行皇帝考虑成熟的决定。

“皇帝在御座上坐定后，官员各自就位，有人将使节引导到皇帝面前，一些犯人也一并带到。皇帝开始审问犯人；犯人数量约有700人。有些颈戴枷锁，另外一些手、颈皆被锁于木枷中；五至十人锁于一排，头颈露于木排孔外。[①]每位犯人都有一看守者抓住其头发，等待皇帝的判决。有些被皇帝判为监禁，有些则被判为死刑。在整个契丹帝国，艾米尔或总督均无权处死任何
280 人。其人犯罪时，所犯罪状书写于木板上，悬于犯者颈下，也记录犯者依异教法律所受到的惩罚，然后为犯者上枷锁，派人将犯人送往汗八里皇帝处。若送达汗八里需一年时光，则途中不许停留。[②]

“最后大使被引至御座前，距御座15厄尔处。一位艾米尔跪在地上，以契丹语诵读牍文，大致介绍诸位使节说：‘沙哈鲁王及诸亲王所遣之使节，自远方来献，于陛下圣座前叩头请安。’哈吉·玉速甫（Hajji Yusuf）推事是掌万户的艾米尔之一，皇帝近臣，皇室内阁十二部首领之一，亦由几位通晓数种语言的穆斯林陪同前来。他们对诸使节说：‘你们要先跪下，然后以头抵地，行三叩礼。’使节们叩头，但额未及地；然后举双手将沙哈鲁陛下、贝孙勿儿殿下及其他亲王和艾米尔的信函呈上，每信函均由黄

① 颈手枷有各种各样。我们时代的旅行家根据葡萄牙文称作“刑具”，中国人称为“枷”。

② 这无疑是误解，但中国法律（我们不能设想在动荡的时代会执行）规定，每一个大罪的判决都必须经京师特别法庭确认，法庭由六部和三个大法庭的成员组成（见*Chine Modeme*, pp. 230, 256）。外国使节和待审犯人一起觐见皇帝是独特的。在缅甸，甚至中国的使臣也要蒙受类似的侮辱。（见*Mission to Ava*, p. 76.）

缎裹缠。哈吉·玉速甫前来，接过信函，交给侍立于御座旁的太监；太监转呈皇帝；皇帝接过并展阅后，还与太监。”

皇帝略作答慰，说使节们远来劳顿，宜退而休息。使节们退至旁室，稍事休息，然后有人引导至馆驿。馆驿中设备齐全，所 281
需一切均已备置。

翌日拂晓前，有负责料理使节事务的“侍人”（Sejnin或Sekjin）[1]来召唤诸位使节起床，并速往皇殿，皇帝赐宴招待诸使节；宴中情形，无甚趣事可言。

“12月17日（公元1420年12月23日），数犯人被押赴刑场正法。不信教的契丹人的习俗是，对每种犯罪所施行之惩罚，都有正式记载，其文冗长，阐释琐细。对于这些可怖的惩处方式，我不愿详加叙述。契丹人在惩处犯人方面极为慎重。皇帝治下有十二法庭，设若十一个法庭判一人有罪，而第二十法庭尚不同意判决，则被告仍有获释之希望[2]。如一案件的审理需要一证人，要行六个月或更多时间的路程前往调查，在案件未完全明确之前，犯人不能被判处死刑，只是拘留而已。

“1月27日，伊斯兰教推事（哈吉·玉速甫）派人对诸位使节说：‘明日为新年，皇帝将往新宫，下令不许穿白色服装’（因为契丹人以白色服装为丧服）。28日午夜，侍人前来引诸使节前往新宫。新宫巍峨壮丽，经十九年经营，至今始告竣工。是夜千家万户皆燃亮火炬、蜡烛和灯笼；灯火通明，如同白昼。夜中寒冷

① Quatremère本作Sejnin，Astley本作Sekjin。这个字为汉文的“侍人”，即“宫中之人或太监”（见*Jour. Asiat.*, s. iv, tom, ii, 435）。

② 此处显为误解。见前页。

亦大减。人们获准入新宫,皇帝设宴款待国中大臣[①]……新宫盛况,不可尽述。自金銮殿门口至午门,共计1985步[②]……左右两厢,亭榭、园囿相连。所有建筑均以磨光石块和琉璃瓦建造[③],光洁如白色大理石。有一长宽200—300腕尺的地面,以石块铺就,
282 石缝间几乎无丝毫歪斜或不平之处,故人们会认为是以笔画成的。在磨石建室、烧制砖陶的技术上,我们的工匠无人可与中国人相匹。如果我们的工匠看到他们的技艺,那么只能甘拜下风,自叹弗如。宴会至中午始罢。

“2月9日(公元1421年2月13日)早晨,有人给使节们送来马匹……依中国人的惯例,每年有几天皇帝不茹荤,不近嫔妃,不见任何人。他到一个没有画像和偶像的宫中,祭拜天神。这一天是皇帝斋戒完毕回宫的日子;皇帝入后宫的仪式气派非凡。象队成列而行,装饰华丽,背上有圆形涂金轿床,随后是七色旗和戎装武士;再后面是五台轿子,表面涂金,装饰更为华美。行进中乐器齐奏,乐声美妙动听,难以言状。皇帝驾前驾后有50 000军人簇拥,步调整齐。行进队伍中,寂然无杂声,唯乐声不绝于耳。皇帝入后宫,众人皆散去。”

此时是灯节,但现时使节们听不到平时之喧嚣盛况,因为占

① Astley本中有一段,不见于Quatremère译文:“各使节发现宫中聚集十万人,来自契丹各地、大秦、马秦、卡尔梅克、吐蕃、哈密、哈拉和卓(Karakhoja)、朱尔加(Jurga=Churche?)和海滨诸国。”[“营中聚集近十万人,来自秦、契丹、马秦、卡尔梅克、吐蕃和其他国家。”Rehatsek。]

② [Rehatsek作1925步。]

③ 我认为此指“中国砖”。[“石头和烧制成的砖,烧砖由泥土烧成。”Rehatsek。]

卜者预称，皇宫中将有火灾。[①]

“3月8日（公历3月13日），皇帝遣人见阿哈迈德·沙（Ahmed Shák）和巴克什·马利克（Bakhshi Malik），赐与二人
礼物。赐算端沙（Sultán Shák）8锭银[②]、30套朝服、1匹骡子、
24件卡莱（Kalai）[③]、2匹马——其中1匹配备鞍、100支箭、5件 283
契丹式的三面凯巴尔（Kaibars）[④]、5000钞票[⑤]。巴克什·马利克得到同样的礼物，只是少一锭银。诸位使节夫人没有得赐银锭，但得到衣料……

“4月1日（公历4月5日[⑥]，皇帝遣人告知诸使节，皇帝狩猎完毕正起驾返回，欲见各位使节。获此消息时，诸使节正骑马外游；因皇帝次日将至，诸使节立即动身返程。算端阿哈迈德（Sultán Ahmed）所养蓝鹰[⑦]已死。侍人来访诸使节，说：‘今晚即

① ［“此季为灯节，七天七夜皇宫内悬一木球，木球上生出无数盏枝灯，看上去好似一座绿宝石山。数千盏灯悬挂在绳索上，以石蜡制成几只老鼠，一盏灯点燃，老鼠即沿绳索奔跑，点燃触及的每一盏灯，一时间木球从上到下的所有灯盏均被点燃。此时人们在店内和家中也点燃灯盏，这七日中法庭停审。皇帝赏赐群臣，大赦囚徒。不过，这一年契丹占卜家断定皇宫有火灾之险，因此令勿燃灯。但大臣仍依旧俗朝聚，皇帝设宴并向诸臣赐赏。”Rehatsek。］

② 见II，p. 196; Ibn Batuta，下文，IV。

③ 锡？ Quatremère未做翻译。Astley作“内裙”！

④ 箭筒？［Rehatsek作“五位契丹姑娘”。］

⑤ 银行支票（见II, p. 196；III, p. 149）。

⑥ ［Rehatsek作3月25日。］

⑦ Shonghar是契丹皇族独有的一种鹰，我认为即马可·波罗所说的那种大隼，这种大隼生活在北冰洋海岸。北方鞑靼人首领将这种鹰作为贡品送与大汗。在本游记省略的一段文字中，中国皇帝曾送数只鹰给各使节作为赠其君主的礼物，同时又作了相当唐突的评论，说使节们带给他驽马，带去他的良鹰。克罗瓦（Croix）地方的佩提斯（Pétis）提及这种隼：“这种鹰是贡献品，根据新定条约，俄罗斯人和克里木鞑靼人（Crim-Tartars）每年向土耳其帝国贡奉。”（*H. de Timur Bec*, ii, 75.）

动身以便明晨接驾。'于是，诸使节匆忙上马急行，到达驿馆时，发现哈吉·玉速甫推事表情甚为沮丧。诸使节问何以精神如此不振，推事悄声告诉他们：'皇帝外出行猎时乘沙哈鲁陛下所赠之马，马蹶将皇帝摔下。皇帝大怒，谕令拘捕诸使节，流放契丹国东部。'各使节闻此消息，深为忧惧。次日晨祷之时，诸使节上马复行。半晌时，诸使节已行20码拉（Marrah）[①]，抵昨晚皇帝所宿营地。营地占地面积方500呎，绕营地周围当夜筑起一道墙，厚4呎，高10腕尺。在契丹国，建筑此类土墙非常迅速。墙有二门，墙下有沟，挖沟所出之土用以筑墙……墙内有一座黄缎盖的
284 亭幕，一座饰有宝石的幕篷。两建筑各占面积方25腕尺，由四根柱子支撑。四周是其他黄缎帐篷，以黄金装饰。

"诸使节行至距皇帝营帐500步时，推事（玉速甫）告诉他们下马在原地等待皇帝前来，而他本人则前行。皇上刚回营下马，李大人（Li-daji）和张大人（Jan-daji）[②]（在契丹语中此二人被称为四老爷和知府），前来拜见皇帝。皇帝咨之拘囚使节事。李大人、张大人及推事叩首于地，答曰：'诸位使节并无过错。他们的主人如有好马，无疑会进献好马；且这些使节无权干涉其主子的事务。如陛下将使者斩首，不会伤及他们的君主，但陛下则要背上恶名。人们会说中国皇帝不遵守一切正义规则，对使者施以

---

① 在前面的一段中记有"每16码拉等于1法尔桑（farsang）"（约三哩半）。Astley本作"6码拉等于1法尔桑"。据前一种估算计，使节前半晌骑马行程不足5哩。码拉一词可能就是克拉维约所称的molé，但克拉维约以molé指帖木儿的里格（league），"相当于西班牙两里格"（p. 106）。这最后的一种界定相当于萨囊彻辰对"巴拉"（Bără）的界定，也许为同一个词。为16 000厄尔（ell），以厄尔等于两呎计，约当6哩（见Schmidt, p. 5）。

② ［Rehatsek作Lillájy和Jan Wájy。李大人和张大人？］

暴行。'皇帝闻诸臣劝谏,欣然纳从。推事玉速甫兴高采烈地来向诸位使者告知这一消息,说:'圣上已宽恕外国人了。'皇帝既思赦使者,于是派人为诸位使者送来食物,但皇帝所送食物皆猪肉和羊肉,是穆斯林拒食之物。皇帝起行,跨上一匹带白斑的黑马。此马是米尔扎·兀鲁伯进献,身被黄色金缎马饰。马夫二人在两侧骑马坠镫,亦身穿金缎官服。皇帝身披红色镶金斗袍,斗袍上有黑缎袋,以兜笼皇帝的胡须。皇帝身后有七架小轿相随,轿中乃皇室少妇。又有70人抬的大轿。皇帝左右相距一箭之遥,成列的骑兵,与皇帝并列而行。阵列连绵不断,远远望去,不见边际。两阵之间相隔20步。队伍似一字长蛇,行至城门。皇帝骑在马上,居于队伍中央,达大人(Dah-daji)与之相伴,而推事(玉速甫)与李大人和张大人骑马并行。推事走上前来,对诸使节说:'下马叩头参拜!'各位使节依言行事。皇帝使使节重新上马。使节遵命上马归队。皇帝出言责备使者,对沙第·火者说:'如果马匹或其他物件用作礼品,加强国王间的友好关系,那么所选择的马匹和物件就应是最好的。昨日朕乘尔等所献之马,过于老弱,力不能支而仆倒,致朕坠落,手臂受伤,变黑紫色。只是敷了大量金膏,疼痛才稍减。'沙第·火者温言作答:'事情是这样的:这匹马原属大艾米尔帖木儿可汗(Timur Kurkan)。沙哈鲁陛下为表示对陛下最大敬意,将此马献于陛下;他确实认为贵国必以此马为马中之宝。'[①]皇帝对这番解释感到高兴,遂厚待诸使节。"

此后,皇帝一宠妃死,新宫遭闪电发生火灾。所以,记录人

① 帖木儿十六年前已死,此马确为神圣动物。

评述道："出乎意料的是，占卜家的预言都丝毫不爽地应验了。"这些不幸悲伤之事，竟使年事已高的皇帝大病。太子代理朝政，允许使团离去。此后使团在北京又逗留一些时日，但已不能从中国朝廷得到供给。

不过，使团返回时仍如来时一样，沿途受到优待。他们沿老路返回，于5月中旬（约在公元1421年5月18日）离开汗八里，于7月1日（公历7月2日）抵达毕坎（Bikan）城①。在这里受到盛情款待；8月5日（公历10月3日②使团渡过卡拉穆兰河。19天后③到达甘州，取回留在这里的行李和仆役。④但因蒙古国有乱
286 事，使团在此滞留两个月；至肃州亦不得不停留一些时日，所以，至伊斯兰教历825年1月中某日⑤（约公元1422年1月9日）始过边塞，在这里整个使团再次会集，由中国官员登记造册。蒙古

① ［Rehatsek作Bangán。］行程时日说明，其位置约在京都至兰州所处的黄河段路程的三分之一处。这一点和名称本身说明此即中国古都城之一山西平阳府。《马可·波罗游记》作Pian-fu，说它是大而重要的城市，有相当多上人以工商活动为生，产丝甚多。（Pauthier, *Marco Polo*, p. 354.）

我发现，对中国境内三个城市（"美人城"、萨丁府和毕坎城）的考定，莱诺均先我而行；不过我的考证是在既定的基础上独立完成，所以，更证明考定的正确性（见莱诺对阿布尔菲达所作的序言，pp. ccclxxxv–vii）。

② ［Rehatsek作8月5日。］

③ 按照Quatremère本所说的到达日期（伊斯兰教历8月14日），九天后即到达甘州。Astley本作伊斯兰教历（8月）24日。［Rehatsek本作伊斯兰教历8月24日。］

④ ［"在此城中使团逗留75日，于伊斯兰教历12月1日（公历11月27日）离开。17日（公历12月3日）到达柏克朱（Bokjú）城，在此城中沙哈鲁陛下的使者遇见自失剌思（Shyráz）来的亦布拉辛算端的使者和亦思法罕（Essfahán）王鲁思图姆（Rustum）的使者。两国使者详问契丹国风土人情，使团均详告之。"Rehatsek。］

⑤ ［伊斯兰教历1月1日为公元1421年12月26日。Rehatsek。］

国的乱事迫使使节们历沙漠取罕有人走的南路。5月30日抵达和阗，7月5日至喀什噶尔。从此地使团经俺的干（Andijan）峡谷即捷列克达宛（Terek Dawan），跨越高原而往；使团在此分手，一队取道向撒马尔罕，另一队“取道巴达赫尚”，趋向希撒尔沙都曼（Hissar Shaduman），[①]8月18日到达巴里黑。1422年9月1日，使团最终到达哈烈，觐见沙哈鲁陛下，讲述出使之经历。[②]

---

① 文中的这一表述似说明，先前使用巴达赫尚一词，其意义比现在宽泛得多。文中所记使团由喀什噶尔至巴里黑一段路程极为有趣。设若托勒密记载中的石塔在乌什即俺的干附近（Andiján = 石塔；Hissar Shaduman = 趋向山国的Komedi；Balkh = Bactra），那么，使团所走的道路，恰恰就是托勒密笔下商队跨越伊穆斯逆向走过的道路。这一见解当然符合赖特的观点，因为从喀什噶尔经塔什巴里克（Tashbaliq）和瓦克什（Wakhsh）至希撒尔（Hissar）的路更为便捷，所以更有可能取此路线，即使在盛夏，亦仍如此。（见前文，p. 191以下）

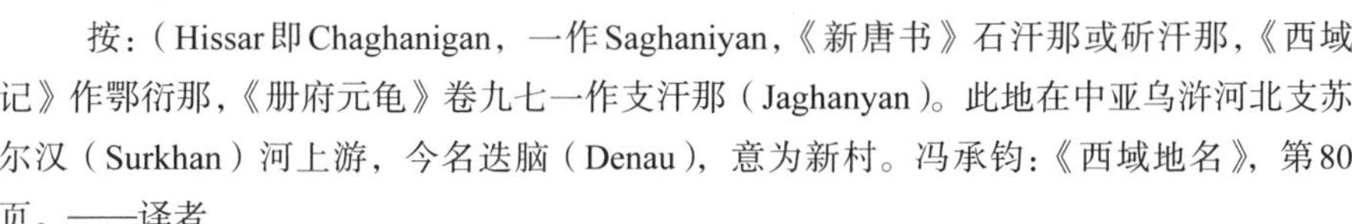

按：（Hissar即Chaghanigan，一作Saghaniyan，《新唐书》石汗那或斫汗那，《西域记》作鄂衍那，《册府元龟》卷九七一作支汗那（Jaghanyan）。此地在中亚乌浒河北支苏尔汉（Surkhan）河上游，今名迭脑（Denau），意为新村。冯承钧：《西域地名》，第80页。——译者

② [“使团接受检查后离开卡亦耳（Qáyl），因这条大道不安全，取途径朱耳（Chúl）的道路，历尽艰难辛劳，于伊斯兰教历5月9日（公历5月1日）抵达于阗城。使团离开于阗城后继续前行，于伊斯兰教历7月6日（公历6月26日）抵喀什噶尔，同月21日（公历7月11日）跨越俺的干高原，从这里使节们分手，一部分人取途径呼罗珊的道路，另一部分则取途径撒马尔罕的道路；伊斯兰教历9月初（公历8月19日）抵达巴里
黑，同月10日（公历8月28日）抵达都城哈烈，蒙沙哈鲁王（愿真主保佑他）召见，得 287
享致礼君王之荣，幸福无极。” Rehatsek。][Quatremère, pp. 425–426.]

[在这里，我要附带谈一谈鲁布鲁克游记所记与额乞乌思（Equius）相关的地形。我认为额乞乌思就是沙哈鲁所遣使团记载的阿什巴拉（Asparah，前文，p. 272）。

1253年9月16日，鲁布鲁克与鞑靼人带着可备替换的马，骑马从伏尔加河畔动身出发。道路直指东方，或者说近乎直指东方，直到10月31日过康格里国（Kangli）；此后转向南方，跨越一座“阿尔卑斯山”般的山峦（高山牧野？）。11月7日，鲁布鲁克一行进入一片平原，这片平原像花园一样进行灌溉，一条大河流过平原，但不是入海，而是形（转下页）

（接上页）成一些沼泽，被土地吸收。这条河自高山流出，向南（东）可以看见这些高山。

11月8日，鲁布鲁克一行抵达金察克（Kenchac）城。他们从这座城市向东朝这些山进发，几天后进入山中牧野，这儿从前曾居住过喀剌契丹人（Caracatai）。这里有一条大河，鲁布鲁克一行乘船渡过；然后转入一山谷，有一些泥土筑成的旧堡垒，但山谷中的土地已得到耕垦。他们来到一座叫作额乞乌思的漂亮城市，城中居民操波斯语，信奉伊斯兰教。

次日，鲁布鲁克一行跨过这些高山向南延伸的支脉，进入一片宽阔而美丽的平原，这片平原得到山上流下来的溪流充分地浇灌。高山位于鲁布鲁克一行的右侧，而左侧，在平原的更远处，是一个海或称作大湖，方圆可行25日。

这片平原上从前曾有众多城镇，但鞑靼人毁坏了它们。不过鲁布鲁克一行人发现一座称为盖剌克（Cailac）的城市，在此驻足12天。

此时他们所在的地方称作斡尔干奴（Orgonum）；鲁布鲁克在这里首次见到佛教寺庙。

11月30日，鲁布鲁克一行离开盖剌克（他们必定是在该月18或19日到达此地），四天后，他们抵达大湖的湖口。湖中有一大岛。湖水略有咸味，但可饮用。一条从东南方延伸过来的河谷在大湖的湖口敞开，沿河谷上溯到山中是另一个湖。狂风不断吹过河谷，以致骑马过河谷的人很容易被吹到湖中。

跨过这个河谷，鲁布鲁克一行向北朝着大雪覆盖的大山前行。

自12月6日，他们加快了旅行速度，一天行二天的路程。12月12日跨过魔鬼出没的可怖的山岩峡谷。

此后进入乃蛮国（Naiman）统治的平原。出乃蛮国后再攀升前行，入一山国，再向
288 北下山行。12月26日，鲁布鲁克一行进入一大平原，广阔平静如河洋，次日，抵蒙哥汗营帐。此地显然离喀喇和林不远。

在鲁布鲁克的旅程上，有两个地点确凿无误（旅程的起点伏尔加河畔的萨莱和终点喀喇和林除外）：一是金察克城，乃怛逻斯河谷的城市之一，位于现时仍称此名的城市附近。（见Quatremère, *Notices et Extraits*, xiii, 224–5–6.）二是狂风肆虐的地方。柏朗嘉宾在其游记中也对此做过非常相似的描述（见p. 751）；旭烈兀西征的记述者（按：似指常德。元宪宗九年即1259年常德西游拜见旭烈兀于波斯，于中统四年即1264年回国。——译者）和近代俄国旅行家普提斯特夫（Poutimsteff）（Molte Brun, *Précis de la Geog. Universelle*, ix, p. 208所引）也提到过。这三处记载，特别是最后的一处记载，与柏朗嘉宾的记载极为符合，清楚地说明这种狂风现象发生的地点是阿拉库尔（Ala-kul）湖。鲁布鲁克曾特别提到这个湖中的岛屿；而柏朗嘉宾说是“几个岛屿”，普提斯特夫说岛屿包括：“三块巨大的颜色不同的岩礁。”他以三块岩礁称该岛。现在我们（转下页）

（接上页）回过头来探鲁布鲁克的旅行路线。

鲁布鲁克骑马向东——但不是他想象的正东——前行，让里海和咸海处于行程的右边，六个星期后，在经度67度转向东南方，跨过哈拉涛（Kara-tau）的“阿尔卑斯山”，到达现代的突厥斯坦城的东南方（在中世纪地图上位于讹答剌东南），进入塔拉斯河谷。如鲁布鲁克所说，塔拉斯河消失在沼泽中，并不注入海。从这里向东南方望去，可以看到高耸入云的山峰，即天山的支脉，或者是天山山脉本身。

离开金察克和塔拉斯，鲁布鲁克向东行进，进入“阿尔卑斯山”，这座山将塔拉河上游和楚河分隔开；楚河即是鲁布鲁克乘船渡过的河流。过此即是留有古堡垒遗迹的河谷。这些堡垒遗迹也见诸于旭烈兀西征的记述者（指常德。——译者）的记载。这位记述者写道，在到达怛逻斯的前四天，“过亦堵（Itu）（阿拉涛的两平行山脉？），两山间，土平民多。沟洫映带，多故垒坏垣。问之，盖契丹故居也。”（契丹即鲁布鲁克游记中的哈拉契丹Caracatai, 见下文，III，p. 19）“而近有河曰亦运（Yi-yun），流汹汹东注。土人云，此黄河源也。”（引文见常德《西使记》。——译者）（关于楚河的泥土色和汹涌湍急，见*Russians in Central Asia*, p. 262）。

鲁布鲁克然后到达额乞乌思，我认为即伊斯兰教作家笔下的阿什巴拉。此必在楚河之北，现在俄国据点皮什彼克（Pishpek）或者托克马克（Tokmak）对面的某个地方。

[Rockhill, *Rubruck*, p. 139注中写道：“鲁布鲁克所说的‘大河’可考定为伊犁河，这使我们不能接受裕尔的观点，即将额乞乌思考定为沙哈鲁遣使记中的阿什巴拉。阿什巴拉在楚河河畔，现在的皮什彼克或托克马克附近。”]

鲁布鲁克一行又跨过“阿尔卑斯山”——这次跨越的是皮什彼克和阿尔马第（Almaty）间的阿拉涛（Ala Tau）山脉的支脉——出现在延伸至巴尔喀什湖的大平原上。湖的附近确为贫瘠的草原地带，但沿阿拉涛山北部支脉的大片地域，却是肥沃的可耕地，水草丰润。如鲁布鲁克所说，阿拉涛山北部支脉位于他的右侧，与平原相毗连。（见Semenov, *Petermann's Mittheilungen*, 1858, pp. 352–353。）

位于山脚下某处的盖剌克（Cailac），无疑就是蒙古历史家记载中的海牙立（Kayaliq）。其地必在伊犁河之北，距伊犁河有一段路程，因为鲁布鲁克从盖剌克至阿拉库尔（Ala-kul）作四日行。可以置此地点于现代俄国的Kopal附近。

盖剌克不在伊犁河畔，而在其远，有一定里程。此有一证：盖剌克虽为一重要地点，
但旭烈兀或海屯行程记均未加记载；旭烈兀和海屯似皆由阿里麻里（Almalik，位于现代 289
伊宁Kulja附近）而至伊犁河谷，经过鲁布鲁克所走过的道路去怛逻斯。

本书鄂本笃游记中有一些文字与海牙立（即盖剌克）有关。另一事实也略有助于说明盖剌克所在的位置。记载说，拔都自伏尔加河畔营地去喀喇和林，“在阿拉塔山——距海牙立作七日行——听到大汗（贵由）死讯”而折回。假定阿拉塔即为楚河（转下页）

（接上页）和伊犁河之间的Alatagh关口，那么，阿拉塔与海牙立之间的距离则正符合我们对海牙立方位的设定。（见*D'Ohsson*, ii, 246。）

关于鲁布鲁克听到的斡尔干奴（Orgonum）一地，我已经在伊本·白图泰游记的注释中做过阐释。

需要指出，鲁布鲁克走近阿拉库尔湖，认为这个湖是“大湖”的延伸和尾端。这个“大湖”位于其左侧，在许多天时间内极目可见。地图就可以使我们对这个错误一目了然，不过当时这样认为，可能是有理由的，因为所有这些湖泊现在似乎都在萎缩。巴尔喀什湖和阿拉库尔湖从前确为一体，这似乎是毫无疑问的，虽然在鲁布鲁克时代可能已不是这样了。（见Semenov，*l.c.*，p. 351；*J. R. G. S.*, xxxv, p. 213; *Petermann*, 1863, p. 392。）

从阿拉库尔向北穿越的山脉显然是塔儿巴哈台（Tarbagatai）前的山脉。鲁布鲁克大概从这座城市沿额尔齐斯河上游，继而沿雅布肯（Jobkan）河前行。

夏天返回时，鲁布鲁克途径巴尔喀什湖之北。他说往返两程的相叠处，是他骑马在山中沿一条河流所走的15天的路程，在这段路程上除了河两岸，其他地方无牧草。这条河流似为雅布肯（Jabkan）河。

在上面的解述中，我顺利地辨别出鲁布鲁克的行踪路线，并未遇到太大的困难，只有一点例外，这就是自怛逻斯河谷的金察克到阿拉库尔湖湖口所用的少量时间。这段路程大约500哩，依记载，所用时间为14天（扣除在盖剌克逗留的12天）。平均每日行进速度为35哩多（直线距离），路途多为山地。鲁布鲁克确实说过，他们一行人每日骑马行进的路程相当于从巴黎到奥尔良的距离，姑且算作60哩吧！但他从伏尔加河到怛逻斯这第一段路程的行进速度，却只有约每天27哩的直线距离。如果我们设想鲁布鲁克一行在盖剌克逗留的时间写作7（vii）天而不是12（xii）天，那么，从怛逻斯到阿拉库尔之间这段路程的行进速度与平均速度约略相等。

*Russians in Central Asia*书中的这张地图，或其他记载俄国人最近勘测成果的书籍，将有助于理解我们的这些解说。

十八、拉姆希奥所记哈吉·马哈迈德关于契丹谈话节录* 290

（约1500年）

《马可·波罗游记》第一卷第38章记载，肃州（Succuir）产大黄，从彼处贩运到这里及世界各地。现在有人生病，普遍地以大黄治疗，但我未曾见到有任何书籍对此物详加记载。人们应该对它有正确的知识。数年前，我偶然从一位博识善断的波斯人那里听到关于大黄的介绍，似应加以记述。

这位讲述人名叫哈吉·马哈迈德，里海海滨岐兰（Chilan）省陀拔斯（Tabas）① 城人。他曾亲至肃州，后返回。数年前，携大量大黄来威尼斯出售。有一天我出城到穆拉诺（Murano）就餐，公务之余到城外消遣一下，与我同行者有卓越的建筑师维罗纳（Verona）的桑米歇尔（San Michele）君和托马索·吉安第（Tomaso Giunti）君，二位都是我的至交良友；此外还有这

---

* ［G. Uzielli and Amat di S. Fillippo, *Studi biografici e bibliografici*. II, Roma 1882, p. 246提到。哈吉·马哈迈德绘制过一幅世界地图，保留在威尼斯圣马可图书馆。…… 这位哈吉·阿哈迈德（Hagi Ahmed）和我们所说的这位哈吉·马哈迈德（Hajji Mahomed）是否为一人？

① 我迄今尚未能在歧兰找到陀拔斯城的位置。耶兹德（Yezd）之北盐漠中的Tabas 在Tables of Nasiruddin中被称作Tabas Kili 或 Gili，陀拔斯可能指此地。（见Hudson, vol. iii。）

位波斯人。[①]餐宴结束后,波斯商人开始谈其经历,米歇尔·曼伯尔(Michele Mambre)君充当译员。曼伯尔君精通阿拉伯语、波斯语和土耳语,性情敦厚,以其语言才赋充任本市政议会的土耳其语译员。哈吉首先告诉我们他曾至肃州(succuir)[②]和甘
291 州(Campion)[③],这两座城市在大汗国边境的唐古忒(Tangath)省内,大汗名大明汗(Daimir Can)[④],派官员管理这两座城市。《马可·波罗游记》第一卷第38和39章曾记载这两座城市。从伊斯兰教诸国前往契丹,首先到达这两座城市,城中居民崇拜偶像。哈吉与商队携货自波斯和里海周围地区前往契丹各地。肃州和甘州以远地区,无论是商队还是商队中的任何人皆不得通行;只有觐见大汗的使节,方获准通行。[⑤]

肃州城规模宏大,人口众多;房屋以砖建造,风格俊丽,与意大利建筑相像;城内庙宇既大且多,内有石雕神像。肃州城位于平原,无数溪流纵贯于平原之上,物产丰饶。丝业繁盛,以黑

① 维罗纳的桑米歇尔是威尼斯共和国的建筑师和工程师,现在仍享有盛名,通常被(不准确)称为近代防御工事的发明者。吉安第是画家,拉姆希奥著名作品的出版商,拉姆希奥死后,他编辑了拉姆希奥的著作。

② Succuir,马可·波罗写作Succiur(Sukchúr),按照波迪埃的见解,该词是蒙古语"肃州路"的读法。见前文,p. 275;本书III,p. 126我的注。

③ 在《马可·波罗游记》的大多数版本中均作Campicion,可考为甘州,但形式何以为此,尚未得满意解释。

④ 大明汗(Daiming Khan)即中国皇帝,此称见于阿布杜尔·拉扎克的《沙哈鲁史》前言中,该前言介绍沙哈鲁使团行纪。实际上此即中国明朝("大明")之称谓。明朝在中国的统治始自1368年,终于1644年。(见*Chine Ancienne*, p. 389; *Atlas Sinensis*, Blaeu, p. i; *Notices et. Extraits*. xiv, pt. i, p. 213以下;Schmidt, pp. 153, 211, 289。)

⑤ 见Goës,*passim*。

桑树养蚕制丝。其地无果酒，以蜜制酒饮用。因其国气候寒冷，水果中仅有梨、苹果、杏、桃、瓜和葡萄。哈吉告诉我们，唐古忒省各地均产大黄，但最好的大黄出产于附近的高山峻岭中，山上泉水淙淙，树木参天，土呈红色。因雨水不断，泉水溢流，土壤总处于泥泞状态。关于大黄的根、叶形状，哈吉从口袋里取出从契丹带回的图画向我们展示，并告诉我们从图画上看到的就是大黄的真实自然形态。图画绘制极为精巧……哈吉又说，在契丹国，人们从不像我们一样用大黄作药，而是将它粉碎与其他香料混合，制成拜佛用的香。契丹的一些地区盛产大黄，以致人们充
作燃料，有的地区以大黄医治病马；契丹国不太珍惜大黄；但契 292
丹国人极为珍惜另一种小植物根，这种小根生长于出产大黄的肃州地区的山岭上，被当地人称作“曼布罗尼希尼”（Mambroni Cini）。这种根价格昂贵，可用于医治多种疾病，尤以治疗眼疾最为有效。契丹人在石头上将它碾碎，以玫瑰水相和，涂于眼上。效果颇佳。他认为此物尚未贩运到这里，他也无法详加刻画。[①]哈吉见我较诸他人对其所言尤感兴趣，于是又告诉我，契丹全国都在用一种植物，或者更确切说，这种植物的叶子，其人称之为

① 我认为，Mambroni Cini 即Mámirán-i-Chíní。约翰逊（F. Johnson）释第一个字为“药用白前”（Swallow-wort）；伯尔涅（Bernier）也提到Mamiron 是一种小根状物，治疗眼疾效果极好，曾由商队从中国与大黄一并带到喀什噶尔（见*H. Gen. dés Voyages*, tom. 37, p. 335）。这种植物可能即人参（以其呈叉腿萝卜状而得名），中国人以其为补药而非常珍重，其出售价曾为三倍于其重量的白银。另一种植物根，中国人称为茯苓，也来自出产大黄的同一地区，从前在欧洲医药中以“中国根”（Radix China）之名为人所熟知。不过这种根不是“小根”。[见*Hobson-Jobson*, Marmiran；古阿拉伯语称Mamira为Curcuma langa；旁遮普Mamira 称Thalictrum foliosum。]

“契丹茶”（Chiai Catai）[1]，产于契丹国的Cacianfu[2]。全国之人都在用这种东西并十分珍重它。撷取这种叶草，或干或鲜，以水煮之。以空腹饮用一二杯，则热病、头痛、胃痛、腰痛或骨节痛诸症皆去，以热饮最好。哈吉说，这种叶草可治疗无数病疾，但当时不能记起，痛风是其中之一。如有人吃饭过量，胃感不适，只需饮用少许，片刻不适即除。这种叶子极受人珍重，每位出外旅行之人都携带一些以备消用。以一袋大黄而换一盎司“契丹茶”，其人颇乐为之。契丹人说，我们这里的人、波斯人及佛郎机人了
293 解这种叶子，各商贩必定不再购买Ravend Cini——这是他们对大黄的称呼[3]。……我问他能否告诉我，自甘州和肃州返回而至君士坦丁堡时取何道路，哈吉让翻译曼伯尔告诉我，他很愿意将全程情况相告。他说，归来时并未完全取前往时的道路，因为他欲动身启程时，碰巧绿帽鞑靼——称作耶斯尔巴斯人（Iescilbas）——诸首领适遣其大使，率大队人马经鞑靼沙漠，由里海之北，前往君士坦丁堡土耳其朝廷，欲与之结盟，共击二者之共同敌人索菲人（Soffi）……于是他随使团至卡法港（Caffa）。他主动向我详述若取去时道路而归之情形，即：自甘州出发，行6日至高台（Gauta）[4]。每日行程以波斯法尔森克（Farsenc）计算，一法尔

---

① 波斯语“契丹茶”（Chá-i-Khitai）。此处及文中其地处，ch应读弱音，不能以通常的意大利语音来读。我不知道在欧洲载籍中对茶是否有比这更早的记载。[见*Hobson-Jobson*, s. v. Tea。]

② Cacianfu 可能即Kanjanfu，指西安府（见下文，II，p. 246）。不管西安是否出产茶叶，茶叶一定是从这里运往边陲。

③ 即波斯字Ráwand-i-Chini，意为“中国大黄”。

④ 高台，位于甘州和肃州之间。

森克为3哩。每日行程可达八法尔森克。如经沙漠和山地，则行程勉强达到其半数。所以沙漠中行进，其所需时日当以平地所需两倍计算。从高台至肃州行5日，从肃州至哈密（Camul）[①]行15日。从这里开始继续向前，其人为伊斯兰教徒；此前所经各地之人皆为偶像崇拜者。从哈密至吐鲁番行13日，过吐鲁番后历三城，行10日，首先至佳理斯城（Chialis），再行10日至库车，再行20日至阿克苏[②]。从阿克苏行20日，经过荒凉的沙漠，至可失哈尔（Cascar）。阿克苏以东之路程皆有人烟。从可失哈尔至撒马尔罕行25日，从撒马尔罕至呼罗珊境内之布哈拉行5日；从布哈拉至艾里（Eri）[③]行20日；由此行15日至维莱米城（Veremi）[④]；行6日至卡斯宾（Casbin），从卡斯宾行4日至索尔塔尼亚（Soltanina），从索尔塔尼亚行6日至桃里寺（Tauris）

大城。以上知识都是我从波斯商人哈吉那里获得。他对所经道 294
路的叙述尤令我兴趣盎然，因为我能颇满意地辨认出见于《马可·波罗游记》第一卷中的许多城市和一些地区的名称。因此，我觉行有必要加以叙述。

此处可顺便略作补充，这位波斯商人哈吉在离开本城前，曾

① 上文，p. 273；下文，III, p. 265；Goës，Vol. IV。

② 有关这些地名的考订，见Goës，Vol. IV。

③ 即哈烈（Herat）。

④ 维莱米是德黑兰以东两站里程的大城，距古代腊伊（Rai）城旧址很近，“维莱米取代腊伊城，现在德黑兰取代了维莱米”。（Ritter, viii, 450）克拉维约也提到这座城市，说经过Damgham、Perescoto（Firuz-koh）和Cenan（Semnan）后，“来到了称作维莱米（Valami，读作Varami）的大城”，“该城几乎已无人烟，城垣已没，当地人称这一地区为Rei国”。（Markham, *Clavijo*, p. 182；Pétis de la Croix, *H. de Timur Bec*, ii, 181, 401.）

告诉我有关甘州城的情况及其地人民风俗。我将以哈吉所述顺序，略加叙述，以期裨益于所有仁慧读者。

甘州城……其人穿黑色棉衣，寒冬时节穷人以狼皮和羊皮为棉衣衬里，富人则以昂贵的黑貂和貂鼠皮衬里。头戴黑帽，如圆锥形糖块。其人身材矮短，像我们一样留胡须，特别是在年中某时，留须者尤多。

其房屋以砖头与石块建造，与我们的建筑相似，高二三层，天花板涂漆，色彩不同，样式各异。城中画工众多，有一街道中居住者全是画工。

这个国家的王公为炫耀显赫之势，令人制大台，台上置两个丝制篷帐，以金、银、珠宝镶嵌，王公们与其友人在台上坐定，四五十个奴隶负担之，绕城行游，以娱其乐。普通贵人乘坐无顶之简单轿舆，无彩饰，以四至六名肩夫负载之。

其庙宇建筑有类我国的教堂，全用廊柱，规模宏大，可容四五千人。城内还有两座巨大雕像，一为男像，一为女像，各高四十呎，卧于地上[①]；每一雕像皆以一块坚石雕成，全身涂金。城内有一流雕石家。

所用石头有些取自二三天行程外的地方。以大车载运，大车有40个很高的轮子，轮为铁胎；以五六百匹骡马拉动。

还有一些稍小的雕像，有六七个脑袋、十只手，每只手握着不同的东西，如蛇、鸟、花草等。

295 还有一些寺院，修行僧人众多，至为纯洁。寺院大门封闭，

① 见p. 277注释。

终生不出寺门。外人每日送来食物供给之。

无数僧人行游于街城中，颇类我们的修士。

其地风俗，族中有人死去，要穿白衣致哀多日，白衣由棉布制成。衣服的裁造也与我们类似，均为长曳及地，衣袖肥大，很像威尼斯人的高梅多（gomedo）。[①]

契丹国人懂印刷术，其书籍由印刷而成。我想弄清楚其印刷法是否与我们相同，有一天我带哈吉到圣旧廉诺（San Giuliano）地方托马索·吉安第君的印刷所参观，他看到此处所用锡字和印刷用的螺旋压印机后，称这些器物与契丹国所用非常相似[②]。

甘州城以厚墙为城防，墙内以土充实，其上可容四辆马车并排行走。城墙上有高大的塔楼，并安置密集的火炮，犹如土耳其帝国城防。城外是无水的护城大河，可随时放水灌充。

其地有一种牛，体形庞大，毛长而细白。[③]

契丹国通常禁止其民众与异教徒离开本土，也禁止他们到世界各地经商。

呼罗珊之北沙漠以至撒马尔罕，皆隶属绿帽人即耶尔斯巴

① “Utrisque (viris et feminis) manieae laxiores longioresque communes sunt, quales in Italiâ Venetorum esse solent.” (Trigautius, b. i, c. 8.)

② 哈吉的观察一定非常肤浅，至少对金属活字的观察是如此。（陶制）活字印刷术在中国是由工匠毕昇在11世纪中叶前发明，但这项发明似乎没有流传下来。木版印刷至少可以追溯到581年；904年石雕印刷术已经运用。Julien, *Jour. Asiat.*, sér. iv, tom. ix, 509, 513; *Chine Moderne*, p. 626 以下。

③ 即牦牛。

斯人统治。绿帽人乃信奉伊斯兰教的鞑靼族[①],头戴绿色锥形毡帽,以此名自称,以区别于索菲族——绿帽人不共戴天的仇敌;索菲族统治波斯,也信奉伊斯兰教,头戴红帽[②]。绿帽人和红帽人
296 因宗教分歧和边境纠纷,不断殊死争战。绿帽人现今所辖诸城中,有布哈拉和撒马尔罕,每城皆有其王。

其人通晓数种奇技异术,他们称之为黑米亚(Chimia),即我们所称的炼金术(alchemy);利米亚(Limia),即引情术;希米亚(Simia),即幻术[③]。无铸币,贵人和商贾皆将金银做成小杆节,支付时将它们分成小块。甘州和肃州所有民众之风俗即如此也。

在甘州的广场上,每天都有一些表演幻术的江湖人,他们在人群中展示各种不可思议的奇术,如取在场观众一人,以剑将他劈开,或斫去其胳膊,观看者见其人血流涌出,等等。[④](摘自*Navigationi e Viaggi*, Vol. II,《马可·波罗游记》前附文*Esposition of M. Giov. Batt. Ramusio*, f. 14 *vers*. to f. 16 *vers*.)

① 乌兹别克人。

② 即凯泽尔–巴什人(Kizil-básh)。

③ Kimia(阿拉伯文)即炼金术;Simia(波斯文)即魔幻术。Limia可能是以幻术原理为依据虚构的词汇。不过,D'Herbelot 说,Simia 是化学的一个部分,指的是金属和矿物质配制过程,Kimia Simia 用来表示一般意义上的化学。他补充说,还有另一类Simia,其目标是以名字和数字占卜,预测吉凶;这个字与ism(主义)联系起来,构成一名称。

④ 见lbn Batuta, Vol. IV。

十九、布斯伯克所记土耳其漫游僧契丹见闻节录

（约1560年）

“现在让我为你讲述一下我从一位土耳其漫游者那里听到的关于契丹城和契丹国的事情。这位漫游者是某教派成员，其教崇奉远游，在崇山峻岭和荒漠野丛中礼敬上帝，此人曾游历东域，足迹几乎遍及整个东方世界，他说曾遇到葡萄牙人，游兴大增，欲前往契丹一睹契丹国城郭人民，遂与商队结伴同行。去契丹国的人习惯上都是结队成群而往，小队人马无法通达，至少旅途之上极不安全，因为途中多盗匪，旅行者须时刻小心提防盗匪袭击。他们离开波斯边境行一段路程，到达撒马尔罕、布哈拉、塔什干诸城及其他地方，其地均归帖木儿兰（Demirlan）后代治辖[①]。这些地方过后，是广袤沙漠和有人居住的地区，有些地区的居民野蛮而凶暴；有些地区的居民文明开化，但各地皆乏食物和水草，商旅须自带给养和其他生活必需品，所以需要众多的骆驼来负载。这类商旅和牲畜的大团伙，称作喀剌宛（Caravans）[②]。经几个月艰难疲惫的旅行，他们抵达一峡谷，乃契丹国之边塞。契丹国领土大多处于内陆，崎岖陡峭的群山在这里聚拢，除了一个狭口无路可通，国王命人在此狭口设一关塞[③]，盘问商旅过客

297

---

① Bokhara; Tashkand; Tamerlane.

② 即商队。——译者

③ 见前文，p. 274。

各种问题，如‘运来何物’‘从何而来’及‘人数多少’，等等。商旅作答之后，国王之守关人员向下一个烽火台传递信号，日则举烟，夜则生火；其他烽火台依次施行，几小时内报知契丹国王。若用其他办法联系，则需数日。[①]国王亦以相同方法迅速举火作答，说明准许所有商人入境，或仅允许一部分人，或全不允许。如果允许入境，则有相关领路人引路前行，一定里程皆设有停留站，站中备有衣、食诸物，价格合理。直至契丹国都，一路全部如此。一行人达京后，各自报告所带之物，向国王贡献其认为相宜之礼物，契丹王辄以高价酬之。[②]其余货物或出售或交换，悉听其便；其归国日期亦有限定，在规定日期之前可自由从事交易。契丹人不喜欢外国人在其国内久居，以免其本国习俗为外国人所败坏。所以，这些商人仍沿来时老路被送回。

“这位土耳其漫游者说，契丹人对于各种技术皆极为精娴，生活文明开化，行为高雅，崇奉自己的宗教，与基督教、犹太教和
298 伊斯兰教都不相同，只是仪式方面近似犹太教。使用印刷术已达数世纪之久，这位游历者在契丹国亲眼目睹活字印成的书籍，充分证明使用印刷术为事实。契丹人印刷所用纸张是由蚕茧制成，非常薄，只能一面印刷，另一面则留空白不印刷。[③]

---

① 见下文，II，pp. 233–234。

② 见上文，p. 130。

③ 此为人所共知的中国印刷术的特点。中国纸的原料为竹、桑树皮、木槿（hibiscus, Rosa Sinensis）楮木（Broussonctia Papyrifera）。“树皮纸坚硬、强韧，纤维贯穿其中，所以当人们撕开纸第时，被认为是由丝绸纤维制成。故称之为‘面纸’即绢纸”（儒莲译自一位中国作者的作品。见*Chine Moderne*, p. 622 以下）。杜哈尔德提到一种纸是由“蚕茧”制成。（见 Astley, iv, p. 158.）［还有棉纸。*T'oung Pao*, 1908, p. 589.］

“此城旅栈很多……[①] 有一种香料叫麝香，自一种小动物身上分泌出来，这种动物大小如小山羊。契丹国很重狮子，因其地不出产这种动物，所以国人对狮子颇多赞美之辞，以高价求购之。

“我从这位漫游者那里听到的契丹国见闻就是如此。真实与否，只有他知道。情况可能是，当我询问他关于契丹国的问题时，他却回答其他周围国家的事情。实际上我们正在做一种滑稽游戏。这位游历僧告诉我这么多事情后，我认为应该问一下他是否带回什么有趣的奇草异果、怪石等类之物？他回答说：‘没有带回奇物，只是随身带回这一根小菜根，当我疲倦或受寒时，便取一点咀嚼并吞服之，自感身体温暖，精神振奋。’[②]他这样说时，取出小菜根让我尝试，嘱我千万注意，只取一丁点尝之。我的医生威廉适逢在侧，取而尝之，因菜根性烈，他的嘴巴竟肿胀起来。威廉说这种根茎是真正的附子草（wolfsbane）。”（摘自 *Busbequii Epistolae*, Amsterdam, 1661, pp. 326–330。）

① 原文脱漏。

② 这肯定是人参。（见前文，p. 292。）

本书引用书目

（含书名缩略语）

ABULPHARAGIUS.—*Historia Compend. Dynastiarum*, etc., ab Ed. Pocockio. Oxon., 1663.

ACAD. — *Mém. de l'Acad. des Inscriptions et Belles-Lettres.*

ASSEMANII.—*Bibliotheca Orientalis*, vol. iii, part ii.

ASTLEY. —*A new general collection of Voyages and Travels*, etc. Printed for Thomas Astley. London, 4 vols., 1745-1747.

BABER. — *Memoirs of the Emperor*; by Leyden and Erskine. 1826.

BALDELLI BONI. — *Il Milione de M. Polo*. Firenze, 1827, 4to.

BARBOSA (Lisbon ed.) — *Livro de Duarte Barbosa* in *Collecção de Noticias*, etc., publicada pela. Acad. Real das Sciencias, Tomo II. Lisboa, 1812.

BEAZLEY, C. R. — *The Dawn of Modern Geography*. ii, Lond., 1901; iii, 1906, 8vo.

BEAZLEY, C. R. —*Plano Carpini and Rubruquis*; see I, p.157.

BENJAMIN Of TUDELA, see *Early Travels in Palestine.*

BONAPARTE, Prince Roland. — *Documents de l'époque mongole des XIIIe et XIVe siécles*. Paris, 1895, fol.

BRETSCHNEIDER, E. — *Knowledge possessed by the Ancient Chinese of the Arabs and Arabian Colonies*. Lond., 1871, ppt. 8vo.

BRETSCHNEIDER, E. — *Archaeological and Historical Researches on Peking.*

Shanghai, 1876, 8vo.

BRETSCHNEIDER, E. — *Medieval Researches from Eastern Asiatic Sources*. London, 1888, 2 vols. 8vo.

BROWNE'S *Vulgar Errors*. Bohn's Edition.

CHABOT, J.B. — *Histoire de Mar Jabalaha III*. Paris, 1895, 8vo.

CHAU JU-KUA, see Hirth, and I, p. 233.

CHAVANNES, Ed. — *Les Mémoires historiques de Se-ma Ts'ien*. Paris, I, 1895, et seq.

CHAVANNES, Ed. — *Trois généraux chinois de la dynastie des Han orientaus*. Ext. du *T'oung pao*. Leyde, 1906, ppt. 8vo.

CHAVANNES, Ed. — *Documents chinois découverts par Aurel Stein*. Oxford, 1913, 4to.

CHAVANNES, Ed. — *Un texte manichéen retrouvé en Chine*, in *J. Asiat*., Nov.-Déc. 1911; Janv. – Avril, 1913 ［with Pelliot］.

CHAVANNES, Ed. — *Mission archéologique dans la Chine septentrionale*. I, Paris, 1913-1915, 2 parts 8vo.

CHAVANNES, Ed. — *Documents sur les Tou-Kiue (Turcs) occidentaux*. St. Petersb., 1903, 8vo, and *T'oung pao*, 1905.

CHAVANNES, Ed. — *Les Pays d'Occident d'après de Wei lio,* in *T'oung pao*, 1905; *d'après le* Heou Han Chou, in *T'oung pao*, 1907.

CHINE (ANCIENNE), *Desription Historique*, etc., etc. par M. G. Pauthier. Paris, 1837 (*L'Univers Pittoresque*).

CHINE (Moderne), par Pauthier et Bazin, Ditto, ditto, 1853.

CIVEZZA, Marcellino da. — *Storia universale delle missoni francescane*. I-VI, Roma-Prato, 1857-1881, 6 vols. 8vo. See II, p. 88.

COEDÈS, George. — *Textes d'auteurs grece et latins relatifs à l'Extrême-Orient depuis le IVe siècle av. J. C. Jusqu'au XIV*^e^ *siècle*. Paris, 1910, 8vo.

CONTI, Nicolò, see I, p. 266.

CORDIER, Henri. — *Bibliotheca Sinica. – Dict. Bibliog. des ouvrages relatifs à*

l'Empire Chinois. Paris, 1904–1908, 4 vols. 8vo.

CORDIER, Henri. — *Les Voyages en Asie au XiVe siècle du bienheureux frère Odoric de Pordenone*. Paris, 1891, large 8vo.

CORDIER, Henri. — *L'Extrême-Orient dans l'Atlas catalan de Charles V.* Paris, 1895, 4to.

CORDIER, Henri. — See YULE'S *Marco Polo*.

COSMAS, see McCRINDLE, J. W.

CRAWFURD. — *Descriptive Dictionary of the Indian Islands and adjacent countries*. London, 1856.

CRAWFURD. — *Grammar and Dictionary of the Malay Language*. London, 1852.

CUINET, Vital. — *La Turquie d'Asie*. Paris, 1890-1894, 4 vols. 8vo.

D'AVEZAC. — *Notice sur les Anciens Voyages de Tartarie en général, et sur celui de Jean du Plan de Carpin en particulier.* (In vol. iv of *Recueil de Voyages et de Mémoires, publié par la Soc. De Géograhie*. Paris. 1839.)

DAVIS. — *The Chinese*, new ed. in 3 vols., and supplem. volume. C. Knight, 1844.

DEGUIGNES. — *Histoire Générale des Huns*. Paris, 1756-1768, 4 vols. 4to.

Della Decima, see III, p. 137.

DEVÉRIA, G. — *Origine de l'Islamisme en Chine,* in *Centenaire de l'Ecole des Langues orientales*, 1895.

DEVERIA, G. — *Musulmans et Manichéens chinois,* in *Jour. Asiat.* 1895, ii, pp. 445-484.

D'OHSSON. — *Hist . des Mongols*, par le Baron C. La Haye et Amsterdam, 1834 and 1852, 4 vols. 8vo.

EARLY TRAVELS IN PALESTINE, edited by Thomas Wright. Bohn's Antiq. Library, 1848, 8vo.

EDRISI. — *La Géographie de*, Traduite , etc., par P. Amédée Jaubert. Paris, 1836-1840.

ELIAS, E. — *The Tarikh-i-Rashidi of Mirza Muhammad Haidar*. Transl. By E. Denison Ross. London, 1895, 8vo.

ELLIOT, Sir H. M. — *Biographical Index to the Historians of Muhamedan India*, vol. i. Calcutta, 1849.

FERRAND, Gabriel. — *Relations de Voyages et Textes géograpyiques arabes, persans et turks relatifs à l'Extrême-Orient du VIIe du XVIIIe siècles*. Paris, 1913-1914, 2 vols. 8vo.

GAMS, B. — *Series Episcoporum Ecclesiae Catholicae*. Ratisbonae, 1873, 4to. — Suppt. 1886, 4to .

GANDAR, Dom. — *Le Canal Impérial*, Variétés sinologiques No. 4 — Shanghai, 1894, 8vo.

GILDEMEISTER. — *Scriptorum Arabum de Rebus Indicis Loci et Opuscula Inedita*. Bonn , 1838.

GOEJE, M. J. de, — *Ibn-Khurdádhbah*, see I, p. 137.

GROOT, J. J. M. de — *Sectarianism and Religious Persecution in China*. Amst., 1903-1904, 2vols . 8vo.

HAVRET, Henri. — *La Stèle chrétienne de Si-ngan fou*. Variétés sinologiques Nos. 7, 12, 20. Shanghai, 1895, 1897, 1902, 3 pts. 8vo.

HEYD, W. — *Histoire du Commerce du Levant au Moyen-Age*. Leipzig, 1885-6, 2 vols. 8vo.

HIRTH, F. — *China and the Roman Orient*. Shanghai, 1885, 8vo.

HIRTH, F. — *Chau Ju-kua: His work on the Chinese and Arab Trade in the twelfth and thirteenth Centuries entitled Chu-fan-chi*. Transl. from the Chinese by F. HIRTH and W. W. ROCKHILL. St. Petersburg, 1912, 8vo.

Hobson-Jobson. — See YULE.

HUNTER, W. — *Imperial Gazetteer of India*, 1909, 26 vols. 8vo.

IBN-KHURDÁDHBAH, see I, p.137.

IBN MUHALHIL, see I, p.139.

JARRIC, DU. See IV, p.170

JOHNSON, Francis. — *Dict. Persian, Arabic, and English*. 1852.

JOUR. ASIAT. — *Journal Asiatique.*

J.A.S.B. — *Journal of the Asiatic Society of Bengal.*

J.R.A.S. — *Journal of the Royal Asiatic Society.*

J.R.G.S.— *Journal of the Royal Geographical Society.*

KLAPROTH. — *Mémoires relatifs à l'Asie*. Paris, 1824-1825.

KLAPROTH. — *Tableaux Historiques de l'Asie*, etc. Paris, 1826.

KUNSTMANN, Prof. Friedrich , see II, p. 88.

LA PRIMAUDAIE, F. Elie de. — *Etudes sur le Commerce au Moyen Age*. Paris, 1848, 8vo.

LASSEN. — *Indische Alterthumskunde*. 1847-1862.

LE STRANGE, G. — *The Lands of the Caliphate*. Cambridge, 1905, 8vo.

LÉVI, Sylvain. — *Les missions de Wang Hiuen-ts'e dans l'Inde. (Journ. Asiatique,* 1900)

LINSCHOTEN. — *Hist. de la Navigation de Jean Hugues de Linschot, Hollandois.* 3ième éd. Amsterdam, 1638. Sometimes the Latin edition Hagae Com., 1599, fol.

LUDOLF. — *Historia Ethiopica*, Francof. a. M., 1681. *Commentarius*, etc., 1691, and Suppt. 1693.

McCRINDLE. J. W. — *The Christian Topography of Cosmas, an Egyptian Monk.* Lond., Hakluyt Soc., 1897, 8vo.

MA HUAN, see Geo. PHILLIPS in *J. R. A. S.*, 1895-1896.

MAJOR, R. H. — *India in the Fiffteenth Century*, see I, p. 266.

MANDEVILLE'S Travels, see *Early Travels in Palestine.*

MAR JABALAHA, see CHABOT.

MARQUART, J. — *Ibn Muhalhil*, see I, p. 139.

MARQUART, J. — *Éranšahr nach der Geographie des Ps. Moses Xorenac'i*, I, 1901, p. 206, 4to.

MARTINI. — *Martinii Atlas Sinensis*. In Blaeu's Atlas, vol. x, and in Thévenot's *Collection.*

MASPERO, Georges. — *Le Royaume de Champa*. Leide, 1914, 8vo.

MAS'UDI. —Maçoudi, *Les Prairies d'Or*, par C. Barbier de Meynard et Pavet de Courteille. Paris, 1861 *seqq*. See I, p.137.

MOOR'S *Notices of the Indian Archipelago*. Singapore, 1837.

MOSHEIM. — *Historia Tartarorum Ecclesiastica*. Helmstadi, 1741, 4to. The book is not by Mosheim, as the preface informs you; but written under his instructions by H. C. Paulsen.

OLLONE, Com[t] d'. — *Recherches sur les Musulmans chinois*. Paris, 1911, 8vo.

PALLADIUS. — *Elucidations of Marco Polo's Travels in North-China drawn from Chinese Sources*, in *Journ. North China Branch R. A. S.*, x, 1876, pp. 1-54.

PAOLINO, Fra. — di S. Bartolomeo, etc. — *Viaggio alle Indie Orientali*. Roma, 1796.

PAUTHIER. — *L'Inscrption Syro-Chinoise de Si-ngan-fou*, etc. Paris, 1858, 8vo.

PAUTHIER. — *De l'Authenticité de l'Inscription Nestorienne de Si-nganfou*, etc. Paris, 1857, 8vo.

PAUTHIER. — *Histoire des Relations Politiques de la Chine avec les Puissances Occidentales*. Paris, 1859, 8vo.

PELLIOT, Paul. — *Deux Itinéraires de Chine en Inde à la fin du XVIIIe siècles*, Hanoi, 1904, 8vo.

PELLIOT, PAUL. — *Le Fou Nan*, in *Bul. Ecole Extrême-Orient*, Avril-Juin 1903.

PELLIOT, PAUL — *Chrétiens d'Asie centrale et d' Extrême-Orient* in *T'oung pao*, Dec. 1914, pp. 623-644.

PEREGRINATORES MEDII AEVI QUATUOR (Burchardus de Monte Sion, Ricoldus de Monte Crucis, ［Pseudo］ Odoricus de Foro Julii, Wibrandus de Oldenborg). Recensuit J. C. M. Laurent, Lipsiae, 1864, 4to.

PIGAFETTA. — *Il Primo Viaggio intorno del Mondo*. Milan, 1800.

PLANO CARPINI. — In tom. iv of the *Recueil de Voyages*, etc. (see D'Avezac). See Rockhill, Beazley and Pullé, I, pp. 156-7.

POLO, MARCO. the fourth edition of that by Hugh Murray, or Yule-Cordier's edition.

POLO, MARCO — PAUTHIER'S. — *Le Livre de Marco Polo*, par M. G. Pauthier. Paris, 1865, large 8vo.

POLO, MARCO. — Bürck's. Leipzig, 1845.

POLO, MARCO. — See BALDELLI.

PULLÉ, G. — *Pian del Carpine*, see I, p. 157.

QUATREMÈRE'S *Rashid*, see *Rashid.*

QUÉTIF and ECHARD. — *Scriptores Ordinis Praedicatorum*. Paris, 1719, 2vols. fol.

RADLOFF, W. — *Arbeiten der Orchon-Expedition. — Atlas der Alterthümer der Mongolei*, St. Petersburg, 1892, fol.

RASHID. — *Histoire des Mongols de la Perse*, par Raschid-el-din, traduite, etc., par M. Quatremère. Paris, 1836, fol.

RASHID. — *Relations des Voyages faits par les Arabes dans l'Inde et à la Chine*, etc. Paris, 1845.

RASHID. — *Relations politiques et commerciales de l'Empire Romain avec l'Asie Orientale*, etc. Paris, 1863, 8vo.

RELATIONS, etc. See REINAUD.

RÉMUSAT, Abel. — *Mélanges Asiatiques*, Paris, 1825; and *Nouveaux Mélanges Asiatiques*. Paris, 1829.

RITTER. — *Erdkunde.*

RITTER'S LECTURES. — *Gesch. der Erdkunde und der Entdeckungen... herausgegeben* von H. A. Daniel. Berlin, 1861.

ROCKHILL. W. W. — *Rubruck and Pian de Carpine*, see I, p. 156.

ROCKHILL. W. W. — Chau Ju-kua, see HIRTH.

RUBRUQUIS. In tom. iv of the *Recueil de Voyages*, etc. (see D'AVEZAC). See ROCKHILL. i, pp. 156-7 and BEAZLEY.

SAINT-MARTIN. — *Mémoires Historiques et Géographiques sur l'Arménie*, etc. Paris, 1818-1819, 2 vols. 8vo.

SAINT-MARTIN on LEBEAU. — *Hist. du Bas Empire* (with notes and correctons by Saint-Martin). Paris, 1828.

SCHEFER, Ch. — *Relations des Peuples musulmans avec les Chinois,* in *Centenaire de l'Ecole des Langues Orientales*, Paris, 1895, 4to.

SCHILTBERGER. — *Reisen des Johannes—aus München*. Von K. F. Neumann. München, 1859.

SCHMIDT, I. J. — *Geschichte der Ost-Mongolen*, etc., verfasst von Ssanang Sstzen Chungtaidschi. St. Petersburg, 1829.

SEMEDO, P. Alvaro. — *Relazione della Cina*. Roma, 1643.

SSANANG SSETZEN. See SCHMIDT.

STEIN, Sir Aurel. — *Ancient Khotan*. Oxford, 1907, 2 vols. 4to.

STEIN, Sir Aurel. — *Ruins of Desert Cathay*. Lond. 1912, 2 vols. 8vo.

TIMKOWSKI. — *Travels of the Russian Mission through Mongolia to China*, etc. London, 1827, 2 vols. 8vo.

TURNOUR. — *Epitome of the History of Ceylon*, etc., *and the first twenty chapters of the Mahawanso*, Ceylon, Cotta Ch. Mis. Press.

VAN DER LITH and MARCEL DEVIC. — *Livre des Merveilles de l' Inde, par le capitaine Bozorg*. Leide, 1883-1886, 4to.

VINCENZO MARIA. — *Viaggio all' Indie Orientali del P. F.* — di S. Caterina da Siena, etc. Roma, 1672.

WADDING. — *Annales Minorum*, etc. (History of the Franciscan Order), see II; p. 85

WANG HIUEN-TS'E, see Syvain LÉVI.

Yule, Sir Henry. — *The book of Ser Marco Polo*... Third ed. revised by H. CORDIER. Lond., 1903, 2 vols. 8vo.

Yule, Sir Henry. — *Hobson-Jobson. A Glossary of Colloquial Indian Words and Phrases*. New ed. by William CROOKE. Lond., 1903, 8vo.

索　　引

（索引中的页码为原书页码，即本书边码）

A

B

C

D

E

F

G

H

I

J

K

L

N

O

P

Q

R

S

T

U

V

W

X

Y

Z

译后记

《东域纪程录丛》初版于1866年，修订版完成于1915—1916年，是蜚声国际学术界的汉学名著，对国际学术界的影响已持续一个半世纪。我读到它是在20世纪90年代在国外留学之时。初读之下，即为其高度的学术性所折服。

1994年我曾写信给中华书局的谢方先生，建议翻译此书，列入"中外关系史名著译丛"出版。谢先生回信肯定了我的意见，并建议我担当翻译重任，当时我正处在攻读学位的关键时期，不能心有旁骛，故婉拒谢先生盛意。1999年夏天余太山先生受命编辑一套"欧亚历史文化名著译丛"，问我有何贡献。我向他说起裕尔这本著作的价值，他表示赞同。由于一时难找更合适的译者，我自恃通读此书多遍，便斗胆承乏，但我明白此书翻译难度甚大。翻译工作从1999年下半年持续到2000年上半年，费时一年。其中法语、德语文字曾得到何兆武先生的帮助。2002年，《东域纪程录丛》由云南人民出版社出版。这是本书的第一个中译本。

《东域纪程录丛》是专业性极强的研究著作，读者范围狭窄，商业价值不高。2008年，第一个版本的版权期结束后未再加印。《东域纪程录丛》符合中华书局的"中外关系史名著译丛"的要求，遂由中华书局再版。近年来我国中外交流史研究获得较大发展，《东域纪程录丛》受到的关注也越来越多，2018年被列入商务印书馆“汉译世界学术名著丛书”出版计划。

2008年中华书局再版时，我曾借机对译文重新修订一遍，改正了不少讹误。这次三版，我又对译文进行了修改。两次修改未获些许惬意，徒增更多懊恼。译书之难，一言难尽。这部著作共有四卷，本书是第一卷即“序论”。如果将来全书有了更好的译本，则本书“引玉”之使命即告完成。在新的版本出现前，希望读者诸君的批评有助于它的完善。

张绪山

2019年1月

于北京清华园

图书在版编目(CIP)数据

东域纪程录丛:古代中国闻见录/(英)亨利·裕尔撰;(法)考迪埃修订;张绪山译.—北京:商务印书馆,2024
(汉译世界学术名著丛书:120年纪念版:珍藏本:增订本)
ISBN 978-7-100-23779-6

Ⅰ.①东… Ⅱ.①亨…②考…③张… Ⅲ.①汉学—研究 Ⅳ.①K207.8

中国国家版本馆 CIP 数据核字(2024)第 078399 号

汉译世界学术名著丛书
(120 年纪念版·珍藏本·增订本)
东域纪程录丛
古代中国闻见录
〔英〕亨利·裕尔 撰
〔法〕考迪埃 修订
张绪山 译

商 务 印 书 馆 出 版
(北京王府井大街 36 号 邮政编码 100710)
商 务 印 书 馆 发 行
北京中科印刷有限公司印刷
ISBN 978-7-100-23779-6

2024 年 5 月第 1 版 开本 710×1000 1/16
2024 年 5 月北京第 1 次印刷 印张 26
定价:146.00 元

珍藏本·增订本

纪念版

汉译世界学术名著丛书

阿拉伯伊斯兰文化史

第四册

近午时期（三）

〔埃及〕艾哈迈德·爱敏 著

朱凯 译

纳忠 审校

SINCE 1897 商务印书馆 The Commercial Press

تأليف

أحمد أمين

الجزء الثالث

يبحث فى الفرق الدينية من معتزلة وشيعة ومرجئة وخوارج
كما يبحث فى تاريخهم السياسى وفى أدبهم

الطبعة العاشرة

本书根据黎巴嫩贝鲁特阿拉伯图书出版社第十版译出

目　录

著者序言

奉至仁至慈的安拉之名。一切赞颂，全归安拉，全世界的主。求安拉赐福于先知穆罕默德。

本书是“近午时期”第三册，即其末册。笔者在本册研究了阿拔斯时代前期的穆阿台及勒派、什叶派、麦尔吉阿派和哈瓦立及派等教派，介绍了各派教义、政治历史和文学。

笔者发现，凡著书介绍教派的作者，其著述方法和历史学家一样，不外乎两种：或仅限于解释各派观点，不批评，不分析，也不支持或反对某种意见，一切任由读者去思考，自己得出结论，决定取舍，这是沙赫力斯坦撰写《宗教与教派》一书的方法；或对各派观点加以评说，表明作者的态度，或反对或支持，这是伊本·哈兹姆撰写《宗教教派》一书的方法。

笔者曾踟蹰于二法之间，但后来还是决定采取第二种方法，因为它不仅对读者更有益，且更能帮助作者圆满完成任务，并表现自己的个性。

对伊本·哈兹姆等人大肆批驳和贬斥不同观点的做法，笔者不敢苟同。笔者只是委婉地发表意见，像一个公正的法官一样，不带任何个人偏见地仔细思考、反复斟酌支持和反对两方面的观点，听取双方的论据，以便一旦考虑成熟，便毅然做出确有根据而绝无偏颇的决断。笔者深信：雄辩的力量在于内在的思想，而非表面的形式。追求真理者皆知：暴力引发暴力，诽谤造成固执己见，最好的办法诚如真主在尊贵的《古兰经》中所规定的：“你应凭智慧和善言而劝人遵循主道，你应当以最优美的态度与人辩论，你的主的确知道谁是背离他的正道的，他的确知道谁是遵循他的正道的。”“你应当以最优美的品行去对付恶劣的品行，那么，与你相仇者，忽然间会变得亲如密友。”

本册撰写之难远胜他卷。这是因为与其他生活领域相比，人们在宗教信仰方面更加随心所欲。原原本本地介绍某一教派殊非易事。各教派的情况模模糊糊、若明若暗，以穆阿台及勒派为例，该派著作已荡然无存。该派观点，只能从对立面的典籍中管窥一二，而对立面自然不会为该派的观点大声疾呼。对立面只会对他们的观点轻描淡写，一笔带过，同时，却大肆宣扬反对派的观点。

此外，各教派书籍论述的观点总是零散混杂的，没有体例，也缺乏分析。为教派名人如阿拉夫和奈扎姆等人立传，很难在一本书里找到完整系统的资料。笔者不得不殚精竭虑，四处搜寻，把材料找齐，再开始着手进行系统的著述。这样，成功固然可期，失误亦不可免。

更何况介绍各教派的书籍往往内容混杂，文笔晦涩，甚至鱼目混珠，真伪难辨。

为了真主，我所做的勘误工作及在本书中阐发的思想、发表的意见都是符合时代精神的。

笔者曾向读者许下诺言：撰写《近午时期》第四册，专门介绍安德鲁斯的精神生活，但有些东方学家们建议将这一册的内容放到“近午时期”之后再来介绍，这样，材料会更齐备，表述也方便些。

对此建议，笔者深以为然。

笔者以本册结束《阿拉伯伊斯兰文化史》（近午时期）。如尚有余年，我将继续完成“正午时期”各册。

艾哈迈德·爱敏

1936年10月29日

第四篇

阿拔斯王朝前期的宗教信仰和宗教派别

教义学的产生

本时期对信仰问题的研究增多并产生了歧见，使研究工作带上了先知和首批圣门弟子时期所没有的特色。其研究成果集中体现在形成了一门和其他学科并驾齐驱的新学科——教义学。

教义学产生和发展的原因甚多，有内因，也有外因。这里所说的内因是指从伊斯兰教的本质和穆斯林本身所产生的原因，外因则是指外国文化和其他宗教的影响。

教义学产生的最重要的内因是：

一、《古兰经》除号召信仰“真主唯一”和先知使命外，还谈到了穆罕默德时代广为流传的各种最主要的宗教和宗教派别，并一一予以驳斥。《古兰经》提到过一些否认宗教、神学和先知的人，他们说：“唯有时间能够毁灭我们。”《古兰经》列举各种证据予以驳斥。《古兰经》还谈到了形形色色的多神教，有的多神教崇拜星星，以星星配主。《古兰经》以“易卜拉欣”等节经文反驳之，经文说：“当黑夜笼罩着他的时候，他看见一颗星宿，就说：‘这是我的主。’当那颗星宿没落的时候，他说：‘我不爱没落的。’”[①]还有人崇拜尔撒，《古兰经》在数处予以驳斥：“在真主看来，尔撒确是像阿丹一样

① 马坚译：《古兰经》，6：76，中国社会科学出版社1981年版。——译者

的。他用土创造阿丹，然后他对他说：‘有’，他就有了。”[①]《古兰经》还谴责了那些崇拜偶像并以偶像配主的人们。《古兰经》还提到那些否认先知使命的人，并予以驳斥。他们说：“难道真主派遣一个凡人来做使者吗？”[②]《古兰经》还提到那些特别否认先知穆罕默德的人，并予以驳斥。《古兰经》还提到那些否认复活的人，并以下列经文驳斥之：“起初我怎样创造万物，我要怎样使万物还原。”[③]如此等等。《古兰经》还提出命定、天命、自择等课题，并据理以辩。《古兰经》曾提到伍侯德日[④]的伪信者们：“他们说：‘我们有一点胜利的希望吗？’”[⑤]他们还说：“假若我们有一点胜利的希望，我们的同胞不致阵亡在这里。”[⑥]《古兰经》驳斥了他们的言论。真主命令使者号召人们遵循主道，并驳斥背道而驰者。至高无上的真主说：“你应凭智慧和善言而劝人遵循主道，你应当以最优美的态度与人辩论。”[⑦]自然，教义学家们便据此驳斥违背主道者。随着对手不断扩大攻击的范围，他们也不断扩大防守圈。随着对手不断变换攻击的借口，他们也不断变换反驳的理由。这就是教义学产生的原因之一。

二、穆斯林结束对外征战后，生活安定，衣食丰足，便开始以哲学的头脑研究宗教，从而产生了宗教上的分歧意见。他们进而深入研究这些歧见，以使之协调起来。这几乎是各种宗教的共同

①②③⑤⑥⑦　马坚译：《古兰经》，3：59、17：94、21：104、3：154、3：154、16：125。——译者

④　伍侯德日：麦加古莱氏贵族对穆罕默德进行报复的日子。公元625年3月，古莱氏贵族艾布·苏福扬率三千人偷袭麦地那。穆罕默德率千余人迎战。两军相遇于麦地那附近的伍侯德山下，故称。——译者

现象。各种宗教在诞生之初都是一种纯朴的强有力的信仰，既无分歧，也不注重研究，信徒们只注重宗教的原理，无须求助于研究和哲学便深信不疑。此后，便进入研究和思考阶段，将各种宗教问题都染上了学术和哲学色彩，因此，宗教人士要借助哲学来加强其论据。犹太教是这样，基督教是这样，伊斯兰教也是这样。在伊斯兰教诞生伊始，人们对伊斯兰教坚信不疑，很少发生争论。生活安定之后，便开始了思考和研究，并不断扩大其范围。他们搜集证据，归纳各种不同的意见。这种研究工作必然导致观点的分歧和派别的产生。下面，让我们举例说明之：早期穆斯林相信命运——包括好运和厄运，相信人们总是依真主之命而行事，他们对信仰坚定不移，既不深入研究信仰问题，也不用哲学观点去思考。他们的后人却把有关的经文搜集起来，用哲学观点加以分析。他们认为，至高无上的真主说："不信道者，你对他们加以警告与否，这在他们是一样的，他们毕竟不信道。"①还说："你让我独自处治我所创造的那个人吧！我赏赐他丰富的财产，和在跟前的子嗣，我提高了他的声望，而他还企望我再多加赏赐。绝不然！他确实反对我的迹象的，我将使他遭受苦难。"② 真主还说："愿焰父两手受伤！他必定受伤，他的财产，和他所获得的，将无裨于他，他将入有焰的烈火。"③ 这些后人认为：以上经文及其他类似的经文，其字面意义就说明了不可违反的天命和命定。在后两节经文里，真主谈到某人绝不信教，但又不能不信教。这是一个方面；另一方面，《古兰经》里

①②③ 马坚译：《古兰经》，2：6、74：11—17、111：1—3。——译者

还有许多经文说明没有任何东西能够阻止一个人信教，如："当正道降临众人的时候，妨碍他们信道的只是他们的这句话：'难道真主派遣一个凡人来做使者吗？'"[①]至高无上的真主还说："我曾派遣许多使者报喜信，传警告，以免派遣使者之后，世人对真主有任何托词。"[②]"他们确信真主和末日……这对于他们有什么妨害呢？"[③]如何协调这些经文呢？人的信仰究竟是命定的，还是自择的呢？就这样，他们把表面上互相矛盾的经文集中起来，开始对其进行科学的和哲学的研究，进行比较，这就使他们陷入了深刻的分歧和长期的争执之中。这方面的情况以后还要谈到。现在主要想说明这些学术研究是怎样引起观点的分歧和派别的产生的，而这正是教义学的基础之一。

三、政治问题，其中最突出的是哈里发的职位问题。真主的使者去世时，没有指定继承人，也没有规定推选哈里发的制度，迁士和辅士在此问题上意见不一。辅士说："我们有我们的领袖，你们有你们的领袖。"迁士们则加以驳斥。

欧麦尔断然推选了艾布·伯克尔，众人遂追随其后。这种做法被认为是一种错误，愿真主保佑穆斯林不受其害，因为对于谁任哈里发并没有和穆斯林大众商量。艾布·伯克尔的做法不同，他将哈里发之位传给了欧麦尔，欧麦尔又采取了另外的办法。

如果用现在的思维方法来考虑这个问题，我们可以说，这纯粹是一个政治问题。在这个问题上，伊斯兰教并没有规定穆斯林必

---

①②③　马坚译：《古兰经》，17：94、4：165、4：39。——译者

须采取哪一种特殊的或固定的方法来解决，伊斯兰教要求他们的只是必须考虑公众利益。民族领袖们制定了规章制度，保证能够很好地挑选哈里发，并在发生争议时进行裁决。他们挑选能够保障公众利益者，摒弃不能保障公众利益者。他们在不同时期采用不同的方法。他们对这一问题的认识随着人们对权利与义务的认识的不断发展而发展。如果在挑选什么人担任哈里发及使用何种方式进行挑选的问题上发生分歧，这就是政治分歧，就像今天各政党之间的分歧一样。例如有些人主张推举艾布·伯克尔为哈里发，另一些人则主张推举阿里为哈里发，他们都有自己的政治主张和政治见解。如果有些人既不赞成这个，也不赞成那个，他们就讲明自己的观点，以便说服对方。有些人为了制伏另一些人，不惜诉诸武力，强者取胜，这种做法就像今天各政党的做法一样，他们纷争不止，胜者上台执政，直到其他政党使用舆论的力量或武力将其战胜，取而代之为止。

但当时的情况与今天有所不同。当时的“政党”没有采取今天这样纯粹政治斗争的形式。当时的斗争带着浓厚的宗教色彩，每个“政党”都是一个宗教派别，当时的政治斗争就是宗教教派之争。今天的政党都有一个政治名称，表明它所主张的政治原则。当时的“政党”却不同，只有一个代表其宗教派别的名称，如：什叶派、哈瓦立及派、麦尔吉阿派等。今天各政党的工作是以廉洁或腐败为标准来衡量的，当时的“政党”却以叛教、信仰、天堂、地狱为判别是非的标准。奥斯曼被杀后，穆斯林之间产生了分歧，以后又分化为若干派别，这些派别实际上就是“政党”。每个“政党”都以为真理在自己一边，全民族的利益只有依靠它所推举的哈里发才能实现。

如有的“政党”认为阿里是最有资格担任哈里发的人；有的“政党”认为穆阿威叶是最合适的人；还有的“政党”对以上二人均不赞成，主张取消哈里发，如确有必要设立，则谁合适，谁就可以担任，哪怕是埃塞俄比亚的奴隶；还有的“政党”保持中立，或则因其无定见，或则因不愿介入两派之争，以免火上加油。这些分歧就像今天各民族之间的分歧一样。为了实现民族利益，有人主张建立王国，由某某人统治；也有人主张建立共和国，用一种特殊的形式治理。为了说明自己的观点，他们又创造出各种理论来。当理智和语言不起作用时，就诉诸铁和火，但他们之间没有宗教方面的分歧。在阿拔斯时代，第一个“政党”是什叶派，第二个“政党”是倭马亚派，第三个“政党”是哈瓦立及派，第四个“政党”是麦尔吉阿派。它们之间的分歧是宗教分歧，每个“政党”都有自己的宗教观点，各“政党”之间的斗争都围绕着信教和叛教进行。而记载历史上发生的各种事件、战争和分歧的不仅是专门记载政治事件的历史著作，还有各个教派的宗教书籍。

各个教派都说自己是纯粹的宗教教派，它们之间争论的问题是纯粹的信仰问题。但只要我们对这些问题的来龙去脉寻根究底一番，就会发现这些问题都是政治性的，比如：“犯重罪者是叛教者还是信士”的问题，从表面上看，对这一问题的研究仅仅囿于神学的范围之内，实际上，它反映了各“政党”对对手的判断。哈瓦立及派是从“追随阿里者或追随穆阿威叶者是叛教者还是信士”这一点提出问题的，就像我们今天讨论追随某一政治派别的人是不是叛国者一样。但那个时代的特点给这一问题染上了宗教色彩。随着时间的推移，引起争论的起因被淡忘了，整个问题被说成是一个不带任何政治色彩的纯粹信仰问题。

之所以出现这种情况，其原因是：伊斯兰教当时正值鼎盛时期，人们对它虔信不疑。伊斯兰教成了人们精神生活、宗教生活和世俗生活中幸福的源泉。那时的人离先知的时代很近，由于环境和气氛的影响，人们对问题，特别是重大问题的看法必然带有浓厚的宗教色彩。此外，在每一个“政党”中，都有一些奸诈狡猾善于操弄之徒，看到人们对公众利益不甚在意，而对保卫宗教倒很关心，便以宗教的名义挑起战争，各“党派”均深陷其中，纷纷利用宗教武器，煽动人们的情绪。同时，还利用学者们的智慧和知识为之效劳，一些不敬畏真主者纷纷投入战斗。如果在宗教问题上找不到什么可以利用的东西，他们便伪造圣训和宗教故事。由于以上种种原因，政治上的分歧便成为导致宗教分歧、产生不同信仰和教派的重要原因。在我们看来，阿里的“党”就是什叶派，他们认为阿里及其后裔的权利是宗教上明文规定的。倭马亚人的“党”也是一个教派，他们认为穆阿威叶及其子孙担任哈里发是该族领袖们一致同意的。不赞成上述两种意见的人属于另外一个宗教的“党”，叫作哈瓦立及派，这一派人也有自己的信条和准则。中立者也有一个宗教的“党”，叫麦尔吉阿派，他们也有与其他派别不同的主张和观点。这些带有宗教色彩的政治分歧导致如何认识信仰、不信、大罪、小罪及如何判决犯大罪者等问题上的分歧，进而引起各个具体问题上的分歧。随着时间的推移，从这些持不同观点的人中产生了无论在原则问题上还是在具体问题上都有歧见的不同派别。

产生教义学的最重要的外因是：

一、在伊斯兰教对外征战结束后，皈依伊斯兰教的人们中许多人来自其他宗教，如：犹太教、基督教、摩尼教、袄教、婆罗门教、萨比教、光阴派[①]等。他们是在原教教义影响下成长起来的，其中有些人原是宗教学者，在生活安定、心情平静、对新宗教——伊斯兰教的信仰稳定下来之后，便开始回忆起原来所信奉的宗教的教义。他们从原教出发提出了许多问题，并给这些问题披上了伊斯兰教的外衣。这种情况恰好能解释为什么在一些教派的著作中能够看到和伊斯兰教的教义风马牛不相及的言论，如艾哈迈德·本·哈义退关于轮回说的言论就很像婆罗门教的教义，而他在谈到基督时，又俨然是一副基督徒的面孔。此类例子甚多。

二、最早出现的伊斯兰教教派，特别是穆阿台及勒派，把传播伊斯兰教、驳斥反对派作为它最重要的任务之一。这点将在以后详细介绍，而只有了解反对派的言论和观点才能进行反驳，这就促使他们研究外国宗教的各个教派的言论和观点。于是，伊斯兰国家便成为各种宗教和主张齐集一堂、相互争辩的场所。毫无疑问，争辩促进了思考，提出了一些需要深思熟虑的问题，也使每个教派注意吸收争辩对手的正确观点。

有些宗教，特别是犹太教和基督教，早就用希腊哲学武装起来了。犹太人菲隆（公元前25—公元50年）就是首先在亚历山大城用哲学来解释犹太教教义的学者之一，而亚历山大人克里曼（生于

---

① “光阴”一词系阿拉伯文 Dahr 的意译，被其反对派称为“唯物派”、“无神派”等。公元前6世纪至前4世纪盛行于波斯的思想派别，后在阿拉伯半岛有一定影响，否认造物主的存在，认为世上发生的一切“都是无限的光阴”的“各种表现的场所”。《古兰经》中有关于该派的记述：“他们说：生存只是我们今世的生存，我们有生有死。消灭我们的只是光阴。”常借伊斯兰教名义传播其主张，故遭伊斯兰神学家反对。——译者

公元150年)和欧里京(公元185—254年)则率先将基督教教义和新柏拉图主义结合起来。许多景教徒也如法炮制。这种情况促使穆阿台及勒派也开始使用对立面所使用的武器。由于穆阿台及勒派和其他教派的接触,在穆斯林中出现了各种观点,促使教义学迅速发展。对此,我们已在前面举例说明了。[①]

三、第三个原因来自前一原因,即教义学家需要哲学以抗衡对手,以同样的论据与其争辩,这就迫使他们研究希腊哲学,学习希腊逻辑学和神学。奈扎姆阅读了亚里士多德的著作并驳斥了其中一些观点,艾布·侯载勒·阿拉夫也是如此。还有许多穆阿台及勒派的人谈论质变、衍生、本质、现象等问题,说明这些希腊哲学的核心问题已进入教义学家的研究范围之内。

上述这些外因和内因推动了教义学的产生,并使其成为一门独立的学科。有人说,教义学是一门纯粹的伊斯兰学问,没有受到希腊哲学或其他宗教的任何影响。这种说法是错误的。只要把教义学的内容做一简单回顾就足以驳斥这种说法。也有人说,教义学完全出自希腊哲学。这种说法也是错误的。因为伊斯兰教是教义学的基础和核心,教义学家们引用《古兰经》经文的次数超过他们引用希腊哲学著作的次数,对《古兰经》的依赖超过对希腊哲学依赖的程度。其实,教义学是二者兼而有之,只是伊斯兰教的成分超过哲学的成分而已。

*　　　*　　　*

这门从理性出发来研究信仰问题并驳斥不同观点的学问就叫

① 参看《阿拉伯伊斯兰文化史》(近午时期)(一),第292、375页。——译者

做教义学，而研究这门学问的人就叫做教义学家。对这一名称的由来，教义学家众说不一。有的说，教义学之得名是因为在伊斯兰教初期，人们之间的最大歧见是真主的言论及《古兰经》的产生，故这门学问便以此而命名[①]；有的说，是因为教义学家们在辩论信仰问题时，只是单纯议论而不诉诸行动；有的说，是因为教义学家们谈到了前人从未涉及过的问题；还有人说，是因为教义学在说明伊斯兰教教义时所使用的方法与说明哲学的思辨方法的逻辑学相似，于是，教义学便采用逻辑一词的近义词——言论为名。如此等等。

表面上看，教义学之得名是在阿拔斯王朝时期，很可能是在哈里发麦蒙当政时。在麦蒙执政之前，对这些问题的研究被称作"教法学"，与"法律学"对应。人们说："教法学胜过法律学。"艾布·哈尼法将其本人写的研究信仰的书称为：《大教法》。沙赫力斯坦说："此后，穆阿台及勒派的学者们便阅读了麦蒙时代翻译的哲学家的著作。这些著作的内容和伊斯兰教教义结合起来，产生了一门独立的学科，叫'教义学'。"[②]根据他的说法，正是穆阿台及勒派将这门学问称为"教义学"，而在麦蒙时期，希腊哲学书籍译成阿拉伯文后教义学才产生。

*　　　*　　　*

穆阿台及勒派、麦尔吉阿派[③]、什叶派、哈瓦立及派及其他教

① 教义学为阿拉伯文"Ilm alkalam"的意译。"alkalam"原意为"言论""话语"等。——译者

② 沙赫力斯坦：《教派》，第1卷，第32页。

③ 又译穆尔吉埃派。——译者

派的教义学家们出现的时间早于伊斯兰哲学家。最早出现的伊斯兰哲学家是肯迪，卒于伊斯兰教历260年前后。而在他之前几十年，教义学家——瓦绥勒·本·伊脱邑、阿慕尔·本·欧拜德、艾布·侯载勒、奈扎姆等人已经开始研究教义学，并已确定了这门学科的基本原则。甚至更早一些时候，倭马亚时代的哈桑·巴士里及格兰·"大马士基"、捷赫姆·本绥福旺等人就已开始探讨教义学的一些问题了。

诚然，希腊哲学产生于肯迪之前。在伊本·穆加发[①]时代，亚里士多德的逻辑学已为穆斯林所熟知，许多哲学和神学问题由景教徒及其他教徒带进来。穆阿台及勒派的先驱——奈扎姆及艾布·侯载勒等人已经读了一些哲学书籍。很多这类书籍是从麦蒙时代开始陆续译成阿拉伯文的，但第一位系统从事哲学研究、确有所得、无愧于"伊斯兰哲学家"称号的就是肯迪，而在他之前，教义学早已产生，并日趋成熟，许多人均有资格被称为"教义学家"。

*　　*　　*

这种情况促使我们研究一个重要问题，即教义学家在研究、论证和推理方面有一套特殊的方法，这种方法既不同于《古兰经》、圣训所使用的方法，也不同于哲学家使用的方法，也就是说，其法既异乎前人，又有别于来者。

现简要说明如下：

教义学家的方法与《古兰经》使用的方法不同，因为《古兰经》在传播教义上依靠的是人的本能和天性。几乎每个人都本能地相

① 伊本·穆加发：原籍波斯的阿拉伯著作家，卒于公元759年。——译者

信创造和治理世界的主的存在，不管主的名称是什么，也不管他具有何种不同的属性，人们在这方面几乎是一致的。在这点上，就连最原始的人和最文明的人也没有什么区别。社会学家感到诧异的是：各个部落，包括那些与世隔绝，除了一小块狭窄天地外不知世界为何物的部落，无一例外地都信仰造物主，所不同的只是造物主的名称或职能。《古兰经》正是依靠人的这种天性，用激活、发展和增强人们的这种感性，用纠正崇拜多神的堕落行为来启迪人们，并在此基础上传播教义的。正是至高无上的主创造了人，同时，又为人创造了包括土地、天空、黑夜、白昼、水、空气、太阳、月亮、动物、植物在内的生存环境；正是真主创造了人，创造了我们已知和未知的一切事物；正是真主使一切事物得以存在，赐予万物以生命，并制定了约束万物的秩序。“你们舍真主而祈祷的〔偶像〕虽群策群力，绝不能创造一只苍蝇；如果苍蝇从他们的身上夺取一点东西，他们也不能把那点东西抢回来。祈祷者和被祈祷者，都是懦弱的。他们没有真实地尊敬真主。真主确是至强的，确是万能的。”[①]真主要求人们观察周围的一切，这就更加充实了这种天赋的感情，增强了宗教的力量和信仰的虔诚。“教人观察自己的食物吧！我将雨水大量地倾注下来。然后，我使地面奇异地裂开，我在大地上生长百谷，与葡萄和苜蓿，与橄榄和海枣，与茂密的园圃、水果和牧草。”[②]“人应当想一想，他自己是用什么造成的？他是射出的精液造成的。那精液是从脊柱和肋骨之间发出的。”[③]“难道他们不观

①②③　马坚译：《古兰经》，22：73—74、80：24—31、86：5—7。——译者

察吗？骆驼是怎样造成的，天是怎样升高的，山峦是怎样竖起的，大地是怎样展开的。”[①]“他们有一种迹象：已死的大地，我使它复活，我使它生长粮食，以作他们的食品。”[②]“圣洁哉真主！他把许多宫造在天上，又造明灯和灿烂的月亮。”[③]“他们……思维天地的创造，〔他们说〕：‘我们的主啊！你没有徒然地创造这个世界。’”[④]

《古兰经》号召信仰一神教用的也是这种方法，并用人们熟知的有权势者相争必然导致腐败的事例来说明。“除真主外，假若天地间还有许多神明，那么，天地必定破坏了。”[⑤]“真主没有收养任何儿子，也没有任何神灵与他同等；否则每个神灵必独占他所创造者，他们也必优胜劣败。”[⑥]《古兰经》还用制度的统一性、人类的一致性、万物均服从一定的规律来说明。“七层天和大地，以及万有，都赞颂他超绝万物，无一物不赞颂他超绝万物。”[⑦]《古兰经》就是用这种方法证明其力量和科学性的。

上述方法符合人的天性，并丰富着人的天性，使每个人乐于听取《古兰经》的教诲，并从内心深处响应它的号召，即使不信教者也能用理智接受它。这种方法不仅适合各民族和各时代居多数的普通人，也适合少数上层人士。当一个普通人听到至高无上的真主说“人应当想一想，他自己是用什么造成的？他是射出的精液造成的”[⑧]的时候，语言的神奇力量在他心中产生出纯朴的信仰，就像人类的产生和被造总是能在大多数生物学家心中激起惊异、赞叹、

①②③④⑤⑥⑦⑧　马坚译：《古兰经》，88：17—20、36：33、25：61、3：191、21：22、23：91、17：44、86：5—6。——译者

怅惘和深刻的信仰一样。普通人遥望天空，那里群星灿烂，日月升华，从而对宇宙的主宰及其伟大形象产生了信仰，而天文学家由于对星辰的运行规律、运行轨道和星辰的产生具有广博的知识则更能体会真主的伟大，对于群星的创造者和主宰也就更为赞叹。这种情况无论对于普通人和生理学家、心理学家、哲学家都是一样的，不管他们的知识水平、理解能力、感情生活和理性生活如何不同，都要接受这种方法的影响。

《古兰经》的论证不使用逻辑学的大前提、小前提和结论的方法，也不使用本质、现象等哲学术语，更不依靠理性分析，因为宗教不仅为哲学家和学者所有，哲学和科学只有极少数人能够有幸得到，而宗教则依赖于人类共有的天性和感情。正因为如此，宗教才能为一切人——学者、无知者、哲学家，以至于芸芸众生所共同信仰。如果宗教使用逻辑学的方法，就只有少数人信仰了。

但《古兰经》中有些章节对研究者是模糊不清的。有些章节证明了天定，有些章节又证明了自择，两者如何协调？其真实含义是什么？还有一些章节肯定至高无上的真主有脸和手，称真主为“天”和“地”之主，说真主在天上。有这样一节经文：“难道你们不怕在天上的主使大地在震荡的时候吞咽你们吗？”①有的章节说至高无上的真主有宝座，还说什么：“你的主的命令，和排班的天神，同齐来临的时候……”② 以上章节和《古兰经》中关于真主超绝万物的经文又怎样协调呢？真主说：“凡有三个人密谈，他就是第四

①② 马坚译：《古兰经》，67：16、89：22。——译者

个参与者；凡有五个人密谈，他就是第六个参与者；凡有比那更少或更多的人密谈，无论他们在哪里，他总是与他们同在的。”①如果理智断定真主没有实体，那么，这些经文该怎样理解呢？就这样，在《古兰经》中出现了一些章节，被称作“含混的章节”，成为人们研究和思考的对象。

至于早期的穆斯林，他们不经更多研究和长期论辩就相信这些经文，他们的理解是笼统的，他们也以此为满足。伊斯兰初期，许多有识之士认为深入地研究这些内容含糊的章节并争论不休是不符合穆斯林的利益的，穆斯林大众也无法理解。最好的办法是满足于笼统的哪怕是含糊不清的理解，而对于广闻博识、思想深邃的学者来说，则应满足其本人的理智对其本人而非对群众的启示。真主的使者曾经接受一个相信真主在天上的女奴的话，因为这是她的头脑所仅能接受的概念。据传，阿里曾经说过：“你们必须以人们能够理解的语言和他们谈话。难道你们愿意真主和使者被指控为谎骗吗？”后来，有些人也照此办理。据传，瓦立德·本·穆斯里姆曾经说过：“我向马立克·本·艾奈斯、苏福扬·绍里和赖易斯·本·赛阿德问及关于真主的属性的经文。他们说：‘照本宣科，不必深究。’”真主说：“至仁主已升上宝座了。”②有人就这段经文请教勒比尔·赖伊，其答复是：“‘升上’一词明白易懂，寻根究底荒谬绝伦。真主降下使命，使者传达得明明白白，我辈唯有坚信不疑。”也有人问马立克·本·艾奈斯，马立克摇摇头，说：“‘升上’一

①② 马坚译：《古兰经》，58：7、20：5。——译者

词明白易懂，寻根究底荒诞不经。坚信是义务，追问乃异端。”

这些人都主张原原本本地相信经文，其原因有二：一是这些研究不适合穆斯林大众；二是他们认为凡与真主或真主的属性有关之事都超出于人类的理智之外，除非他们以自己本身去衡量真主，而这是极大的错误。所以，最好还是原原本本地理解原文，而不刨根问底。这一学派一直持续到阿拔斯王朝末期，甚至更晚一些时候。在阿拔斯王朝，这一学派的领袖是艾哈迈德·本·罕百里，以后是伊本·泰米亚。

而教义学家及其领袖们所使用的研究方法则有所不同。他们信仰真主及使者的言行，同时，又试图用理性和逻辑的方法来加以证明。他们把仅仅凭借本能和感情来理解真主的迹象转到理智和思维的轨道上来，把美的艺术变为科学和逻辑，把心灵变为头脑。《古兰经》的方法体现在下面引用的经文上：“难道对于真主——天地的创造者——还有怀疑吗？”①教义学家们则使用自己的方法来解释世界的产生，其方法是：肯定一切实体都是由各个不可分割的部分组成的，证明实体不能自我产生，从而证明真主的存在。他们就是用这种办法来证明真主的唯一性及其他属性的。就这样，每走一步都要引起争论，并带来新的研究课题，但他们始终坚持这条道路。

这是一个方面，他们和其他人不同的另一方面是：他们始终不满足于笼统而不加分析地相信《古兰经》中意思含糊的章节。他们把相互矛盾的经文（如谈到天定和自择的经文）以及可能出现至高

① 马坚译：《古兰经》，14：10。——译者

无上的真主实体的经文搜集起来，用理性一一加以审视，而这正是他人所不敢做的事情。对问题的思考使他们形成了某一种观点，而观点一旦形成，他们便开始注意研究那些相互矛盾的经文，并一一加以分析。所以说，分析是教义学家最重要的手段之一。如果他们研究的结果说明人是自择的，他们便对关于天定的经文加以解释；如果研究的结果说明真主是超绝于方位和空间的，他们便对那些使人感到真主是在天上、真主升上宝座之类的经文加以解释；如果研究结果说明否认真主的方位必须肯定人的肉眼看不到真主，因为人眼的构造决定人只能看见有方位的东西，他们便对那些说人能看见真主的经文加以解释，如此等等。分析是他们最重要的手段之一，也是他们不同于前人的最大特点。

自然，他们让理性得到研究、思考、活动的自由以及他们进行分析所用的方法必然导致巨大的分歧。思考既然能使一些人肯定“自择”，而对有关“天定”的经文加以解释，便也能使另一些人肯定“天定”，而对有关“自择”的经文加以解释。

这两件事——依靠理性证明和运用分析方法——使得教义学家的时代出现了一个歧见纷纭、众说不一、各执己见的局面，这是先知和四大哈里发时期所未曾有过的。

看来，引起这种变化的原因有二：一是我们业已指出的早期教义学家和已使用哲学思维的犹太教、基督教以及多神教的信徒们进行的深刻对话。对这些人，仅仅引用《古兰经》或圣训的章节是不能使其信服的，而必须靠理智来讨论问题，这就迫使教义学家们循其道而行之，即搜集说明真主存在的理性证据，同时，像查希兹一样，著书立说以证明先知，特别是穆罕默德先知使命的存在，这也说明当时确实有人否认神性的存在，这些人被称为“自然论者”或“无神论者”。还有人否认先知的使命，也有人虽然承认先知的使命，却不承认穆罕默德先知的使命。教义学家们和这些人展开了激烈的争论，在争论中，他们像对手一样，把自己的观点纳入了哲学的轨道。

二是每一个开化民族，在政治、学术、哲学、宗教等方面都会有保守派和自由派之分。宗教上的保守派主张原原本本地恪守经文的字义，不许有毫厘之差；而自由派却不愿死抠条文，他们喜欢开动脑筋，自由发表意见，对分歧有自己的解释。教义学家中的保守派和自由派在宗教教义方面的分歧与代表保守派的圣训派和代表自由派的意见派之间在具体细节方面的分歧相似。

以上是教义学家与《古兰经》在论证方法上的区别。

在神学方面，哲学家和教义学家存在如下分歧：

一、教义学家相信教义，对其正确性坚信不疑，并用理性加以证明。他们从理性上证明教义的正确，而《古兰经》则从感性上加以证明。哲学家的方法则不同，他们首先对问题做纯学术的研究，假定头脑中没有任何观点或见解，然后开始思考，一步一步地求证，直到得出结论为止，而不管结论是什么，他们都坚信不疑。这就是哲学和哲学研究的目的。当然，脱离民情、习惯和环境的研究是得不到最佳效果的。希腊哲学家曾受到多神教的影响，基督徒和犹太人的哲学家曾受到基督教和犹太教的影响，穆斯林的哲学也曾受到伊斯兰教的影响。但无论如何，哲学家的研究方法和准则是思考和求证，而教义学家的方法则是：首先确认伊斯兰教的基本原理，然后再加以求证。教义学家像一个忠诚的律师，他相信案子的正确并为之辩护，为此，他努力搜集证据以证明他观点的正确；而哲学家则像一个公正的法官，当案子呈送到他面前时，他还没有什么固定的看法，他先要听取各方面的证词，然后，不带偏见地仔细权衡所有的论据，形成自己的看法，再做出判决。

也许这就是伊本·赫勒敦所说的："哲学家关于神学的观点是绝对存在和自我存在的观点，而教义学家关于存在的观点则是为了证明造物主的存在。总之，教义学是首先从教法方面假定命题的正确，然后再来研究信仰问题，并能运用理性加以论证。"①

这就是问题的关键，虽然哲学在伊斯兰国家广为传播，教义学家们在研究内容和方法上均受其影响，一些教义学著作还引用了哲学家的言论，但还是把他们当作信仰者予以驳斥。格扎里在《中庸》一书中就是这样做的。

同样，穆斯林哲学家也受到了教义学和教义学家的影响。他们不仅使用了一些教义学的术语，还接受了一些理性无法证明其真伪的宗教传说。正如伊本·西那所说："复活和复活的情形是无法证明的。既然穆罕默德的伊斯兰教法提出了这个问题，我们只能听之任之，任其研究吧，并根据情况予以考虑。"②

二、教义学家们坚定不移地捍卫自己的信仰，驳斥对手的观点，而不管这些对手是穆斯林还是非穆斯林。他们连篇累牍地引用对方的言论，予以驳斥。而哲学家尤其是早期的哲学家，则首先确认事实（至少是他们所认为的事实），然后再加以证明，而不过多

① 伊本·赫勒敦：《历史绪论》，第389页。

② 同上书，第457页。

地驳斥对手的言论。正因为如此，哲学家称教义学家为“诡辩家”。艾布·哈扬说：“我问过艾布·苏莱曼这样一个问题：‘教义学家和哲学家在研究方法上有何不同？’其答复是：‘根据思考和判断，他们（指教义学家）的方法是针锋相对地辩驳，而这离不开诡辩、狡辩、想方设法封住对方的嘴。’”

在伊斯兰教历史上，教义学家和哲学家尽管互有补益，但由于研究方法的不同，二者始终处于对立状态之中，伊本·鲁世德和教义学家之间、格扎里和哲学家之间的对立便是实例。

*　　　　*　　　　*

此外，教义学和伊斯兰哲学产生的情形也不尽相同。伊斯兰教义学是随着一个一个互不关联的问题的先后出现而产生的。有人提出问题，就有人发表不同的意见，进而形成派别。如对“犯重罪者是叛教者还是信士”这一问题，哈瓦立及派认为是叛教者，也有些人认为处于两者之间——既非叛教者，亦非信士，围绕着后一种意见便产生了穆阿台及勒派。就这样，随着一个个问题的提出，逐步形成了一个个教派。随着时代的进步，新的问题不断出现，解决问题的方法也就随之而生，这是一切伊斯兰学术（包括语法学、教法学、修辞学等）产生的规律。但伊斯兰哲学却不是这样形成的，因为哲学在希腊已经走过了初创阶段，它被完整无缺或近似完整无缺地照搬过来，其后出现的新情况不过是穆斯林参加了哲学研究。他们进行研究、解释和评论，发表了某些见解，并把一些哲学课题和伊斯兰教教义协调起来。正因为如此，我们把吸收了若干希腊哲学内容的教义学看作一门伊斯兰学术。而一般不把肯迪、法拉比和伊本·西那的哲学称为伊斯兰哲学。

*　　　*　　　*

现在,我们来介绍阿拔斯时代最重要的伊斯兰教教派。在《阿拉伯伊斯兰文化史·黎明时期》一书中已经介绍了这些教派在倭马亚时代产生时的情形,下面,将介绍各教派的发展,分析各教派的主要观点,并提供各派著名人物的传记。

第一章 穆阿台及勒派

我们从穆阿台及勒派开始介绍，因为该派是教义学诸派别中最重要的一派。该派提出了很多问题，并做了详尽的阐述，从而制定了教义学的原则。以下分两部分加以介绍：第一部分介绍该派最重要的教义和原则；第二部分介绍该派的政治历史。在介绍该派观点时，我们将详细介绍其主张和观点，而简略介绍其对手对该派的态度；在介绍该派的政治历史时，我们将介绍该派最著名的人物，介绍每人提出的具体问题，他们对国家以及国家对他们的态度，他们对公众舆论及公正舆论对他们的态度，以及由他们引起或围绕他们而发生的重大事件。

穆阿台及勒派的教义与原则

穆阿台及勒派有一些共同的原则，也有一些仅仅局限于某些领袖人物的特殊原则。共同的原则列述如下，特殊的原则则放在介绍人物传记时去谈。穆阿台及勒派的共同原则，历史学家们几乎一致认为有以下五点：

一、“认主唯一”的原则；

二、“公正”的原则；

三、"恩威并施"的原则；

四、"犯重罪者介于叛教者和信士之间"的原则；

五、"劝善戒恶"的原则。

赫雅退(穆阿台及勒派领袖之一)说过:"任何人只有承认五项原则才能获得穆阿台及勒派的称号。这五项原则是:'认主唯一'、'公正'、'恩威并施'、'犯重罪者介于叛教者和信士之间'以及'劝善戒恶'。一个人接受这五点就算是穆阿台及勒派人。"[①]麦斯欧迪在《黄金草原》一书中写道:"叶基德·纳格斯曾宣传过穆阿台及勒派的主张及该派的五项原则——'认主唯一'、'公正'、'恩威并施'、'犯重罪者介于叛教者和信士之间'以及'劝善戒恶'。"[②]

下面,我们具体说明该派的这五项原则。

一、"认主唯一"的原则

"认主唯一"是该派最重要的原则之一,他们对这一原则做了特别详尽的解释,并用哲学观点做了十分透彻的分析。尽管所有穆斯林都信仰"认主唯一",信仰"除安拉外,别无他神",但"认主唯一"的原则与穆阿台及勒派有着一种特殊的关系。穆阿台及勒派认为,《古兰经》中有许多经文证明了真主超绝万物,如:"任何物不似像他。"[③]但也有一些经文,字面上证明了真主的实体,如:"真主的手是在他们的手之上的。"[④]他们还认为,有些经文证明了真主不处在任何固定的方位,如:"东方和西方都是真主的;无论你们转

① 赫雅退:《胜利集》,第 126 页。

② 麦斯欧迪:《黄金草原》,第 2 卷,第 150 页。

③④ 马坚译:《古兰经》,42:11、48:10。——译者

向哪方，那里都是真主的方向。”[①]但也有一些经文字面上证明了真主的方位，如：“然后，升上宝座”[②]，以及“难道你们不怕天上的主”。[③]

当时，许多伊斯兰学者笼统地信仰真主超绝万物，而对于其他经文，如关于真主升上宝座，真主的脸、双手和方位的经文则缄口不语。他们说：“我们信仰真主的存在和真主的唯一性，其他问题不予深究，因为那些事情是我们不该知道的，我们只应该信仰《古兰经》上有的。如果我们寻根究底，详加分析，那只能是我们的意见，而非真主的话语，这样做难免不出错。我们应该提防这种情况。”这种避免发表个人意见的言论，前人已多有引用，本书也曾提到过。

至于穆阿台及勒派，他们比这些人要勇敢得多。他们说：“我们信守真主超绝万物的经文，并对它加以解释、阐述和分析；我们也接受‘真主升上宝座’、‘真主的脸和双手’等经文，并对经文做出‘真主是超绝万物的’，而不是相反的解释，因为伊斯兰教是信仰真主唯一和真主是超绝万物的宗教，几乎所有的穆斯林都一致认为真主是超绝万物的，我们自然应当让字面上跟教义不一致的经文与人们坚信的意思明确的经文一致起来。同时，我们也不应当盲目地相信那些含糊的经文，因为人的理智不能接受模糊不清的概念。人的理智能够解释、分析和协调不同经文的含义。”在这点上，他们有点像学者。他们对“真主唯一”和“真主超绝万物”发表了看法。他们说：“真主是唯一的，无一物似像他。他无实体，无灵魂，

①②③　马坚译：《古兰经》，2:115、7:54、67:16。——译者

无身，无影，无肉，无血，无形，无本质，无表象，无色，无味，无气味，无脉息，无热，无冷，无湿，无干，无长，无宽，无深，无聚，无散，无动，无静，无分，无合，无四肢，无方位，无左，无右，无前，无后，无上，无下，无地域，无时间。他不可触摸，不可离异，不可降临各地。不可用真主创造的万物配主，不可以有限的概念配主，不可以面积衡量主。他不存在于任何方位，不可限定，既不生育也不为人所生，不受数量的限制，无物可以遮蔽，不可感知，不可与人比，不在任何方面与万物相似，不受瘟疫传染，不得残疾。人头脑所想、幻想所见的万物均不似像他。他先于万物而有之，他全知全能，生机勃勃。对他，眼不能见，耳不能闻，想象不能及。他是存在，又和一切存在不同。他全知全能，生机勃勃，但又不同于能力超群的学者。唯有他是亘古有之，他物不可与之相比。除真主外再无神灵，无物可以配主，无人可以助主，无人助他建树其所建树，创造其所创造。主造万物无先例可循，主造任何一物既不比它物易，也不比它物难。真主不为欲念所惑，不为祸患所及。真主无喜无愁，无伤无痛。”等等。[①]

由此可见，他们对“真主是超绝万物”的观点做了哲学分析，阐明了真主的属性，并以人的思维所具有的明确性解释了“真主唯一”的含义，对至高无上的真主所说“任何物不似像他”，[②]做了最为透彻深刻的说明。在此基础上，他们对其他经文一一加以解释。对于至高无上的真主所说：“犹太教徒说：‘真主的手是被拘束

① 艾布·哈桑·艾施阿里：《穆斯林文集》，第155页。

② 马坚译：《古兰经》，42：11。——译者

的’。但愿他们的手被拘束,但愿他们因为自己所说的恶言而被弃绝！其实,他的两只手是展开的;他要怎样费用,就怎样费用。”[①]这句话,他们是这样解释的:犹太教徒说“真主的手是被拘束的”,其意为“真主是吝啬的”。而真主所说“其实,他的两只手是展开的”则是一种借喻,“说明真主极其慷慨,否认真主吝啬的说法,这是因为慷慨大方者总是尽其手中所有施惠于人,借喻便由此而来”。[②] 对于至高无上的真主所说“至仁主已升上宝座了”,他们认为:“‘升上宝座’中‘宝座’一词系指国王的床,而此处的国王,喻义‘占有’,故说‘某人升上宝座’,即指‘某人占有’之意,尽管他根本就没有坐在床上。人们这样说,是因为人人都知道‘宝座’一词的这一含义,它比‘占有’一词的含义更为明确、简单、形象。”[③]对于至高无上的真主所说“唯有你的主的本体,[④]具有尊严与大德,将永恒存在”[⑤],他们认为:“真主的脸指真主本体,脸既可代表全身,也可表示脸本身。正如麦加的穷人所说,‘救我免受屈辱的阿拉伯贵人在哪里’。”[⑥]对于至高无上的真主所说“他们畏惧在他们上面的主宰”[⑦],他们认为:“如将‘在他们上面’和‘他们畏惧’联系起来,其意为:他们畏惧主由上面降下灾难。如将‘在他们上面’和‘真主’联系起来,则意为:他们畏惧至高无上的宰制众人的主,如真主所说‘他是宰制众仆的’[⑧]及‘我们确是统治他们的’。”[⑨] 而对

①⑤⑦⑧⑨　马坚译:《古兰经》,5:64、55:27、16:50、6:18、7:127。——译者

②　才迈赫谢利:《降启事实揭秘》,第1卷,第220页。

③　同上书,第3卷,第19页。

④　“本体”一词,阿拉伯文原文为wajh,原意为“脸”、“面孔”。——译者

⑥　此处的“阿拉伯贵人”在原文中为“阿拉伯人尊贵的脸面”。——译者

于真主所说“在天上地下，唯有真主知道你们所隐讳的，和你们所表白的”，[①]他们认为，这里是指“天上地下均应受崇拜的”，如真主所说“他在天上是应受崇拜的，在地上也是应受崇拜的”[②]。或者说：“他是人所共知的主，天上地下唯一的主，也就是人们所说的天上地下的真主，万物不得配以这一名字。”[③]

当他们以其特有的方式证明了“真主超绝万物”的性质后，便逐段分析了说明真主的方位、真主的四肢、真主和人相似的经文，分析了那些字面上可能违反“真主唯一”的所有经文和圣训。如：为了否定真主的方位说，他们说：“肯定方位就必须肯定地点，肯定地点就必须肯定实体，所以一切字面上表明方位的经文均应加以分析，如：‘在那日，在他们上面，将有八个天神，担负你的主的宝座’[④]、‘他治理自天至地的事物，然后那事物在一日之内上升到他那里，那一日的长度，是你们所计算的一千年’[⑤]、‘众天神和精神在一日之内升到他那里’[⑥]以及‘难道你们不怕在天上的主使大地在震荡的时候吞咽你们吗？’”[⑦]他们还照此分析了表明真主实体如脸和双手的经文，他们说：“证明至高无上的真主没有躯体的理由是：一切躯体都是被造的，因为躯体需要长、宽、方位等表象；一切有变化的东西也都是被造的。因此，使人们感到真主有实体的经文均须加以解释。”穆阿台及勒派最伟大的学者之一才迈赫谢利在《降启事实揭秘》一书的注释中为穆阿台及勒派的学者们如何解释经文提供了明白的例证，他就是这样解释这类经文的。

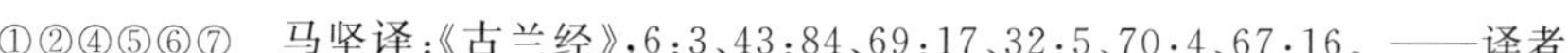

①②④⑤⑥⑦　马坚译：《古兰经》，6：3、43：84、69：17、32：5、70：4、67：16。——译者

③　才迈赫谢利：《降启事实揭秘》，第1卷，第334页。

他们言出必行，严格地实践着自己的理论。下面，让我们从其最重要的推论中举两个例子：

第一个例子：如何分析看见真主的问题。他们认为，否定了实体也就否定了方位，否定了方位也就否定了人们看见真主的问题，因为一切可见之物必处于看见者之某一方位。看见某物须具备若干条件，如光、物体的颜色等，而这一切于真主均不可能。

除这些理性论证外，他们还用经文来论证。如真主说："众目不能见他，他却能见众目"、[①]"当穆萨为了我的会期而来，而且他的主对他说了话的时候，他说：'我的主啊！求你昭示我，以便我看见你。'主说：'你不能看见我，但你看那座山吧。如果它能在它的本位上坚定，那么，你就能看见我。'当他的主对那座山微露光华的时候，他使那座山变成粉碎的。穆萨晕倒在地上。当他苏醒的时候，他说：'我赞颂你超绝万物，我向你悔罪，我是首先信道的。'"[②]穆阿台及勒派认为，这里所说"你不能看见我"，在肯定真主存在的同时否定了人们能够看见真主。

穆阿台及勒派及其对手曾就这段经文展开辩论。对手们说："这段经文证明了能够看见真主，因为穆萨提出了这一要求。如不能看见，他就不会这样要求了，因为他的学识并不亚于穆阿台及勒派人。"对此，穆阿台及勒派从多方面进行了批驳。如他们认为：穆萨的族人要求能面见到真主，穆萨拒绝了他们的要求，指出他们的错误，并提醒他们这样做太过分了。但族人执意相求，穆萨为让他们能听到真主的原话，才重复他们要求见真主的建议和言辞的。

---

①② 马坚译：《古兰经》，6：103、7：143。——译者

穆阿台及勒派还曾证明，真主曾惩罚穆萨的族人，因为他们要求穆萨让真主现身。真主说："信奉天经的人，请求你从天上降示他们一部经典。他们确已向穆萨请求过比这更重大的事，他们说：'你使我们亲眼看见真主吧。'急雷为他们的不义而袭击他们。"①穆阿台及勒派人说："如果穆萨族人的要求是可以实现的，就不会指他们为不义，急雷也不会因他们的不义而袭击他们。如易卜拉欣曾要求真主让他看到死人复活，但真主并未指他为不义，也未发急雷袭击他。"②

当穆阿台及勒派明确了真主不可见的信念，并用理性和经典加以正确地论证之后，对与这一信念相左的经文逐一做了解释，并否定了许多证明可以见到真主的圣训，把这类圣训称之为"不可靠的圣训"，而"不可靠的圣训"若和《古兰经》经文相左则无须一顾，如真主所说："众目不能见他。"③

对于"在那日，许多面目是光华的，是仰视着他们的主的"④这节经文，穆阿台及勒派认为："人们常说：'我看某人对我做些什么'，此处的'看'是指期待和希望。中午人们关门将息时，我曾听到麦加的一个女乞丐说：'我的眼睛仰视着真主，仰视着你们。'其含义是：他们只能期待着他们的主降下禄食和恩惠，他们只是敬畏主，并寄希望于主。"⑤

穆阿台及勒派认为："用肉眼看见真主是不可能的。信士们只

①③④　马坚译：《古兰经》，4：153、6：103、75：22—23。——译者

②　才迈赫谢利：《降启事实揭秘》，第1卷，第198页。

⑤　才迈赫谢利：《降启事实揭秘》，第2卷，第440页。

能在心里看见和认知真主。"①

第二个例子：关于真主的属性。穆阿台及勒派和所有的穆斯林一样，相信真主唯一，但他们是用哲学观点解释唯一性的。他们说："'真主唯一'的意思是：至高无上的真主本身不是由多种事物组成的。对于由多种事物组成的复合物需要证实各组成部分的存在，但各组成部分并不是复合物本身。因此，一切复合物均需由它物组合而成。真主是超绝的，是无须它物的。至高无上的真主的本质特性是独一无二的，其本身不存在任何复合形式，既没有量上的组合，如身体之各部分；也没有概念上的认同，如人的本质和他的性格特征。真主是唯一的，具有绝对的唯一性，无论是在数量上或在概念上，均不可分。"

当他们这样详尽地分析了"真主唯一"的概念之后，另一个问题便随之而来，或者说他们又引出了另一个问题，即"真主的属性"问题。这一问题和"真主唯一"的概念有关。究竟真主的属性是他自身呢，还是他的身外之物？

这个问题在穆阿台及勒派之前的伊斯兰教历史上从未提出过。"真主的属性"一词既未见之于《古兰经》和圣训，也没有任何直传弟子或再传弟子谈到过。只是至高无上的真主说过"超绝哉你的主——尊荣的主宰！他是超乎他们的叙述的"②之类的话。直至穆阿台及勒派出现，"真主的属性"问题才在教义学中占有一席之地。从此，围绕这一问题产生的争论便成为教义学中居第一

① 艾布·哈桑·艾施阿里：《穆斯林文集》，第1卷，第157页。

② 马坚译：《古兰经》，37：180。——译者

位的重要课题。

这是因为《古兰经》在不同的章节中肯定了“真主的属性”。这些属性涉及七个方面：知识、生命、能力、意愿、听觉、视觉和语言。穆阿台及勒派在以其特有的方式肯定了“真主唯一”的概念后，提出了这样的问题：这些属性是真主自身，还是身外之物？换句话说，这些属性是不是提出了与真主本体相左的新概念？有些属性，无论从字面上还是从内在含义上都是消极的，没有任何积极的东西，如“无一物似像他”。也有一些属性，字面上有积极意义，但其含义却是消极的，同样没有积极的东西，如“独一”、“古老”等。“独一”的含义是“无物相配”；“古老”的含义是“前所未有”，这都不是穆阿台及勒派要研究的问题。他们感兴趣的是那些无论在字面上还是在意义上都有积极意义的属性，如“意愿”、“能力”、“知识”。这些属性能说明本体之外的东西吗？难道真主是以本体之外的知识而全知，以本体之外的能力而全能，以本体之外的生命而存在吗？如此等等。

穆阿台及勒派既然这样解释“真主唯一”的概念，那就不得不肯定真主本体和真主的属性是同一样东西。真主本体就是有生命的，就是全知全能的，他不依靠本体之外的东西而获得这些属性。因为真主如果像人一样以本体之外的知识而全知，以本体之外的生命而存在，那就必须有本体和属性、载体和被载物之分，这恰恰是实体的性质，而真主是无形无体的。如果说每种属性都靠其自身而存在，那自在之物就非独一的，或者说会有众多的神灵。

穆阿台及勒派内部对这一教义的解释并不一致。艾布·侯载勒·阿拉夫说过：“真主以自身的知识而全知，以自身的能力而全能，以自身的生命而存在。知识、能力、生命就是真主本体，只是表达方式不同而已。如果你说‘真主全知’，你就肯定了真主本体是有知识的，并否定了本体的无知，从而证明了真主的知识是其本身具有的；如果你说‘真主全能’，你就肯定了真主本体是有能力的，而否定了本体的无能，从而证明了真主的能力是其本身具有的。”如此等等。

从奈扎姆的话里可以懂得：真主所具有的生命、能力、知识、意愿等属性也是其自身所固有而无须增添的。如“知识”的含义是否定真主本体的无知，“全知”的含义则是说明真主本体不是无知的；“全能”的意思是否定无能；“生命”的意思是否定死亡等。由于否定本体的内容不同，真主的属性才多了起来，但本体只有一个，不能增多，也不能赋予它各种实在的属性。

有些穆阿台及勒派的人说，这些名字和属性——如“全能”、“全知”、“有生命”、“有意愿”等，使用的目的不是肯定真主具有超乎本体的属性，而是告诉人们这些属性的含义。我们说“全知”，就是告诉你真主不是无知的，从而驳斥那些妄称真主无知的人；我们说“全能”，就是告诉你真主不可能是无能的，从而驳斥那些妄言真主无能的人等。①

由此可见，上述解释十分相似，不同的只是形式，在肯定除真主本体外别无他物这一点上是完全一致的。他们都强调真主属性之不同也仅是由于我们对真主本体的含义的理解不同而已。

穆阿台及勒派既然有这种认识，他们便围绕真主的属性引出

① 艾布·哈桑·艾施阿里：《穆斯林文集》，第1卷，第165页。

了无数互相关连的问题。

关于真主的能力，他们提出的问题是：真主能行不义吗？真主能够消灭天堂、火狱及进入天堂、火狱的人吗？能够在宣告他们永生之后又将他们处死吗？对于明知于人类有益的事，真主能够弃而不为吗？奈扎姆及其门徒说，这是不可能的，真主不能行不义之事。"因为行不义之事的是那些需要行不义者或不知其罪孽必受惩罚者。"而至高无上的真主是超绝于此的。"把真主说成能够消灭天堂和地狱及进入天堂和地狱的人，或者能够在宣告他们永生之后又将他们处死，这是不可能的，是毫无道理的。"①奈扎姆还说过："不义和欺骗只会出于病残之躯，把至高无上的真主说成能行不义和欺骗之事等于说他是病体。因为能做某事的人，某事也就可能在他身上发生。假若真主做了不义和欺骗之事，这正好证明他本身就是病残之躯。"②

穆阿台及勒派人还提出了一个最重要、最复杂的问题。这个问题，希腊哲学家曾经谈到过，穆阿台及勒派用自己的方式又一次提了出来，并根据自己的信仰做了解答。

他们提出的问题是：既然肯定真主是全知全能的，肯定真主本体和属性是不可能发生变化的，因为变化是被造之物的属性，而真主是超绝于此的；如果原来没有的东西产生了，原来存在的东西消失了，而真主的能力和意志是主宰这一切的——它能使原来没有的东西出现，使原来有的东西消失。那么，这种古老的神通怎么和

① 赫雅退：《胜利集》，第17、18页。

② 同上书，第27页。

新事物的出现挂起钩来呢？既然时间不分先后，那真主为什么恰在此时而不在彼时使其出现呢？对于能力来讲，从不做某事到做某事，这就是能力的变化，而我们已经肯定真主是没有任何变化的，无疑这是自有物[①]的属性。意志是如此，认识也是一样。认识就是发现、了解事物，而事物是不断变化的，如树叶从没有落下到落下，又如潮湿变成干燥，生者变成死者。真主说："零落的叶子，没有一片是他不认识的。地面下重重黑暗中的谷粒，地面上一切翠绿的，如枯槁的草木，没有一样不详载在天经中。"[②]靠至高无上的真主的知识，事物的本来面目才得以显露。真主是全知的——将产生的东西，他知道将会产生；已经存在的东西，他知道是存在的；已经消失的东西，他知道是消失的。因此，真主的认识怎会随事物的变化而变化呢？随事物变化而不断变化的认识是不见于经传的认识，至高无上的真主是不受其影响的，因为任何与新生之物有关的认识都是新产生的。

穆阿台及勒派及其后来的教义学家们使用了各种方法来回答这个使人困惑的难题。对此，教义学家们有自己的解释，而穆斯林哲学家也有他们的看法。

有的教义学家说："我们知道宰德要来，并不等于我们知道他确实来了，这两者的区别在于情况的变化，但这只是就人类而言。人类的知识是不断更新的，因为知识的源泉——感觉和理解是不断变化的。而对于真主来说，无论是估计将出现的情况，还是确认

① 自有物系指真主。——译者

② 马坚译：《古兰经》，6：59。——译者

已发生的事实，或者是预计要发生的事情，都没有区别，因为，各种情况对他来说都是一样的。”

有的穆阿台及勒派人说：“至高无上的真主凭借自身知晓一切已经发生和将要发生的事情。真主的知识无所不包。将要发生的事情和已经发生的事情之间的差别在于事情的本身，而不在于真主的知识。”

有些教义学家说：“使我们对于将发生和已发生的事情具有不同认识的原因在于时间和空间的变化。”既然真主不受地域之约束，则一切地方对他都一样，无所谓远近；既然真主不受时间之约束，则时间对于他都一样，没有过去、现在和将来之分。也可以说，他无时不在，无事不晓。真主是全知的，时间对于他无阻无碍。他的知识是稳定和持续的，绝无变化。真主的知识一旦排除掉时间和空间的因素，便不分过去和现在，也谈不上什么变化。真主的知识无所不包，我们的头脑无法想象，因为我们的知识囿于一隅，受到时间和空间的限制，这种情况就像一只蚂蚁趴在一件五颜六色的东西上，它看到的只是眼前的一种色彩，便以为其他色彩不存在，至于那些它没有看到的色彩，更以为是不存在的。实际上，各种色彩无一不在，而俯瞰这件物品的人就能一眼看到全部色彩。时间和空间对于我们就像这件五颜六色的物品对于蚂蚁一样。我们不想详述在这个问题上的不同意见，因为这些意见在教义学的著作里比比皆是。我们谈到上述情况是为了说明穆阿台及勒派引出的各种问题，说明他们怎样试图解决这些问题，以及后人如何争论不休。

这些问题提出后，一个与之密切相关的问题就自然而然地产

生了，这就是：真主的言语和《古兰经》的被造。这是穆阿台及勒派历史上最突出的事情，因为它和许多历史、社会、政治事件有关。

现在，我们从学术角度来解释穆阿台及勒派在这个问题上的观点，而将其历史和历史事件放在介绍其政治历史时再谈。

穆阿台及勒派人说，有证据证明，真主其本体和属性是一个不可分割的整体，真主的本体和属性不会发生变化，新生之物对它毫无影响。他们对这两个基本观点的证明已有前述，真主将言语归于自身，对此，他曾说过："真主曾与穆萨对话。"①真主还将《古兰经》称为"真主的言语"，对此，他也曾说过："以物配主者当中如果有人求你保护，你应当保护他，直到他听到真主的言语。"②把真主说成是谈话人，把《古兰经》说成是"真主的言语"，这是什么意思呢？

穆阿台及勒派说："如果真主及其属性是不会变化的整体，则《古兰经》不可能是真主的言语（此处'言语'的含义为真主的一种属性）。因为如果是这样，则真主的言语、真主的本体和其他属性均应是一个整体。但我们看到《古兰经》中有命令和禁戒、有提供消息和打听消息、有许诺和恐吓，这些都是不同的事情，具有不同的性质。'独一'的概念不可能包含具有不同性质，如命令和禁戒这样相互矛盾的各种事物。"

其次，如果《古兰经》是永恒的语言，是真主的一种属性，则许多不可能的事情均由此产生：第一，如果没有接受命令的人，命令就毫无价值。如果没有准备接受命令而进行祈祷的人，"你们作祈

①② 马坚译：《古兰经》，4：164、9：6。——译者

祷吧!”这样的命令就不可能发出。冥冥之中没有受命者,而没有受命者的命令不可能发出,没有对话者的言语不可能出自智者之口。

第二,真主和穆萨的谈话不同于真主和穆罕默德的谈话。真主和两位使者的谈话,其方式各不相同。和不同的两个人用不同的方式作不同内容的谈话,然后又说这两次谈话完全一致,这是不可能的。此外,由于两个民族的情况不同,有关这两个民族的消息就是不同的。那么,怎么能想象用同样的话语去谈论两种不同的情况呢?优素福及其兄弟的故事不是阿丹、努哈和易卜拉欣的故事。既然存在这些差异,言语就不可能是真主的属性,因为真主之本体及其属性是统一的,其本身没有差异,也不可能产生差异。

第三,在出现上述分歧之前,全体穆斯林一致认为《古兰经》是真主的语言。《古兰经》是由排列有序、有头有尾的章、节、字母及读起来可以朗朗上口、听起来铿锵入耳的词汇组成的。《古兰经》是真主的使者显露的奇迹。伊斯兰民族一致认为,《古兰经》在我们手上,既可朗朗上口,又可以手触摸,更可眼见耳听,所有这些特点都不可能是对真主属性的描绘,作为真主属性的原始语言不具备这些性质。

以上是穆阿台及勒派提出的理性的证明,他们还有引经据典的证明,如:

(1) 至高无上的真主说:“当时,你的主对众天神说。”[①]既然这句话里的时间副词是过去式,那这句话是在某一特定时间讲的而

① 马坚译:《古兰经》,2:30。——译者

与某一特定时间有关的事物都是新生的。

(2)真主说:“这是一部节文精确而且详明的经典。”[①]这就证明《古兰经》是由前后有序的章节组成的,因而它是新生的。

(3)至高无上的真主说:“直到他听到真主的言语。”[②]被听到的言语是新生的,因为它只是字母和声音。

(4)至高无上的真主在谈到《古兰经》时说:“我确已降示它。”[③]显然,亘古存在的东西是谈不上降示的。

(5)《古兰经》中曾删去了一些章节,如真主所说:“凡是我所废除的,或使人忘记的启示,我必以更好的或同样的启示代替它。”[④]废除只能是对新生之物而言,自有的东西是不能废除的。

所以他们说,如果《古兰经》和所有天降的经书都不是自有的,我们就应该说它们是真主的创造。至高无上的真主的语言指的是声音和字母,真主为他人创造了声音和字母,并通过天使等传给先知。正如至高无上的真主所说:“任何人也不配与真主对话,除非启示,或从帷幕的后面,或派一个使者,奉他的命令而启示他所欲启示的。”[⑤]这是真主讲话的三种方法:一是启示,即启迪心扉,如启示穆萨的母亲;二是让对方听到他所创造的言语,却看不到谈话的人,如对穆萨及天使的谈话;三是派遣先知和使者,代表真主和他们的民族交谈。[⑥] 他们说:“《古兰经》是真主创造的一种语言。《古兰经》之所以被称为真主的语言,是因为它是真主不经中介而直接创造的,这就是真主的语言和我们的语言之间的区别。我们

①②③④⑤ 马坚译:《古兰经》,11:1、9:6、44:3、2:106、42:51。——译者

⑥ 这是穆阿台及勒派的才迈赫谢利对《古兰经》的注解。

的语言和我们的词汇都属于我们，而《古兰经》却是真主直接创造的，我们用来书写和诵读《古兰经》的字母则是我们创造的。我们应该尊崇这些字母，因为它证明了真主的创造物。因此，说真主是说话人，其含义是：真主创造了语言，又使用了语言。语言不过是说话人用来向受话人传达知识的行为。从这个意义上说，真主也是说话人，即他是向受话人传达其愿望的主动者，受话人是被创造者。”

才迈赫谢利想使这一切都成为证据，便在他的《降启事实揭秘》一书中提到了这些证据。

他说：“赞美真主！是他将《古兰经》以排列有序的言语降下；是他根据需要分期降下；是他使《古兰经》以赞颂真主开始，以祈求真主保佑结束；是他使《古兰经》分成结构严密而又互相类似的两部分；是他将《古兰经》分成章节，使每一章节各有不同的段落和目的。这是创造的开始，这是发明的根源，这是前所未有的创造和发明才具有的特点。我们赞美独享‘唯一’和‘自有’，而使其他一切都打上从无到有的后生之物的印记的真主！是他降下《古兰经》这部词意明白、论证严密、证据确凿、富有启发性的、用标准阿拉伯语写成的读本。”

在就真主语言的性质和《古兰经》的创造等问题上反对穆阿台及勒派的有两种人，一种叫“赛赖夫”，他们认为：真主赋予自己许多属性，如能力、意愿、知识、言语、听觉、视觉等，真主说他自己升上宝座，还说：“任何物不似像他。”[1]对此，我们应笃信不疑。我们

① 马坚译：《古兰经》，42：11。——译者

不应分析和解释真主的语言，否则，就是舍本逐末。我们应停止对原文进行分析，对原文的解释权只能归于真主。他们说："圣门弟子早已规定不要探究经文的含义，他们是伊斯兰教的精华，承担着解释教法的重任，他们不遗余力地维护教义，坚持不懈地提出保护教义的忠告，用人们所需的教义来教诲他们。假若分析《古兰经》的这些表象是合理的或必须的，那他们对这项工作一定会比对解释教法的条文更为重视。但直传弟子和再传弟子在世时都没有这样做，说明这是当时的风气。因此，信士们应该相信真主具有超绝于新生之物的性质，不应探究这些问题，而应将其含义的解释权归之于真主。信士们应该接受'升上'、'来临'等经文，接受真主所说：'对我亲手造的人'①、'唯有你的主的本体'②及'在我的眷顾之下漂流'③，并接受使者的言论，如'降示'以及我们提到的其他言论。"

这些人还"反对就教义进行辩论，反对参加辩论的人相互对立，争执不休。他们接受正确的传述，接受由可靠的传述系统留传下来的、可直溯到穆圣的圣训。对这些传述不再寻根究底，因为这样做就是异端"④。

可见，他们主张忠实于原文，不许自己进行解释。他们认为，了解真主的属性和本体是超出于人们的智慧的，人的头脑不能理解其本质和现象，所以，他们尽量避免提出疑问。他们说："经文上有什么，我们就信什么。经文上没有的，我们便不谈。"他们还说：

①②③　马坚译：《古兰经》，38：75、55：27、54：14。——译者

④　艾布·哈桑·艾施阿里：《穆斯林文集》。

"关于我们自己是什么和怎么样，尚且无法回答，又怎能回答有关真主的本体和属性是什么及怎么样之类的问题呢？既然如此，莫如相信经文，忠实于经文，而不必去探究新生之物如何脱胎于自有之物，以及真主以其自有的知识如何洞悉新产生的情况，等等。因为这超乎我们的智慧，硬要寻根究底倒可能会犯错误。"这些人和穆阿台及勒派之间分歧的实质是人的理性及其限度。穆阿台及勒派认为："人的理性能够对与真主有关的事物提出论证。"他们还认为："论据是理性的极限。只要论据可靠，就万无一失。让我们在最精细、最困难、最复杂的事情上细心求证吧！理性是能够找到真理的。"穆阿台及勒派的这种观点清楚地体现在其一切研究工作中。他们千方百计地求证，提出最为困难和复杂的问题，并尽力去解决。如果确实解决了问题，或者至少他们自以为解决了问题，他们便据此来解释《古兰经》的经文。"赛赖夫"派则与之相反，他们认为人的理性是有限的，仅能理解与自身有关的事情，甚至连这些事情也难于理解。他们认为人的理性能理解真主的存在，理解先知的使命，特别是穆罕默德先知的使命，但不能理解真主的本体和属性。他们说："让我们相信并忠实于先知们所说的话吧！不要提出任何先知们未提出的问题，不许有人节外生枝。如要与这些人辩论，就要指明他们的错误及其方法的乖舛。"当穆阿台及勒派提出"《古兰经》乃被造之作"的问题时，他们说："《古兰经》是真主的语言，我们不说它是被造的，也不说它不是被造的。提出这个问题本身就是异端，因为先知没有说过，圣门弟子们也没有说过。因此，我们不赞同你们的意见，也不跟你们争论不休，或与你们对立。我们的态度还是这句话：《古兰经》是真主的语言，这也就是真主关

于《古兰经》所说的话。”

由上所述可知，这两派的观点都是应该受到尊重的。还有一派——罕百里派中的部分人声称：“《古兰经》的字母和声音都是自有的。”还有人说出一些十分无知的话：“除经文外，《古兰经》的书皮和封面也是自有的。”还说什么：“既然大家一致认为《古兰经》的经文是真主的语言，我们说的、听的、写的都是真主的语言，那就应该说词汇和字母也是真主的语言；既然大家一致认为真主的语言不是被造的，这也就是说词汇也是自有而非被造的。”

这些荒谬的言论显然是由于头脑简单、目光短浅。

以上介绍的是在“《古兰经》乃被造之作”这一问题上反对穆阿台及勒派观点的两派人的看法。双方分歧的焦点是《古兰经》的字母和词汇是如何产生的。穆阿台及勒派认为，《古兰经》的字母和词汇都是被造的，罕百里派的部分人认为是自有的，第三派人则说：“我们不谈这个问题。”

在哈里发麦蒙、穆阿台绥姆和瓦绥格执政时，人们由于支持或者反对“《古兰经》乃被造之作”而受尽磨难，当时争论的焦点就在这里。

直到艾布·哈桑·艾施阿里（卒于伊斯兰教历330年）出现，争论的焦点才转到另一方面。艾施阿里说过：“真主的言语像人的言语一样，具有两层含义。人的言语的两层含义，一是声音，二是既无声音又无字母的内心独白，也就是用词语表达的内心意念。如果从人引申到真主，则可知真主的言语也具有这两层含义，其内心独白是建立在本体之上的，亘古有之，既不随语言之变化而变化，亦不因证据之不同而不同。我们说真主的言语是自有的，就是这个意思，这是真主的言语的真意。至于《古兰经》，从可读可写这一方面说，无疑正像穆阿台及勒派所说，是后生的，被造的，每个字都可读，下一个字的读音一开始，这个字就读完了，所以，每个字都是被造的，由字组成的经文也是后造的。这种可读可写的经文被称作'真主的言语'，只是借其意而用之。"

很明显，这说明他们已经接受了穆阿台及勒派关于可读的《古兰经》的观点。后来，争论又转到一个新的问题上，即艾施阿里创造的"内心独白"这一概念。穆阿台及勒派不承认这一概念，艾施阿里派肯定这一概念，双方便开始围绕"人的言语"展开争论。在结束对"人的语言"的争论后，他们便把这些概念运用到真主身上。

艾施阿里本人及其信徒们说，有一种建立在人的内心和说话人的本体之上的内心独白，既无字母，又无声音。有理性的人知道自己内心的这种言语在心灵深处回荡，时而讲述所见所闻；时而自言自语地发出命令或禁戒，做出许诺或威胁；时而就事情的是非曲直做出理智的判断。这种内心独白有时变成有声的语言，有时又维持原状，这就是所谓"独白"。正如真主所说："优素福把这句话隐藏在心中，没有对他们表示出来。"[①]关于乌姆·赛勒麦，人们说："她曾听到真主的使者对人说：'对某些事，我只能自言自语，因为如若明说，就要断绝食禄。'"使者还说过："只有信士才能内心独白。"谁否认内心独白，就是头脑简单，既否认了客观需要，又否认了自明之理。奇怪的是，人的头脑里可以没有思想，唯独不能没有内心独白，就连在睡梦中也是如此。人在梦中能够看到许多事物，

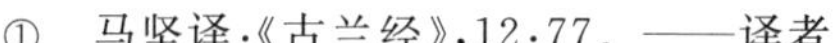

① 马坚译：《古兰经》，12：77。——译者

自言自语地谈论许多事情，也许舌头还能自由活动，人也就能够随心所欲地谈话。

穆阿台及勒派说："我们不否认人内心产生的思维活动，就叫作'内心独白'也未尝不可，但这种思维活动实际上是人的口头语言的准备活动。显然，不懂阿拉伯语的人脑子里不会产生阿拉伯人讲的语言；不懂波斯语的人，脑子里不会产生波斯人的话语。而懂这两种语言的人就能够时而用阿拉伯语，时而用波斯语自言自语。实际上，内心独白从属于有声语言，而言语不过是舌头发出的字母的声音而已。能够这样做的，就是说话人；不能这样做的，就是哑巴。语言和其他事物不同，它不是唯理性的事物，而是语句和词汇，其使用规则，以约定俗成为准。如果某一民族的人约定使用敲打的动作、手势或标记代替语言，也能达到相互了解的目的，就像人们通过语言相互了解一样。"①人们所说的内心独白不过是人们将已经得到的知识、领悟和词语在内心深处再行加工而已，并无其他含义。

这恰巧就是今天的心理学家和逻辑学家在研究思维能否脱离词语而单独存在时提出的问题。如果这点能够成立，那么，思维的独立存在又能够达到何种地步呢？在这个问题上有两种观点，有的人认为思维可以不借助语言而存在，也有些人认为思维不能脱离语言而存在，脱离语言而存在的思维只是骗人的幻象。迈库斯·穆莱尔说过："思维和语言是一码事。"他还以钱币为例，说："我们所说的思维是钱币的一面，另一面就是听得见的声音，而钱

① 沙赫力斯坦：《勇进集》，第320页。

币是不可分的一件东西，正如语言不能分为思维和声音一样。"①

艾施阿里派和穆阿台及勒派讨论人的语言问题是为了进一步研究真主的语言。穆阿台及勒派否认内心独白，说什么："真主的语言就是我们从《古兰经》和其他宗教书籍中读到的文字和听到的声音。无疑，这些书籍都是被造之作，创造这些书籍的就是能够而且愿意创造语言的真主本体。"艾施阿里派却认为，除能力、意愿和知识外，真主还有内心独白。这种内心独白是自在和不可变的，作为被造之作的《古兰经》就是其表现和迹象。

表达艾施阿里派观点的《态度》一书的作者说："知道了这些，你就应该明白，穆阿台及勒派关于真主的语言的看法和我等并无二致。我们共同的看法是：真主创造了带有一定含义的声音和字母，这些声音和字母是不靠真主本体而存在的后生之物。但我们所说的有别于真主其他属性的内心独白，穆阿台及勒派却不肯承认，即便接受我们的观点，也不肯承认它是自有的。我们之间的一切争论就围绕着否定或是肯定内心独白的意义而展开。"②

读者也许会感到奇怪，为什么当时人们在这些问题上的矛盾会尖锐到诉诸武力的程度？这里，我们应该指出的是：当时大多数人还不能用我们今天这样明确的方式来确定分歧之所在。当时的许多概念都是模糊的，而人们情绪之激昂、思想之混乱和手段之激烈则使本来就模糊的概念更加缠夹不清。

尽管如此，一般人认为有两个问题是清楚的：

① 拉波波尔特：《哲学原理》。

② 《态度》，第 3 卷，第 79 页。

1. 真主的语言是真主的一种属性，真主的一切属性都是自在的，因此，真主的语言也是自在的；

2.《古兰经》是真主的语言，它是由先后有序的字母组合成的，既然这类东西都是后造的，那么，《古兰经》也是后造的。

这两个问题搞乱了人们的思想，并进而导致新的激烈争论。平民百姓参加争论使问题更加复杂了。当时的人如果能够按照我们现在采取的方式确定争论的焦点，很多分歧就会迎刃而解。但学者们只有在刀剑入鞘、激昂的情绪平静下来、使他们成为唯一的发言者时，才能做到这一点。

*　　　　*　　　　*

以上介绍的是穆阿台及勒派关于“真主唯一”的观点。其观点可概括为：真主是唯一的，无物可以配主；真主本体及其属性都是唯一的，在任何情况下，都不是多元的；真主超绝于任何实体性和任何新生物的属性之外。根据这一基本观点，他们进行了多方面的研究。有些重要观点已做过介绍，次要问题则尚未涉及。他们提出的每个问题都引出许多其他问题，所以，他们的研究成果影响了整个伊斯兰世界。

二、“公正”的原则

“公正”是穆阿台及勒派的第二个原则。“公正”和“真主唯一”是该派最重要的两个原则，他们常自诩为“公正”和“真主唯一”的信徒。

一切信士均相信真主是公正的，但穆阿台及勒派却深入研究了“公正”的含义及其范围，并由此引出许多其他问题。其中最重要的是：他们认为对证人（即为其行为作证的人）施暴的人是暴虐者，行不义之事的人是不义者，帮助别人做事，然后又加以惩罚的人是专横和轻率的。公正是真主的属性之一，而不义和暴虐则为真主所不容。至高无上的真主说："你的主决不会亏枉众仆的。"①又说："他们没有损害我，但他们自欺。"②他还说："故真主不至于亏枉他们。"③"今日，毫无亏枉。"④

他们始终坚持这一观点，并从其研究工作中得出许多结论，最重要者有三：

1. 真主引导万物达其目的，真主愿造福于万物；

2. 真主不欲行恶，亦不允许行恶；

3. 真主非众仆行为（无论是善行还是恶行）之主动者。人的意志是自由的，人是自身行为之主动者。因此，人因其善行或恶行而得到不同的报应。下面，我们扼要地解释一下他们在这些问题上的观点：

关于第一点，他们说："智者之所为无不出于理智，并有一定目的。无目的的行为是轻率的。智者之所为或有益于己，或有益于人。既然真主是神圣的，不受益于他人，则其行为必有益于他人。"⑤因此，他们认为，真主推动世界走向一定的方向和目的，世界的运行绝不是漫无目的的，也不是任意横冲直撞。星星的运行、江河海洋的流动、火山的爆发乃至宇宙间的一切变化都是为了一定的目的，即有益于世人。这一观点使他们创造了两种著名的理

①②③④　马坚译：《古兰经》，41:46、2:57、9:70、40:17。——译者

⑤　沙赫力斯坦：《勇进集》，第397页。

论，即关于什么是有益和最有益的理论以及理性的美与丑的理论。

有益和最有益的理论其含义是：既然真主的行为都出于理智，都具有一定的目的——即有利于众仆，则其所作所为必有利于众仆。有些穆阿台及勒派门徒说：真主应做有益于众仆之事。有些人不以此为满足，认为真主应注意选择最有益者而为之。穆阿台及勒派的广大信徒认为，既然真主之所作所为都是为了造福于众仆，则真主必为众仆做最有益之事。

有些不属于穆阿台及勒派的人也持同样的看法，原则上同意他们的意见，但批评他们的“真主应该如何如何”的说法，认为，如果用“做最有益于众仆之事乃真主行事的准则”，或以其他类似的语言来表述，则更为得体一些。这仅是用词上的不同。另外一些人则和他们有重大分歧，这些人认为，真主的行为是无目的的，也就是说，促使真主行事的不是目的。其中有些人反对穆阿台及勒派关于世上如无罪恶，世界将变得更加美好的观点，他们说：“真主剥夺了某些人的财产，给了另外一些人，得到财产和权势的人便得意忘形，结果却遭到毁灭，而他们在无钱无势时却都是行正道的；真主又使一些人疾病缠身，于是，这些人便愤懑不平，口出忤逆之词，而他们在健康时却是知道感谢真主的；真主创造了魔鬼和精灵，又给他们以迷惑人类的力量，这又有何裨益呢？此外，真主还使那些以真理和正义治理穆民的人很快死亡，让齐亚德、哈查吉和哈瓦立及派的暴君们上台，这对齐亚德、哈查吉、古特黑，或对其他穆斯林又有何益呢？”他们列举了世上无尽的罪恶，却不提任何善行。这类例子很多，他们和穆阿台及勒派进行了长期争论。比如：为什么真主要造出使物种沦丧、不义之事盛行、真理泯灭的人来？

为什么要使魔鬼活到末日，而使先知早逝呢？难道这对众生有益吗？如此等等。[①]

穆阿台及勒派对对手的某些辩难能够答复，有些则不能。他们说："我们虽不能答复某些问题，但却无损于我们的理论，因为我们从未声称自己洞悉真主的一切意图。我们的智慧还未达到洞悉一切事物的因果和意图的程度。"

概而言之，反对派认为，穆阿台及勒派的错误是以真主比人。该派认为，人的行为都是有目的的，人因其目的的不同而不同。越是公正、明智的人，其行事的目的便愈正确，也愈善于驾驭自己的行为以实现其目的。真主必定是有目的的，其行为举止必定服从于此目的。反对派认为："穆阿台及勒派错就错在这种比较是不正确的，至少是不必要的，因为我们不知何物能与真主进行比较。即便真主的行为是有目的的，我们又怎么敢说真主的目的就是我们头脑中所想的同一个目的呢？我们又怎能用人类的标准来判断真主的意图呢？"

穆阿台及勒派还提出了关于美与丑的理论。既然他们断定真主是公正、明智的，真主的行为是有目的的，真主总是处事公正以实现其目的。那么，他们提出行为有美与丑之分就是很自然的了。他们认为，行为的美与丑是内在的。撒谎包含着内在的丑，诚实包含着内在的美。因此，我们不能说真主撒谎，因为撒谎是丑的；我们说真主必说真话，因为诚实是一种内在的美。一切好的品质，如公正、诚实、勇敢、慷慨，本身就带有一种内在的性质，使之成为美

① 沙赫力斯坦：《勇进集》，第 403 页。

好的,也使我们判定它是美好的;而一切恶行,如不义、欺骗、胆怯、吝啬,本身就带有一种内在的性质,使之成为丑恶的,也使我们判定它是丑恶的。真主令做某事或禁做某事均根据事物的美与丑。真主命令保护生命财产,因为生命财产是美好的;真主禁止杀戮和偷窃,因为杀戮和偷窃是丑恶的。真主不可能反其道而行之,不可能命令杀戮和偷窃而禁止守信与忠诚,因为真主不能自行决定做什么和不做什么,他必须遵从事物内在的美与丑。理智也是如此,理智欣赏某些东西,是因为它领悟到了其内在的美;理智厌恶另一些东西,是因为它意识到了其内在的丑。因此,理智判断一件事情的美与丑靠的是经验,而不是事实。理智可以认识事物,却不能创造事物。总之,理智可以不假思索地分辨美丑,如拯救溺水者及有益于人的诚实行为都是美德,而忘恩负义则是恶行。但在某些情况下,理智必须经过思考,才能分辨美丑,如判断于人有害的诚实行为,或判断于人有益的欺骗行为,是美德还是恶行,就需要经过深思熟虑才行。

为了证明其理论的正确,他们提出了以下论据:

1. 在法律产生之前,人们凭借理智判断是非,展开辩论。持某一种观点的人,总是迫使其对手接受理性的证明,其根据只能是事物内在的美与丑。没有法律,有理智的人也是赞赏救溺扶危的行为、指责不义和侵略行径的,这些行为是美是丑,不信教不知法的人也是能够分辨的。

2. 如果事物没有内在的美与丑,真主的使者们便会无所作为,不能再宣传教义了。因为,他们要求人们的正是用理智来思考各种事情,包括使者的派遣和奇迹的创造等。如果这些事情本身没有包含一种无须法律、仅凭理智就能领会的内在的美，有些人一定会说："我们只有依据法律才能思考你们的使命和奇迹，而只有在考虑了这两者之后，才能使法律固定下来。"事情如果真是这样，那使者们便无所作为了。

3. 假设行为本身没有内在的美与丑，假设分辨美丑只能依据法律，那伊斯兰法学家就不可能运用其理智来判断那些经文没有涉及的问题，也不可能分析法律条款，寻根究源更不可能，因为任何分析都有赖于行为本身的性质。

因此，穆阿台及勒派认为，人类在有法律和众使者传布教义之前是接受理性的判断的，尽管当时没有法律规定，人类还是感谢主恩，乐善好施。

反对派则不同意这种理论。他们认为，某事之为"美"，是因为法律赞扬做此事之人；某事之为"丑"，是因为法律谴责做此事之人。法律的奖、惩、令、禁，不是根据事物内在的美或丑，而是事物的美丑取决于法律的规定。法律规定是客观的，不带感情色彩。没有任何事物本身就是美的，也没有任何事物本身就是丑的。如果立法者反其道而行之，命人作伪，禁戒诚实，则作伪会变成好事，诚实会变成坏事。为了证明其观点的正确，他们列举了一些证据，最重要的证据是：美和丑如果是内在的，就不会发生变化，也不受条件的限制，因为任何内在的东西都是不变的。比如杀人，可能是一件坏事，但有时也可能是一件好事。如果被杀者不该杀，杀人就是坏事；如果是为了复仇而杀人，则杀人就成了好事。如果一件事情的好坏是由其内在性质决定的，则不论在什么情况下均不应发生变化。还有一些事情也是这样，此时是好事，彼时却成了坏事。

法律也是如此，对某些人可做如是规定，对另一些人又可做别样规定。如果事情的好坏是由内在的性质决定的，法律就不会依时间、地点、适用对象的不同而不同了。

持这种观点的人还说，人们褒贬的依据是现存的法律和习惯。他们说："假设有一个人，头脑发达，理智健全，从未受过其他人的熏陶，也未受过家庭教育和法律教育，更未从师受业，让他就两件事做出判断：一件事是二大于一；另一件事是说谎是坏事。在第一件事上，他不会迟疑；在第二件事上，他却会犹豫。"这个例子说明判断是非要视具体情况而定。"人们的习惯决定了人总是把有害于己的事称作坏事，而把有益于己的事称作好事。我们不否认这种说法，但这种说法总是随着各民族习惯的不同而不同，依照时间、地点和情况的不同而不同。而随情况和条件的变化而变化的事物是没有内在的性质的。有些人认为宰牲是好事，另一些人则认为宰牲是坏事。一件事对于某些人、在某一时间、地点是好事，而对另一些人、在另外的时间、地点却变成了坏事。""有理智的人为了得到赞赏，不受责备，便夸奖拯溺的行为，而谴责侵略。"[①]但在有些事情上却很难一概而论，比如一个人总是主动地做好事，不做坏事，但仔细想想，才恍然大悟，原来他做好事的目的是为了换取人们对其美德的称颂。[②]

随着时间的推移，人们争论的焦点更加集中和明确。穆阿台及勒派的对立面说，在用美和丑来说明事物的完美和缺欠这一点

① 沙赫力斯坦：《勇进集》，末页。

② 安查里：《精选文集》，第1卷，第55页。

上，我们和穆阿台及勒派没有分歧。人们常说："知识是美的，无知是丑的。"这是理智可以理解的道理，我们没有异议。美和丑也可用来说明符合目的的事情和不符合目的的事情，甚至可用"有用"或"有害"来表达。"符合目的的"或者说"有用的"就是美的，"不符合目的的"或者说"有害的"就是丑的。人的理智能够理解这些概念，对此大家没有分歧。

同一件事，对一些人是好事，对另一些人却是坏事。人们的分歧在于如何根据行为者的行为来判定他应受褒奖或责罚。穆阿台及勒派说："这是理智可以判断的。我们可以判断某事为好事，也就是说，做此事的人应得到褒奖；也可以判断某事为坏事，也就是说，做此事的人应受到责罚。"而持异议者却说：只有法律才能判断。①

穆阿台及勒派及其对立面在内在的美与丑这一问题上的分歧使我们想起现代哲学家在所谓"价值理论"上的争论。"事物的价值——即事物的美、丑、真、假、善、恶，是事物本身所具有的属性吗？也就是说，这些属性能够超脱人的思维而独立存在吗？或者，这些属性是思维的产物吗？有些哲学家说，价值是脱离思维而独立存在的。思维的作用是认识，思维可以认识价值，却不能产生价值。另一些哲学家却说，价值纯粹是一个依赖思维而存在的概念。一件事情在人们眼中有价值，人们就用价值的概念来说明之，人们这样做自有其目的，目的若不存在，价值便消失了。"②

① 《态度》，第3卷，第146页。

② 艾·乌尔夫：《现代派哲学》，艾布·阿拉·阿费夫译。

在意志问题——即真主的意志和万物的关系问题上，穆阿台及勒派的观点是：欲行善者乃善人，欲行恶者乃恶人，施仁义者乃君子，施暴虐者乃暴君。如果真主的意愿和世上一切好事、坏事均有关联，则好事、坏事均成了真主的意愿，因而可用好、坏、公正、暴虐等词来描绘真主的形象，而对真主来说这是不可能的，因为真主说过："真主是不欲亏枉众仆的。"[①]

因此，该派认为："真主的愿望是好事长存，坏事永消，不好不坏之事听之任之。"换句话说，真主愿他所令行之事存在，如愿我等做礼拜，好施舍，信奉真主唯一，信仰诸使者，不犯过失；而不愿我等亵渎真主，违反教义。至于可以之事，真主则听之任之。

在此问题上，对立面却说什么，一切存在均为真主所欲；一切不存在均非真主所欲。也就是说，真主所欲便存，真主所不欲便逝而不存。穆阿台及勒派说，叛教者的恶行、忤逆者之罪孽均非真主所欲。对立面却说，此二者均为真主所欲。

穆阿台及勒派用下面这段话来证明他们的观点：若以上二者均为真主所欲，真主便不会禁止叛教和犯罪的行为。如何能够想象真主既愿意艾布·莱赫布叛教，又命令他信教，禁止他叛教呢？任何人这样做都是愚蠢的，至高无上的真主是超绝于这一切之上的。如果叛教和犯罪均系真主所欲，则两者均不会受到惩罚，行此二事者也成了服从真主意愿之人。他们还说，除了这些证明外，《古兰经》里还有许多章节也证明：凡真主禁绝之事均非其所欲。至高无上的真主说："以物配主的人将说：'假若真主意欲，那么，我

---

① 马坚译：《古兰经》，40：31。——译者

们和我们的祖先，都不以物配主，我们也不以任何物为禁物。'他们之前的人，曾这样否认（他们族中的使者）。"[①]至高无上的真主还说："你说：'真主才有确凿的证据，假若他意欲，那么，他必定将你们全体加以引导。'"[②]至高无上的真主又说："真主是不欲亏枉众仆的。"[③]"真主要你们便利，不要你们困难。"[④]

对手们的论据则是：世上一切事物，无论好坏，均需意愿使其发生。一切事物均出自意愿，坏事如叛教、犯罪等都是实际存在的，因此，都是意愿所为。

很明显，分歧来自对公正、好事、坏事的不同理解。当穆阿台及勒派用已知求未知，以认识公正的含义，并用同样的方法分辨好坏时，他们在真主的意愿问题上，必定持我们解释的这种观点。而他们的对手既然不承认以已知求未知的方法，不承认真主的行为是有目的的，也不承认衡量人的行为好坏的标准也是衡量真主行为的同一标准，他们便倾向于另外一种意见——即真主意愿的普遍性。

实际上，任何一个派别，当它试图从某一方面解决问题时，便在另一方面使问题复杂化。如果我们说，真主的意愿包纳万物，那真主怎会允许坏事发生呢？如果我们说，唯好事为真主所欲，那他所不欲之事又怎会在他的荫庇下出现呢？

如同在真主的意愿方面存在分歧一样，各派对真主能力的认识也存在分歧，即真主的能力与人类的行为有何关系——人的行为是真主所为，还是其自身所为？这个问题通常是由行为的发生

①②③④　马坚译：《古兰经》，6：148、6：149、40：31、2：185。——译者

引起的。大多数穆阿台及勒派的信徒认为,人的行为乃其自己所为,绝非真主所为,完全是他们自己的选择,与真主的意愿和能力毫无关系。其根据是:人能够感觉到主动动作和被动动作的区别,如人活动自己的手和手发抖,以及人爬上清真寺的尖塔和从塔顶上掉下来之间的区别。主动动作乃人之欲望所欲及其能力所能的动作,而被动动作则和人本身的意愿与能力无关。他们还认为,如果人不能决定自己的行为,则谈不上对自己的行为负责。因为,如果他们不能自己决定做某事或不做某事,也就不应该命令或禁止他们做某事,也就无所谓褒、贬、奖、惩,就连先知的使命和改革者的革新都不值一提了。他们引用了许多《古兰经》经文来证明自己的观点,其中有些经文把行为的主动权归之于人,如至高无上的真主所说:"哀哉!他们亲手写经,然后说:'这是真主所降示的。'"① "真主必定不变更任何民众的情况,直到他们变更自己的情况。"② "谁作恶,谁受恶报。"③ 有一些经文,赞扬信士的虔诚,责备叛教者的倒行逆施,如:"今日,人人都为自己所做的而受报酬。"④ "行善者只受善报。"⑤ 有一些经文,说明真主所为和万物不同,如:"假如他不是真主所启示的,他们必定发现其中有许多差别。"⑥ 有一些经文,反对和谴责叛教和犯罪,如:"当正道降临众人的时候,妨碍他们信道的只是他们的这句话:'难道真主派遣一个凡人来做使者吗?'"⑦ "他们怎能不信道呢?"⑧ "他们怎么退避这教训呢?"⑨ 有一些经文,肯定了人的意愿,如:"谁愿信道就让他信吧,谁不愿信道,

①②③④⑤⑥⑦⑧⑨　分别见马坚译:《古兰经》,2:79、13:11、4:123、40:17、55:60、4:82、17:94、84:20、74:49。——译者

就让他不信吧。”[①]有一些经文，命令人类尽快服从以免贻误时机，如：“你们当争先趋赴从你们的主发出的赦宥。”[②]还有一些经文，讲述末日来临时，叛教和犯罪带来的痛苦，如：“他才说：‘我的主啊！求你让我返回人间，也许我能借我所遗留的财产而行善。’”[③]“或在看见刑罚的时候，说：‘但愿我得返回尘世，那么，我要变成行善者。’[④]”[⑤]

穆阿台及勒派还认为，如果真主创造了人的行为，那真主必对其所作悒悒不欢，对其所为憎恶不已。

他们有各种对手，其最甚者主张绝对被动说。他们认为人的行为完全是由真主的能力决定的，不受人自身能力的影响。人不过是真主利用他的双手做事的工具，因此，人是绝对被动的，人和非生物只有外表上的不同。人在外表上是主动的，实际上，毫无主动可言，非生物则在外表和本质上都是被动的。把行为归到人的身上只是一种借义，说一个人做了坏事或做了好事都是借义，就像说树结果了、石头被移动了、太阳升起了、云下雨了一样。人的行为是被动的，奖、惩、责任也是被动的。对此，他们也能提出许多论据。他们认为，如果说人能够创造自己的行为，那么，就应该说有些行为是不依真主的意愿和决定而产生的，也就是说，除真主外还另有造物主。在《古兰经》中，有一些经文能证明他们的观点，如：“真主是创造万物的”、[⑥]“真主已封闭他们的心”、[⑦]“真主欲使谁误

①②③④⑥⑦　马坚译：《古兰经》，18：29、3：133、23：99—100、39：58、39：62、2：7。——译者

⑤　以上见拉齐：《先人思想录》，第142页。

入迷途，就使谁的心胸狭隘”、[①]“真主创造你们，和你们的行为。”[②]

实际上，这才是问题的关键，即被动和主动、意志自由和宿命的问题。对此，新、老哲学家均困惑不解。这个问题是由希腊哲学家提出来的，其中伊壁鸠鲁派认为意志有选择的自由，而斯多葛派则认为意志被动地走在一条不可移易的轨道上。

后来，伊斯兰教诞生了，研究工作也开始了，他们又旧事重提。以杰赫姆·本·绥福旺为首的宿命论者说，人受命运支配，人就像微风中飘动的羽毛，或波浪中飘荡的木板，既没有意志自由，也没有创造自身行为的能力。真主借助人的双手创造行为。穆阿台及勒派却说，人的意志是自由的，人也有能力创造自己的行为。对于一件事，人可以做，也可以不做。他只做自己愿意做的事。

使穆斯林产生分歧的根源在于理性证明的不同和经文文字的差异。

一方面，我们看到真主要求人们以善行体现信仰，劝善戒恶，对行善者予以褒奖，对作恶者予以惩罚。真主还确定了行为准则和惩罚办法，以便赏罚分明。真主曾质问叛教者：我给你等大开行善之门，派遣使者，昭示真迹，你等为何要忤逆教规，背叛教旨？以上例证，经文中比比皆是。怎么能说人根本没有能力呢？人若无能力，其要求及奖惩等便无意义，尽责一说更无可能，反对者便可借机否认其恶行，进而拒绝接受其应受的谴责或惩罚。

另一方面，如果说人是自身行为的创造者，则顺理成章地限制了真主的能力，并说明真主的能力并非包罗万象，说明人与真主共

①② 马坚译：《古兰经》，6：125、37：96。——译者

同创造了今世的一切。一件东西不可能由两种能力共同创造。如果是真主的能力创造了这件东西,那人就没有起作用;如果是人的能力创造了这件东西,则真主就没有起作用。而且,一件东西是不可分的,不可能部分由真主创造,部分由人创造。许多经文证明了真主的意志和能力是无所不在的。

穆阿台及勒派基于对真主的公正性的认识,持第一种观点,他们对字面上与这种观点不一致的经文做了解释,并以艰苦卓绝的努力捍卫自己的主张。而宿命论者则持第二种观点,他们极力反对限制真主的意志和能力,对说明人具有某种能力的经文加以解释。至于责任、奖惩等,他们认为与我们所说的公正或暴虐毫不相干,因为公正、暴虐等词句只适用于人,而不适用于真主。真主的所作所为是不能追究的,而人的所作所为是可以追究的。

人们困惑于形形色色的证据,因而想走中间道路,艾布·哈桑·艾施阿里就是其中之一。他创造了"开司布"[①]一词来表达自己的思想。他的门徒说,"开司布"乃人的能力和行为相结合的产物。至高无上的真主根据人的能力和意愿来创造行为,而不是依靠其能力和意愿,这种结合就是"开司布"。

由此可见,艾布·哈桑·艾施阿里在这个问题上的态度是不偏不倚的。这是宿命论的一种新的表达方式。他认为,人所得到的能力不会影响其所做的事情,他也不否认所谓"开司布"也是真主的创造。但是,艾施阿里既然主张宿命论,为什么要这样拐弯抹

① "开司布",阿拉伯文 kasb 的音译,其义为"获得"、"取得"、"赢得"、"得到"、"争取"等。——译者

角呢？另一些人则说，真主给人创造了一种处理事务的能力，人的所作所为归之于真主，因为是真主给他们以能力，使他们能处理这些事情。他们还说，真主给人创造了能力，人就应对自己的行为负责，因为人是根据真主给予的能力自由处理事务的。实际上，这又回到穆阿台及勒派的观点上去了，只是表达方式不同而已。

现在，我们面对着两个派别——宿命论派和自由意志派。

一些穆斯林思想家持另外一种观点，他们认为，整个世界建立在因果关系之上，人的意志服从于各种因素。一个人愿干一件事是有原因的，不愿干一件事也是有原因的。一个饥肠辘辘的人看见美食便情不自禁地垂涎欲滴，而一旦看到任何给他带来痛苦或伤害他的事情便会憎恶不已，或逃之夭夭。我们所做的一切都是外因和我们自己意愿的产物。当外因呈合理而又有序状态，内部意志服从于这些外因时，我们的意志便能井然有序地进行工作。“外因和内因的这种秩序就是真主加之于人的命运。”如果我们只注意外因，便可说人是被动的；如果只注意人的意志，又可说人是自主的。用这种办法可以将内容不同的经文协调一致。哲学家伊本·鲁世德在其著作《证明的方法》[①]一书中肯定了这种办法。

实质上，这种说法是一种哲学上的命定论。

总之，穆阿台及勒派最明确地肯定了人的意志自由和能力，剖析了与此相左的各种经文，其中包括出现“封闭”字样的经文，如：“真主已封闭他们的心……”[②]、“不然，真主为他们不信道而封闭

① 参看《证明的方法》，第107页。

② 马坚译：《古兰经》，2:7。——译者

了他们的心。”[①]对这种说法，才迈赫谢利认为是借义，实际上，并不是真的封闭了他们的心，只是由于他们回避真理、妄自尊大，使真理进不到他们内心深处，真主便使他们的心脏如同被封闭了一样。也可以说，当他们完成生而为之的职责时，得不到心的帮助，其状况与心被封闭的人一样。他们还引证马齐尼部落的话来证明自己的观点，把口吃也比作“封闭”。

“封闭”来自真主，说明这种强烈的性质是天生的而不是后天产生的，如经文所说：“我在他们的心上加蒙蔽。”[②③]

“行为的创造”这一课题在穆阿台及勒派及其对手的争论中又生发出许多分支问题，“派生问题”就是其中之一。

当穆阿台及勒派认定人的行为是自己创造的，自然引出了下面的问题：由人的行为引发出的行为应当如何解释呢？这些行为也是行为的主动者创造的吗？一个人打了另一个人，毫无疑问，打的动作来自打人者，但被打而产生的疼痛感又是什么呢？也是打人者的行为吗？一个人射出一支箭，杀死了被射中的人，这种杀人行为又是什么呢？它是射箭者的行为吗？对这类派生出来的行为，他们就是这样提出问题的。又如，把淀粉和糖和在一起，使之发酵，就能得到蜜制凉粉。那么，凉粉的味道和颜色是我们创造的吗？还有许多行为，如宰杀牲口时灵魂出壳，石头受力时的滚动，睁开眼睛看见东西，跌倒时摔断脚踝，接上骨后脚部愈合等行为都是我们创造的吗？这就是所谓“派生问题”。

①② 见马坚译：《古兰经》，4:154、6:25。——译者

③ 以上见才迈赫谢利：《降启事实揭秘》，第1卷，第18页。

以巴格达穆阿台及勒派领袖比什尔·本·穆阿台密尔为首的一群信徒认为，由我们的行为派生出的一切行为都是我们自己创造的，比如，我使一个人睁开眼睛，看到了一切，这便是我的行为。人的感觉都是人的行为，食物的颜色、味道、气味也是人的行为，还有痛感、美味、健康、时间以及欲望等也都是人的行为。

穆阿台及勒派领袖艾布·侯载勒·阿拉夫把派生的行为加以分类。他认为，由人的行为派生的知其所以然的行为是人创造的，反之则不是。打人产生疼痛，往上扔石头石头向上飞，往下扔石头石头向下滚，以及诸如此类的事情都是人的行为，而颜色、味道、冷热、干湿、勇敢和胆怯、饿饱等则都是真主创造的行为。

奈扎姆认为人的行为就是人的动作，没有动作就不是人的行为。人的动作都作用于自己，作用于它物的动作则非人所为。比如，人摇动双手，这是他的行为，而扔石头，石头向上飞或向下滚动，则不是人的行为，而是真主的行为。这段话的意思是说：是真主让石头在被推动时滚动的。因此，人的祈祷、把斋、爱憎、有知和无知、真实和欺骗等都是人的动作，也都是人的行为。静止也是一种动作，因此也是人的行为，因为人静处某地意味着人在某一时刻处于某地，这正是他在这一时刻的动作。而颜色、味道、气味、疼痛感等都不是动作，因此也都不是人的行为。

关于"派生问题"，还有许多看法，这里难以详述。由于他们对"派生问题"的观点不同，给"派生"一词下的定义也不同。有人说："派生的行为是由我引发而由他人去实践的行为。"也有人说："派生的行为是由我引发而后变成我无法摆脱的行为。"还有人说："所有非有意制造而意外发生的行为都是'派生的行为'，所有有意制造的行为，其每一部分均需人的决心和意志去创造，这种行为便越出了‘派生’的范畴。”如此等等。

穆阿台及勒派关于“派生”的观点又派生出许多问题，如，事情的发展距最早的起因已经很远了，后来的情形应归到最初的起因吗？比如，一个人射出一支箭，另一个人抓住一个小孩来挡箭，小孩受伤了，这件事应归因于哪一个人？射箭者，还是抓住小孩挡箭者？他们还讨论了因果关系，是“因”存在于“果”之前，还是“因”与“果”同时产生？“果”是“因”的必然结果吗？由此又引出意愿和行为的关系问题，比如，有了意愿，是否必然会产生出行为来？[①] 以及诸如此类的问题。

看来，围绕“派生问题”的讨论不是一种纯粹形而上学的讨论，其目的还在于探讨法律和道德责任，比如杀人责任的界定，杀人者和被杀者各有何责任等。一个人干了一件导致杀人的事，但他本人并没有杀人，此事应如何处置，有关责任的言论流传下来的很少。根据他们对于“派生问题”的观点，应该相信因果关系，如某人受命建设城堡以防御敌人。正如至高无上的真主所说：“你们应当为他们而准备你们所能准备的武力和战马。”这是其因，其果则是抵抗侵略者；又如修筑水坝以控制河流，以利灌溉；又如制定各种法规以减少犯罪。法律制定者受命制定法律，如果没有因果关系，如果此人没有这种能力，也就不会受命做此事，更不会因此而受到奖励或处罚。

① 艾布·哈桑·艾施阿里：《穆斯林文集》，第 404 页。

三—四、“恩威并施”及“犯重罪者介于叛教者和信士之间”的原则

这是穆阿台及勒派的第三和第四条原则，两者关系密切，故放在一起介绍。

他们的这两个原则是建立在他们对信仰、对真主的公正性的想象及对世界的认识的基础上的。他们认为，世界正以他们所说的方式，为实现自身的目标而行进着。

对大多数穆阿台及勒派门徒来说，信仰不仅仅是“诚信于心”，而且也要“见之于行”。仅仅相信“除真主外别无他主，穆罕默德是真主的使者”而不身体力行者还不是信徒。“信仰是诚信于心，确认于口，体现于行。任何善行，不论分内分外，都是信仰。善行越多，信仰越诚；恶行越多，信仰越不诚。”

他们引用许多证据来证明这一点，如真主所说：“真主不致使你们的信仰徒劳无酬。”[①]这里的“信仰”指的是面向耶路撒冷的祈祷。祈祷是宗教功课，所以，也被称作“信仰”。这段经文降于改变朝拜方向之后，当时有些人以为，改变朝拜方向之后，原来朝向耶路撒冷的祈祷就失去了作用。又如圣训所说：“信徒不通奸”“不守信者无信仰。”

有许多人反对他们这样界定“信仰”的概念。有人认为信仰仅仅是“诚信于心”，也有人认为信仰是“诚信于心和确认于口”。教义学著作连篇累牍地介绍各派的观点。对信仰的不同认识又带来

① 马坚译：《古兰经》，2：143。——译者

另一分歧，即信仰是否可以增减的问题。

我们感兴趣的是穆阿台及勒派的观点。在给“信仰”下定义之后，他们说，人们所犯罪行，有大小之分。在界定大罪和小罪时，他们又有各种不同的观点，最著名的观点是：事先警告过的是大罪，事先没有警告过的是小罪。他们还讨论过若干小罪加起来是否等于一个大罪？未犯大罪只犯过小罪的人是否可以得到宽恕？他们认为，有些大罪已经严重到了叛教的地步，凡是以人和真主相比，怀疑真主的智慧和言行的人都是叛教者。还有一些大罪较之上述罪行低一个等级，犯这种大罪的人被称作“不虔诚的信教者”，不虔诚处于叛教和信仰二者之间，“不虔诚的信教者”既非信徒亦非叛教者，而是介乎两者之间的一个等级。

他们还把报应和行为联系起来。有人言辞激烈地说：“真主应奖励行善者，惩罚犯大罪者。犯大罪者如未表示忏悔而死去，真主不应宽恕他，因为他事先得到了警告。如果真主不惩罚他，就是自食其言。劝善戒恶是有一定目的的。谁不服从，谁就违反了这一目的，便应受罚。”这就是他们所说的“恩威并施”的原则，意思是：奖励行善，惩罚犯罪，是至高无上的真主遵行的准则。

他们还说，犯大罪者必永堕火狱，即使他相信真主唯一，信仰真主的使者，因为真主说过：“不然，凡作恶而为其罪孽所包罗者，都是火狱的居民，他们将永居其中。”[①]真主还说过：“谁违抗真主和使者，并超越他的法度，真主将使谁入火狱，而永居其中。”[②]

①② 马坚译：《古兰经》，2:81、4:14。——译者

反对者则认为真主的奖励是真主许诺的恩典，违反诺言是缺点，为真主所不为。惩罚必须公正，但真主可以予以宽恕，警告之后又予以宽恕不是缺点。信徒中的犯大罪者不会永堕火狱，因为真主说过："行一个小蚂蚁重的善事者，将见其善报；作一个小蚂蚁重的恶事者，将见其恶报。"[①]犯大罪者在其有信仰时做过好事，在其犯大罪时也做过坏事，故其罪应受惩罚，其信仰应受奖励。

对这个问题的研究又引出另一个问题，即罪恶能否抵消善行的问题。许多穆阿台及勒派信徒极力主张一个大罪抵消全部善行，也有人主张一个大罪抵消一个善行，即罪恶多于善行者，善行被取消；善行多于罪恶者，惩罚被取消。

五、劝善戒恶的原则

这一原则为全体穆斯林所遵守，因为真主说过："你们中当有一部分人，导人于至善，并劝善戒恶；这等人，确是成功的。"[②]但从圣门弟子时代直到本书介绍的阿拔斯时代初期为止，穆斯林对于劝善戒恶可以做到什么程度存有分歧。有些人，如赛阿德·本·艾比·宛葛斯、乌撒迈·本·宰德、伊本·欧麦尔、穆罕默德·本·麦斯莱迈等人以及以艾哈迈德·本·罕百里为首的多数圣训学家一致认为，只可用"心"和"舌"来劝善戒恶，而不可诉诸武力。为了实践这一原则，他们在阿里和穆阿威叶之间爆发的战争中，袖手旁观，保持中立。

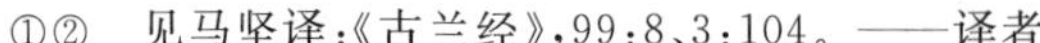

①② 见马坚译：《古兰经》，99:8、3:104。——译者

其他人则认为，不得已时用刀剑劝善戒恶也是穆斯林的责任。他们主张，真理在手，就要尽力维护，能用温和的说服固然很好，实在不行，只好诉诸武力。阿里、阿绮莎及穆阿威叶等人都是根据这一原则行事的。

穆阿台及勒派和哈瓦立及派也奉行这一原则。他们认为，应尽可能用"心"去劝善戒恶，"心"不够则用"舌"，"心"、"舌"不够则用"手"，"手"不够则用"剑"，因为真主说过："如果两伙信士相斗，你们应当居间调停。如果这伙压迫那伙，你们应当讨伐压迫的这伙，直到他们归顺真主的命令。"①先知也说过："你等必须劝善戒恶，否则，真主必惩罚你等。"各教派书籍对穆阿台及勒派的其他四条原则都有充分的阐述，唯独对这一条介绍得很少，也许因为它触及到政治，决定人们在政府专横霸道、哈里发或总督暴虐不公时所应采取的态度。最清楚的例证是才迈赫谢利对以下经文的解释："你们中当有一部分人，导人于至善，并劝善戒恶；这等人，确是成功的。"②他是这样解释的："劝善戒恶是有能力的人的责任。只有知道何以为善、坚持不作恶、知道如何行事的人才能够劝善戒恶。无知的人可能会劝恶弃善，在该温和时却很粗暴，该粗暴时却很温和。据说，有一次使者正在讲坛上，有人问他：'什么人是最好的人？'使者答道：'最能劝善戒恶、最靠近真主、信仰最虔诚的人。'对同一问题，阿里的答复是：'劝善戒恶是最好的圣战。谁憎恨叛教者，并为保卫真主而战，真主也保卫谁。'……劝善取决于所劝之事，如其事是必尽的义务，则劝善也是义务；如其事是可嘉许的行

---

①② 马坚译：《古兰经》，49：9、3：104。——译者

为，劝善亦如此。戒恶则一律是必尽的义务，因为一切恶事都是丑恶的，戒恶自然是义务。说是义务是因为估计到将要发生罪恶。比如，看见一个人正准备饮酒，估计他要干坏事，将有大祸降临到他头上，这时，劝阻他是容易的，否则，以后再阻止就难了，因为目的是终止作恶。至高无上的真主说：'你们应当居间调停。'又说：'你们应当讨伐压迫的这伙。'每一个具备条件和能力的穆斯林都应这样做。有一些坏事无人不晓，如不做祈祷，每一个人都应出面阻止；还有一些坏事需要人们挺身而出，以战斗来终止作恶，这就只能由懂政治并且掌握武装的伊玛目或哈里发出面了。"①

在《穆斯林文集》中，艾布·哈桑·艾施阿里写道："穆阿台及勒派说：'我们人多势众，其中大多数人决心回击反对派。我们起来斗争，把有权势者清除掉，并引导人们接受我们的观点。人们或者接受我们关于真主唯一和命运的观点，或者被我们处死。'穆阿台及勒派就这样迫使有能力的人在时机成熟时起来造有权势者的反。"②

这一原则使该派对国家采取积极态度，对众人享有威信。比如，该派领袖欧麦尔·本·欧拜德就曾对被指责为伪信并毒害青年的阿卜杜勒·克里姆·本·艾比·欧加说："听说你和青年人在一起，毒害他们，拉他们下水，让他们信仰你的观点。你立刻离开巴士拉，否则，我要对你不客气了。"③巴士拉城穆阿台及勒派领袖瓦绥勒·本·伊脱邑得到白沙尔伪信的证据后说："这个伪信的瞎

① 才迈赫谢利：《降启事实揭秘》，第1卷，第134页。

② 艾布·哈桑·艾施阿里：《穆斯林文集》，第1卷，第134页。

③ 艾布·法拉吉：《诗歌集》，第3卷，第24页。

子，没有半点大丈夫的气概！但愿有人把他杀死！……凭真主发誓！如果暗杀不是什叶派中极端分子惯用的手法，我早暗地里派人在他家里或在集会上把他开肠剖肚了。”瓦绥勒和阿慕尔·本·欧拜德合伙攻击白沙尔，终于把他赶出巴士拉，跑到豪兰去了，直到伊斯兰教历 131 年瓦绥勒死后，他才回到巴士拉。但阿慕尔还是不放过他，又一次把他赶跑。他四处游荡，直到伊斯兰教历 143 年阿慕尔死去，才又返回巴士拉定居。

以上所述是穆阿台及勒派劝善戒恶活动的一个方面，后来发生的围绕“《古兰经》被造”的激烈运动也许也是他们劝善戒恶工作的一种表现。关于这一运动，下面将详细介绍。

在以武力劝善戒恶方面，哈瓦立及派表现得更为激烈和残酷。对于他们信奉的真理，必以刀剑维护之。该派历史上充满了战争和对哈里发们的反叛。他们把这当作每一个人都应尽的义务，而不只是有能力的人的义务，正如才迈赫谢利对穆阿台及勒派的介绍那样。他们认为，每个人看到恶行，都应起来战斗，这是义不容辞的责任。这点却和穆阿台及勒派不一样，后者先要用脑子想一想战斗能否达到预期目的，再开始行动。在哈瓦立及派看来，责任就是行动，至于有什么结果就不管了。在整个倭马亚时代和阿拔斯时代初期，他们一直忠于这一原则，直到被消灭为止。

对穆阿台及勒派原则的批评和分析

在穆阿台及勒派出现之前的整个伊斯兰史上，关于真主、真主的属性及其行为，从未出现过像该派的观点这样具有充分的理性论据和文字根据的全面的哲学理论。他们让思想任意驰骋，无论天上地下、宏观微观、真主人类，不受任何约束地讨论一切问题。对于什么可以探讨，什么不可以探讨，没有任何限制。在他们看来，人的思想被创造出来，就是为了探讨问题，它也确实能够洞察一切(包括非自然和非物质的东西在内)。正因为他们是宗教改革家和鼓动家，他们对非自然物的研究比之对自然的研究远为广泛和深刻。

他们关于"真主唯一"的思想是极崇高、极精妙的，这一思想最巧妙地实践和最好地分析了真主的这一句话："任何物不似像他。"[①]他们与一切实用主义的观点进行斗争，其中包括将真主拟人化的观点。持此观点者把真主看成人体，有脸，有双手和双眼，有血有肉，他们中最有理智者也不过认为真主是实体，但不像其他实体，真主有脸但不像一般人的脸，真主有手但不像一般人的手。他们说真主是有方位的，其方位是上面，真主可用眼睛看到，真主有宝座，可以登上宝座，真主用手创造了阿丹……以及种种实体化的说法。后来，穆阿台及勒派出现了，他们的思想远远高出上述观点。他们知道《古兰经》的精神实质是真主的非物质性，并对此进行了广泛、细致的分析，对不同的观点也进行了研究。他们力图使自己的信仰成为具有逻辑性的系统，例如：如果说真主是非物质的，亦非物质的组合，则真主必无手、脸、眼等，因为这些器官都是人体的一部分，而真主不是由各个部分组合而成的实体。否则，真主便是物质了。如果这一点能够成立，那我们的眼睛就不可能看

① 马坚译：《古兰经》，42：11。——译者

到真主，因为眼睛只能看到物质，只能看到有方位的东西。真主的言语不用舌头，也没有声音，否则，真主便成为物质了。言语和声音同《古兰经》及其他东西一样，都是被造的。就这样，他们一步步推论，毫不畏惧地继续下去，直到得出结论为止。在开动思想器官的时候，他们总是勇敢的，他们大胆无畏地接受理性的指引；在文字转述面前，他们总是接受符合理性证明的东西，对不同的观点则进行分析。他们认为，理性可以裁决含混的经文和圣训，无论哪一段经文或圣训，只要不符合理性的判断，经不起分析和推敲，就可以认为它是不正确的。

关于真主的公正性，他们的观点也是如此，比如奖惩问题，他们认为，离开人的意志自由去谈奖惩是毫无意义的。人对他自己的行为负责，他能做某件事，也能不做某件事，如果他依照其意愿做了，或者依照其意愿没做，那对他给予奖励或惩罚才是公正合理的。但如果反过来，真主创造人，又逼迫人做事——让“服从者”行善事，让“忤逆者”做恶事，然后，分别给予奖励或惩罚，这就是不公正的。穆阿台及勒派的不足之处也许是他们过分以精神世界的尺度来衡量现实世界，即以真主来衡量人类，让真主服从现世的法则。比如，他们让真主遵守人类社会的公正法则，却没有想到“公正”一词的含义，即使在现世也是相对的，是随时间的变化而变化的，中世纪的公正到现代却成了不公正，更何况在真主的世界里呢？他们关于美与丑、好与更好等问题的观点也是如此。由此可见，对同一件事，眼光远大和目光短浅的人会做出不同的判断。眼光仅仅拘泥于一家一户的人和放眼整个民族、整个人类的人相比，免不了会做出某些错误的判断。我们眼光所向只是我们这个世

界，而全世界之主——真主的目光所向乃是整个宇宙，包括我们知道的和我们不知道的。我们又怎能迫使真主按照我们对“现世的公正”的理解行事呢？他们还说什么真主的德性就是真主本体或不是真主本体，他们的一切证据都是建立在以未知比已知上面，但两者之间并没有任何相似之处。他们还假定自在性、外在性、时空观念、因果关系等是一切存在的必然规律。在笔者看来，这是绝对错误的。因为，它仅仅是人类社会的规律，稍微放宽一点说，它仅仅是我们这个世界的规律，而不能说它也是其他世界的规律。以为它是适用于人类和真主的规律而将我们的判断强加在真主头上，这样做虽然勇敢，却不为理智所接受，因为理智懂得分寸而不逾越。这不仅仅是穆阿台及勒派的缺陷，也是其后所有教义学家的缺陷。

为了回答各教派的驳难，穆阿台及勒派当时不得不这样做。他们肯定理性的权威，在反对派面前，极力夸大这种权威的作用。有些人不承认理性权威，鼓吹一切以经文为依据，说什么：“对于严密、清晰的经文，我们一律照办；对于含糊不清的经文，我们交给真主去说明。”除理性权威外，穆阿台及勒派还主张意志自由，在反对派面前，极力夸大其作用。有人否认人的意志自由，把人比作微风中飘荡的一根羽毛、波涛中漂泊的一块木板。笔者却认为，大力主张理性权威和意志自由，即便错了，也比千方百计地反对理性权威和意志自由要好。笔者还认为，如果穆阿台及勒派关于理性权威和意志自由的观点在穆斯林队伍中得到广泛传播，其影响能够延续到现在，则穆斯林在历史上的地位将不是今天这个样子，他们既无须依赖别人，更不用向外人卑躬屈膝。

穆阿台及勒派主张依据理性权威来判断好坏。他们认为，一件事情的好坏并不是真主硬性规定的，换句话说，并不是因为真主的命令才使这件事成为好事，那件事成为坏事。而是恰恰相反，正因为某事是好事，真主才命令大家去做；正因为某事是坏事，真主才禁止大家去做。事情本身的性质决定了一件事是好事还是坏事，理性能够认识事情的本质，以区别好坏。无疑，这一原则使理智从拘泥于经文文字的僵化状态中解脱出来。对于没有经文作为依据的事情，立法者可以运用理智来区别好坏，决定合法和非法。在没有任何根据来判别好坏和事情的性质时，可以开展研究，而不必拘泥于类比的方法。这样做，可以说是用一种公正的尺度来进行比较和判断以决定取舍。一个穆阿台及勒派人，如果他是教法学家，这个原则使他能够更加自由自在地开展工作。该派观点在哈奈斐派中的传播也许正是促使后者使用"意见"的原因之一，其结果是哈奈斐派也主张用理性判断是非美丑，并且使用思辨方法，自由讨论宗教信条。《及时雨》一书的作者索法迪在书中写道："哈奈斐派占主导地位的思想来自穆阿台及勒派；沙斐仪派占主导地位的思想来自艾施阿里派；马立克派占主导地位的思想来自盖德里叶派；[①]罕百里派占主导地位的思想来自哈什维派[②]。"

① 盖德里叶派：阿拉伯文 ḳadarīyah 的音译，一称"反宿命论派"。伊斯兰教宿命论派对任何反对宿命论神学的人和派别的统称。通常指从7世纪末至8世纪初穆阿台及勒派形成前，持有理性主义观点的人，被视为穆阿台及勒派的先驱。该派认为人具有自由意志，是自己行为的创造者，应对自己的举动负完全责任。该派在巴士拉(今伊拉克境内)活动，主要有两个支派，一为温和派，主要代表为哈桑·巴士里。另一为激进派，主要代表有加兰·迪马施基。——译者

② 哈什维派：指反对对经文进行分析的圣训学家。——译者

如果一个穆阿台及勒人是道德学家，他便不会只看到劝诫，而会以时间和环境等尺度来衡量德行与恶行，并对道德的标准做出创制，如同该派教法学家在教法上的创制一样。

他们主张人的理性权威和意志自由，主张理智和意志脱离命运的控制。他们认为，人的头脑有思考的自由，不受命运的束缚；人的意志有变成行动的自由，不受他人意志的约束。这样便决定了人应当承担的责任，因为人有自由才能负责；人若失去自由，像小孩、疯子或者动物、无生物一样，就谈不上什么责任了。

他们扩大了思考范围。他们认为，真主和人类世界都执行公正的法则，真主既要求人类执行，他自己也身体力行。换句话说，他用这一法则来约束自己，所以，他不会亏待忠实的信徒，也不会奖励罪犯，因为他受到公正法则的约束。他也不会随心所欲地让某人进天堂，让某人下火狱，他迫使自己照公正法则办事。至高无上的真主不是专横的统治者，而是依法秉公行事的统治者。

他们既然推崇理性，在注释《古兰经》时便以理性证明为主，以引经据典的文字考据为辅。其注释都建立在真主超绝、意志自由、公正及真主只做最有益的事这些观点之上。以前，人们遇到文字上相互矛盾的经文，便满足于引证圣门弟子的言论；看到含混不清的文字，只好缄口不语，把责任推给真主。穆阿台及勒派则不同，他们往往用理性来分析那些含混的文字。推崇理性权威的主张使他们不承认那些与这一原则相左的圣训和史料，这是造成该派和圣训学家之间严重对立的原因之一。

也许有人指责他们，说他们鼓吹的理性权威已把宗教引到理性思考和逻辑证明上去了，这种做法即便正确，也只适用于哲学，而不适用于宗教。因为宗教要求的是活的感情，而不是逻辑推理。宗教不是数学、几何，后者需要的是运算，是思维，而前者需要的是鼓动信徒行动的感情和出自虔诚信念的热烈情绪。穆阿台及勒派的理论为后世教义学家所推崇，这是一种思辨能力很强但缺乏激情的理论，是一种极力推崇理性作用而贬低感情价值的理论。如果与苏菲派比较就更清楚了。苏菲派和穆阿台及勒派正好处于两个极端，前者重感情，后者重逻辑。宗教中的理性原则总是使人处于一种消极多于积极的立场。穆阿台及勒派主张的五项原则中有四项是不要求行动的，只是表达了真主超绝并确定了真主对人类（包括信士和叛教者在内）的态度，只有第五条原则，即“劝善戒恶”的原则要求积极的行动，但它所要求的也不是作为信士的行动，而是某种管理他人行为的工作。

说到这里，我们可以对他们劝善戒恶的做法提出批评。为实践其主张，他们不惜使用武力。他们确实这样做了，如他们曾扬言要杀死某些所谓的“伪信者”。这种主张极其危险，它会造成国中之国的状况，威胁着大家的自由；它可使任何个人成为执法者，使他能手持宝剑去对付持不同观点和信仰的人。如果只是让最早提出这一主张的人去管理和监督政府，倒也罢了。他们可以在政府执行正确方针时，大力支持政府；在发现有人干坏事时，可鼓动政府给予公正的制裁；在政府办事不公时，提出抗议，甚至起兵反抗。但在肯定政府的合法性的同时，又让每一个人自立为政府，让他以武力去劝善戒恶，这就只能导致混乱和动荡不安。

有些穆阿台及勒派人意识到了这种危险，便确定了一种公正的原则来处理以武力劝善戒恶的事情。这一原则规定只有在具备以下两项条件的情况下才可起兵反抗暴虐的统治者：一、具有起兵和消除暴虐的足够的力量；二、有一位公正的伊玛目参加。这一原则还规定只有在公正的伊玛目或他委派的人主持下才能执行剁手、处死等刑罚。

此外，他们所说的劝善戒恶，并没有将大家一致认同的事情，如偷窃、杀人、卖淫等，和大家意见不同的事情，如信仰“真主唯一”（包括其本体和德性）和“《古兰经》被造”及主张公正等区别开来。他们本应区分这两种不同的情况，并且明确规定：属于第二类问题的，其劝善戒恶的手段仅限于辩论和善意的规劝。但该派得势时却反其道而行之，把有分歧的信仰问题摆到首位，伙同政府用武力强行推广自己的主张，而将第一类问题放到了第二位。这种做法是有悖常理的。有分歧的信仰问题是伊斯兰教内部的问题，即使自己是对的，别人是错的，也应听其自然发展。而穆阿台及勒派出于对形势的错误估计和对劝善戒恶原则的曲解，却把“《古兰经》乃被造之作”放在一切事情之上，把整个国家变成了一个大法庭，搞得国无宁日。这是多么荒谬绝伦啊！这种做法果然带来了恶劣的后果。当对立面执政时，他们也如法炮制，根据对劝善戒恶原则的曲解，对穆阿台及勒派大肆迫害，有的被放逐，有的著作被没收。

无论如何，我们不能否认穆阿台及勒派在提高理性地位和思想水平方面对伊斯兰世界所做的贡献，正是他们这些先驱者为后人（包括精诚兄弟会[①]和伊斯兰哲学家肯迪、法拉比、伊本·西那

① 精诚兄弟会：诞生于阿拔斯时代中期的一个政治性宗教团体，以巴士拉（今伊拉克境内）为活动中心，在哲学观点上主张伊斯兰思想和希腊哲学思想的结合。——译者

等人）开辟了道路；正是他们率先进行宗教哲理化的工作，并在宗教研究中确立了理性的权威。

*　　　*　　　*

穆阿台及勒派还就伊玛目问题和伊斯兰史上一系列重大事件发表过许多政治见解，但在这些问题上，该派内部远不如像对待五项原则那样观点一致。他们的各种观点都带有思想自由的色彩和对问题进行剖析、评判的痕迹，比如，在对待圣门弟子的态度上，他们就和其他教派的人大不相同。其他教派的人把圣门弟子放在不能批评的地位上，他们却不然，认为圣门弟子和普通穆斯林一样，做过错事，也做过好事，对的应该表扬，错的应该批评。他们说："圣门弟子应该比我们现代人更加了解自己的地位，我们却看到他们之间互相攻击，骂声不绝；如果他们确实处于不能批评和攻击的地位，这种情况就不会发生了。请看，脱尔哈、祖白尔和阿绮莎一伙怎样抓住阿里不放！穆阿威叶和阿慕尔·本·阿绥又怎样毫不留情地用武力对付阿里！据说欧麦尔曾大肆攻击艾布·胡赖勒传述的圣训，咒骂哈立德·本·瓦立德，断言其信仰不虔诚，他还指责阿慕尔·本·阿绥和穆阿威叶叛教并侵吞战利品。在直传弟子中，很少有人能躲过他的责骂和攻击。历史上这类例子数不胜数。"他们说："直传弟子之后，再传弟子如法炮制，对同辈中有过失者肆意攻击，而平民百姓却将他们看作圣人。直传弟子也是一些普通人，人们身上的长处、短处，他们身上也有。他们干了坏事，我们应该加以谴责；做了好事，我们应该给以表扬。和其他人相比，他们的功绩只是亲眼见到过使者本人，并和使者生活在同一个时代而已。正因为他们亲眼看到过先知和奇迹，他们如果犯错误，其

性质更为严重，相比之下，我们的错误性质轻一些，而且可以宽恕。”①

和大多数伊斯兰教派一样，该派多数人认为穆斯林必须有伊玛目“来执行规章制度，约束教徒，维护自身的权利，保卫大家的财产，动员军队，分配战利品和施舍物，公正对待受虐待者，向暴虐者要求公正，向各地委派法官和总督，向各地派遣诵经人和传教师”。艾布·伯克尔·艾索姆、希沙姆·福瓦退和部分哈瓦立及派的人持不同看法，他们认为：“从教法方面说，伊玛目并不是非有不可。如果整个民族都拒绝承认他，他便应遭谴责。要不要伊玛目，取决于人们之间的相互关系。如果大家都公正、忠实、虔诚、尽责，而且互相合作和帮助，则伊玛目可以不要。”②

对于伊玛目必出自古莱氏族，穆阿台及勒派内部意见不同，有人赞成，有人反对。反对者说：“‘伊玛目出自古莱氏’的圣训不是永远有效的。如果永远有效，辅士不会邀请迁士参加推选哈里发的会议。欧麦尔认为释奴亦可当伊玛目，他说过这样的话：‘如果侯宰法的释奴萨里姆还活着，我一定让他担任官职。’穆阿台及勒派的隋拉尔夸张地说：‘如果一个古莱氏族人和一个其他族的人条件相当，后者应享受优先权。释奴比血统纯正的人应当优先。’③话中的意思是：如果哈里发大逆不道，则没有宗族主义保护的哈里发更容易被废黜。”

穆阿台及勒派曾遇到过一个难题：艾布·伯克尔、欧麦尔和阿

① 伊本·艾比·哈底德：《辞章之道注释》，第4卷，第454页。

② 沙赫力斯坦：《勇进集》，第481页。

③ 巴格达迪：《宗教原理》。

里的登基是否合法？他们中谁更好一些？伊本·艾比·哈底德的话代表了该派的意见，他说："本派领袖们——无论年长年幼，也无论是巴士拉人还是巴格达人—— 一致认为：推举艾布·伯克尔为哈里发是正确的合法的，这一推举不是根据条文，而是经过协商……至于四位哈里发中何人更好，则有不同见解。巴士拉派的元老们，如阿慕尔·本·欧拜德、奈扎姆、查希兹、素玛迈·本·艾施莱斯等人认为艾布·伯克尔比阿里更好，四位哈里发按贡献大小排列的次序和他们担任哈里发的次序是一样的。巴格达派的比什尔·本·穆阿太密尔、伊本·苏百赫、加法尔·本·穆白希尔等人则认为阿里优于艾布·伯克尔。该派许多领袖，如瓦绥勒·本·伊脱邑、艾布·侯载勒·阿拉夫等人在艾布·伯克尔、欧麦尔和阿里之间保持中立，但都认定阿里优于奥斯曼。"[①]

呼吁穆阿台及勒派一致承认艾布·伯克尔哈里发地位的人包括那些认为阿里优于艾布·伯克尔的人，因为他们认为，阿里心甘情愿地向艾布·伯克尔宣誓效忠，这样做无疑是对的。他们总不能比阿里还阿里吧。

谈到奥斯曼及刺杀他的凶手，穆阿台及勒派的许多人就莫衷一是了，就连瓦绥勒·本·伊脱邑也不知如何判断。在伊斯兰教中享有崇高地位的奥斯曼是最早皈依伊斯兰教的人之一，曾两度参加伊斯兰教的大迁徙，并为圣战捐助了大量钱财。他虽然没有参加白德尔战役，却被使者补在参加者名单中。他南征北战，功勋卓著，行为举止都在正道，而且他从未杀人流血，但他在位的最后

① 伊本·艾比·哈底德：《辞章之道注释》，第1卷，第3页。

六年出了一些问题，因而对他产生了截然不同的评价。瓦绥勒只好让真主去裁决了。

该派的赫雅退说过，瓦绥勒·本·伊脱邑在奥斯曼及背叛他、谋杀他的人之间莫衷一是，认为任何一方都准以脱嫌。“对于模糊不清的问题不急于下结论，这是虔诚的学者们遵循的工作方法。奥斯曼执政的最后六年问题不少，判断其功过是非十分困难，只好交给真主去裁决。”[①]艾布·侯载勒·阿拉夫也说过类似的话：“我不知道奥斯曼的死是冤枉，还是罪有应得。”[②]

穆阿台及勒派和其他人一样，谴责奥斯曼，说什么：“他让倭马亚人骑在众人的脖子上，给他们官做，赠他们封地。奥斯曼当政时，攻占了阿尔明尼亚，他把战利品的五分之一全部赠给麦尔旺，麦地那城周围的牧场也只许倭马亚人放牧，其他穆斯林的牲畜一概不许入内。他在同一天，就赐给艾布·苏福扬·本·哈尔布国库的钱币二十万，赐给麦尔旺·本·哈克姆十万。”[③]

以上就是瓦绥勒指出的在奥斯曼执政的最后六年发生的事情。对奥斯曼的所作所为，穆阿台及勒派有着广泛、详尽的分析，有些人不遗余力地为他开脱，有些人又千方百计地归罪于他。伊本·艾比·哈底德在其大部头著作中专门就此写了整整三十页，读者如有兴趣，可以找来读一读。[④] 其中最精彩之处带有该派思想自由和理性权威的色彩。

---

① 赫雅退：《胜利集》，第 97 页。

② 艾布·哈桑·艾施阿里：《穆斯林文集》，第 2 卷，第 455 页。

③ 伊本·艾比·哈底德：《辞章之道注释》，第 1 卷，第 66 页。

④ 同上书，第 220 页。

对于阿里及其对手——脱尔哈、祖白尔和阿绮莎之间的“骆驼之战”，瓦绥勒和阿慕尔·本·欧拜德的态度也是保持中立。“在他俩看来，两方面都是无辜的。他们都是虔诚的信徒，跟随先知建功立业，参加过迁徙和圣战，互相之间却兵戎相见。”瓦绥勒和阿慕尔说：“我们只知道两派并非都有道理，很可能是一派有理，一派无理，只是不知谁有理，谁无理，只好把它交给真主，让真主根据各方战斗之前的状况进行裁决。如果两派碰在一起，我们便对他们说：‘我们知道你们中的一派是有罪的，却不知是哪一派。’”[①]穆阿台及勒派的加法尔·本·穆白希尔、加法尔·本·哈尔布和伊斯卡非则认为有理的一方是阿里，脱尔哈、祖白尔和阿绮莎已对自己的叛逆行径表示忏悔，以后更成为阿里的朋友。[②] 对于阿里和穆阿威叶之间的战争，他们都支持前者，不支持后者。该派领袖巴里黑曾指责阿慕尔和穆阿威叶叛教，其根据是：当阿慕尔要求穆阿威叶派他去治理埃及时，穆阿威叶说：“我不愿意阿拉伯人说你要求去埃及是为了享受荣华富贵。”阿慕尔说：“那就算了。”巴里黑夸大了这句话的含义，他说：“阿慕尔的意思是让这些毫无根据的流言蜚语见鬼去吧！对来世的信仰是不能用现世的荣华富贵来交换的。”这样解释显然超出了阿慕尔的原意。巴里黑又说：“穆阿威叶跟阿慕尔一样也是叛教者和伪信者。”[③]查希兹说：“阿慕尔始终没有忘记埃及。是他在欧麦尔任哈里发时，于伊斯兰历 19 年征服埃及的。埃及的宏伟壮观深印在他的心中，但其财富并没有多到可以

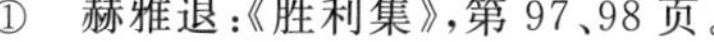

① 赫雅退：《胜利集》，第 97、98 页。

② 同上。

③ 伊本·艾比·哈底德：《辞章之道注释》，第 1 卷，第 137 页。

使阿慕尔抛弃其宗教信仰的地步。”[①]如果穆阿威叶没有道理，其登基就是错误的，其继承人继位更是错误的。但他们还是认为，倭马亚王朝哈里发穆阿威叶和叶基德时代的圣门弟子是可以原谅的，他们无法推翻倭马亚王朝，只好在其暴虐统治下，苟延残喘。《古兰经》经文写道：“真主只依各人的能力而加以责成。”[②]

由此可见，穆阿台及勒派把倭马亚王朝哈里发都视为篡位者，而把该派在实行劝善戒恶原则时提出的“没有成功把握不可轻举妄动”的主张套用在倭马亚时代的圣门弟子和再传弟子身上。哈瓦立及派却不同，他们把造反视为个人的责任，不顾后果地蛮干一气，所以，该派的历史是一部不断造反的历史。

也许正因为如此，在穆阿台及勒派得势时，哈里发麦蒙曾在该派学者素玛迈·本·艾施莱斯怂恿下登台讲演，公开咒骂穆阿威叶。[③]

穆阿台及勒派对艾布·穆萨·艾施阿里本人及其在仲裁中的立场十分不满。伊本·艾比·哈底德写道：“穆阿台及勒派认为，艾布·穆萨是犯大罪者，其下场与犯大罪而致死的人一样。”[④]

尽管穆阿台及勒派没有像哈瓦立及派那样到处造反，但对倭马亚王朝却始终抱敌对态度。该派领袖及前辈就是这样做的。前面谈到过，当有人就各处爆发的动乱向哈桑·巴士里请教应持什么态度时，哈桑答道：“别和任何一派站在一起。”又问：“也不和穆

① 伊本·艾比·哈底德：《辞章之道注释》，第1卷，第137页。
② 马坚译：《古兰经》，2：286。——译者
③ 脱夫尔：《巴格达史》。
④ 伊本·艾比·哈底德：《辞章之道注释》，第3卷，第388页。

民的领袖站在一起吗?”答:“是的。”在穆阿台及勒派产生之前,鼓吹人的意志自由的人被称作盖德里叶派,该派是倭马亚王朝的敌人。持盖德里叶派观点的先驱之一——迈阿拜德·吉赫尼和伊本·艾施阿斯一起造倭马亚王朝的反,被伊拉克总督哈查吉所杀。因为该派先驱之一的加兰·迪马施基被哈里发希沙姆·本·阿卜杜勒·迈立克所杀。杰赫姆·本·绥福旺虽是宿命论者,但却否认真主的属性,主张“《古兰经》乃被造之作”,因而被视为穆阿台及勒派的元老之一,他和哈利斯·本·赛利吉一起反抗倭马亚人,也被杀死。

穆阿台及勒派从这些先驱手中继承了对倭马亚人的仇恨。倭马亚人对意志自由这种思想的仇恨不仅表现在宗教方面,也表现在政治方面。宿命论是为其政治服务的,宿命的意思是:真主操纵一切事情,倭马亚人对众人的统治也是由真主决定的。倭马亚王朝的建立是天命,人必须服从天命。以杰赫姆为例,虽然他也是宿命论者,但他趁乱造反,发表了一些触犯众怒的主张,统治者便利用众怒,将他杀死。

当瓦立德·本·叶基德·本·阿卜杜勒·迈立克[①]沉湎于寻欢作乐,变得放荡不羁时,穆阿台及勒派拼命反对他,终于将他杀死,并以叶基德·本·瓦立德[②]取而代之。麦斯欧迪说:“瓦立德荒淫无道,对众人大肆迫害,大马士革的叶基德·本·瓦立德便和穆阿台及

---

① 瓦立德·本·叶基德(公元707—744年):倭马亚王朝第十一任哈里发。——译者

② 叶基德·本·瓦立德(公元705—744年):倭马亚王朝第十二任哈里发。——译者

勒人以及大马士革近郊的达拉亚人、密扎人一道起来造他的反。”[1]

穆阿台及勒派之所以支持叶基德，是因为他是一个虔诚的教徒，并信仰该派的原则。麦斯欧迪说：“叶基德赞成穆阿台及勒派的观点。”[2]正是这种宗派主义情绪使得穆阿台及勒派在叶基德和欧麦尔·本·阿卜杜勒·阿齐兹[3]之间选择了前者。麦斯欧迪说：“在宗教方面，穆阿台及勒派倾向叶基德，疏远欧麦尔。”[4]伊本·阿卜杜勒·哈基姆说：“我听沙斐仪说过：叶基德上台后，号召甚至强迫人们信仰盖德里叶主义，重用加兰·迪马施基的朋友。”[5]瓦立德被杀后，叶基德上了台。他上台后说过这样的话：“我从来就不是一个狂妄自大、贪婪成性、追求世俗享受的人。我律己甚严，当正道的路标被践踏，信徒们的光芒被熄灭，亵渎神圣、制造异端的暴君出现时，我挺身而出保卫真主，并以《古兰经》和先知的逊奈为号召。看到这一切，我真感痛心，我真担心由于你们罪恶累累、心灵残酷，迫害将不断降临到你们头上。”

他们支持叶基德，正是为了实践自己关于劝善戒恶的原则，即必须跟从公正的伊玛目在有把握时发动起义，他们正是这样做的，他们果然胜利了。

在阿拔斯时代，该派领袖阿慕尔·本·欧拜德不但不接近阿

---

① 麦斯欧迪：《黄金草原》，第2卷，第152页。

② 同上书，第150页。

③ 欧麦尔·本·阿卜杜·阿齐兹（公元681—720年）：倭马亚王朝第八任哈里发。以信仰虔诚、严守逊奈著称。——译者

④ 麦斯欧迪：《黄金草原》，第2卷，第152页。

⑤ 苏郁退：《历代哈里发史》，第98页。

拔斯人,反而千方百计地疏远他们。阿慕尔本人曾不断地批评哈里发曼苏尔,历数他的罪行。曼苏尔对他说:“我已经说过:‘我的印章在你手里,此外,我还能做什么呢?’你和你的朋友们都来吧!”阿慕尔说:“你只要让我们走,我们就谢谢你啦!你有千桩罪行,只要你自己说出一件来,我们就知道你是真诚的。”①

巴格达迪说:“曼苏尔对阿慕尔·木·欧拜德说:‘我听说穆罕默德·本·阿卜杜拉·本·哈桑给你写了一封信。阿慕尔说:‘我收到一封信,像是他的。’曼苏尔又问:‘那你是怎么答复的?’答:‘你来的那天我已经发表了我对使用武力的观点,我不赞成他的意见。’曼苏尔说:‘很好!但为了使我放心,你能起誓吗?’阿慕尔说;‘如果我因怕你生气而撒谎,那么,为了同一目的,不是也可以起誓吗?’曼苏尔说:‘真主啊!你是诚实、坦白的。’”②

这则故事很有意义。穆罕默德·本·阿卜杜拉是什叶派的领袖,他和他兄弟伊卜拉欣一起反对曼苏尔。故事说明穆罕默德想求助于阿慕尔和穆阿台及勒派,一起对付曼苏尔,穆阿台及勒派出兵响应。当阿慕尔回答曼苏尔的问题时,既没有表示愿意跟曼苏尔站在一起,也没有为自己跟穆罕默德站在一起进行辩解,只是说他不主张使用武力。由此可见,阿慕尔主张劝善戒恶不能动用刀兵。他历数曼苏尔的暴行,开导他,责备他,却不主张诉诸武力。曼苏尔对他的回答虽然表示满意,但对他内心倾向穆罕默德是有数的,但只要他不使用武力,就不和他计较。由此可见,使用武力

① 伊本·古太白:《史事泉源》,第 2 卷,第 337 页。

② 同上书,第 12 卷,第 169 页。

劝善戒恶是某些穆阿台及勒派信徒的主张，并不是阿慕尔的思想。

由以上事实我们可以推断，阿慕尔在穆罕默德和曼苏尔之间更倾向于前者。

杰赫谢亚里说："曼苏尔求助于阿慕尔，后者表示拒绝，拔腿就走。曼苏尔的大臣艾布·阿尤布遇见阿慕尔，说：'艾布·奥斯曼（阿慕尔的别号）！我猜你给了这个人（指曼苏尔）一点颜色看。'阿慕尔答道：'是啊！我对他说：如果你能干点好事，就干吧。一个民族由你当家也够倒霉的了。'"[①]

看来，哈里发哈伦·拉希德是讨厌穆阿台及勒派的。杰赫谢亚里说："作家、诗人阿塔比信仰穆阿台及勒派的思想。此事传到拉希德耳朵里，拉希德下令处置他，他便逃到也门去了，在那里住了很长时间。直到伯尔麦克家族的叶海亚·本·哈立德为他想了很多办法，才将他召回。"[②]

穆尔台迪说："拉希德禁止辩论宗教问题，还监禁了一些教义学家。"

由于哈里发麦蒙、穆阿台绥姆和瓦绥格相信穆阿台及勒派的观点，该派的地位得到改善，并开始参与国事。哈里发中以麦蒙为最，无论在观点上，还是在行动上，都成了一个地地道道的穆阿台及勒派门徒。麦斯欧迪说："瓦绥格仿效其父穆阿台绥姆和叔叔麦蒙的榜样，信仰主张公正原则的穆阿台及勒派。"[③]哈里发穆台瓦基勒上台后，和该派反目为仇。

---

① 杰赫谢亚里：《大臣传记》，第 128 页。

② 同上书，第 290 页。

③ 麦斯欧迪：《黄金草原》，第 2 卷，第 278 页。

*　　　*　　　*

由于推崇理性权威，穆阿台及勒派在确立并坚信其五项原则之后，对违反这些原则的经文，想方设法加以解释，而对违反这些原则的圣训，则断然予以否定。在这方面，他们是十分勇敢和直率的。对圣训，他们多持怀疑态度，有时根本就不承认，因为他们是用理性来衡量圣训，而不是用圣训来衡量理性。让我们举几个例子：

阿慕尔·本·欧拜德说过："除执法机关外，任何人不可宽赦小偷。"意思是：除执法机关外，任何人，包括被偷的人都没有权力赦免小偷。由此可知，他认为小偷不仅对被偷的人犯了罪，而且对全民族犯了罪，因此，只有对全民族负责的执法机关才有权处置他们。伯克尔·本·哈姆丹向阿慕尔转述绥福万·本·倭马亚传述的圣训说："一天，绥福万在清真寺里枕着衣服睡着了，一个小偷正要下手偷他的衣服，被他一把抓住了，便把小偷带到使者跟前请求发落，使者命令将小偷的手剁掉，绥福万忙说：'使者，我不希望这样处置。把他放了算啦！权作给他的施舍吧！'使者说：'那你为什么不在来我这里之前赦免他呢？'言下之意是：绥福万在把小偷带来之前，是有权赦免他的。"这里引证的话和阿慕尔的话是不同的。阿慕尔对伯克尔说过："你能用'万物非主，唯有真主'起誓，先知说过此话吗？"伯克尔反问道："你能用'万物非主，唯有真主'起誓，先知没有说过此话吗？"阿慕尔起了誓。①

对于所谓"黑石原是白的，是异教徒把它变黑了"的说法，查希

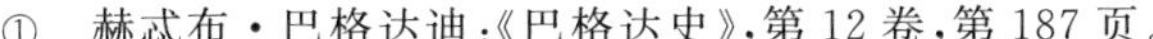

① 赫忒布·巴格达迪：《巴格达史》，第12卷，第187页。

兹揶揄地说："穆斯林入教时，应该把它再变成白的。"[①]

他们不承认下面这段圣训："先知说过：'末日，你们将看到真主，就像你们在满月时看到月亮一样，你们不会因见到真主而遭到亏枉。'"他们之所以不承认这段圣训，是因为它违反了以下经文："众目不能见他，他却能见众目。"[②]

他们还否认下面这段圣训："不要追逐风，它是真主的气息。"他们说："照这样说，风就成了非被造之物，因为真主的一切都是自有的。"

穆阿台及勒派奈扎姆等人谴责某些直传弟子传述错误的史料，甚至指责他们撒谎。奈扎姆说："伊本·麦斯欧迪声称，他看到月亮裂开了，这完全是当众撒谎，因为真主不会为他个人或他的伙伴而使月亮裂开。真主如果想使月亮裂开，一定是为了使这件事成为昭示众人的迹象和传教师的证据，成为提醒众人的警告和证据。既然如此，为什么世上的人都不知此事？为什么历史没有记载？诗人没有吟诵？为什么没有一个异教徒因受到感悟而皈依伊斯兰教？也没有一个穆斯林以此向异教徒论证？"[③]奈扎姆是在有人向他传述伊本·麦斯欧迪的"我在月亮裂开的缝隙中看到了希拉[④]"这句话时说这番话的。奈扎姆认为《古兰经》提到月亮裂开是在末日。由此可见，奈扎姆在用逻辑推理剖析伊本·麦斯欧迪

① 伊本·古太白：《圣训注释》，第72页。

② 马坚译：《古兰经》，6：103。——译者

③ 伊本·古太白：《圣训注释》，第25页。

④ 希拉：山名，位于麦加城东北，山中有洞，穆罕默德传教前，曾在此洞中静修。——译者

的言论时表现得多么勇敢无畏。

对于伊本·麦斯欧迪看到茨冈人的说法，奈扎姆也用同样的方法加以分析。他说："就像你在魔鬼之夜看到与魔鬼相似的人一样。"穆阿台及勒派根据以下经文否认人类能够看到精灵："阿丹的子孙啊！绝不要让恶魔考验你们。犹如他把你们的始祖父母的衣服脱下，而揭示他俩自己的阴部，然后把他俩诱出乐园那样。他和他的部下，的确能看见你们；而你们却不能看见他们。"[①]才迈赫谢利说："这段经文清楚地说明魔鬼是看不见的，也不会出现在人类面前，他们自己也无力使自己出现，声称看见他们的人是愚蠢的，是在骗人。"

查希兹在《动物志》中关于魔鬼及其不可见性写了一段很有趣的文字："在这方面有许多传说，一些品质不佳的学者宣扬见到魔鬼是可能和可信的，胡说什么女妖跟人生了儿子等。语言学家艾布·宰德说，有一个女妖住在台米姆族的地方。一天，她从自己领土的缝隙中看到闪电，心怦然而动，便飞向台米姆族人的住地，和台米姆族人结合生下了儿子。他在诗中还写过魔鬼敲门的故事。我谴责的不是故事本身，而是相信这种荒唐故事并肯定其意义的人。"[②]查希兹还分析了讲述曾看见魔鬼的圣训，讽刺了那些相信鬼怪故事的人。[③]

台努黑说："穆阿台及勒派的妇女、儿童从来不怕魔鬼和精灵，他们从来没有从父辈那里听到过魔鬼的事情，他们听到的都是人

① 马坚译：《古兰经》，7：27。——译者

② 查希兹：《动物志》，第1卷，第85页。

③ 同上书，第145页。

看不见魔鬼的说法。”台努黑说：“我听不少朋友说，穆阿台及勒派的福气之一是他们的孩子都不怕精灵。”[①]

台努黑还说过这样一件事：“一个老太婆是穆阿台及勒派的忠实信徒。一天，她独自一人待在屋里，一个小偷悄悄地走进来，老太婆察觉到一点动静，就问：‘谁？’小偷答道：‘我是真主的使者，他派我来开导你那堕落的儿子，让他不要继续犯罪。’老太婆说：‘天使哲布勒伊来呀！我用真主的名义请求你宽恕他，因为他是我的独子。’说完，她撇下小偷，带着一种轻蔑的神情关上门，把门栓扣上，然后用锁锁上。小偷说：‘把门打开，让我出去。’老太婆说：‘哲布勒伊来呀！我怕门打开后，一看到你的光芒眼睛就会瞎了。’小偷说：‘那我把光芒熄灭好啦。’老太婆说：‘哲布勒伊来呀！你是真主的使者，你不用从屋顶出去，你可以用翅膀破墙而出。’说完，老太婆不再搭腔，随他怎么呼天喊地，也不理睬。后来，她儿子回来了，又把警察叫来，这才打开门，把小偷抓住。”[②]

还有一个故事，说的是一个小偷溜进穆阿台及勒派信徒的住宅，主人发现后，便紧追不舍。小偷躲到井里，主人便举起一块大石头，准备砸下去。小偷害怕了，赶忙说：“夜晚是我们的，白昼是你们的。”以此向房主暗示自己是精灵。主人闻言奚落了他一顿，接着把石头扔下去，砸得小偷头破血流。

还是回到正题上来吧。前面说过，穆阿台及勒派对圣门弟子的批评没有什么限制，有时，还批评他们自相矛盾。艾布·伯克尔

---

① 台努黑：《史集》，第 1 卷，第 274 页。

② 同上书，第 272 页。

在解释一段经文时说："如果我对《古兰经》经文发表个人意见，那会天地不容的。"在回答关于教义学的问题时，他说："我发表我个人的意见。如果说得对，则归于真主；如果错了，则归于我本人。"奈扎姆批评道："后一句话与前一句话是相互矛盾的。"

奈扎姆还批评过侯宰法·本·亚玛尼。后者曾以真主的名义起誓，保证奥斯曼没有说过某些话，而别人却说听奥斯曼说过。侯宰法知道以后说："我将将功补过，以免失掉全部信仰。"这类例子比比皆是，不胜枚举。为了答复奈扎姆并协调字义上互相矛盾的圣训，伊本·古太白将这类例子都收录在《圣训注释》一书中。

总之，这些例子都说明穆阿台及勒派信仰理性权威，并以理性为判断一切事物的标准。东方学家们称他们为"理性主义者"就毫不奇怪了。他们利用当时学术、翻译和哲学研究的成就来研究宗教，来批驳保守派和极端派。人们对此已有充分认识，并做过有趣的说明，比如，有人说："掷骰是艾施阿里式的游戏，下棋是穆阿台及勒式的游戏。"因为掷骰靠的是运气，而下棋靠的是勤奋和思考。[1]

穆阿台及勒派的历史及其著名人物

穆阿台及勒派历史上最重要的一个时期是伊斯兰教历 100 年至 255 年。该派正是在这段时期内形成、发展并达到鼎盛阶段的。

① 此处略去描写掷骰及下棋的诗数行未译。本册书中若干"有诗为证"一类的诗句与正文关系不大，多略去未译，书中不再一一注明。——译者

我们在前面说过，穆阿台及勒派形成于倭马亚时代，他们憎恨倭马亚人，倭马亚人也憎恨他们。希沙姆·本·阿布杜勒·麦立克也讨厌这伙人，并惩戒了一些盖德里叶派人。我们还说过，他们对任何一个倭马亚人都表示不满，但叶基德·本·瓦立德却是个例外，因为他相信他们的主张。

该派领袖阿慕尔·本·欧拜德在阿拔斯土朝前期曾与哈里发曼苏尔休战，不反对他，但也不支持他。

在阿拔斯王朝刚建立时，他们的宣传活动活跃起来，派人到边远地区传播他们的主张。穆阿台及勒派的诗人绥福万对此有过真切的描述，他的诗被认为是记载穆阿台及勒派活动的最重要的文献之一。

从他的诗中，我们知道穆阿台及勒派的传教师曾经到过中国内地及马格里布的最远处。这些传教师对该派主张坚信不疑，这种精神使他们能够克服种种困难，做到：严寒酷暑不能阻挡，艰难险阻无所畏惧。在每一个地方，他们都成为顶梁柱，在信仰上如同山岳一般不可移易，而远见卓识更使他们成为人们在需要伊斯兰教做出判断时求教的对象。绥福万的诗还把他们描绘成能言善辩的人。他们提出问题，用心求证，开动脑筋研究和思考，从各个角度反复推敲、探讨。他们的辩才连赛哈班[①]都甘拜下风。他们还向持各种信仰的人提出挑战，迫使他们接受穆阿台及勒派的观点，呼吁他们走上正道。他们和哈瓦立及派、拉费兹派、麦尔吉阿派辩论，消除怀疑派的疑惑。此外，他们还具有良好的道德风范，一个

---

① 赛哈班：阿拉伯著名演说家，卒于公元674年。——译者

个仪表堂堂，庄重文静，好像头上停着一只小鸟怕它飞走似的。他们不怕朝觐途中的艰辛。他们还是虔诚的信徒，不倦地祈祷和诵经。他们言而有信，说一不二。就连他们的服装和外表也都有特殊的标记，——他们使用一种特殊的缠头巾，穿短衫，不留须，处处与众不同。

以上这些给我们提供了一幅清晰的图像，说明穆阿台及勒派在各地分布很广，并描述了他们的活动、他们活跃的传教生活，以及在思维和道德方面独具的特色。

穆尔台迪说过，瓦绥勒·本·伊脱邑派遣他的信徒阿布杜拉·本·哈里斯到马格里布传教，响应者甚众。他还派哈弗斯·本·萨里姆去呼罗珊，此人到了台尔姆兹地区，与杰赫姆·本·绥福旺辩论，终于使其折服。瓦绥勒还派卡西姆去也门，派阿尤布去阿尔及利亚，派哈桑·本·扎克旺去库法，派奥斯曼·托维勒去阿尔明尼亚。

由此可知，瓦绥勒使许多人聚集在他的周围，并派他们到各地去向人们传布穆阿台及勒派的观点。他成功地建立了组织，制订了计划。

雅古特在《地理辞书》的“塔赫尔塔”（在马格里布境内，靠近台尔穆桑的一座城市）一章中写道：“瓦绥勒门人的聚集点离塔赫尔塔很近，约有三万人，居住在贝都因人式的房舍里。”

绥福迪说，读过阿卜杜勒·贾巴尔法官著的《穆阿台及勒派门人传》一书的人，就能搞清楚他们的人数和能量了。各个阶层都有很多人信奉穆阿台及勒派的观点，从哈里发麦蒙、穆阿台绥姆、瓦绥格直到平民家的老妪皆如此。这点我们在谈到台努黑的观点时提到过。查希兹说过：“我曾就麝香问及穆阿台及勒派信徒中的香料贩子，他们说：麝不像老鼠，倒更像小羚羊。然后，他们又向我介绍制造麝香的材料及方法。”①

《诗歌集》中写道：“阿卜杜·索姆德是阿拔斯时期的杰出诗人，他在巴士拉出生，长大，好作讽刺诗。他语言尖刻，善于雄辩。他的兄弟艾哈迈德也是一个诗人，他心地纯洁，豪侠刚毅，虔信宗教，很早就信奉穆阿台及勒派教义，在家乡名声显赫，享有阿布杜·索姆德望尘莫及的权势。”②

穆阿台及勒派门人之间有着密切的联系，他们相互同情和合作，其关系之和睦有口皆碑。艾布·穆罕默德·阿拉维在给艾布·伯克尔·哈瓦里米的信中写道：“他对艾布·伯克尔的信任就像阿拉维派对什叶派、穆阿台及勒派对本派人的信任一样。”③

在哈里发麦蒙、穆阿台绥姆及瓦绥格时期，穆阿台及勒派的人数大增，达到了鼎盛时期，整个国家都在他们手里。

这是就数量和能量而言。在这些国家里，他们凭借自己管理国家的权力，行使着劝善戒恶的大权。我们曾谈到过瓦绥勒和阿慕尔·本·欧拜德对白沙尔的态度和做法。《诗歌集》的“伊本·穆纳齐尔传”写道：此人先是自命清高，后改变作风，开始诋毁别人，进而厚颜无耻，放荡不羁，肆意败坏巴士拉人的声誉。他喜爱阿卜杜勒·麦吉德，从而引起穆阿台及勒派的不满。他心感畏惧，便求救于里亚哈人。后被从巴士拉流放到希贾兹，并死于该地。④

① 查希兹：《动物志》，第5卷，第53页。

② 艾布·法拉吉：《诗歌集》，第12卷，第57页。

③ 花拉子密：《书信集》，第61页。

④ 艾布·法拉吉：《诗歌集》，第17卷，第10页。

穆阿台及勒派经常开动脑筋，进行研究，并把人们的注意力吸引到以前从未提出过的问题上去。如前所述，他们提出了许多有关神学、自然科学和政治方面的问题。

《胜利集》一书的作者说："他们是出类拔萃的思想家，只有他们有发言权。"[①]他们还组织辩论会，互相辩论，也同其他教派和信仰其他宗教的人辩论。《胜利集》一书的作者谈到过穆阿台及勒派的艾布·侯载勒和麦加城里什叶派的希沙姆·本·哈克姆之间的辩论，记述了前者将后者驳得哑口无言的情形。[②] 他说："除穆阿台及勒派的伊卜拉欣·奈扎姆、艾布·侯载勒、穆阿麦尔、艾斯瓦里等人外，天下还有谁能够驳倒无神论者呢？还有谁更清楚'真主唯一'的正确，并能提出明确的论据来证明呢？还有谁能著书立说，反驳那些无神论者、多神论者等形形色色的异教徒呢?!"[③]他还说："伊卜拉欣·奈扎姆等人在世人沉湎于尘世的浮华享乐时，信守并努力传布一神的观念，竭力维护这一观念，并著书立说反驳异教徒的诘难。"[④]在哈里发麦蒙当政时，及在麦蒙以后进行的关于"《古兰经》被造"的辩论，说明了该派对待研究和辩论的认真态度。

过人的智慧和卓越的辩才使他们在辩论中无往而不胜。查希兹说："穆阿台及勒派的比什尔·本·穆阿太密尔在一封有价值的信中确立了用阿拉伯语讲演的原则。"此信我们将在后面谈到。[⑤]

① 艾布·法拉吉：《诗歌集》，第 17 卷，第 72 页。

② 同上书，第 142 页。

③ 同上书，第 17 页。

④ 同上书，第 41 页。

⑤ 查希兹：《修辞与阐释》，第 1 卷，第 105 页。

查希兹引用比什尔的话说:“以穆阿台及勒派为首的大教义学家和思想家比大多数演说家更高明,比许多雄辩家更善辩。他们为准确地表达意思而精心选择词汇,又为这些词语派生出许多名词,他们还为阿拉伯语中没有称谓的物品命名,从而成为后人效法的榜样。”①

同时,以穆阿台及勒派为主的教义学家们还制定了阿拉伯语的“研究学和辩论术”的原则。拉格布·伊斯法罕说过:“两位教义学家碰到一起,其中一位说:‘你愿意跟我辩论吗?’另一位说:‘需有几个条件,不许生气,不许大惊小怪,不许找碴儿,不许下断语;我和你谈话时不许左顾右盼,不许以言为据,不许以你们教派的观点解释《古兰经》经文,除非也准许我这样做;在辩论中,必须友好相待,以增进了解,你、我进行辩论的目的是为了真理和正道。”②

教义学、修辞学、辩论术的最初原理的制定应首先归功于穆阿台及勒派。此外,他们还是穆斯林哲学家进入希腊哲学的第一个窗口,因为穆阿台及勒派是率先得益于希腊哲学以维护其主张的。奈扎姆、艾布·侯载勒、查希兹等人的言论,有些就是照搬希腊哲学家的,有些则做了某些修正。我们将在后面分别加以说明。

*　　　　*　　　　*

穆阿台及勒派分为两个大的支派:巴士拉派和巴格达派。巴士拉派诞生在先,对该派的贡献最大,其观点也更具独立性。巴格达派在各方面均居其后。下面,我们对各支派的著名人物做一简

---

① 查希兹:《修辞与阐释》,第1卷,第106页。

② 安查里:《文学家论文集》,第1卷,第46页。

要介绍，并列述其生平：

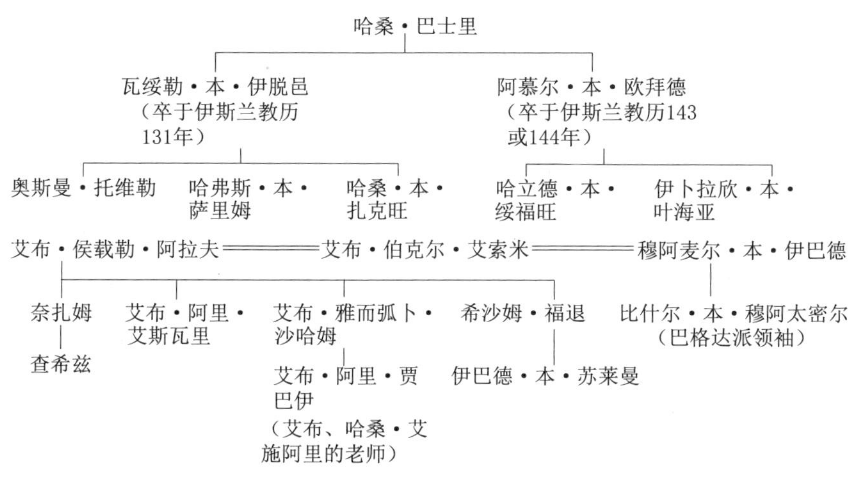

巴士拉派最重要的人物是：

瓦绥勒和阿慕尔·本·欧拜德

这两个人我们在前面已经谈到过，但如果将他俩做一比较，则瓦绥勒思想更加开阔，知识更加渊博，对穆阿台及勒派的贡献也更大。是他为该派奠定了科学基础，是他制定了传播该派教义的策略，即向四面八方派遣传教师，以宣传该派的观点，并将人们团聚在它的周围。他较其他人更有辩才，能够急中生智地引用说明该派观点的《古兰经》经文，解释与其观点不符的经文。他对同时代的其他教派了如指掌，善于以不同方法驳斥其他教派的观点。他的一些朋友说：“没有谁比他更了解什叶派的极端分子、误入歧途的哈瓦立及派、伪信者、无神论者、麦尔吉阿派及其他反对派的观点，比他更善于对他们进行驳斥的了。”阿慕尔·本·欧拜德的学识远逊于瓦绥勒。阿慕尔的姐姐——瓦绥勒的妻子说过：“他俩之间有天壤之别。”他著述甚丰，曾在一本书中列举了一千个问题，以批驳摩尼教。据说，他有两大箱书落到艾布·侯载勒手中，这些书就是他的知识的源泉。

大多数穆阿台及勒派信徒都是瓦绥勒的学生或他的学生的学生。阿慕尔·本·欧拜德的突出特点是思想活跃。他善于劝诫，在劝诫中，从不畏惧哈里发或埃米尔。他鄙视他们的惠赐，认为自己高于他们，他的说教能够打动这些权贵，使他们感动得止不住落泪，并一再恳求他经常参加他们的聚会，但他却拒不从命，拂袖而去。他如果和瓦绥勒辩论，则经常败北，尽管他极其聪慧，但较之瓦绥勒，仍略逊一筹；而就心灵和信仰来说，即使不比瓦绥勒更虔诚，也绝不比他差。

奈扎姆在谈到阿慕尔·本·欧拜德时，曾说过：“阿慕尔·本·欧拜德是一个有头脑而又虔诚的学者，他善于辞令，为人厚道、精通《古兰经》。”

艾布·侯载勒·阿拉夫

艾布·侯载勒·阿拉夫是巴士拉派最强有力的人物之一，也是当时穆阿台及勒派的领袖，哲学原理和穆阿台及勒派原则的结合应归功于他。他的全名是：穆罕默德·本·侯载勒·阿拉夫，是阿卜杜勒·盖斯的释奴，故人们也称他为“阿卜迪”。他活了约一百岁，大约相当于阿拔斯王朝的头一个一百年，他出生于伊斯兰教历 135 年，即阿拔斯王朝建立三年以后，卒于伊斯兰教历 235 年，即穆台瓦基勒执政初期。[1] 麦蒙执政时,他的权势达到顶峰。底奈瓦利说过:“麦蒙召集会议,辩论宗教和文章之道,他的老师便是艾布·侯载勒·穆罕默德·本·侯载勒·阿拉夫。”他之所以被称作阿拉夫是因为他在巴士拉的家位于饲料商聚居地。[2] 他见多识广,能够背诵和引用许多阿拉伯诗歌。木拜莱德说过:“我从未见过比艾布·侯载勒和查希兹更善于辞令的人了。艾布·侯载勒有辩才,我曾见他在一次辩论会的讲话中引用了三百行诗句。”[3]赫雅退也说过:“他在修辞和辞令方面,是无与伦比的。他是那个时代的佼佼者。”[4]他曾与萨利赫·本·阿卜杜勒·古杜斯辩论,并挫败了他。

他曾涉猎过希腊哲学著作。奈扎姆说:“我在库法读过哲学书籍,来到巴士拉后,自以为知道些艾布·侯载勒所不知道的风雅的言辞,和他辩论之后才恍然大悟,原来他对哲学涉猎很广,以至于乐此不疲。”[5]

也许正是由于他对希腊哲学的研究才使他能够制定穆阿台及勒派的原则,并为该派打开一些不为先人所知的思想领域。

他的一生充满了与伪信者、怀疑派、拜火教徒、多神教徒的辩论,据说有三千多人经他之手皈依了伊斯兰教。

查希兹在《悭吝人》一书中对他做了有趣的描述,把他写成一

① 此说来自赫忒布·巴格达迪所著《巴格达志》。

② 阿拉夫:阿拉伯语“Allāf”的音译,其意为饲料商。——译者

③ 《希望集》,第 36 页。

④ 赫雅退:《胜利集》,第 67 页。

⑤ 《希望集》,第 26 页。

个最吝啬的穆阿台及勒派人。[①] 书中写道："艾布·侯载勒心智最健全，秉性最宽厚，待人最平易。他曾送给穆维斯·本·欧姆兰一只鸡。以后，时时不忘提起这件事，比如，他曾问穆维斯：'艾布·欧姆兰，你看那只鸡怎么样？'穆维斯说：'那只鸡真是妙极了。'他又问：'你知道那是公鸡还是母鸡？养了几年了？你知道我们是用什么把它养肥的？'他就这样没完没了地问，艾布·欧姆兰边说边笑，毫不在意。如果有人谈起一只鸭、一匹骆驼或一头牛，他也会插嘴道：'这匹骆驼和那只鸡相比怎么样？'如果有人提到什么东西出生了，或什么人来了，他也要说：'这事发生在我送给你那只鸡一年以后。'其实两者相距不过一天。尽管他这样吝啬，却常说：'我虽然衣衫褴褛，身无分文，我的手却很能挣钱，只是它不会花钱罢了。在一次集会上，我向弟兄们分发了十万银币！！'"

查希兹就这样把他描绘成一个吝啬鬼，极尽夸张之能事。查希兹还把他写成一个有些不知好歹的人。人们笑他关于鸡的那番话，他却不知那是戏谑，反倒以为是人们的赞誉。尽管他是这样吝啬，却以慷慨自诩，以铺张浪费自责。他既有学识，又吝啬，而且还粗心大意，这倒并不奇怪，这些品性很容易集于一身，现实的例子是很多的。查希兹关于他老师的这些话是合理而可信的。

不可信的倒是某些圣训学家，如赫推布·巴格达迪对艾布·侯载勒放荡行为的指责。由于相互间的敌对情绪，圣训学家竭力制造一些丑闻以贬低穆阿台及勒派。

巴格达穆阿台及勒派的领袖比什尔·本·穆阿太密尔曾指责

① 查希兹：《悭吝人》，欧洲版，第69页。

他伪善和爱出风头。比什尔曾用下面这段雄辩有力的话来批评他："对于艾布·侯载勒来说，他不懂而人们以为他懂，胜过他懂而人们不知道他懂；他品格低下而人们以为他品性高尚，胜过他品性高尚而人们以为他品格低下；仪表堂堂，腹内空空，胜过满腹经纶而行为猥琐；伪善胜过真诚；虚假胜过真实。"

总而言之，从人们对他的许多传闻来看，此人在学识方面是智慧超群，知识渊博；在言行方面是能言善辩，出口成章；在道德方面却有所不足，他本吝啬，却自诩为慷慨；他注重外表胜过注重学识；他粗心大意而不精明强干。

下面仅列举数例以说明其辩才：

(1)据说萨利赫·本·阿卜杜勒·古杜斯的儿子死了，艾布·侯载勒前去看望，见他十分悲伤，便说："我不知道你为什么如此悲伤，除非你认为人也像庄稼一样。"(意即死后即无生命)。萨利赫说："我之所以悲伤是因他生前未读《疑惑篇》。"艾布·侯载勒问："什么是《疑惑篇》?"萨利赫说："我编写的一本书。谁读了这本书，便会对已经存在的东西产生怀疑，甚至以为它不存在；也会对不存在的东西产生怀疑，甚至以为它存在。"艾布·侯载勒便说："那你可以怀疑你儿子的死。尽管他已经死了，你却可以假设他没死；尽管他没读过这本书，你也可以假设他已经读过这本书。"

(2)一个人到他那里，对他说："一些《古兰经》的经文使我感到迷惑不解，我怀疑它在语法上有错误。"艾布·侯载勒说："我是笼统地答复你，还是一章一章地答复你?"那人说："你笼统地答复我吧!"艾布·侯载勒问："你知不知道穆罕默德原来是阿拉伯人中最公道的人，而阿拉伯人又是喜欢争辩的?"答："知道。"艾布·侯载勒又问:"你知不知道阿拉伯人曾经千方百计地诋毁他?"答:"知道。"艾布·侯载勒又问:"你知不知道人们指责他偏激?"答:"不知道。"艾布·侯载勒最后说:"尽管他们在语言上是有造诣的,还是不要听信他们的话,而听信公道的人说的话吧。"

艾布·侯载勒以善辩和善于说服人著称。赫推布·巴格达迪曾讲过这样一件事:一个小偷遇到艾布·侯载勒,小偷抓住他衣服的领口说:"把衣服脱下来。"艾布·侯载勒说:"办不到。"小偷说:"为什么?"答:"你抓住领口,倒叫我脱衣服,我到底是从下脱,还是从领口脱?"小偷说:"你是艾布·侯载勒?"答:"是的。"小偷便把他放了。

他去看望哈桑·本·赛赫勒,碰到一个星相家。艾布·侯载勒对他说:"看星相是假的。"那人要他拿出证据来。当时在他们面前有一堆苹果。艾布·侯载勒便说:"我吃这个苹果,还是不吃?"星相家说:"吃。"艾布·侯载勒将苹果放回,说:"我不吃。"星相家说:"你拿到手里,我再考虑考虑。"艾布·侯载勒将苹果放下,又拿起另一个苹果。哈桑问:"你为什么拿起另一个苹果?"艾布·侯载勒说:"免得他对我说:'你别吃。'为了不照他说的办,我就吃,那时他就会说:'我刚才还是说对了。'"

艾布·侯载勒的主张和观点:艾布·侯载勒有许多不同于其他穆阿台及勒派人的观点,拥护这些观点的门徒被称之为"侯载勒派"。这些观点中就有我们指出过的他对真主属性的否定。他说过,真主全知,其知识即其自身;真主全能,其能力即其自身。意思是:真主实际上除自身外别无它物,知识、能力等属性不过是其自身的表现而已。在我们看来,万物的表现证明了真主的能力,因此,我们就说他是全能的;万物的表现证明了真主的知识,我们就说他是全知的。实际上,除他自身外别无它物。艾施阿里说过:"艾布·侯载勒的言论来自亚里士多德。亚里士多德在他的著作中写道:'造物主全知,全能,永生,无所不闻,无所不见。'艾布·侯载勒把亚里士多德的话改成:真主的知识即其自身,真主的能力即其自身。"①

艾布·侯载勒认为,世界是一体的,世界有终结,有目的,因为世界是被造的,被造的东西均非无始自有的。如果无始自有的无目的、无终结,那么,被造的就必有目的、有终结。又由于被造的是由各部分组成,所以,便应有整体和终结。当有人举出入天堂者的享乐和入地狱者的痛苦来反对他的这些言论,说此二者是无终结时,他表示不同意,他说:"我不理解一种无终结的运动。我们应该说:'天堂的人和地狱的人,其活动也会终止的,他们将变成永恒的死寂,天堂的享乐将聚集在这死寂中,地狱的痛苦也将聚集在这死寂中。'"

艾布·侯载勒的著名观点之一,是关于"真主的意愿"。这是由前面谈到的真主诸属性所衍生出来的一个问题。我们理解的人的意愿是一种属性,表示侧重某种可能。比如:如果我有读一本书的意愿,读的可能就胜过不读的可能,而读和不读原本是两种并存的可能,之所以倾向于读,是因为我断定读比不读有益。对于真主,"意愿"是什么意思呢?有些经文提到了真主的这一属性,如至高无上的真主说:"当他欲造化任何事物的时候,他的事情只是说

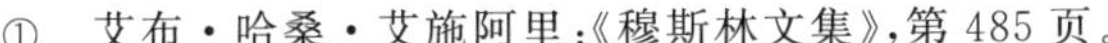

① 艾布·哈桑·艾施阿里:《穆斯林文集》,第485页。

声:'有',它就有了。"[①]如果我们像分析人的意愿一样去分析真主的意愿,那是不可能的。因为倾向某件事情并据此做出安排,是从不存在的事情里突然产生出来的,而从不存在的事情中突然产生某种事情对真主来说是不可能的,这恰恰就是在知识和能力问题上引出来的难题。这一点,我们已经谈到过了。艾布·侯载勒认为,真主的意愿是知识的一种,对此他做过详细的阐述。

他认为:人们对于那些在有法律之前能够凭理智判断好坏的事物是有责任的。如有差错,应受惩罚。尽管没有法律,人也应该诚实、公正,不作伪,不专横,因为这些事情本身就带有使其成善或成恶的属性,因此,人的理智能够区分其好坏与美丑。

艾布·侯载勒的许多观点——自然的和神学的——都来自希腊哲学。也许他是第一个在伊斯兰教中提出这些问题的人。以后,人们继续研究这些问题,并扩大了研究范围,发表了各种不同的意见。如:艾布·侯载勒曾提出何为实体的问题。他说:实体有右有左,有里有外,有上有下,至少包括六个方面。然后他又谈到什么是本质或不可分割的部分,本质和部分是否具有实体的一切属性。他认为:实体可成动态,可成静态,也可触摸,但无色、无味、无嗅,超不出前面所述的各种特性。如果六种本质汇聚一起,构成实体,那它就能产生其他特性。

他研究过世界的本质(即世界所由产生的成分)——是一个,抑或是若干不同的本质;他还研究过实体的运动是否各部分都能动。他还研究过颜色,他认为:实体的运动是可分的,某一部分的

① 马坚译:《古兰经》,36:82。——译者

运动不同于另一部分的运动，颜色也是如此。运动是依时间不同而不同的，此一时间的运动不同于彼一时间的运动，如此等等。他还研究了实体和本质的可见性，他认为两者均可见。人能够看见实体，看见运动、静止、颜色、起、坐，他还认为人通过触摸运动或静止着的物体能够触摸到运动和静止本身。

他还研究了蕴涵的概念。他认为橄榄油蕴涵在油橄榄中，芝麻油蕴涵在芝麻中，火蕴涵在石头中，等等。

他还研究了万物产生的原因。他说："万物之被创造是为了其自身的利益。没有利益，就没有必要创造万物，因为创造于己无益，于他人无益，又不能消除祸患，则这种创造是徒劳的。"

他还研究了人的感觉、人的理解力和意愿及其他难以尽述的事物。

由此可见，他是伊斯兰教中率先提出许多前所未有的课题的人。希腊哲学研究过的这些课题被他拿过来，形成自己的见解，呈现于穆斯林大众之前。

许多问题纯系自然方面的问题，与穆阿台及勒派和宗教问题无关。但艾布·侯载勒等人似乎想要得益于哲学，于是便致力于研究他们接触到的哲学课题，从中找出一些观点来证实本教派的论点。他们是为了哲学而研究哲学的，但是，他们常把自然界的问题塞进宗教，从中引申出许多宗教问题，就像艾布·侯载勒对运动的研究一样。他否认运动是无终结的，主张天堂和地狱里的人的运动都将终止，从而违反了某些宗教教义。

我们还可以得出这样的结论：对上述问题的研究是零散的，没有形成体系。看来，当时学者们的做法不是先经过周密的思考，以确定研究重点，并逐一对它们进行分析和研究，找出它们之间的逻辑联系，然后，根据一个固定的体系就可演绎出各个具体问题来。当时的情况是：存在着各种不同的意见，穆阿台及勒派便匆忙地接过这些意见，并对每个问题都进行了研究和讨论，换句话说，就某个具体问题发表"谈话"，这种谈话从一件事情转移到另一件事情。常常出现这样的情形：争论的问题之间并没有联系。我在介绍艾布·侯载勒·阿拉夫时，试图将我手上所有教义学的书籍里谈到他的地方都转述出来，从中理出一个井然有序的体系，并罗列出他所制定的基本原则和由这些原则引申出的具体问题，但我却未能如愿以偿。对其他穆阿台及勒派的学者，我也曾试图这样做，但也没成功。其原因有二，一是：他们编写的自成体系的书籍失传了，剩下的只是些流传下来的零散文字。这对于研究来说是远远不够的，因为流传下来的书目说明不了研究的系统性。而且，这些文字多是记载他们和其他宗教以及伊斯兰教其他教派之间的辩论。我倾向于第二个原因：即：他们提出的问题多系偶然碰到，或在辩论中不时冒出来的问题，这类问题要比他们根据体系和为制定原则而提出的问题多得多。这是很自然的，因为穆阿台及勒派是首先开展这种研究的，而任何学科的研究总是从分散的研究开始，然后形成体系和序列。他们当时的工作是后来肯迪、法拉比和伊本·西那进行系统的哲学研究工作的基础。

奈扎姆

奈扎姆才华超绝。他思维敏捷，才智聪睿，见多识广，崇尚独立思考，精研修辞学，并擅长用优美的辞藻来表达思想。在这些方

面，他的能力超过了他的老师艾布·侯载勒·阿拉夫。有些人甚至断言：阿拉夫在他面前就像冰雪遇热一样消融了。查希兹说："据传有人对艾布·侯载勒说：'如果你和奈扎姆争辩，你所能得到的最好的结果是：人们既怀疑你，也怀疑他。'艾布·侯载勒说：'五十次怀疑胜过一次相信。'"①

奈扎姆的全名是伊卜拉欣·本·塞亚尔·本·哈尼·奈扎姆·巴士里。原是释奴，师承阿拉夫，学习穆阿台及勒派教义，后独立传教，自成一派。在巴格达居住过。殁于伊斯兰教历221年，享年仅约三十六岁，曾是查希兹的老师。

他在文学和教义学(或神学)上有突出的表现。

在文学方面，他以精研修辞并擅长幽默而著称。《诗歌集》写道："麦蒙驱逐了阿里布。② 当阿里布染疾时，又被召回。麦蒙问他道：'被驱赶的滋味如何？'答：'穆民的领袖啊！没有流徙的痛苦，便不知重聚的欢乐。开始的不满倒产生了满意的好结果。'麦蒙走到宾客席上，对他们讲述了这件事情，说：'你们看，这些话如出自奈扎姆之口，那不是很伟大吗！'"③据说，奈扎姆小时候曾到赫里勒·本·艾哈迈德家里去过。当时，赫里勒手上正好有一只玻璃杯。赫里勒对他说："描述一下这只玻璃杯吧。"奈扎姆问："是褒还是贬？"赫里勒说："褒。"他便开口说道："它使你看到微尘，却不蒙受损害，也不掩盖其内容。"赫里勒说："贬呢？"他便说："它易破碎，又怕挤压。"赫里勒又指着院子里的椰枣树，说："再形容一下

① 查希兹：《动物志》，第2卷，第18页。
② 阿里布(公元797—861年)：麦蒙时代的宫廷诗人和歌唱家。——译者
③ 艾布·法拉吉：《诗歌集》，第18卷，第188页。

这棵椰枣树。"问:"褒还是贬?"赫里勒说:"褒。"他便说:"果实香甜,树干巍峨,枝叶青翠。"赫里勒说:"贬呢?"他便说:"树干高耸难于攀缘,果实香甜难于成熟,枝叶青翠易受损害。"赫里勒说:"孩子,我们真需要向你学习呀!"[①]他还有许多风趣的话常被人们引用,如在人们提到阿卜杜勒·瓦哈布·塞格飞时,他这样说:"他胜过恐惧之后的安宁、病痛之后的康复、贫瘠之后的肥腴、穷苦之后的富裕;他赛过亲爱者的服从、忧伤者的欢乐;他胜过经常的交往、幸福的青春。"[②]他还说过:"黄金是吝啬的,因为它在吝啬者那里多于在慷慨者手中。"和他的老师艾布·侯载勒相反,奈扎姆对于金钱的花费是有数的。一次,君主赠他许多钱,他除给自己留下糊口之资外,把剩下的钱都捐给了慈善事业。人们谈到这件事,他总是说:"钱有权要求我把它发掘出来,并使用在需要之处。我也有权要求钱保护我免受损害,维护我的体面。它只有经我允许才能这样做。你们难道没有看到那些有钱的人是那么操劳不息,终日不得安宁,而他们的钱却有减无增吗?这些有钱人,一边是关怀他们的君主,一边是诽谤他们的权贵;一边是有能力的竞争者,一边是要求分家的子女。他们的钱财使君主分神,使竞争者嫉妒,使敌人怀恨在心,使权贵责备,使孩子们厌倦。知足者常乐。谁不追求世俗快乐,谁就不担惊受怕;谁满足于粗茶淡饭,谁就得到应分的权利。"[③]

他还说过这样的话:"只有你把全部身心献给科学,科学才给你部分偿赐。如果你把全部身心献给了科学,科学给你的那部分对于你就

---

① 见《放眼集》。查希兹在为其所著《动物志》第3卷,第146页中也曾谈到此事。

② 《文萃》,第2卷,第10页。

③ 同上书,第123页。

具有了重要性。”当他听到风吼雷鸣时，说：“真主啊！如果风吼雷鸣是一种恩惠，就多多赐予吧。患难中请赐给我们忍耐，宽裕中请赐给我们对主的感谢。真主啊！如果风吼雷鸣是奖赏，请给我们以保佑；如果是惩罚，请给我们以宽赦。”他还说过：“三件东西造就了理智，毁坏了头脑。这三件东西是：对镜孤芳自赏；放声大笑毫无节制；长时间凝视大海。”有趣的是他说过这样的话：“我不说我在你之前死去，因为如果我在他之前死去，他就死于我之后，但我说，我替你死去。”有人问他：“尘世间最奇怪的事是什么？”他说：“是灵魂。”对于人们向他传述的事情，他有些很风趣的评论。如有人告诉他阿卜杜·麦立克·本·麦尔旺恫吓众人，说：“真主保佑，我不像那个软弱的哈里发（指奥斯曼），我也不像那个喜欢谄媚的哈里发（指穆阿威叶），我更不像那个愚蠢的哈里发（指叶基德·本·穆阿威叶）。”奈扎姆便说：“真主保佑。假若你不属于这个软弱的哈里发和喜欢谄媚的哈里发的世系，那么你就不会是一个穷奢极侈的哈里发。”

奈扎姆的散文和诗都富有哲理，蕴义丰富，用词优美。

他十分喜爱艾布·努瓦斯的诗，因为他的诗语言风趣，感情细腻，富有哲理，投合他的脾气。查希兹说：“我听见奈扎姆在朗诵了一首艾布·努瓦斯的饮酒诗后说过：‘所有的语言似乎都汇聚在他那里，以便他随意挑选。’”

艾布·努瓦斯曾写下这样的诗句：

“你留给我的太少，太少，

少于一个‘不’字，无法再分。”

奈扎姆问起艾布·努瓦斯的这一行诗，人们指给他看，他便对诗人说:“你是最善于就这个题目写诗的人。我们要谈的是漫长岁月中小到不可分的一瞬,可我们要说的这些话你用一行诗就表达了。”

他的讲话总有一个主题,这从他的学生查希兹那里可以看到。

查希兹说他富有辩才,曾这样说到他:“艾布·歇迈尔辩论时,从不摆手耸肩,翻眼摇头。他的话就像从石头缝里蹦出来的一样,干脆利落。他说过:‘讲话时求助于多余的动作是不合适的。’待奈扎姆和他谈话时,那有力的论据和连珠炮似的提问使他不得不连连摆手,把缠头布也解开来,急得走到奈扎姆跟前抓住他的双手。从那一天起,阿尤布就不再传述艾布·歇迈尔的话,而是传述奈扎姆的言论了。”①

查希兹作为最了解他并与之相交甚深的人曾在《动物志》一书中详尽地刻画了奈扎姆的心理和思维特点。我们把有关的章节汇集起来,以便尽可能地提供一个全面的介绍。查希兹说他十分诚实,“伊卜拉欣说话谨慎,很少失言”。然后,又解释了“很少失言”的意思,说:“这里的‘少’字指的是‘不’,就像人们常说‘少有羞耻心’,指的是‘不知羞耻’一样。”他之所以说“很少失言”,就是说,由于奈扎姆极看重事实,所以十分诚实,从不失言。然后,他又轻微地责备奈扎姆,说:“他善于类比和推论,但在类比中却不求精细。他想当然地进行类比,却忘了他的类比的起点仅是猜想。假设他不去纠正类比的结果,而去纠正类比的起点,那就好了。比如,他讲过一个很自信、很有眼力的人的故事,但他既不说我听到了什

①　查希兹:《修辞与阐释》,第1卷,第77页。

么，也不说我见到了什么。听话的人以为他亲自验证过，其实他既没听到过，也没验证过。”[①]所以，查希兹批评他，对一些原则问题在证实之前就急于下结论。如果他开动脑筋去进行类比和推论，他就会创造出惊人的奇迹。无疑，这是对奈扎姆的思维特点的极细致的分析。查希兹在另外一个地方又强调了这个意思，他说：“奈扎姆谈话时，如果他的话是耳闻目睹来的，我们是不怀疑的。”[②]查希兹批评他，尽管诚实，但“却最不善于保密。如果秘密的主人反复强调保密，那他就是一个最坏的保密者；如果秘密的主人没有强调保密，也许他倒忘记了这件事，秘密的主人反倒得福了。”如果他因泄密受到责备，他总是诿过于告诉他秘密的人。[③]

这是从品德方面说。从理智方面说，他才智过人，走在时代的前面。他的才智有两个基本点，即导致欧洲近代复兴的怀疑和实验。奈扎姆认为怀疑是研究的基础，他这样说过：“怀疑的人比不信仰的人离你更近。先有怀疑，才会有坚定的信仰。在两种信仰之间产生了怀疑，就不会有人从一种信仰转移到另一种信仰。”[④]据此，查希兹说：“从被怀疑的事物中去学习怀疑吧。假设这是为了探求走向坚信之路，那么，这是必须的。普通老百姓和上层人士相比是很少怀疑的，他们或则坚信不疑，或则绝对否定，取消了第三种状态，即怀疑状态。”[⑤]

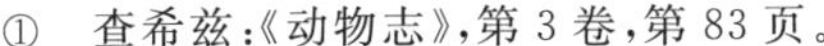

① 查希兹：《动物志》，第 3 卷，第 83 页。

② 同上书，第 4 卷，第 106 页。

③ 同上书，第 5 卷，第 64 页。

④ 同上书，第 6 卷，第 11 页。

⑤ 同上。

关于实验，奈扎姆像今天的物理学家和化学家在实验室里一样，使用实验的方法。他和阿拔斯家族的一位王子穆罕默德·本·阿里一起做了一项有趣的实验：给动物灌酒，以观察其结果。从大牲口开始，先是骆驼、水牛、黄牛，然后是老马和驮马，再后是羚羊和羊，最后是鹰、狗和黄鼠狼。后来，他们又找来一个要蛇的人，想方设法在蛇头上装上了漏斗，以观察酒对不同生物的作用。穆罕默德王子的钱财和声望帮助了这项实验。他们甚至剪去狮子的利爪，然后，往狮口里灌酒，以观察狮子对酒的耐受力。奈扎姆说："在所有的动物中，我没见过比羚羊更能喝酒的，如果不是为了避免过于浪费，我一定要在身边留下一只羚羊，把它灌醉，以便观察它那有趣的动作。"[①]关于另一项实验，他说："人们看见穆罕默德·本·阿卜杜拉把石头扔到火里，等石头烧红，就把它扔到鸵鸟跟前，鸵鸟便把这块烧红的石头吞了下去。我对他说：'火炭遇湿很快熄灭，我们应该用不易熄灭的东西来做实验。石头的重量和密度都很大，更能保持热量，不易熄灭。'我们把石头烧热，扔给公鸵，它把第一块吞下，保留在胃里，然后又吞下第二块、第三块。我感到非常惊奇，便对他说：'如果把几个欧基亚[②]的铁块烧红了，还不到四分之一或半个利特尔[③]呢。'但公鸵照吞不误，这比前两次实验更使人惊奇了。我们还有一项实验，就是要看看鸵鸟是不是觉得铁块和石块一样可口，但一些蠢人一连几天都没让我们做此实验。我便决定把鸵鸟宰了，检查它的内脏和胃，也许铁块还留在

① 查希兹：《动物志》，第2卷，第83页。

② 欧基亚：重量单位，约等于37.4克。——译者

③ 利特尔：重量单位，约等于449.3克。——译者

胃里，既没溶化，也没排泄出去呢。他的朋友拿来一把刀，把刀烧红了，扔给公鸵，公鸵把刀也吞吃了。刀子还没吞进咽喉里，刀尖就露出来了，伤口直流血，公鸵便倒地死了。但穆罕默德禁止我们解剖鸵鸟的尸体，研究工作无法进行。”①

这是细致而正确的实验，这是科学研究，是运用正确逻辑研究客观事实的最高典范。

这种实验与迷信是风马牛不相及的。奈扎姆冷静、沉着地用理智来研究事物，和一般人的胡思乱想作斗争，并在实验的基础上建立自己的论据。比如，他反对以物为兆，判断凶吉。他讲过一个有趣的故事，他说：“有一次，我饿得连泥巴都吃了。但我身上还有一件长袍和两件衬衣，我就把衬衣脱下来卖了几个钱以便换口饭吃。后来，我到了赫瓦兹港口，但没找到船，我以为这是凶兆。过了一会儿，来了一条百孔千疮的船，我以为这也是凶兆。我问水手船的名字，原来它的名字在波斯文里是‘魔鬼’的意思，我以为这更是凶兆，但我只好乘上这条船。一路上北风扑面，夜里，霜打在脸上。到岸时，我叫驮夫，首先来的是个独眼人，我要一头母牛驮运行李，牛的主人牵来的却是一头尖角公牛。凶兆一个接着一个。等我到了客栈，刚刚坐定，就听到有人敲门。我问：‘你是谁？’答：‘有人找你。’我又问：‘那你知道我是谁？’答：‘你是易卜拉欣。’我以为来了敌人或是魔鬼的使者。但我还是控制住自己，把门打开，来的人对我说：‘我是易卜拉欣·本·阿卜杜·阿齐兹派来的。’他还说：‘你们之间尽管在言辞上有些分歧，但也许能在道德的范畴

① 查希兹：《动物志》，第4卷，第106页。

内相处。他从朋友处得知你处境不佳,想你一定需要帮助。如你愿意,就住在这里,我们将给你送来所需的一切。如果你想回去,这里是三十个密斯格勒[①],你可以拿上这笔钱,回家去。你是应当得到谅解的。'由此看来,兆头都是假的。"奈扎姆还说过:"圆梦这一套也是假的。"

由此可知,他既不相信兆头,也不相信梦,更不相信阿拉伯诗歌里写到的精灵和妖怪,以及人们听到它们的声音并和它们交谈的传说。他曾对此做过细致的心理和哲学分析。他说:"事情的根子和起因是:有些人来到一个荒凉的地方,荒凉的环境在他们身上起了作用。有的人单身独处,长期待在一个荒僻远离人群的地方,深感寂寞,特别是很少活计,也很少与人交谈,孤寂难熬,只有在听天由命和苦思冥想中打发日子。这种冥思苦想也许就是引发忧郁症的原因,没有思想准备的人就病倒了。艾阿迈什告诉我,他思考问题时,家里人认为他精神不正常,便让他忌食,还给他治病。这种事情在很多印度人那里都发生过。一个人如果感到寂寞孤独,小的东西在他的面前就会变成大的影像,他会感到迷惘,心神不宁,体液也混乱了。于是,他就能看到人们看不到的东西,听到人们听不到的声音,就会把小东西想象得很大,然后,又把他们想象的东西变成诗歌加以吟诵,变成传说,世代相传,这就更使他们信之弥坚。在这种环境里,年轻人成长起来,孩子受到教育。于是,当其中的某一个人置身于荒郊野外,只身度过沉沉黑夜,感到孤寂和恐怖,听到猫头鹰的嗷叫和四外的回声,他就能看到许多虚假的

---

① 密斯格勒:重量单位,等于4.68克。——译者

影像，幻想出许多虚假的事情。如果正好这个人喜欢惹是生非，制造恐怖，他就任着自己的性子把这些事情传播开来。他会说：'我看到了妖怪，还和妖怪谈了话。'然后，又会进一步夸大其词：'我把妖怪杀死了。'以后，他还会说：'我和妖怪做伴来着。'甚至会说：'我娶了个女妖……'种种稀奇古怪的说法之所以能引起人们的兴趣，是因为听话的人跟他们一样，也是阿拉伯贝都因人，或者是不会分辨真假，不会怀疑，也根本不会对这类事情通过思考再加以证实的笨蛋。即使他们的话传到讲述故事或史料的人那里，这些人也会照传不误。阿拉伯贝都因人讲得越离奇，他们就越觉得有趣，传述得就越频繁，笑料就越多。因此，就有人宣称自己看到了妖怪，或杀死了妖怪，或陪伴过妖怪，或娶过妖怪。"[①]这种分析证明奈扎姆具有卓越的智慧、细致的观察和自由的思想。也许奈扎姆的分析是为了加强穆阿台及勒派先前发表的关于"人类看不见精灵，精灵的构造使人看不见它"的主张。

此外，他的思想十分开阔，敢于对抗圣训派，很少相信圣训的正确。他虔诚信仰《古兰经》，不大相信阿克拉迈赫、凯勒比、苏达、穆格提勒等经注家们围绕《古兰经》经文传述的史料。

前面，我们曾举例说明他怎样攻击圣训学家们，揭露圣训派传述的圣训相互矛盾，[②]说他是用理智来判断圣训的。如果理智不能接受圣训所传述的事情，他就激烈地反对这条圣训。现举例说明：许多圣训都扬猫抑狗，说前者优于后者。在伊斯兰教里，猫是

① 查希兹：《动物志》，第6卷，第77页。

② 同上书，第86页。

可爱的，它喝剩的汤也是清洁的，而狗则是可憎的，它喝剩的汤也是龌龊的。尽管如此，奈扎姆却站在理智一边，对圣训学家说："你们把猫放在狗之前，你们传述说，先知曾命令杀狗，还命令要救活猫，把猫养起来。你们还传述说，先知曾说过：'猫是你们的巡查。'尽管猫的全部好处不过是抓老鼠。除老鼠外，猫还吃鸽子、小鸡，吃你们孩子逗着玩的、样子好看、叫声动听的家养的小鸟。就算它不沾你们的钱财，但对你们邻居的钱财，它的爪子并不干净。而狗的好处是几本书也说不完的。此外，猫还吃壁虎、蝎子、屎壳郎、蛇等一切坏的、有毒的、人们厌恶的东西。关于猫和狗喝剩的汤，你们说了好多，你们还嫌不够，甚至把这些话归之于你们的先知。"①由此可见，他是多么勇敢，多么直爽，多么慷慨激昂。这种精神甚至使得崇敬他像一个忠实的学生崇敬老师一样的查希兹，在引述了他的话之后，忍不住喊叫起来："真主不会宽恕奈扎姆，也不会宽恕重复他的这些言论的人。"

奈扎姆的讲话是非常有理智的。他认为求知者对于书籍的态度不应该是夜里砍柴——瞎胡来，而应该善于选择，只让那些精选的好书进入自己的心中。他说过："读书少，才能好。"他还说："书不能使人死而复生，不能使蠢人变成智人，使低能变得聪明。但在人的本性中，只要有最起码的接受能力，书就能起到磨炼性格、开发智力、医治愚蒙的作用。谁想无所不知，家里人就应该给他治病，因为这不过是想象而已。谁聪明，记性又好，就可以干好两三件事情，但不要停止学习和辩论，更不要让其他方面的知识通过他

① 查希兹：《动物志》，第2卷，第55页。

的听觉、视觉、头脑而一无所存。他应该成为学有专长的学者，同时，也不忽略人们通常所做的事情。”[①]为此，奈扎姆制定了一个很好的学习大纲，批评了那些在学习中采取囫囵吞枣式的学习方法的人。他对伊本·叶西尔下面这段话是不满意的：

“我理解所有听到的，我记住所有搜集的，但未从搜集中得益，人们会说：他是能说会道的学者。”

奈扎姆说：“伊本·叶西尔让书籍承担了它无法承担的责任。”因为书籍不可能使蠢人变成学者，知识不是搜集书本，背诵书本，而要靠思考。此外，奈扎姆还阐述了关于教育的思想——当时人们公认的一种新思想。他认为，学者应该有两种知识，一种是一般知识，广征博采于一切事物；另一种是专业知识，即在某些学科方面专门化，并向深度发展。

由于他信仰理智的权威，所以他敢于批评圣门弟子，把他们放在一般人的位置，对他们在政治方面的作为和教法方面的见解加以剖析。关于这方面的情况，已有前述。[②]

伊本·艾比·哈底德说过：“奈扎姆编了一本书，叫《笑话集》，此书以资料丰富而不以论证有力取胜，这就使他不得不指出圣门弟子的缺点。他对每位弟子都提出了一些缺点，都有所指责。对于阿里，他说：‘当阿里在拿赫鲁宛与哈瓦立及派作战时，时而抬头看天，时而又低头望地，使弟子们误以为他得到了天启。’接着，奈扎姆对阿里进行了批评。”伊本·艾比·哈底德承认确有其事，但

① 查希兹：《动物志》，第1卷，第30页。

② 同上书，第86页。

反驳道:“阿里时而抬头看天,时而低头望地。抬头是为了呼吁和恳求真主,低头是因为他深深地沉浸在悲哀和思虑中。”这个例子证明奈扎姆在进行批评时具有罕见的勇敢。

正因为如此,圣训学家对他恨之入骨。这是很自然的。因为他攻击过他们。圣训学家把他说成是坏蛋、醉鬼。伊本·古太白说过:“奈扎姆乃一狡狯之徒,终日酒不离身,烂醉如泥,以罪恶为靠,与污秽为伍,犯下通奸之罪。”

《诗歌集》说他喜好娈童,书中写道:“一次,他遇见一相貌姣好之少年,心喜爱之,欲与之搭腔,遭到拒绝,便对他说:‘小伙子,智者说:一个人不要自大到不搭话,也不要自贱到不开腔。这些话是针对你这样的人讲的。如果他们没有讲过这些话,我就不会和你说话,也不会畅快地和你搭腔。他们的话是友好情谊的纽带,你在我心中的位置如同灵魂在胆怯者体内的位置一样。’少年不知他便是奈扎姆,便以奈扎姆的话回答他。奈扎姆便对他说:‘你是我所喜爱的少年,我才和你说话,假若我知道你的做法和穆阿麦尔在辩论中的做法一样,我就不会理睬你了。’”①

艾布·努瓦斯曾写诗讽刺他,但艾布·努瓦斯的讽刺是不足为据的,因为他的讽刺没有真实的标准。他讽刺过艾布·欧拜德,指责他有鸡奸之癖,他也讽刺过古特鲁巴·奈哈威、伊本·艾阿拉比、艾班·拉希基等人。对一切使他不快的人他都加以讽刺。他讽刺斋月,因为封斋使他不快。他讽刺过雨,因为下雨耽误了他与情人的约会。

① 艾布·法拉吉:《诗歌集》,第7卷,第154页。

穆阿台及勒派否认关于奈扎姆的这些传闻，把它一概斥之为圣训学家和小丑的杜撰。他们盛赞奈扎姆的信仰虔诚和保卫伊斯兰教的立场。他曾反驳无神论者和叛教者，在世人沉湎于尘世的荣华富贵时，他和他一伙人却在信守、维护伊斯兰教，在异教徒攻击面前保卫伊斯兰教，并著书立说驳斥异端邪说。他就是这样度过了一生。[①] 赫雅退在《胜利集》一书中说："一些朋友告诉我，易卜拉欣·奈扎姆临终前说：'真主啊！如果你知道我不遗余力地维护你独一无二的地位，如果你知道我之所以相信某一教派完全是为了加强真主唯一的信念，我便是无罪的。真主啊！如果你知道我的行为如我所说，那就请你宽恕我的罪过，减轻我死前的痛苦吧！'"[②]赫雅退还说："这就是敬畏真主、信仰真主的人的道路。"

也许奈扎姆像其他伊拉克人那样爱饮酒，像其他文学家那样爱美，圣训学家们就利用这点来攻击他。

总而言之，奈扎姆是他那个时代的旗帜。据说查希兹说过："古人云：每一千年出现一个天才。如果这种说法是正确的，那此人就是奈扎姆。"[③]

奈扎姆具有渊博的知识。在文学方面，他能背诵许多诗歌和散文；在宗教方面，穆尔台迪说他读过《古兰经》、《讨拉特》[④]、《引

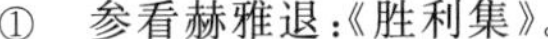

① 参看赫雅退：《胜利集》。

② 同上书，第 41 页。

③ 穆尔台迪：《希望集》，第 29 页。

④ "讨拉特"为阿拉伯文 Tawrat 的音译。《古兰经》对犹太教《摩西五经》的称呼。与《引支勒》、《则逋尔》和《古兰经》并列为伊斯兰教承认的四部"天经"。——译者

支勒》[①]、《则逋尔》[②]，并做了注释，他对教法也有渊博的知识；在哲学方面，他读过一些亚里士多德的著作，并曾对他的观点进行批驳。穆尔台迪说过："当加法尔·本·叶海亚·伯尔麦克提到亚里士多德时，奈扎姆说：'我已经驳倒他的书了。'加法尔说：'怎么可能呢，你还读不懂他的书呢？'奈扎姆激动地提到书中的一些内容，并一一加以批驳，加法尔对此惊叹不已。"[③]

沙赫力斯坦说："奈扎姆读过许多哲学书，还将哲学家的言论融汇在穆阿台及勒派的言论里。"在另一处，他又说："奈扎姆倾向于(哲学家中的)自然主义者的观点，而非神学家的观点。"

奈扎姆关于教义学的观点：

奈扎姆十分重视捍卫伊斯兰教，反驳异教徒，他把大部分时间都花在驳斥无神论者上面。无神论者是奈扎姆时代在伊拉克等地广为流传的一个派别，它不信宗教，不信真主，只信可触摸的物质世界，它不相信在这个物质世界后面还有另外一个世界，因此，也不相信来世，不信末日的奖赏和惩罚。[④] 把无神论者称作"光阴派"是来自真主的一段话："他们说：'只有我们的今世生活，我们死的死，生的生，只有光阴能使我们消灭。'"[⑤]

他们主张世界无始自有，世界永恒，主张世界上发生的一切均

---

① "引支勒"为阿拉伯文 Injīl 的音译。《古兰经》对基督教"福音书"的称呼。——译者

② "则逋尔"为阿拉伯文 Zabur 的音译。《古兰经》对"大卫诗篇"(指《圣经·诗篇》)的称呼。——译者

③ 穆尔台迪：《希望集》，第 29 页。

④ 沙赫力斯坦：《宗教与教派》，第 201 页。

⑤ 马坚译：《古兰经》，45：24。——译者

依自然规律而发生。因此，他们很像我们今天所说的唯物主义者或自然主义者。他们的观点在不同时代和不同派别里并不完全一致，所以，宗教史家在引述他们的言论时各不相同。他们的观点大部分来自希腊古老的哲学学派，希腊哲学中的这一自然主义派别一直延续到中世纪，在近代进化论者等自然主义者手里更有所发展。对他们的驳辩也从希腊人一直延续到中世纪的哲学家，其中有以奈扎姆为首的穆阿台及勒派，以后又延续到近代，为首的是曾写信驳斥“光阴派”的贾马勒丁·阿富汗尼。①

查希兹的《动物志》一书保存了奈扎姆为答复“无神论者”而写的文章的部分章节，书中提到奈扎姆说过这样的话：“‘无神论者’对我们这个世界发表过一些言论。他们中有人宣称世界是由四种要素组成的，即：热、冷、干、湿，其他东西都是这四者作用的结果，是这四者结合、繁衍出来的。他们还描绘了这四种要素的形体，有人宣称世界是由土地、空气、水、火四种要素组成，而热、冷、干、湿则是这些本质的表象。他们说所有的气味、颜色、声音都是这四者或多或少或稀或浓地混合起来的产物。”②奈扎姆从自然和理性方面，而不是从宗教方面以很长的篇幅反驳他们的观点，比如：他曾反驳迪萨尼派的如下言论：“世界的本原是光明和黑暗，而热、冷、色、味、声、嗅则是此二者按不同数量混合的结果。”这些讨论引出了许多关于大自然的问题。如果有人问：是什么原因促使穆阿台及勒派介入这些问题的争论呢？答案很清楚，这就是：许多其他派

① 参看《伊斯兰百科全书》中“光阴派”一章。

② 查希兹：《动物志》，第5卷，第14页。

别如"光阴派"、"迪萨尼派"都是从物理学的观点解释世界的产生，并把世界的产生归之于一些基本要素，然后，根据这一原理解释由此而产生的各种自然现象，这就迫使穆阿台及勒派对他们的原理及观点进行批驳。在辩论中，他们发现自己面对的是一系列纯粹自然现象的研究，比如奈扎姆在"外象与内涵"的理论中，提出过这样一个问题：木头燃烧前是否包含着火的成分？假如有，那么，它和木头是用并列的方式，还是用交叉的方式存在着。奈扎姆认为在石头和木头中都有火潜藏着，否认这点，就等于说：芝麻和油橄榄中都没有油，人在放血之前也没有血。那些否认芦荟在品尝之前本身就是苦的，而蜂蜜在品尝之前是甜的人和否认芝麻和油橄榄在榨油之前含有油的人是一样的。他们以为：蜜的甜味、醋的酸味、沥青的黑色、雪的白色、红色染料的红色、金子的黄色、蔬菜的绿色都是在品尝和眼见时才出现的。他们走到这一步，也就走进了无知的大门，就像那些声称皮囊再重也没有水，水是在解开皮囊时产生的人一样。让他们去说太阳、月亮、星星、山脉不在眼前就不存在吧！奈扎姆详尽地探讨了"内涵"的问题，大谈由此繁衍的结果并反复强调：否认内涵和"真主唯一"是不相容的，因为否认内涵就是否认了本质，否认了事实。查希兹曾详尽地解释了奈扎姆在"内涵"问题上的观点并对他的理论有所补充，他们俩的言论互相交叉。由于篇幅所限，不可尽述。我们举例谈到了穆阿台及勒派对于自然现象的研究，有兴趣者可以参看查希兹的著作。[①]

奈扎姆研究了希腊哲学长期争论不休的物质不可分的部

① 查希兹：《动物志》，第 5 卷，第 1—31 页。

分——原子的问题，还写过一本书，叫《部分》。书中，列举了一些论据，反对这种观点。他的看法是：每个部分都有它的部分，每种成分都有它的成分，每一半都有它的一半，任何部分永远都是可分的，物质的可分性是没有穷尽的。[①] 尽管这种观点从理性的可能性来说是对的，从实际的可能性来说，却是值得研究的，但这个问题耗费了很多穆阿台及勒派人的精力，今后还要谈到它。

奈扎姆还研究了跳跃、运动、静止的问题。他是这样解释跳跃现象的：物体处在一个地方，然后，不经过中间站就到了第三个地方，这就是跳跃。比如陀螺，其上部的运动多于下部，边口旋转所切割的距离大于下部和中央旋转所切割的距离，——这一切都发生在同一时刻，这种现象只能用跳跃来解释。他认为物体处在经常的运动之中。归根到底，运动有两种：自动和被动。一切貌似静止的物体实际上都在运动。世界就是运动。这种观点和他老师阿拉夫的观点有些矛盾，阿拉夫认为：物体可能是静止的，也可能是运动的。运动和静止不是世界。[②] 穆阿台及勒派的穆阿麦尔和他俩意见又不一样，他认为：物体总是静止的，运动只是一种说法而已。

奈扎姆认为：本质是由集中起来的表象构成的。世界，包括矿物、植物、动物是一次造成的。归根结底，在时间上后出现的都蕴含在先出现的东西里面，所以，先后只是从蕴涵的状态显露出来，

① 艾布·哈桑·艾施阿里：《穆斯林文集》，第316、318页。

② 艾布·哈桑·艾施阿里：《穆斯林文集》，第324、346页。

而不涉及发生和存在的问题。

他还研究了自然界的很多东西，并详尽地加以解释，比如他研究了表象及对表象的观察；研究了人（人，仅仅是灵魂，还是灵魂和肉体的结合？）；他还研究了声音、思维、火、光明、疾病、生育等，但我们现在感兴趣的只是他在教义学和宗教方面的观点。

奈扎姆将穆阿台及勒派的原理加以补充、整理和提高。他以本书前面谈到的方式充分阐述了"真主唯一"的观点，他说："不能说真主做坏事，因为坏事的'坏'如果是一种自身属性的话，那么能使坏事发生的必定也是坏的。"他还发挥了人的意志自由和人能够控制自己的行为的观点。前面我们已经说明了穆阿台及勒派的原则，其中大部分是经奈扎姆整理的。

此外，他还有一些宗教方面的观点，比如他认为《古兰经》的奇迹就在于它能预知未来，如预知未知的世界，预知将发生的事情。至高无上的真主说："罗马人已败北于最近的地方。他们既败之后，将获胜利，于数年之间。"①"你对逗留在后方的游牧人说：'你们将被召去讨伐一群彪悍的民众，或他们归顺。如果你们服从〔命令〕，真主就以优美的报酬赏赐你们；如果你们还像以前那样规避，他就使你们受痛苦的刑罚。"②《古兰经》的奇迹还在于它能预知人们心里想的和口里打算说的，等等。"至于著书、写诗、修饰文体，若非真主禁止学他的样，众仆们原是能够做的。"③

①②　马坚译：《古兰经》，30：2—4、8：16。——译者

③　《穆斯林文集》，第225页；《宗教与教派》，第39页；《胜利集》，第27页。

查希兹说："奈扎姆否认'公议'①，认为'公议'是不可能的，因为学者们分居各地；即便可能，整个民族也许会一致同意由'意见'和'类比'而产生的谬误。"奈扎姆不信"公议"，也不大相信"类比"和圣训传述的正确性。他所相信的几乎仅仅是《古兰经》和理智。

总而言之，他确是一个奇特的人物。他本人也感觉到自己的个性和理智的力量，不愿意让任何东西阻挡这种力量，所以，他根据理智的判断来解释《古兰经》；他让圣训学家的传述服从于理智的裁决；听任理智批评众口相传的圣门弟子的行为和主张；他对教法学家的许多言论不满意，甚至对穆阿台及勒派本身也不满意；他不承认大哲学家们的权威，并对他们加以攻击（他曾指出亚里士多德、原子论派哲学家和自然主义哲学家的错误）。就这样，他让理智凌驾于感情之上，让自己的意见和思想凌驾于宗教信仰之上。他想使一切服从于逻辑，但却未曾想到，世界既是逻辑也是艺术，人类既是理智也是感觉，生活既是思想也是感情。

在他身后，穆阿台及勒派是靠他的学说而得到发展的。查希兹说过："如果没有教义学家的地位，各民族的百姓就完蛋了；如果没有穆阿台及勒派的地位，各教派就完蛋了。我不想说：如果没有易卜拉欣（指奈扎姆）和他的朋友，穆阿台及勒派的广大群众就完蛋了，我只是说：他为穆阿台及勒派开辟了道路，开创了事业，打开了福祉的大门，其恩泽遍及众人。"②

① "公议"：阿拉伯文 Ijmā' 的意译。伊斯兰教立法的四项原则之一。意指宗教公社全体一致的意见，实则由伊斯兰教权威的教法学家根据《古兰经》和圣训做出决议以立法创制。——译者

② 查希兹：《动物志》，第4卷，第69页。

查希兹

前面，我们已经谈到了作为文学家的查希兹，下面我们要谈谈作为穆阿台及勒派的查希兹。

在我们简略地介绍了奈扎姆的生活和研究方法之后，也许我们可以说，查希兹不是从天上掉下来的，他的思想也不是凭空产生出来的。他是奈扎姆的继承人，他继承了奈扎姆的渊博学识和开放的思想，继承了奈扎姆在修辞学研究方面的成就和凡事必先怀疑和实验的研究方法。也许他不如奈扎姆那样敏锐和勇敢，但涉猎希腊文化典籍和其他书籍之多却为奈扎姆所不及，这是由于时代前进了，翻译和著述增多了的缘故。此外，还有一个原因，即奈扎姆死于风华正茂的青年时期，而查希兹却享尽天年，九十多岁才去世，他和王公贵族、哈里发交往过，并受到他们的恩宠，也接触过平民。他的著作由于其轻松有趣的笔调、曲折动人的故事、不使人生厌的文字而备受青睐。

在整个一生中，他都是穆阿台及勒派的喉舌。他保卫、支持穆阿台及勒派，为它排忧解难。但可惜的是，由于可恶的宗派主义，人们只保留了他的文学作品，而没有保留下他的宗教著作。他撰写的关于穆阿台及勒派教义的书，没有能够躲过那些目光短浅的宗教极端分子的手而荡然无存了。保存下来的只是《修辞与阐释》、《动物志》、《悭吝人》等文学作品。而《穆阿台及勒派及其对于德行的贡献》、《能力和行为的创造》、《古兰经的创造》、《穆阿台及勒派的德行》等宗教著作却没有流传下来。因此，为他作传的人要写出他作为一个穆阿台及勒派学者的历史是十分困难的，尽管他是一位多产而才华出众的作家，但为他作传的人，却只能从多处搜集一星半点儿的材料来介绍他的穆阿台及勒派的观点。

查希兹也许是当时知识最为渊博的人。在文学方面，他对蒙昧时期、伊斯兰时期和同时代诗人的诗歌无所不读；对阿拉伯人的笔记、演说及谚语格言涉猎甚广。在宗教学方面，他对《古兰经》、"圣训"及各教义学派的著作具有渊博的知识。在希腊文化方面，他钻研入微，学有专长。最能证明他博学多才的便是他的《动物志》一书。他通晓自然万物、希腊神学[①]，熟读亚里士多德关于动物的著述，并大量地加以引用。他时而称亚里士多德为"逻辑大师"，时而直呼其名。他还熟知希腊人在心理和道德方面的观点，[②]常引用侯奈因、伯赫帖舒[③]、赛勒迈维的译著。[④]

总而言之，查希兹囊括了那个时代的全部文化知识，很少有人能与之匹敌。学者们总是在某一方面学有专长，语言学家不懂哲学，哲学家不懂文学，像奈扎姆和查希兹那样无所不通的人是少有的，而查希兹还超过了他的老师。正因为如此，查希兹对于文学和哲学都做出了贡献。在文学方面，他的贡献是：丰富了文学的内容，在文学几乎变成一种纯粹的形式时，他给文学灌输了新的内容。读他的信，你会发现他的文笔流畅，内容丰富，既有内容又注意形式。这封信谈女歌手，那封信谈教师，另一封信谈唱歌，甚至有专谈讽刺的信——《方和圆》，这封信也有学术内容，对于那些想

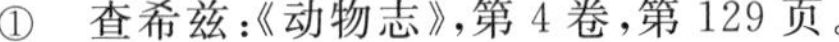

① 查希兹：《动物志》，第 4 卷，第 129 页。

② 同上书，第 5 卷，第 38、39 页。安查里：《文学家论文集》，第 2 卷，第 76 页。

③ 查希兹：《动物志》，第 5 卷，第 111 页。

④ 同上书，第 4 卷，第 74 页。

要知道当时什么是人们最为关注的学术、理智、文学和哲学课题的人来说，这也许是他写得最好的一封信。在哲学方面，他的贡献是：他用人们容易接受的文学笔调来撰写哲学著作，和侯奈因及伯赫帖舒那两个外国翻译家完全不同，他把亚里士多德的言论和蒙昧时代的诗歌结合起来，把哲学家的语言和文学家的语言结合起来，由此产生了一种既有趣味又有教育意义的作品。

尽管如此，查希兹从主张理性权威的老师奈扎姆和一般穆阿台及勒派门人那里获益匪浅。他不是文学的奴隶，他不仅讲述文学，还批评文学；他也不像侯奈因、伯赫帖舒和赛勒迈维那样做亚里士多德和其他希腊哲学家的奴隶；他更不像圣训学家那样做"圣训"的奴隶。他批评"圣训"，只承认理智能够接受的圣训。

阿拉伯人讲的有关鬼的故事、有关描写精灵的诗歌以及当时广为流传的神话都是他讥讽、挖苦的对象。[①] 他还批评艾布·宰德·安萨里等学者不加批评地传播这些东西。他虽然承认艾布·宰德是权威学者，但却认为他在这方面缺乏批评精神。[②]

他引用了很多亚里士多德关于动物的观点，对其中一部分看法加以批评，说什么："这是奇怪的"，"我不明白怎么会这样？"[③]有时，他又会奚落亚里士多德几句，他说过这样的话："这位逻辑大师声称有一种双头蛇，我就此事问过一个阿拉伯游牧人，他说是真的。我就对他说：'这条蛇朝哪个方向爬呢？它用哪个头吃食、咬物呢？'他说：'这种蛇是不爬的，需要时，它就滚几滚，像孩子们在

① 查希兹：《动物志》，第 1 卷，第 87 页。

② 同上书，第 86 页。

③ 同上书，第 4 卷，第 76 页；第 3 卷，第 162 页；第 4 卷，第 11 页。

沙滩上打滚儿一样；这种蛇用一个头吃晚饭，用另一个头吃午饭；至于咬物么，它是用两个头一起咬的。'这真是一种最奇怪的野生动物。"[①]查希兹还亲自对动物和植物做实验，一切传闻他都要经过实验。他曾在书中描写过猫、鼠之战，[②]还描写过这样一个实验：玻璃器皿内装着二十只蝎子和二十只老鼠，蝎子对老鼠发起了进攻。[③] 他在书中写道："人们都说蛇憎恶芸香和苦艾的气味，我曾用芸香盖住了蛇的头和鼻子，也没看到人们所说的这种现象。"[④]

他曾向屠夫请教，并纠正了许多误传。[⑤] 他还曾向弄蛇人了解蛇的习性。[⑥]

对最细微的事情，他也有精细的观察和有趣的观点，比如，他曾问过这样一个问题："为什么小孩喜欢玩灯？"问完，又自己回答："小孩玩别的都不像玩灯那样。小孩玩灯时，要放开小舌，收紧大舌，从而能够活跃思想，激发兴趣，促进思维活动，增加快乐，这对于心灵有重要的影响。"[⑦]

他还研究过色彩。如：基色是黑色还是白色？各种颜色按不同比例调和其结果是否不同？白色和光有何关系？他还研究过火苗和云彩呈现不同颜色的原因，[⑧]研究过动物的语言——动物语言的产生，动物语言从猫、狗到猴子的发展，以及动物语言的有声

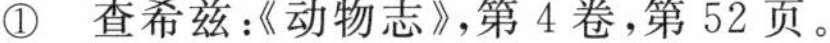

① 查希兹：《动物志》，第 4 卷，第 52 页。
② 同上书，第 5 卷，第 77 页。
③ 同上书，第 5 卷，第 78 页。
④ 同上书，第 6 卷，第 133 页。
⑤ 同上书，第 6 卷，第 149 页。
⑥ 同上书，第 5 卷，第 80 页。
⑦ 同上书，第 5 卷，第 41 页。
⑧ 同上书，第 5 卷，第 21、22 页。

字母的数目。[①] 这样有趣的研究，他做了很多。他用自己科学的头脑批评过许多流行的观点，如：他不相信人们所说在霍姆斯有一种符咒能够阻止蝎子在那里生存，他认为这是蝎子的天敌的作用。还有人说，有一种符咒能让皮肤被蚊子咬了以后不出现红肿，他不相信这种说法，并证明说，黄昏后一只蚊子咬了他的脚背，直到宵礼时红肿也没消失。[②] 他还用科学的方法研究了眼睛及其功能[③]；研究了广为流传的轮回转世说及其后果，并以理性的证据批驳了自然主义者和学者们在这一问题上的言论。[④]

可以毫不夸张地说，查希兹是当时最博学的人。假若他的著作全都保存下来，按字母顺序加以整理，搜集成册，那将是一本包罗万象的"百科全书"，囊括了当时所有的知识。

现在，让我们再谈谈作为穆阿台及勒派的查希兹。

穆尔台迪在《愿望和希望》一书中说："查希兹对两件事感兴趣：知识是天生的和批驳拉费兹派。""知识是天生的"，这是一个模糊的概念。查希兹的意思是什么呢？也许下面这些文字能够帮助我们理解这一概念。

艾施阿里说，查希兹说过："出于本人愿望得来的钱财自然归本人所有。这事是不能选择的。没有愿望，任何行为也不会发生。"

沙赫力斯坦说，查希兹说过："所有的知识都是天生的。没有

① 查希兹：《动物志》，第 5 卷，第 89 页。
② 同上书，第 5 卷，第 120 页。
③ 同上书，第 2 卷，第 47 页。
④ 同上书，第 4 卷，第 24 页。

任何知识是由众仆的行为产生的。众仆有了愿望才有收获，从而产生行为。”①

在这个问题上，查希兹时代的和后来的教义学家们是有分歧的：知识究竟是天生的，还是后学的？一些人说知识是天生的，就是说知识的获得无须学习和思考；另一些人说知识是后学的，就是说知识的获得要靠学习和思考。法赫鲁·拉兹和查希兹一样认为知识是天生的，两圣城的伊玛目和安查里却认为知识是后学的，还有一些学者认为有些知识是天生的，有些知识是后学的。根据以上情况，我们可以对查希兹的见解进行分析。

有两个问题促使穆阿台及勒派研究这一个题目，这两个问题是：

（1）人是自己创造自己的行为呢，还是真主为他创造行为？

（2）由一种行为产生出来的其他行为，应归属于行为的主动者呢，还是不归属于他？比如说：一个人往水里扔了一块石头，产生了一圈一圈的水波，这些水波的产生可以归之于扔石者吗？又比如：一个人点燃了一根木头，结果把房子烧着了，由于房子被烧，致使一些人死亡。由于这些人的死亡又引发出一些事件，这些事件的发生应归罪于点燃木头的人吗？人们先研究了这两个问题。穆阿台及勒派的学者素玛迈·本·艾施莱斯认为：派生出来的行为是没有主动者的。一个人也许做了一件事，这件事在他死后派生出一些事情来，这些派生出来的事情是不能归之于死者的。如果是恶行，便不能归之于真主，因为真主是不行恶的。这些派生出

① 沙赫力斯坦：《宗教与教派》，第 52 页。

来的行为是没有主动者的，对于一切派生的行为都应这样认为。①

看来，查希兹是持这种看法的，因为他曾说过：知识不是人的行为的结果，因为知识是派生出来的，不是通过感觉就是经过思考产生的。所以，他说：人只要有愿望的指导，就能得到知识，而在这以后发生的事情就是自然而然地产生的。比如睁开眼睛，就能看到这件东西是红的，那件东西是黄的；这件东西比那件大。所以，睁开眼睛是有意识的、主动的、主观努力的活动，而由这一活动而产生的知识，或者换句话说，由这一活动而派生的知识则是必然产生的。开动脑筋去进行研究和论证也是如此。思考是有意识的活动，但是思考的结果以及通过思考而获取的知识就是必然或自然的，而非主观努力的结果。

人的知识是本能的，如人本能地会吮乳，他本能地会感到疼痛和欣喜。如果他的智力自然地发展，他的知识也随之自然地增长，他就能够明白：整体比部分要大；一个身子不会分在两地。他本能地进行思考和观察，本能地接受正确的东西，拒绝不正确的东西。

也许正是因为查希兹在这方面的广泛研究促使他缩小应受惩罚的异教徒的范围：没有接受过传教的不算犯罪；虽然接受过传教，但经过思考没有确立信仰的也不算犯罪；只有确认教义的正确而坚持不信的才是犯罪。安查里也转述过查希兹的下述观点：“查希兹认为反对伊斯兰教的犹太教徒、基督教徒和无神论者如果坚持反对伊斯兰教就是有罪的；如果经过思考，但不能认识真理，则是可原谅的，不是罪人；如果他们不知道应该思考而没有思考也是

① 沙赫力斯坦：《宗教与教派》，第49页。

可以原谅的。只有顽固不化才是罪人，应予惩戒，因为至高无上的真主宽厚待人，而不苛责于人。对于那些不能认识真理，却由于畏惧真主而固守自己的信仰的人，知识的道路是敞开的。"[①]查希兹根据这一观点认为欧洲人、非欧洲人乃至全世界的人除一小撮外都能得救，这一小撮人经过研究明白伊斯兰教是真理，但由于贪图虚荣、留恋原来的教职等原因拒不接受伊斯兰教。安查里反驳他道："这种观点是为理智所不容的。如果是法律规定倒还可以，但法律要惩罚的是那些有能力思考而不思考的人。"然而，我们认为安查里在这个问题上是犹豫不定的，有时，他很尖锐地反驳查希兹的意见，如所著《集萃》一书；有时又很接近查希兹的观点，如所著《分歧的仲裁者》一书。

把查希兹在这个问题上的言论和他所说的"知识是先天的"联系起来，人们发现：当他认为知识是先天的时候，便会顺理成章地认为人的观点和信仰也是先天注定的，而不是后天得来的，是他的头脑构成的方式及其所反映的观点的必然结果，是这两种因素相互间的自然感应。一个人面对一种宗教，如果他的头脑不欣赏这种宗教，他就只好不欣赏它，而且根本也不可能去欣赏它。谁经过思考皈依了伊斯兰教，那他的伊斯兰教信仰是天生的，而不是后天得来的；谁背叛了伊斯兰教，则他的叛教也是天生的，而不是后天决定的。人只有在意愿的指引下才能进行后天得来的工作。如果有了意愿，则此后无论发生叛教或信教的行为，他都不可能改变它。到那时，他对自己的信仰就不负责任了，因为真主一向宽厚待

① 安查里：《集萃》，第2卷，第359页。

人，从不苛求。谁患了色盲，谁就会把红的看成黑的，对此不应加以责备，因为他能做的只是睁眼或闭眼，至于看到的是黑的还是红的，他自己无法决定。凡理性知识都是如此。

对查希兹所说“知识是天生的”和穆尔台迪所说“查希兹固执己见”，笔者的理解就是如此。笔者不认为他的看法和穆阿台及勒派的总原则，即人是自己行为的创造者有什么矛盾，因为当他谈到人能控制自己的意愿时，他并没有违反总的原则，尽管他说过，此后产生的一切都是本能的、自然的。

看来，查希兹把这一关于“本性”的理论发展到了最大限度，他从今生和来世的范围来看待这一理论。

遗憾的是，他的理论，留存下来的只是一鳞半爪，完全不能说明问题。沙赫力斯坦说过：“查希兹和自然主义哲学家一样，主张确定实体的性质。他肯定实体都有自己的独特行为，认为实体不可能没有本质，因为现象是变化的，而本质不可能消亡。关于入炼狱者，他认为他们不可能永处火狱受折磨，他们会变成火。他说：‘烈火（即末日的烈火）将把入火狱者吸引过去，而不会有任何一个人自己进去。’”①

这段简明扼要的话说明了许多意思。查希兹在这段话里规定了事物的自然法则：水、火，以及世上万物都有自己永恒不变的自然法则，也就是说，他肯定了近代科学的重要原则，即物质不灭。他说：“本质是不会消亡的。”现象是变化的，而物质的本质常存不灭。物质在变换着，变化着，时而变成水，时而变成农作物，时而变

① 沙赫力斯坦：《宗教与教派》，第52页。

成矿物，时而变成木材，所有这些都是物质的瞬时现象，也可以说是构成物质的基本元素的瞬时状况。

在这个问题上，查希兹甚至对末日产生了一种奇怪的观点：他认为入火狱者的本性与烈火是协调一致的。根据这个观点，入天堂者的本性也是和天堂协调一致的。入火狱者根据其本性自己宣布入火狱，而烈火也根据其本性和入火狱者的本性将他们吸引进去。

穆尔台迪提到查希兹感兴趣的第二个问题是："批驳拉费兹派"。查希兹所写"伊玛目的资格"一文只有只言片语流传下来，文中说：拉费兹派（指拒绝派）是什叶派的一个支派，之所以被称为拒绝派，是因为当有人问宰德·本·阿里·本·侯赛因对艾布·伯克尔和欧默尔的意见时，宰德赞扬了两位哈里发，并祈求上帝怜悯他们，什叶派中一部分人因此而拒绝拥护他，遂被称之为"拒绝派"。从此，什叶派分为两派：拒绝派和宰德派。两派都认为阿里优于艾布·伯克尔和欧麦尔，但宰德派较少攻击后两位哈里发，对他俩的判断也较公允，这点将会在后面谈到。

在此文中，查希兹站在保卫艾布·伯克尔和欧默尔两位哈里发的立场，以强烈的措辞反驳宰德派和拒绝派认为阿里优于艾布·伯克尔和欧麦尔的理由，并肯定了他俩作为伊玛目的资格。根据留存至今的零星片断的材料，他的观点可概括如下：赛基发圣训证明，真主的使者没有指定继承人，也没有决定何人执政。亲属关系并不是选优的根据，因此·艾布·伯克尔和欧麦尔应比阿里优先。同时，查希兹还研究了在同一时间内，穆斯林大众是否可以有多位伊玛目的问题。他认为，这样做是不行的，因为这种做法将带来朝政腐败、争权夺利和互相敌视，其结果必然不能克服腐败现象，从而损害穆斯林的利益。他在文中谈到他写了一本专门驳斥拒绝派的书。[①]

在以“倭马亚人”为题的文章中，他曾谈到过对倭马亚人的看法，补充了有关伊玛目资格的意见。他赞扬艾布·伯克尔、欧麦尔时代和奥斯曼登基后的前六年，那是人们关系和谐和意见一致的年代。此后便是烽烟四起，战乱频仍，一直到阿里被杀，光荣地为真主献身。谋杀者应受到诅咒，入炼狱。接着，他又谈到了穆阿威叶，说他把伊玛目教长制变成了科斯拉[②]王位制，把哈里发推举制变成了罗马皇帝式的篡夺王位。他还历数了穆阿威叶的错误，指责他叛教。最后，他还严厉批评了那些不肯谴责穆阿威叶叛教的穆阿威叶时代和查希兹时代的人。他说：“由于当时很多人不再谴责穆阿威叶叛教而使自己成为外道。我们时代的青年人走得更远，我们时代的新鲜事也更多，这些青年人甚至说：不要责备他，他有同伙，责备穆阿威叶就是异端，谁仇恨他，谁就违反了逊奈。对此我要说：抛弃清白就是反对逊奈。”查希兹还历数了叶基德[③]的罪恶，如杀害侯赛因，攻打克尔白，洗劫麦地那等。查希兹还谴责阿卜杜·麦立克·本·麦尔旺扼杀了仅有的一点批评哈里发和总督们的自由，他说：“有些仁人君子曾以恶报来警告和恐吓暴君们，使他们明白人们不能容忍腐败现象，但哈里发阿卜杜·麦立克·

① 穆拜莱德：《辞章集成》，第 2 卷，第 216、269 页。——译者

② 科斯拉：古代波斯国王的称号，其王位的继承实行世袭制。——译者

③ 叶基德·本·穆阿威叶：倭马亚王朝第二任哈里发，公元 680—684 年在位。——译者

本·麦尔旺和总督哈查吉·本·优素福上台后,便明令禁止这种犯上的行为,还杀了一些人,以示惩戒,从此,人们再也不敢反对他们了。”

在文章中,查希兹还批评了当时的一些年轻人。这些人曾扬言,“谴责腐败的统治者是叛乱,攻击暴虐的统治者是异端”,他们还异口同声地攻击那些因信仰虔诚或喜好分析问题而被杀的人。尽管杀人者是暴虐的君主,是忤逆的王子,尽管他曾让好人恐惧,让伊斯兰教法学家遭受杀戮,使穷人忍饥挨饿,使弱者受尽欺凌,他们也不赞成对杀人者进行责备、革职、放逐和谴责。他们极尽讨好、谄媚之能事,以致同流合污,只有少数真主保佑的人除外。

在查希兹流传下来的有关宗教问题的著作中,有一篇文章描写了当时的各种饮料。文章阐述了准许饮色酒,禁止饮白酒的种种理由。由此文可知,尽管他赞成准许饮色酒,但并没有亲自尝试过。[①] 查希兹假借提问者之口说出色酒的特点,并用文学笔调对色酒的性质及其对身体和心灵的影响进行细致入微的描述,在这一点上,艾布·努瓦斯也望尘莫及。他还猛烈地驳斥了麦地那的教法学家关于禁饮色酒的意见,勇敢地支持了伊拉克人的观点。他说:“也许有人会说:使者的城市和迁居之所的居民对于合法、非法、椰枣酒、白酒以及使者没有明白允许或禁止的其他东西能一目了然,他们一致认为应禁饮能够醉人的色酒,因为它和白酒一样。对此,我愿说:一个地方的显赫名声不能决定何为合法,何为非法。合法与非法应以《古兰经》、一致认可的圣训、健全的理智和一定的

① 穆拜莱德:《辞章集成》,第 2 卷,第 251 页。

标准来判断。"他还谴责麦地那居民，他们甚至把拿空水袋的人也抓来拷打一番，"因为他们声称水袋是盛酒的器具，按照这种逻辑，该受处罚的是那些持刀剑或拥有剧毒的人，因为这些东西都是杀人的凶器。"在这篇文章的最后，查希兹写道："麦地那人只是普通的人，并不是天使，他们说的话并非都是真理。"

这篇文章还说明：查希兹主张只根据一致公认的圣训办事。前面所引用的文章也证明了他的这一主张。对于某一段圣训，人们如有不同意见，有人肯定，有人怀疑，或有人另传述一段圣训，则应根据理智加以判断。既然有些圣训肯定饮色酒为合法，而有些圣训则断其为非法，查希兹便置这些圣训于不顾，他曾坦率地表示过：健全的理智是立法的基础之一，根据理智立法不同于根据法学家的著作进行类比的立法方式。

在这篇文章中，他还攻击了圣训学家，批评他们的研究工作多有粗疏错漏，而且浅尝辄止，不求甚解，言论也欠公允。这是穆阿台及勒派和圣训派之间的积怨，他们总是互相排挤、相互对立，以至于发展到誓不两立的地步。由于思维方式和研究方法不同，这种对立在"《古兰经》被造"问题所引起的动乱中达到高潮，这一点后面还要谈到。

查希兹批评他们，因为他们只是搜集圣训，而不喜欢动脑筋思考。他说："如果他们对于传述的东西加以分析，提出证据，困难就会少些，但大多数圣训学家仅限于传述而已，他们只是就字面进行解释，而不说明理由，也不提供证据。"①他还批评圣训学家和诠释

① 查希兹：《动物志》，第1卷，第166页。

圣训者喜欢搜集奇闻逸事，但不加以研究。因此，他对《动物志》一书中出现的圣训和圣训的注释都用理智去判断，并根据合理性原则和事情本身的性质加以分析。

查希兹是当时保卫穆阿台及勒派的原则、发展和巩固其学说的领袖。他巍然屹立在反对穆阿台及勒派的人的面前，保卫着该派关于美与丑的理论和关于"《古兰经》乃被造之作"的理论。他说："他们中大多数人宣称：真主的语言是美好的……；'福音书'不是《古兰经》，《黄牛章》不是《仪姆兰的家属章》；是真主主持编写此书，使之成为明证，证明使者的真实性；真主对此书可随意增删，也可随意更换；真主降示了它，使之分成章节，它因真主而存在，除真主外别人都不能这样做。尽管如此，但《古兰经》并非真主所造。他们给了它所有创造的性质，却禁止使用'创造'这个字眼。奇怪的是，禁止使用这个字眼的人竟声称：他从来没有从先辈那里听到'《古兰经》乃被造之作'这样的话，但他应该知道，他也从来没有从先辈那里听到'《古兰经》非被造之作'的话。"[①]等等。

总而言之，查希兹是在文学、教义学、宗教学诸方面有着广泛影响的少数人物之一。他的文风脍炙人口，这是一种通俗易懂、引人入胜、生动有趣、丰富多彩的文风。他从各个方面反复探求字义，务求详尽，直到他人无话可说。当他用这种文风来阐述穆阿台及勒派的教义和宗教问题时，就使这些问题更易为人接受，而在他之前，这些问题都是模糊一团的，只有少数人能够理解。由于他的文风，模糊之处澄清了，难点解决了，问题变得易于理解了，知识的

① "倭马亚人"一文。

范围也扩大了。由于他的文风，不能理解哲学家和教义学家言论的头脑开窍了，不能接受概括的语言和笼统的表达的人们信服了。在他们之后出生的用阿拉伯文阅读的人有谁不曾受惠于他呢？

巴格达派

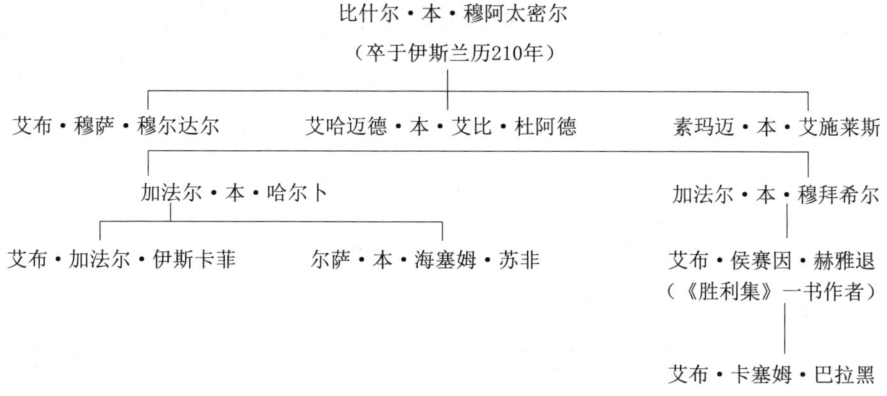

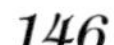

比什尔・本・穆阿太密尔

他的别号是艾布・赛勒・希拉利，他是穆阿台及勒派中巴格达派的创始人，曾和法德勒・本・叶海亚过从密切，在哈伦・拉希德时代曾经飞黄腾达。他是当时的一个能人，无论在文学方面，还是在穆阿台及勒派理论方面都有突出的成果。

在文学方面，据笔者所知，他是阿拉伯修辞学的创始人，查希兹在《修辞与阐释》[①]一书中引用的珍贵材料足资证明。在这份材料中，比什尔谈到了修辞学的一些基本问题，在他之前还没有任何人涉及过。他这样规劝作家：

(1) 作家应注意选择写作的时间，并非任何时候都适宜于写

① 《修辞与阐释》，第1卷，第126页。

作。在空余时间，当头脑轻松、心境平静时写作，语言自然顺畅平易，不会矫揉造作。

(2) 他提出了修辞的最高典范，即流畅、亲切、庄重、通俗的语言和浅显明白的内容。

(3) 他阐明了修辞学的基础，即语言应注意场合。“上层人士的语言不见得高贵，平民百姓的语言不见得下贱。什么时候说什么话。语言高贵是因为它正确，审时度势便胜券在握。”一个文学家如果能用通俗易懂的语言使普通百姓明白上层人士的话，那他就是一个了不起的修辞学家。

(4) 他还谈到了词汇及其在语言中的地位。用词应得体、达意，切中题意，不可离题太远，也不可不分场合，随便乱用。

谁如果做不到上述四点，且思绪涣散，即使有写作的念头，也应推迟到心情平静时再动笔。谁如果不是因偶然的原因，而是因为没有基础，因为才智枯竭而思绪停滞，趣味低下，那最好放弃文学和修辞，转而从事其他更有基础、更合适的工作。

显然，这就是修辞学的基础。比什尔写下这些文字时，查希兹还没有发表《修辞与阐释》一书。查希兹从他那里转述了这些文字。比什尔比查希兹出生早，也比他死得早。比什尔殁于伊斯兰历 210 年前后，查希兹殁于伊斯兰历 255 年，前后相差四十五年左右。

我们不知道在比什尔之前有谁奠定了阿拉伯修辞学基础，所以，把他称为“修辞学创始人”是不过分的。

此外，他还擅长写五韵诗和双重韵诗。查希兹说：“我没见过任何人比比什尔更擅长写五韵诗和双重韵诗的了，在这方面，他比艾巴尼·拉希基都强。”

他还擅长写一种赞颂真主创造万物，特别是创造动物的智慧的诗。查希兹在《动物志》一书中曾提到他的两首长诗，他说：“在谈起昆虫、猛兽等各种动物之前，让我们先谈谈比什尔·本·穆阿太密尔的两首诗，他在诗中搜集了许多关于动物的奇闻异趣，表现出他具有多方面的奇智和辩才。”接着，查希兹便引用了这两首诗，并开始解释诗的意思。①

也许正是比什尔·本·穆阿太密尔这两首歌颂真主创造动物的奇迹的诗启发查希兹撰写了《动物志》一书。

他还有一首杂韵诗，表达了阿里优于哈瓦立及派人的观点。

他的诗多为教诲诗，且多与宗教及教派有关，目的是规劝人们观察真主创造的万物。穆尔台迪说，他还有一首四万行的诗，驳斥了所有的反对派。

*　　*　　*

关于比什尔的穆阿台及勒派观点，现在只有一些零星材料。他最重要的研究是关于“责任”问题，实际上，他的许多言论都是围绕着这个问题展开的。人们提到“正是他首创‘派生’一词并充分论证了它的含义”②。我们在前面谈到过“派生”的含义。看来，他研究“派生”的目的是要确定责任。一个人的行为也许会派生出其他行为来，如：一块石头扔出去，打碎了一块玻璃，玻璃片飞起来又伤了人，如此等等。一个人对因他的行为而引起的种种后果究竟负什么

① 查希兹：《动物志》，第6卷，第92页。

② 沙赫力斯坦：《宗教与教派》，第44页。

责任？遗憾的是，古人没有详尽地转述比什尔在此问题上的见解。

儿童的行为也是他研究责任问题的内容。儿童对自己的行为负责吗？真主会因为他的行为而惩罚他吗？比什尔的意见是：儿童对自己的行为是不负责的，至高无上的真主是能够惩罚他的，但如果真主果真这样做了，那就亏待了他。但他认为对真主讲这种话是不恰当的，应该用更委婉的方式来表达。

关于“责任”，他还说过这样的话：“一个人对其所犯的大罪表示悔改，但后来又重犯，那此人所犯而又表示悔改的第一个罪应该受到惩罚。悔改可以消除他的责任，但条件是不得重犯。”

*　　　*　　　*

许多人拜比什尔为师，其中成就最突出、在巴格达传播穆阿台及勒派教义影响最大的有三个人：(1)艾布·穆萨·穆尔达尔；(2)素玛迈·本·艾施莱斯；(3)艾哈迈德·本·艾比·杜瓦德。

艾布·穆萨·穆尔达尔

艾布·穆萨本名是尔撒·本·苏贝赫。由于他信仰虔诚，苦修苦炼，而且能言善辩，擅长劝导，所以，在巴格达传播穆阿台及勒派教义的成就首先应归功于他。一天，艾布·侯载勒·阿拉夫来到他的讲堂，听他讲述“公正”的原则，和对真主的赞美。他赞美真主对万物行善，对众仆宽厚；谴责众仆自相残害，责备他们疏怠对真主应尽的职责。艾布·侯载勒听罢，一边哭着一边说：“当年，艾布·侯扎法和艾布·奥斯曼等谢赫们就是这样传教的呀！”[①]因

① 赫雅退：《胜利集》，第 67 页。

此，艾布·穆萨被称作“穆阿台及勒派的修道士”。在他去世前，曾嘱咐不得将遗产分给后人，而应散发给穷人。有人问他：“为什么这样做？”答：“我之所有并不属于我个人，而是属于穷人。这些钱财背叛了穷人，转到我手里，使我一生受益。”[1]由此看来，他在行动上是一个极端的社会主义者。

他这种虔诚、苦修的行为感动了众人，穆阿台及勒派的主张因他而得到了广泛的传播。

他的穆阿台及勒派的信仰是与其个性相符的。他对穆阿台及勒派的主张十分执着，并热衷于指责别人（包括本派信徒在内）为叛教，只有少数人能够幸免。比如，谁说人的眼睛能够看见真主，谁就是叛教；谁说众仆的行为是真主创造的，谁就是叛教；谁掌权，谁就是叛教，他的权力既不能遗传，也不能继承。[2] 易卜拉欣·本·信迪有一次和他谈起地球上全体居民，他一概指斥为叛教。易卜拉欣对他说：“难道像大地一样广阔无限的天国只有你和三个与你志同道合的人能够进去吗？！”凡以物配主者和宿命论者都被他指责为叛教。为此，他撰写了一本书，把地球上的大部分人说成是叛教。他也许是在巴格达挑起关于“《古兰经》乃被造之作”的争论的第一人。他以一种引人注目的方式提出问题，挑起争论。他声称人是能够写出像《古兰经》那样流畅、通顺、严密的文字来的。[3] 他也许像一些穆阿台及勒派人一样，认为《古兰经》的奇迹是仅就其宗教含义和预告未知而言的。他还夸大其词地谈到“《古兰经》乃

① 赫雅退：《胜利集》，第 69 页。

② 沙赫力斯坦：《宗教与教派》，第 48 页。

③ 沙赫力斯坦在《宗教与教派》一书中谈到此事。

被造之作”的问题，把凡是认为《古兰经》是无始自有的人统统视为叛徒。谁说《古兰经》是无始自有的，就是肯定两件东西是无始自有的。①

艾布·穆萨的这种说法自然引起人们针锋相对的争论和反驳，这场争论愈演愈烈，最后变成一场灾难。

对于圣门弟子和各个政治事件，他和许多穆阿台及勒派人的态度相同。对阿慕尔·本·阿绥和穆阿威叶及其同伙他持否定态度，而对奥斯曼，则不表示态度，既不说好，也不说坏，因为奥斯曼既做过好事、也做过坏事。但对杀害奥斯曼的凶手则持否定态度，说他们将入火狱。

穆阿台及勒派关于穆阿威叶和阿慕尔及其同伙的立场符合阿拔斯人的口味，因为他们憎恨倭马亚人的王朝，对一切有损倭马亚人名声的事情都趋之若鹜。因此，像穆阿台及勒派这样的宗教界人士对倭马亚人执否定态度，正好迎合了阿拔斯人之所好。但穆阿台及勒派的观点是否受到阿拔斯人的政策的影响呢？笔者认为：有一部分世俗人士和宗教人士是受了影响的，还有一部分人则受到了自由思想的影响。而且，笔者还认为：艾布·穆萨就是这后一种人中的一个，因为他很虔诚，一心修炼，那些因接近权贵而叛教的人是不会向他兜售其主张的。

两个加法尔

穆尔达尔的得意门生中有两个加法尔：加法尔·本·穆拜希

① 沙赫力斯坦：《宗教与教派》，第 48 页。这里的“两件东西”指的是真主和《古兰经》，意即“以物配主”。——译者

尔和加法尔·本·哈尔卜。他俩都是巴格达穆阿台及勒派的首领,并在学识和操守方面为世人树立了典范。加法尔·本·穆拜希尔在教义学、教法学、圣训学、《古兰经》学、修炼、"伊智提哈德"[①]诸方面都是有胆有识的。在教义学和教法学方面,他著述甚丰,他的主张类似札希里学派[②]的主张——如遵循《古兰经》、圣训和"公议"的字面意义,憎恶"意见"和"类比"。他撰写了一本书,专门驳斥"意见派"和"类比派"。他曾和比什尔·迈里西辩论,他那强有力的论据使比什尔不得不逃之夭夭。他继承了穆尔达尔苦修、虔诚和擅长辞令的衣钵。由于他的循循善诱,全体阿那城[③]的人都转向了穆阿台及勒派。哈里发瓦绥格曾问过艾哈迈德·本·艾比·杜瓦德(他俩都是穆阿台及勒派人):"你为什么不委任我们穆阿台及勒派人为法官?"艾哈迈德说:"穆民的领袖啊!他们拒绝委任。比如,加法尔·本·穆拜希尔,我给了他一万银币,他却拒绝接受,我又亲自拜访他,他也拒绝见我,……我怎么能把法官的职务委任给他这样的人呢?"加法尔·本·穆拜希尔卒于伊斯兰历234年。

加法尔·本·哈尔卜·海姆达尼也是一位虔诚的教义学家。他先在巴士拉跟艾布·侯载勒学教义学,后到巴格达就学于艾布·穆萨·穆尔达尔名下。他曾著书反驳他的老师艾布·侯载勒,书名

① 伊智提哈德,阿拉伯文 Ijtihād 的音译,意为"尽力而为"。伊斯兰教教法专用语译为创制,指伊斯兰教权威学者根据伊斯兰教立法原则提出的个人意见。——译者

② 札希里学派,阿拉伯文 Ẓāḥirīyah 的音译。伊斯兰教教法学派。即按《古兰经》字面意义解释法律的学派。——译者

③ 阿那城,在今伊拉克境内。——译者

为《谴责艾布·侯载勒》。穆尔台迪这样谈到他：他父亲是当时的权贵，给他留下一笔钱财和不动产，但都被他放弃了。穆尔台迪还说：加法尔出席过瓦绥格的辩论会。有一次，他是在祈祷时进去的，瓦绥格站在前面，领着大家祈祷，只有加法尔一人走得远远的，脱了鞋，独自一人祈祷。[①] 艾哈迈德·本·艾比·杜瓦德对他说：瓦绥格不会容忍你这种行为。如果你决心继续这样做，就不必参加他的辩论会了。加法尔说：不是你硬拉着我来，我是不会来的。从此以后，加法尔就没再参加过瓦绥格的辩论会。加法尔卒于伊斯兰历236年。

总之，穆尔达尔和他的学生——两个加法尔在巴格达虔诚地宣传了穆阿台及勒派的主张。他们很像阿慕尔·本·欧拜德和瓦绥勒·本·伊脱邑，以自己的行为传播了穆阿台及勒派的教义，而两位加法尔更是有口皆碑。人们常说："两位加法尔的学问……两位加法尔虔诚的信仰……就像人们常说：两位欧默尔的公正一样。"

素玛迈·本·艾施莱斯

素玛迈·本·艾施莱斯(其别号是艾布·迈阿尼·尼迈里)是另一种类型的穆阿台及勒派学者。他并不虔诚，喜欢在世俗事务中冒险，在哈里发的宫廷中频繁出入。他常在哈里发的辩论会上大谈文学和穆阿台及勒派的观点，为辩论会增添光彩。文学书籍中充满了他的清词妙句。沙赫力斯坦说过："在他身上集中了宗教

---

① 此举说明他认为哈里发瓦绥格没有资格主持祈祷。——译者

观点的荒谬和心灵的放荡，尽管他相信放荡不羁的人如不悔改将永堕大狱。”这里，宗教观点的荒谬，可能指的是他的穆阿台及勒派的信仰，其实，素玛迈并不是浅薄之徒。穆尔台迪说：“在学识和文学方面，素玛迈是当时出类拔萃的人物之一。他的辩论尖锐有力。”查希兹十分敬佩他，引用过他的许多言论。关于心灵的放荡，看来是因为他让自己得到了应得的享受，而不苦行修炼的缘故。起先，他曾与哈伦·拉希德接触，由于思想自由而被指责为叛教，遭到哈伦·拉希德的囚禁，后又得到赦免。拉希德非常佩服他的才智，把他当做自己的密友。到了麦蒙时代，素玛迈更是青云直上，地位高踞于诸大臣之上。法德勒·本·赛赫勒被杀后，麦蒙想委任他为宰相，被他拒绝了。他说：“我看那些担任公职的人都是好景不长的。”麦蒙同意他的意见，对他说：“请你给我推荐一个对我有用的人吧。”他便推荐了艾哈迈德·本·艾比·哈立德。[①] 尽管是他推荐的，但艾哈迈德本人却不知道素玛迈对自己的恩惠。有一天，艾哈迈德当着麦蒙的面对他说：“素玛迈！宫廷里每个人都有职务，唯独你没有职务。”素玛迈对他说：“我在宫廷里的地位和作用是很清楚的。”“是什么呢？”素玛迈说：“就是对像你这样的人是否称职提供咨询意见。”艾哈迈德哑口无言。[②]

艾哈迈德·本·艾比·哈立德死后，麦蒙又请他出任宰相，他又拒绝了，麦蒙便让他推荐合适的人选，他推荐了叶海亚·本·阿克苏姆。在推荐之前，素玛迈已经知道叶海亚不会像他的前任那

① 脱夫尔：《巴格达史》，第 215 页。

② 同上书，第 228 页。

样对他背信弃义，但很快两人之间又产生了不和，[①]其原因也许是在麦蒙御前进行的辩论和讨论。素玛迈能言善辩，论证有力，总能战胜对手，而且有理不饶人，硬是强迫对手接受自己的论点，这就要结怨于人，尽管这些人都曾受惠于他。

素玛迈由于接近麦蒙，而且人们都知道哈里发对他言听计从，因而对穆阿台及勒派教义的传播颇有功绩。脱夫尔曾经这样说过："从叶海亚·本·艾克苏姆接近素玛迈，并向他要职务一事就可以知道叶海亚开始学习穆阿台及勒派的理论了。"[②]

查希兹说："素玛迈说过：加法尔·本·叶海亚·伯尔麦克是最善于辞令的人，他讲话冷静、从容、简练、亲切，不用重复便能理解。假如世界上有一个人讲话无须借助手势，那就是加法尔，而且他还无须借助重复。"素玛迈有一次说过："我从没见过一个人比加法尔·本·叶海亚更能做到在讲话时不结结巴巴、吞吞吐吐，不清嗓子，不搜罗生僻的词汇，也不挖空心思地寻找深奥的概念。"查希兹在引用了这段话之后说："素玛迈·本·艾施莱斯用来描述加法尔·本·叶海亚的这些特点，同样也适合于他自己。他同时代的人中，只有他做到了这些。我只知道他是个乡下人，不是本地人。他的话言简意赅，易于理解，而且流利通畅，毫不做作。他用词恰到好处，意思和词义很贴切。他的话一传到耳朵里，不假思索就能理解。"有些作家说："素玛迈的话吐字清晰，意思明白。"[③]

查希兹的这段话证明他承认素玛迈是当时最善于辞令、最有

① 脱夫尔：《巴格达史》，第 256 页。

② 同上书，第 257 页。

③ 查希兹：《修辞与阐释》，第 1 卷，第 190、195 页。

逻辑、最善于表达的人。有查希兹的这段话作证明就够了。素玛迈是查希兹的老师，查希兹在《说明与解释》和《动物志》两书中引用了许多他在文学、修辞学、动物学方面的材料。查希兹在书中多处写道："素玛迈告诉我"、"素玛迈对我说"，等等。在文风和内容上，也得益于素玛迈。此外，在幽默、讽刺和讲述辛辣的逸事方面，素玛迈也是查希兹的老师。查希兹向我们讲述的素玛迈的奇谈妙论就是清楚的证明。

一天，素玛迈怂恿麦蒙写一本诅咒穆阿威叶的书，并在宫廷会议上宣读。叶海亚·本·艾克苏姆不同意这样做，他说："穆民的领袖啊！老百姓，特别是呼罗珊人对此是不会接受的，我们不能保证他们不会产生反感，甚至不顾后果。我主张让人们维持现状，不要让他们看出你倾向于哪一派，这样做在政治上更正确，在举措上更恰当。"麦蒙倾向于叶海亚的意见，便对素玛迈说："叶海亚使我畏惧老百姓的意见。"素玛迈说："什么是老百姓？真的！只要你派出一个人，肩上扛一面黑旗，手上拿根棍子，他就能用棍子给你驱赶来成千上万的老百姓。真主把他们比作牲畜，真主说：'难道你以为他们大半是能听从或者能了解的人吗？他们只像牲畜一样，他们甚至是更迷误的。'[①]穆民的领袖啊！几天前我路过呼勒迪大街，忽然看见一个人将衣服摊开，把许多药剂倒在上面，一边吆喝着：'卖药呢！治白内障、夜盲、角膜翳、弱视的药。'卖药的人恰巧一眼失明……人们蜂拥而至，纷纷请他开方。我从坐骑上下来，挤到人群里，对他说：'喂！我看你的眼睛比别人更需要治疗，可你却

① 马坚译：《古兰经》，25：44。——译者

把这种药说成能够治疗眼疾，你为什么不试试呢？’他说：‘我在这里已经十年了，从来没见过一个比你更无知的谢赫。’我说：‘怎么会呢？’他说：‘笨蛋啊！你知道我的眼睛是在哪里坏的吗？’我说：‘不知道。’他说：‘在埃及。’于是，人们纷纷朝我涌来，一边说：‘这人说得对。’说着，就要对我下手。我赶紧说：‘凭真主起誓！我不知道你的眼睛是在埃及坏的。’靠着这办法我才摆脱了困境。”麦蒙笑着说：“通过这段故事你给老百姓什么评价呢？”素玛迈说：“真主给他们的已经够了。”①

素玛迈这样做是为了推动麦蒙实行穆阿台及勒派的主张，攻击穆阿威叶是第一步，以后还有“《古兰经》乃被造之作”等问题，这在后面还将谈到。素玛迈蔑视老百姓，让哈里发不要看重老百姓，因为他们是实行真主的穆阿台及勒派主张的最大障碍。

他看不起老百姓有许多例子。例如，有一天，哈里发哈伦·拉希德问在座的人，什么人最倒霉？每人都发表了看法，轮到素玛迈，他便说：“最倒霉的人就是被无知的人判罚的智者。”素玛迈说：“我注意到拉希德脸上露出一丝愠怒的神情（因为他将素玛迈囚禁过，以为是指他），便赶紧说：‘穆民的领袖啊！没想到我使你产生了误会。其实，我是说的另一件事情’，即狱卒赛拉姆·艾卜莱什在狱中读《古兰经》的事。当时我在狱中，他读道：‘在那日，伤哉被否认的人们！’我便对他说：‘被否认的人们是指使者们，而否认的人是叛教者’，所以，你应该读作：‘在那日，伤哉否认的人们！’②赛

① 脱夫尔：《巴格达史》，第91页。

② 马坚译：《古兰经》，83：10。——译者

拉姆说：‘以前，人们对我说你是伪信者，我还不信呢。’从此，他就虐待我、欺压我。拉希德听罢便笑起来了。”

素玛迈能言善辩。一次，他当着麦蒙的面和叶海亚·本·艾克苏姆辩论行为的被造问题。素玛迈说：“众仆的行为不外以下几种：所有的行为都来自真主，众仆无所作为；部分行为来自众仆，部分来自真主。如果你说众仆对其一切行为都无所作为，你就叛教了，因为你把所有的恶行都归之于真主；如果你说众仆的行为既来自真主，也来自众仆，你又叛教了，因为你让万物和真主一起创造恶行；如果你说行为都来自众仆，而真幸无所作为。你就变成我所说的那种人了。”

一天，素玛迈所见艾布·阿塔希亚在吟诗：

钱的主人不得超脱，钱便成为他的主人。

便问他：“你根据什么做此判断？”他说：根据使者说的下面这段话：“用你的钱买吃的，会吃光；买穿的，会穿破；用来施舍，也会用完。”素玛迈说：“你相信这是使者说的吗？这是真的吗？”他说：“是的。”素玛迈说：“那你为什么在家里藏着二十七个白得尔[①]，而不用它来买吃的喝的，不用来施舍，也不存起来，以备不时之需呢？”他说：“艾布·迈阿尼啊！你所说的都是对的。但我担心人们穷困时会需要的。”素玛迈说：“你的情况既然如此，又靠什么来帮助穷人呢？你是个吝啬鬼、守财奴，对自己都这么小气，除了节日，平时从不买肉。”

据说麦蒙曾问过叶海亚·本·艾克苏姆：“什么是爱情？”叶海

① 白得尔：钱币，相当于一万银币。——译者

亚说:“爱情就是‘心所向往、情所迷恋的美好的良缘’。”素玛迈对他说:“你只能对离婚或禁止血亲结婚做出解释。”麦蒙说:“素玛迈,你说说吧。”素玛迈便说:“爱情是使人幸福的伙伴,让人宽慰的伴侣;是说一不二的朋友,是暴君式的主人;它的行为温顺,它的意向模糊,它的决断粗暴;它统治着身体及灵魂,统治着心灵及思想,统治着眼睛及视线,统治着头脑及主张;它所到之处只有服从和占有,它的举措果断有力,它的开始不为人知,它的进入不为人察。”麦蒙对他说:“你说得真好呀。”

有一个人对素玛迈说:“我对你有个要求。”素玛迈说:“我对你也有个要求。”那人说:“什么要求?”素玛迈说:“你要保证做到我才说。”那人说:“我一定做到。”素玛迈说:“我的要求是:你别向我提出你的要求。”那人说:“我撤回给你的许诺。”素玛迈说:“但我不交还我所得到的。”如此等等。

素玛迈是一个雄辩家、一个出色的文学家和风趣的幽默大师,也是一个穆阿台及勒派的学者,他靠其辩才,靠其与麦蒙的关系和在哈里发王宫中的努力传布穆阿台及勒派的主张。沙赫力斯坦说:“当时有一派人,投靠在他的门下,拥护他的主张,叫作‘素玛迈派’。”他发展了前面谈到过的“派生”理论,他认为,知识是由思维派生出来的,它像其他派生的行为一样没有主动者。他还发展了用理智来判断是非、美丑的理论。他说:“世界是真主根据其本性创造的,其目的也许和哲学家是一样的,即肯定其本质,而否定根据意愿进行的创造。”[①]这段话是沙赫力斯坦转引自素玛迈的言论

① 沙赫力斯坦:《宗教与教派》,第 50 页。

的，但《胜利集》一书的作者对此加以否认。他说：这是伊本·拉旺迪加在素玛迈身上的谎言。素玛迈说："表现本性的行为的必然性取决于行为的单一性，如火只能发热，而雪只能致冷；而有多种结果的行为则不是必然的，而是可选择的。"[①]

艾哈迈德·本·艾比·杜阿德

他是当时最强有力的人物之一，他对穆斯林的生活和伊斯兰教的历史有重大影响。他是伊雅德的阿拉伯人，"据说他的祖籍是比干西林村，父亲带着年轻的艾哈迈德到沙姆经商。他的青年时代是在求学（特别是学习教法学和教义学）中度过的，直至功成名就。他伴随过希雅吉·本·阿拉·伊勃密，也是瓦绥勒·本·伊脱邑的朋友，因此，他成了穆阿台及勒派的信徒。"[②]赫推布·巴格达迪说他是在巴士拉出生的，时间是伊斯兰历 160 年。

他通过叶海亚·本·艾克苏姆与麦蒙接触，常出席麦蒙的辩论会，麦蒙对他的才智和严密的逻辑性非常欣赏。亲近哈里发的结果是他在宫廷里的权势的日益增加。麦蒙在给穆阿台绥姆的遗嘱中写道："你处理任何事情都应该和艾哈迈德·本·艾比·杜阿德商量，他是最佳人选，不要另外任命宰相。"穆阿台绥姆登基后，任命伊本·艾比·杜阿德为大法官，代替叶海亚·本·艾克苏姆。瓦绥格当政时，他继续留任。哈里发穆台瓦基勒上台后，艾哈迈德患了瘫痪症，从此便销声匿迹了。从麦蒙结识他的那一年——伊

① 赫雅退：《胜利集》，第 22 页。

② 赫忒布·巴格达迪：《巴格达志》，第 4 卷，第 142 页。

斯兰历 204 年起到穆台瓦科勒上台的伊历 232 年止，在长达二十八年的漫长岁月里，他身居高位，权重一时。根据麦斯欧迪、宰赫比和伊本·赫里康的记载，他是在伊斯兰历 240 年去世的。

他在世时，大权在握，正是他那独特的性格和在哈里发跟前的地位造成了这种权势。他远见卓识，豁达大度，在波斯人掌握实权的阿拔斯王朝，他代表着阿拉伯人，其气概和豪爽征服了不少人的心。就像慷慨的伯尔麦克人提高了波斯人的地位一样，他的慷慨大方也提高了阿拉伯人的地位，因此，人们都说："除伯尔麦克人以外，阿拔斯王朝最慷慨大方的人就数伊本·艾比·杜阿德了。"[①]他对文学家和学者更是毫不吝惜，把人们团聚到了自己周围。由于他本人是阿拉伯人，所以，他总是偏向阿拉伯人。不管朝廷中波斯人和土耳其人势力多大，工作起来多么困难，他总是千方百计地保护阿拉伯人免遭波斯人和土耳其人的迫害。是他，从艾弗辛刀下救出了艾布·达莱夫·阿吉利；也是他，从穆阿台绥姆手中救了哈立德·本·叶基德·本·迈基德·谢依巴尼的命。他既是文学家，又是教法学家和教义学家，所以，诗人和文学家们常常登门拜访。艾布·伊那说："伊本·艾比·杜阿德是一个语言流畅的著名诗人。"穆尔扎巴尼说："底阿比勒·本·阿里·胡扎伊在所著《诗人传记》中提到了伊本·艾比·杜阿德的名字并引用了他的优美诗句。"[②]

麦尔旺·艾斯格尔·本·艾比·杰努比等人对他盛赞不已。

① 伊本·赫里康：《人物传记》，第 1 卷，第 21 页。

② 同上书，第 31 页。

艾布·台玛木等诗人站在他家门外等候接见，一连等了好几天才得以入内，一见面，伊本·艾比·杜阿德就对艾布·台玛木说："你大概想责备我吧？"艾布·台玛木说："如果是一个人，我们当然可以责备，但你是大家的代表，我们怎么能够责备呢？"

查希兹原来和他没有什么接触，后来，才开始接近。查希兹原来是追随他的对头穆罕默德·本·阿卜杜·麦立克·宰亚特的。当伊本·艾比·杜阿德攻击本·宰亚特时，查希兹吓坏了，以为自己也会受到攻击，但伊本·艾比·杜阿德却放过了他。以后，查希兹便开始向他靠拢，还把自己的著作《说明与解释》送给他，他以五千第纳尔回报。

穆阿台绥姆对伊本·艾比·杜阿德欣赏备至，言听计从，曾这样说到他："此人可令举座皆惊，四壁生辉。他一个人抵得上几千人。"瓦绥格对他说："求你帮忙的乞丐和流浪汉都快把金库的门挤破了。"伊本·艾比·杜阿德答道："穆民的领袖啊！他们感激的是您，他们一定会报答您的。对我来说，只要看到大家都赞颂您，就心满意足了。"瓦绥格又说："艾布·阿卜杜拉！只要你高兴和满意，对你的事，我决不阻挠，因为我也从中得到好处呀！"

就这样，艾哈迈德得到了哈里发们的许多赏赐，他把很多钱用在众人身上，他还鼓励哈里发为人们做好事，多赏赐，以减轻人们的痛苦。有一次，克拉赫[①]发生大火，他便向穆阿台绥姆苦苦哀求，直到答应拨款救灾为止。又一次，他病倒了，穆阿台绥姆亲自前去探望，并且许愿在他病愈后施舍一万金币。伊本·艾比·杜

① 克拉赫：地名，位于今巴格达城西郊。——译者

瓦德说："请您把钱赐给两圣城的居民吧！他们正为物价飞涨发愁呢。"穆阿台绥姆说："我在这里施舍一份，另外再施舍一份给两圣城的居民。"

"有人问穆阿台绥姆：'你的兄弟和亲戚病了都不去探望，为什么单单去看他呢？'穆阿台绥姆答道：'我怎么能不去看他呢？只要我看他一眼，我就会得到好报，人们的感激和种种好处就会接踵而来，让我在今生和来世都受用不尽，而他自己却从未向我提出过任何要求。"

在哈里发宫廷和在学者、文学家、法官队伍中享有的崇高威望和权势，却被他错误地用在强迫人们接受穆阿台及勒派的观点及承认"《古兰经》乃被造之作"上了。他是这场灾难的总根子，他的做法引起了许多人的愤慨，以至于威信扫地。穆罕默德·本·叶海亚·苏里说："他若不卷进这场灾难，一定会得到众口一致的赞颂，没有一个人会比他更加德高望重了。"人们一说起他，总是说他品格高尚，学识渊博，豪爽大方，但他却促使三位哈里发（麦蒙、穆阿台绥姆和瓦绥格）用"《古兰经》乃被造之作"的观点来考查大家，结果酿成了一场灾难，也给穆阿台及勒派本身带来了祸害。如前所述，素玛迈·本·艾施莱斯曾试图使该派成为国家认可的正宗教派，但他没有伊本·艾比·杜阿德那样的权威和魅力，与哈里发们的关系也没有他那么好，所以，素玛迈失败了，而伊本·艾比·杜阿德却成功了，换句话说，素玛迈开始的事业在伊本·艾比·杜阿德手上得以完成。

*　　*　　*

上面提到的人都是穆阿台及勒派中的巴士拉派和巴格达派的

头面人物，这两派各有不同特色：

首先巴士拉派注重理论，而巴格达派注重行动，后者曾参与政府事务，靠拢哈里发；

其次希腊哲学对巴格达派的影响更为显著，其原因是：第一巴格达的翻译运动规模较大；第二哈里发宫廷是穆斯林首领和各种宗教的思想领袖聚会的地方。如巴格达派的素玛迈·本·艾施莱斯认为世界是由真主的本性产生的，也就是说，世界来自真主，因为真主的本性就是创造，这是不容置疑的，但这种观点势必导致承认世界是无始自有的，因为真主的本性是不会改变的，这种观点受到亚里士多德关于世界无始自有、世界的本性及规律等观点的影响。沙赫力斯坦在《教义与教派》一书中曾多次指出穆阿台及勒派和希腊哲学之间的关系。

最后巴士拉派提出的许多问题被巴格达派接受过去，扩大了问题的研究范围，并采纳了哲学家的有益观点，如界定“物”的含义及本质和现象的问题。让我们对这两个问题稍稍解释一下：穆阿台及勒派提出了：“‘不存在的’是‘物’吗？”这样一个问题，换句话说，“‘物’是‘存在的’的同义词吗？”首先，学者们从语言学的角度进行了分析，西伯威[①]说：“凡是可知、可告诉的东西都是‘物’。”根据这个观点，“不存在的”也是“物”，因为“不存在的”是可知、可告诉的。其他人则认为：“‘物’是‘存在的’的同义词，不能把‘不存在的’称作‘物’。”后来，问题又发展成：“‘不存在的’是本质（其存在说明它具有种种特征，带有种种表现），还是非本质？”对此，教义学

① 西伯威：巴士拉派领袖，著名语法学家，卒于公元796年。——译者

著作有许多具体的分析。

巴士拉派和巴格达派的最大分歧是在本质和现象的问题上，他们追随希腊人的说法，主张凡是能够独立存在的就是本质，现象不能独立存在，必须依靠本质才能存在。他们长时间地讨论本质、实体和现象的区别，讨论灵魂是不是本质，纯粹的本质是什么，它是否有外形，现象和本质的关系是什么，味道、颜色和气味是实体还是现象。他们经年累月地讨论这些问题，讨论深入的程度令人惊讶。教义学著作中连篇累牍地介绍这场讨论的情况。巴士拉派和巴格达派在这个问题上产生了严重的分歧，流传至今的艾布·拉希德·赛伊德·尼沙浦里的著作介绍了两派在“本质”问题上的分歧，并详细介绍了各派的论据。

巴格达派充分展开讨论的最重要的问题是“《古兰经》乃被造之作”的问题。

既然“《古兰经》乃被造之作”是穆阿台及勒派最重要的观点，它曾使国家不得安宁、使人民烦扰不堪，我们当然应当单立一节来详尽地讨论这个问题。

“《古兰经》被造”问题

“《古兰经》被造”包括两个方面的问题：一是理论方面，本章已经介绍了各派的观点、论据及争论的焦点；一是政治历史方面，政府介入争论，并以国家权力强制推行穆阿台及勒派的观点，从而带来了一系列问题。下面就介绍这方面的情况。

据说“《古兰经》乃被造之作”这一观点最早是由倭马亚王朝最

后一任哈里发麦尔旺·本·穆罕默德的老师杰阿德·本·迪尔汗提出的。《放眼集》写道：杰阿德是阿拉伯民族中第一个谈论"《古兰经》乃被造之作"的人，地点是在大马士革，后遭当局追捕，逃到库法定居下来。杰赫姆派的领袖杰赫姆·本·绥福旺接受了他的这一观点。也有人说："杰阿德的观点来自阿班尼·本·苏姆安，而阿班尼的观点又来自犹太人塔鲁特·本·艾阿萨姆。"[①]但杰阿德在宰牲节被库法总督哈立德·本·阿卜杜拉杀死。哈立德说："杰阿德竟敢胡说什么：真主从来没有和穆萨对话，真主从来没把易卜拉欣当作知己。今天，我就要拿他开刀。"也许杰阿德是冤枉的，从他的话里引申出"《古兰经》乃被造之作"，未免太牵强了。

由此可知，杰阿德原住在大马士革，后来逃往伊拉克，并在那里遇害，他的思想的种子便播撒在伊拉克的大地上了。

杰赫姆·本·绥福旺也持同一观点，否认真主的属性，否认真主的言语，主张"《古兰经》乃被造之作"，终于在伊斯兰历 128 年在木鹿被萨里姆·本·艾哈瓦兹所杀。

据说，哈里发拉希德当政时，比什尔·麦里西也主张"《古兰经》乃被造之作"，他坚持宣传这一观点达四十年之久，并曾著书立说。此人殁于伊斯兰历 218 年。[②]

据说，拉希德曾说过："有人告诉我，比什尔主张'《古兰经》乃被造之作'，如真主恩准，我一定要杀掉他。"比什尔听到此话，便隐居起来了。

---

① 《放眼集》，第 159 页。

② 赫忒布·巴格达迪：《巴格达志》，第 7 卷，第 67 页。

穆阿台及勒派从杰阿德和杰赫姆那里继承了这一观点，又加以具体化。该派的穆尔达尔不仅发展了这一观点，还把主张“《古兰经》无始自有”的人称为叛教者。

伊本·艾西尔说，穆斯林的这一观点是受了犹太教的影响，还是受了基督教的影响，学者们意见不一。基督教说耶稣是上帝的语言，而上帝的语言不可能是“被造之作”，穆斯林模仿他们的说法，用在真主的言语上。

麦蒙的信可以证明后一种说法，信中写道：“将此观点和基督教对麦尔彦（玛利亚）的儿子尔撒（耶稣）的说法做一比较吧！他们说伊萨不是‘被造之作’，他是真主的语言。”

由此可知，“《古兰经》乃被造之作”的观点是在倭马亚王朝末期提出来的，从那时起直到阿拔斯王朝麦蒙登基，这个问题不断得到发展，围绕着它，人们争论不休，涉及的范围日益扩大，还有人著书立说。在麦蒙时代，这一观点终于成为国教的基本信条。

哈里发麦蒙学识渊博，造诣颇深，尤爱学术和文学研究。他把许多学者召集到皇宫中来，就形形色色的问题展开辩论，时而文学，时而教法学，时而历史，时而教义学。他还很有哲学头脑，既信守宗教信条，也崇尚思想自由。宫中辩论的问题传到老百姓耳朵里，老百姓也争论起来，社会上的争论与宫中的辩论遥相呼应。

麦蒙既崇尚思想自由，则必然倾向于最注重自由和理性的穆阿台及勒派。自麦蒙开始接近穆阿台及勒派起，该派日益得势，其代表人物是素玛迈·本·艾施莱斯和艾哈迈德·本·艾比·杜阿德。

随着麦蒙日益亲近穆阿台及勒派，又产生了一个问题，即穆阿台及勒派还是一个与麦尔吉阿等教派一样的普通教派吗？教派问题不是叛教和信教的问题，而是伊斯兰教内部的不同意见。在教派问题上，每个人都有选择的自由，政府不应干涉。说服别人的唯一办法是提出论据。但实际上，政府却把穆阿台及勒派的观点当作自己的口号，强迫人们服从。于是，就像伊斯兰教成了国教一样，穆阿台及勒派也成了“国派”。

当时在这个问题上有两派意见。以法官叶海亚·本·艾克苏姆和叶基德·本·哈伦为首的一派，主张国家不应干涉每个人的信仰自由，哈里发不应支一派打一派。当麦蒙打算公开咒骂穆阿威叶时，叶海亚对麦蒙说：“我的意见是不要公开表露你的倾向，让人们自行其是。这样做，政治上更有利，做法上更稳妥。”叶海亚曾转述叶基德的话：“麦蒙说过：‘要不是怕叶基德不满，我早就公开宣布‘《古兰经》乃被造之作’了。在座的宾客问麦蒙：‘叶基德是谁，怎么连穆民的领袖都让他三分，’麦蒙说：‘我怕的是我一公开表态，他就要出来反驳，他一反驳，人们就会产生分歧，随后，就会出现动乱。我不喜欢动乱。’”

以素玛迈和伊本·艾比·杜阿德为首的一派则主张哈里发应当强迫众人服从正确的观点。

由于命运不济，第一派衰落了，伊斯兰历 206 年叶基德·本·哈伦去世，217 年叶海亚·本·艾克苏姆被免去大法官职务，代替他的是伊本·艾比·杜阿德。从此，天平失去了平衡，自伊斯兰历 218 年起，麦蒙开始强迫众人承认“《古兰经》乃被造之作”。

麦蒙不是一个人云亦云的傻瓜。但不管他个性多强，总要受到周围各种意见的影响，他也很愿意听取各种意见。他曾经把宗教问题纳入国家事务中去，公开宣布阿里优于艾布·伯克尔和欧默尔，从而惹恼了不少人。还有一次，在去沙姆途中，当他得知允许“穆塔尔”[①]的圣训是可靠的圣训时，便公开宣布准许临时婚姻，叶海亚·本·艾克苏姆不得不再三向他转述临时婚姻能够传染梅毒病，因而必须予以禁止的圣训，并详细地予以论证，终于说服了麦蒙，使他下令禁止临时婚姻。

由此可见，从一开始，麦蒙就倾向于强迫人们信仰他认为是正确的宗教观点，而以艾哈迈德·本·艾比·杜阿德为首的穆阿台及勒派则一味地鼓励和怂恿他的这种倾向。穆阿台及勒派极力主张劝善戒恶的原则，该派许多人认为只有信仰该派原则才是信士，否则就不是信士，而迫使人们信仰该派的原则甚至等于或近似于号召异教徒皈依伊斯兰教，如果他们推动哈里发在全国普及该派的原则就是传播了正确的宗教信仰，就是对伊斯兰教做出了贡献。该派领袖瓦绥勒·本·伊脱邑和阿慕尔·本·欧拜德就是这样做的，他们曾经和异教徒及生活放荡的人进行斗争，曾经迫使白沙尔逃走。

“《古兰经》乃被造之作”体现了穆阿台及勒派最重要的原则——认主唯一、除本体外别无属性的原则。到了麦蒙时代，围绕这一观点的辩论愈演愈烈，成为该派的中心思想，从伊斯兰历218年至234年，更成为伊斯兰国家和全体穆民面临的首要问题。

在历史上，这一事件被称作“灾难”，实质上，它是一场考验：我们考验它，它也考验我们；我们拿它做实验，它也拿我们做实验。

① “穆塔尔”：阿拉伯文 Mut‘ah 的音译。原意为“享乐”，转意为“临时婚姻”。伊斯兰教指穆斯林男子与无配偶之女子双方自愿结合的临时婚姻制度。——译者

把金子和银子化成液体，也是一种实验。"灾难"一词，在伊斯兰史上曾多次使用过：在先知们遭到磨难而坚持其使命时使用过；什叶派遭到磨难而忍受困苦时使用过；后来，以"《古兰经》乃被造之作"来考验学者们使他们经受了极大痛苦时使用过。

据说，这一思想在麦蒙脑子里早已酝酿成熟并深信不疑。麦蒙曾以叶基德·本·哈伦反对为由而不公开宣布自己的观点。叶基德卒于伊斯兰历206年，这说明在206年以前麦蒙已经考虑过迫使众人承认"《古兰经》乃被造之作"的问题了。塔巴里写道："伊斯兰历212年3月，麦蒙公开表明观点，218年开始用这一观点考查众人。"综合上述材料，我们可以说，在伊斯兰历212年之前，麦蒙只是在私人聚会中谈论"《古兰经》被造"问题；在212年公开亮明观点，但并未强迫众人追随其后，此后六年，一直是这种状况，直到伊斯兰历218年，他才走出最后一步，开始强迫众人服从自己的观点。

伊斯兰历218年，麦蒙写信给巴格达总督易司哈格·本·易卜拉欣，开始了行动。这封信很长，塔巴里著《先知与帝王历史》和脱夫尔著《巴格达史》中收录了信的全文。

信一开头就提到促使他强迫众人信仰"《古兰经》乃被造之作"的原因，即穆民的领袖有责任保卫伊斯兰教，弘扬教义，以理治民。信中写道："穆民的领袖知道绝大多数穆斯林是下层百姓，各个地区、不同阶层的老百姓都不善于深思熟虑，不能接受真主的证明和指引，也不能接受科学的光芒和证据。他们目光短浅，理智欠缺，不善思考。他们对真主盲目无知，对伊斯兰教的实质、对真主唯一和信仰陷于迷误，他们偏离领袖们的指导，放弃自身的责任，不能正确地评价真主和认知真主，不能区分真主和人，这就使得他们把至高无上的真主和真主降启的《古兰经》相提并论，说什么：‘《古兰经》是无始自有的，不是由真主创造的。’《古兰经》是信士的福祉、心灵的慰藉。在结构严谨的《古兰经》中，至高无上的真主说：‘我确已以此为阿拉伯文的《古兰经》。’①所有真主使其存在的都是他的创造。真主说：‘一切赞颂，全归真主！他创造天和地，造化重重黑暗和光明。’②至高无上的真主又说：‘我这样对你叙述些以往者的故事。’③其意为：《古兰经》汇合了真主创造的各种各样事情的故事。至高无上的真主说：‘艾列弗，俩目，拉仪④。这是一部节文精确而且详明的经典。是从至睿的、彻知的主降示的。’⑤一切精确详明的东西必有使其精确详明的主动者，真主即是使其精确详明的主动者，即是其创造者、发明者。他们无理狡辩，卖的是私货，却自诩为逊奈的信徒。《古兰经》的每一节文字中都包含了一些故事，否定他们的观点和宣传，批驳他们的主张和信条。他们自称是真理和伊斯兰教的信徒，是统一派，其他人则是骗子、叛教者和分裂主义者。他们到处招摇撞骗，以领袖和公正的面目出现，迷惑了一些无知之辈，使那些迷误者、伪信者和异教徒同意他们的观点，接受他们的谬论。他们抛弃了真理，陷身于谬误；背离了真主，走上了迷途。”

麦蒙在信中还提到，他们笼络了一批腐败的同伙，接受这些人

①②③⑤　见马坚译：《古兰经》，43：3、6：1、20：99、11：1。——译者

④　此为阿拉伯文三个字母的音译。《古兰经》第十一章——“呼德”章即以此三字母开头。——译者

作证，或委任他们担任法官。“这些人是民族的败类，不信仰‘真主唯一’的迷误者的头目，其诚实理当怀疑，其作证必须否定，其言行不可相信。没有信任，就没有善行，而只有彻悟伊斯兰教的本质，坚信‘真主唯一’才有信任可言。”

麦蒙写道：“把你身边的法官们召集起来，给他们读穆民领袖的这封信，以‘《古兰经》乃被造之作’为题考查每一个人，告诉他们：如果他们不忠于伊斯兰教，不信仰‘真主唯一’，穆民领袖就不会接受他们的效劳，也不会任命他们担任真主委托的管理百姓的工作。如果他们承认‘《古兰经》乃被造之作’，则命令他们审查各人身边为众人作证的人，考查他们对《古兰经》的认识。不承认‘《古兰经》乃被造之作’的人将失去作证的资格。然后，给穆民领袖写信，报告事情进展情况。此信写于伊斯兰历 218 年 3 月。”

由此信可归纳出几个要点：第一，麦蒙认为他有责任纠正人们腐败的信仰，特别是有关宗教方面的原则问题，如以它物（如《古兰经》）配主，认为它们都是无始自有的；第二，许多平民百姓以为《古兰经》是无始自有的，一些学者也宣传这种观点，麦蒙在信中引用《古兰经》中的论据予以驳斥；第三，有些法官也持“《古兰经》无始自有”的观点，他们接受持同一观点的人作证，而不接受赞成“《古兰经》乃被造之作”的人作证；第四，麦蒙认为，一个法官或者证人如没有正确的信仰，则其判决或证言皆不可信。相信“《古兰经》无始自有”的人，可能作伪证或判决不公，其“认主唯一”的信念是薄弱的，其信仰是腐败的，其作证或判决均不可信；第五，由于以上原因，麦蒙只对坚持“认主唯一”的人才委任为法官或接受其作证。

麦蒙的第一步行动仅仅局限于以上各点，没有对任何人施加迫害，只是不任命他所不信任的人而已。他所信任的人就是承认“《古兰经》乃被造之作”的人，在他看来，同意这一观点的人就是理智正常、信仰虔诚的人，对不同意这一观点的，是法官的撤销其法官职务，是证人的取消其证人资格。这封信里没有任何威胁的成分。

这封信明显地贯穿着穆阿台及勒派的精神，其表达方式也是穆阿台及勒派式的，信中充塞着“认主唯一”的论据。这封信把强烈的宗派主义和充分的思想自由结合在一起，体现出穆阿台及勒派的独特风格。

穆阿台及勒派对“认主唯一”和“真主的公正性”的观点十分执着，不接受任何调和折中；而在发表意见、运用理智、宣扬理性权威方面，又极其自由。麦蒙作为一个思想自由、头脑开阔的哈里发，一旦相信“认主唯一”的观点，一旦认定“《古兰经》为无始自有”一说是违反“认主唯一”的，就像穆阿台及勒派一样，抛弃了其自由观，拒绝任命任何不承认“认主唯一”的人做法官。

麦蒙卒于伊斯兰历 218 年 7 月 18 日，这封信是他死前四个月发出的，信的抄件同时送往埃及、沙姆和库法等地，命令总督们考查当地的法官。

后来，麦蒙又写了一封信给易司哈格·本·易卜拉欣，让他把七位著名的圣训学家——瓦格迪的书记穆罕默德·本·赛阿德、叶基德·本·哈伦的书记艾布·穆斯里姆、叶海亚·本·穆伊恩、祖海尔·本·哈尔卜·艾布·赫塞姆、伊斯玛仪·本·艾比·麦斯欧迪、伊斯玛仪·本·达伍德和艾哈迈德·本·杜来基送到宫中来。这七位学者都是巴格达圣训学家中的头面人物，他们不仅反对麦蒙的"《古兰经》乃被造之作"的观点，而且带头宣传"《古兰经》为无始自有"的主张。也许麦蒙以为把他们召到宫中来本身就具有一种威慑作用，就能够强迫他们跟着哈里发鹦鹉学舌，其他人就会亦步亦趋，动乱就不会发生了。他的推测的前一部分得到了印证，但后一部分却落空了。因为学者们虽然不得不听从命令，但动乱却没有停止。

学者们到达王宫后，麦蒙问他们对"《古兰经》被造"的看法，大家都承认"《古兰经》乃被造之作"，麦蒙便放他们回去了。接着，他又命令易司哈格·本·易卜拉欣把当地的教法学家和著名的圣训学家召集到总督官邸，让以上七人当众重复他们在哈里发面前说过的话，他们统统照办，易司哈格便放他们走了。①

七人中没有艾哈迈德·本·罕百里的名字，究其原因，或则因为他作为一名激烈的反对派当时尚不为人所知，或则如某些人所说，他的名字本在名单上，但伊本·艾比·杜阿德知道他是死硬派，为了工作顺利，便劝说麦蒙把他的名字删掉了。据说，罕百里对这件事十分伤心，他说过这样的话："如果他们能够为真主而坚忍不屈，事情早就过去了，麦蒙也会对他们有所顾忌，但他们这些头面人物却屈服了，麦蒙就对其他人下手了。"罕百里想起这些人就很痛心，他说："他们是被打开的第一个缺口。"②

无疑，这一事件加强了政府的力量，破坏了圣训学家和老百姓的团结，使他们吃尽苦头，但却为一位力挽狂澜的英雄的出现准备

① 请看塔巴里著《先知与帝王历史》和脱夫尔著《巴格达史》。

② 见瓦尔特姆·巴顿教授著《艾哈迈德·本·罕里里和"灾难"》。

了条件。

麦蒙在采取第二步行动时，已不以禁止不同观点者任职为满足，而是要迫使无意当官或作证的教法学家和圣训学家承认“《古兰经》乃被造之作”。他认为自己作为哈里发，作为穆斯林的监护人，应该对老百姓负责，对“认主唯一”的信仰负责。承认“《古兰经》无始自有”与“以物配主”相差无几，应该把人们从谬误中拉回来，如同把叛教者从忤逆教义的行为中挽救出来一样。

麦蒙的第三步行动是把拒不屈服的学者处死，一如处决叛教者。因为学者是穆斯林的领袖人物，应该从他们开始，纠正他们的信仰；如拒不改悔，就给予惩罚，直至处以极刑。

后来，麦蒙又向易司哈格·本·易卜拉欣发出了第三封信。和第一封信一样，信一开始就谈到哈里发的责任是挽救失足者，引导迷误者走上正路。信中写道：“穆民的领袖经过深思熟虑，说明在教义上倒退并承认‘《古兰经》为无始自有’的巨大危害。《古兰经》是真主恩赐穆斯林的伊玛目，是真主的使者留给穆斯林的圣迹。许多穆斯林对《古兰经》认识模糊，相信‘《古兰经》非被造之作’，并以此观点和基督教徒相比较，后者声称玛利亚的儿子耶稣非被造之作，而是上帝的语言。至高无上的真主说：‘我确已以此为阿拉伯文的《古兰经》……’[①]其意为：我创造了《古兰经》。真主说：‘他使那个人的配偶与他同类，以便他依恋她。’[②]又说：‘我曾以黑夜为帷幕，我以白昼供谋生’[③]‘我用水创造一切生物’[④]，真主

①②③④ 马坚译：《古兰经》，43：3、7：189、78：10—11、21：30。——译者

将《古兰经》和他提到的被造之物相提并论。那些无知之辈宣称‘《古兰经》无始自有’，这就打开了伊斯兰教的缺口，损害了穆民的声誉，为伊斯兰教的敌人打通了道路。他们还以真主本体独具的属性来描述真主的创造和行为，并以两者相比较。穆民的领袖认为持这种观点的人在伊斯兰教中没有任何地位，根本谈不上信仰或虔诚，其中任何人都不可信任，不得担任法官或证人，不得提出观点或传述圣训，更不得担任管理百姓的工作。一些人可能表现出某种能力或辩才，但具体问题必须服从原则，无论褒贬、奖惩均应根据原则办事。不论其他方面如何，一个人对‘认主唯一’无知，就是最大的无知。把穆民领袖写给你的信读给加法尔·本·伊萨和法官阿卜杜·拉赫曼·本·易司哈格听，考查他俩对于《古兰经》的知识，并告诉他俩：穆民领袖处理穆斯林事务时，只依靠那些忠诚和‘认主唯一’的人。谁不承认‘《古兰经》乃被造之作’，谁就否认了‘认主唯一’。如果此二人赞成穆民领袖的观点，就让他俩考查在其身边作证的人。这些证人中，谁不承认‘《古兰经》乃被造之作’，其证言必是假的，不管其动机如何纯洁、意见如何正确。对你身边的法官也照此办理，对他们的管理应使有见地的人坚定信念，使犹豫不决的人明确观点。有关情况，望随时报告。”

第三封信没有什么新的东西，只不过增加了论据和证明，命令在更大范围内进行考查，并决定谁不承认“《古兰经》乃被造之作”就不能担任公职而已。接此信后，易司哈格·本·易卜拉欣立即召集了许多教法学家、圣训学家和政府官吏，开始对他们进行考查。教法学家是解释宗教法律的，圣训学家是从事教育的，政府官吏是从事管理的，这几项工作，麦蒙希望都由承认“《古兰经》乃被造之作”的人来担任。

易司哈格·本·易卜拉欣又召集了许多著名学者和群众领袖，对他们进行考查。下面介绍几则历史书上记载的考查实例：

例一：

易司哈格：“对《古兰经》，你怎么看？”

比什尔·本·瓦立德：“《古兰经》是真主的语言。”

易司哈格：“我没问你这个。《古兰经》是被造之作吗？”

比什尔：“真主创造万物。”

易司哈格：“《古兰经》也是‘物’吗？”

比什尔：“《古兰经》也是‘物’。”

易司哈格：“那它是被造之作啰。”

比什尔：“它不是创造者。”

易司哈格：“我没问你这个。《古兰经》是被造之作吗？”

比什尔：“我只说刚才说过的话。”

例二：

易司哈格：“《古兰经》是被造之作吗？”

阿里·本·艾比·穆高梯尔：“《古兰经》是真主的语言。”

易司哈格：“我没问你这个。《古兰经》是被造之作吗？”

阿里：“它是真主的语言。穆民的领袖要我们做什么，我们会服从的。”

例三：

易司哈格：“《古兰经》乃被造之作吗？”

艾布·汉萨·齐亚提：“《古兰经》是真主的语言。真主是万物的创造者。真主以外的一切都是被造之作。穆民的领袖是我等的伊玛目，他能知我等之所未知，闻我等之所未闻。他之令必行，禁必止，发出任何号召，必受我等响应。”

易司哈格：“《古兰经》乃被造之作吗？”

艾布·汉萨：（把刚才说的话重复了一遍）

易司哈格：“这是穆民领袖的话。”

艾布·汉萨：“也许是的，但他并没有命令大家这样说，也没有号召大家这样说。如果你告诉我穆民领袖命令我这样说，我会鹦鹉学舌般地说，因为你是可信赖的。”

易司哈格：“他没有命令我告诉你什么，他只命令我考查你。”

例四：

易司哈格：“关于《古兰经》，你怎么看？”

艾哈迈德·本·罕百里：“它是真主的语言。”

易司哈格：“《古兰经》乃被造之作吗？”

艾哈迈德：“它是真主的语言。我不再多加一字。”

易司哈格：“真主是全知的、明察的，这句话是什么意思？”

艾哈迈德：“这是他对自己的描绘。”

易司哈格：“究竟是什么意思呢？”

艾哈迈德：“我不知道。这是他对自己的描绘。”

例五：

易司哈格：“关于《古兰经》，你怎么看？”

伊本·白卡伊：“《古兰经》是真主的语言，因为真主说过：‘我确已使其为阿拉伯文的《古兰经》。’《古兰经》是新生之物，因为真主说过：‘每逢有新的纪念，从他们的主降临他们，……’”

易司哈格：“被成之物乃被造之作吗？”

伊本·白卡伊:“我不说‘被造之作’,只说‘被成之物’。”

易司哈格:“《古兰经》乃被造之作吗?”

伊本·白卡伊:“我不说‘被造之作’,只说‘被成之物’。”

这就是人们的回答。

易司哈格将考查记录寄给麦蒙,麦蒙读后恼羞成怒,暴跳如雷。在考查的第九天,麦蒙的第四封信到了,该信通篇都是痛斥和威胁。麦蒙认为他们的回答缺乏理智,既没有直截了当地肯定,也没有痛痛快快地否定。有人开始肯定,最后又否定,说什么“《古兰经》乃被成之物”。被成之物即被造之作,却不肯说“《古兰经》乃被造之作”。如同这是三,那是四,却不肯说加起来是七一样。他相信这些人的头脑不过是贩夫走卒之流的水准,想在百姓面前充英雄,却扮演了相反的角色。如果他们提出证据,为自己的观点辩护,麦蒙就会和他们展开辩论,但他们却既不肯定,也不否定,正是这种做法激怒了麦蒙。在第四封信里,麦蒙命令易司哈格召见比什尔·本·瓦立德。“如果他坚持以物配主,不承认‘《古兰经》乃被造之作’,就砍下他的脑袋,送到我这里来。如果他悔过自新,就把他悔过的事情公之于众,然后,放他回家。对易卜拉欣·本·迈赫迪亦如此办理。”对其他人,麦蒙虽未下令杀头,但也都有所批评,他在信中一一提到这些人的行为,说明他们的不承认,不是出自信仰,而是为了装腔作势。麦蒙说齐亚尔·本·海塞姆曾在安巴尔偷食吃;说艾布·阿瓦姆年龄不小,但头脑简单,只要好好教训他一顿,他就会承认“《古兰经》乃被造之作”,如不承认,就用刀剑伺候;说艾哈迈德·本·罕百里的回答证明了他的无知;说法德勒·本·格尼姆利用在埃及任职之便,不到半年就发了大财;说穆

罕默德·本·哈提姆、伊本·努哈、艾布·穆阿麦尔等人只知吃高利贷，不知信仰"认主唯一"的真理。就这样，他把接受考查的人一个一个数落了一番，又命令易司哈格把球踢到他们那边去。除比什尔·本·瓦立德和易卜拉欣·本·迈赫迪外，谁拒绝承认"《古兰经》乃被造之作"，"就把他们绑着送到穆民领袖的营房来，路上要有人看守，负责把他们平安地交到穆民领袖手里，以便穆民领袖当面对他们进行规劝，如再不悔改，就只好处以极刑了"。

麦蒙通过快邮把信送到易司哈格手里，易司哈格又把他们——近三十位法官、圣训学家和法学家召集起来，当众宣读了穆民领袖的信，接着，又开始一个个考查。考查的结果，除艾哈迈德·本·罕百里、赛伽德、格瓦利里和穆罕默德·本·努哈外，其他人都承认了"《古兰经》乃被造之作"。易司哈格将拒不承认的四个人戴上手铐，又一次逼迫他们承认。第一天下来，赛伽德承认了，随即被释放了。第二天下来，格瓦利里也承认了，也被释放了。四人中只剩下伊本·罕百里和伊本·努哈在押。易司哈格便下令将二人押送哈里发营房，并修书两封给哈里发，一封信报告麦蒙二人上路的消息，另一封信告诉麦蒙，已经承认"《古兰经》乃被造之作"的人并不是出自信仰，而只不过是权宜之计，以"内心保留"的方法委曲求全，以便摆脱困境。

麦蒙又给易司哈格写了第五封信，信中宣布："这些人的做法是错误的。《古兰经》的这段经文：'除非被迫宣称不信、内心却为信仰而坚定者'[①]不适用于他们。"麦蒙命令将不承认"《古兰经》乃

① 马坚译：《古兰经》，16：106。——译者

被造之作"的人押送哈里发所在地图尔苏斯，结果有二十一人被押送走，刚走到里加地方，便传来麦蒙去世的消息，他们又被押送回巴格达，其中多数人获得释放。

穆罕默德·本·努哈在返回巴格达的路上死了，人们给他解开手铐，艾哈迈德·本·罕百里为他做了祈祷。从此，领导反对派的责任便落到了伊本·罕百里一人身上，他既是反对派的领袖，又是学者和导师，因此，巴格达总督没有释放他。就这样，麦蒙死了，他在这场灾难中的作用也随之结束了。

麦蒙给穆阿台绥姆留下遗嘱，遗嘱中写道："和《古兰经》有关之事，应步乃兄之后尘。"还嘱咐他在国事上应多和伊本·艾比·杜阿德商榷。

麦蒙是一个学者，从学术出发，前后写了若干封关于"《古兰经》被造"问题的信，而穆阿台绥姆乃一介武夫，从小便厌恶学术。苏里说："他的读写能力很差。"其文化水准只能听听老百姓和学者讲话而已。因此，麦蒙时代的御前辩论会到了穆阿台绥姆时代便销声匿迹了。由于受麦蒙遗命之托，他继续走麦蒙的路，就《古兰经》的认识问题进行考查，但不再发出带有新的内容和论据的信件，只不过例行公事地写信给各地，要求继续考查人们对《古兰经》的认识而已。"他命令人们教育孩子们认识'《古兰经》乃被造之作。'"在考查中，人们吃了不少苦头，许多学者被杀。伊斯兰历220年，他命令对艾哈迈德·本·罕百里处以鞭刑。

伊本·罕百里一直拒不承认"《古兰经》乃被造之作"，穆阿台绥姆政府却执意要他承认，这就使公众和政府官吏的目光统统转向伊本·罕百里，前者是由于敬佩他的坚定不屈，后者则由于他的敢于反抗。从麦蒙当政的后期起，他就一直被监禁着。在关押期间，不少人（包括他叔叔易司哈格·本·罕百里）悄悄地去看望他，恳求他像其他学者那样为保护自己而承认“《古兰经》乃被造之作”，他的答复是：“如果学者们违心承认，无知的人糊里糊涂，那什么时候才能真相大白呢？”当有人向他提起关于“塔基亚”[①]的圣训时，他答道：“你们怎么能够听信假的圣训呢？……你们面前这个人，就是用锯子锯成两半，也不会背弃自己的信仰。”人们终于对他绝望了。[②]

一次，穆阿台绥姆召见他。他进去时，哈里发正坐着，伊本·艾比·杜阿德在座，法官、法学家等要人们满满一屋。哈里发命令他们和他辩论，下面就是这场辩论的纪要：

穆阿台绥姆：“你有什么可说的吗？”

伊本·罕百里：“我证万物非主，唯有真主；我证你祖父说过：‘阿卜杜·盖斯族[③]的代表团谒见真主的使者，使者命他们信仰真主，对他们说：‘你们知道什么是信仰真主吗？’他们说：‘真主和使者无所不知。’使者说：‘信仰真主就是证言万物非主，唯有真主，穆罕默德是真主的使者；就是祈祷、施舍、把斋；就是把战利品的五分之一献给圣裔（其言外之意是：承认‘《古兰经》乃被造之作’并非信仰的内容）。穆民领袖啊！还是用《古兰经》和圣训作证吧。”

---

① “塔基亚”：阿拉伯文 takīya 的音译，原意为“谨防”。伊斯兰教用语。指为躲避宗教迫害而隐瞒内心信仰，放弃履行仪式并否认真实身份。《古兰经》确认的一项“内心保留”原则。为什叶派的基本教义之一。——译者

② 苏郁退：《历代哈里发史》，第 133 页。

③ 阿卜杜·盖斯族：北方的阿拉伯部落，公元 628 年皈依伊斯兰教。——译者

一与会者："至高无上的真主说：'每逢有新的纪念，从他们的主降临他们……'[①]难道'新的'不是被造之作吗？"

伊本·罕百里："至高无上的真主说：'指著名的《古兰经》发誓。'[②]纪念指《古兰经》，但你引用的经文里，'纪念'这个词没有冠词。"[③]

另一与会者："难道真主不是万物的创造者吗？"

伊本·罕百里："至高无上的真主说：'它奉它的主的命令而毁灭一切。'[④]一切之被毁灭难道不是根据真主的意愿吗？"

第三位与会者："关于仪姆兰·本·哈隋传述的圣训：'真主创造了《古兰经》'，你怎么看？"

伊本·罕百里："这是错误的，应该说：'真主书写了《古兰经》'。"

第四位与会者："伊本·麦斯欧迪传述的圣训说：'真主创造的天堂、地狱、天、地都比不上《古兰经》中的库而西一节经文[⑤]那样伟大。'"

伊本·罕百里："这里，'创造'一词只管天堂、地狱、天、地，管不上《古兰经》。"

第五位与会者："说'真主的语言非彼造之作'会导致混乱。"

伊本·罕百里："他是唯一的永恒的，既无相似之物，亦无相等之物，和他对自己的描述是一样的。"

---

①②④⑤　马坚译：《古兰经》，21:2、38:1、46:25、2:255。——译者

③　言下之意是：带冠词的"纪念"一词才指的是《古兰经》。——译者

穆阿台绥姆："你怎么能这样说话！"

伊本·罕百里："穆民领袖啊！还是用《古兰经》和使者的逊奈作证吧。"

部分与会者搬出理性的证明来和他辩论。

伊本·罕百里："我不知道你们说的是什么？既不是《古兰经》，也不是使者的逊奈。"

部分与会者："穆民领袖啊！如果给他摆出证据，他便暴跳如雷；如果跟他说点什么，他又说：'我不知道你们说的是什么？'"

伊本·艾比·杜阿德："穆民领袖啊！他已经走入歧途，跌入异端。"

辩论会就这样结束了。他又被关押起来。后来，又有人来和他辩论。同样形式的辩论会一直继续了三天。

人们终于厌倦了，对他也失望了。穆阿台绥姆命令对他施以鞭刑，据麦斯欧迪记载，一共抽了三十八下，抽得他鲜血淋漓，遍体鳞伤。抽完，又被送回监狱，还派了一位医生为他治病，直至痊愈。[①]

据说，伊本·艾比·杜阿德曾极力怂恿穆阿台绥姆将他处死，他对哈里发说："穆民领袖啊！如果你放了他，人们会说你抛弃了麦蒙的路线，背弃了麦蒙的嘱托，还会说他战胜了两个哈里发。"但穆阿台绥姆却以鞭刑为限，不久，就下令将他释放了。

穆阿台绥姆杀了不少人，唯独没有处死伊本·罕百里（据说，考查他的当天就有两人被处死），其原因说法不同，有说是拥护伊

---

① 伊本·赛白基：《沙斐仪派人物传》。

本·罕百里的人比任何人都多，如将他处死，则势必引起动乱。梅蒙·本·伊斯白阿说："释放伊本·罕百里是因为人们聚众闹事，哈里发心有畏惧。"据说，哈里发说过："我不释放他，必将发生我无法控制的动乱。"也有人说是因为穆阿台缀姆本身就是一个勇敢大胆的人，出于一种惺惺惜惺惺的感情，十分欣赏伊本·罕百里维护"真理"的勇敢和坚定以及无所畏惧的精神。此外，穆阿台缀姆从他面部的表情上知道他不是假装虔诚的伪信者，他的观点是出自信仰。他声称真主是无始自有的，无一物似像他，但就是不肯说"《古兰经》乃被造之作"，因为真主没有说过，真主的使者也没有说过。

穆阿台缀姆殁于伊斯兰历 228 年，即考查伊本·罕百里之后七年。继任哈里发的瓦绥格知识渊博，道德高尚，被称作"小麦蒙"。他母亲是罗马人，名叫"吉拉提丝"。由于他比麦蒙更好吟诗，也有人将他置于麦蒙之上。他之主张"《古兰经》乃被造之作"是基于其学识和信仰。

瓦绥格当政时最突出的事情是艾哈迈德·本·奈斯尔·本·马立克·本·海塞姆·希扎伊事件。艾哈迈德的祖父是阿拔斯王朝初期的权贵马立克·本·海塞姆，因此，人们称艾哈迈德为"王子"，他主张用武力劝善戒恶，并视此为己任，他认为如政府暴虐，脱离正道，就起兵反抗，其追随者甚众，并均为其所用。麦蒙不满意其所作所为，麦蒙一到呼罗珊，艾哈迈德一伙便在巴格达起事。麦蒙一到巴格达，艾哈迈德便隐藏起来。瓦绥格上台后，他又开始行动，准备起义。巴格达总督艾哈迈德·本·易卜拉欣闻讯后，将这伙人逮捕。艾哈迈德被带到哈里发跟前，瓦绥格问他："先不谈你被捕之事。关于《古兰经》，你怎么看？”答：“《古兰经》乃真主的语言，非被造之作。”瓦绥格强迫他承认“《古兰经》乃被造之作”，他就是不承认。又问他末日时能否见到真主(穆阿台及勒派否认末日时能见到真主一说)，他说可以见到，人们向他传述了有关圣训之后，瓦绥格说：“你算了吧！难道真主像有方位、有形体的具体东西一样能够看到？我不相信这是他的属性。”

有些人怂恿瓦绥格杀掉他，瓦绥格要来一把剑，说：“我数着步子走向这个异教徒。他崇拜的主，非我等崇拜的真主，也不具备真主的属性。”然后，瓦绥格向他走去，砍下了他的脑袋，并下令将脑袋送到巴格达，悬门示众，东西门各数日。瓦绥格还写了一个告示，挂在脑袋上。告示上写道：“这是艾哈迈德・本・奈斯尔・本・马立克的头颅，瓦绥格让他承认‘《古兰经》乃被造之作’，他拒不承认，顽固透顶。真主让他早死，并将他的头颅交人保管，其朝向应避开祈祷的方向。”①

瓦绥格动怒的原因是艾哈迈德・本・奈斯尔起兵反抗朝廷，不肯归顺，并强迫老百姓跟他跑。“《古兰经》被造问题”只是借口罢了。瓦绥格没有制裁伊本・罕百里，只是将他驱逐出境，从那时起直到瓦绥格去世为止，伊本・罕百里没有露过面。

瓦绥格死于伊斯兰历 232 年，继位的是穆台瓦基勒，他对《古兰经》被造问题不甚热心，所以，考查运动从伊斯兰历 232 年到 234 年日渐沉寂。“他写信给四面八方，禁止人们再说‘《古兰经》

---

① 伊本・赛白基：《沙斐仪派人物传》；苏郁退：《历代哈里发史》；伊本・哈哲尔：《训导录》。

乃被造之作’。对此,大家赞不绝口,恭维备至。有人甚至宣称:‘历史上有三个杰出的哈里发:里达之战[①]的艾布・伯克尔;反对暴政的欧麦尔・本・阿卜杜・阿齐兹;复活逊奈的穆台瓦基勒。’”尽管穆台瓦基勒也有专横霸道的一面。

伊斯兰王国各地与其政权中心伊拉克一样沉湎在“《古兰经》被造”问题的争论之中,无论是在埃及、沙姆,还是在波斯等地,学者之间的辩论和统治者对学者、法官和各级官吏的考查如火如荼。

艾布・穆哈辛在《灿烂的群星》一书中写道:“麦蒙于伊斯兰历218年3月写给巴格达总督易司哈格・本・易卜拉欣的第一封信,在当年6月被送到埃及,信的内容相同。当时的埃及总督是奈斯尔・本・阿卜杜拉。奈斯尔考查了法官哈伦・本・阿卜杜拉・祖赫利,后者承认‘《古兰经》乃被造之作’,又考查了一些证人,谁不承认,其证词不被接受[②],以后,他还考查了其他法官和圣训学家等。”[③]

奈斯尔不断进行考查,还准备根据麦蒙的要求逮捕一些人,后来听到麦蒙去世的消息才作罢。在他儿子穆佐法尔当埃及总督期间,穆阿台绥姆又来信命令继续进行考查,穆佐法尔一一照办。伊

---

① “里达”:阿拉伯文 al-Ridda 的音译,意为“叛教”。公元632年穆罕默德去世后,阿拉伯半岛反对伊斯兰教的各氏族部落纷纷拒缴宗教课税,进行暴动,被称为“里达”。穆罕默德的继任者艾布・伯克尔派出十一路军队,对暴动进行武力镇压,稳定了局势。——译者

② 当时的证人都是些德高望重、处事公正的人,其名字登记在册,适时增减,不是任何人都可充当证人的。

③ 艾布・穆哈辛:《灿烂的群星》,第2卷,第218页。

斯兰历219年，穆萨·本·阿拔斯出任埃及总督。艾布·穆哈辛在书中写道："穆萨杀了一些教法学家和学者，迫使大多数学者承认'《古兰经》乃被造之作'。"[①]

穆阿台绥姆和瓦绥格时期的埃及法官穆罕默德·本·艾比·莱斯是最热衷于宣传"《古兰经》乃被造之作"这一观点的人，他站在穆阿台及勒派一边，迫害了不少否认这一观点的埃及人。他本人属于哈乃斐教派，十分憎恨马立克派和沙斐仪派，还利用"《古兰经》被造"问题大肆迫害后两派人。埃及诗人侯赛因·本·阿卜杜·赛拉姆站在穆罕默德一边，对他赞不绝口，对反对他的人恨之入骨。

他写诗谴责沙斐仪派和马立克派，大肆迫害这两派人，对不承认"《古兰经》乃被造之作"的人抓住不放。

于是，有人蜗居不出，有人逃往也门，埃及苏菲派的祖努恩也逃走了，后来，又返回埃及，奈斯尔便将他抓住审问，迫使他承认"《古兰经》乃被造之作"。

瓦绥格上台后，写信给穆罕默德·本·艾比·莱斯，命令考查所有的人，法学家、圣训学家、穆安律、教师等无一能幸免，许多人逃走了，不承认这一观点的人充塞了监狱。伊本·艾比·莱斯下令在各个清真寺的墙壁上写上："万物非主，只有真主——被造之作《古兰经》的主。"埃及旧开罗的清真寺也写上了这句话。伊本·艾比·莱斯禁止马立克派和沙斐仪派的教法学家在清真寺里设座讲课，甚至禁止他们靠近"万物非主，唯有真主——被造之作《古兰

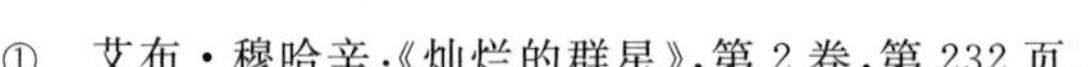

① 艾布·穆哈辛：《灿烂的群星》，第2卷，第232页。

经》的主"那条标语。①

瓦绥格上台后，情况依旧。后来，哈里发穆台瓦基勒的信到了埃及，命令停止考查，不许再提此事。

瓦绥格时代在埃及挨整的还有沙斐仪伊玛目的朋友、其学业继承人优素福·本·叶海亚·布韦推，他还遭到哈尔迈莱、买兹尼及伊本·沙斐仪出自嫉妒的中伤，以及埃及法官哈乃斐派的伊本·艾比·莱斯的诽谤。后来，伊本·艾比·杜阿德写信给埃及总督，要求对他进行考查，但他拒绝承认"《古兰经》乃被造之作"。他说："真主以一声'有'创造了万物。如果'有'乃被造之作，那就成了被造之作被被造之作所造。如我有机会见到瓦绥格，我一定能说服他。我就这样戴着手铐死去，让后人知道有人曾为这个问题而献身。"优素福被押送到巴格达，于伊斯兰历231年死于狱中。

事情不仅仅局限于总督们的考查，当时，所有的公共集会或家庭聚会谈的都是这个问题。一个学者坐在那里，就会有人过来问："《古兰经》乃被造之作吗？"人们闲下来聊的也是这件事。如果某人怨恨他人，想要陷害他，就控告他说过"《古兰经》非被造之作"。

据说，布哈里也被指控说过"《古兰经》的词汇乃被造之作"。他当时正在尼沙浦尔，许多人来听他讲演。讲演过程中，一个人站起来对他说："艾布·阿卜杜拉！关于《古兰经》的词汇，你怎么看？它是被造之作，还是非被造之作？"布哈里避而不答。此人又问了一遍，布哈里仍然避而不答。此人再问第三遍，布哈里才回头看着他，说："《古兰经》是真主的语言，不是被造之作，众仆的行为是被

① 肯迪：《埃及的总督和法官》。

造之作，考查乃异端。”听了此话，人们一哄而散。[①]

人们起哄的原因是他想把作为“真主的语言”的《古兰经》和我们念诵、书写的《古兰经》区分开，说什么“前者是无始自有的，后者是新生的”。人们起哄是因为他说后者乃新生之物，大家希望他说“《古兰经》，包括其词汇，都是无始自有的”。

这类例子很多。问答、动乱、阴谋，连文学艺术也躲不开这个问题。

据说，当时有一个人以风趣幽默著称，听到另外一个人用一种很怪的调子读书，就说：“我想他读的就是伊本·艾比·杜阿德所说的‘被造之作’——《古兰经》吧。”

伊巴德·穆汉奈斯谒见瓦绥格，说：“穆民领袖啊！真主将因《古兰经》而重赏你。”瓦绥格说：“你真该死！难道《古兰经》要死啦？”伊巴德说：“穆民的领袖！一切被造之物都是要死的。如果《古兰经》死了，谁再领着众人做间歇拜[②]呢？”哈里发笑着说：“该死！闭上嘴巴。”

当时，在伊斯法罕，有的说书人热衷于宣讲“《古兰经》乃被造之作”。有人问他穆阿威叶是否是被造之作，答曰：“求真主保佑，别再问这种愚蠢问题了。”

*　　　*　　　*

这究竟是一个什么问题？怎么会发展到那种程度？穆斯林怎

① 赛白基：《沙斐仪派人物传》，第 2 卷，第 10 页。

② 间歇拜：阿拉伯文 tarāwīh 的意译。伊斯兰教用语。指斋月内每晚宵礼后教徒自愿举行的一次二十拜的礼拜。每四拜和每两次“撒拉姆”后做短暂的“间歇”。认为在清真寺内列班举行为最高贵。——译者

么会因为这个问题遭受那么大的灾难？原因是什么？各方面的观点如何？结果又怎么样？这许多问题在研究者的脑海中萦绕着。问题很怪，就像一个法庭，各种信仰受到检验，人们受尽折磨。

笔者认为，政府一方（包括穆阿台及勒派和历代哈里发）的愿望是好的，目的也是好的。穆阿台及勒派从瓦绥勒和阿慕尔·本·欧拜德时代起就认为人们的信仰腐败了，应该加以改善。改善应围绕“认主唯一”和真主的公正性来进行。他们从主张“认主唯一”发展到主张绝对的唯一，认为，如果说“《古兰经》是无始自有的”，就使“无始自有”多元化了。他们否认真主的属性，因为这种说法带有多元的色彩；他们还否认能够看到真主，因为这使真主实体化。因此，他们想把人们引导到哲学的超绝、哲学的唯一、没有实体、没有混淆、没有多元化的境地。他们派传教师到各地，到边远地区宣传自己的主张。如果有可能利用政权的力量，他们就使用之。只要他们发现有谁偏离正确的信仰，企图叛教并败坏众人的信仰，就与之坚决斗争，甚至干脆把他干掉。他们竭尽全力传播本派关于“唯一和公正”的教义，为此，他们派遣传教师到印度、马格里布、埃及、沙姆和波斯等地，响应者甚众。但在开始时，在争取政府支持方面并不成功。该派在倭马亚王朝末期，虽然得到了当权者的支持，但那时倭马亚王朝正在走向衰败，当权者忙于巩固行将崩溃的统治地位而无暇他顾。阿拔斯王朝的哈里发麦蒙上台后，支持穆阿台及勒派的观点。他主张召开辩论会，讨论各种教派的观点，任由正确的教派批评腐败的教派，辩论应是自由的，讨论应是坦诚的，一旦取得一致意见，大家就应该共同行动。

由于命运的捉弄，“《古兰经》被造”问题成了辩论的焦点。穆

阿台及勒派提出的其他问题，如在末日能否见到真主、行为的创造等都有可能成为辩论的焦点，但前者在辩论中可以回避，说一句“末日，我们可能变成了别的东西，我们的眼睛和现在的眼睛也会变得不一样”就敷衍过去了，后者本身就比较模糊，《古兰经》经文提供的证明也各不相同。只有“《古兰经》被造”问题最为突出。这个问题提出得最早，又和伊斯兰教的基本原理——“认主唯一”关系密切，否认这一观点十分困难，此外，它还有许多明白无误的理性和传述的证明。

环境有时能使人们逐渐淡忘历史上发生的事件，比如：麦蒙曾颁布法令，解释“穆塔尔”的含义，并认定阿里优于其他哈里发。但这两件事并没有像“被造说”那样越闹越大。因为麦蒙仅以发布命令为满足，并没有要求进行考查，而在“《古兰经》乃被造之作”的问题上，他却下令进行考查。他的出发点是：法官和证人均应是信士，信仰不诚的法官和证人，其判决和证词均无效。他在第一封信里曾经声明：谁相信《古兰经》亘古有之，谁就是以物配主，而以物配主者，其判决和证词均无效。当他看到有些人矢口否认“《古兰经》乃被造之作”，有些人吞吞吐吐，不肯直言，便大发雷霆，认定他们动机不良，信仰不坚，其中必有受贿者和放高利贷者。他们为讨好老百姓竟敢违抗哈里发。对此，他十分痛心。麦蒙虽生性厚道，但有时也很严厉，如雷霆震怒，便一发而不可收拾，周围的穆阿台及勒派信徒，出于该派的信仰和自己的秉性便趁机火上加油。

从另一方面说，人的本性就是喜欢和同情反对派，不管是政治上的反对派，还是宗教上的反对派，对后者尤其如此。因此，以麦蒙及其追随者为一方，以反对他的学者们及支持他们的平民百姓

为另一方，形成了两个阵营。政府越加紧迫害，老百姓就越发使劲地为反对派鼓劲，一派大声鼓噪，另一派就提高嗓门以便胜过对手，这种情形愈演愈烈。在穆阿台绥姆时代，政府派的领袖是哈里发，围绕在他周围的是穆阿台及勒派的学者和国家要人，而反对派的领袖是艾哈迈德·本·罕百里，人民的心都向着他。

政府之所以陷于困境，难于脱身，一方面因其过于自信，将对手视作盲目无知的芸芸众生；另一方面则因为如从原来的立场后退会损害政府的威信，使无知的民众及其领袖们以为可以控制政府，而这是十分危险的。

以上是穆阿台及勒派和政府方面的观点，至于反对派，据笔者看，他们并没有像穆阿台及勒派那样形成一致的看法。他们意见各异，最典型的例子是：有些人心里想的和穆阿台及勒派一样，认为"《古兰经》乃被造之作"，但不愿意说出自己的观点，更不赞成告诉民众，因为民众不善思索，如果民众知道"《古兰经》乃被造之作"，就会在他们心中留下《古兰经》不值得崇拜和崇敬的印象，从而导致信仰的动摇。所以，应当断然堵住这条路，以保护全民族大多数人的信仰。出于这种考虑，他们既不说"《古兰经》乃被造之作"，也不说"《古兰经》非被造之作"，只说"《古兰经》乃真主的语言"。"《古兰经》乃被造之作"这一问题在先知时代和圣门弟子时代都没有提出过，这使他们更加坚信这种做法的正确。既然先知、圣门弟子和再传弟子没有提出这一问题，也没对此做否定或肯定的答复，却能够保证其坚定的信仰，为什么现在倒要提出这个问题呢？

相传，瓦绥格当着伊本·艾比·杜阿德的面召来一个谢赫，问

他:“关于《古兰经》乃被造之作,你怎么看?”谢赫对伊本·艾比·杜阿德说:“你这样做对我太不公平了,首先让我问一个问题。”伊本·艾比·杜阿德说:“你问吧!”谢赫说:“这件事,使者和艾布·伯克尔、欧麦尔诸哈里发知道不知道?”伊本·艾比·杜阿德说:“不知道。”谢赫又说:“赞美真主!他们不知道的事情,难道你就知道?”据说他又问了一遍,伊本·艾比·杜阿德才改口说:“他们知道,但没有公开宣传。”谢赫说:“他们能够公开宣传吗?”答:“能。”谢赫说:“即使他们能,你也不能,不是吗?”

《罕世璎珞》一书也记载了一件类似的事情:比什尔·麦里西写信给艾布·叶海亚·曼苏尔·本·穆罕默德,问他:“《古兰经》是创造者还是被造之作?”艾布·叶海亚在信中答道:“真主保佑我等免受任何磨难,让我等成为正统派的信徒……我们说:议论《古兰经》乃异端。回答此问题者付出了不应付的代价,提问者则得到了不应得的东西。除真主外,我们不知还有其他创造者。除真主外,一切均系被造之物。《古兰经》乃真主的语言。如以真主惠赐之称谓为满足,则将得正道;如妄自给《古兰经》取名,则将成为迷误者。真主使我等均敬畏主昭示的未来及现在。”[①]

据说,总督曾对布韦推说:“你就在你我之间说说《古兰经》乃被造之作吧。”布韦推说:“成千上万的人跟我鹦鹉学舌,但都不明白其含义。”[②]

正因为如此,艾哈迈德,本·罕百里厌恶那些对这个问题明确

① 伊本·阿卜杜·莱比:《罕世璎珞》,第1卷,第322页。

② 伊本·赛阿德:《人物传记》,第1卷,第276页。

表示肯定或否定的人。据说,有人曾问过克拉比西:"关于《古兰经》,你怎么看?"克拉比西说:"《古兰经》乃真主的语言,非被造之作。"又问:"对于我诵读的《古兰经》,你怎么看?"克拉比西说:"你诵读的《古兰经》乃被造之作。"问者向艾哈迈德·本·罕百里说起此事,艾哈迈德说:"此乃异端。"问者又回到克拉比西处,转达了艾哈迈德的意见和抗议,克拉比西说:"那么,你诵读的《古兰经》非被造之作。"此事又传到艾哈迈德处,艾哈迈德仍持否定态度,说:"此乃异端。"[①]苏卜基评论说:"这就证明:当艾哈迈德说'此乃异端'时,他指的是谈论这个问题的本身,……前人从未否定我们的语言乃被造之物,他们只是对谈论这个问题保持沉默,并不说明他们的观点。"苏卜基在另一处又说:"究其原因,是他们沉湎于教义学研究,不愿被此事转移视线。并非每种学科都必须讨论这个问题。"

以上所举都是一些反对派的代表人物。还有一些愚昧无知、目光短浅的人,认为《古兰经》,包括书写《古兰经》的文字和诵读《古兰经》的语言,都是无始自有的。宰赫比曾把这种说法归于伊本·罕百里,笔者却不以为然,苏卜基对此也断然否认。

如果有人问:"究竟哪一派对呢?"我们说,穆阿台及勒派和麦蒙的学术主张是正确的,但他们的对手主张不要在公众面前讨论这个问题也是对的。穆阿台及勒派和政府方面犯了两个错误:第一,他们想让老百姓参加对这些问题的讨论,而老百姓对这些问题却一无所知。既然教义学是一门连学者们都难以登堂入室的精妙学问,普通老百姓又怎么能理解呢?这是哲学家和其他学者的学

① 伊本·赛阿德:《人物传记》,第1卷,第252页。

问，而不是一般老百姓的学问。难道穆阿台及勒派想要老百姓理解真主的属性？理解这种属性是本体还是非本体？理解被视之物必居于某一确定的地域？如果他们能够理解这些问题，那就反常了。先知在世时，一个婢女认为真主在天上，并用手指着他的位置，对此，先知是认可的，因为她的智力接受不了更多的东西。先知并没有试图让她理解真主并不处在某一地域。但穆阿台及勒派却要让普通老百姓理解比上述问题更加精妙的问题，显然是无法实现的。

错误之二：他们促使政府倚仗其权势、刀剑和皮鞭，并策动士兵和官员介入这场讨论。他们要使辩论会像宗教裁判所一样，可以任意做出决定，然后强迫人们承认其决定，其手法比牧师更加严厉和残酷。他们的所作所为说明他们对人民的心理和信仰传布的历史一无所知。信仰是不能靠暴力，而只能靠说服，靠智慧和循循善诱的宣传来传布的。他们却固执地把那些对"《古兰经》被造说"保持沉默的人视为以物配主的异教徒。伊斯兰教的信仰是：万物非主，唯有真主；穆罕默德是真主的使者。谁说了这一证言，谁就把自己的血肉和命运交给了真主。

最令人奇怪的是：这场迫害和灾难恰恰来自穆阿台及勒派——这些号召思想自由，崇尚理性权威，被人们认为在信仰问题上宽容大度，不会诉诸暴力的人。但穆阿台及勒派是执着的理性主义者，他们相信理性权威，同时，认为不用理智判断事物的人就像牲畜一样，应该迫使他们听从有理智者的话。但他们却忘了人的智力各不相同，思维方式也不一样，在承认理性权威的同时，应对理智薄弱者持宽容态度，应允许他们在不损害公众利益的情况下按照自己的理智行事。

在这一运动中，理智和感情之争表现得最为明显，理智和逻辑在穆阿台及勒派一边，而感情则在群众和圣训学家一边。穆阿台及勒派的理智是透彻、明晰并富有哲理的，但它最大的弱点是想将其观点强加于普通老百姓，想使整个民族都成为懂得本质和现象、数量和质量、有限和无限、一元和多元、地域和方位的哲学家。迄今为止，真主尚未创造这样一个全体成员都是哲学家的民族。笔者不知道，如果真是那样，对人类究竟是有利还是不利。

反对派的信仰靠的是心灵而不是理智。他们理解不了穆阿台及勒派关于真主属性的观点，尤其憎恶政府及手持刀剑和皮鞭的士兵对这种观点的支持。讨厌各地身居高位的人，都要用这种观点加以考核。人们总是从内心深处憎恶这种现象，盼望有人出来进行抵制，他们尊敬和崇拜那些与此没有瓜葛的宗教人士。在传记中充满了赞颂拒绝接受总督或苏丹赏赐的行为的词句，所以，当人们看到当局支持“《古兰经》乃被造之作”的说法时，内心就产生了怀疑，他们本能地感到这种说法不符合宗教教义。圣训学家中的有识之士早就意识到了这一点，他们认为：老百姓一旦掌握哲学，就会忤逆宗教。如果对他们说“《古兰经》乃被造之作”，就等于承认《古兰经》是可以批驳的，等于认可诸如此类的创造和违反《古兰经》的做法，也就等于说人的智慧可以创造比《古兰经》更好的经典。诸如此类模糊不清而又难以表达的概念在他们脑海里盘旋着。因此，这些有头脑的圣训学家认为不应该谈论这个问题，不应给予肯定或否定的回答。他们认为谈论这个问题就是异端，他们甚至对任何有头脑的人都能理解的现象也避而不谈，即人们诵读

《古兰经》的语言、书写经文的字母和纸张都是被造之作这种显而易见的事情,因为语言一念出来就消失了,经书用火一烧或随着岁月的流逝都会消失的。尽管他们对此也是相信的,但根据他们的原则却不愿说出来。于是,这些有头脑的圣训学家的理智便与老百姓的感情合到一起,形成了一条战线。军人和武器不在他们一边,迫害落到他们身上,牺牲的美德在他们身上熠熠发光,所有这些更给他们增加了精神力量,官方的压迫也更坚定了他们的信仰。这正是艾哈迈德·本·罕百里、艾哈迈德·本·奈斯尔和布韦推等大学者们说过的,他们的话说明老百姓的信仰取决于他们,如果他们承认"《古兰经》乃被造之作",就是人民的失败,就是人民的信仰的失败,就是宗教的失败。既然这样,还是用他们自己的鲜血和生命来扶持宗教,来弘扬真主的声音吧。

确实,我们应该说两个阵营中都有一些忠于自己信仰的人。笔者认为,麦蒙、瓦绥格、艾哈迈德·本·艾比·杜阿德等人是忠于自己的主张的,他们认为他们的观点是正确的。笔者同意他们的观点,但不同意他们认为一切真理可以向任何人宣扬,更不赞成他们强迫人们接受他们观点的做法。这一阵营中的许多人都是当局的追随者,当局说白就是白,说黑就是黑。有一个传说充分说明了这种情况:当艾哈迈德·本·罕百里在穆阿台绥姆面前接受考查时,一个士兵对他说:"你真可怜啊!你面前站着伊玛目,周围挤满了人,你想战胜所有这些人吗?"许多人知道如不追随当局就不能保住自己的职位。在另一个阵营里,也有一些人像伊本·罕百里等人那样忠于自己的信仰,在两派之争还未发展到使用暴力时,他们陶醉于老百姓的掌声,他们宁愿做群众的英雄,而不愿做当权者阵营的无名小卒，因为群众的憎恨比政府的皮鞭更令人痛苦，而群众的奖赏也许比政府的奖赏更好。跟穆斯林群众对艾哈迈德·本·罕百里的奖赏相比，麦蒙、穆阿台绥姆和瓦绥格对伊本·艾比·杜阿德的奖赏又算得了什么呢？

阿卜杜·瓦哈布·瓦拉格在伊本·罕百里的葬礼上说："蒙昧时代和伊斯兰时代的葬礼的规模也没有像伊本·罕百里的葬礼规模这样大，出席葬礼的群众有百万人之多，把地都踏平了，站在墙头上观看的妇女约有六万多。"为了参加葬礼，人们纷纷跑到街上和清真寺里，商店也关了门。据说为他祈祷的人，除船上工作的人外，有一百三十万人。

学者和圣训学家们对他更是崇拜得五体投地。凡是他信任的人，便能得到他们的信任；凡是他贬斥的人，也遭到他们的贬斥，而他判断人的标准之一就是承认不承认"《古兰经》乃被造之作"。

反对派中除了这些有识之士外，还有一些缺乏理智的蠢人，他们不反对谈论《古兰经》，但他们认为《古兰经》，包括其文字和读音，都是无始自有的。他们之所以这样做，也许是他们看到像艾哈迈德·本·罕百里这样的大伊玛目都反对穆阿台及勒派。其实，他们并没有搞清楚罕百里等人反对的理由和他们的观点。他们以为，既然穆阿台及勒派说"《古兰经》乃被造之作"，他们就应该说："《古兰经》，包括其外在的一切，都是无始自有的。"这种事情许多人都谈起过。

我们还注意到，我们今天能够读到的有关当时那场辩论的记载都是很简单、肤浅的。因为辩论者没有触及到问题的实质，也没有揭示事情的真相，他们既没有对自己的观点做出理性证明，也没有能深入题目的核心。如果把传说中讨论的情况和麦蒙的信件加以比较，就会发现麦蒙的信件更触及到了问题的实质，更清楚地表明了他本人及其一派人的观点。出现这种情况的原因有两个：一是麦蒙在辩论进行中去世了，离开了辩论的战场，而他本人又是他那一伙人中最有头脑、最善于以理服人、最能抓住问题实质的人；二是辩论是在穆阿台及勒派及其对手之间进行的。其对手都是圣训学家，这些人既不读教义学，更不学习教义学的术语、基础和原则。因此，当穆阿台及勒派与他们辩论教义学中的某一个问题时，圣训学家们便说："我们对你们所说的一无所知。"与伊本·罕百里的辩论就是如此。于是，穆阿台及勒派不得不将辩论局限于原文，局限于传述的文字，而不涉及那些经过思考而得出的看法。这个范围是很窄的，不足以说明问题的背景和理性原因。

*　　　*　　　*

看来，穆阿台及勒派的领袖们有很大的抱负，希望本派成为国家认可的正式教派，就像伊斯兰教成为国教一样。如能做到这一点，穆阿台及勒派的主张就能在国家保护下广为传播，大多数穆斯林都会变成穆阿台及勒派的信徒，像他们一样信仰"真主独一"，信仰穆阿台及勒派的教义，穆斯林的思想便能得到解放。法学家们将不再像圣训学家一样拘泥于圣训，而会使用理智并根据公众利益来进行判断，除《古兰经》和大家意见一致的圣训外，不再依靠任何文字。穆斯林中的历史学家也会解放思想，用纯理性和自由的批评来书写伊斯兰历史，用衡量一般人的标准来剖析圣门弟子和再传弟子的所作所为。人们会开动脑筋攻克希腊、印度、波斯哲学，从中汲取养料，接受那些与《古兰经》和被大家一致承认的圣训没有矛盾的观点。老百姓的思想会得到解放，他们不再害怕精灵，因为精灵是看不见的，也不相信魑魅魍魉。总而言之，老百姓将不再迷信，也不再害怕真主，因为真主在穆阿台及勒派眼里并不是一个专横的统治者，而是公正法律的执行人。公正既是至高无上的真主的行为准则，也是我们的行为准则；既是真主的法律，也是我们的法律。此外，人们还会相信他们是自己意志的主人，相信他们自己能够判断善恶。他们的善行是他们所为，反映了他们的意愿；他们的恶行也是他们所为，也反映了他们的意愿。为此，他们将得到善报或恶报。任何人将不再指靠命运，因为善有善报，恶有恶报，不会发生恶人得好报或好人得恶报的事情。于是，世上善行增多，恶行减少。如果人们怀疑报应，以为做了坏事兴许能够得到真主的原谅，做了好事也许倒会受到惩罚，就会削弱人们对善恶的信仰。他们说："这些原则如果得到普及，政府实行一段时期，使之深入人心，成为人们的习惯，下一代也在这样的环境中成长起来，人类世界就会变得非常美好。让我们承受'灾难'的恶果，让我们做出牺牲吧！目的能够说明方式，只有打破形形色色的虚妄才能得到真理。"

也许这就是穆阿台及勒派的领袖们在那场灾难中所企求实现的目的，但结果如何呢？

人们憎恨穆阿台及勒派，是因为政府支持它，也因为它在得势时欺压百姓和圣训学家及其他学者，对他们任意杀戮，或投入监狱。一些卑鄙小人则利用这一点，破坏穆阿台及勒派的声誉，歪曲他们的观点，向老百姓灌输了许多符合其思维方式的思想。他们说，穆阿台及勒派并不认为真主将在末日显身，从而阻止信士得到最大的快乐；穆阿台及勒派承认“《古兰经》乃被造之作”，从而否认了《古兰经》的神圣、伟大和崇高；穆阿台及勒派说人创造了自己的行为，便在真主之外又造成了许多能够进行创造的神祇；穆阿台及勒派在得势时不肯奋斗牺牲，而是一味地贪图荣华富贵，而圣训学家们却牺牲了金钱、职位、荣誉以至于生命。大众总是和做出牺牲的人站在一起，而不问他们为何做出牺牲。就这样，所有这些可憎的事情都归到了穆阿台及勒派的名下。

哈里发穆台瓦基勒上台后，于伊斯兰历234年宣布禁止传播“《古兰经》乃被造之作”的观点，并威胁那些不肯放弃这种说法的人。他之所以这样做，是因为他看到了反对穆阿台及勒派的舆论力量，看到了这场大辩论给国家带来的麻烦，因此，他决心了结这些问题，使他本人及其政府得到解脱。但他并没有站在中立的立场，而是站在圣训学家一边，表现出明显的倾向性。“他把圣训学家们召到萨马拉，慷慨地给予赏赐和盛情款待，并要求他们谈论真主的属性。艾布·伯克尔·本·艾比·希伯在鲁萨法清真寺讲学，围坐听讲者约三万人；他的兄弟在曼苏尔清真寺讲学，也有约三万人聚集在他周围。他们极力颂扬穆台瓦基勒的德性。……穆台瓦基勒还命令埃及总督剪掉埃及大法官艾布·伯克尔·穆罕默德·本·艾比·莱斯的胡子（此人曾在大劫难中迫害了许多人），痛打之后让他骑驴游街，并任命马立克派的哈里斯·本·米斯金为法官以取代艾布·伯克尔。”①

麦斯欧迪这样写道：“穆台瓦基勒继任哈里发之后，下令停止

① 苏郁退：《历代哈里发史》，第138页。

大辩论，结束在穆阿台绥姆以及瓦绥格时代对老百姓施加的压力，同时，命令老百姓循规蹈矩。他还命令圣训学家讲述圣训，突出‘逊奈和大众派’①。”②

尽管穆台瓦基勒是历史上最暴虐的哈里发之一，但由于他结束了那场大灾难，逊尼派都赞颂他，原谅他的恶行，据说，许多圣训学家梦见真主都原谅他了。

这些变化引起了剧烈的反响。圣训学家们取得了巨大的胜利，他们开始用暴力和学识对穆阿台及勒派进行报复，他们恶毒攻击穆阿台及勒派，也攻击那些在那场大灾难中屈服于压力的人。圣训派的领袖艾哈迈德·本·罕百里开始对众人进行裁决：某人软弱，某人坚强，其最重要的标准之一就是说没说过“《古兰经》乃被造之作”。对那些因内心恐惧而屈从的人也耿耿于怀，不原谅他们违心的行为。有人问罕百里：“如果有两个人碰到一起，一人屈服了，一人未屈服，礼拜时谁应站在前面？”罕百里说：“未屈服者在先。”又有人问：“如果有人说过‘诵读《古兰经》的语言乃被造之作’，这些人该如何处置？”罕百里说：“这种人不值一提，不能率领众人做礼拜。如果有人跟着他做了礼拜，应该重做。”艾施阿斯·本·盖斯和杰里尔在葬礼上相遇，艾施阿斯让杰里尔走在前面，并对他说：“我承认了‘《古兰经》乃被造之作’，你没有承认。”消息传到伊本·罕百里耳朵里，他感到很满意。伊本·罕百里听说格瓦利里曾向伊本·利亚赫表示问候。当格瓦利里登门拜访时，伊

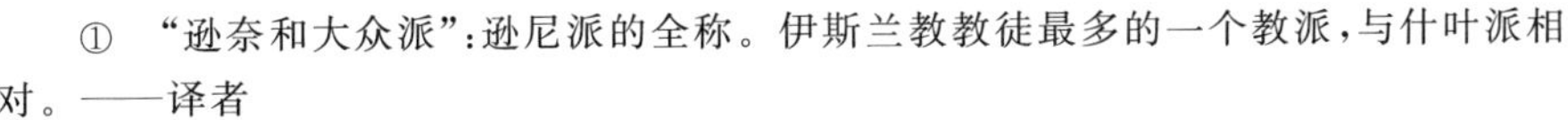

① “逊奈和大众派”：逊尼派的全称。伊斯兰教教徒最多的一个教派，与什叶派相对。——译者

② 麦斯欧迪：《黄金草原》，第 2 卷，第 288 页。

本·罕百里对他说:“你对伊本·利亚赫的问候已经有了答复,难道还不够吗?”说完,当着他的面关上大门。伊本·罕百里听说胡扎米曾拜访过艾哈迈德·本·艾比·杜阿德,当胡扎米来拜访他时,他硬是将客人赶出门外,并关上大门。他还禁止证人在杰赫姆法官(指穆阿台及勒派的法官)面前作证,哪怕该法官只是被人利用也不成。①

以罕百里派为首的圣训学家权势日盛,成了政府中的政府。据说,《古兰经》诠释家兼历史学家穆罕默德·本·杰里尔·塔巴里编写了一本书,介绍法学家的不同观点,书中唯独没有提到艾哈迈德·本·罕百里。有人问及此事,其答复是:“艾哈迈德是圣训学家,而不是法学家。我没看到他有什么可以信赖的朋友。”此事激怒了罕百里派,便指责他为叛教者,又问他关于真主坐上宝座的圣训,他说,那是不可能的。

为此,罕百里派便禁止人们听他讲课或拜访他,还写文章骂他。见他待在家里,便向他抛掷石头,石头都堆积如山了,以至于警察头子不得不骑马带着数千警察来阻止人们扔石块并清除石堆。

此后,罕百里派气焰更盛。到了伊斯兰历323年,“巴格达的罕百里派权势鼎盛,力量大增,他们冲击官吏和百姓的住宅,看见酒就倒掉,看到歌女就打,乐器也被他们砸烂。他们把巴格达搞得乌烟瘴气”。

罕百里派的权势和力量的激增是对穆阿台及勒派所作所为的

① 伊本·萨布尼:《伊本·罕百里传》(手抄本)。

反动。从穆台瓦基勒时代起，穆阿台及勒派日趋衰败，加入者均需保守秘密，公开身份是需要很大勇气的，因为这会使自己面对众怒和公愤。伊本·祖莱格在谈到西伯威(埃及人，生于伊斯兰历284年，卒于358年)的逸事时，说：西伯威嗜好争辩，喜欢研究教义学。从瓦绥脱法官艾布·阿里·本·穆萨那里接受了穆阿台及勒派的学说，成为当时埃及有名的教义学家。西伯威常疯疯癫癫地在通衢大道和集市上公开宣传穆阿台及勒派的观点。某星期五，有人看见他在人头攒动的书市上讲演，那天，教义学家、穆阿台及勒派的著名领袖波斯籍的艾布·欧姆兰·穆萨·伊本·里巴赫也在场。西伯威大声喊叫着说："到处都有人在忤逆宗教。你们看，在这个伟大的国家里，只剩下两个人敢说'《古兰经》乃被造之作'，这两个人就是我和谢赫艾布·欧姆兰，真主保佑他长寿。"艾布·欧姆兰听到后，鞋子也来不及穿，就惊慌失措地跑了，后面一个人追上去把鞋子给了他。

从穆台瓦基勒时代起，圣训学家和他们的学说占据了统治地位，此后，穆阿台及勒派再也没有能够东山再起。

阿慕尔·本·欧拜德比素玛迈和伊本·艾比·杜阿德更有远见。哈里发曼苏尔曾要求阿慕尔·本·欧拜德向他介绍一些穆阿台及勒派的门徒，以便委以国事，但遭到阿慕尔的拒绝。素玛迈和伊本·艾比·杜阿德等人却采取了利用政府的方针，结果反倒失败了。同为哈里发，曼苏尔较麦蒙更有见地，对哈里发的地位有透彻的理解，认为其地位在各党派、各教派之上。他依靠一切教派，却不屈从于任何一派。他可以随心所欲地接近穆阿台及勒派，也可以接近圣训学家和法学家，只要他们的教义不损害他的权力，他也可以惩戒他们。除此以外,他对各个教派都是宽大为怀的。但麦蒙却把哈里发的职位和教师的职位混为一谈,他既想做哈里发,又想当教师。但是他却忘记了,从根本上说,国王和哈里发是发布不容争辩及讨论的果断的命令,而教师则是提出看法,供人讨论,对其观点可以接受,也可以拒绝。这两种情况在本质上是不同的。国家法律和哈里发命令如果遭到戏弄和怀疑,那就毁了法律和命令;而教师的看法如果以法令的形式出现,那就毁了学术。而这正是麦蒙发布关于"《古兰经》乃被造之作"的命令时所发生的事情。他把这种学术观点带上了官方法令的色彩,对反对这种学术观点的人当作违反正式命令的人加以惩处,其结果便是他本人及继续执行他这种做法的人的完全失败,也是穆阿台及勒派的失败,因为他们拥护麦蒙及其后继者,将自己与他们连在一起,也因为他们想在动乱中火中取栗,策划了这场大灾难。

现在,我们应该问一句:穆阿台及勒派的灭亡和圣训派的胜利对穆斯林是否有利呢?

笔者认为这种结局是对他们不利的。如果穆阿台及勒派不投入国家的怀抱,仍像他们在曼苏尔时代和麦蒙时代初期那样生活,对穆斯林会更好些。如果他们根据这一方针行事,而圣训学家们也根据他们自己制定的方针行事,穆斯林大众会得到最大的好处,伊斯兰的历史也会重写。穆阿台及勒派代表自由党,圣训派代表保守党,两党并存有利于整个民族。穆阿台及勒派推动大家开动脑筋,解放思想,他们高擎火把走在前面,照亮了人们前进的道路;而圣训派则维护着陈陈相因的习惯与传统,紧跟在穆阿台及勒派的后面,阻止他们鲁莽地向前冲撞。这样,整个民族会轻松自如,而又始终面向前方地前进着。在前进的道路上，如果只剩下一派，失去了另一派，则将带来极大的危害。

穆阿台及勒派失势后，群众落到了圣训学家和法学家的权势之下，从穆台瓦基勒时代起直到此前不久都是如此。其结果就是停滞不前：学者的学识就是背诵圣训，把听来的圣训照样传述出去，并进行语句的分析；权威人士则像古人一样解释圣训，而不做理性的批评，只说这一段是可靠的，那一段是不可靠的，如此等等；法学家的教法也就是传述前辈伊玛目的话语，如遇到了新问题，充其量不过是根据伊玛目的原理加以分析。笔者很欣赏前面提到过的麦斯欧迪的说法，即穆台瓦基勒命令人们循规蹈矩。这正是穆台瓦基勒时代以来学者们的特性——接受天命，接受过去已有和至今存在的陈规，模仿前人，服从他们关于伊斯兰教法的解释和意见。因此，自穆台瓦基勒时代以来编著的有关圣训学、法学、诠释学乃至语法、语言方面的书籍，几乎都是从一个模子里刻出来的。如果说有什么不同的话，也仅仅在于铺陈简约上的差别，书的排列是一样的，书中的例子也是一样的，第一本书里表达不清楚的地方，最后一本书里照样含糊不明。所有的书籍都失去了个性，因为个性是违反循规蹈矩的命令的。假如穆阿台及勒派能存留下来，那穆斯林会被染上另一种色彩，一种比他们现有的更加绚丽的色彩。

确实，在穆阿台及勒派的废墟上出现了一批伊斯兰哲学家，如法拉比、伊本·西那、伊本·鲁世德等。但实际上，他们并不能代替穆阿台及勒派。哲学家首先是哲学家，然后才是宗教学家。只有在哲学理论和宗教发生矛盾时，他们才注意宗教问题，并努力将二者协调起来。而穆阿台及勒派则首先是宗教学家，然后才是哲学家，他们首先注意的是宗教教义的哲理化，是《古兰经》的合理化；而哲学家则只注意研究亚里士多德和柏拉图的观点，只要这些观点不与伊斯兰教冲突就可以了。这两种观点和色彩相距何止千里！正因为如此，穆阿台及勒派直接面对宗教问题，他们面对圣训学家并与之冲突，面对法学家，并与之交锋，他们确定伊斯兰教原理，明确地反驳反对者。至于哲学家，他们总是愿意生活在哲学的天空中，巴不得把宗教搁置一边。当无法做到这点时，便力图协调哲学和宗教的关系，以免激怒宗教界人士。因此，笔者认为，哲学家们没有触及穆斯林的实际生活，他们所研究的希腊哲学，就像在伊斯兰国家的希腊公使馆一样，不触及驻在国的民族利益。至于穆阿台及勒派，则想占领，想改造，想指导，而不甘于寂寞。从另一方面说，在穆阿台及勒派中，以奈扎姆、查希兹、比什尔·本·穆阿太密尔、素玛迈和艾哈迈德·本·艾比·杜阿德为首的学者们都是阿拉伯民族中的语言大师，他们中的每一个人都是当时的修辞大师，具有渊博的阿拉伯文化知识，他们既了解阿拉伯诗歌、历史、文学，又懂得教义学的深刻含义，他们是无与伦比的深刻的文学家，他们还创造了修辞学。在这方面，他们与伊斯兰民族关系密切，对伊斯兰民族有着深远的影响。没有读过他们关于穆阿台及勒派学说的著作的人，必读过他们的文学和修辞学著作。他们的穆阿台及勒派观点隐藏在那些优美的语言、严密的逻辑、流畅的表达里。而哲学家的语言则既干巴又晦涩，好像符号标记一样，充满了晦涩难懂的术语和佶屈聱牙的词句。他们的著作，只有他们当面解释才能读懂，他们的语言也仅仅限于在他们自己及其学生的

范围内使用。就这样，他们构成了一个具有自己的思维方式和语言的独立王国，其范围很小，影响微弱。

因此，笔者不认为穆斯林哲学家能够取代穆阿台及勒派。圣训学家的权势一直很大，从未受到哲学家们的影响。从哲学家来说，他们一方面赞美真主保佑他们平安，一方面，又乞求真主能使他们永远生活在形而上学的思想的幸福之中。

穆阿台及勒派对伊斯兰教做出了不可估量的贡献。阿拔斯王朝是维护波斯人的，因为阿拔斯王朝是靠着波斯人的力量建立，并从波斯起家的。但波斯人的宗教是二神论，其神可类比，有形体。给波斯人自由就有让他们的宗教渗透到穆斯林中间的危险。阿拔斯人和犹太人、基督教徒接近，在医学等方面利用他们为自己效劳，并责成他们将外文书籍译成阿拉伯文，这就使得穆斯林和他们有比倭马亚时代更多的接触。波斯人、犹太人和基督教徒感受到这种自由，从而使其中一部分人把他们民族的古老宗教渗透进来，以便传布出去。因此，这个时代有许多传教师宣传波斯人的二神说和摩尼教，传布犹太教、基督教以及印度古教的教义。有的宣传打着伊斯兰教的幌子，有的则明目张胆地进行。阿拔斯王朝还允许对最微妙、最深刻的问题进行辩论。圣训学家和法学家没有能够阻止这种辩论，因为圣训学家只是精通经文，但异教徒却不满足于背诵经文或传述圣训，他们要的是用理性证明，来证实真主的存在，证实穆罕默德的先知使命，证实《古兰经》确实是真主敕降的。他们还要求得到理性证明，以证实自己信奉的宗教是虚假的。所有这些人都是二神教、犹太教和基督教的信徒，他们用希腊哲学武装起来，并运用其逻辑推理，构成许多证据，以证明自己的宗教。

他们还运用希腊的无神论来加强自己的信仰。谁想要说服他们，驳斥他们，谁就必须用他们的武器武装自己，就必须透彻地了解他们的思维方式及宗教的秘密，以便以理性论据来驳斥他们，从而保卫穆斯林大众顶住他们的进攻和宣传的蛊惑。当时，只有穆阿台及勒派能够完成这项任务，只有他们能够挑起这副重担。他们和二神教、迪萨尼教以及光阴派进行斗争，压迫巴士拉的白沙尔和杰里尔·本·哈齐姆·苏迈尼，写了许多书驳斥二神教徒，并使一些二神教徒受他们的教化而皈依伊斯兰教。他们还和犹太教徒、基督教徒进行斗争，并批驳他们，他们还著书以证实一般的先知使命，特别是穆罕默德的先知使命。为了以上这些目的，他们英勇战斗，不屈不挠。也许正是由于这个原因，我们在现存的典籍中看不到研究穆阿台及勒派教义的完整材料，看不到全面的、有条理的论述。我们看到的是根据辩论的需要而编写的零散材料，而不是根据冷静的思考写出来的、章节有序的著作。争辩的问题是在与二神教徒、犹太教徒或基督教徒进行辩论时，或在哈里发召集的会议上，在学者的集会上提出的，而由穆阿台及勒派予以答复，予以反驳，他们的观点只是依据问题提出的先后次序而记录下来的。

在伊斯兰教的敌人猛烈进攻时，如果穆阿台及勒派没有采取这样坚决反抗的立场，那么，只有真主才能知道穆斯林会遭到怎样的损害。根据艾布·哈桑·艾施阿里等人规定的方法，穆斯林用教义学武装起来了。这种武器，无疑是穆阿台及勒派的产儿，是收集整理，并部分修正穆阿台及勒派的观点的结果。可以说，没有穆阿台及勒派，就不会有这些武器。

从穆阿台及勒派衰亡起直到近代复兴运动开始的将近一千年

的时间里，穆斯林一直生活在保守派的影响之下。实际上，近代复兴运动带有某种穆阿台及勒派的色彩。复兴运动的两个原则——怀疑和实验正是穆阿台及勒派的方针，这点在本书介绍奈扎姆和查希兹的两节文字中已经谈到过。复兴运动中产生的许多思想，如信仰理性权威和意志自由（换句话说，人是自己行为的创造者，并应对由此而产生的后果承担责任）、辩论和研究的自由、人的个性解放，以及不把一切责任归之于命运等思想，都是穆阿台及勒派曾经宣传和实践过的原则。穆阿台及勒派的教义和近代复兴运动的原则之间唯一的区别也许就是：穆阿台及勒派的原则基于宗教，而近代复兴运动的原则出于纯粹的理性。换句话说，穆阿台及勒派是从宗教的角度看待这些原则的，而现代复兴运动则是从理性的角度看待这些原则的。这些原则对于穆阿台及勒派来说，是与宗教紧紧相连的，而近代复兴运动的原则却与宗教无关，其中许多现象和情况是超出于宗教之外的。

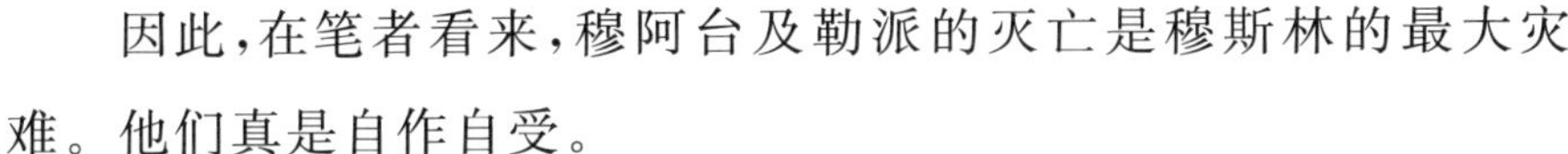

因此，在笔者看来，穆阿台及勒派的灭亡是穆斯林的最大灾难。他们真是自作自受。

第二章　什叶派

我们从《阿拉伯伊斯兰文化史·黎明时期》一书有关什叶派的一章中知道什叶派的基础是相信以下原则：阿里及其后裔是最有资格担任哈里发的人；阿里比艾布·伯克尔、欧麦尔和奥斯曼都更有资格；先知曾许诺在他死后将哈里发的职位传给阿里；每一位伊玛目都要指定其后人为哈里发的继承人。所以，什叶派和其他教派最大的分歧就是哈里发应该传给谁。由于哈里发是政教合一的领袖，所以，什叶派和其他教派的分歧也就是宗教和政治分歧，尽管政治分歧也带有宗教色彩。什叶派认为，先知指定阿里继承哈里发职位，阿里又指定了他身后的继承人，因此，艾布·伯克尔、欧麦尔和奥斯曼是篡权者，倭马亚王朝和阿拔斯王朝的哈里发们也是篡权者。因此，什叶派有责任把权利归还给权利的主人，应该进行秘密和公开的活动让阿里家族执掌大权。

与此相反的另一种意见认为，先知并没有指定继承人，只是让大家研究怎样做才好，看什么人更合适。先知的要求仅仅是：维护伊斯兰教，维护他的教导和原则，让大家挑选他们认为最能够担负这一重任的人。持此意见者中，有人认为选择的范围仅限于古莱氏人，因为阿拉伯人最信服古莱氏人，而且，哈里发应该有一个强大的部落作为他的坚强后盾，而在阿拉伯人中没有什么部落比古莱氏部落更高贵了。有人还引用下列圣训来支持这一观点："伊玛目出自古莱氏。"也有些人认为选择的范围不应局限于古莱氏人，而应包括全体穆斯林，哪怕是一个埃塞俄比亚的奴隶，只要条件俱备就可以担任伊玛目。大多数哈瓦立及派信徒均持后一种观点。

开始时，什叶派只是一些衷心拥戴阿里的圣门弟子。他们了解阿里的特点，认为他最有资格担任哈里发，其中最著名的人物是波斯人赛勒玛、艾布·扎尔·格发利和米格达德·本·艾斯瓦德。在奥斯曼继任哈里发后，特别是其在位的后几年，群众怨声载道，什叶派门徒便日益增多。

跟任何党派一样，加入什叶派的人中既有忠于其原则的，也有借其名以图私利的。有些人因为相信阿里父子最有权继任哈里发而加入什叶派；有些人因为憎恨迫害他们的倭马亚人和阿拔斯人而加入什叶派；有些阿拉伯部落偏袒倭马亚人，其对手因部落的对立而加入什叶派。大批释奴加入什叶派，则是因为倭马亚政权带有阿拉伯贵族的色彩，他们对释奴加以歧视，人的本性决定了他们必然支持——哪怕是暗地里——反对倭马亚人的人，而没有谁比什叶派更仇恨倭马亚人了。波斯人参加什叶派，则是因为他们习惯于尊崇皇室，认为国王的血缘不同于平民百姓，皈依伊斯兰教以后，他们仍以看待波斯国王的眼光看待先知，用看待皇室的眼光看待先知的亲属。在他们看来，先知一死，最有权继承哈里发职位者非圣裔莫属。就这样，形形色色的人，出自各自不同的动机，加入了什叶派。除以上这些人外，还有一些更坏的人加入了什叶派，那是些想对伊斯兰教进行报复的人，他们狡诈地做出种种偏激姿态，其中之一就是加入什叶派。这对任何党派来说，都是很自然的事，

每个党派里都有忠实的信徒和狡猾的骗子，都有从宗教的角度拥护本教派的人和图谋私利的分子。

什叶派伊玛目继承世系树形图

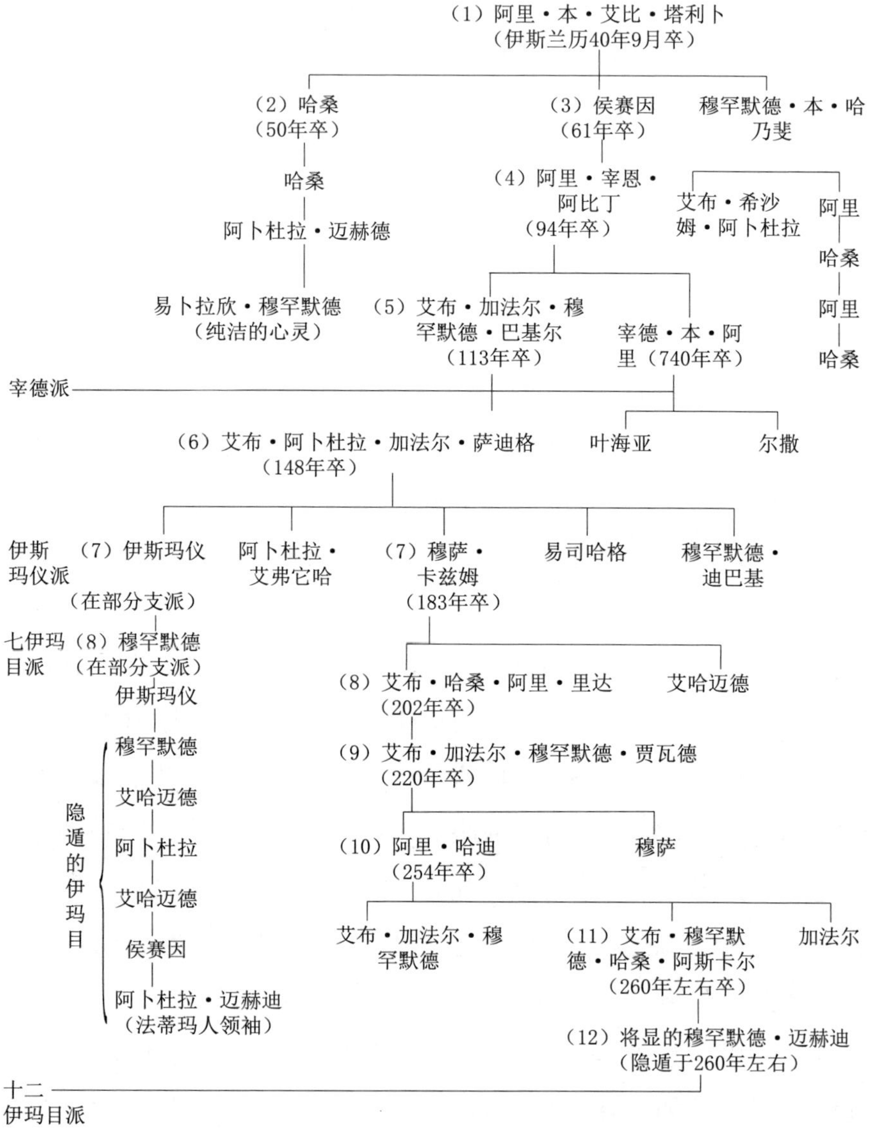

（1）阿里·本·艾比·塔利卜
（伊斯兰历40年9月卒）

（2）哈桑
（50年卒）

（3）侯赛因
（61年卒）

穆罕默德·本·哈乃斐

哈桑

阿卜杜拉·迈赫德

易卜拉欣·穆罕默德
（纯洁的心灵）

（4）阿里·宰恩·阿比丁
（94年卒）

艾布·希沙姆·阿卜杜拉

阿里

哈桑

阿里

哈桑

（5）艾布·加法尔·穆罕默德·巴基尔
（113年卒）

宰德·本·阿里（740年卒）

宰德派

叶海亚

尔撒

（6）艾布·阿卜杜拉·加法尔·萨迪格
（148年卒）

伊斯玛仪派

（7）伊斯玛仪
（在部分支派）

阿卜杜拉·艾弗它哈

（7）穆萨·卡兹姆
（183年卒）

易司哈格

穆罕默德·迪巴基

七伊玛目派

（8）穆罕默德
（在部分支派）

伊斯玛仪

隐遁的伊玛目：

穆罕默德

艾哈迈德

阿卜杜拉

艾哈迈德

侯赛因

阿卜杜拉·迈赫迪
（法蒂玛人领袖）

（8）艾布·哈桑·阿里·里达
（202年卒）

艾哈迈德

（9）艾布·加法尔·穆罕默德·贾瓦德
（220年卒）

（10）阿里·哈迪
（254年卒）

穆萨

艾布·加法尔·穆罕默德

（11）艾布·穆罕默德·哈桑·阿斯卡尔
（260年左右卒）

加法尔

（12）将显的穆罕默德·迈赫迪
（隐遁于260年左右）

十二伊玛目派

什叶派分成若干支派，各派之间的基本分歧有以下两点：

(1) 在原则和观点上的分歧：激进派给伊玛目带上某种神圣的色彩，把反对阿里及其一派者攻击为叛教；温和稳健派认为伊玛目最有资格担任哈里发，反对他们的人是错误的，但不是叛教。

(2) 在任命伊玛目上的分歧：阿里父子去世之后，其家族人数众多，什叶派对其中何人担任伊玛目有分歧。有人说这个，有人说那个，这也是什叶派中各支派间产生分歧的原因之一。也许最好是把下面这张树形图介绍给读者，以便清楚地说明伊玛目的系列。

许多在教义和历史上没起重要作用的什叶派支派均已消亡，现在，我们仅介绍流传至今的两大支派，即伊玛目派和宰德派。介绍时，我们仍采用介绍穆阿台及勒派的办法，先谈教义，再谈各派的著名人物及政治历史。

伊玛目派

该派极重视伊玛目问题，许多观点均涉及此问题，故名。该派认为阿里之所以有资格继先知之后担任哈里发，不仅因为他能够胜任，也不仅因为只有他符合先知规定的条件，更因为先知曾指名道姓地指定他担任。他们认为伊玛目只能是阿里及从他与法蒂玛生的儿子一个传一个地产生。他们认为识别和确定伊玛目是基本的信仰之一，如果阿里是先知点名指定的伊玛目，则艾布・伯克尔和欧麦尔均为篡权者，应予以否认。而宰德派则没有这么激烈，他们认为先知确定了伊玛目的条件，但并没有具体指定某一个人。因此，他们不否认艾布・伯克尔和欧麦尔，也不否定其权利，他们认为他俩就任哈里发是对的，尽管阿里更为合适。在有更好人选的情况下任命一个好的人选为伊玛目是可以的。

伊玛目派中最重要的支派是十二伊玛目派。该派按树形图上的次序承认十二个伊玛目，因而得名。他们的第一任伊玛目是阿里，其次是阿里的儿子哈桑，再次是侯赛因，直到第十二位伊玛目，即约于伊斯兰历260年隐遁的穆罕默德·迈赫迪。第十二任伊玛目在末日来临时将再度出现，使大地充满正义。从伊斯兰历907年至1148年统治波斯等地的萨法王朝即属于十二伊玛目派，该王朝法定什叶派，特别是十二伊玛目派为国教，延续至今[①]。有的伊玛目派信徒认为在第六位伊玛目加法尔·萨迪格之后，伊玛目的职位就转给其子伊斯玛仪，而不是穆萨·卡兹姆，因而被称为伊斯玛仪派。他们认为伊斯玛仪之后都是隐遁的伊玛目，因为伊玛目如没有力量战胜敌人便可以隐遁起来，只让他的号召人出现，这些伊玛目在隐遁中代代相传，直到法蒂玛王朝的领袖阿卜杜拉·迈赫迪出现为止。他感到拥有足够的力量便发出号召。因此，他们也被称之为隐秘派，因为他们承认隐秘的，即隐遁的伊玛目[②]。也有人说，他们之所以被称为隐秘派，是因为他们说过：有表就有里，有天启便有诠释。在印度，至今还有一大批伊斯玛仪派的信徒。

伊玛目派讨论的最重要的问题是伊玛目问题，这是他们研究的中心，也是该派信仰独具的特色，其他问题均由此产生。这一问

① 现今什叶派信徒的人数为：伊朗约700万，伊拉克约150万，印度约300万。——译者

② 伊本·赫勒敦：《历史绪论》，第164页；沙赫力斯坦：《教义与教派》，第146页。

题也是该派和逊尼派最重要的分歧所在。下面，我们分析一下该派在这一问题上的观点，然后谈谈我们的看法。在分析该派的观点时，我们根据他们写的书，这样做更公道一些。我们首先介绍其中最权威的一本书——库里尼[①]的《全集》中关于“伊玛目”的主要内容。在什叶派看来，伊玛目和真主之间的精神联系带有先知和使者那种性质。“哈桑·本·阿拔斯·迈阿汝菲在给里达的信中写道：‘我愿为你献身。请告诉我：使者、伊玛目和先知有什么不同？’里达在回信中写道：三者之间的区别是：使者是哲布勒伊来[②]为之降示默示者，他能看见天使，听到天使讲话，默示便降到他身上，也许是在梦中看见天使的，像易卜拉欣的梦[③]一样；先知也许能够听见天使的声音，也许能够看见他的形体但听不见他的声音，伊玛目仅能听到天使的声音但看不见他的形体。”[④]由此可见，伊玛目也是受默示者，尽管其受示方法不同于先知和使者。“至尊的真主是伟大的，不会让大地上没有公正的伊玛目。在信士们狂热时，伊玛目予以降温；在信士们动摇时，伊玛目使其坚定。他是真

① 库里尼，即穆罕默德·本·叶尔孤卜，是什叶派最杰出的学者和领袖之一。其所著《全集》一书，分为三卷，第一卷谈原理，第二、三卷谈具体问题。伊斯兰历328年殁于巴格达。他在什叶派中的地位相当于布哈里在逊尼派中的地位。——译者

② “哲布勒伊来”：阿拉伯文 Jibrā'īl'的音译。伊斯兰教的四大天使之一。据经注家称，他受真主派遣于麦加郊外希拉山洞向隐修中的穆罕默德传达神谕，使之“受命为圣”，并向他启示《古兰经》的一些经文。——译者

③ 易卜拉欣的梦：“易卜拉欣”，《古兰经》故事人物。与阿丹、努海、穆萨、尔撒和穆罕默德并称为安拉六大使者。因捣毁偶像，遭族人反对，被投入火中，得安拉护佑未受伤害，后被父驱除出住地。晚年先后受安拉之赐二子，并于梦中受“启示”应献子为祭。在献祭前，复受“启示”可以羊代之。与子伊斯玛仪同被阿拉伯民族奉为祖先，并认为他俩是麦加圣殿克尔白的奠基人。——译者

④ 库里尼：《全集》，1281年波斯版，第1卷，第82页。

主对众仆的证据，若无伊玛目——真主对众仆的证据，大地便不复存在。大地上即使只剩下两个人，其中必有一个权威，他就是伊玛目。”信仰伊玛目是信仰的一部分。“艾布·加法尔传述艾布·侯姆扎的话说：‘知主者才崇拜主，不知主而崇拜主乃盲目崇拜。’我说：‘我愿为你献身，但关于真主你知道些什么？’他说：‘相信至尊的真主，相信真主的使者，拥戴阿里及正道的伊玛目，远离他们的敌人而崇拜至尊的主。我们就这样认知真主。’”①“谁不认知至尊的真主，谁不知道伊玛目必出自先知的家族，谁认知和崇拜的就非真主。”②“艾布·加法尔说：本民族中无论是谁，如果不信伊玛目，他就是迷惘的；如果他这样死去，则他的死就是忤逆的、伪信的。”③至高无上的真主说：“……并给他一道光明，带着在人间行走。”④光明就是伊玛目，伊玛目生活在光明里。至高无上的真主说：“行善的人将获得更佳的报酬，在那日，他们将免于恐怖。作恶的人，将匍匐着投入火狱……”⑤善行即承认圣裔，热爱圣裔；恶行即否认圣裔，仇恨圣裔。⑥ 里达说：“众人是服从我们的奴隶，在宗教上是我们的追随者，让知者转告不知者。”⑦伊玛目即引导者，如真主所说：“每个民族都有一个引导者。”⑧他们也是真主的官员和知识宝库。艾布·加法尔说：“我等乃真主之知识宝库；我等乃真

① 库里尼：《全集》，1281年波斯版，第1卷，第84页。

② 同上书，第85页。

③ 同上。

④⑤⑧ 马坚译：《古兰经》，6：122、27：89—90、13：7。——译者

⑥⑦ 库里尼：《全集》，第1卷，第87、88页。

主默示之传达者;我等乃天地间一切人等的强有力的权威。”[1]伊玛目就是光明,——如至高无上的真主所说:“故你们当信仰真主和使者,和他所降示的光明。”[2]伊玛目在信士心中的光明比白昼的太阳更明亮。真主可随意遮蔽某些人的光明,让他们的心笼罩在黑暗中。[3]

伊玛目是带着人类转动的大地的支柱,是天地间一切人的强有力的权威。[4] 里达说过:伊玛目的地位相当于先知,是合法的继承人。伊玛目是真主和使者的继承人,处在穆民领袖的地位,是哈桑和侯赛因的继承人。伊玛目是宗教的中坚、穆民的支柱、世界的砥柱、信士的骄傲。伊玛目是不断发展的伊斯兰的基础,也是其中高贵的部分。依靠伊玛目,才能完成礼拜、天课、斋戒、朝觐、圣战,才能增加战利品及施舍,才能制定法令,实行裁决,才能防止疏漏和偏差。伊玛目准许真主之所准,禁止真主之所禁,立真主之法度,卫真主之宗教,并以智慧、良好的劝诫、有力的证据呼吁真主的正道。伊玛目如光照大地的太阳,冉冉升起在地平线上,手摸不到,眼看不见。伊玛目是光芒四射的圆月,是烁烁的夜明灯,是闪闪的光芒,是黑夜中的启明星,是无垠的大地,是澎湃的海洋。伊玛目是久渴者的甘泉,是正道的指引者,是灾难的避难所。伊玛目永无过错,学识渊博,宽厚仁慈,他是宗教的支柱、穆民的骄傲,他给伪信者以愤怒,给叛教者以毁灭。伊玛目独步天下,无人能与之

① 库里尼:《全集》,第1卷,第91页。
② 马坚译:《古兰经》,64:8。——译者
③ 库里尼:《全集》,第1卷,第92页。
④ 同上书,第93页。

相比，无学者与之相等，无人能够取代。伊玛目是独一无二的，他乐善好施，有求必应。谁能够认知伊玛目，选择伊玛目呢？差远啦！差远啦！理智混乱了，心灵迷惘了，……伊玛目的地位和恩德，无论诗人、文学家、雄辩家都无法表达其万一，都承认他们的无能和不足，又怎能描述他的全貌和本质呢？又怎能了解他的情况或者由他人取而代之呢？既然他是手不能及、难以描述的星辰，故这些人所想是不可能做的，所说都是胡言乱语，因为他们想丢开圣裔，抛弃真主和使者的选择，而实现他们的选择。《古兰经》呼吁他们："你的主，创造他所意欲的，选择他所意欲的，他们没有选择的权利。"[①]"……那么，他们又怎能选择伊玛目呢？伊玛目是无所不知的学者、永不退缩的传教者，是神圣、圣洁、虔敬、苦修、知识和崇拜的源泉。主的仆人，如果真主选择他管理众仆之事，真主就会使他心胸开阔，就会赐给他源源不绝的智慧，启发他知识，使他不再迷误，不再脱离正道。他是得到保佑的，得到扶持的，他是成功的、坚毅的。他永不犯错，永无过失。真主使他如此，就是要让他成为真主对于众仆的证明，对于万物的证人。"[②]"这是真主的恩惠，他用来赏赐他所意欲的人。真主是宽大的。"[③]

众人的行为都将展现于先知和伊玛目之前。至高无上的真主说："真主及其使者和信士们都要看见你们的工作。"[④]艾布·阿卜杜拉说："此处，信士们即指伊玛目。"他还说："我等乃先知的后裔、仁慈的家族、智慧的钥匙、知识的宝藏、使命之所在、天使降临之

①③④　马坚译：《古兰经》，28：68、5：54、9：105。——译者

②　库里尼：《全集》，第1卷，第96—97页。

地、真主秘密之所。我等被真主寄托于众仆处，我等乃真主最大的圣物，我等乃真主的良心和诺言。谁实践了我等的诺言，谁就是实践了真主的诺言；谁保卫了我等，谁就保卫了真主和他的诺言。”[1]至尊的真主降下的一切书籍均在伊玛目处，他们能看懂用不同的语言写成的真主的书。[2]“天上地下，没有一件隐微的事物，不记录在一本明白的天经中。”[3]然后，真主将这本阐明一切事情的书传给伊玛目。[4]只有伊玛目集中了全部《古兰经》，只有他们洞悉《古兰经》的全部知识。有人妄称他搜集了全部《古兰经》，但只有阿里·本·艾比·塔列布及继他之后的伊玛目才把《古兰经》如同真主降下时那样集中和保存起来。[5]伊玛目处有真主最伟大的真名[6]，他们有秘籍，这是一个皮袋，其中有先知和遗嘱执行人的知识，还有死去的以色列学者的知识。他们有法蒂玛经，其中有三倍于《古兰经》的经文，而没有我们手中《古兰经》的一个字母。[7]艾布·加法尔说：“至尊的真主有两种知识：一种是除他而外无人知晓的知识；另一种是真主教授给天使和使者的知识。天使和使者知晓的知识，我们也知道。”[8]伊玛目如果想知道什么，真主就告诉他们。他们知道自己何时死去，他们只会在自己选择的时候死

① 库里尼：《全集》，第1卷，第105、106、107页。
② 同上书，第1卷，第107页。
③ 马坚译：《古兰经》，27：75。——译者
④ 库里尼：《全集》，第1卷，第107页。
⑤ 同上书，第110页。
⑥ 同上书，第110、112页。
⑦ 同上书，第115页。
⑧ 同上书，第123页。

去。[①] 他们还知道过去和今天的知识，真主不向他们隐瞒什么。[②] 至高无上的真主每传给先知知识，必令他将知识传给穆民的领袖阿里，因为他是先知在知识方面的伙伴。[③] 这种知识传到伊玛目就停止了。如果众人能守口如瓶，伊玛目就会将对他们有利和不利的事情都告诉他们。[④] 真主命令人们服从伊玛目，禁止违抗伊玛目。伊玛目的地位相当于使者，但他们不是先知。在妇女方面，对先知合法的事对他们却不合法。除此之外，他们的地位相当于真主的使者。[⑤] 使者有一种较哲布勒伊来和米卡伊来[⑥]更伟大的精神，这种精神伊玛目也有。[⑦] 每个伊玛目都要将书籍、知识和武器传给以后的伊玛目。[⑧] 没有至尊的真主的许诺和必须执行的命令，伊玛目没有，也不会做任何事情。[⑨] 伊玛目从不嬉戏玩乐，在吃喝和女人问题上任何人都不能对他们进行诅咒。[⑩] 真主和使者一个一个地确定了伊玛目的地位。至高无上的真主说："你们当服从真主，应当服从使者和你们中的主事人。"[⑪]这段经文指的是阿里、哈桑和侯赛因。真主的使者说："我原是谁的主人，阿里也就是

---

① 库里尼：《全集》，第1卷，第125页。

② 同上书，第126页。

③ 同上书，第127页。

④ 同上书，第128页。

⑤ 同上书，第131页。

⑥ "米卡伊来"：伊斯兰教的四大天使之一，据称，专司观察宇宙万物之职。——译者

⑦ 库里尼：《全集》，第1卷，第132页。

⑧ 同上书，第133页。

⑨ 同上书，第135页。

⑩ 同上书，第138页。

⑪ 马坚译：《古兰经》，4:59。——译者

谁的主人。"[①]每个伊玛目都给其后的伊玛目以许诺，并给他留下一本卷起的书和一份明确的遗嘱。在这本书里有人类从真主造人直至世界毁灭为止所需的一切。伊玛目能够隐遁。"如果你们听说有人能够隐遁，不应否认此事。"第十二位伊玛目隐遁了，他就是迈赫迪，他将使处处暴虐不公的大地充满正义和公道。至高无上的真主说："我誓以运行的众星……"[②]艾布·加法尔说："'流星'，指的是当时隐遁的伊玛目，以后又像黑夜闪闪发光的流星一样出现。"[③]

艾布·阿卜杜拉说："谁妄称自己是伊玛目，而并非阿里的后裔，谁就是叛教者。"[④]艾布·加法尔说："谁信仰真主，而不信仰真主派遣的伊玛目，谁的信仰就不被接受，谁就是迷惘者，真主憎恶他的行为。"[⑤]他还说："至高无上的真主说：我必惩罚那些信仰非真主派遣的暴虐的伊玛目的穆民，尽管他们自己的行为是虔诚的；我必宽恕那些信仰真主派遣的公正的伊玛目的穆民，哪怕他们内心是残暴不义的。"[⑥]

如果一位伊玛目死了，只有伊玛目才能为他洗尸。艾布·阿卜杜拉说过："至高无上的真主如想由伊玛目造出伊玛目，便派遣一个天使，由真主的宝座下面取出一种饮料，交给伊玛目，伊玛目饮后，新的伊玛目便在子宫里停留四十天，听不到讲话……当母亲

① 库里尼：《全集》，第1卷，第139页。
② 马坚译：《古兰经》，81：15。——译者
③ 库里尼：《全集》，第1卷，第149页。
④ 同上书，第187页。
⑤ 同上书，第189页。
⑥ 同上书，第190页。

生他时，真主又把那位天使派去，在他的右前臂上写下下列文字：'天启的经典真实、公正地完成了，无物可代替天启的经典。'这件事完成后，真主便在各地为伊玛目燃起火炬，以便审视众仆的行为。"①

天使进入伊玛目的住宅，踏上他们的地毯，给他们带来消息。② 人们的消息，只有出自伊玛目的才是真的，不是出自伊玛目的一切事情都是假的。③

整个大地都属于伊玛目。至高无上的真主说："大地确是真主的，他使他意欲的臣仆继承它；优美的结局只归敬畏者。"④穆圣的后裔乃敬畏真主者，亦即真主使其继承大地的人。一切战利品、海产品、宝藏、矿产、盐场都被均分为五份。至高无上的真主说："你们应当知道：你们所获得的战利品，无论是什么，都应当五分之一归真主、使者、至亲、孤儿、赤贫、旅客。"⑤五分之一中的一半归伊玛目，因为五分之一分成六份：一份给真主，一份给使者，一份给至亲，一份给孤儿，一份给赤贫，一份给流浪者。给真主、使者、至亲的三份都归伊玛目所有。⑥ 所以，上述各项财产的十分之一应归伊玛目所有。另外十分之一归圣裔中的孤儿、赤贫和流浪者所有。这样，整个五分之一就都归圣裔所有，其中一半归伊玛目，另一半归圣裔中上述各种人。"真主使这五分之一专属圣裔所有，而不包

---

① 库里尼：《全集》，第 1 卷，第 196 页。

② 同上书，第 199 页。

③ 同上书，第 112 页。

④⑤ 马坚译：《古兰经》，7：128、8：41。——译者

⑥ 库里尼：《全集》，第 1 卷，第 289 页。

括一般的赤贫和流浪者，是为了以此代替众人的施舍，也是为了真主的体面与尊严，因为他们是使者的亲属，他们不应染上众人的污垢。”[①]至于那些不是用武力得到的东西，则是专属真主和使者的，因而独归伊玛目所有，森林、矿藏、海洋、荒野也是属于伊玛目的。如果有人经伊玛目允许在其中劳作，则五分之四归劳作者，五分之一归伊玛目。这五分之一的分法如前所述。[②]

*　　　　*　　　　*

上面我们根据什叶派最权威的著作和历代伊玛目的言论，不加任何解释和评论地概括介绍了什叶派关于伊玛目的观点。基于这种观点，他们给伊玛目涂上了某种神圣的色彩，如伊玛目通过默示接受真主授予的知识；从他在母腹中起，真主就给他以特别的培养：以崇高的关怀维护他，使他免犯过错，同时，又把先知和使者的知识传授给他，让他知悉已经发生和行将发生的一切；先知知道众人知道的知识，先知也知道只有阿里知道的知识，阿里的知识一直传到第十二代迈赫迪；伊玛目是真主在大地上的影子，是真主在大地上的光芒，是辨别真伪的唯一的途径，等等。什叶派认为，相信上述观点是信仰的一部分，就像信仰真主和使者一样。否则，人们的功德就不算数。而信士的忤逆之罪，也可由信仰伊玛目而得到减免或赦宥。

因此，在对待哈里发的看法上，他们与逊尼派有很大不同。在逊尼派看来，哈里发是一个像所有人一样的普通人，他像常人一样

① 库里尼：《全集》，第 1 卷，第 289 页。
② 同上书，第 288 页。

出生，一样学习，也一样无知。他没有任何特异之处，只不过人们根据他的能力和品德推选他为哈里发，或从前人手里接任哈里发。他没有接受默示，也没有精神权力，他只是伊斯兰法律的执行人，他一旦背离伊斯兰法律，人们便不顺从他，因为人们不会顺从任何忤逆造物主的人。他只能在伊斯兰教律的范围内制定法律，否则，他所制定的法律便无效。他可能是暴虐的，也可能是公正的，也可能放荡、饮酒，那他便是忤逆之人。历史学家们可以自由地对他进行剖析，像剖析任何人一样，也可以用衡量众人的标准来衡量他。如果他走入歧途，人们又有能力罢免他的话，就将他罢免掉。

而什叶派眼中的伊玛目，则是不可由他人评判的，他在本质上和行为上都高于众人。他既是法律的制定者，又是法律的执行人。对他的所作所为人们不可置评，好坏均由他自己判断，他所做之事都是好的，所禁之事都是坏的。他是精神领袖，拥有高于天主教教皇的精神权力。若不信仰伊玛目，则礼拜、斋戒、天课、朝觐都无效（不计其功德），就像不信真主和使者的叛教者的善行无用一样。

显然，什叶派的这种信条使理智混乱，使思想僵化，它给予哈里发或伊玛目以无限的权力，使他们为所欲为，没有任何人能够约束他们，也没有任何人敢在他们面前鸣冤叫屈，因为他们的所作所为都是公正的。这种信条和正确的民主思想多么风马牛不相及。正确的民主思想应使政权属于人民，并为人民利益效劳，应用理性的标准衡量一切行为，使哈里发、伊玛目和国王都成为人民的公仆，他们一天不为人民服务，一天便无权执政。

在什叶派看来，伊玛目政权是受真主庇佑的、不犯错误的无罪的宗教政权。这种观点使他们的理智丧失殆尽，使他们对伊玛目的行为绝对顺从。这种观点怎能和那种以自然为本的观点相比呢？后者认为真主没有创造过人类的任何一个支系或家族，其世代相传的族人享有无限的特权，在理智、宗教、政权、行为上都高于众人之上。每个家族的人都有坏、有好，有聪明、有愚蠢，这才是正常的，也是合情合理的。我们都是阿丹的子孙，我们中有好人，也有坏人。阿丹的两个亲生儿子，至高无上的真主这样谈起他俩："你当如实地对他们讲述阿丹的两个儿子的故事。当时，他们俩各献一件供物，这个的供物被接受了，那个的供物未被接受。那个说：'我必杀你。'这个说：'真主只接受敬畏者的供物。'"[①]关于努哈的儿子，真主说："努哈啊！他的确不是你的家属，他是作恶的。"[②]真主说："易卜拉欣曾为他父亲求饶，只为有约在先；他既知道他的父亲是真主的仇敌，就与他脱离了关系。"[③]"真主以努哈的妻子和鲁特的妻子，为不信道的人们的殷鉴，她们俩曾在我的两个行善的仆人之下，而她们俩不忠于自己的丈夫，她们俩的丈夫，未能为她们俩抵御真主的一点刑罚。或者将说：'你们俩与众人同入火狱吧！'"[④]真主的使者在训诫女儿法蒂玛时说："法蒂玛，好好干。我不会为你向真主求任何好处。"

这些章节证明亲属关系与对人们的评价无关，证明了善行、虔信、知识都不能像财产一样继承。这些事情只能服从于遗产法之外的其他法律。伊斯兰教的伟大特点之一就是它确认：人的价值只能根据他的行为，而不能根据他父亲或者他的地位、财产来衡量。"行一个小蚂蚁重的善事者，将见其善报；做一个小蚂蚁重的

①②③④ 马坚译：《古兰经》，5：27、11：46、9：114、66：10。——译者

恶事者，将见其恶报。”[①]当时，有些释奴比一些古莱氏族人跟真主更接近。鼓吹伊玛目是世袭的，伊玛目是无罪的，相信伊玛目可不犯忤逆之过，等等，是对伊斯兰教制度的否定，是对伊斯兰教最重要原则的毁灭。

欧麦尔有过失，艾布·伯克尔有过失，阿里也有过失。假如阿里具有他们所说的那些伊玛目的德性，如无罪，知一切隐秘及其结果等，那历史就将改写，阿里也就不会接受以《古兰经》裁决，仗也会打得更好。如果他们说阿里知道这一切，但他保持沉默，以接受命运的安排，那就说明：他也像众人一样要受环境的摆布，受当时发生的事件的左右，也像众人一样服从对他的错误和正确的裁决。先知自己就说过：“假若我能知幽玄，我必多谋福利，不遭灾殃了。”[②]

的确，这些不切实际的想法给人们带来了灾难，使他们绝对屈从于暴虐和腐败，安于现状，不敢高声抗争，也抛弃了起码的信仰准则，即内心的谴责。

什叶派关于伊玛目的观点对法蒂玛人及一切什叶派控制的国家的历史产生了巨大的影响，由此，我们懂得了为什么人们那样顺从哈里发，那样崇拜他们，那样心甘情愿地接受他们的暴虐统治。

什叶派关于伊玛目的观点也使我们能够理解伊斯玛仪派对阿加汗的儿子穆罕默德（他是慕特城堡的主人哈桑·本·萨巴赫的后裔，而哈桑是阿里·本·艾比·塔利布的后裔）的所作所为。此人极为富有，在欧洲贵族阶层中颇有名声，他的赛马常参加最有名

①② 马坚译：《古兰经》，99：8、7：188。——译者

的赛马大会，生活穷奢极侈，尽管如此，伊斯玛仪派仍视之为神圣，并向他交纳十分之一的财产。

读者如果想冷静、客观地观察问题，可以比较一下下述两种人：一种人认为他们的伊玛目是众人中的一员，发生在众人身上的事情也会发生在他身上，他像大家一样会做错事，也像大家一样会做对事。如果他错了，便受到批评，如果坚持错误，便被免职。他只是民族的公仆，如果他不为民族服务，就被罢免。另一种人认为他们的伊玛目是受庇佑的，永无过失，那人们真该换换脑筋才能理解伊玛目所做的一切都是公正的说法。

请看，第一种人是多么的幸福！他们思想解放，使伊玛目产生畏惧，并以批评和改革使事情力求完善。第二种人又是多么倒霉！他们的理智走上了邪路，事业日益衰败。

笔者毫无偏见地认为，逊尼派对哈里发的看法是更公正、更正确、更有理智的，尽管他们因为未能勇敢地实践自己的主张而受到严厉的谴责。他们未能直爽地批评哈里发，在哈里发肆行暴虐时未能起而反对，予以纠正。他们没有就哈里发对本民族和本民族对哈里发的态度制定出明确的规定，他们可耻地投降了，从而对民族犯下了严重的罪过。但与什叶派相比，逊尼派的情况总归要好一些：他们的历史学家忠实地撰写了哈里发的历史，根据自己的看法对哈里发加以描述，批评他们的一些做法；他们的法学家制定了施政的法规，规定了哈里发的职责，也说明了民族的职责。无论如何，我们可以对这两种理论和观点进行比较。

笔者认为，随着时间的推移，人们终将理解自己的权利和义务，将思想从荒谬的状态中解放出来，那时，便能使我们的什叶派弟兄改变他们对伊玛目的看法，这种看法早已成为历史陈迹。在实际生活中，他们走的是进行社会改革、实行议会制度、学习西方文明的道路，这条道路和伊玛目以及等待迈赫迪降临的理论是不相容的。宗教人士的思想和实际生活脱节是不应该的，他们的责任应超过传授伊玛目的教义，他们的任务是面对现实，纠正现实中可能存在的错误。

*　　　*　　　*

让我们再回过头来介绍什叶派的教义。

什叶派关于哈里发或伊玛目的教义主要有四点：无罪、迈赫迪的再现、塔基亚和回归。这几个概念在什叶派中十分流行。

“无罪”的含义是：伊玛目像先知一样在整个一生中受到真主的庇佑，不犯小罪或大罪，没有任何过失，既无错误，也不遗忘。

什叶派关于这一问题的观点和论据可归纳如下：

1. 他们说：树立伊玛目的原因是伊斯兰民族可能犯错误，如果伊玛目也会犯错误，那我们一定需要另一个引导者，而此人和伊玛目一样。事情便将如此循环不已。

他们的对手反驳道：需要伊玛目并不是因为民族会犯错误，而是因为他有执行规定、杜绝腐败现象、保持伊斯兰教纯洁性的责任，而这并不需要“无罪”，有伊智提哈德（创制）和公正足矣。

2. 他们的另外一个理由是：伊玛目是教法的保护人，他必须享有真主的庇佑，才能受到被保护者的信任，否则，教法就需要另一个保护人。

他们的对手反驳道：伊玛目非保护者，而是执行者。教法的保护人是伊斯兰学者，因为至高无上的真主说过：“一般明哲和博士，也依照他们所奉命护持的天经而判决，并为其见证。”[①]他还说：“你们当做崇拜造物主的人，因为你们教授天经，诵习天经。”[②]假设受真主庇佑是必要的，则每个国家和地区都应有受庇佑的人，因为成年人遍布各地，靠一个人保护是不够的，指派代表也无济于事，因为代表是不受庇佑的。

驳斥他们的理由还有《全集》一书提到的阿里的一段话，阿里曾对他的朋友们说：“你们不要停止忠谏直言，我不能保险不犯错误。”此书还提到侯赛因曾明白表示他憎恶其兄长与穆阿威叶的和解，他说：“除非割掉我的鼻子，我才会喜欢我哥哥做的事情。”如此等等。

这种“伊玛目因受真主庇佑而无罪”的信仰对伊斯兰教来说，是非常稀奇的。我们不知道这个问题在先知时代和伊斯兰教初期提出过，我们也不知道当时曾以“无罪”来描写先知，任何人都不能从《古兰经》的精神里发现“无罪”的观点。《古兰经》写道：“阿丹违背了他们的主，因而迷误了。”[③]穆萨把那人一拳打死，“穆萨就把那敌人一拳打死。他说：‘这是由于恶魔的诱惑，恶魔确是迷人的明敌。”[④]“我的主啊！我确已自欺了，求你饶恕我吧。”[⑤]《古兰经》中还有苏莱曼的故事：“当时，他在傍晚，检阅能静立、能奔驰的马队。他说：‘我的确为记忆我的主而喜好马队，直到他们被帷幕遮住了。’”[⑥]关于优努斯，《古兰经》写道：“当时他曾愤愤不平地离去，他猜想我绝不约束他。”[⑦]关于先知，真主说：“他曾发现你徘徊

①②③④⑤⑥⑦　马坚译：《古兰经》，5:44、3:79、20:121、28:15、28:16、38:31—32、21:87。——译者

歧路，而把你引入正路。”[①]真主对他说：“真主是更应当为你所畏惧的，你却畏惧众人。”[②]真主又对他说：“真主已原谅你了！……你为什么就准许他们不出征呢？”[③]至高无上的真主曾责备他说：“他曾皱眉，而且转身离去，因为那个盲人来到他的面前。你怎能知道呢？他也许能受熏陶。”[④]《古兰经》承认先知有过过失，已得到真主的赦宥。“以便真主赦宥你以往的和将来的过失。”[⑤]“真主确已允许先知以及在困难时刻追随他的迁士们和辅士们悔过。”[⑥]真主在《古兰经》中肯定真主的使者是一个凡人，“我只是一个曾奉使命的凡人。”[⑦]“我只是一个警告者和……报喜者。”[⑧]

这些经文的含义是清楚的，它和什叶派所说的伊玛目“无罪”毫无共同之处。既然真主这样谈到先知们，那么，伊玛目的地位又怎能高于先知们的地位呢？

看来，正是什叶派关于伊玛目的言论使教义学家们研究先知们“无罪”的问题，并将它作为教义学的研究内容。麦尔吉阿派中的一些人和艾施阿里派的伊本·塔依卜·巴格俩尼及其追随者主张，使者们只是在传达天启时免犯欺骗之罪，因为欺骗是不允许的；另一些人主张使者们只是不能犯大罪，犯小罪是可以的。许多逊尼派、穆阿台及勒派、哈瓦立及派和什叶派的信徒则主张先知绝对不会故意犯过失，——不管是小的过失，还是大的过失。伊本·哈兹姆说：“先知们会出现无意的疏忽，他们也会做这种事情：目的

①②③④⑤⑥⑦⑧　马坚译：《古兰经》，93：7、33：37、9：43、80：1—3、48：2、9：117、17：93、7：188。——译者

是为了使真主满意，为了接近真主，结果却违反了真主的意愿。但至高无上的真主不会因此而惩罚他们，只会提醒他们，并向众仆说明和显示。”[①]

“教义学的立场”和“立场解说”中写道：“各教派的信徒一致认为：先知们决不会故意撒谎，他们的奇迹，如传教使命及来自真主的其他事情都证明了他们的诚实。此外，所谓罪过无非是叛教或其他。关于叛教罪，全民族一致认为先知们是不会犯的；至于叛教以外的罪过，分大罪、小罪，犯这两种罪不是出于故意，就是疏忽。关于先知们故意犯大罪，大家一致认为不可能；关于因疏忽而犯罪，或因判断错误而犯罪，则大多数人认为可能。关于故意犯小罪，除久巴依[②]之外，其他人均认为可能；关于因疏忽而犯小罪，则一致认为可能。大多数穆阿台及勒派人将卑劣的小罪除外，这种小罪可以断定犯罪者是下贱的，先知们不管是故意的，还是偶尔疏忽的都不可能犯这种罪。以上这些是就先知们在真主降下‘默示’后的情况而言，至于‘默示’前，大家说：不排除他们犯大罪。大多数穆阿台及勒派人主张排除他们犯大罪，因为犯大罪必引起群众反感，阻止人们追随他们，从而失去传教的好处。”[③]

由此看来，广大穆斯林对于先知也不像什叶派对伊玛目那样，他们没有使先知们绝对免犯错误和疏忽，特别在担起先知使命之前。

关于“无罪”的思想距伊斯兰教及其教义甚远，距由欲望支配、

① 伊本·哈兹姆：《各教派的分歧》，第 4 卷，第 2 页。

② 久巴依：全名艾布·阿里·久巴依·穆罕默德，穆阿台及勒派领袖、著名教义学家。卒于伊斯兰历 303 年。——译者

③ 《立场解说》，第 3 卷，第 204 页。

善恶支配、各种相反的倾向交错的人类本性更远。人的高尚德性不在于他因受庇佑而不犯罪过，而在于他能够控制善恶，引导善恶，从而近善避恶，而无罪的本性只是天使的本性——“他们不违抗真主的命令，他们执行自己所奉的训令。”[①]而非人类的本性，——他们若失去欲望，便失去活力。

笔者很赞成安查里关于“忏悔”的意见：“世上无人不是欲念先于理智，魔鬼之本性先于天使之本能。”所以，回避先入为主的欲念对每个人——无论是先知还是白痴——都是必要的。不要以为这只是对阿丹讲的。

这是人类注定的永恒法则，只要绝无可能改变的天律没有变化，就不可能实行不同的法则。既然先知们都难免犯错误（《古兰经》和历史书籍都谈到过先知们的过失及他们痛哭流涕表示忏悔的情景），那任何人的躯体也无法避免过失。在某些情况下，人即使能够避免身体的过失，也不能避免引起犯罪的一闪念；人即使能够避免犯罪的一闪念，也不能避免魔鬼使人心生杂念从而忘记祈祷真主的蛊惑；人即使能抵御这种蛊惑，也不能避免在认知真主、了解其属性及行为方面的疏忽和不足。一个人要避免这种不足是不可想象的。各人能力有所不同，而本性是一样的。所以，使者说：“我一昼夜乞求真主宽恕七十次之多。”

人们认为教义学家对先知“无罪”的研究迟于什叶派关于伊玛目“无罪”的言论。人们还认为，这种思想产生自什叶派及其对手们关于选优的争论。什叶派以阿里为优，而逊尼派则以艾布·伯

① 马坚译：《古兰经》，66：6。——译者

克尔和欧麦尔为优，从此，双方开始了对哈里发和伊玛目的歌功颂德，他们不满足于罗列事实，便开始制造圣训以提高他们的领袖的地位。对此，我们曾引用一些证明材料。[①] 以后，随着倭马亚王朝和阿拔斯王朝的哈里发一个一个上台，什叶派的伊玛目也代代相传。随着时间的推移，选优的调门越来越高。但逊尼派的哈里发并没有染上无罪的色彩，而什叶派的伊玛目却带上了无罪的光环。其原因如下：

(1)艾布·伯克尔、欧麦尔及倭马亚和阿拔斯时代的诸位哈里发都实际掌握政权，执行政策。从某个角度讲，施政就使执政者必须工作，而只要工作，就不免出错。执政者又各不相同，有的正确多于错误，有的错误多于正确，就统治者的性质来说，不可能总是正确的，另一方面，他们的日常生活，甚至那些与政权无关的举止都暴露在上层社会面前，传布于公众的口舌之间。因此，我们知道他们中谁饮酒，谁不饮酒；谁好女色，谁不好女色；谁爱听歌也爱自己唱歌，谁不爱听歌，自己也不唱歌。总之，我们知道他们生活的一切细节——好的、坏的、正确的、错误的。在人们知道这一切之后，不可能宣称他们是无罪的，是不会犯错误的。而什叶派的伊玛目只执政了不多时日，阿里时代是战争和动荡不安的时代，此后，伊玛目就没有上台执政过，也没在群众面前暴露自己。所以，他们的工作没有受到考验，他们的行为没有暴露在众人面前。此外，他们一直受到总督和哈里发的压迫，而人们的感情总是同情被压迫、被欺侮者，反对压迫者和执政者。

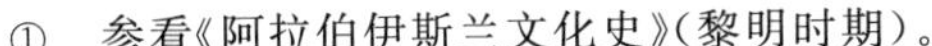

① 参看《阿拉伯伊斯兰文化史》(黎明时期)。

因此，关于伊玛目无罪的观点就有肥沃的土壤，而他们喜欢隐居，甚至隐遁，更有助于这一观点的传播。他们没有掌权，所以，也就没有受到考验，他们的工作也就没有暴露在光天化日之下，他们始终被一种隐晦神秘的气氛包围着，使人们能够接受关于他们无罪、无过的主张。如果称倭马亚人和阿拔斯人是无罪的，那就会成为人们的笑料，受到耻笑和轻视。

(2)另一个原因是：在伊斯兰初期和倭马亚时期，围绕在哈里发周围的多是阿拉伯人，而阿拉伯人是一个民主的民族，他们看待哈里发就像看待他们中的任何一个人一样，哈里发和平民百姓之间没有多少区别。在先知时代，甚至有人主张极端民主，《古兰经》限制了这种极端的民主，对他们说："不要使你们的声音高过先知的声音。"[①]台米姆人的代表团在先知睡午觉时访问先知，他们喊道："穆罕默德，出来见我们。"先知醒来，出了房门，降下了以下经文："在寝室后面喊叫你的人们，大半是不明理的。"[②]欧也奈·本·黑斯尼没有得到允许便走进先知的家，当时阿绮莎也在场。真主的使者说："你得到允许了吗？"他说："真主的使者，自我成年后，便不再向长者请求允许。"然后，他又说："你旁边的这个美女是谁？"使者说："她是阿绮莎，穆民之母。"他出去后，阿绮莎问先知："真主的使者，此人是谁？"使者说："这是个愚蠢的家伙……他还是个族长呢！"于是，至高无上的真主降下了如下经文："信士们啊！你们不要进先知的家，除非邀请你们去吃饭的时候；你们不要进去

①②　马坚译：《古兰经》，49:2、49:4。——译者

等饭熟，当请你去的时候才进去；既吃之后就当告退，不要留恋闲话，因为那会使先知感到为难，他不好意思辞退你们。真主是不耻于揭示真理的。”[①]如此等等。他们对于穆罕默德之后的诸哈里发更加大胆放肆，历史上充满了这类例证。在这种时而走极端、时而恰到好处的民主气氛中，主张“无罪”的种子是不可能发芽生长的。而什叶派（特别是在倭马亚王朝后期和阿拔斯王朝时期）周围多是在王公贵族生活中长大、从父辈那里继承了神化国王的观点的波斯人。阿拉伯人中没有这种派别，便借用波斯国王科斯鲁的称号而称之为“科斯鲁派”。赛阿里比·尼沙浦里在其著作中谈到艾努·希尔旺[②]国王的公正之后说：“至于其他国王，都是暴虐无道的，他们奴役自由人，把老百姓当作仆人、奴隶、婢女一样看待，视若鸿毛。他们独享美味的食物、华美的衣饰、车骑、美女、豪华的住宅。没有一个平民百姓敢喝肉汤，穿睡衣，骑溜花蹄的马，娶美貌的女人，或住宽敞的房舍，也没有一个平民百姓敢于教育自己的儿子或兴义举。他们的生活就像阿慕尔·本·迈斯阿德对买蒙说的那样：‘把适合主人的东西交给奴隶是非法的。’”这种观念和心理状况以及奴隶主义盛行的情况使“无罪”的主张能够开花结果。

看来，早期的伊玛目们并不知道无罪的思想。以前，我们曾经谈到过阿里关于协商的意见，因为他不能保证自己不犯错误，我们也谈到过侯赛因认为哈桑与穆阿威叶和解是错误的。

无罪的思想最早是由什叶派的激进分子提出来的，早期的伊

① 马坚译：《古兰经》，33:53。——译者

② 波斯萨珊王朝君主，公元531年登基，579年卒。——译者

玛目并未接受。在倭马亚王朝后期，这种思想传播日广，成了为圣裔而战，并鼓动人们起而反抗暴虐的倭马亚人的号召。

*　　　*　　　*

与无罪思想有关的还有关于伊玛目是真主和人类的中间人和调停者的思想，认为相信伊玛目便足以消弭灾殃，提高人的品级。伊本·巴白委赫·贡姆米说："发都卢·本·阿慕尔说过：'我问艾比·阿卜杜拉：为什么阿里成了天堂和火狱的分水岭？他说：因为热爱他就是信仰，憎恶他就是叛教。天堂是为信士造的，火狱是为叛教者造的，所以阿里成了天堂和火狱的分水岭。只有热爱他的人才能进天堂，也只有憎恶他的人才能进火狱。'"

关于这一思想的言论和史实在什叶派的书中比比皆是，而这正是对美好的伊斯兰原则——即人的责任和人的价值在于工作的原则的毁灭性打击。"行一个小蚂蚁重的善事者，将见其善报；做一个小蚂蚁重的恶事者，将见其恶报。"[①]伊斯兰的原则还在于任何人，包括先知也不能为他人消灾弭祸。"在那日，任何人对任何人不能有什么裨益；在那日，命令全归真主。"[②]"你们当防备将来有这样的一日：任何人不能替任何人帮一点忙，任何人的说情，都不蒙接受。"[③]"你说：'我不能为你们主持祸福。'"[④]

相信"热爱圣裔和伊玛目足矣"是对一个最重要的伊斯兰原则的破坏，这原则就是：要求做好事，善有善报；禁止做坏事，恶有恶报。而他们认为只要热爱圣裔就能有善报。

宣传伊玛目无罪、无过，并夸大其中介作用给穆斯林带来很大

①②③④　马坚译：《古兰经》，99：8、82：19、2：48、72：21。——译者

危害。这种危害不仅限于什叶派，因为他们的教义已渗透到伊斯兰教其他教派中去了。当逊尼派看到什叶派把功绩归于伊玛目时，他们就把类似的功绩归于先知，有些逊尼派人竟然主张先知在执行先知使命前后都没犯过大罪和小罪，而这是违反《古兰经》的经文的；当他们看到什叶派说伊玛目有光芒时，有些人便说真主的使者没有影子；当他们看到什叶派说伊玛目是世袭时，有些苏菲派人便宣称谢赫[①]也是世代相传的，谢赫的光芒由父传给子，如果父亲死了，留下一个男孩，他就成了谢赫，即便是婴儿，也能继承父亲的光芒；当他们看到什叶派说伊玛目“无罪”时，老百姓就都相信圣徒是无罪、无过的，对他们称之为“圣徒”的人，尽管明明看见他在饮酒，也不能诅咒他，不能说他，也不能打他，甚至还要为他祝福，因为人们无权过问他的所作所为。这些糊涂思想给伊斯兰教带来多么大的损害！谁制定了坏的章程，谁就应在末日来临时承担制定和执行这一章程的罪责。

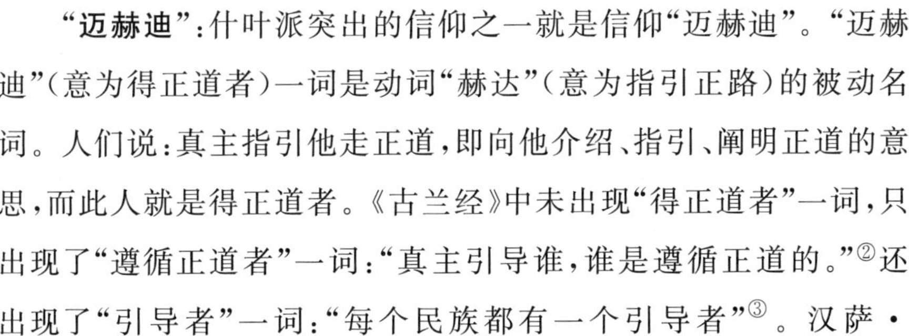

“迈赫迪”：什叶派突出的信仰之一就是信仰“迈赫迪”。“迈赫迪”（意为得正道者）一词是动词“赫达”（意为指引正路）的被动名词。人们说：真主指引他走正道，即向他介绍、指引、阐明正道的意思，而此人就是得正道者。《古兰经》中未出现“得正道者”一词，只出现了“遵循正道者”一词：“真主引导谁，谁是遵循正道的。”[②]还出现了“引导者”一词：“每个民族都有一个引导者”[③]。汉萨·

① “谢赫”，阿拉伯文 Shaikh 的音译，原意为“长者”。一般指伊斯兰教对教内有名望或有地位者的尊称；伊斯兰教创立前，是对阿拉伯各氏族部落领袖的称谓。——译者

②③ 马坚译：《古兰经》，7：178、13：7。——译者

本·撒比特曾在诗中用“遵循正道者”一词描写先知,还用“引导者”一词描写真主,在悼诗中,曾用过“迈赫迪”一词。

在有些圣训中出现了“迈赫迪”一词,用来描述阿里。据说,真主的使者说过:“如果你们让阿里当埃米尔①(我不认为你们会这样做),你们就会看到他成为引导者和‘迈赫迪’,带上你们走上正道。”当侯赛因·本·阿里被杀时,苏莱曼·本·苏拉德称他为“迈赫迪之子迈赫迪”。倭马亚王朝的诗人们甚至对倭马亚王朝的一些哈里发也这样称呼。

在所有地方,这个词在语言和宗教上的意思是指:“真主指引正路,从而遵循正路的人。”以后,我们看到这个词还带有一种新的意思,即人们所期待的、将要出现的伊玛目,他将使到处不平的大地充满正义。据我们所知,第一次使用新意是阿里·本·艾比·塔列布的释奴凯山,他在谈到穆罕默德·本·哈乃斐(此人是阿里·本·艾比·塔列布和哈尼法族妻子生的儿子,属于她的家族)时,声称住在拉德瓦山(距麦地那城有七站路远)上的穆罕默德是伊玛目。

穆赫塔尔·本·艾比·欧拜德·萨格菲也是这样做的,他曾号召人们推举穆罕默德·本·哈乃斐为伊玛目,并声称他就是“迈赫迪”。

伊本·哈乃斐于伊斯兰历 81 年去世,葬于巴吉阿,麦地那总督埃班·本·奥斯曼·本·阿凡曾为他祈祷,但凯山派的人不相

---

① “埃米尔”:阿拉伯文 Amīr 的音译,一译“艾米尔”,有“亲王”、“王子”、“领袖”、“首领”、“司令官”、“首长”等不同含义。可指国家元首。第二任正统哈里发欧麦尔曾自称为“穆民的埃米尔(领袖)”。——译者

信他已经死了，他们说他已隐遁，并等待着他的再现，这就是十二伊玛目派关于“期待的伊玛目”思想的由来。

什叶派根据惯例将伊玛目隐遁或死后再现称为“复活”。阿卜杜拉·本·赛巴是最早谈起复活的人之一，他曾说过穆罕默德死后能够复活。在伊斯兰历二世纪初，贾比尔·加阿非（此人一贯喜欢说谎，艾布·哈尼法曾这样谈到他：“我从未见过比他更能说谎的人。”）也说过阿里·本·艾比·塔列布将复活的话。他曾引用至高无上的真主的话说：“当预言对他们实现的时候，我将使一种动物从地中出生。”[①]这里说的动物就是阿里·本·艾比·塔列布。到了伊斯兰历三世纪，伊玛目派认为，当迈赫迪出现时，所有的伊玛目和他们的敌人都将复活。对于什叶派关于复活的观点后面将再做说明。

关于迈赫迪的说法传播日广，特别是在什叶派内部。为此，他们还杜撰了一些圣训，但布哈里和穆斯里姆都没有传述过任何有关迈赫迪的圣训，这就说明他俩认为这些圣训是不正确的。但梯尔米兹·艾布·达乌德、伊本·马吉等人都提到过。据说，真主的使者说过：“当末日来临，真主必延长此日。此日，真主从我或我的亲属中使一人复活。此人的名字和我的名字相同，其父名与我的父名也相同。”据说，真主的使者还说过：“当末日来临，真主必使我亲属中一人复活，他将使公正遍及充满暴虐的世界。”等等。诸如此类的圣训谈的都是一个意思：“末日必自圣裔中出现一人，扶持宗教，弘扬正义，统治伊斯兰各国，众穆斯林追随其后，此人即‘迈

① 马坚译：《古兰经》，27:82。——译者

赫迪'。"圣训学家们竭尽全力查证这些圣训的传述世系，结果查明传述者是不可靠的。[①]

总之，"期待的迈赫迪"的思想在倭马亚王朝广为传播，鼓吹这一思想的人多为什叶派信徒。与此同时，在某些倭马亚家族中出现了另一位"迈赫迪"，但不称作"迈赫迪"，而称作"苏福亚尼"。关于"苏福亚尼"的说法在倭马亚王朝传播得也很广泛。"期待中的苏福亚尼"即"期待中的迈赫迪"。《诗歌集》引用麦斯阿布的话说："哈立德·本·叶基德·本·穆阿威叶[②]博识能吟，据说，就是他制造了'苏福亚尼'一说，并大肆宣传，以便人们在麦尔旺·本·哈克姆[③]夺得政权并娶了他的母亲乌姆·哈希姆之后，把希望寄托在他的身上。"《诗歌集》的作者写道："这不过是麦斯阿布的想象而已。'苏福亚尼'之事，众人纷纷扬扬，绝非一人说过。"

艾布·法拉吉也提到过一些圣裔传播过"苏福亚尼"之事，他们总是热衷于传播一切能够削弱倭马亚王朝的影响、使其内部分裂的事情。尽管如此，笔者还是倾向于麦斯阿布的说法。看来，哈立德·本·叶基德一伙对麦尔旺·本·哈克姆执政心怀不满。哈立德颇为贪心，研究炼金术是为了一旦成功便可使本派人富裕起来，"迈赫迪"的说法也是他制造的，只不过取的是倭马亚人的名字"苏福亚尼"(指他的祖父艾布·苏福扬)罢了。《灿烂的群星》一书

---

① 伊本·赫勒敦：《历史绪论》，第1卷，第260页。

② 哈立德·本·叶基德·本·穆阿威叶：倭马亚王朝王子。其父叶基德为倭马亚王朝第二任哈里发。父死，众人推举他任哈里发，因爱好研究科学而拒任，卒于伊斯兰历85年。——译者

③ 麦尔旺·本·哈克姆：倭马亚王朝第四任哈里发。自他上台后，倭马亚王朝政权由苏福扬家族转到麦尔旺家族手中。卒于伊斯兰历65年。——译者

写道:“哈立德以博学多才、智勇双全著称,喜欢研究化学。据说就是他在听到关于‘迈赫迪’的传说时,制造了‘苏福亚尼末日复活’的说法。”①

最有趣的是:什叶派提出“迈赫迪”,倭马亚人便提出“苏福亚尼”。什叶派又编造了一些说法,说什么“迈赫迪复出时,将和复出的苏福亚尼遭遇。届时,众人将在麦加向迈赫迪宣誓,迈赫迪将发出号召:‘众人啊! 出来和真主的敌人——你们大家的敌人作战吧!’人们响应他的号召,不违抗他的命令。于是,迈赫迪便率领穆斯林们由麦加到沙姆去,和欧尔瓦·本·穆罕默德·苏福亚尼及追随他的凯勒布人作战。”塔巴里在谈到伊斯兰历132年阿拔斯人和倭马亚人之争时说:“成千上万京斯里族、胡姆斯族和台德目尔族的人聚集在一起,推选艾布·穆罕默德·本·阿卜杜拉·本·叶基德·本·穆阿威叶·本·艾比·苏福扬为领袖,并为他祝福说:‘这就是人们常提到的苏福亚尼。’当时,这是一件大事。结果,艾布·穆罕默德一伙失败了,艾布·穆罕默德被杀,头被砍下来,送交艾布·加法尔·曼苏尔。”②

对阿拔斯人来说,什叶派有“迈赫迪”,倭马亚人有“苏福亚尼”,而自己什么也没有,这当然是不行的。他们认为自己也应该有一个“迈赫迪”。为此,他们编造了一段圣训,由塔巴拉尼传述自伊本·欧麦尔。这段圣训说:一天,真主的使者正和一群迁士和辅士在一起。阿里·本·艾比·塔列布在其左,阿拔斯在其右。阿

① 《灿烂的群星》,第1卷,第221页。

② 塔巴里:《先知与帝王历史》,埃及版,第9卷,第138页。

拔斯正和辅士们相互对骂。先知抓住阿拔斯和阿里的手，说："将由此人的脊柱生出一个男孩，使大地充满暴虐不公，将由此人的脊柱生出一个男孩，使大地充满公道和正义。遇到这种情况，你等应扶持此道德完美的孩子，他来自太阳升起的地方，他是执掌'迈赫迪'旗帜的人。"

看来，编造这段圣训的人任何时候都能左右逢源。如果阿里派得胜，圣训对他们有利；如果阿拔斯人取胜，圣训对他们也有利。结果是阿拔斯人胜利了，他们便以这段圣训为由成了东方升起的旗帜的主人。

哈基姆传述伊本·阿拔斯的话说："我们家族出了四个人物：赛发哈、门才尔、曼苏尔和迈赫迪。"穆加希德说："请具体说说这四个人。"伊本·阿拔斯说："赛发哈杀死了帮助他的人，却宽恕了他的敌人；门才尔慷慨大方，律己甚严，从不骄慢；曼苏尔一个月就战胜了敌人，这只是使者规定时间的一部分；迈赫迪则使暴虐横行的大地充满公道和正义，使猛兽变得驯顺，使大地充满宝物。"穆加希德问："宝物是什么？"答："是金元宝和银元宝。"

可能正是迈赫迪思想的广泛传播促使曼苏尔给儿子取名"迈赫迪"，暗示他就是"期待的迈赫迪"。《诗歌集》写道：曼苏尔原想让迈赫迪继承哈里发王位，但另一个儿子加法尔反对，曼苏尔便下令把众人召来。众人来了以后，演说家慷慨陈辞，诗人吟诵诗篇，齐声颂扬迈赫迪的美德。其中有名叫穆提阿·本·伊雅斯者，等大家安静下来后，说："某某人传述某某人的话说，先知说过：'迈赫迪与我同名，其父阿卜杜拉，其母出自他族。正是他使暴虐不公的大地充满公道和正义。'"说完，穆提阿走到阿拔斯面前，对他说：

“以真主的名义起誓,你听见过这段话吗?”阿拔斯答:“听见过。”其实,他是因为惧怕曼苏尔才说的。[①]

阿卜杜拉·本·麦斯欧迪传述的圣训说,先知说过:“末日来临之前,将有一个与我同名的圣裔降生在我的民族中。”巴理黑在《开始与历史》一书中引用了这段圣训,然后写道:“有人分析他就是迈赫迪穆罕默德·本·艾比·加法尔,号迈赫迪,名穆罕默德,出自圣门,曾不遗余力地伸张正义,消除暴虐。”

由此可见,对迈赫迪的信仰,无论在什叶派还是在倭马亚人和阿拔斯人中都十分普遍,只是各有不同特色罢了。

导致迈赫迪思想的产生既有政治上的原因,又有社会和宗教方面的原因。

笔者认为,迈赫迪思想源于什叶派,产生于一系列事件之后,诸如哈里发王位由阿里转到穆阿威叶手上,阿里遇害,哈桑于“结玛阿年”[②]让位于穆阿威叶,以及侯赛因被害等。

这些事件发生后,什叶派有远见的领袖们看到绝望情绪正在信徒中蔓延,担心这种情绪会导致本派的土崩瓦解,便开始预言倭马亚人终将失败,政权终将回到什叶派手中。为此,他们制定了秘密宣传本派教义、极力削弱倭马亚王朝的势力以便最后将其推翻的计划。他们认为要想使计划成功,必须有一位众望所归的领袖(哪怕是秘密的),一位人们信服的哈里发;必须给他带上宗教色

① 参看《诗歌集》,第12卷,第85页。

② 阿里死后,其长子哈桑继哈里发位,叙利亚总督穆阿威叶亦自称“哈里发”。哈桑以丰厚的年俸为条件让位于穆阿威叶,从而结束了穆斯林分裂的局面。伊斯兰历41年5月穆阿威叶进入库法。该年被称作“结玛阿(统一)年”。——译者

彩，成为无罪无过的伊玛目。此外，还要在人们心中唤起希望，使他们受到鼓舞，坚定立场，相信事情的成败在于自己的努力，倭马亚人虽然取得了暂时的胜利，但等待他们的必将是永远的失败。

为使平民百姓易于接受，有些人又把早期什叶派对"未来政府"的预言转变为对"未来统治者"的希望。早期什叶派曾以"期待的迈赫迪"代表未来的什叶派政府，后来者使"期待的迈赫迪"成为事实，反复宣传"迈赫迪"思想，在他身上敷演了许多故事，对他的形象进行种种描绘，使之带上真实的色彩。

乌鲁西在其经注中写道："一些什叶派信徒将轮回说运用到政权的回归和劝善戒恶上面来，只字不提人的回归和死后复活的现象。"①

但平民百姓不能理解抽象概念的轮回，只能理解具体人的回归，什叶派便编造了"期待的迈赫迪"的故事。

在历史上，当希腊人失去政权，落入罗马人统治之下时，便将实际哲学变成斯多噶学派哲学，追求精神世界的享受，忍受现实生活的痛苦。什叶派也是如此，他们失去了政权，便号召人们忍受现实生活的痛苦，并为他们描绘了未来的希望，具体体现在"迈赫迪"身上。

在这方面，什叶派是始作俑者。当倭马亚王朝政权由苏福扬家族转到麦尔旺家族手中时，哈立德·本·叶基德如法炮制，阿拔斯人也亦步亦趋，只是形式不同而已。他们接受了"迈赫迪"思想，拿过来为我所用，宣称迈赫迪出自阿拔斯人，而不是什叶派。由此

① 《乌鲁西经注》，第6卷，第315页。

可见，什叶派和苏福扬家族的绝望情绪是产生迈赫迪思想的心理上的原因；而阿拔斯人中迈赫迪思想的产生则是家族内部斗争的结果。

那些精明的领袖利用普通群众对宗教和伊斯兰号召的天真的热情和纯洁的良好愿望，编造了一些圣训，加上周密的考证，并通过种种渠道大肆宣传，善良的群众便轻易地相信了。对这种做法，什叶派出于利己的考虑默认了；倭马亚人也默认了，并且照猫画虎地造出了一个“苏福亚尼”；随后，阿拔斯人也默认了，并使这一思想变得有利于自己。就这样，一个丑恶的阴谋得逞了，它败坏了人们的头脑。笔者曾寄希望于穆阿台及勒派来纠正这种错误，遗憾的是，没有多少材料可资证明。只有宰德派（什叶派的一个支派，其领袖宰德曾师事穆阿台及勒派的领袖瓦绥勒·本·伊脱邑，并深受后者影响）强烈否认“迈赫迪”思想和“轮回”说，在其著作中反驳了编造的故事和圣训，并通过圣裔伊玛目传述了一些和十二伊玛目派不同的说法。

关于“迈赫迪”的说法是一种迷信，给穆斯林的生活造成了严重后果，主要是：

1.“迈赫迪”处在一种能够预告未来、洞察未知世界和现世幽玄的神秘气氛中。鼓吹“迈赫迪”思想的人说：圣裔有一门世代相传的学问，能够预知未来之事，直至末日。还有一本秘籍，是小牛皮制的，上面写着加法尔·萨迪格传述的关于圣裔未来的一切。麦斯莱迈·犹太说过：卡尔巴·艾哈巴尔和瓦哈布·本·穆奈比赫等人撰写的宗教书籍谈到过每个国家的年限和在每个国家将要发生的事件，人们脑海中充塞着种种传说和言论，文学领域也产生

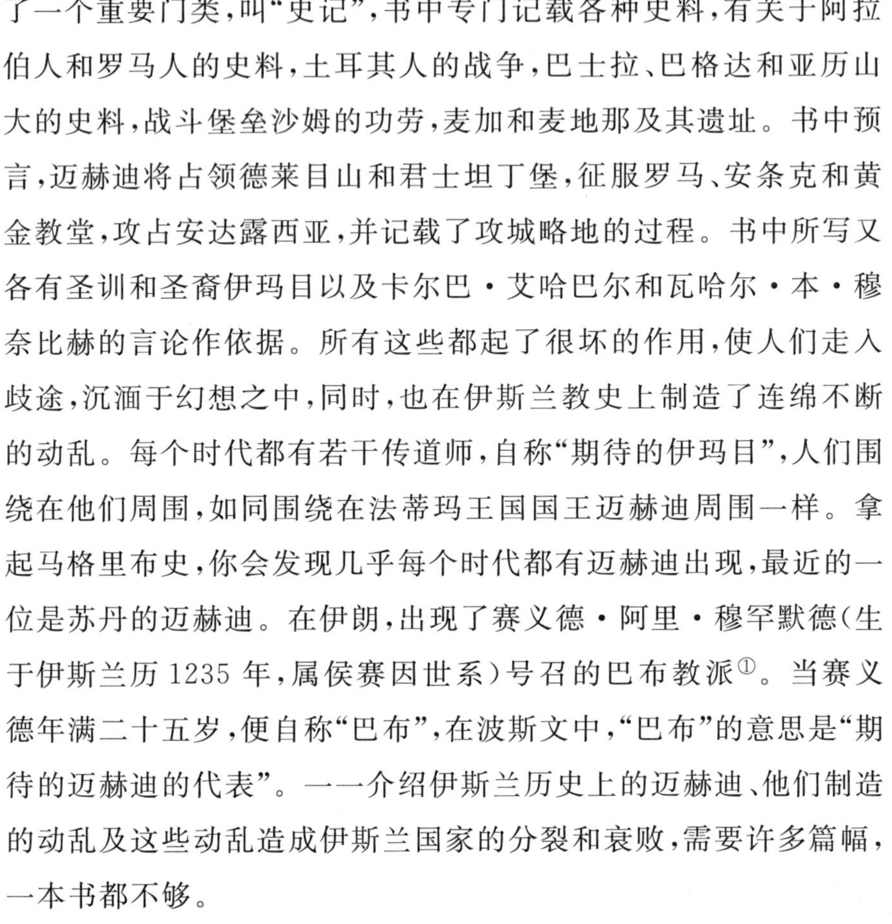

了一个重要门类，叫“史记”，书中专门记载各种史料，有关于阿拉伯人和罗马人的史料，土耳其人的战争，巴士拉、巴格达和亚历山大的史料，战斗堡垒沙姆的功劳，麦加和麦地那及其遗址。书中预言，迈赫迪将占领德莱目山和君士坦丁堡，征服罗马、安条克和黄金教堂，攻占安达露西亚，并记载了攻城略地的过程。书中所写又各有圣训和圣裔伊玛目以及卡尔巴·艾哈巴尔和瓦哈尔·本·穆奈比赫的言论作依据。所有这些都起了很坏的作用，使人们走入歧途，沉湎于幻想之中，同时，也在伊斯兰教史上制造了连绵不断的动乱。每个时代都有若干传道师，自称“期待的伊玛目”，人们围绕在他们周围，如同围绕在法蒂玛王国国王迈赫迪周围一样。拿起马格里布史，你会发现几乎每个时代都有迈赫迪出现，最近的一位是苏丹的迈赫迪。在伊朗，出现了赛义德·阿里·穆罕默德（生于伊斯兰历 1235 年，属侯赛因世系）号召的巴布教派[①]。当赛义德年满二十五岁，便自称“巴布”，在波斯文中，“巴布”的意思是“期待的迈赫迪的代表”。一一介绍伊斯兰历史上的迈赫迪、他们制造的动乱及这些动乱造成伊斯兰国家的分裂和衰败，需要许多篇幅，一本书都不够。

这一切都来源于荒谬的“迈赫迪”思想。这种思想既不符合真主的“逊奈”，也不符合人类的理智和可靠的圣训。但愿人的理智和知识的发展、政权和制度的进步能够消灭这种迷信思想的残余，使人们只寻求正义，用双手和头脑去创造公正的政权，以取代“期

---

① 巴布教派：19 世纪 40 至 50 年代，伊朗伊斯兰教教派之一。因创始人自称“巴布”，故名。1844 年巴布以迈赫迪名义公布《默示录》，以取代《古兰经》，1850 年春在德黑兰遭当局镇压，同年 7 月巴布遇难。——译者

待的迈赫迪”。他们最好把公正放到实践而不是幻想中去，在感觉和理智而非幻想的世界上，去努力实现公正。

2.“期待的迈赫迪”思想派生出的另一个结果是苏菲派[①]和什叶派的密切关系。苏菲派采纳了什叶派的迈赫迪思想，使之带上新的色彩，组成一个精灵王国式的精神王国，其领袖称为“极”，相当于伊玛目或迈赫迪。“极”是“各时代的主事，是天空的支柱。没有它的支撑，天就要塌下来”。“极”以下是“贤人”。伊本·阿拉比在《王国的征服》中写道：“每个时代有不多不少整十二位贤人，相当于十二个星座，每一位贤人洞察一个星座的特点及至高无上的真主保存在其中的秘密和遗迹。真主用众贤人之手创造了降启的教法学，他们能够发掘人们心中的秘密和邪恶，洞悉人心的狡猾和欺骗。魔鬼对他们是公开的，从魔鬼身上，他们能了解它自己所不知道的东西。他们是博学多识的，只要看到一个人跌倒在地上，就能像考古学家或占星家一样，判断吉凶祸福。”

伊本·提米亚阐释教法时说：修道士和平民常常提到的许多名字，如麦加的救星、四栋梁、七极、四十替身、三百贤人等，在《古兰经》中都没有提到过。在圣训（不论是可靠的圣训，还是不可靠的圣训）及前人的言论中也没有踪迹。只有“替身”一词，在阿里传述的非连续的沙姆圣训中提到过。在这段圣训中，先知说：“他们（指沙姆人）中有替身，一共四十个，死一个，真主给替补一个。”[②]

就这样，苏菲派在伊斯兰国家内形成了一个国中之国。他们

① 苏菲派：阿拉伯文 Sūfi 的音译，伊斯兰教的神秘主义派别，重视内心修炼，苦行禁欲，某些教团延续至今。——译者

② 乌鲁西：《内容之精华》，第 2 卷，第 274 页。

接受了“迈赫迪”思想，改变了名称，完善了制度。但这一切不过是幻想，不过是梦幻诗。不过不是美好的诗，而是败坏人的信仰和行为，促使人们脱离生活逻辑，放弃改革政权、实现公正的要求的诗。苏菲派沉迷于幻想，统治者沉湎于腐败，不约而同地使整个民族陷入困境。

轮回转世：和“迈赫迪”思想有关的是“复活”思想。许多伊玛目派的人相信“复活”，认为：先知、阿里、哈桑、侯赛因等伊玛目及其对手艾布·伯克尔、欧麦尔、奥斯曼、穆阿威叶和叶基德在迈赫迪出现之后，都将再现人间。凡是侵犯和剥夺伊玛目的权利、对他们下过毒手的人，都将受尽折磨而死，末日又将复活。谢里夫·穆尔台迪说：“迈赫迪出现后，艾布·伯克尔和欧麦尔将被钉在树上。”这是一种比“迈赫迪”思想更为怪诞的思想。

塔基亚：这是动词的词根，意思是“警惕”。《古兰经》写道：“信道的人，不可舍同教而以外教为盟友；谁犯此禁令，谁不得真主的保佑，除非你们对他们有所畏惧而假意应酬。”[①]这最后一句话的意思是：人为了防备敌人，保护自己的荣誉和生命财产，而把内心真实思想隐藏起来，把非真实的东西表现出来，这是保守机密的谨慎做法，而在什叶派内，这种做法已经成为一种秘密的制度。一个伊玛目想造哈里发的反，先要制定一套办法和措施，让同伙周知并注意保密。在计划完成之前，要装出一副温顺的样子，这就是“塔

① 马坚译：《古兰经》，3：28。——译者

基亚”。如果发现一个异教徒或逊尼派信徒有害己之意，就要对他极力奉承，虚与委蛇，故作友好，这也是“塔基亚”。

对于什叶派，“塔基亚”是共同遵守的教义，是生活的基本原则和信仰的基石。关于“塔基亚”，什叶派伊玛目发表了许多言论，该派历史就建立在这一原则之上。该派的全部历史包括以下内容：隐遁的伊玛目暗中发出号召，并向各地派出传教师，呼吁人们追随其后，衷心拥护伊玛目，同时，注意保守机密，表面佯装顺从，恪尽职守，执行统治者的命令，以免引起怀疑，一旦革命时机成熟，便揭竿而起，手持武器和政府对抗。

关于“塔基亚”，库里尼传述了许多言论。他说，艾布·阿卜杜拉说过：“十分之九的信仰体现在‘塔基亚’。不实行‘塔基亚’，就没有信仰。只有两件事不能实行‘塔基亚’：饮酒和擦鞋。”至高无上的真主说：“这等人，因能坚忍，……故得加倍的报酬。”[①]对真主的这段话，艾布·阿卜杜拉说：“‘坚忍’指‘塔基亚’。任何人的‘塔基亚’，都比不上洞中人。一到节日，就勒紧裤带，真主便给他们双倍的报酬。”有人问艾布·哈桑怎样反抗当局。答：“艾布·加法尔说：‘塔基亚’是我和先人的信仰。不实行‘塔基亚’的人没有信仰。”有人就两个被逮捕的库法人的下落问艾布·加法尔。答：当此二人获准在穆民领袖面前为自己辩护时，一人照办，另一人拒绝，结果，前者获释，后者被杀。艾布·加法尔说：“前者是一位忠实的教法学家，后者却急于上天堂。”有一伙人要去伊拉克，行前请艾布·加法尔指示，艾布·加法尔说：“在你们中，强者要保护弱

① 马坚译：《古兰经》，28:54。——译者

者，富者要照顾贫者，都不要泄露我们的秘密。”艾布·阿卜杜拉说：“我们的事情是机密的，是章程规定了的。谁破坏规矩，将受真主惩罚。”①

许多什叶派的信徒说：“跟逊尼派在一起的什叶派信徒在祈祷、把斋等宗教功课方面应入乡随俗。”他们传述某些伊玛目的话说：“谁依据‘塔基亚’原则而跟随逊尼派信徒祈祷，就像跟随先知祈祷一样。”尽管对应不应该这样做礼拜，什叶派内部还有分歧。

对许多伊玛目的行为，他们都用“塔基亚”来解释。如：阿里对艾布·伯克尔、欧麦尔和奥斯曼保持沉默是“塔基亚”，哈桑与穆阿威叶和解是“塔基亚”。同时，“塔基亚”也给什叶派的语言带上许多隐义，既有人人都懂的字面上的含义，又有只有少数人才能理解的隐义，其目的是影射和暗示。有些什叶派信徒也用这种方法解释《古兰经》经文，使其成为阿里和伊玛目的标志。至高无上的真主说：“使者啊！你当传达你的主所降示你的全部经典。如果你不这样做，那么，你就是没有传达他的使命。”②就这段经文，他们解释说：“这里，‘你的主所降示你的’指的是阿里任哈里发一事。在这些材料后面有许多隐藏的秘密。”

苏菲派也照此办理，说什么：“在明显的知识后面隐藏着秘密的知识。这些知识，光凭词汇的语言形式和逻辑证明是无法理解的。只有通过启发和提示才能理解。”

哈瓦立及派和什叶派正好相反，他们认为：“‘塔基亚’在任何

① 库里尼：《全集》，第400页及其后。

② 马坚译：《古兰经》，5:67。——译者

情况下都是不许可的，即使生命财产和荣誉遭到危险，也不能允许。”

两派政治生活的不同正是对“塔基亚”的不同观点的反映。哈瓦立及派在势单力薄甚至单枪匹马地面对强大敌人时，也敢于公开造反，英勇战斗，绝不阿谀奉承，也不委曲求全；而什叶派在时机成熟之前，总是虚与委蛇，假意奉承，而把真实意图隐蔽起来。

作为什叶派的教义，对伊玛目及伊玛目无罪无过的信仰必然导致一种信念的产生，即真正的信徒只限于阿里及其追随者，以及阿里之后追随历代伊玛目者，而反对派，如艾布·伯克尔、欧麦尔、奥斯曼及其追随者，以及倭马亚人和阿拔斯人，都是有缺陷的。什叶派内部对他们评价不一，有人称他们为“叛教者”。

据说，萨迪格说过：“有三种人，真主在末日不会与其交谈，也不会宽恕他们，并将受到痛苦的折磨，他们是：伪称伊玛目者；不信伊玛目者；妄称艾布·伯克尔和欧麦尔在伊斯兰教中有地位者。”

被他们咒骂得最厉害的是艾布·伯克尔、欧麦尔、阿绮莎和哈弗斯等人，他们甚至从真主那里寻找根据，形成了一些代代相传的说法。[①]

无疑，这些观点是很狭隘的，结果，信仰伊玛目阿里成了美德与恶行、虔信与叛教的分水岭。谁信仰阿里，就是信徒，就是有德行的人，就应受到奖赏；谁否认阿里，就是叛教者，就是恶人，就应受烈火煎熬。在他们看来，信仰伊玛目阿里等于甚至超过信仰真主，只信真主不信伊玛目阿里其信仰不算数，否认伊玛目阿里成了

① 库里尼：《全集》，第3卷，第391页。

最严重的叛教行为。

这种标准真是古怪极了，如同用盖达哈[1]而不用公尺来量一间屋子的尺寸，用公尺而不用盖达哈来量未克雅勒[2]的容积一样。众所周知，伊斯兰教衡量人的标准只有两个：认主唯一和信仰使者穆罕默德的使命，此外，还有为公众造福的善行。伊斯兰教以上述标准衡量每一个人，既以它衡量艾布·伯克尔、欧麦尔和阿绮莎，也以它衡量阿里。取消这些标准，而以是否信仰阿里为标准，是对伊斯兰精神无知的表现，也是缺乏理智的表现，即使从纯理智的角度看也是如此。如果他们把信仰真主和人的行为当作衡量人的标准，而把信仰伊玛目阿里当作一种美好的信念，这就有道理了，也留有余地了。否认伊玛目阿里并非叛教，也不应受责骂，无论是艾布·伯克尔、欧麦尔，还是阿里，对伊斯兰教都有功德，不过前面两位更大一些罢了，否认这一点，甚至对他俩大肆攻击，都是荒谬和狭隘的表现。

什叶派中也有人比较公允，不把这些圣门弟子视为叛教，也不主张对他们进行攻击。

总之，这种信念鼓励他们敢于批评圣门弟子及其追随者的行为。这里，转录一些温和派的观点。从艾布·哈桑·艾施阿里开始，逊尼派坚持不许说任何圣门弟子的坏话。为此，他们传述了以下圣训：“我的弟子像众星一样，靠他们的指引，你等得正道。”“最好的时代是我的时代，然后，是后面的时代，以及再后面的时代。”

---

① 盖达哈：阿拉伯量具，能容2.06公升。——译者

② 未克雅勒：阿拉伯量具，能容8加仑。——译者

据哈桑·巴士拉说，他在使者面前提到“骆驼之战”和“绥芬之战”，使者说：“这些血，真主用来清洗我们的宝剑，但我们不应让它污染我们的舌头。”他们说：“使者保护自己的妻子阿绮莎、表弟祖白尔以及亲手保卫自己的脱尔哈是理所当然的。”我们为什么要诅咒一个穆斯林，同时，却为另一个穆斯林声辩呢？诅咒或声辩能够得到奖赏吗？何况真主的使者还是穆阿威叶的姐夫、乌姆·哈比白[①]的丈夫。作为穆民之母，她自然要维护自己的弟弟。

什叶派对这种说法颇不以为然，他们说：“真主规定要反对敌人，保护朋友。至高无上的真主说：‘你不会发现确信真主和末日的民众，会与违抗真主和使者的人相亲相爱，即使那等人是他们的父亲，或儿子，或兄弟，或亲戚。’[②]真主诅咒犯罪者说：‘以色列的后裔中不信道的人，曾被达伍德……的舌所诅咒。’[③]但你们（指逊尼派。——译者）的立场并不公正，你们介入了奥斯曼的纷争，而且陷得很深；你们并没有保护艾布·伯克尔的儿子穆罕默德，反倒因为他参加奥斯曼时期的动乱而诅咒他并拒绝他的证词；你们也没有保护穆民之母阿绮莎的兄弟穆罕默德。你们倒反对我们参与阿里、哈桑和侯赛因的事情，不许我们反对穆阿威叶迫害他们三人并剥夺他们权利的所作所为。诅咒迫害奥斯曼的人怎么成了‘逊奈’，而诅咒迫害阿里、哈桑和侯赛因的人却成了无中生有呢？你们怎么能够谈论阿绮莎的事情，却避而不谈她在‘骆驼之战’中脱队的行为呢？你们怎么能够反对我们谈论法蒂玛的事情及其父死

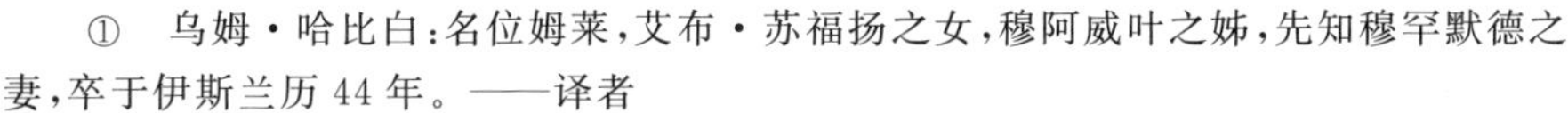

① 乌姆·哈比白：名位姆莱，艾布·苏福扬之女，穆阿威叶之姊，先知穆罕默德之妻，卒于伊斯兰历44年。——译者

②③ 马坚译：《古兰经》，58：22、5：78。——译者

后发生的一切呢？批评阿绮莎怎么成了大罪，而冲击法蒂玛的家，威胁要放火烧房，倒成了信仰？圣门弟子本来就是互相攻击的。阿绮莎谈到奥斯曼时说：'这老废物该杀！真主诅咒这老糊涂！'阿卜杜拉·本·买斯欧迪诅咒过奥斯曼，穆阿威叶诅咒过阿里·本·艾比·塔列布及其二子哈桑和侯赛因，艾布·伯克尔和欧麦尔诅咒过赛阿德·本·伊巴德，对他提出指控，并将他逐出麦地那，迁往沙姆。还有脱尔哈、祖白尔和阿绮莎一伙，他们从不放过阿里，直到兵戎相见。穆阿威叶和阿慕尔·本·阿绥也如法炮制。阿里曾诅咒过此二人以及艾布·穆萨·艾施阿里。此外，奥斯曼曾把艾布·祖尔放逐到利卜泽地方。这种例子不胜枚举。如果圣门弟子处在你们所说的这种毫无过失的状况，他们定有自知之明。这种说法全是倭马亚人中的极端分子编造出来的。有这样的人，当他们不能用'剑'支持倭马亚人时，便用'舌'——编造圣训——来表示支持。'最好的时代是我的时代'就是这样的圣训。这是一段虚假的圣训，因为先知死后五十年的时代恰巧是最坏的时代。侯赛因被杀，麦地那受攻击，麦加被围，克尔白倒塌，叶基德·本·穆阿威叶和瓦立德·本·叶基德等哈里发饮酒作乐，荒淫无度，都发生在这个时代。"①

这些说法虽有某些道理，但什叶派的做法与他们谴责逊尼派的那些问题并没有什么不同，比如：他们谴责逊尼派迫害圣裔及其追随者，而他们自己也迫害反对什叶派的人。他们对圣门弟子的态度缺乏公允，对不属于什叶派的圣门弟子大肆攻击，任何事情只

① 伊本·艾比·哈底德：《辞章之道》，第4卷，第454页。

要触及本派便恼羞成怒。他们还将伊玛目置于普通人甚至先知之上，处于无罪无过的地位。既然批评圣门弟子是他们奉行的一条原则，就应该对全体圣门弟子一视同仁，看来，穆阿台及勒派就比他们公正，该派对某些圣门弟子虽有评价不当之处，但在态度上是不偏不倚的。

在这种观点影响下，什叶派只相信本派圣门弟子传述的圣训，只认可本派圣门弟子传播的学问，只相信本派圣门弟子讲述的历史，因此，他们的圣训集、教法学及教法学原理及历史学著作统统局限于什叶派的范围内。

他们就这样把自己局限在一个狭小的圈子里，仿佛只有他们才是穆斯林。即使生活在逊尼派当中，他们表面上实行“塔基亚”，内心里却依然故我。

其实，许多“逊尼派信徒”的立场和什叶派没有什么不同。因此，不少圣训学家不愿传述什叶派传述的圣训，教法学家不重视什叶派的不同观点。圣训学家决定取舍的标准是传述人(不管他属于哪一派)是否可靠。

相较而言，逊尼派的观点更公平合理。他们不像什叶派憎恨艾布·伯克尔、欧麦尔和阿绮莎那样憎恨阿里，反倒对他赞扬、推崇备至，但同时，他们也认为艾布·伯克尔和欧麦尔优于阿里，他俩传述的圣训比阿里传述的更可靠。政治家总是指责阿里和什叶派犯了驱逐、折磨和杀害异派的过错。但学术界和宗教界人士对待什叶派较之什叶派对待逊尼派这方面人士的态度要公正得多。如果说逊尼派对待圣门弟子的态度有什么不足的话，那就是毫无例外地推崇圣门弟子，对他们(不管是不是什叶派，也不管是阿里还是艾布·伯克尔）的所作所为，不敢做勇敢和直率的批评。这种做法和什叶派对非什叶派，尤其是反对过阿里和阿里派的人那种大肆攻击的做法真是截然不同。如果两派都公平待人，对圣门弟子就会持一种历史学家的坦率真诚的态度，不管是谁，不管属于哪一派，坏的就批评，好的就赞扬。但是，我们哪有如此广阔的心胸和博大的智慧呢？

什叶派教法学　什叶派和逊尼派的教法学在原理和具体规定上虽各有不同，但其根据都是《古兰经》和逊奈。什叶派教法学最基本的原则是：

第一，逊尼派教法学中违反什叶派信仰和观点的原理和具体规定一概不予接受，代之以符合什叶派信仰的原理和具体规定；

第二，拒绝接受来自非什叶派伊玛目、学者和传述者的任何圣训或"意见"。一切法学规范均根据什叶派对《古兰经》的注释和什叶派传述的圣训，其结果必然是：法学范畴狭窄；在某些问题上，违反逊尼派的教法学观点。

第三，反对将"伊制马仪"[①]作为一项立法原则，以免采纳非什叶派的观点；反对"格亚斯"[②]，因为"格亚斯"即"意见"，而伊斯兰教来自真主、使者和受保佑的伊玛目，是不承认"意见"的。什叶派

① "伊制马仪"：阿拉伯文 Ijmā' 的音译，即"公议"、"佥议"。伊斯兰教立法的四项原则之一。穆罕默德去世后，初期哈里发国家为立法需要而确立的一项原则。意指宗教公社全体一致的意见，实则由伊斯兰教权威学者根据《古兰经》和圣训做出决议以立法创制。——译者

② "格亚斯"：阿拉伯文 kiyās 的音译，即"类比"、"比论"。伊斯兰教立法的四项原则之一。类比的条件是：必须以《古兰经》或圣训为基础；结论不得与《古兰经》或圣训相矛盾。——译者

认为伊玛目绝无过错，其言论为立法依据，不得违反。

下面，我们举例说明什叶派和逊尼派在教法问题上的分歧：

第一，最重要、最著名的例子是在临时婚姻（即男子付出一定报酬和女子缔结一个一定期限的婚约）问题上的分歧。一名男子对一名女子说："我以五镑钱和你结婚一周。"该女子表示接受。什叶派的临时婚姻没有继承权，也就是说：临时婚姻的夫妻双方不得相互继承。临时婚姻无须证人作证，可以不公开宣布。离婚也无须任何手续，婚期一满，婚约即自动解除。妇女从离婚到再婚的期限：行经妇女为两次行经，不行经妇女为四十五天。在临时婚姻中，一名男子占有的女子的数目没有限制，可以任其所为，不像永久婚姻规定妻子不得超过四个。

关于临时婚姻有许多不同的规定，学者们见解不一。现择其要者简介如下：

一、《古兰经》妇女章（麦地那章）说："你们可以借自己的财产而谋与妇女结合。"[①]一些人认为这一节经文说明临时婚姻是合法的，其根据是：1. 文中使用的是"结合"一词而不是"婚姻"一词；2. 经文命令交付酬金，说明这种关系是金钱关系；3. 经文规定在享受临时婚姻之后付款，这是租赁合同的做法，而正式婚姻的彩礼则应由丈夫事先交付，然后，才能得到享受。这一节经文证明可以签定临时婚约。

另外一些人持不同意见。他们认为，这节经文谈的是众所周知的婚姻而不是临时婚姻，因为整个一节经文谈的都是正式婚姻。经文一开始就谈到哪几种人不许结婚，然后，由"你们可以借自己

① 马坚译：《古兰经》，4:24。——译者

的财产”谈到缔结正式婚约；至于文中将责任称作“租金”，他们说，《古兰经》曾称彩礼为“聘仪”，如：“故你们取得她们的主人许可后，可娶她们为妻室，你们应当把她们的聘仪照例交给她们，……”[①]这里的“聘仪”指的就是彩礼。至高无上的真主说：“先知啊！我确已准你享受你给予聘礼的妻子。”[②]关于经文要求在享受婚姻生活之后付款这一与正式婚姻不同的做法，他们认为，经文中词句的排列次序有提前和推后的情况，如果你想要享受婚姻生活，则如真主所说：“你们可以借自己的财产而谋与妇女结合。”如果你想要离婚，则如真主所说：“先知啊！当你们休妻的时候……你们当计算待婚期。”[③]反对临时婚姻的人引证真主的话说：“他们是保持贞操的，除非对他们的妻子和女奴。”[④]这就是说，真主只在两种情况下允许男子和女子性交：一是订了婚约的妻子，一是女奴。而临时婚姻既非正式婚姻，亦非主人和女奴的关系。之所以说临时婚姻不是正式婚姻，其根据有二：1.临时婚姻可以不办离婚手续而取消；2.夫妻之间不能相互继承。

二、许多圣训对临时婚姻有不同的评价，如伊本·麦斯欧迪传述的圣训说：“当时，我们正和使者一起参加征战，身边没有女人。我们对使者说：‘这不是把我们阉割了吗？’使者不许我们这样说，却允许我们以一定报酬缔结临时婚姻。说完这段话之后，伊本·麦斯欧迪诵读了下面这节经文：‘信道的人们啊！真主已准许你们享受的佳美食物，你们不要把它当作禁物。’[⑤]”艾布·朱姆莱传述

①②③④⑤　马坚译：《古兰经》，4：25、33：50、65：1、23：5－6、5：87。——译者

过一段圣训，他说："我问伊本·阿拔斯对于临时婚姻的意见，他表示认可。一位朋友问他：'临时婚姻是在紧急情况下或妇女少的时候实行的，对吗？'伊本·阿拔斯说：'是的。'"布哈里传述过这段圣训。

穆罕默德·本·卡尔巴传述伊本·阿拔斯传述的圣训，说："临时婚姻是在伊斯兰初期产生的。男人们来到一个陌生的地方，根据在当地停留的时间，娶一个女人，为他保留财物，管理家务。后来，便降下了下面这节经文：'……除非对他们的妻子和女奴。'伊本·阿拔斯说：'这两种情况之外的行为都是非法的。'"梯尔米兹传述过这段圣训。

阿里传述的圣训说："在海巴尔之战[①]中，使者禁止临时婚姻和吃家驴肉。"有的圣训说："在海巴尔之战中，使者禁止临时婚姻。"

赛勒玛·本·艾克瓦尔传述的圣训说："在欧塔斯年使者准许我们实行临时婚姻三天，三天后禁止实行。"

《杰赫尼传记》中写道："我跟随先知进攻麦加。占领麦加后，停留了十五天。在这段时间里，使者准许临时婚姻，我大门没出。以后，使者又禁止了临时婚姻。"另一段圣训说："杰赫尼和先知在一起，听到先知说：'人们！我曾准许你们实行临时婚姻，但现在真主禁止临时婚姻，直到末日为止。你们给过她们什么东西，就让她们带走，不要从她们那里收回。'"艾哈迈德和穆斯里姆传述过这段

① "海巴尔之战"：公元628年穆罕默德征服犹太人重镇海巴尔（khaybar，在今沙特阿拉伯境内）的战斗。——译者

圣训。另一段圣训说:“使者禁止借故中止临时婚姻。”艾哈迈德和艾布·达乌德传述过这段圣训。

以上介绍的是关于临时婚姻的圣训。

从以上圣训来看,使者在某些时候,根据某种需要,曾经准许过临时婚姻。其原因如伊本·麦斯欧迪所说,是由于穆斯林在对外征战中,身边没有女人,一个个急不可耐,纷纷要求自阉。根据人们的传述,使者在几次征伐中曾准许实行临时婚姻,最后一次是攻打麦加,以后又明令禁止。

伊本·阿拔斯传述过几段内容不同的圣训,有的说使者准许临时婚姻,有的说使者改变了自己的意见。

伊本·麦斯欧迪、阿里等圣门弟子也传述过一些关于临时婚姻的圣训。

欧麦尔·本·赫塔布在位时曾明令禁止临时婚姻,人们严格执行其禁令。据说欧麦尔说过这样的话:“如果还有人搞临时婚姻,我就用石头把他砸死。”围绕临时婚姻展开的争论由于四大伊玛目和各地法学家的一致裁决而告结束,只有什叶派法学家固执己见,他们听说伊玛目阿里、巴格尔和萨迪格曾准许临时婚姻,便坚持实行。

至今什叶派仍实行临时婚姻,但一般是在旅途或其他特殊情况下。如果一个波斯商人在外羁留多日,便娶一个“临时老婆”。

什叶派中某些伊玛目强烈主张实行临时婚姻,把它当作一种善行,伊玛目萨迪格就说过:“我辈中无人不以临时婚姻为合法。”

《卡菲》一书写道,巴格尔谈到临时婚姻时说,真主在《古兰经》和逊奈中准许临时婚姻。《古兰经》写道:“你们可以借自己的财产而谋与妇女结合。"[1]所以说，临时婚姻是合法的，直到末日为止。有人对他说："艾布·加法尔·欧麦尔已经禁止临时婚姻了，你怎么还说这种话呢？"巴格尔说："即便他禁止过……"此人又说："求真主宽恕你。欧麦尔禁止之事你竟认为合法？！"巴格尔说："你听从你的主人的话，而我听从使者的话。过来，让我开导开导你。你要知道，先知的话是真话，而你主人的话是假话。"这时，阿卜杜拉·赖易斯走过来，说："如果你的女人、女儿、姐妹、堂姐妹接受临时婚姻，你会高兴吗？"提到他的女人和堂姐妹，巴格尔只好缄默不语了。

什叶派十分憎恨欧麦尔，包括他的言行，所以，欧麦尔禁止临时婚姻可能反倒促使他们支持临时婚姻。

*　　*　　*

如果用理智来判断，则这种婚姻和卖淫差不多。据说，阿里说过："假设欧麦尔没有禁止临时婚姻，不幸的人都要卖淫了。"所以，欧麦尔认识到临时婚姻近似卖淫是正确的。此外，把临时婚姻当作雇佣妇女的商业活动也是正常理智所不能接受的一种丑恶思想，这种做法不仅会给那些放荡不羁、不承担家庭责任的纨绔子弟以可乘之机，还会使妇女堕落，遭受蹂躏。雇佣妇女数日，然后丢开不管，会使妇女陷入最严重的危险之中。这种事情实际上已经发生了，波斯的有识之士纷纷加以谴责。

如果说一夫一妻制家庭是模范家庭，这样的家庭能够保证子女生活幸福的话，那临时婚姻与之相比就天差地别了。

---

① 马坚译：《古兰经》，4：24。——译者

第二，什叶派和逊尼派的另一分歧是：什叶派禁止和犹太人以及基督教徒通婚，而逊尼派根据《古兰经》的规定允许通婚。至高无上的真主说："……曾受天经的自由女，对于你们都是合法的，……"[1]什叶派说，这节经文是由下面这段经文转换来的："你们不要坚持不信道的妻子的婚约……"。[2]

第三，在继承问题上，什叶派和逊尼派的分歧由来已久。什叶派否认抚养原则。一个人死了，留下一个妻子、两个女儿和父母亲，其遗产妻子得八分之一，两个女儿共得三分之二，父母得三分之一。如果把遗产分为二十四份，以上加起来是二十七份，妻得其中的三份，两个女儿得十六份，父母得八份。这就是抚养原则。

据说首先确定这一原则的是欧麦尔·本·赫塔布。什叶派反对抚养原则，赞成伊本·阿拔斯的赡养原则，使某些继承遗产者优先于另一些人。具体说，就是使父母、妻子优先于两个女儿。在上例中，妻子可得二十四分之三，父母可得二十四分之八，两个女儿可得余下的二十四分之十三，而不是二十四分之十六。

什叶派总是优先考虑亲属中女性的遗产继承权。据说曾有人向萨迪格："遗产应分给亲属中的女性还是男性？"萨迪格说："应分给女性。由男人继承财产而不考虑女人的做法是蒙昧时代的产物。"

如果一个人死了，留下一个女儿和一个孙子，在什叶派看来，其遗产应全部留给女儿，因为女儿比孙子近；而在逊尼派看来，女儿应得一半，作为男性亲属的孙子也应得一半。

---

①② 马坚译：《古兰经》，5：5、60：10。——译者

在继承权问题上，最令人奇怪的是什叶派认为堂兄弟应优先于叔叔，也许他们是想说明阿里·本·艾比·塔列布在继承使者的权利方面应优先于阿拔斯，因为阿里是使者的堂弟，而阿拔斯是使者的叔叔。在妇女继承权方面，什叶派只让妇女继承钱财，而不让她们继承土地和房屋。

什叶派认为先知们的遗产可以继承，而逊尼派则认为不可继承，其根据是以下圣训："我们先知不被继承，我们的遗产只用作施舍。"艾布·伯克尔照此办理，拒绝法蒂玛继承使者的遗产，对此，法蒂玛死前一直怀恨在心。什叶派在先知财产继承问题上的观点间接地支持了他们在哈里发王位继承问题上的观点。

第四，什叶派和逊尼派在宣礼的程序、擦脚、小净等方面均有分歧，这些事情说来话长，只能到此为止。

*　　　*　　　*

这一时期什叶派最著名的法学家（也可能是什叶派有史以来最著名的法学家）是伊玛目加法尔·萨迪格。

伊玛目加法尔·萨迪格　他的全名是伊本·伊玛目·穆罕默德·巴格尔·本·阿里·宰·阿比丁·本·侯赛因·本·阿里·本·艾比·塔列布。他经历了倭马亚王朝后期和阿拔斯王朝兴盛时期，享年六十五岁。据克里尼说，他出生在伊斯兰历 83 年，卒于 148 年，正是哈里发艾布·加法尔·曼苏尔当政时。其母是乌姆·法尔娃，是卡塞姆·本·艾比·伯克尔·绥迪格的女儿，也许正因为此，萨迪格对艾布·伯克尔的看法较其他什叶派成员远为温和。他没有介入当时的政治纠纷，而且信仰十分虔诚，所以，在充满动乱、迫害和阴谋的岁月里，他却过着平静的生活，没有遭到倭马亚人和阿拔斯人的迫害。麦斯欧迪说，当阿拔斯王朝的鼓动家艾布·赛勒玛听到伊玛目易卜拉欣被杀的消息后，便派人带着两封信到麦地那去，其中一人去找加法尔·萨迪格，另一人去找阿卜杜拉·本·哈桑·本·侯赛因·本·阿里·本·艾比·塔列布。使者见到萨迪格，告诉他，自己是艾布·赛勒玛的使者，并把信交给他。加法尔说："艾布·赛勒玛是别人的弟子，和我有什么关系?"使者说："我是使者，请你读读他的信，给他一个答复。"加法尔要来一盏灯，把信放在灯上烧了，然后，对使者说："把你看到的告诉你主人。"使者就回去了。[①]

萨迪格博学多才。沙赫力斯坦说："他具有丰富的宗教知识和文学知识，生活十分简朴，不追求任何享受。他在麦地那住了一段时间，对门下的弟子甚多教益，对其支持者传授了许多知识。以后，又在伊拉克住了一阵子。在这段时间里，无论对伊玛目问题还是哈里发问题，他都没有发表意见或参加辩论。正像诗里说的：'遨游在知识海洋的人，不求到达彼岸；攀登真理高峰的人，不怕跌下悬崖。"[②]

他多数时间在麦地那研究学术，有一段时间在库法。他的宗教知识十分渊博。据说马立克和艾布·哈尼法从他那里获益不浅。在星相学、化学方面，他的知识也很丰富，就连贾比尔·本·希扬都是他的学生。[③]

关于他，什叶派谈得很多。有人把他对各种问题的解答汇集

① 麦斯欧迪:《黄金草原》，第 2 卷，第 166 页。

② 沙赫力斯坦:《宗教与教派》，欧洲版，第 125 页。

③ 伊本·赫里康:《人物传记》，第 1 卷，第 146 页。

成册，达四百册之多，总称为《原理》。“萨迪格家族中的任何人都不像萨迪格本人留给后人那么多教诲。里达派的哈桑·本·阿里·瓦沙说：‘我认识库法清真寺的九百位教长，每位教长都说，加法尔·本·穆罕默德[①]告诉我……’据说他的传述者多达四千人。”[②]

许多伊玛目的言论都是由他传述的，其中最重要的是阿里·本·艾比·塔列布关于世界是怎样创造的以及光明怎样由阿丹传给先知穆罕默德的言论。萨迪格说：“后来，光明传到我等手上，在我等伊玛目手中光芒四射。我等是天上地下的光明，人们靠我等而得到拯救，从我等获得知识的奥秘，一切事情的成败皆取决于我等。迈赫迪是最大的权威，是封印的伊玛目[③]，是民族的救星，是最大的光明，是一切事物的源泉，因此，我等是最好的造物、最高贵的一神教徒，是世界主宰的证明。得到我等保护的人们，庆贺自己的福祉吧。”[④]

由上述可知，关于救世主迈赫迪和伊玛目受到崇拜永无过失的思想以及伊玛目地位的提高都是在伊玛目加法尔·萨迪格时代出现的。

加法尔·萨迪格立法原则之一是：处理任何事情首先考虑是否准许然后考虑是否禁止。他说过这样的话：“两人有分歧的任何事情都能在《古兰经》中找到根据，只是人们的头脑理解不了罢

---

① 即萨迪格。——译者

② 穆赫辛：《什叶派名人传》，第1卷，第169页。

③ 指最后一位伊玛目。——译者

④ 麦斯欧迪：《黄金草原》，第1卷，第15页。

了。”他认为人们可以根据自己的理解来解释圣训。有一次，穆罕默德·本·穆斯里姆问他：“我从你那里听到一段圣训，然后加以增删，这样做是否可以？”他说：“如果你只是想知道这段圣训的意思，这是可以的。”有人问他：“一个人有两袋水，其中一袋掉进了脏物，但不知是哪个水袋，别处又找不到水，怎么办？”萨迪格说：“把两袋水都倒掉，不就得啦！”他不承认‘格亚斯’，因为那也是“意见”，他主张应根据《古兰经》和逊奈的原则立法。据说他和艾布·哈尼法就“意见”问题争论过。他问艾布·哈尼法：“杀人和奸淫，哪种罪行更严重？”答曰：“杀人。”萨迪格说：“对杀人罪，真主只要两个证人；而对奸淫罪，真主却要四个证人。”他又问艾布·哈尼法：“祈祷和把斋，何者更重要？”答曰：“祈祷。”萨迪格说：“那为什么来月经的妇女只把斋不祈祷呢？‘格亚斯’有什么意义？还是信仰真主，不必‘类比’吧。”

伊玛目加法尔有许多格言和宣讲词保存在沙赫力斯坦的《教派》和雅尔孤比的《史记》等什叶派典籍中。

加法尔说过：“至高无上的真主愿我等做某事，不愿我等做它事。真主愿我等所做之事则遮掩起来，不愿我等所做之事则予以公开。我们为什么做真主愿我等所做之事，而不做真主不愿我等所做之事呢？”“主啊！我服从你，就赞美你；我违抗你，就陈述理由。无论是我还是别人，做好事无功德可言，做坏事无借口可寻。”

他对教法学、圣训学和宗教学发表了许多观点，人们在这些观点上拼命添枝加叶，就像其他伊玛目的信徒对自己崇拜的伊玛目所做的一样，有些归在他名下的书信并不是他写的。沙赫力斯坦说：“在伊玛目加法尔之后，什叶派就分裂了，每个人参加一个支派，每个人都向本派宣传伊玛目加法尔的观点，把他拉到自己一派一边，而先生本人是无辜的。……有人甚至扬言他还活着，没有死去，当他再次出现时，他的事业将再次发出光彩。”①

看来，他的许多所谓“言论”真伪难辨，正因为此，布哈里从不传述其言论，逊尼派的圣训学家们也莫衷一是。《人物传记》的作者伊本·赛阿德说：“其言论甚多，但都不足为凭。一次，有人问他：‘你是从你父亲那里听到这些言论的吗？’他说：‘是的。’又一次，有人用同样的问题问他，答复却是：‘我是从父亲的书里读到的。’”叶海亚·本·赛德说：“我对他有点印象。”有人问艾布·伯克尔·本·阿亚什·马立克：“你认识加法尔，难道没听他说过什么？”答：“我问过加法尔：‘你所说的都是听来的吗？’加法尔说：‘不是，是从我们父辈那里传述来的。’”沙斐仪和叶海亚·本·穆伊恩等人认为他是可靠的，我也没见任何人说他弄虚作假，但那些不传述他的言论的学者说他不拘泥于听到的言论，有时把书里读的东西也拿来传述，这在圣训学家看来是不可取的。尽管如此，只要有权威学者传述他的言论，圣训学家们还是认可的。伊本·哈班说：“加法尔是圣裔子弟中之佼佼者，以教法学、学问和道德著称。其言论虽未经后代传述，却仍为权威学者所引用。我认为其言论正确，丝毫不违反已经确认的圣训。别人的错误和他无关。”

总之，伊玛目加法尔无论在生前还是死后都是最有影响的伟大人物之一。他卒于曼苏尔上台执政后的第十年，据说是被曼苏尔毒死的，但此说未经证实。加法尔及其祖父和父亲巴格尔一起

① 沙赫力斯坦：《宗教与教派》，欧洲版，第125页。

葬于麦地那城的墓地里。

祖拉勒·本·艾阿因也是什叶派的著名人物。伊本·奈丁说过："祖拉勒是什叶派的大教法学家和圣训学家，熟谙教法学和什叶派教义。其父艾阿因是西班族的罗马奴隶，学习《古兰经》后得到释放，其祖父辛比斯是罗马帝国的一名僧侣。"[①]祖拉勒先后陪伴过加法尔的父亲穆罕默德·巴格尔及加法尔·萨迪格。祖拉勒卒于伊斯兰历150年。教义学著作记载了祖拉勒的许多观点。[②]

*　　*　　*

总之，什叶派教法学最重要的特点是它是建立在圣裔传述的圣训之上的一门学问。由于倭马亚人对阿里家族的迫害，在倭马亚王朝，这些圣训是很难搜集的。我们在前面说过，穆阿威叶曾命令传述者丝毫不许提及阿里的德行，而要多提奥斯曼的德行。有些收集圣训的人是忠于倭马亚人的，在阿拔斯王朝初期，情况也好不到哪里去。当时记载圣裔传述的圣训最多的一本书也许就是《艾哈迈德穆斯纳德》。伊本·赫里康在《奈萨伊传记》(伊斯兰历214—303年)中写道："奈萨伊曾编写过一本专著，分门别类地介绍了阿里·本·艾比·塔列布及圣裔的德行，多数材料来自艾哈迈德·本·罕百里。有人问他：'难道你不想编一本书介绍圣门弟子的德行吗?'奈萨伊答道：'我到了大马士革，发现那里对阿里的歪曲很多，就想写本书让真主引导他们走上正道。'""他走出大马士革城，有人问他对穆阿威叶及其德行的看法，他说：'穆阿威叶为

① 伊本·奈迪姆：《目录大全》，第220页。

② 见艾布·哈桑·艾施阿里著《穆斯林文集》和巴格达迪著《宗教原理》。

了得到颂扬，让许多人人头落地，难道还不够吗？'他成了什叶派，人们却不断地投入他的怀抱，后来，他终于被赶出清真寺，死于沙漠中。"①

由于政治方面的原因，许多圣裔传述的圣训在逊尼派的典籍中没有提到。而什叶派对本派传述的圣训又喜欢添油加醋，所以，圣裔单独汇集了自己传述的圣训。他们也不愿传述除阿里家族之外的圣门弟子如艾布·伯克尔、欧麦尔、穆阿威叶和阿绮莎等人传述的圣训，这一方面是由于他们对这些圣门弟子的憎恨，另一方面是他们确信逊尼派在这些圣门弟子传述的圣训上大做文章。于是，产生了两种圣训集：逊尼派如布哈里、穆斯里姆等人编辑的圣训集以及什叶派编辑的圣训集。什叶派编辑的圣训集中，搜集最全的是穆罕默德·本·雅尔孤卜·克里尼编辑的关于宗教学的书——《卡菲》，书中汇集了一万六千段圣训。和逊尼派的做法一样，他把书中搜集的圣训分为正确的、好的、可靠的和不可靠的几种。此书被什叶派奉为"伊斯兰教权威"，其编辑工作历时二十年时间，后人编撰的圣训集皆本其模式。其编者在伊斯兰历328年或329年死于巴格达，葬于库法。

概而言之，逊尼派和什叶派在伊斯兰教法方面的分歧集中在以下两个方面：

一、对《古兰经》的理解方面。什叶派对某些章节有自己的解释。

二、逊尼派不承认什叶派伊玛目传述的圣训。

---

① 伊本·赫里康：《奈萨伊传记》，第1卷，第29页。

*　　*　　*

在许多有关宗教原理的问题上，什叶派和穆阿台及勒派观点相同。两派一致认为：真主的属性即其本体；《古兰经》乃被造之作；否认内心独白；否认现世和末日能够用肉眼看见真主。什叶派同意穆阿台及勒派的一些观点，如理性的美与丑、众仆的能力及对善恶的选择，至高无上的真主不做坏事，真主的行为必有动机和目的等等。

笔者读过伊玛目派教义学家艾布·易司哈格·易卜拉欣·本·百赫特写的《雅古特》一书，感到跟读穆阿台及勒派写的关于宗教原理的书一样，只在少数问题如最后一章关于伊玛目的地位和阿里及其后十一个伊玛目等问题上的观点有所不同。

但这两派——什叶派和穆阿台及勒派——究竟何者为师呢？有些什叶派的学者声称是穆阿台及勒派向他们学习，说什么：穆阿台及勒派的领袖瓦绥勒·本·伊脱邑曾师事加法尔·萨迪格。笔者却倾向于认为，什叶派学习了穆阿台及勒派的教义。穆阿台及勒派诞生的过程就是一个证明。什叶派支派宰德派的领袖及创始人宰德·本·阿里曾师事瓦绥勒·加法尔曾拜会其叔宰德。艾布·法拉吉·伊斯法罕在《探索者的阵地》一书中说："宰德·本·阿里上马时，加法尔·本·穆罕默德曾为他扶鞍整衣。"[①]如果沙赫力斯坦等人关于宰德师事瓦绥勒的说法是正确的话，则瓦绥勒师事加法尔一事是不大可能的。

许多穆阿台及勒派的门徒加入了什叶派，正是通过他们，穆阿

① 艾布·法拉吉·伊斯法罕：《探索者的阵地》，第93页。

台及勒派的观点渗透到什叶派中来了。

什叶派中产生了许多著名的教义学家，其最著名者为希沙姆·本·哈克姆及“魔鬼”塔格。

希沙姆·本·哈克姆：他是什叶派最大的教义学家，他原本是西班族的释奴，曾拜加法尔·萨迪格为师。他在库法长大成人，在隐蔽的什叶派——白拉米克族中成名，和拉希德本人有联系。希沙姆博识强辩，曾和穆阿台及勒派辩论，许多文学书记载了他进行的多次辩论，说明他的急智和辩才。比如有这样一段记载：“有一天，他去访问阿拔斯王朝的几位官员。一个人对阿拔斯人说：‘我当着希沙姆的面，肯定阿里是专横暴虐的。’希沙姆说：‘你如果真的这样说话，就该倒霉了。’此人又说：‘艾布·穆罕默德！你难道不知道，阿里曾经在艾布·伯克尔面前控告阿拔斯？’希沙姆答道：‘我知道。’此人又问：‘那他俩谁对谁错呢？’希沙姆心想：‘如果说阿拔斯对，就显得我害怕阿拔斯人；如果说阿里对，又自相矛盾了。’他只好说：‘谁也没亏负谁。’那人说：‘那就是说，双方发生了争执，双方都是对的啰！’希沙姆说：‘是的。就像两位天使在达乌德面前争论，双方各有道理，其目的只是为了提醒达乌德他的不对。你说的情况也是如此，阿里和阿拔斯只是想让艾布·伯克尔知道他自己的不对。’此人听罢只好缄默不语了。”①

一个异教徒来找希沙姆，对他说：“我信二神教。我知道你是公正的，不怕你找碴儿。”希沙姆正在整理衣服，他放下衣服，站起身说：“真主保佑你。这两位神祇中的任何一位能够没有另一位的

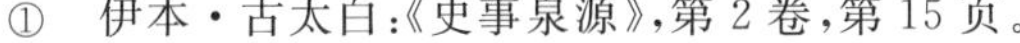

①　伊本·古太白：《史事泉源》，第2卷，第15页。

帮助而进行创造吗？”答曰：“可以。”希沙姆说：“那要两个神干什么呢？一个造物主不就够了？！”此人说：“从来没有人跟我说过这样的话。”

希沙姆曾经和穆阿台及勒派的艾布·侯载勒·阿拉夫辩论。赫雅退转述希沙姆的话说，他在辩论中说过，穆罕默德的民族在穆罕默德死后背叛了他，违反了他的命令，改变了他的思想，取消了他的接班人。[①]

看来，他倾向于命定论，曾和穆阿台及勒派有过多次争论。他还倾向于形象论，在这方面发表过许多意见。查希兹出于维护穆阿台及勒派的立场，对他有过严厉的批评。

总之，他对什叶派教义学的形成贡献颇大，他写过很多书，但都失传了。伊本·奈丁说：“白拉米克惨案后，他就无声无息地死去了，据说死在麦蒙当政时。”

“魔鬼”塔格：原名是穆罕默德·本·努尔曼。逊尼派称他为“魔鬼”塔格，什叶派则称为“信徒塔格”。他也是加法尔·萨迪格的朋友。

塔格是巴格达的一个地名。而塔格其人，生前是一个精明的货币兑换商，善于识别金币和银币，因而得名。《光明之海》一书记载了他和艾布·赫迪莱的一次辩论。艾布·赫迪莱是哈瓦立及派的人，主张艾布·伯克尔优于阿里，而塔格是什叶派的人，主张阿里优先。有一天，库法城的一群哈瓦立及派信徒和一群什叶派信徒在艾布·奈伊姆·奈赫伊家聚会，会上，艾布·赫迪莱说：“说艾

① 赫雅退：《胜利集》，第41页。

布·伯克尔优于阿里及其他圣门弟子有以下四点理由：1. 他是葬在使者住宅里的第二人；2. 他是使者在山洞躲藏时的伙伴；3. 他带领众人做最后祈祷后，使者就去世了；4. 他是阿拉伯民族中被称作"绥迪格"的第二人。""魔鬼"塔格做了如下答辩："艾布·赫迪莱！真主赐给先知住宅并禁止任何人在未得先知允许的情况下进入其住宅。先知留下这栋住宅是作为给他的亲人和子女的遗产，还是作为给全体穆斯林的施舍呢？如果是留给子女和妻子的遗产，则他有九个妻子，阿绮莎只占九分之一的份额（言下之意是：阿绮莎无权将艾布·伯克尔葬在先知的住宅里），如果这栋住宅是给全体穆斯林的遗产，则艾布·伯克尔的权利是和任何一个穆斯林一样的。关于艾布·伯克尔和先知躲在山洞中一事，那天夜里，阿里正躺在先知的床上，为他献出生命，这比躲在洞里更难得。关于最后的祈祷，确实，使者生病时，艾布·伯克尔曾经站在众人前面带领大家祈祷，但后来先知走出来，站在前面带领众人祈祷，把他甩到了一边。如果他带领众人祈祷是根据先知的命令，先知不会把他甩开。关于艾布·伯克尔被称作'绥迪格'一事，这不过是大伙给的称号。至尊的真主要求艾布·伯克尔赦宥阿里·本·艾比·塔列布，真主说：在他们之后到来的人们说：'我们的主啊！求你赦宥我们，并赦宥在我们之前已经信道的教胞们，求你不要让我们怨恨在我们之前已经信道的人们，我们的主啊！你确是仁爱的，确是至慈的。'[①]被《古兰经》称作'真诚'、'可靠'的人比众人给的称号要强得多。"如此等等。塔格和艾布·哈尼法的辩论也流传下来了。

① 马坚译：《古兰经》，59：10。——译者

宰德派

宰德派是什叶派中一个大的派系，由宰德·本·阿里·本·侯赛因·本·阿里·本·艾比·塔利卜创建。宰德和希沙姆·本·阿卜杜勒·迈立克[①]之争是侯赛因与叶基德·本·穆阿威叶之争的继续。那时，宰德一直觊觎哈里发的王位，对其本人及族人受到倭马亚人的欺压极为不满。有一次，哈立德·本·阿卜杜拉·盖斯里控告他私藏六十万银币，他便前往伊拉克处理这桩财务纠纷。到那里后，库法人强烈要求他站出来反对倭马亚人，并答应做他的后盾。希沙姆为防止宰德举事，便命伊拉克总督优素福·本·欧麦尔·素格非禁止宰德在伊拉克长期居留。优素福命宰德离开伊拉克，宰德照办了，但不久又回到伊拉克，开始宣传自己的主张，反对倭马亚人。宰德不甘屈辱，决心自荐担任哈里发，认为自己比希沙姆更有权利。有一次，他说过这样一句话："真主喜爱之人必使其身居下贱。"此话传到希沙姆耳朵里，希沙姆便对宰德说："宰德！听说你谈起哈里发的王位，想要据为己有，而你不过是个信德女奴的儿子。"宰德说："穆民的领袖啊！易司哈格是自由民所生，伊斯玛仪[②]是女奴所生，但真主赐给他儿子，后来，成为阿拉伯人的始祖，以后代代相传，才有了使者穆罕默德。"伊斯兰历

---

① 希沙姆·本·阿卜杜勒·迈立克（伊斯兰历 71—125 年），倭马亚王朝第十任哈里发。——译者

② 伊斯玛仪（阿拉伯文 Ismā'i）：《古兰经》故事人物。易卜拉欣长子。被认为是真主的使者之一。阿拉伯民族自称是易卜拉欣和伊斯玛仪的后裔。——译者

121 年，宰德开始在伊拉克实行自己的计划，许多人试图劝阻他，如赛勒姆·本·库希尔曾对他规劝道：“我以真主的名义恳求你告诉我，究竟有多少人宣誓效忠于你呢？”宰德说：“四万人。”问：“当年有多少人效忠于你祖父侯赛因呢？”答：“八万人。”又问：“最后和他在一起的有多少人呢？”答：“三百人。”问：“我以真主之名恳求你告诉我，你和你祖父比，谁的影响更大一些？”答：“祖父。”问：“你和你祖父起兵的时机何者更佳？”答：“祖父的时机。”问：“难道你指望那些当年背叛你祖父的人效忠于你吗？”答：“既然他们宣誓效忠于我，我们之间就有誓约了。”阿卜杜拉·本·哈桑写信给宰德，说：“堂兄弟！库法人气壮如牛，胆小如鼠；只会享受，不会打仗；言过其实，心口不一。他们既不肯为大事熬夜，也不肯为自己的国家受累。他们的檄文不断飞来，但我对他们已经绝望，始终不置一词。对于他们，正像阿里·本·艾比·塔利卜所说：‘敌人远去，你们英勇作战；敌人迫近，你们退缩不前；众人拥戴伊玛目，你们百般咒骂；面临艰难险阻，你们畏怯沮丧。’”

所有这些劝告对宰德毫无用处，他仍不断地把鼓动者派到摩苏尔等地去。他是这样号召人们宣誓效忠的：“我号召你们服从真主的书和先知的逊奈，我号召你们参加反抗残暴统治者的圣战，驱逐压迫者，帮助穷苦人。让我们平均分配战利品，反抗暴虐的行为，召回久驻敌国的军队。圣裔支持我们战胜与我们为敌并剥夺我等权利的人。你们愿意宣誓效忠于我的号召吗？”如果人们说愿意，他就把手放在他们手上。

这种情况持续了十几个月。当他发现优素福·本·欧麦尔跟踪他和他的伙伴时，便命令提前行动。但战斗一打响，大多数宣誓效忠的人便一哄而散，只剩下不到三百人在他身边。他们和优素福的人发生了一场恶战，但宰德站住了脚跟。到了夜里，宰德被一支箭射中左前额，箭一拔出来，他就一命呜呼了。优素福砍下他的脑壳，派人送给希沙姆。希沙姆命令将其头颅挂在大马士革城门上示众，后来，又被送到麦地那示众，他的尸体也被钉在十字架上。希沙姆死后，瓦立德命令将他的尸体放下来，用火烧掉。宰德死于伊斯兰历 122 年。

宰德具有丰富的宗教知识和卓越的辩才。其政敌希沙姆·本·阿卜杜勒·迈立克这样描述他："在我眼里，宰德是一个能言善辩、巧舌如簧的人，常以动人的言辞和丰富的论据吸引人们的注意。在激烈的权势之争中，他往往发表一些尖锐有力的谈话以取胜，人们如果注意听他讲话，就会被他那甜言蜜语所吸引，被他宣传的和使者的亲属关系所迷惑，从而抛弃自己的信仰，狂热地投到他那一边。"①

宰德死后，其子叶海亚逃到呼罗珊，以后又逃到巴理黑，在那里隐居下来，继续进行鼓动，准备起事。瓦立德·本·叶基德继任哈里发后，叶海亚起兵反抗，在战斗中被箭射中前额。瓦立德写信给优素福·本·欧麦尔，命令他处决"伊拉克的牛犊"(指叶海亚)。优素福就把他烧死了。他把叶海亚吊在十字架上，用火烧，烧成灰后放在瓦罐里，用船运到幼发拉底河，扔到河里。其时是伊斯兰历 125 年。

宰德及其子叶海亚之惨死更加剧了人们对倭马亚人的仇恨，

① 塔巴里：《先知与帝王历史》，埃及版，第 8 卷，第 266 页。

推翻倭马亚人的准备工作更加紧开展起来。

艾布·法拉吉·伊斯法罕在《探索者的阵地》一书中写道:“艾布·哈尼法倾向于宰德,并曾对他援之以手。艾布·哈尼法曾写信给宰德,说:‘在对敌人的圣战中,你们可以从我这里得到包括马匹和武器在内的各种援助。’他还派人送钱给宰德,宰德接受了。”①

才迈赫谢利在《探索者》一书中写道:“艾布·哈尼法在解释教律时,曾暗示应援助宰德·本·阿里,应赠款给他以便共同对付强取豪夺的‘伊玛目’或‘哈里发’。”②

并非全体什叶派统统团聚在宰德周围,支持他的起义。其原因有三:1. 库法人品质恶劣,这点前面已经说过了;2. 许多什叶派信徒拥戴宰德的兄弟穆罕默德·巴格尔及其子加法尔·萨迪格做伊玛目;3. 在什叶派内,宰德是温和派,不能满足极端派的要求。“什叶派一些头面人物来找宰德,对他说:‘愿真主宽恕你。你对艾布·伯克尔和欧麦尔有什么看法?’宰德说:‘愿真主宽恕他们两人。圣裔中无人否定他俩,人们说的都是好话。’这些人又问:‘既然他们不过侵占了你们的权利,为什么要报血仇呢?’宰德答道:‘我只说过这样的话:我们比所有的人都更有资格得到使者的权力,有些人阻挠我们得到它,但他们的行为也还不是叛徒。他们掌握了大权,公平地对待众人,根据《古兰经》和逊奈行事。’人们又问:‘那些人没有迫害你,目前当政的人也没有迫害你,你为什么号

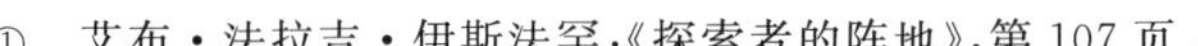

① 艾布·法拉吉·伊斯法罕:《探索者的阵地》,第 107 页。

② 才迈赫谢利:《探索者》,第 2 卷,第 64 页。

召大家对他们作战呢？'宰德答道：'现在当政的人和前人不同，他们既迫害我，也迫害你们，甚至迫害他们自己。我号召大家参加圣战，目的是为了复活《古兰经》、圣训和逊奈，是为了消灭异端。你们如果响应我的号召，就会得到幸福；如果拒绝我的号召，就会遭到遗弃。'他的话刚一说完，人们便一哄而散，所谓'效忠'也一风吹了。人们说：'在穆罕默德·巴格尔之后，加法尔成了我们的伊玛目，他是最合适的人选，宰德不是伊玛目，我们不跟他跑。'这些人被宰德称作'拒绝派'。"①

这就是宰德派的领袖宰德其人其事。他死后，其追随者仍努力奋战，终于在脱布尔斯坦和也门等地获胜。也门大部分地区，特别是山区，至今仍然是宰德派的地盘。

宰德派的观点：沙赫力斯坦说：宰德·本·阿里的追随者认为只有法蒂玛一系的子孙才有资格担任伊玛目，其他人包括穆罕默德·本·哈乃菲等人则不可。他们还主张每一个担任伊玛目的博学、苦修、勇敢、豪爽的法蒂玛的后裔，不论是哈桑还是侯赛因的后嗣，都应为大家所服从。宰德既然持这种观点，就希望本教派的教义，包括原理和细则，都能披上科学的外衣。为此，宰德曾拜穆阿台及勒派的领袖瓦绥勒·本·伊脱邑为师，学习宗教原理，尽管瓦绥勒认为，宰德的祖父阿里·本·艾比·塔列布在和沙姆人的战斗中并不总是坚持真理的，其中任何一派的错误都不仅仅出于自身。宰德向瓦绥勒学习穆阿台及勒派的教义之后，其追随者统统变成了穆阿台及勒派的信徒。宰德派认为在肯定最好人选的情况

① 塔巴里：《先知与帝王历史》，第 8 卷，第 272 页。

下，也可以让好的人选担任伊玛目，基于此，他们肯定艾布·伯克尔和欧麦尔的地位……当库法的什叶派听到他的这一观点，知道他不否认艾布·伯克尔和欧麦尔时，便拒绝支持他，直到他去世为止。这些人被称作“拒绝派”。宰德拜瓦绥勒为师一事引起兄弟俩——宰德和穆罕默德·巴格尔之间的一场争论，争论的焦点是瓦绥勒持有与圣裔不同的命运观并认为阿里在和背信弃义者的战斗中犯过错误。争论的第二个问题是宰德把是否起兵反对当局作为担任伊玛目的条件之一，而巴格尔持不同意见，以至于巴格尔对宰德说过这样的话：“根据你们这一派的观点，你父亲（指阿里·扎恩·阿比丁）也不能担任伊玛目，因为他从未参加或支持反对当局的起义。”[①]

在观点方面，宰德派比较接近逊尼派，他们不否定也不谴责艾布·伯克尔和欧麦尔，不相信伊玛目永无过失，也不相信伊玛目能够隐遁。

他们认为，只有什叶派的伊玛目才有资格提出“伊智提哈德”，因此，他们提出了许多“伊智提哈德”，发表了许多关于教法的意见，从而在他们中产生了许多“穆智台希德”，包括呼吁真理的伊玛目哈桑·本·宰德·本·穆罕默德·本·伊斯玛仪和卡塞姆·本·易卜拉欣·阿拉维，前者从伊斯兰历250年到270年治理脱布尔斯坦，著有《教法大全》一书，后者从伊斯兰历246年至280年治理也门的萨阿德地区，人们将新近出版的《答伊本·穆加发》一书归到他的名下。

① 沙赫力斯坦：《宗教与教派》，欧洲版，第116页。

流传至今的宰德派最重要的著作有《汇编》一书，据说这是该派第一本关于教法学的书，书中搜集了经由伊玛目宰德这一系统传述的圣训，该书常使用“由阿里到宰德的祖父到宰德的父亲到宰德对我说”这样的程式来传述圣训，该书还集中了宰德派对教法的解释，根据教法学的次序编排并采用宰德解答问题的形式，如：“我问宰德：‘一个人手上的钱不到五十个银币，怎么办？’宰德答道：‘他在开斋节可以不给施舍。’”教法学的每一章都是这样。此书中某些由宰德由其父（阿里·扎恩·阿比丁）由其祖父（侯赛因）由阿里这个系统传述下来的圣训和伊玛目派经由伊玛目巴格尔由其父（阿里·扎恩·阿比丁）由其祖父由阿里这个系统传述的圣训不同。对此，宰德派有如下解释：宰德系统的传述者都是宰德派中无懈可击的公正人士，而巴格尔系统的传述者都是伊玛目派，其公正性未得到证实。

此书给我们提供了两个重要情况：1. 圣裔从宰德上溯到阿里传述的圣训都是按教法的次序排列的，这就使我们能够了解建立教法学规程的原理；2. 圣裔所制定的规程或传述的圣训必通过伊玛目。本汇编中的每一段圣训其来源不是宰德就是阿里，没有任何一段圣训是经由艾布·伯克尔、欧麦尔、伊本·麦斯欧迪或其他圣门弟子传述的。

本时期什叶派的政治历史

面面俱到地介绍什叶派的历史几本书也写不完，此法实不可取，笔者只想简略地介绍一下什叶派各支派及其教义。

从使者去世起直到阿拔斯时代末期及此后各个时代，阿里的什叶派一直在为阿里及其后嗣要求哈里发位，认为他们才是最有资格担任哈里发的。他们的整个历史就是造反和准备造反的历史，而历代哈里发则一直在公开或秘密地注意和监视着他们的行动，不时给以严厉的惩罚。什叶派从未放弃自己的要求，哈里发们也从未改变自己的政策。在艾布·伯克尔、欧麦尔时代及奥斯曼时代初期，什叶派的活动比较缓和，以后，渐趋激烈，最后，终于发展成带着血腥气的暴力行动。阿里和穆阿威叶之间的战斗开始后，伊斯兰国家分裂为两大阵营：阿里派的伊拉克阵营和穆阿威叶派的沙姆阵营。在阿里遇害、穆阿威叶家族当政后，伊拉克——特别是库法——仍然是什叶派的据点。什叶派运动，如阿卜杜拉·本·西巴和穆赫塔尔·素格非领导的运动都是在伊拉克爆发的。而波斯尤其是呼罗珊的倾向伊拉克更推动了大批释奴，特别是波斯释奴参加了什叶派运动。

倭马亚人对阿里家族采取了一种严酷无情的立场，一种政治性而非道德性的立场。在当权的政治家眼里，阿里家族不是公开的革命者，就是对国家构成威胁的隐蔽的阴谋家。而且，倭马亚王朝的哈里发都是血气方刚、性格暴烈的年轻人，除哈里发穆阿威叶和王子纳斯尔·本·赛亚尔外，倭马亚王朝的所有哈里发和王子登基或就位时，年龄都不很大，在位的时间都不很长。

杀死阿里后，穆阿威叶面前晴空万里。他成功地迫使哈桑·本·阿里放弃了哈里发王位，收买了哈希姆家族和著名的圣门弟子及他们的后代。为了达到目的，他使用了威胁利诱等种种手段，终于使大多数人就范。

但阿里家族的沉默是迫不得已的。叶基德一上台，伊玛目侯赛因·本·阿里便揭竿而起。叶基德杀了侯赛因，还杀了许多少不更事的孩子，制造了卡尔巴拉惨案①，对法蒂玛的儿子们犯下了严重的罪行。此后，阿里家族只好保持沉默，一面养育后代，一面等待时机。也有一些阿里家族的人转而效忠于不是法蒂玛所出的阿里的儿子穆罕默德·本·哈乃斐。

从此，什叶派隐蔽下来，开始秘密活动，并创造了“塔基亚”原则。

在哈里发阿卜杜勒·迈立克·本·麦尔旺当政时，穆赫塔尔·素格非又起来为侯赛因报仇，许多伊拉克人纷纷前来报效。阿卜杜勒·迈立克任命哈查吉统治伊拉克，对老百姓特别是什叶派，实行残酷镇压。

至于希沙姆·本·阿卜杜勒·迈立克对宰德·本·阿里和瓦立德·本·叶齐德对叶海亚·本·宰德的所作所为，我们已经介绍过了。

哈里发苏莱曼·本·阿卜杜勒·迈立克的对手是艾布·哈希姆·阿卜杜拉·本·穆罕默德·本·哈乃斐·本·阿里·本·艾比·塔列布。据说苏莱曼发现艾布·哈希姆聪明而有计谋，便派人在路上给他下毒。艾布·哈希姆发现自己中毒了，就把后事委

① 卡尔巴拉惨案：伊斯兰教哈里发阿里的次子侯赛因在今伊拉克境内的卡尔巴拉地方遇难的事件。公元680年穆阿威叶之子叶基德继任哈里发，侯赛因不服。当侯赛因和家属一行离麦加去库法与其支持者会合时，遭倭马亚王朝骑兵追杀，在库法附近的卡尔巴拉地方全部遇难，老弱妇孺无一幸免。该日正是伊斯兰历一月十日（阿苏拉日）。遂被什叶派定为哀悼日，后发展为“阿苏拉节”。侯赛因被害处建有陵墓与清真寺，为什叶派圣地之一。——译者

托给阿拔斯家族的穆罕默德·本·阿里·本·阿卜杜拉·本·阿拔斯，这便是阿里家族委托阿拔斯家族的开始。

当时，倭马亚人对阿拔斯人监视得不那么严密，阿拔斯人便利用这一时机扩大宣传。他们的鼓动员以经商来掩护自己秘密的宣传活动。

伊斯兰历124年，穆罕默德·本·阿里去世了。死前，将未竟之事交给儿子易卜拉欣，易卜拉欣起用艾卜·穆斯里姆·呼罗珊尼为鼓动员的首领。后来，麦儿旺·本·穆罕默德逮捕并杀害了易卜拉欣，易卜拉欣死前，又将后事托付给自己的兄弟被称为“刽子手”的艾布·阿拔斯·阿卜杜拉·本·穆罕默德，即阿拔斯王朝的创始人。

以上简略介绍了倭马亚人对什叶派伊玛目的残酷迫害。除伊玛目外，他们对有什叶派嫌疑的普通人也大肆迫害，如穆阿威叶杀害了哈哲尔·本·阿迪·肯迪；齐亚德杀害了成千上万库法和巴士拉的什叶派信徒；齐亚德之子欧伯德拉·本·齐亚德也如法炮制，杀害了哈尼·本·阿尔瓦·穆拉迪和穆斯里姆·本·欧吉勒·哈希米等人。

当阿卜杜拉·本·祖白尔和阿卜杜勒·迈立克·本·麦儿旺争夺王位时，伊本·祖白尔占领了一些地方。他也模仿倭马亚人的做法来对付阿里家族，不仅杀害了穆赫塔尔·素格非及其许多追随者，还囚禁了穆罕默德·本·哈乃斐。哈查吉对什叶派的做法如出一辙。人人胆战心惊，给自己的孩子命名都不敢用圣裔的名字。

由于以上原因，什叶派十分仇恨倭马亚人，决心齐心协力来推翻倭马亚王朝。什叶派憎恨倭马亚人还有其他原因，不属于本书范围，此处不再赘述。

发动起义推翻倭马亚人的宣传活动开始了，最重要的中心是呼罗珊和伊拉克。传道师们充分利用倭马亚人犯下的罪行来败坏他们的名声，如：倭马亚人对哈希姆人的所作所为，亚齐德·本·穆阿威叶时代对圣城麦地那的侵犯，阿卜杜勒·迈立克时代开放麦加，等等。

哈希姆人共同进行谋划并发动起义来反对倭马亚人。他们纷纷集会，声讨倭马亚人压迫和迫害哈希姆人的罪行，宣传人们对倭马亚人的仇恨和对哈希姆人的热爱，并采取行动扩大宣传，以便推翻倭马亚王朝。

哈希姆人分为两派：阿里派和阿拔斯派。阿里派追溯到阿里的儿子哈桑和侯赛因，这一派又分为三个支派：一派可追溯到哈桑的儿子，因为他是阿里的大儿子；一派可追溯到侯赛因的儿子，因为哈桑把哈里发王位让给了穆阿威叶，他的儿子们也就失去了权力；第三派可追溯到非法蒂玛所出的阿里的儿子，即众所周知的穆罕默德·本·哈乃斐。在父亲和两个兄长死后，权力就落到了他的身上。以后，又从他转移到他的儿子艾布·哈希姆·阿卜杜拉。后来，艾布·哈希姆把权力让给穆罕默德·本·阿里·阿拔斯，这就是阿拔斯人所说的阿里家族对阿拔斯家族的委托。

根据阿拔斯人的计划，在很多场合进行宣传时并没有公开打出伊玛目的旗号以避免哈希姆人的分裂。

在阿拔斯家族中，为首的是先知的叔叔阿拔斯，阿拔斯之后，为首的是他的儿子阿卜杜拉·本·阿拔斯，此人最早曾支持阿里，后来转向穆阿威叶，并和倭马亚人和平共处，而将仇恨藏在内心深处。阿卜杜拉之后是他的儿子绰号叫“崇拜者”的阿里·本·阿卜杜拉·本·阿拔斯，此人在阿卜杜勒·迈立克·本·麦儿旺当政时迁居大马士革，后来，发现瓦立德·本·阿卜杜勒·迈立克厌恶他，便搬到沙姆的侯美迈，伊斯兰历 118 年死于该地。阿里之后，是他的儿子穆罕默德·本·阿里，此人假装支持阿里家族，在传说的艾布·哈希姆委托之后，便开始推行“阿拔斯的号召”。他的事迹前面已介绍过了。事情就这样发展着，直到伊斯兰历 132 年阿拔斯王朝第一任哈里发赛发哈上台为止。

*　　　*　　　*

阿拔斯人的宝座还未坐稳，阿里家族的不满便产生了。阿拔斯人知道他们刚开始治理国家，需要使用强硬的手段来巩固其统治，所以阿拔斯人对付阿里家族手段之残酷较倭马亚人更有过之而无不及。尤其是阿拔斯人和阿里家族曾共同反对倭马亚人，对其情况和活动方式十分熟悉，因而，更善于跟踪阿里家族，洞悉他们的计谋，并以其人之道还治其人之身。哈希姆人中的两派公开暴露了，一派站在阿里家族一边，其家谱可追溯到先知的堂弟、先知的女儿法蒂玛的丈夫阿里·本·艾比·塔利卜；另一派站在阿拔斯人一边，其家谱可追溯到他们的祖父——先知的叔叔阿拔斯。两派之间明争暗斗，十分激烈。阿里家族的处境比以前更坏，他们终于认识到：跟阿拔斯人的迫害相比，倭马亚人的迫害简直就是天堂了。

“但愿麦儿旺的压迫卷土重来，但愿阿拔斯人的‘公正’被烈火烧尽。”

《诗歌集》写道：倭马亚诗人艾布·阿迪在阿拔斯王朝建立之初曾写了一首著名的诗悼念倭马亚人。阿里家族的两位伊玛目——侯赛因的两个儿子阿卜杜拉和哈桑闻讯前来，要求诗人诵读这首诗。诗人读完诗后，穆罕默德·本·阿卜杜拉·本·哈桑哭了起来，他的叔叔哈桑·本·哈桑对他说："你既然千方百计地让阿拔斯人上台，为什么现在又哭倭马亚人呢?"穆罕默德说："叔叔！我们从前对倭马亚人恨之入骨，其实，阿拔斯人比倭马亚人更不敬畏真主！更应该对他们严加批驳。那些人（指倭马亚人）品德高尚，慷慨大方，这是艾布·加法尔（即哈里发曼苏尔）所不及的。"说完，他们给了艾布·阿迪许多钱，便走了。[①]

*　　*　　*

阿里家族反对倭马亚人的最大理由是阿里家族和真主的使者的亲属关系。阿拔斯人上台后，这一理由就不存在了，因为阿拔斯人也以其与使者的亲戚关系而自豪。当阿里家族反对他们时，阿拔斯人便说："我们和先知的关系更近。"因为阿拔斯人的世系可追溯到阿拔斯——先知的叔父，而阿里家族的世系只能追溯到先知的堂弟——阿里。两相比较，叔父较堂弟更近一些。

由于以上原因，艾布·阿拔斯·赛发哈在被推举就任哈里发时，和阿拔斯家族的成员之一达乌德·本·阿里一起登上讲坛，发表了以下演讲："赞美真主！是他挑选了伊斯兰教；是他使伊斯兰教成为高贵、伟大的宗教；是他为我们挑选了伊斯兰教，又通过我们去支持伊斯兰教；是他使我们成为伊斯兰教的信徒，成为伊斯兰

① 艾布·法拉吉：《诗歌集》，第10卷，第105页。

教的堡垒和支柱，成为伊斯兰教的保卫者和支持者；是他使我们承担了虔诚信仰的义务，使我们成为最虔诚的信徒；是他使我们成为使者的亲属，由使者的父辈生养我们，成为使者树上的枝叶，成为使者河流的支流；在我们遭遇不幸时，是他使使者成为我们精神的寄托，使他关心我们，对信徒们恻隐、仁慈；是他使我们在伊斯兰教及穆斯林中居于崇高的地位。为此，他给穆斯林降下一本书，让他们诵读。至高无上的真主在他降下的《古兰经》中说：'先知的家属啊！真主只欲消除你们的污秽，洗净你们的罪恶。'①'你说：我不为传达使命而向你们索取报酬，但求为同族而亲爱。'②'你应当警告你的亲戚。'③'城市的居民的遗产，凡真主收归使者的，都归真主、使者、至亲、孤儿……'④'你们应当知道：你们所获得的战利品，无论是什么，都应当以五分之一归真主、使者、至亲、孤儿……'⑤真主告诉他们他对我等功德的高度赞扬，要求他们保证我们的权利，对我们友好相待。在战利品中，真主给我等很大的份额，这是对我等的优待和恩惠。真主是有大恩大德的。"⑥他讲完后，达乌德·伊本·阿里站起来，讲了下面这一段话："众人啊！现在，云消雾散，天高气爽，太阳东升，月亮高照，刀箭入鞘。权利重新回到它的主人——圣裔的怀抱。他们将对尔等宽容、慈悲、怜悯。真主、使者和阿拔斯家族对你们的责任要求我们以真主的《古兰经》和使者的逊奈统治上层人士和平民百姓。众人啊！在使者死后，没有一个人站在这样一个地方，他比阿里·本·艾比·塔利

①②③④⑤　马坚译：《古兰经》，33:33、42:23、26:214、59:7、8:41。——译者

⑥　塔巴里：《先知和帝王历史》，第9卷，第126页。

卜更有资格站在这里，他就是我身后站的这个人。真主的众仆啊！感激地接受他带给你们的一切，赞美他为你们创立的一切吧！”等等。

当达乌德·本·阿里被赛发哈派往汉志治理该地时，他在当地也发表了演说。赛迪夫·本·麦蒙得到他的允许后，站在达乌德下面的台阶上，发表了如下讲演：“在他们失败之后，你们还敢胡说什么非圣裔可优先继承使者的遗产吗？人们成群结伙为的是什么？靠的又是什么？除圣裔——同一谱系的人、战利品的继承者外，还有什么圣门弟子对你们有功德呢？从来没见过阿拔斯·本·阿卜杜·孟它利布这样的人。全民族出于对他们的尊敬而集合在一起。在使者的父亲死后，他就是使者的父亲，在海巴尔之战中他是使者的军师。使者从不拒绝他的请求，从不否认他的誓言。”①

有一天哈里发麦蒙和阿里·本·穆萨·里达进行讨论。麦蒙问阿里：“你们凭什么能够这样说呢？”阿里说：“凭阿里和法蒂玛与先知的亲属关系。”麦蒙说：“如果靠的只是亲属关系，那在使者死后，圣裔中还有比阿里关系更近的或者关系相当的。如果靠的是法蒂玛的关系，那么，在法蒂玛死后，权利就应当属于哈桑和侯赛因，在他俩还活着的时候，阿里没有什么权利。你们这样做，等于让阿里剥夺了两个儿子的权利，得到了他不应得到的东西。”阿里·本·穆萨无言以对。

什叶派声称，使者曾许诺他们领导国家，阿里·本·艾比·塔

① 伊本·古太白：《史事泉源》，第2卷，第141页。

利卜和其他伊玛目也曾预言他们将执政。阿拔斯人也做同样的宣传。有人甚至编造了这样的情况：使者对他的叔叔阿拔斯说："国家将交给你的儿子。"当阿拔斯把他的儿子阿卜杜拉抱到使者跟前，使者在他耳边祝祷又往他嘴里吐了一口唾沫，说："真主啊！教他解释教义，成为教法学家吧！"然后，在把孩子交给其父时，又说："接着众王之父吧。"

*　　*　　*

阿拔斯人消灭了倭马亚人，坐上了哈里发宝座，终于大功告成。阿里家族却勃然大怒。开始时，他们只好忍气吞声。阿里家族的头面人物中有两位住在麦地那，即穆罕默德·本·阿卜杜拉·本·哈桑·本·阿里·本·艾比·塔利卜及其兄弟易卜拉欣·本·阿卜杜拉。穆罕默德又被称作"纯洁的心灵"，其人在品德、信仰、学识、胆量、口才、领导能力、慷慨、门第诸方面都无与伦比，许多阿里家族的人围绕在他身边，要求他利用阿拔斯人刚刚执政之机，站出来反对阿拔斯王朝哈里发赛发哈。为此，他们派出了许多传教师。有些原来为阿拔斯人干事的领导人也开始向他靠拢。阿拔斯人曾经扣留了一封叶基德·本·阿卜杜拉·本·呼贝尔给"纯洁的心灵"的信。叶基德在信中表示愿效忠于穆罕默德，愿向他提供金钱和武器装备，并告诉他自己拥有两万人马。此信落到赛发哈手里，赛发哈便下令将伊本·呼贝尔处死。为了反对赛发哈，"纯洁的心灵"企图利用赛发哈的父亲和叔叔，千方百计地讨好他们。但他干的这许多事情都逃不过赛发哈的耳目。

等艾布·加法尔·曼苏尔一上台，穆罕默德·本·阿卜杜拉就开始行动，许多哈希姆家族的贵族宣誓效忠于他。他首先隐蔽

起来，待在一个秘而不宣的地方，然后开始公开活动。“麦地那城的许多头面人物追随其后。不久，他就控制了整个麦地那城，把曼苏尔委派的总督赶了出去，自己委派了代理人和法官，他还砸碎了监狱的大门，把犯人统统放出来。占领麦地那后，他开始和曼苏尔通信。”每人都给对方写了一封十分优美的罕见的书信，在信中，充分说明自己有权担任哈里发的理由及较对方优越之处。这两封信足以使我们了解争论的双方——阿里家族和阿拔斯人的论据、双方内心深处的想法及对对方的感觉。因此，这是两件极为重要的文献。信很长，只能简摘如下。①

曼苏尔先给穆罕默德·本·阿卜杜拉写信。信中，曼苏尔保证赦免他及其儿子、兄弟和追随者，答应给他一百万银币，允许他住在他喜欢的任何地方并满足他的一切需要，还答应释放被关在监狱中的阿里家族的人及支持者，最后，还答应由他挑选一个可靠的人保管包含以上许诺的证明文件。

穆罕默德·本·阿卜杜拉在回信中写道：“权利是属于我们的，而你们剥夺了我们的权利，……我们的先人阿里是指定的遗嘱执行人和伊玛目。我们还活着，你们怎么就继承了他的遗产，把我们排除在外呢？你也知道：没有一个哈希姆族的人否认我们的功德，不为我们的过去和现在、我们的世系和关系而自豪。我们是先知的祖母，蒙昧时代的阿慕尔的女儿法蒂玛的后代，②也是他在伊斯兰教时代的女儿法蒂玛的后代。在哈希姆人中，我们的世系位

① 两信全文见塔巴里著《先知和帝王的历史》及目邦利德著《全史》，文字略有不同。

② 法蒂玛：阿卜杜勒·孟它利布之妻，生了先知穆罕默德的父亲阿卜杜拉。

于中央，我们的父系和母系在哈希姆人中都是最好的。我不是外国人生的，没有‘孩子们的母亲’的血脉[①]。真主一直在挑选，终于让我出生在最好的先知——穆罕默德，以及圣门弟子中皈依伊斯兰教最早、学识最渊博、参加圣战最多的阿里·本·艾比·塔利卜的家族里；出生自先知的最好的妻子——赫底洁，她是呼维利德的女儿，是第一个信仰真主、第一个向克尔白方向祈祷的信徒；出生自先知最好的女儿，又是天堂中所有女人的领袖的家里；出生在哈桑和侯赛因——伊斯兰教的宁馨儿和天堂中青年人的领袖的家族里。同时，你也知道，阿里的父系、母系都出自哈希姆家族；哈桑的父系、母系都来自阿卜杜勒·孟它利布家族；我的父系、母系通过我的祖父哈桑和侯赛因，可追溯到使者。真主仍在为我选择，甚至在烈火中为我选择。”“我生于天堂中最高品级和烈火中最少煎熬的人。[②] 我是好人中最好者的儿子，也是坏人中最好者的儿子。”在信的末尾，穆罕默德答应赦免曼苏尔，并提醒他违反诺言之处。

曼苏尔在回信中逐条驳斥了穆罕默德的理由，信中说：“信收到了。其言辉煌，足以蛊惑妇女们去勾引那些贱民流寇。真主并未使妇女像叔伯一样成为父系亲属……，你知道，至高无上的真主派遣穆罕默德做使者，他的叔伯有四个，其中二人响应穆罕默德的号召，其中之一是我的先辈[③]，二人拒不响应，其中之一是你的先

① 影射曼苏尔的母亲是非洲柏柏尔女奴。

② 此处指艾布·塔利卜·阿里之父。

③ 指哈姆宰和阿巴斯二人。

辈[①]……你在信上说你是艾布·塔利卜的母亲法蒂玛的后代，可真主并未让她的一个儿子皈依伊斯兰教；你在信上又说你是哈桑的母亲法蒂玛的后代，阿里的父系、母系都出自哈希姆家族，哈桑的父系、母系都出自阿卜杜勒·孟它利布家族，等等，但归根结底，古往今来，最好的人是真主的使者穆罕默德，而哈希姆家族和阿卜杜勒·孟它利布都只在其父系、母系中居其一。你在信上还说，你是先知的儿子，但真主否认此说。真主说过：'穆罕默德不是你们中任何男人的父亲，而是真主的使者，和众先知的封印。'[②]你们是使者女儿的子孙，这当然是很近的亲属关系，但她只是一个女人，既无权继承遗产，又不可领袖群伦，你怎么能从她那里继承领导权呢？你的先人千方百计地向她求婚，违反她的意愿把她接走。在她生病时，秘密地照顾她；死后，又趁暗夜将她埋葬。所以，人们只拥戴两个谢赫。[③] ……后来，你祖父的权利传给你父亲哈桑，你父亲却用几个铜板把这权利转让给了穆阿威叶。他那一派人都随他归顺了穆阿威叶。即使你们本来有一些权利，也已经卖掉了。你在信上说：真主在一片忤逆声中选定了你，使你先人成为最少受烈火煎熬的人，但坏的境地中谈不上选择，……你在信上还说：你不是异族所生，血管中没有'孩子的母亲'的血液，你的世系处于哈希姆人的中心位置，你的父系和母系在哈希姆人中都是最优秀的，等等。据我看，你是自诩于全体哈希姆人，而把自己提到了各方面都比你强的人前面。你自诩于使者之子易卜拉欣之前，你想想，明天

① 指艾布·塔利卜和艾布·莱赫布二人。

② 马坚译：《古兰经》，33：40。——译者

③ 指哈里发艾布·伯克尔和欧麦尔。

你会站在真主的什么地方。使者死后，你们家族里没有诞生过比阿里·本·侯赛因更好的人，而他正是‘孩子的母亲’所生，你们中不止一人曾起兵反抗倭马亚人，却被倭马亚人杀的杀，烧的烧，还有的被钉在椰枣树干上。直到我们起兵反抗，才为你们报了仇。是我们，提高了你们的地位，把土地房屋归还给你们想必你也知道，使者死时，他的叔伯们只剩下阿拔斯一人，只有他才是使者的继承人，而不是阿卜杜勒·孟它利布的儿子们。哈希姆族的许多人要求得到哈里发王位，但只有他（阿拔斯）的儿子才得到了。所以，大家一致认为：阿拔斯是真主的使者和封印先知的父亲，他的儿子们是统帅和哈里发。”

笔谈没有达到目的，刀剑便开始发挥作用。曼苏尔派遣了一支以其侄子伊萨·本·穆萨为统帅的军队前去攻打穆罕默德·本阿卜杜拉的军队。两军在麦地那附近遭遇，结果，穆罕默德兵败被杀，头颅被送到曼苏尔处。

接着，穆罕默德的兄弟易卜拉欣·本·阿卜杜拉又揭竿而起。他跑到巴士拉，进行鼓动，追随者甚多，许多宰德派和穆阿台及勒派门徒纷纷前来投效。曼苏尔再次派遣伊萨·本·穆萨率兵前往，伊萨又获全胜。易卜拉欣在库法附近一个叫做“巴哈姆拉”的村子被杀，被称作“巴哈姆拉殉难者”。在这几次战役中，许多阿里家族的人被杀，更多的人被俘，俘虏被曼苏尔关在库法附近幼发拉底河边的一个地窖里，终年不见天日，直至死去为止。曼苏尔被阿里家族挑起的这一系列事件所激怒，曾对呼罗珊人发表过一次声色俱厉的讲话，谩骂、威胁，无所不用其极，并任意杜撰阿里家族的历史，完全脱出平素那种稳重、从容的姿态。这篇讲话十分重要，现引述如下：

曼苏尔登上讲台，赞美真主并为先知祈祷之后，说：

“呼罗珊人啊！你们是我们一派的，是我们的支持者和国民。如果你们想拥戴别人，不会有谁比我们更好了。这些和我们一个家族的阿里·本·艾比·塔利卜的子孙们，以独一无二的真主之名，我们将哈里发王位让给他们，毫无保留，于是，阿里·本·艾比·塔利卜坐上宝座，但他干了蠢事，同意以《古兰经》裁决，阿拉伯民族产生了意见分歧，许多人离他而去，就连他的门徒、支持者、朋友、亲信和顾问都对他群起而攻之，终于将他杀死。在阿里之后，哈桑·本·阿里取而代之。哈桑见钱眼红，简直不像个男人。穆阿威叶给他设了个圈套，对他说：我让你做我的王储。哈桑上了当，把哈里发王位交给穆阿威叶，自己沉湎于女色之中。他每天娶一个妻子，第二天就把她离掉，终于死在床上。在哈桑之后，代之而起的是侯赛因·本·阿里。他又被伊拉克人和库法人骗了，这些家伙互相倾轧，制造动乱，忤逆宗教，和库法的黑胶泥一样卑鄙下贱。对他们，我是以战对战，以和对和。是真主把我和他们分开。他们欺骗了侯赛因，把他交了出去，最后遇害身亡。侯赛因之后，取而代之的是宰德·本·阿里，欺骗他的又是库法人，他们怂恿他起兵作乱，把他暴露出来，然后交出去。……在这之后，倭马亚人向我们猛扑过来，践踏了我们的荣誉。真的，我们并不像阿里家族那样一门心思要复仇，这一切都是因为他们反对倭马亚人引起的，我们只好弃家出走，四处流浪，今天在塔伊夫，明天在沙姆，后天又到了希拉特。后来，真主派你们来支持我们，援助我们，靠你们——呼罗珊人的帮助，真主恢复了我们的荣誉，纠正了谬误，

恢复了我们的权利，并把先知的遗业交给我们。从此，真理归位，大放光明，追求真理者扬眉吐气，横行暴虐者被斩草除根。赞美真主——世界之主。由于真主的功德及公正的裁决，大局已定。而他们却出于暴虐和嫉妒，向我们猛扑过来，企图夺走真主惠赠我们的哈里发王位及先知遗业。

呼罗珊人啊！以上所说绝非妄语。他们的情况我知道。我曾派人打入他们之中，我对他们说：某人，起来！某人，起来！把这些钱拿上。并告诉他们如何行事。他们走出去，来到麦地那人中间，把钱交给他们。凭真主起誓！当时，无论老小都表示效忠。由于他们的效忠，我赦免了他们的性命，保留了他们的财产，宽恕了他们反对效忠于我、制造骚乱、举兵反抗的行为，因而，他们不再认为，我的所作所为是没有道理的。”[①]说完，曼苏尔一边走下讲台，一边诵读着下列经文：“他们将因障碍而不能获得他们所欲望的。犹如他们的同类以前受障碍一样，他们确在烦恼的疑虑中。”[②]

*　　*　　*

哈希姆人中这两派提出的论据使族人分为两派：阿里派和阿拔斯派，诗人分成两派，伊斯兰教也分为两派：阿里的什叶派和阿拔斯派。后一派中最激进者被称作“卢旺迪派”。

卢旺迪派：历史学家们对这一派有各种不同的描述。最真切的描述可能出自麦斯欧迪之手，他曾说过：“卢旺迪派是阿拔斯·本·阿卜杜勒·孟它利布的儿子为首的派别，由呼罗珊及其他地

① 塔巴里：《先知和帝王历史》，第9卷，第132页。

② 马坚译：《古兰经》，34:54。——译者

方人组成。他们认为：真主的使者死后，最有权利继承遗业的人是阿拔斯·阿卜杜勒·孟它利布，因为他是使者的叔叔、继承人和父系亲属。其根据是真主所说的：'骨肉至亲互为监护人，这是载在天经中的，……"有人篡夺了他的权利，不公正地对待他，直到真主将其权利归还给他。他们不否认哈里发艾布·伯克尔和欧麦尔，也认可对哈里发阿里·本·艾比·塔利卜的拥戴，因为阿拔斯是认可的，他说过这样的话："我的侄子！到我跟前来！我表示拥戴你。没有什么人在这方面有异议。"卢旺迪派门徒编撰了许多书籍，阐述他们的主张，这些书在其门徒中流传甚广。其中有一本书，是阿慕尔·本·伯赫尔·查希兹为了阐释本派的主张根据《阿拔斯后裔的领导权》一书改写的，……但这本书并不是查希兹写的，他也没有考查卢旺迪派的论据，查希兹虽然属于卢旺迪派，但改编这本书只是为了打趣而已，并不真正相信它的主张。"[①]

卢旺迪派中也有一些极端分子和糊涂虫。塔巴里写道："卢旺迪派门徒中，有些人崇拜艾布·加法尔·曼苏尔到了极点，他们带着枪边走边呼喊艾卜·加法尔的名字：'你呀！你呀(意思是：你就是真主。)'还有人爬到很高的地方，然后，往下一跳，像要飞起来一样。"[②]

法赫里说："卢旺迪派都是呼罗珊人，相信灵魂转世之说，妄称阿丹的灵魂转到该派一位领袖身上去了；天使哲布勒伊来的灵魂由某人转到某人身上去了。有一次，他们来到曼苏尔的宫殿说，这

① 麦斯欧迪：《黄金草原》，第 2 卷，第 157 页。

② 塔巴里：《先知和帝王历史》，第 9 卷，第 307 页。

是主的宫殿。曼苏尔将二百名为首者监禁起来。”

不管怎么说，卢旺迪派是阿拔斯人的宗教派别，和阿里家族的什叶派一样，有些人走向了极端。

由于以上原因，阿里家族的论据对于阿拔斯人就不如对倭马亚人那么有力量，因为双方都属于哈希姆族，和使者都有亲属关系，其差别不过是谁的亲属关系更近一些而已。

* * *

阿里家族和阿拔斯人之间的争论在整个阿拔斯时代一直持续不断。每当一个新的阿拔斯王朝的哈里发上台，就会出现一个阿里家族的领袖人物，大张旗鼓地宣传自己的观点，发动反对阿拔斯人的战斗。其结局，或在战斗中战死，或在起事前被揭露，终于逃不脱被监禁或被毒死的命运。也有一些阿里家族的人比较接近阿拔斯人，拒绝参加造反，身边却被安上“钉子”，最后屈打成招。每个哈里发当政的历史都充满了与阿里家族的纠葛。“和阿里家族斗争”似乎成了每个哈里发的口号。

曼苏尔死后，哈里发迈赫迪上台。有一次，迈赫迪把一个阿里家族的人送到大臣雅尔孤卜·本·达乌德处，命令叶耳孤卜把他拘留起来，叶耳孤卜却把他放走了，因而触怒了哈里发，便下令把这位大臣逮捕起来，投入监狱，最后双目失明。

迈赫迪死后，哈迪上台。这时，麦地那城的侯赛因·本·阿里·本·哈桑·本·阿里·本·艾比·塔利卜率领本族一些人起兵造反，哈迪派兵镇压，在麦加和麦地那之间的“法赫”地方把侯赛因杀死，因此，侯赛因被称作“法赫之主”，头颅被送到哈迪处。

哈迪死后，哈伦·拉希德上台，“纯洁的心灵”和“巴哈姆拉殉难者”易卜拉欣的兄弟叶海亚·本·阿卜杜拉·本·哈桑在迪拉姆地方起兵造反，各地纷纷响应。拉希德派人劝和，叶海亚同意和解，但必须有拉希德的亲笔信和法官、教法学家及哈希姆族的头面人物作证以保证其安全。拉希德同意他的要求，但叶海亚一到拉希德王宫，就被监禁起来。教法学家和法官们对违约一事根据教法进行判断，有人判定违约，有人否定违约，否定者中有艾布·哈尼法的朋友穆罕默德·本·哈桑。后来，拉希德派人将叶海亚杀死。有人在拉希德面前中伤穆萨·本·加法尔·穆罕默德·本，阿里·本·侯赛因，拉布德在麦地那将其逮捕，押送到巴格达，在监狱中秘密处死，后又派人到监狱里作证，证明他是寿终正寝。

艾敏上台后，其与阿里一派的斗争正如艾布·法拉吉·伊斯法罕所说：“艾敏遇难前，因忙于和麦蒙的战争及沉湎于享乐，对阿里一派没有采取什么重大行动，与其前任做法截然不同。”

艾敏和麦蒙王位之争爆发后，国人随之分裂为两派，两派之间誓不两立，战火频仍，两派实力均遭到削弱。阿里派看到人们对战争已经厌倦，注意力将由阿拔斯派内部转向阿里派，便抓紧有利时机，大肆活动，到处派遣传教师，纷纷揭竿而起。

穆罕默德·本·易卜拉欣·本·伊斯玛仪·本·易卜拉欣·本·哈桑·本·侯赛因·本·阿里在库法起事，主持战事并统率军队的是艾布·赛拉雅·萨利·本·曼苏尔·西班尼。在他指挥下，起义规模越来越大，麦蒙屡战屡败。战斗中，穆罕默德·本·易卜拉欣在战斗中死去，艾布·赛拉雅便辅佐阿里家族中一个名叫穆罕默德·本·穆罕默德·本·宰德·本·阿里·本·侯赛因·阿里的乳臭未干的孩子取而代之。

随着艾布·赛拉雅的进军,阿里一派实力大增。艾布·赛拉雅在库法打造了银币,又把阿里家族的代理人派往麦加、麦地那、巴士拉等地。麦蒙费尽心机,付出巨大牺牲,才平息了这次暴动。这次胜利的最大功绩应归功于统帅阿尔塞迈·本·阿尔扬。骚乱时期,麦蒙在呼罗珊首府目鹿,后来,才迁往巴格达。

经反复斟酌,麦蒙终于想出了一个怪点子,干了一件无论倭马亚人还是阿拔斯人都没有干过的事情。他考虑的是自己死后哈里发王位的继承问题,他把阿拔斯家族和阿里家族的头面人物一个个过了一遍,发现其中没有任何人比加法尔·本·穆罕默德·本·阿里·本·侯赛因·阿里·本·艾比·塔利卜的儿子阿里·本·穆萨·里达更合适的人选了。其人道德高尚,信仰虔诚,是当哈里发的最佳人选。麦蒙亲自给他写信,托付他以重任。阿里先是拒绝,以后才答应。麦蒙的大臣法德勒·本·赛赫勒经办此事。众人遂拥戴阿里·本·穆萨在麦蒙之后任哈里发,被称为“圣裔里达”。麦蒙还命令众人脱掉黑衣,穿上绿衣。这些事情都发生在呼罗珊。当巴格达的阿拔斯人听到麦蒙将哈里发王位移交给阿里家族,并将他们祖祖辈辈穿的黑衣改为绿衣,大为不满,便将麦蒙拉下宝座,以其叔易卜拉欣·本·迈赫迪取代之。

究竟是什么促使麦蒙做出这件前所未有的事情呢?笔者以为有以下几个方面的原因:

1. 在回顾了阿里时代以来连年不断的骚乱和动荡削弱了国力造成了民族分裂的情况后,他认识到:杜绝骚乱再次发生,使阿拔斯、阿里两大家族为全体穆斯林的福祉而通力合作的最好办法是在两大家族面前打开大门,择优选用。但他却没想到人们并不总是根据理智行事。分歧不会轻易消除，阿里派和阿拔斯人的家族主义使他们丧失理智，头脑发昏。实际情况正是这样。

2. 麦蒙是巴格达穆阿台及勒派的信徒。这一派人认为，阿里与艾布·伯克尔、欧麦尔等人比较有继承哈里发王位的优先权，其后代也有优先权。麦蒙想要实现本派的主张，将哈里发王位移交给阿里的后裔。

3. 麦蒙深受波斯人法德勒·本·赛赫勒和哈桑·本·赛赫勒的影响，而波斯人血管里流的是什叶派的血，就像拉希德时代白拉米克人的情况一样。他们把自己的主张不断地灌输给麦蒙，直到他接受了这些主张并付诸实施为止。

4. 麦蒙认为：阿里家族的伊玛目之所以带有某种神圣的色彩正是因为他们没有登上哈里发王位。如果他们执掌了政权，在众人面前公开亮相，无论干什么，是对的还是错的都会暴露无遗，神圣的色彩也就消失了。

笔者认为，麦蒙这样做是真心实意的。他把自己的两个女儿分别许配给阿里·里达和穆罕默德·本·阿里，但命运让前者成为王储后病了三天，很快就死了。有人说是麦蒙因巴格达人不满而将他毒死了。什叶派散布过多少关于伊玛目被毒死的消息啊！但根据历史学家们的记载，麦蒙对他的死悲痛欲绝，到巴格达后仍穿了二十九天的绿衣（阿里派的标志），他还命令统帅们都穿绿衣。后来，他发现阿拔斯家族的人对绿衣都很反感，正在背后策划阴谋诡计，他才不得不改成黑衣（阿拔斯人的标志）。如果阿里·里达果真是被毒死的，那下毒手的一定是阿拔斯家族的一个传教师，而不是麦蒙。

伊本·阿卜杜·莱比在《罕世瓔珞》一书中记载了麦蒙和一批知名学者之间进行的一次长时间的辩论。辩论中，麦蒙力主阿里较艾布·伯克尔和欧麦尔更有资格担任哈里发。

尽管阿里家族常常起兵反抗阿拔斯王朝，麦蒙却一直是同情阿里家族的。他曾这样嘱咐穆阿台绥姆："他们是你的叔祖——穆民的领袖阿里·本·艾比·塔利卜的后代。你要善待他们，宽恕他们的过失，褒奖他们的善行，同时，不要否认他们符合教律的祈祷。他们的权利应从各方面得到保证。"①

在穆阿台绥姆当政时，穆罕默德·本·卡塞姆·本·欧麦尔·本·阿里·本·侯赛因·本·阿里·本·艾比·塔利卜在呼罗珊举事，哈里发派遣阿卜杜拉·本·塔希尔率兵镇压，将穆罕默德的军队击败，并将其本人逮捕，押送到哈里发宫廷，然后，把他监禁起来，但他却逃走了，不知所终。穆罕默德是一位学者，信奉穆阿台及勒派教义，主张公正和认主唯一。

*　　*　　*

以上介绍的是阿拔斯人对什叶派的伊玛目们的所作所为。对什叶派的一般信徒，他们也毫不留情。艾布·穆斯里姆·呼罗珊尼曾这样鼓动亲信们："追杀阿里家族的人，直到高山广漠，天涯海角。"哈里发曼苏尔和拉希德的监狱里塞满了阿里家族的人及其追随者。"正道的伊玛目死了，却没有人为他送葬，没有人为他的坟墓添土。阿拔斯人中的伶人小丑死了，倒有法官贵人参加吊唁，将军总督为之修建清真寺。在他们那里，无神论者和诡辩论者平安

① 塔巴里：《先知和帝王历史》，第10卷，第295页。

无事，研究哲学著作和摩尼教经典的人自由自在，而对什叶派或阿里的后裔则大开杀戒。有的什叶派诗人如阿卜杜拉·本·阿马尔·伯尔基写诗赞颂阿里的功德和先知的奇迹被割去舌头，诗集也被撕得粉碎，而诗人曼苏尔·奈玛利更被掘墓扬尸。哈里发哈伦·拉希德和穆台瓦科勒对麦儿旺·本·艾比·哈费斯·倭马维和文学家阿卜杜勒·迈立克·本·格里布·艾斯马尔这些咒骂阿里家族的人倒慷慨解囊……他们眼看着自己的堂兄弟[①]活活饿死，却用黄金白银塞满土耳其人和德依来目人的住宅；他们帮助马格里布人和法尔加尼人，却疏远迁士和辅士的后代；他们任命平民百姓和没行割礼的外国人为文臣武将，却禁止阿里家族的人继承母亲的遗产，享受祖父的战利品。阿里家族的人喜欢吃的东西，他们予以禁止；阿里家族的人节日享用的传统食品，他们拒不提供。埃及和艾赫瓦兹的土地税，两圣城[②]和希贾兹的施舍统统花在伊本·艾比·麦儿彦·麦迪尼[③]、易卜拉欣·摩苏里和伊本·加未阿·赛赫米[④]以及乐师基尔基里、吹笛者伯尔苏玛身上。基督徒白赫提舒阿[⑤]一个人的开销就够一个地方的百姓填饱肚子，土耳基和艾弗兴[⑥]挥霍的钱财足够一个不小的民族维持生计。据说，单单哈里发穆台瓦科勒一人就养了一万二千名妾侍，而圣裔中的显贵人物却只有一名女黑奴或信德女奴。土地税的大部分在要猴

① 指阿里家族。——译者

② 伊斯兰教两大圣地——麦加和麦地那。——译者

③ 哈里发拉希德的密友。——译者

④ 以上二人为当时的歌手。——译者

⑤ 阿拔斯王朝哈里发拉希德和艾敏的医生。——译者

⑥ 阿拔斯王朝哈里发穆阿台绥姆军队的统帅，土耳其人。——译者

玩狗的人身上挥霍掉了，法蒂玛的后裔却得不到毫厘。买一个琵琶女，舍得花费成千上万银币，为了供养她，还要添上足以维持一支部队的金钱，而有权得到五分之一战利品的圣裔[①]却与施舍无缘，理当受人尊敬和爱戴的人却以乞讨为生，因穷困而死。其中，有人拿剑去做抵押，也有人卖衣服维持生计。他们眼巴巴望着战利品而不可得，只能在困顿中苟延残喘……倭马亚人的确罪大恶极，但跟阿拔斯人相比却成了小巫见大巫。正是阿拔斯人建立了暴君王国，沉迷于花天酒地，为非作歹，耗尽了穆民的钱财……面对王公大臣的迫害，我们宁愿选择不分裂民族的王公和尚称公正的法官。”[②]

* * *

综上所述，当时的伊斯兰王国家到处是阴谋诡计、骚乱动荡、连绵战火。从使者去世直到阿拔斯王朝末期都是如此。什叶派和当权者的斗争一刻未停。什叶派从未放弃自己的要求，停止实行自己的计划；当权者也从未答应他们的要求，或用柔和委婉的办法来加以解决。在斗争中，双方牺牲了无数的生命，耗费了巨大的钱财，穷思竭虑地策划阴谋、制造动乱，怎么描述都不为过。如果当时穆斯林的思想是一致的，把倭马亚人和阿拔斯人为征服阿里家族而付出的努力及阿里家族为征服倭马亚人和阿拔斯人而付出的努力结合起来，其能量之大足以征服大半个世界，使之臣服在穆斯林脚下，历史将完全改观，整个历史将是另一种面貌。但每个时代

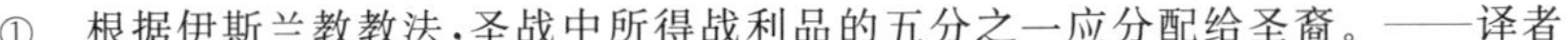

① 根据伊斯兰教教法，圣战中所得战利品的五分之一应分配给圣裔。——译者

② 什叶派信徒艾布·伯克尔·花拉子密在一封长信中，历数了倭马亚人和阿拔斯人对阿里家族制造的种种惨案。

的权利欲总是分化民族的思想，分裂民族的团结，削弱民族的力量，使父子反目，兄弟阋墙。由对权力的追求而产生的种种事件充塞着新旧时代历史的每一篇章。对任何一件事，人的理智都能找出肯定或者否定的理由来。什叶派有什叶派的理由，他们认为真理在自己一边，谬误在对手一边；倭马亚人和阿拔斯人也是如此。

人们若有理智，便不会接受这种或那种理由。最善于判别是非真伪的人才是最有用的人，不管他是什么人——埃塞俄比亚的奴隶也好，尊贵的圣裔也好，卑贱的商人或理发师也好，因为最好的人就是对他人最有益的人。每个家庭，不管门第多高，都会产生好人和坏人、有用的人和无用的人。对人进行判断是一门学问，像其他学问一样，各阶层都有精通此道的天才，只是我们搞不清这些天才产生的规律而已。

这种观点虽然正确，而且明白易懂，但支持者寥寥无几，因为豪门贵族都不同意这一观点。它在理论上虽十分浅显，实行起来却极其困难。比如：什么人是最有用的人？如果找到了这样一个人，怎样评价他？怎样挑选有权势的人保护他？他们怎样保护他，又怎样保护他们自己？等等。

古代穆斯林曾思考过多少这类问题啊！解决问题的办法很容易找到，但实行起来却很困难。由于这一观点上的分歧，历史上的一切纷争都发生在什叶派及其对手之间。

如果你问哪一派有道理，这个问题实在不容易回答。什叶派的人具有一种高尚的情感，就是同情圣裔的感情，首先是对使者的爱戴，顺理成章的是对其子嗣们的爱戴。出于这种感情，他们说：“使者统治过我们，让他的子嗣们也来统治我们吧。”这种想法虽然不合逻辑，却具有一种情感的美。他们的对手说："爱是一回事，统治是另一回事。统治不是金钱，不能继承；统治不是遗产，不能根据义务加以分配；统治是真主赐给众人的一种能力，有能力者也许出自贫贱之家，也许出自高贵门第。如果说法官、大臣、书记官这些政府职务不能代代相传是因为它需要某种特殊能力的话，那哈里发王位就更不能继承了，因为他的负担更重，责任更大。"这种说法尽管缺乏情感的美，却具有逻辑的美。每一派都从自己的角度出发考虑问题，武断地对待对方，每一派都有人在火上浇油。

我很欣赏《辞章之道》一书中记载的伊玛目阿里的一句话。有人问他对于奥斯曼及杀害他的凶手们的意见，他说："他过于专横，他们过于急躁，只有真主才能对双方进行裁决。"也许这是对奥斯曼及复仇者们之间发生的事情的最真实的写照，也是对倭马亚人、阿拔斯人及什叶派复仇者的最真实的写照。

什叶派文学：什叶派运动大大丰富了阿拉伯文学，这是确定无疑的。由这一运动产生的文学是一种强有力的丰富多彩的文学。其原因是：什叶派的立场本身就能够刺激感情，激发感情，而感情正是文学创作的最大的支柱。感情一旦被激发出来，人的思想就变得自由自在，言辞就变得清澈明确，活生生的文学和迷人的语言便随之诞生了。

什叶派文学的产生应归功于什叶派的两种十分强烈而突出的感情：一种是愤怒的感情，另一种是悲哀的感情。他们之所以愤怒，是因为他们相信自己的权利被巧取豪夺了，愤怒之情促使他们喋喋不休地攻击剥夺他们权利的人，申说他们应得的权利，倾吐他们遭受的迫害，说明他们的理由和观点；他们之所以悲哀，是因为阿拔斯和倭马亚两个朝代都使用了比对待叛教者和伪信者更为粗暴残酷的手段来对付他们，不时地对他们大加杀戮，使什叶派血流遍野。迫害手段花样翻新，层出不穷，什么屠杀、绞刑、火烧，无所不用其极。有的人则被投入监狱，使他们在得不到阳光、空气、食物和水的情况下慢慢死去。诸如此类的事情真是令人伤心落泪。这种事既然能使聋子哑巴哭天喊地，一旦发生在一群能说会写，愤懑之情难以抑制的人身上，其结果便可想而知。事情是从对侯赛因及其家族的大屠杀开始的。作为这一场尸横遍野、血流成河的悲剧的反响，产生了许多悲天恸地的诗歌，哀怨动人的演说和浸满血泪的言辞。对这一场大屠杀的纪念使以后的每一代人都陷入深深的哀伤之中。悲哀产生文学。惨案不断发生，文学作品也不断涌现。从这两种感情——愤怒的感情和悲哀的感情中，产生了丰富多彩、生机勃勃的文学。当第一种感情勃发时，产生的是强有力的革命的文学；当第二种感情勃发时，产生的是悲哀和哭泣的文学。这就使什叶派文学兼具力量和软弱、暴力和柔和的特色。

下面，我们具体地谈一谈什叶派文学的概况：

什叶派文学包括好多种，其中有一种出自什叶派伊玛目之手，是他们和对手辩论的产物。当我说到倭马亚时代的什叶派时，我指的是包括阿里家族和阿拔斯人在内的哈希姆人，当时，他们是反对倭马亚人的同盟军；而当我说到阿拔斯时代的什叶派时，指的仅仅是阿里家族，因为昔日的同盟军，——阿拔斯人此时已经变成了敌手。

什叶派伊玛目一个个能言善辩，留下了许多动人心弦的讲演、无与伦比的辞章和言简意赅、切中要害的答辩。

古莱氏族，特别是哈希姆人向来以善于辞令著称。艾布·哈桑说过："最有急智、应答如流者首推古莱氏人，其次才是其他族的阿拉伯人。"阿里在回答关于古莱氏人的问题时说："麦赫祖目人是古莱氏族中之佼佼者，族中男人喜欢和女人谈话。阿卜杜·沙姆斯人（包括倭马亚人）是最有远见、最坚定不移的人，而我们（指哈希姆人）则是最慷慨大方、最不怕死的人。他们（阿卜杜·沙姆斯人）更多机谋、更狡猾，而我们更善辞令，更会应对。"

由于以上原因，发端于古莱氏两个家族（哈希姆家族和倭马亚家族）之间后转移到哈希姆族内部两个家族（阿里家族和阿拔斯家族）之间的纷争产生了辉煌的结果。

《辞章之道》一书就是很好的例证。书中搜集了阿里和穆阿威叶之间来往的书信以及阿里申明自己的权利、控诉人们对他迫害的讲演。其中有些讲演，尽管是杜撰的，但总是权威人士传述的，在文字的有力和修辞的得当方面来说也是高雅的文学作品。历史学家们虽然怀疑其出处，却不怀疑其在文学和修辞方面的巨大价值。文学家们希望历史学家做的仅仅是把文章撰写的时间放在阿拔斯时代，而不是阿里时代，以免降低其文学价值。

后来，伊本·阿卜杜·莱比在《罕世璎珞》一书中专门分列了《答辩词》一章[①]，搜集了阿里·本·艾比·塔利卜和穆阿威叶之间、穆阿威叶和伊本·阿拔斯之间、伊本·阿拔斯和阿慕尔·本·阿绥之间、侯赛因和穆阿威叶之间的辩论词以及哈希姆人对伊本·祖白尔的应答词。这是很有趣、很出色的一章，是强有力的什

① 《罕世璎珞》，第2卷，第132页。

叶派文学的一种现象，证明了这种文学的力量和规范，它也是倭马亚人和哈希姆人之争所产生的文学的一个范例。只是这些书信太长，难以摘引，供读者欣赏。

什叶派伊玛目及其对手之争产生的文学作品连绵不断。到阿拔斯时代初期，出现了穆罕默德·本·阿卜杜拉·本·哈桑和艾布·加法尔·曼苏尔之间措辞有力的书信，此前，我们引述过其中一部分，许多文化书籍，如穆拜莱德的《全史》把它作为雅文学的范例。

另一种什叶派文学是悲哀文学，是痛悼侯赛因、宰德·本·阿里、穆罕默德·本·阿卜杜拉等被杀害或被钉上十字架的什叶派殉难者的文学。这种文学充斥于历史书和文学书中。特别是侯赛因惨案更成为各个时代长诗和精彩的幻想小说创作的源泉。

第三种文学产生的由来是：什叶派及其对立面之争产生了许多党派。在倭马亚时代有哈希姆党、倭马亚党；在阿拔斯时代有阿里党、阿拔斯党。党派之间的对立不仅局限在剑和血方面，也扩展到有趣的文学方面，这倒成了文学的福音。

当时，在伊斯兰国家出现了什叶派诗人、倭马亚诗人、阿里家族诗人以及阿拔斯诗人，这些诗人对于本派所起的作用相当于今天的报纸对于政党的作用。据我看，什叶派在文学方面的贡献不仅有利于本派诗人，也有利于对立面的诗人。如果没有什叶派激烈的敌对情绪，就不会有如此丰富如此雄壮有力的倭马亚和阿拔斯诗人的诗歌，诗歌运动也不会超出纯粹颂诗的低级形式。前面已经说过，这就是倭马亚和阿拔斯时代产生政治诗的最重要的原因之一。

倭马亚人有政治诗人，什叶派和其他派别也有政治诗人，这是从阿里在位时开始的。阿里有艾布·艾斯瓦德·杜埃利，穆阿威叶有密斯金·达里米，倭马亚人有艾布·阿拔斯·艾阿玛、艾阿沙·莱比阿、奈比阿·本·希巴尼等，哈希姆人有克希尔·伊扎、库梅特、埃曼·本·哈里姆·艾赛迪。倭马亚人的诗人居多，因为他们有的是钱，所以，连什叶派诗人如库梅特等都写诗颂扬他们。而什叶派的诗更为自由奔放，强劲有力，因为什叶派的伊玛目没有钱赏赐诗人们，所以，忠诚就成了写诗的动力。

让我们稍稍谈一谈库梅特。他是倭马亚时代最伟大的什叶派诗人，也是第一位用诗为什叶派辩护的人。他的诗雄辩有力，查希兹曾这样谈到他："他是第一位引导什叶派走上自我辩解道路的人。"他有丰富的诗作流传至今，即"哈希米亚"，因其为哈希姆人辩护而得名，全诗约五百三十六行。[①]

库梅特生于伊斯兰历 60 年，正是侯赛因遭难的一年，死于倭马亚王朝最后一任哈里发麦尔旺·本·穆罕默德在位的 126 年。他是一位多产的诗人，诗作有五千二百八十九行之多，他又是库法清真寺的教师，对阿拉伯历史上的战事了如指掌。他还是一位通晓阿拉伯民族各种方言，熟悉阿拉伯民族诗人的学者。在母才尔人和也门人之争中，他狂热地倾向于母才尔人，一生未变。在哈希姆人和倭马亚人之争中，他倾向于哈希姆人。只有很短一段时间，他感到生命受到威胁，才利用其什叶派特有的警觉，改而赞颂倭马亚人。他跑到哈里发希沙姆·本·阿卜杜勒·迈立克跟前，表示

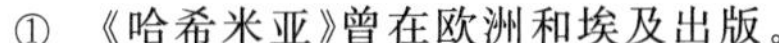

① 《哈希米亚》曾在欧洲和埃及出版。

忏悔，并写诗颂扬希沙姆，从而得到了哈里发的宽恕。但临终之时，他又反悔了，吐露了真情。死前，他睁开眼睛，一遍一遍地说："真主啊，穆罕默德的家族！真主啊，穆罕默德的家族！真主啊，穆罕默德的家族！"

除了颂扬倭马亚人的那一段很短的时间外，他一直运用其学识、教育方法和渊博的历史知识来颂扬哈希姆人，特别是阿里家族，为什叶派大声疾呼，同时，无所不用其极地攻击倭马亚人。

他为什叶派提供论据，说什么："如果先知没有指定继承人，那阿拉伯各部落都会出现哈里发。你们坚持哈里发应出自古莱氏族，并以此为由拒绝辅士担任哈里发，如果这种说法是对的，那仅仅是因为古莱氏族和使者之间的亲缘关系。如果亲缘关系是挑选哈里发的根据，则亲缘关系近者应优先。而哈希姆人比倭马亚人近，阿里家族又是哈希姆人中关系最近的。"

他就这样一而再、再而三地为什叶派寻找论据，无情地攻击倭马亚人。

他的诗在人们中间广泛流传，其作用是为革命火上浇油，加剧了人们的激愤情绪，使大家更加憎恨倭马亚人，向他们进行斗争。后来，他终于被杀害了，他死后不久，倭马亚王朝也灭亡了。

阿拔斯王朝建立后，政治诗带上了宗派主义的色彩。当时，哈希姆人已分裂为阿里家族一派和阿拔斯人一派，围绕着哪一派和先知的亲缘关系更近展开辩论。阿拔斯人说，阿拔斯是穆罕默德的叔父，他们是阿拔斯的后裔，叔父的关系比堂弟近。但阿里派说，他们是阿里的后裔。尽管他是穆罕默德的堂弟，但他的儿子哈桑和侯赛因均出自先知的女儿法蒂玛。阿里和法蒂玛的孩子理应优先，因为女儿比叔叔的关系更近。当时的诗歌就带有这种色彩。一派诗人倾向于阿里家族；另一派诗人倾向于阿拔斯人。

最杰出的阿里什叶派诗人是赛依德·希目叶利。他是一位跨时代的诗人——其生活的年代从伊斯兰历 105 年到 173 年，跨越了倭马亚和阿拔斯两个朝代，他又是一位多产的出口成章的诗人，此外，他还是什叶派中派性最强的诗人。“他无所不用其极地攻击使者和他的妻子们，把诗当作武器大肆攻击、谩骂，使人们见了他就逃之夭夭。他的诗别具一格，罕有其匹。他的诗作中不乏颂扬哈希姆人，攻击其对立面的诗。”[①]艾斯马尔说：“其诗如未攻击先人，则同一等级诗人中，无人能与之匹敌。”

他写了许多长诗，颂扬阿里的德行。有一天，他在库法说：“凡我写诗颂扬过的阿里·本·艾比·塔利卜的德行，若有人能补充一件，就可得到一个第纳尔。”就连那些称颂阿里德行的神话故事，他也尽述无遗。比如，当时有这样的传说：一次，阿里站起身来，洗漱干净，进行祈祷。完成祈祷后，他把鞋子脱下来，忽然，一条蛇钻了进去。当他准备穿鞋时，一只老鹰猛扑下来，把鞋叼走，衔着它在空中盘旋，直到把蛇从鞋里抖掉以后，才把鞋扔下来。

他曾写长诗悼念侯赛因。

关于在胡姆池[②]边发生的事情，他也写过诗。什叶派传说：一天，先知在胡姆池边拉着阿里的手说：“我是谁的主人，阿里也是他的主人。”

① 艾布·法拉吉：《诗歌集》，第 7 卷，第 3 页。

② 麦加和麦地那之间的一个水池。——译者

赛依德·希目叶利写诗为文颂扬和悼念阿里家族的人，诗文中罗列了许多和他们有关的流传甚广的言论、故事和消息，他还鼓动哈里发迈赫迪不给欧麦尔·赫塔布家族的人任何赏赐。

看来，他使用了一种狡猾的方法，避免触犯阿拔斯人。他在吹捧和颂扬阿里家族、攻击圣门弟子和倭马亚人的同时，捎带着夸奖了阿拔斯人几句，因为他们也是哈希姆人，从而达到了自己的目的。所以，阿拔斯人不但没有报复他，还给了他奖赏。

*　　*　　*

赛依德之后，便是底阿比勒·胡扎伊。和赛依德的做法不同的是：他站在公开敌视阿拔斯人的立场上，恶毒地辱骂阿拔斯王朝的哈里发。阿拔斯王朝的大人物，不管是哈里发，还是王公大臣、当朝显贵，无一人能够幸免。他写了许多诗攻击哈里发拉希德、麦蒙和穆阿台绥姆，颂扬阿里家族，最著名的是颂扬呼罗珊的阿里·本·穆萨的精巧的"塔乌"字母为尾韵诗。

他曾写长诗悼念侯赛因之死。

*　　*　　*

与上述什叶派诗人相抗衡的是支持阿拔斯人的观点，如先知的叔父阿拔斯有继任哈里发优先权辩护的诗。为阿拔斯人辩护的最大诗人是麦尔旺·本·艾比·哈弗塞。此人曾写诗颂扬迈赫迪、拉希德，并得到大量馈赠。当迈赫迪为其子哈迪签订买卖契约时，他曾写诗颂扬迈赫迪，此诗遐迩闻名。他还曾写诗攻击什叶派，什叶派一些人也对他还击。《诗歌集》写道："萨利哈·本·阿提亚听到他写的攻击什叶派的诗，祷告真主让他早死。萨利哈设法接近他，后来，两人变得亲密无间。一天，麦尔旺得了热病，屋子里只剩下麦尔旺和萨利哈两人，萨利哈便猛扑到他身上，卡住他的脖子，把他掐死了。”①

如果一一列出阿拔斯派和阿里派诗人的名字，并介绍他们围绕谁更有资格担任哈里发所写的诗，那篇幅就太长了，还是到此为止吧。但以上所述足以说明什叶派对倭马亚和阿拔斯文学的巨大影响。如火如荼的文学之争贯穿在从古至今的伊斯兰历史的各个时期，影响到伊斯兰国家的四面八方，无论对波斯文学，还是对阿拉伯文学，都有巨大的影响。如果说伊斯兰王国在政治方面因派别之争而遭到损失的话，文学方面则得益匪浅。在血流遍野、生灵涂炭、国家遭殃的同时，感情受到刺激，思想得到解放，幻想张开了翅膀。

穆阿台及勒派贡献给文学的是修辞和理性的力量，是思维的开阔和理性思维的发展，是他们对宇宙和自然的观察及实验，对造物主的证明，等等。他们对文学的意义研究得很深，把精雕细刻的遣词造句的文学发展为具有深刻含义和广泛主题的文学。过去的文学是没有主题的，他们给文学规定了主题，诸如动物、吝啬人、伊玛目、奴隶、商人、教师等都成了他们的主题。他们使人们的头脑开始思考过去从未思考过的问题。在他们之前，散文的形式只有词句排列有序的讲演、哲言和成语，由于他们的影响，文学中出现了围绕一个社会或文学主题写作的书籍，和围绕一个中心写作的书信。查希兹是穆阿台及勒的光荣，是该派文学的精英，是该派意见的传播者和思想的修饰者。他不仅丰富了该派的思想，而且丰

① 艾布·法拉吉：《诗歌集》，第9卷，第48页。

富了该派的语言。

什叶派的出现，不仅从理性上，而且从政治和感情上，充实了文学创作。他们宣传自己的权利，要求收回分内的权利，控诉祖先遗业的被剥夺。他们哀哭失落的权利、流淌的鲜血、被亵渎的神圣、被毁灭的家园和被钉在十字架上的尸体。

从这两种文学中，我们得到了思想和感情、理性和心灵。对文学来说，二者不可或缺。

第三章　麦尔吉阿派[①]

如果说穆阿台及勒派的基础是五项原则，什叶派的基础是伊玛目，麦尔吉阿派的基础则是确定信仰的意义及围绕这一主题而进行的各种研究工作。

在倭马亚时代开始提出“麦尔吉阿”一词，其含义是非常简单、质朴的，到了阿拔斯时代，随着各宗教派别的哲理化，“麦尔吉阿”的含义也哲理化了。

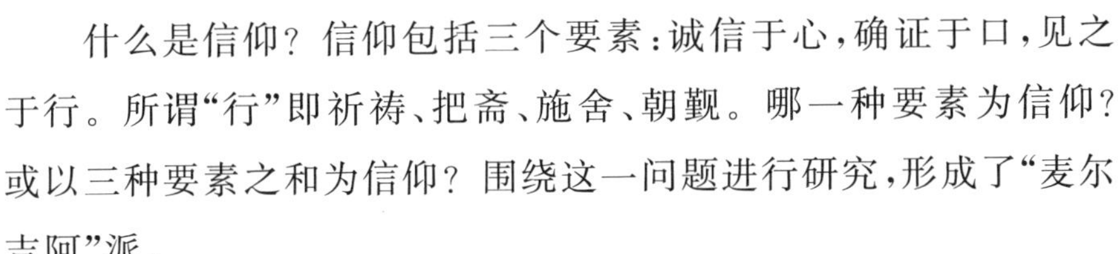

什么是信仰？信仰包括三个要素：诚信于心，确证于口，见之于行。所谓“行”即祈祷、把斋、施舍、朝觐。哪一种要素为信仰？或以三种要素之和为信仰？围绕这一问题进行研究，形成了“麦尔吉阿”派。

许多麦尔吉阿派人都认为诚信于心即信仰。换一句话说，即内心承认真主即可，不必见诸形式。诚信于心者即伊斯兰教信徒，尽管他可能在表面上信仰犹太教和基督教。言语和行动（诸如祈祷、把斋等）的确证并非信仰的一部分。

其理由是：《古兰经》是以阿拉伯语降下的。从语言的角度说，

---

① 参看《阿拉伯伊斯兰文化史》（黎明时期），第七篇第四章，第 333 页。麦尔吉阿派又译穆尔吉埃派。——译者

"信仰"即相信，仅此而已，身体各部分的行动不等于相信，亦非"信仰"。《古兰经》记载了优素福兄弟的故事："你是绝不会相信我们的"，[1]即你不相信我对你所说的话。圣训说："信仰即信仰真主、天使、真主的经书和使者。"信仰即相信。

麦尔吉阿派中也有人主张信仰包括两个方面：诚信于心和确证于口。仅仅诚信于心是不够的，仅仅确认于口也是不够的，必须二者俱备才可称之为"信仰"，因为仅仅诚信于心而心口不一者不能称为信徒。

总而言之，几乎全体麦尔吉阿派人一致认为，行动并非信仰的基础，亦非信仰的内容。

其对手则认为："信仰"包括三个要素，即诚信于心，确证于口，见之于行。"信仰"，从语言方面说尽管是"诚信于心"的意思，但法律制定者经常改变语言的意思，扩展或界定其含义，如祈祷，其原意为"召唤"，法律制定者在使用中使其具有众所周知的含义。真主在《古兰经》中说："我以你原来所对的方向为朝向。……真主不致使你们的信仰徒劳无酬。"[2]这一节经文证明："信仰"的意思是在朝向克尔白方向祈祷之前朝向耶路撒冷方向祈祷。真主说："真主所喜悦的宗教，确是伊斯兰教。"[3]又说："他们只奉命崇拜真主，虔诚敬意，恪遵正教，谨守拜功，完纳天课，这是正教。"[4]在这里，真主规定了崇拜真主即宗教。在第一节经文里，真主规定了宗教即伊斯兰教，因此，崇拜真主即伊斯兰教，而伊斯兰教即"信仰"，如

①②③④　马坚译：《古兰经》，12：17、2：143、3：19、98：5。——译者

真主所说："他们以自己信奉伊斯兰，示惠于你，你说：'你们不要以你们的信奉伊斯兰示惠于我；不然，真主以引导你们于正信示惠于你们，如果你们是说实话的。'"①

还有一个证明，真主说："指你的主发誓，他们不信道，直到他们请你裁判他们之间的纷争，而他们的心里对于你的裁判毫无芥蒂，并且他们完全顺服。"②真主使裁决也成为"信仰"，而裁决并非"诚信于心"。

此外，如果"诚信于心"即信仰，那许多犹太人都成了信徒，因为真主说，他们对先知的了解如同对其儿子的了解一样，在他们的经书《讨拉特》和《引支勒》中记载着先知的名字。真主说："如果你问他们，谁创造他们，他们必定说：'真主'。"③而穆斯林们一致认为这些犹太人都是叛教者。

说"诚信于心"即信仰的麦尔吉阿派是这样回答他们的：犹太人和基督徒们并不知道穆罕默德是真主的使者。说他们了解他如同了解自己的儿子一样，意思是：他们知道他是穆罕默德·本·阿卜杜拉·本·阿卜杜勒·孟它利布。

麦尔吉阿派最大的对手是穆阿台及勒派和哈瓦立及派。这两派认为信仰必须见之于行动，必须不做坏事。对他们来说，行动是信仰的内容之一。哈瓦立及派认为犯大罪者为叛教者，而穆阿台及勒派则主张犯大罪者处于信徒和叛教者之间，既非信徒，亦非叛教者。麦尔吉阿派却说，犯大罪者是信徒，因为他诚信于心，但他是不虔诚的信徒，因为他犯了大罪。麦尔吉阿派中也有人说，不能

①②③　马坚译：《古兰经》，49：17、4：65、43：87。——译者

一般地说某人不虔诚，只能说某人在某事上不虔诚。[①]

也许这一问题——信仰及其含义的界定——就是麦尔吉阿派理论的核心。由此，派生出其他问题，诸如：信仰能够增加或减少吗？当麦尔吉阿派说信仰即“诚信于心”或信仰即“诚信于心”和“确证于口”时，他们中大多数人认为信仰是不能增加或减少的。因为“诚信于心”就不容许怀疑，而“确证于口”就意味着或则肯定或则否定，没有调和的余地。那些说行动是信仰的内容之一，行动可多可少的人等于说信仰是可以增加或减少的。他们引用真主的话为自己辩解：“至于信道者，那章经使他们更加确信了。”[②]“有人曾对他们说：‘那些人确已为进攻你们而集合队伍了，故你们应当畏惧他们。’这句话却增加了他们的信念。”[③]麦尔吉阿派对这类经文的解释是：真主降下这段经文使他们增加了对以前没有的东西的相信程度。所谓“增加了他们的信念”不是指对真主的信仰，而是指对这段经文的相信……如此等等。根据麦尔吉阿派对“信仰”的含义的解释，他们认为：犯大罪的信徒不会永居火狱，因为他无论如何是一个信徒。反对这一观点的穆阿台及勒派和哈瓦利及派则认为：犯大罪者将永居火狱，永无出头之日。其根据是真主下面这两段话：“谁违抗真主和使者，并超越他的法度，真主将使谁入火狱，而永居其中”[④]、“谁故意杀害一个信士，谁要受火狱的报酬，而永居其中。”[⑤]麦尔吉阿派对这些经文进行了解释。对第一段经文，他们说：“违抗真主和使者命令超过了某些界限而未超过全部

①　艾布·哈桑·艾施阿里：《穆斯林文集》，第141页。

②③④⑤　马坚译：《古兰经》，9：124、3：173、4：14、4：93。——译者

界限者仍是信徒，只有超过全部界限者才是叛教者。”对第二段经文，他们的解释是：“因为某人是信徒而将其杀害的人是叛教者。”

由此可知，麦尔吉阿派认为，只有叛教者才永堕火狱。

此外，他们还认为：真主的许诺不会背弃，真主的威吓有可能背弃，因为奖励是德行，真主必兑现，背弃诺言是缺点，惩罚这种行为是公正的，在这方面，真主必随意行事。而放弃威吓并不是缺点。在这方面，穆阿台及勒派的观点大不相同，前面已经介绍过了。

* * *

许多教义学家的领袖从麦尔吉阿派关于信仰的观点（即贬低行动的作用）中感到了危险。否则，其观点及其对信仰的解释是会被宽容地接受的。这些领袖们认为：仅以“诚信于心”为信仰，或以“诚信于心”和“确证于口”为信仰的观点把服从真主的行为摆到了第二位。有人甚至说：“‘麦尔吉阿’[①]这个名字本身就包含了贬低行动的意义在内，这是很危险的，特别对于普通信徒来说更是如此。如果他们知道行动不是信仰的基础之一，就不会严格遵行教规了。反之，如果他们知道是信仰的一部分，没有行动的信仰是不完全的信仰时，就会严格遵行。”由于以上原因，教义学家们把麦尔吉阿派看作异端邪说，与之进行斗争。

麦尔吉阿派的观点对于上层人士没有什么害处。对他们来说，信仰的意思即使仅仅是“诚信于心”，也不会妨碍他们严格而不

① “麦尔吉阿”一词来自动词“艾尔杰阿”，在阿拉伯文中，意为“推迟”、“延搁”。——译者

懈怠地遵行祈祷、把斋等义务，所不同的只是对词义的解释而已。

由此，又引出了一个争论不休的问题，即关于艾布·哈尼法是否是麦尔吉阿派的问题。这件事情是艾布·哈桑·艾施阿里在《穆斯林文集》一书中透露出来的，书中写道："麦尔吉阿派的第九支派是艾布·哈尼法及其一伙。他们主张信仰就是笼统而不加分析地承认真主，确证真主；承认使者，确认使者由真主处带来的一切。"①

还有一本书叫《大教法》，学者们确认此书很大一部分是伊玛目艾布·哈尼法写的，书中写道："信仰即确认和相信"，"所有信徒在承认、确信和信赖真主以及爱、满足、恐惧、希望等方面都是一致的，只是在信仰之外的其他方面各不相同。"书中还写道："真主对众仆恩德有加，公正对待。有时会施惠于人，给以其所应得之数倍之奖励，有时又会对其过失予以公正的处罚。""我们不以过失而指责为叛教，也不否定任何人的信仰。"

我们转述自《大教法》一书的这些观点是麦尔吉阿派的根本观点，但许多教法学家和教义学家千方百计地否定这种说法，固执地拒绝把麦尔吉阿派和艾布·哈尼法挂钩。他们说："艾布·哈尼法重视细则，又是最大的伊玛目之一，这些都证明他是重视行动的，而这与麦尔吉阿派的主张是相反的。"

沙赫力斯坦说过："奇怪的是格桑在谈到艾布·哈尼法时是把他作为本派——麦尔吉阿派的人来谈的，也许他是想骗人。当时，许多文章的作者都把艾布·哈尼法及其一伙当作麦尔吉阿派，原

① 艾布·哈桑·艾施阿里：《穆斯林文集》，第138页。

因是:他主张信仰即‘诚信于心’和‘信仰无增无减’,他们便以为他把行动放到了信仰之后。还有一个原因:艾布·哈尼法是反对伊斯兰初期的宿命派和穆阿台及勒派的,而穆阿台及勒派把所有在宿命问题上持不同意见的人都称作麦尔吉阿派,哈瓦立及派也是如此。看来,正是穆阿台及勒派和哈瓦立及派把艾布·哈尼法称作麦尔吉阿派的。”①

关于伊玛目艾布·哈尼法把信仰的含义界定为“诚信于心”、“确证于口”和“无增无减”的传说很多。以传述精确著称的艾布·哈桑·艾施阿里在《穆斯林文集》中将艾布·哈尼法归到麦尔吉阿派,如果“麦尔吉阿”的意思像上面所说,则这种说法于他无损。认为信仰局限于“诚信于心”会削弱行动的作用,这是平民百姓的见解,对上层人士却无所谓。对于他们来说,信仰和行动二者的不同犹如祈祷和把斋的不同一样,究其原因不过是在他们思想中愿望超过了恐惧,希望超过了绝望。《古兰经》本身有时也是这样做的,如真主说:“我的过分自害的众仆呀!你们对真主的恩惠不要绝望,真主必定赦宥一切罪过,他确是至赦的,确是至慈的。”②并不是艾布·哈尼法关于信仰的定义的理论研究贬低了行动的作用,而是平民百姓不能理解事物的哲理。如果有人对他们说行动不是信仰的基础,在他们眼中,行动的作用就降低了。这种情况是存在的。正是由于上述原因,有些教义学家反对麦尔吉阿派的观点。

*　　　*　　　*

① 沙赫力斯坦:《宗教与教派》,欧洲版,第105页。

② 马坚译:《古兰经》,39:53。——译者

麦尔吉阿派的许多观点，如信徒中之罪人不会永堕火狱，威吓可以不兑现，而许诺必须兑现等都传布到逊尼派中来了。

如果一个教义学家传播了以上观点，就被称作“麦尔吉阿派”。

许多麦尔吉阿派的信徒一边传播这些观点，一边又传播穆阿台及勒派的某些观点，诸如人创造自己的行为，末日不能用眼睛看到真主等，这些人便被称作“麦尔吉阿-穆阿台及勒派”。这种称呼反映了某些教派著作中包含的宽容精神，因为“麦尔吉阿”在本质上是违反穆阿台及勒派的一条基本原则的，即：“行为是信仰的基础之一，罪人背叛了信仰，应受到严惩，并将永居火狱。”前面我们已经说过：一个人只有承认穆阿台及勒派的五项原则才能称作穆阿台及勒派，所以，称某些人为麦尔吉阿-穆阿合及勒派是错误的，准确的表述应该是：某些人赞同穆阿台及勒派的某些观点。

还有一些麦尔吉阿派的人赞同哈瓦立及派的观点，说什么：“伊玛目不一定继承，凡有资格的人，哪怕不是古莱氏族的人，亦可担任伊玛目。”这些人被称作哈瓦立及-麦尔吉阿派。如前面所说，这种称呼也是错误的。

被沙赫力斯坦排在麦尔吉阿派队伍中的人还有侯赛因·本·穆罕默德·本·阿里·本·艾比·塔利卜。沙赫力斯坦说他是第一个宣传麦尔吉阿派观点的人，他向各地写信传播麦尔吉阿派的观点。赛德·本·朱贝尔和穆格提勒·本·苏莱曼也被列入麦尔吉阿派。穆格提勒说过：在末日来临时，有罪的信徒将在大道上受到严惩，他将置身于地狱的最上层，受着烈火的煎熬，其痛苦的程度与忤逆宗教者的程度相当，然后，才能进入天堂。被称作麦尔吉阿派的还有比什尔·麦里西，他曾经说过：“如果真主将犯大罪者投入火狱，在他们经受了与其罪过相当的惩罚之后，将从火狱出来。永堕火狱是不可能的，也是不公正的。”被称作麦尔吉阿派的人还有罕玛德·本·艾比·苏莱曼、艾布·哈尼法及其好友艾布·优素福和穆罕默德·本·哈桑。

麦尔吉阿派和政治：麦尔吉阿派主张信仰即“诚信于心”，行为不在信仰的范畴内，这些观点拓宽了信徒的范围，使一切信仰真主和使者的人，包括犯有大罪者，都成了信徒；他们关于真主宽恕犯罪者的观点使犯有大罪者可以不受惩罚地进入天堂，也拓宽了信徒的范围，使每个诚信于心的人不受惩罚地进入信徒的圈子里。与此相反的是穆阿台及勒派和哈瓦立及派，他们总是缩小信徒的圈子，在他们眼里，犯大罪者不是信徒，不完成宗教功课者也不是信徒。笔者认为，无论是穆阿台及勒派，还是哈瓦立及派，都把信徒局限于本派的弟子，两派中之各支派甚至把信徒局限于本支派，而将其他人看作叛教者。他们声称，有天地之广的天堂只是为他们少数人创造的。

而麦尔吉阿派却把一切反对派诸如什叶派、穆阿台及勒派、哈瓦立及派等都看作信徒，把一切阐释教义者（即使其解释是错误的）都看作信徒，而非叛教者，只有全民族一致声讨的人才是叛教者。根据他们的观点，没有一个信徒会永堕火狱，不是真主原谅了他们的罪过，就是真主在一段时间内惩罚过他们，然后，让他们进入天堂。逊尼派采纳了他们的意见，主张犯罪的信徒不永堕火狱，认为其他教派的信徒只能在一定范围内被称作叛教。

麦尔吉阿派的这些观点是以间接的形式为政治服务的，使其信徒能够保持中立，既不反对政府，也不与政府站在一起，具体地说就是：当他们从本派的观点出发考察政治活动时，发现伊斯兰初期斗来斗去的各派，包括拥护奥斯曼和反对奥斯曼的两派，站在阿里一边战斗和站在穆阿威叶一边战斗的两派，都是信仰真主和使者的人，都是阐释教义的人，因而都是信徒。即使有人做了错事，真主对他也是宽容的。因此，他们和哈瓦立及派、穆阿台及勒派不同，不把任何参加斗争的人当作叛教者，包括阿慕尔·本·阿绥和穆阿威叶等人以及刺杀奥斯曼的凶手和对立面中的任何一派。即使他们错了，其错误充其量不过是大罪，而大罪并不抵消信仰。每一派都是阐释教义的，每一派都有自己的论据。麦尔吉阿派判断事物的标准，动机重于行动，真主观察的是人们的愿望和良心。"把人们的事情统统交给真主吧！我们不责备任何人，也不断言谁必入火狱。"

因此，在麦尔吉阿派眼里，穆阿威叶和阿里两派一模一样。他们支持倭马亚人的休战，认为倭马亚王朝哈里发都是信徒，可以跟随他们进行祈祷，而不应反对他们，尽管其中有人做过坏事，充其量不过是犯大罪而已，而犯大罪者并不抵消其信仰。因此，我们看到：由于观点不同而肆意迫害穆阿台及勒派、哈瓦立及派和什叶派的倭马亚人，却并不迫害麦尔吉阿派，恰恰相反，他们倒是利用麦尔吉阿派人为自己效劳，例如：叶基德·本·迈赫利布·本·艾比·苏弗拉曾任命麦尔吉阿派诗人撒比特·古特奈管理港口事务。

即便倭马亚人惩治过个别麦尔吉阿派人，也不是因为观点的不同，而是另有原因。如：倭马亚人杀死了倭马亚王朝最后一位哈里发麦儿旺·本·穆罕默德时代的麦尔吉阿派领袖哈利斯·本·苏来基，不是因为他的观点，而是因为他从部落意识出发作乱造反，并侵犯他人。

艾布·加法尔·曼苏尔惩治艾布·哈尼法也不是因为他的麦尔吉阿派的观点，而是因为他把穆罕默德·本·阿卜杜拉·本·哈桑（“纯洁的心灵”）捧得比曼苏尔本人还高。

麦尔吉阿派倾向于中立。塔巴里说：“麦儿旺之子叶基德·本·阿卜杜勒·迈立克登基后，叶基德·本·迈赫利布·本·艾比·苏弗拉起兵反抗，占领了巴士拉及波斯、艾赫瓦兹等地，以《古兰经》及圣训号召人们进行圣战，并扬言：沙姆的圣战者所得奖赏将超过土耳其人和迪来姆人[①]。一些麦尔吉阿派人追随其后，为首的叫艾布·鲁儿拜。叶基德·本·阿卜杜勒·迈立克派遣兄弟麦斯莱迈·本·阿卜杜勒·迈立克率军攻打叶基德·本·迈赫利布。当后者鼓动其追随者迎战时，艾布·鲁儿拜说：‘我们用《古兰经》和圣训的名义号召他们，他们表示接受，就不要再对他们使用狡诈和背信弃义的手段，使他们倒霉了。’叶基德·本·迈赫利布对他们说：‘可怜虫！难道你们竟然相信倭马亚人？他们是要你们半途而废，以便他们施展阴谋诡计。’麦尔吉阿派的人答道：‘我们不会忽略这一点，我们只是要他们把已经声明接受的东西付诸实行。’”[②]

即使反对倭马亚人，他们反对的方式也是温和、委婉的。

他们对待阿拔斯人的态度也是中立的、和平的。脱夫尔说：“买蒙说过：‘麦尔吉阿是帝王的宗教。’”[③]这句话可能包含着几层

① 阿塞拜疆一带居民。——译者

② 塔巴里：《先知与帝王历史》，埃及版，第8卷，第153页。

③ 脱夫尔：《巴格达史》，第86页。

意思：一层意思是，麦尔吉阿派是一种帝王们愿意臣民们信仰的宗教，其信徒站在中立的立场上，不招惹麻烦，不管帝王们干下了什么忤逆不道之事，他们也不会造反。帝王的利益所在就是要与臣民们和平共处，把犯罪者交给真主，或惩治，或宽容，任由真主处置。如果人们都照麦尔吉阿派的这一原则行事，就没有人反对奥斯曼了，也没有人反对阿里和穆阿威叶了，使帝王们寝食不安的连绵不断的动乱也停止了。

这句话的另一层意思是：麦尔吉阿派是每一个帝王可以信赖的最合适的宗教派别，因为它使帝王们用一种和平的眼光看待穆阿台及勒派、哈瓦立及派和什叶派等宗教派别，不把任何人说成是叛教者，也不干预任何人的信仰。所有的人都是信徒，犯罪的人交由真主处置，这对帝王是最合适的，因为它使帝王们置身于宗教派别和党派斗争之上，成为所有人的帝王。

但是我们认为说此话的麦蒙恰巧是离这一概念最远的人。他一心迷恋穆阿台及勒派，想让所有的人信仰该派，不愿意任何一个人说“《古兰经》非被造之作”，认为说此话者即非信徒，他用皮鞭和监禁强迫人们信仰穆阿台及勒派教义。是不是他看到伊斯兰世界因《古兰经》被造问题上的争论而引起了动荡不安因而最后改弦更张了呢？是否他以为只要执行麦尔吉阿派的主张就能让人们信仰各自的教派而避免纷争呢？这种可能性是很小的，因为他死前还曾嘱咐穆阿台及勒派一定要照他的榜样坚持“《古兰经》乃被造之作”的主张。也许他说这些话是为了一时争论的需要，事后却反其道而行之？也许他的意思是第一层意思，而这种意思是不违反他对穆阿台及勒派的信仰的？这一切都是可能的。

麦尔吉阿派文学：经过长时间的寻找，我们没有找到很多可以称之为“麦尔吉阿派文学”的作品，其原因可能是麦尔吉阿派的本性产生不了文学。产生文学的因素有两种：一是强烈的理性，加上纯熟的写作技巧和口才，这是穆阿台及勒派的特点。穆阿台及勒派文学家思想开阔，广泛涉猎自然生活和社会生活的各个领域，无论在口才和学识方面，都受到阿拉伯文化的有益熏陶，产生了丰硕的成果。二是强烈的感情，或者是深沉的悲哀和非凡的坚忍，表现在什叶派文学里；或者是勇敢和剽悍即战争的感情，表现在哈瓦立及派文学里。至于麦尔吉阿派，其信仰本身就是在和平、中立的立场上产生的，这种立场只能使感情柔和、脆弱，而感情一旦变得软弱，就不能产生文学。此外，他们还缺乏开阔而深沉的思想。这种种情况使他们的文学创作十分薄弱。沙赫力斯坦曾把两位著名的大诗人——法德勒·拉高希和阿塔比归到麦尔吉阿派名下。笔者查阅了一下手边有关二位诗人的书籍及其诗作，没有发现任何明显的麦尔吉阿派的痕迹。

笔者得到的不过是说明麦尔吉阿派的只言片语，如撒比特·古特奈的诗作，在拙著《阿拉伯伊斯兰文化》（黎明时期）一书中提到过，或者是答复麦尔吉阿派的片断文字，如《诗歌集》提到俄恩·本·俄拜德拉·本·阿卜杜拉·本·阿台白·本·麦斯欧迪本是麦尔吉阿派的信徒，后来，改变了信仰。[1]

尽管如此，在各种文字题材中，还是有一类很广泛的题材——关于真主宽恕犯罪者的题材，受到麦尔吉阿派很大的影响（特别是

① 艾布·法拉吉：《诗歌集》，第 8 卷，第 92 页。

在阿拔斯时代)。穆阿台及勒派认为犯大罪者如不悔罪则应受惩罚,还认为犯大罪及忤逆宗教者死后必入火狱,真主绝不会宽恕这些人。但麦尔吉阿派却认为这些人即使不悔过,即使一再犯罪,也能得到真主的宽恕。当时,许多阿拔斯王朝的诗人们沉迷于花天酒地、女色娈童的享受之中,他们要靠麦尔吉阿派以求得真主的宽恕。正是他们开辟了一个广阔重要的文学领域,艾布·努瓦斯[①]的诗便是明证。艾布·努瓦斯讽刺奈扎姆及穆阿台及勒派、赞扬麦尔吉阿派、支持其关于真主宽恕犯罪者观点的诗更是一个绝妙的例证。

有谁从他的诗中看不到麦尔吉阿派的影子呢?许多诗人群起效仿。如果一一介绍,篇幅就太长了,我们还是就此打住吧。笔者断言:麦尔吉阿派开辟了一个新的文学领域——即宽恕哲学的领域。

① 艾布·努瓦斯(公元757—814年):阿拔斯王朝著名诗人,以“饮酒诗”出名。——译者

第四章　哈瓦立及派

对什么是叛教和信教，哈瓦立及派和麦尔吉阿派的观点基本相同。

《教派的歧异》一书写道："哈瓦立及派各支派具有共同点。卡阿比写道：'哈瓦立及派各支派的共同点是否定阿里和奥斯曼，否定两裁决[①]及支持两裁决的人和骆驼之战[②]的参加者，主张犯大罪者为叛教者，及反抗暴虐的伊玛目。艾布·哈桑·艾施阿里说：哈瓦立及派的共同点是否定阿里、奥斯曼和骆驼之战的参加者，否定两裁决及支持两裁决或其中一裁决的人，主张反抗暴虐的苏丹。'"。

卡阿比和艾施阿里的不同在于卡阿比断定哈瓦立及派一致认为犯大罪者为叛教，而艾施阿里则认为该派只是多数人持此观点，该派的纳吉德派就不同意这一观点。除这一点外，各支派观点相同。

---

① 第四任哈里发阿里即位第二年，叙利亚总督穆阿威叶起兵反抗，公元 657 年双方在绥芬激战，穆阿威叶在节节败退情况下，提出"《古兰经》裁决"的口号，以便保存实力，以利再战。阿里阵营的主战派坚持"真主裁决"，反对"依经裁决"。这便是"两裁决"的由来。——译者

② 骆驼之战：伊斯兰教的第一次内战。公元 656 年，脱勒哈和祖白尔联合阿绮莎举兵反对阿里。两军在巴士拉附近激战，因阿绮莎坐在护以装甲的驼轿里参加战斗，故名。——译者

由此可知，哈瓦立及派和麦尔吉阿派一样，其观点都围绕着什么是叛教和信教这个问题展开。麦尔吉阿派思路开阔，待人宽厚，把一切信教的人都称作信徒，对违反教义的人十分宽容，将忤逆宗教的交给真主去裁决；而哈瓦立及派则思路狭隘，待人苛刻。他们认为，犯大罪者不是信徒，他们谴责奥斯曼晚年的所作所为，认定他叛教；他们还指责阿里一伙及其对手，把他们都视作叛教，因为他们接受了《古兰经》裁决，而真主的书明晰清楚，无须裁决。他们认为穆阿威叶及倭马亚家族其他专横暴虐的统治者都是叛教者，对他们叛教的行径，应以公开反抗来回答。

因此，他们在两个基本点上和什叶派是相反的：

1. 什叶派崇拜阿里，而哈瓦立及派正好相反，把谋杀阿里的阿卜杜·拉赫曼·本·穆尔吉姆看作大好人。

2. 什叶派把“塔基亚”当作信条，而哈瓦立及派的信条则是：不管敌我双方力量对比如何，都要公开反抗暴虐的统治者。

哈瓦立及派和麦尔吉阿派的不同在于：前者是反对派，和倭马亚人、阿拔斯人作战；后者是中立派、温和派。

哈瓦立及派比穆阿台及勒派更偏激，把犯大罪者看作叛教者，而后者却视其介乎叛教者和信徒之间。执行劝善戒恶这一原则时，哈瓦立及派比后者更不妥协，更不顾及力量的悬殊。

以上是哈瓦立及派的信条。尽管该派分化为近二十个支派，但各支派的分歧并不在基本原则上，只在枝节问题上。比如艾扎里格支派和苏福里叶支派虽然都把犯大罪视同多神信仰，但后者不主张杀害敌人的家眷，而前者则主张杀害。又如：前者认为任何情况下没收反对者的财产都是合法的，而阿加里德派则认为只有在把敌人杀死后才能没收其财产作为战利品。有人主张只能在本派伊玛目率领下作战，有人却不以为然。以上便是各支派在细节上的分歧。

他们最光辉的思想是关于哈里发的观点。他们认为：如果必须设置哈里发，则最适合的人就是最有权担任哈里发的人，不管其是否出自古莱氏族，也不管其是否阿拉伯人。

他们没有什叶派那种哈里发必须由先知指定的思想，也不赞成倭马亚王朝和阿拔斯王朝实行的世袭制度。

如果推选了一个专横暴虐的哈里发，其所作所为损害了穆斯林大众的利益，则应予以罢免。如执意不肯下台，则应与之斗争，直至将他处死。

随着大批释奴的加入，哈瓦立及派带上了强烈的贝都因色彩，贝都因人的优缺点都吸收了进来。他们老是跟头头儿们过不去，自身也不断地分化为小的支派。在跟反对派打交道时，目光短浅，思想狭隘；与此同时，他们又表现出非凡的勇气。他们说话直率，行动果敢，毫不犹豫地为信仰献身。对什叶派的“塔基亚”，他们万般嘲讽，对那些为了金钱和地位而把理智和良心出卖给倭马亚王朝哈里发的人更是不屑一顾。由于贝都因秉性的影响，他们远远落在宗教、学术和社会的发展后面。他们的宗教信仰是很单纯的，代表了伊斯兰初期顺乎自然而形成的信仰，只有少数观点例外。当时，其他民族、宗教及后来皈依伊斯兰教的各教派的教义和观点尚未进入伊斯兰教。他们的信仰是心灵感受的信仰，而不是科学的信仰；他们的社会生活，包括日常生活、对生活的看法、战争等，都是十分简朴的贝都因式的，不随时间的变化而变化，这使我们想起今天的瓦哈比派[①]，两者尽管教义不同，作风的简朴却是一样的。

因此，不能指望他们像穆阿台及勒派一样去研究真主的属性，如：真主的属性是否即其本体、能否用肉眼看到真主等问题，因为这些观点都是哲学观点，与贝都因人的本性风马牛不相及；也不能指望他们像什叶派那样崇拜伊玛目，因为他们对伊玛目的态度和早期阿拉伯人对部落酋长的态度如出一辙。

以上看法来自研究教派的书籍对哈瓦立及派内部分歧的描述。哈瓦立及派先是简单地在阿里和穆阿威叶之间进行裁决，以后便在以下问题上产生了分歧，如：有作战能力的人中途退出战斗是否是叛教行为？犯大罪者是否是叛教？穆斯林和叛教者的孩子是否分别是穆斯林和叛教者？以及其他带有哲理性的宗教课题。他们在这些问题上的分歧也是很简单的。哈瓦立及派人阿卜杜勒·贾巴尔给他女儿赛阿莱卜定亲，男方也是哈瓦立及派人。赛阿莱卜向男方要四千银币的彩礼，男方便派了一个叫乌姆·赛义德的女人带着钱去见赛阿莱卜的母亲，问她："你女儿成年了吗？"（在男方看来，男孩或女孩只有成年了才能皈依伊斯兰教）。还说："如已成年，确认了伊斯兰教信仰，我们不在乎多给彩礼。"当乌姆·赛义德向女方转达男方这句话时，赛阿莱卜的母亲说："我女儿不管成年与否都是穆斯林。"男女双方父母间的分歧由于哈瓦立及派领袖阿卜杜勒·克里姆·本·阿吉来德的介入更扩大了。双

① 阿拉伯文 Wahhābīyah 的音译。近代伊斯兰教教派。由其创始人瓦哈布而得名。18 世纪末产生于阿拉伯半岛。遵从罕百里学派的教律，坚持严格的一神论，主张按照字面解释《古兰经》和"圣训"。要求恢复伊斯兰教早期的教义。禁止饮酒、吸烟、跳舞和赌博，故有"伊斯兰教的清教徒"之称。盛行于阿拉伯半岛。——译者

方仍然各自坚持自己的立场。[①]

这些书籍介绍了哈瓦立及派各支派的分歧，说他们研究了命运（包括好运和厄运），肯定众仆能够创造自己的行为，但这些研究课题并不是该派提出来的，而是由穆阿台及勒派移植过来的。能够证明哈瓦立及派的思想简单和非哲理化的最明显的例子是：研究者认为他们在辩论中拘泥于《古兰经》和逊奈的文字，不进行深入分析。如果他们生活在阿拔斯时代，一定属于不赞成“格亚斯”，主张不加分析地信守经文文字意义的札希里学派。哈瓦立及派拘泥于经文文字意义的做法产生了一些谬误，如：该派有人认为：如果有人侵吞了孤儿的两个菲勒斯便应入火狱，因为真主说过：“侵吞孤儿的财产的人，只是把火吞在自己的肚腹里，他们将入在烈火之中。”[②]但是，如果有人杀死了这个孤儿或剖开他的肚子，倒不应入火狱，因为真主没有做此规定；还有人主张杀死多神教徒的孩子是合法的，而不付钱就吃别人的果子则是不合法的；也有人主张杀死持反对意见的穆斯林而不主张杀死被保护人[③]。穆拜莱德在《全史》中写道：“一次，穆阿台及勒派领袖瓦绥勒·本·伊脱邑一伙落入哈瓦立及派手中，危在旦夕。瓦绥勒对同伴们说：‘躲开，让我来对付他们。’伙伴们说：‘随你吧！’瓦绥勒便出去会见哈瓦立及派人。哈瓦立及派人问：‘你们是什么人？’答：‘被保护的多神教徒。我们来听真主的启示和规定。’哈瓦立及派人说：‘我们保护你们。’瓦绥勒说：‘请开导开导我们吧！’哈瓦立及派人便开始教他们

① 《穆斯林文集》，第112、113页。

② 马坚译：《古兰经》，4:10。——译者

③ 伊斯兰教国家保护下的犹太教徒、基督教徒。——译者

本派教义。瓦绥勒说：'我和我的伙伴接受你们的教义，你们放心地走吧！你们是我们的兄弟。'又说：'但这不是你们的功劳，因为真主说过：'以物配主者当中如果有人求你保护，你应当保护他，直到他听到真主的言语，然后把他送到安全的地方。'[①]'现在，把我们送到安全的地方去吧！'哈瓦立及派人互相看了看，说：'你们说得对。'说完，便把他们带到安全的地方去了。"[②]

阿卜杜·拉赫曼·本·穆尔吉姆刺杀阿里·本·艾比·塔利卜后，仍坚持诵读《古兰经》，以为他做了这件事离真主更近了。当有人要割他的舌头时，他才着急了。有人问他："你怎么现在着急了？"他说："我不愿意活在世上像个死人似的不能诵读《古兰经》。"

其他哲理化的教派如穆阿台及勒派、什叶派，都是在阿拔斯时代吸取深刻的哲学思想的。阿拔斯时代的气氛适合于哲学的传播，各种哲学思想纷纷由哈里发宫廷、由犹太人、基督教徒和波斯人中间、由医生中以及译成阿拉伯文的书籍和辩论会中传播开来。每个教派根据自身准备的程度及与本教派教义相符的程度从哲学中汲取营养。当阿拔斯王朝建立时，哈瓦立及派已近尾声。他们摧毁了倭马亚王朝，倭马亚王朝也毁灭了他们。阿拔斯人上台时，哈瓦立及派已奄奄一息。阿拔斯时代的哈瓦立及派运动已经落到任人宰割的地步。他们没有来得及进行哲理化的工作。

当然，阿拔斯时代也有的学者归信哈瓦立及派。如艾布·欧拜德·迈阿麦尔·本·穆赛纳。伊本·赫里康说过："艾布·欧拜

① 马坚译：《古兰经》，9：6。——译者

② 《全史》，第 3 卷，第 86 页。

德持哈瓦立及派观点。”“他倾向于哈瓦立及派。”艾布·哈帖姆·胡吉斯坦尼说:“艾布·欧拜德把我当作胡吉斯坦的哈瓦立及派来招待。”苏里说:“我走进清真寺,看见艾布·欧拜德独自一人坐在那里击地沉思,便走过去。他问:‘这行诗是谁写的?’我说是格塔利·本·福加艾写的。他说:‘胡说八道。你怎么不说是穆民的领袖那老鸵鸟写的呢?’接着又对我说:‘坐下,别把我的话说出去。’”①

艾布·欧拜德写过一本书,叫《巴林的哈瓦立及派》,但他不是一个哲学家,也不是一个教义学家,承担不了使哈瓦立及派哲理化的工作。他是一名对奇闻逸事、阿拉伯对外征战广闻博识的学者,似乎也可以说是一个秘密的哈瓦立及派信徒。这点,前面已经介绍过。他内心里信仰哈瓦立派教义,要害问题上却违反教义,即对信仰保密,而哈瓦立及派教义之一就是反对“塔基亚”。他最憎恶阿拉伯人,最支持舒欧比亚主义。他和哈里发及王公贵族保持联系,向他们讨好,所以说,他只在某些方面是一个哈瓦立及派人,如攻击哈里发,把反对派视为叛教者等,但这一切观点都是秘密的。

海塞姆·本·阿迪也是如此。伊本·赫里康说过:海塞姆持哈瓦立及派观点。他曾著一书,名为《哈瓦立及派书》。和艾布·欧拜德一样,他只是一个史学家,而不是哲学家。他和曼苏尔、迈赫迪、哈迪、拉希德等哈里发都有联系。如果他真是哈瓦立及派,就该反对哈里发了。

由此可知,哈瓦立及派不是一个哲学派别,也缺乏博大精深的

① 伊本·赫里康:《人物传记》,第2卷,第157页。

教法学理论。只有阿卜杜拉·本·伊巴德(卒于阿卜杜勒·迈立克·本·麦儿旺执政时)及其门徒的伊巴德派有神学理论,在北非、阿曼、哈达拉毛和桑吉巴尔等地广为传播,直至今日。该派有神学和教法学原理,随着时间的变化而变化。其教义学原理在很大程度上受到穆阿台及勒派的影响,主张"《古兰经》乃被造之作",在天堂看不见真主,真主不宽恕犯大罪者等。该派教法学理论在某些枝节问题上,如只许本派内部通婚,则和逊尼派有所不同。

哈瓦立及派在阿拔斯时代的政治历史

哈瓦立及派对阿拔斯王朝哈里发的态度与对倭马亚王朝哈里发的态度是一样的,认为他们都不是经过自由选举产生的,都不具备担任哈里发的条件,所以,应该造他们的反。如有可能,应予以罢免,甚至将他们处死。

到了阿拔斯时代,该派仍然坚持在倭马亚时代产生的观点,但实力已大不如前,因为倭马亚王朝历代哈里发(特别是迈赫莱布·本·艾比·苏弗拉)都对该派大张挞伐。倭马亚人虽然胜利了,但元气也已大伤。

尽管如此,哈瓦立及派仍然坚持和阿拔斯人战斗,其勇敢顽强的程度不亚于倭马亚时代。

赛发哈刚登上哈里发王位,以伊巴迪派居兰达为首的阿曼哈瓦立及派便揭竿而起。赛发哈派大将哈齐姆·本·哈齐迈率兵前往镇压。大军走海路到达阿曼海岸,后又改走沙漠。两军相遇,一场恶战打得难解难分。伊斯兰历 134 年,哈齐姆采纳了友人的建议，命令士兵在枪尖上涂上石油，点上火，把居兰达一伙居住的木屋点着，顿时一片火海，居兰达一伙的家眷陷身火海，哈齐姆趁势进攻，歼敌无数，居兰达也战死沙场。这一仗歼敌逾万，哈齐姆将敌人头颅运到巴士拉，交给哈里发赛发哈。[①]

伊斯兰历137年，以穆拉拜德·本·哈尔迈莱·希巴尼为首的哈瓦立及派在加齐拉地方起事，哈里发曼苏尔派叶齐德·本·哈提姆·迈赫莱比率兵前往镇压，以步其叔父迈赫莱布·本·艾比·苏弗拉之后尘，但却败于哈瓦立及派之手。以后，曼苏尔又一连派了几位统帅前去镇压，都大败亏输，最后，只好派遣哈齐姆·本·哈齐迈率领八十万姆鲁鲁族士兵前往。两军鏖战，旷日持久。后来，哈齐姆命令士兵射箭，穆拉拜德中箭身亡，其将士亦伤亡甚众。这是伊斯兰历138年发生的事。

马格里布（突尼斯及周围地区）地区哈瓦立及派的苏弗里叶和伊巴迪二支派也在伊巴迪派艾布·哈提姆的领导下起兵反抗阿拔斯王朝。曼苏尔派迈赫莱布的兄弟格比萨·本·艾比·苏弗拉的儿子欧麦尔·本·哈弗赛前往镇压。许多柏柏尔人参加到哈瓦立及派一边作战，最后，以欧麦尔·本·哈弗赛被杀，艾布·哈提姆为首的哈瓦立及派占领盖鲁旺告终。曼苏尔又派格比萨的另一个儿子叶齐德·目·哈提姆统兵前往，叶齐德打败了哈瓦立及派，其首领艾布·哈提姆被杀，哈瓦立及派人和柏柏尔人死伤无数。是役，仅死者就达三万人。从此，迈赫莱布家族高喊为欧麦尔·本·哈弗赛报仇的口号开始屠杀哈瓦立及派，仅叶齐德一人率兵镇压

① 伊本·艾西尔：《全集》，第5卷，第183页。

该派起义先后达十五年之久。据记载，从欧麦尔·本·哈弗赛起直到哈瓦立及派在叶齐德·本·哈提姆手上全军覆没为止，哈瓦立及派和曼苏尔的军队先后作战达三百七十五次之多。

伊斯兰历160年迈赫迪当政时，呼罗珊的哈瓦立及派在优素福·本·易卜拉欣率领下起兵造反，从者甚众。迈赫迪派叶齐德·本·迈兹叶德·希巴尼前往镇压，终于俘获优素福，并将他及其主要追随者押送迈赫迪处，被处以绞刑。

还是在迈赫迪时代，亚斯·台密米在摩苏尔起事，占领了勒比尔和加齐拉的大片地方。迈赫迪派兵镇压，于伊斯兰历168年将亚斯打败，亚斯及若干从人被杀。

在拉希德时代，萨哈萨哈在加齐拉地方起兵造反，占领了勒比尔地方。拉希德于伊斯兰历171年派兵将他杀死。

伊斯兰历178年，哈瓦立及派瓦立德·本·脱立夫在加齐拉起事。苏姆阿尼说他是希巴尼人，伊本·赫里康也作如是说，伊本·艾西尔却说他是台格里布人。哈伦·拉希德派穆因·本·扎伊德的侄子叶齐德·本·迈兹亚德·希巴尼率兵前往镇压。当时，白拉米克人正对叶齐德不满，便在拉希德面前挑拨道："叶齐德和瓦立德是同乡因而关系淡漠。"根据苏姆阿尼和伊本·赫里康的分析，以上二人均来自希巴尼地区，而伊本·艾西尔则认为希巴尼和台格里布同属瓦伊勒地方，因此才把二人说成是同乡。看来，伊本·艾西尔的说法可能更加正确。诗人们谈到二者关系时写道：

瓦伊尔自相残杀，钢铁还需钢铁治。

后来，瓦立德在加齐拉越闹越大。叶齐德在和他交锋时，对属下说："这些人是哈瓦立及派。他们进攻时，你们要顶住；他们停止进攻，你们就反攻。他们只要遭到失败，就永远不会再来了。”

起义那天，瓦立德在诗中写道：

吾乃哈瓦立及人　　　　名瓦立德·脱立夫
尔等暴虐逼我反　　　　雄狮岂怕烈火烧

激战之后，瓦立德兵败，叶齐德紧追不舍，终于将瓦立德杀死，取其首级。

就这样，哈瓦立及派在加齐拉、阿曼和马格里布等地的起义都被阿拔斯人镇压下去，而阿拔斯人付出的代价远较倭马亚人为轻。哈瓦立及派这一连串失败，造成该派实力大减，地位陡降。此后不久，该派便在历史上销声匿迹了。

哈瓦立及派文学

哈瓦立及派具有创造文学的一切条件：坚定不移的信仰，置个人生命财产于不顾的巨大热情，不畏权势敢作敢为的气概，视王爷为平民、把伟人当公仆的真正民主精神等。他们的道路是笔直的、清晰的，没有什么拐弯抹角，也没有什么晦暗不清的地方。他们认为：哈里发应该更换，否则，便应该向哈里发宣战，直至将其罢免，或处死；穆斯林大众应原原本本地遵循《古兰经》和“逊奈”，而不应有毫厘之差，否则，便应该与之斗争，以便由忠诚、纯洁的穆斯林取而代之；为实现这一目标，不应实行“塔基亚”，不应虚情假意；应该遵循欧麦尔·本·赫它布的方法而不是阿慕尔·本·阿斯的方法——面对现实，分析现实情况，解决现实问题。上述这些特点都是由贝都因人的心理特质产生出来的，可以概括为：直言不讳，口齿伶俐，能言善辩，急智机敏，言辞简约等。

哈瓦立及派感情强烈、善于辞令的特点使该派文学带有某些不同于穆阿台及勒派和什叶派文学的特点。穆阿台及勒派文学是注重思想意义的哲理文学，什叶派文学是叹息权利失落的哀伤文学及怨恨王位旁落的愤怒文学，而哈瓦立及派文学则是强有力的文学——为追求和传播真理敢于牺牲一切的文学。对他们来说，生命和信仰不可同日而语。带有贝都因语言色彩的文学不重哲理，不讲条分缕析。哈瓦立及派文学有时也表达一种愤怒的情绪，但和什叶派的愤慨有所不同，前者是为信仰伊斯兰教而义愤填膺，毫不顾及个人；后者则仅为某个人或某几个人的遭遇而愤愤不平。前者即使考虑个人，也是在信仰的前提下考虑，而后者则是在个人的前提下去考虑信仰。即使在哭泣和哀悼中，哈瓦立及派也是坚强有力的，对他们来说，流泪是为了流血；哀哭死去的人是为了勉励活着的人；追悼逝者是为了给生者提供榜样。在生活中，他们不懂幽默，文学中便缺乏幽默；在生活中，他们不会花天酒地，文学也与酒无缘。他们所知道的只是圣战和厮杀，他们的教育是严酷的教育，专门培养舍生忘死的勇士。他们的文学也是如此。有这样一个故事：叶齐德的同母异父兄弟麦尔旺小时候，到阿卜杜勒·迈立克·本·麦尔旺跟前哭诉挨了老师的打，当时在场的一位哈瓦立及派人说："让他哭吧！哭能使他张口发声，清醒头脑，更能使他服从真主，遵循真主的教诲。"哈瓦立及派从不弄虚作假。穆拜莱德说："哈瓦立及派各支派都不会耍奸，也不会闹内讧。"[①]他们的

① 穆拜莱德：《全史》，第3卷，第106页。

文学也有这样的特点。

在情诗中，他们把勇敢和调情、舍生忘死和热爱生活搅在一起，热情赞颂那些在对敌斗争中英勇作战的人。

如果说文学是社会生活的缩影的话，哈瓦立及派文学则是该派生活最真实、最准确的反映。他们英勇善战，从不怕死，使敌人闻风丧胆。穆阿威叶·本·格拉说过："如果德莱目从这边打来，哈鲁利亚（哈瓦立及派人）从那边打来，我必先迎战哈瓦立及派。"这就是说，哈瓦立及派更危险。甚至在占劣势的情况下，哈瓦立及派的人也能让占优势的敌人胆战心惊。

他们的语言像箭一样锋利，他们的演说表达着心底的赤诚。欧拜德拉·本·齐亚德说："哈瓦立及派的语言直射心窝，比用火点燃芦苇的速度还快。"穆拜莱德说："阿卜杜勒·迈立克·本·麦尔旺处来了一个哈瓦立及派人。阿卜杜勒和他谈话，发现此人知识渊博，领悟很快，接着谈下去，又发现他机智灵活。阿卜杜勒看中了他，便劝他脱离哈瓦立及派。此人一边静静听着，一边默默沉思。阿卜杜勒一再劝说，最后，他才开口道："请不用多说了。刚才是你说我听，现在该轮到我说你听了。"阿卜杜勒说："请说吧！"此人便开始解释哈瓦立及派的观点，赞颂本派的业绩，其言滔滔不绝，有条有理，分析入微。听完，阿卜杜勒·迈立克说："他的话几乎使我相信天堂是单为他们创造的，而我则应站在哈瓦立及派前头参加圣战。"

由于贝都因秉性所致，哈瓦立及派文化保持着纯粹的阿拉伯特性，和穆阿台及勒派及什叶派文化不一样。这种文化没有希腊

哲学的影响，也没有波斯文化的熏陶。这是一种阿拉伯模式的文学语言文化，一种那个时代人们熟知的伊斯兰文化，其特点是：凭借直觉对《古兰经》和“逊奈”做简单朴素的理解，宗教问题上的争论仅仅围绕《古兰经》经文的文字来进行。

总之，哈瓦立及派文学属于阿拉伯文学的范畴，既没有精心编撰的著作和分门别类的研究，也没有条分缕析的课题。有的只是大量的诗歌、演说词和格言。成果甚多，但流传至今的甚少。多亏穆拜莱德在《全史》中保留了一部分好作品，否则，我们对哈瓦立及派文学将一无所知。从少数流传下来的作品可窥见佚失作品的全貌。据笔者所知，哈瓦立及派诗人的诗集完整地流传下来的仅提里马哈一人而已。

哈瓦立及派的诗歌、演说词、格言和逸事流传至今的多数是倭马亚时代创作的，阿拔斯时代创作的甚少。其原因可能是阿拔斯时代哈瓦立及派势力衰微带来的文学衰败，或者是因为阿拔斯时代的掌权者只允许文学家们传播倭马亚时代的哈瓦立及派文学，而不允许传播敌视阿拔斯人的哈瓦立及派文学，因为前者是倭马亚王朝的敌人，对阿拔斯人来说，无论从哪方面说都是可以允许的。也许读者会反对说：“那为什么什叶派的诗歌能在阿拔斯时代流传呢？”我们的答复是：什叶派和哈瓦立及派不同。在阿拔斯时代，什叶派的势力并没有衰败，有些有权势的什叶派人关心本派的典籍，明里暗里加以保护。时机一到，就把这些典籍公之于世。而哈瓦立及派在城市里根本无人关心这些事情，更何况哈瓦立及派文学是口头文学，而不是笔头文学，艾斯马尔等传述者必须亲临现场采风，而多数传述者都是阿拔斯人的走狗，为了讨好当权者只传述他们中意的作品。

总之，本卷不打算多谈倭马亚时代的哈瓦立及派文学，而阿拔斯时代的哈瓦立及派文学则多为伊巴迪派文学。伊巴迪派在马格里布、阿曼等地保存了该派阿拔斯王朝前期创作的一些文学典籍。阿拔斯文学中最光彩的篇章也许就是前面介绍过的描写瓦立德·本·脱里夫事件的诗歌。叶齐德·本·迈兹叶德·希巴尼曾与之交战。当时，穆斯里姆·本·瓦立德与之过从甚密，写诗记载了他和哈瓦立及派之间的战争。我们将此诗算作哈瓦立及派文学，因为它和哈瓦立及派有关，描写了该派的战争。

瓦立德·本·脱里夫死后，他的同属哈瓦立及派的妹妹写了许多诗悼念他，就像韩莎[1]写诗悼念她的兄弟一样。

① 韩莎(公元575—664)：名恩姆·阿慕尔·突玛德尔，号韩莎。蒙昧时期著名的女悲伶诗人。曾作诗悼念阵亡的兄弟。其诗凄婉悲切，感人至深。——译者

结 束 语

以上概括介绍了阿拔斯时代前期的各个主要宗教派别。由此可知，当时的人们是如何划分为不同的派别和教派的，每一教派又分化为数不清的支派。如穆阿台及勒派分为十三个支派，哈瓦立及派分为二十个支派，什叶派分为三十个支派，麦尔吉阿派分为七个支派。

此外，还有一些教派，以及伊斯兰世界的其他宗教，如犹太教、基督教、拜火教、萨比教及其教派和支派。这些宗教和教派，由于篇幅所限，本书未能一一介绍。

当时，还有一些怀疑论者，对各个教派、各种观点和论据，一概持怀疑态度。他们一致否定辩论，将辩论视为对宗教的忤逆，说什么："辩论无助于信仰。""一切由辩论肯定的事情，亦因辩论而被推翻。"

怀疑论者亦非铁板一块，而是分为三派。一派怀疑一切，包括真主和先知使命。"他们对造物主既不肯定也不否定，对先知使命也是如此，对一切宗教和一切思想都是这样。"他们说："这些宗教和派别的观点，有的无疑是正确的，但并不清楚明白。"犹太医生伊斯玛仪·本·优努斯的言论说明他就属于这一派。

怀疑论者的另一派肯定真主，否定其他，包括先知使命。他们肯定造物主，认定造物主的存在，而对先知使命和宗教教派则既不肯定也不否定。

第三派肯定真主和先知使命，认定真主和先知使命的存在，认定穆罕默德是真主的使者，其余一切都不肯定。

怀疑论者的理由是："我们发现，无论哪种宗教，也无论持什么观点的教派，都宣称自己的信仰是古已有之的，都热衷于与其他派别辩论。在某次辩论会上，甲派战胜了乙派，在下一次辩论会上，乙派兴许又战胜了甲派。谁胜谁负取决于辩论者的思维和表达能力，就像拉锯战一样，没有一方的观点是明显占上风的，否则，人们就不会如此纷争不已了。而人们对凭感觉和直觉认知的事物，对计算和有明显证据的事物却没有分歧。"他们说："真理摆在面前却毫无道理地加以反对，或者无缘无故地盼望今世或来世毁灭，都是不可能的。如果肯定以上情况不可能发生，则任何一派所信仰的不是该派立以为本的东西，便是该派中某些人自以为是真理而未能肯定和确认的东西。"他们又说："我们看到许多人深钻哲学，自以为得到了真理，超出于平民大众之上；我们又看到另外一些人研究教义学，终其一生，乐此不疲，并以自己能够凿凿有据地区分真理和谬误而自豪。我们还看到他们——哲学家也罢，教义学家也罢——无一例外地像老百姓和无知无识的人一样意见分歧，甚至有过之而无不及。犹太教徒为犹太教献身，基督教徒为基督教和三位一体殉难，祆教徒为祆教捐躯，穆斯林为伊斯兰教归真。在这方面，教义学家和平民百姓没什么两样。属于这些宗教的各个教派的信徒也是如此。任何一个人，不管是犹太教徒还是基督教徒，总是忠于本教而拼命反对其他宗教。穆斯林也是如此。如哈瓦立

及派以让其他教派流血为合法，穆阿台及勒派以其他教派为忤逆，什叶派则不承认其他教派的伊玛目。因此，可以这样说：所有的人都在自行其是，所不同的只是有的人是受先天的影响，有的人是受后天的教育，有的人是根据自以为是的真理行事。如果他们的所作所为都是根据真理，则不会如此纷争不已，而会长久一致。我们还看到有的哲学家或教义学家相信了某一种观点，并为之辩护，反对持不同观点者，但有一天忽然出现了另一种迹象，便来个急转弯，把支持一变而为反对，对原来的观点极尽否定、贬低之能事。他们说："这些事实证明了'论据'的荒谬和平庸。"他们还说："你们提出的论据，如果是通过感觉，或者是通过理智和直觉而得到的，则不会出现分歧，如同你们通过感觉和理智所得到的认识，如三大于二，一个人不可能同时站着或坐下一样。如果这种证据是通过既非感觉又非理智的途径得到的，那又是些什么证据呢？如果这些证据既对你们适合，又对其他人适合；既对一件事情适合，又对相反的事情适合，那这些证据又有什么价值呢？"①

这一派别——怀疑派——使我们想起古希腊的诡辩论和近代的功利主义——实用主义派。该派对苏菲派有重大影响，因为他们认为：逻辑论证不会产生正确的信仰，只有通过感性才能得到信仰。

总而言之，在阿拔斯时代，数不胜数的观点和派别广泛流传，不同宗教和教派之间的争战从未止息，伊斯兰世界成了各种宗教

---

①　以上摘自伊本・哈兹姆著《宗教教派》一书，第 5 卷，第 119 页及以后。该书批驳怀疑派的文字很长，有兴趣者可看原书。

和教派鏖战的战场。试问:对于一个在使者时代归属于同一教派、信仰相同的原则的完全统一的伊斯兰民族来说,这些纷争是有益的,还是无益的?

我们说:这种事情和世上一切事物一样,既非绝对的好,亦非绝对的坏。这种分化是伊斯兰国家疆域扩大后不同种族、不同思维和各种传统宗教的多种成分互相结合的必然结果。在各教派皈依伊斯兰教之后,伊斯兰教产生初期那种坦诚、直率、朴素的信仰已不复存在,不同思维、不同宗教和不同目的与伊斯兰教的结合是必然的,伊斯兰教的哲理化也是必须的,因为这是宗教发展的自然过程。

这一时期的特点是思想的自由和国家政策的宽松。这种自由和宽松容纳了所有的观点和教派,包括最偏激的教派。根据我们掌握的情况,当时对不同观点的迫害是很少的。即便有,也多属政治迫害,宗教迫害极为罕见。

思想的充实和思维的灵活也是这一时期的特点之一。思维灵活的程度只有在进行算术、代数和几何运算时头脑灵活的程度堪与之相比。

这一时期的分歧还促进了辩论术的巨大发展,使之成为一门具有自身法则和规范的学科。

无疑,这些分歧削弱了阿拉伯民族的地位,冲淡了伊斯兰初期的宗教热情。在理智增强的同时,热情却消退了;在穆斯林人数增加的同时,力量却减弱了。其结果是:对外征战几乎停止,穆斯林的精力转向扑灭内部的政治和宗教动乱。这些动乱使伊斯兰世界在政治上出现分裂,形成了许多王国和国家,而以前发生的纷争只不过使穆斯林分化为不同的教派和派别而已。

这些宗教教派和教义学派给文学以巨大影响，对这点我们在前面已经提及。文学的主题深化了，文学的含义更加丰富了。这些影响表现在当时编撰的书籍里，特别是穆阿台及勒派人撰写的著作中。诗人们也将教义学家的观点写进自己的诗作里，甚至亲身参加某些宗教教派和教义学派，为之摇旗呐喊，并批驳对立面的教派。有的诗人赞颂教义学家，有的则贬损教义学家。这方面的例子很多，不胜枚举。这些例子说明教义学家对文学题材和诗歌创作、对严肃的作品和轻松的作品都留下了巨大的影响。

*　　　*　　　*

以上介绍了教义学家的概貌。笔者根据自己的理解和切实的研究做了介绍，对其功过是非、利弊得失进行了论证。笔者如果说对了，则应感谢真主；如果说错了，则以心怀真诚愿望、努力探求真理而聊以自慰。

笔者预料由于本书对什叶派兄弟们的非难和对该派某些观点的批评会招致该派的责备，但与此同时，又可能因呼吁和解和协调而受到赞扬，尽管这一呼吁带有某些批评和讽刺的味道。

对于什叶派，我可以真诚地保证：我所说的仅仅是我相信有道理的和正确的，我尽力使自己不受任何个人喜好、习惯和倾向所左右，绝不会因为某种观点来自逊尼派就表示支持，某种主张来自穆阿台及勒派或什叶派就表示反对。如果我强烈地倾向于某一派，则一定会支持该派的一切言论，维护该派的全部观点。但我认为，保卫真理比保卫教派更重要。也许以后他们会站到公正的立场上，平心静气和坦然地阅读笔者的著作，从中吸取他们乐于接受的东西，拒绝他们不乐于接受的东西，并有根有据地予以反驳。何况针锋相对地进行辩论并以胜利者自居并非我们的目的，我们最崇高的目的是同心协力地去扶持各个教派的信徒，提高他们的水平，清除他们头脑中的迷信和幻想，以便走上正确的生活道路，并在世界上占据应有的地位。

我还保证，这本自由开放的论著绝不会违反统一和谐的号召，更不会在真诚相待的双方之间造成敌对。学者之间的分歧、其观点和理论的不同不应阻隔他们的心灵，在他们之间种下敌视和仇恨的种子。

现在，我该转移到下一个时代——“伊斯兰的正午时期”去了。这里所说的“正午时期”指的是伊斯兰史的第四纪。读者将会看到，那是一个学术更加繁荣、眼光更加远大、更加光辉灿烂的时代。在那一时代，学术运动和文学运动不再跟在政治运动后面亦步亦趋，学术、文学运动和政治运动成为一架天平的两翼，一头落下去，另一头就抬起来。

愿真主佑助成功！